Rita Issberner-Haldane

Atlas der Chirologie

Rita Issberner-Haldane

Atlas der Chirologie

Analyse und Diagnose
aus der lebendigen Hand

Mit 419 farbigen Abbildungen und
1 Ausschlagtafel mit 4 farbigen Abbildungen

Verlag Hermann Bauer
Freiburg im Breisgau

CIP-Kurztitelaufnahme der Deutschen Bibliothek

Issberner-Haldane, Rita:
Atlas der Chirologie : Analyse u. Diagnose aus
d. lebendigen Hand / Rita Issberner-Haldane.
[Fotogr. von Charlotte Dittbern]. – Freiburg
im Breisgau : Bauer, 1984.
  ISBN 3-7626-0277-8

Mit 419 farbigen Abbildungen und
1 Ausschlagtafel mit 4 farbigen Abbildungen.

1984
ISBN 3-7626-0277-8
© 1984 by Verlag Hermann Bauer KG, Freiburg im Breisgau.
Alle Rechte der Verbreitung, auch durch Funk, Fernsehen,
fotomechanische Wiedergabe, Tonträger jeder Art
und auszugsweisen Nachdruck, sind vorbehalten.
Satz: Typobauer Filmsatz GmbH, Scharnhausen.
Reproduktionen: Schwitter AG, Basel.
Druck und Bindung: Parzeller & Co., Fulda.
Printed in Germany.

Inhalt

Vorwort

Ernst Issberner-Haldane beschenkte die Heilkunde mit seiner Lebensarbeit über die medizinisch-wissenschaftliche Hand- und Nageldiagnostik, die eine hervorragende Ergänzungsdiagnose ist und sich besonders für die Prophylaxe eignet. Sie umfaßt sowohl die allgemeine Konstitution als auch die seelisch-geistige Komponente des ganzen Menschen.

Es war Ernst Issberner-Haldane gegeben, die Chirosophie, die Weisheitslehre der Hand, als seine Lebensaufgabe empirisch zu studieren, sie fachgerecht und sachlich verständlich zu entwickeln und niederzuschreiben. Er zeigte auf, wie jeder lernen kann, daraus sein eigenes Lebensbildnis zu erkennen.

Es galt nun, sein Forschungswerk durch Farbfotos der lebendigen Hand darzustellen und zu ergänzen, wodurch sein Lehrgefüge bestätigt und verdeutlicht werden soll.

Berücksichtigt wird insbesondere die Beziehung von Charakter und Krankheit, die Somatologie, die psychosomatische Verbindung, die für jeden aufgeschlossenen Menschen wichtig, insbesondere jedoch für den Heilbehandler notwendig ist. Was man versteht, ist wegweisend für die eigene Ordnung und Hilfe, die jedem Suchenden das größte Anliegen bedeutet.

Menschen aller Altersstufen streben mehr und mehr nach Selbsterkenntnis. Die eigenen Hände bilden die Basis für ein Selbststudium: sie lassen sich beobachten und kontrollieren. Hierdurch werden innere Zusammenhänge und äußere Gegebenheiten miteinander verbunden und erfaßt.

Menschen vieler Berufsgruppen, besonders im pädagogischen und sozialen Bereich – speziell in den Heilberufen sowie in der Psychotherapie – finden im *Atlas der Chirologie* reiche Anregung für die eigene Arbeit. Dem Berufsberater bieten sich im Erkennen der Formengesetze mehr Aufschluß und Übersicht für die Begabung des jungen Menschen. Die Eltern als Erzieher können lernen, wie ihre Kinder besser einzuschätzen und zu verstehen sind. Der Arzt und Heilpraktiker findet klare Hinweise für die Prophylaxe und für die Therapie.

Dieser *Atlas der Chirologie* ist aber keineswegs nur für den Fortgeschrittenen gedacht. Gerade auch Anfänger werden dank der durch knappe und sachliche Erläuterungen erklärten instruktiven Farbfotos auf didaktisch treffliche Weise in der Kunst der Handanalyse auf wissenschaftlicher Grundlage erschöpfend und systematisch unterwiesen.

Die Hand des Menschen weist den Weg zu sich selbst. Das ist die grundlegende Botschaft der Chirologie. Möge diese Botschaft jeden dafür interessierten und aufgeschlossenen Menschen durch den *Atlas der Chirologie* erreichen, um zu erkennen, daß hinter dieser Botschaft immer ein positiver Aufruf für ein noch besseres Tun zur Vervollkommnung seines Lebens steht.

Von Herzen habe ich mich bemüht, das Lebenswerk meines Gefährten in seiner Einheit in Farbfotos erstehen zu lassen. Möge es vielen Menschen Verständnis über Zusammenhänge ihrer inneren und äußeren Welt bringen. Auf einer sicheren, guten Grundlage läßt sich Klares weiter gestalten. Nur so lassen sich Fortschritte erzielen.

Frankfurt am Main, im Juni 1984
Hansa-Allee 9

Rita Issberner-Haldane

Einführung

In dem Wort Handlung ist die »Hand« enthalten. So wirkt die Hand entscheidend für die Tat, das Tun des Menschen. Sie aber wird dirigiert vom Instrument des Denkens, dem Gehirn, das als Werkzeug der geistigen Energie und Denkkraft dient. Der Ausdruck dieser geistigen Kraft prägt sich ein, findet Niederschlag durch die Schrift des Geistes in der Hand des Menschen.

Die Gehirnschrift läßt sich in der Innenhand erkennen, während die Gesamtenergie durch den Impuls der Motive die Form der Außenhand gestaltet. Uralt ist diese Funktion, diese besondere Art und Weise des Menschen, sich selbst zu entwickeln, um sich erleben zu können. Der Entwicklungsweg über die Bewußtseinsschulung findet in der Eigenprägung Gestalt und Ausdruck.

Durch Selbstkontrolle kann der Mensch überprüfen, was ihn zeichnet, was ihn auszeichnet, was er, zu sehen in der eigenen Hand, geschaffen hat. Das Bildnis der Hand gibt ihm Auskunft über seine Eigenschaften, seinen Charakter, seine Bildung des Herzens, seine Sinne und die Möglichkeiten seines weiteren Werdens. Der momentane Zustand zeigt sich in Farbe und Tönung an. Die ständige Einwirkung auf sich selbst erkennt der Mensch aus den Linien durch Schärfe, Vertiefung, Klarheit und Feinheit.

Sich selbst zum Maßstab nehmend, kann der Mensch ermessen, wie weit er fähig ist, die Welt seines Umkreises zu erfassen und was weiter zu tun ist, immer neu das Gleichgewicht zu dieser herzustellen. Das erfordert Einsicht und Stellungnahme, die sein Leben wiederum zu neuem Flusse anregt und führt.

Wie die Schleusen zu öffnen sind, erfährt die Wesenheit durch ihre Formgestalt. Durch die Bemühung, weitere Tore zu öffnen, wächst ihr Bewußtsein. Sie gelangt dazu, sich in der Aufgabe immer bewußteren Tuns zu erfüllen. Demzufolge wird auch jede Handlung immer bewußter. Die Hand ist ihr Helfer und Partner des Denkens als segensreiches Organ menschlichen Wirkens und Dienens.

»Erkenne dich selbst« ist die Schwelle, die dabei überschritten wird. Hier findet sich der wesentliche Hinweis auf die tiefere Sinngebung der Chirologie.

Im großen Überblick erweist es sich, daß der Mensch seine vielfältigen Eigenschaften und Anlagen, die sich in seinen Händen widerspiegeln, auch in anderen Händen in vielen Varianten und Ähnlichkeiten erkennen kann. Die innere Verwandtschaft aller entschlüsselt sich untereinander. Mit den Händen verbinden sich die Menschen, eine lange Kette bildend, die sich ständig in der Wandlung spiralig zu einem höheren Bewußtsein bewegt.

Verwandte Zellen bilden ein Organ, verwandte Seelen schwingen zusammen, verwandte Charaktere bilden eine Gemeinschaft, alle stimmen mit dem Leben überein. Alles ist auf einen Mittelpunkt gerichtet, um sich in einem höheren Bewußtsein zu begegnen. Immer gilt es, das alles Verbindende zu begreifen. Auf diese Weise lösen sich die Aufgaben, die jedem Menschen zu seiner eigenen Förderung gestellt werden.

Größeres Wissen führt zu einem höheren Einsatz im Leben. Die Chirologie bildet eine Stufenleiter auf diesem Weg.

Außenhände

Bei der Begegnung mit einem anderen Menschen, sei es privat oder im Beruf, wird über die Hand ein Kontakt hergestellt. Ein aufmerksamer Beobachter wird dadurch blitzschnell zu einer Wahrnehmung gelangen. Er registriert beispielsweise, ob die Hand weich oder fest, hart, elastisch, schwammig, feucht oder trocken, warm oder kalt ist. Hieraus ergibt sich der erste Hinweis zu einer Diagnose.

Normale Hände sind warm und elastisch.

Kalte Hände nehmen Bezug auf den Kreislauf.

Harte Hände können altersbedingt sein.

Trockene Hände weisen auf eine allgemeine Stabilität.

Feuchte Hände weisen auf innere Hemmungen und Drüsenstörungen sowie auf hormonelle Unstimmigkeiten hin.

Wenigen ist bewußt, daß die Außenhände die Basis für die Beurteilung der Konstitution und der gesamten Persönlichkeit im weiteren Sinne bilden. An den Außenhänden läßt sich leicht erkennen, ob die Hautbeschaffenheit sehr zart und fein oder eher etwas kräftiger ist, ob sie stumpf ist oder seidig glänzt, ob die Farbe heller oder dunkler, weiß, rötlich oder gelblich ist oder Flecken zeigt.

Die gesunde, natürliche Hautfarbe ist, je nach dem Typ des Menschen, etwas rosa getönt und seidig glänzend. Die Hand des älteren Menschen zeigt oft bräunliche Flecken, die auf Stoffwechselstörungen im Leber-Galle-Duodenal- und Pankreas-Bereich beruhen. Eine stark geäderte Außenhand zeigt Gefäßschwäche an.

Eine blasse Haut geht immer mit einer Anlage zu Nierenstörungen einher, zumal dann, wenn sie sehr zart gebildet ist. Menschen mit einer solchen Hautbeschaffenheit sind sehr empfindsam und feinnervig; sie sind stärker zu beeinflussen und machen sich leicht von ihrer Umwelt abhängig. Ihnen sollte angeraten werden, öfter und mehr zu trinken, damit nicht nur die Nieren gut durchgespült werden, sondern daß damit gleichzeitig auch Belastungen in Form von Depressionen und Ärgernissen leichter ausgeschieden werden.

Wohl ist die Empfindsamkeit für das Wahrnehmungsvermögen eine große Hilfe, aber nicht die oft damit einhergehende persönliche Empfindlichkeit. Überempfindliche Menschen denken meistens zu sehr personen- und ichbezogen. Diesen Menschen ist zu empfehlen, sich neutraler, überpersönlicher einzustellen. Nur so gelangen sie zu ihrem inneren Gleichgewicht. Dann werden sie auch fähig sein, die Umwelt aus einem größeren Abstand zu betrachten.

Menschen mit sehr feiner, blasser Haut sollten im Frühjahr und im Herbst Kräuterkuren durchführen. Häufig deutet die feine, zarte Haut auf eine lange Jugendlichkeit, die erhalten bleibt, wenn eine positive Lebenseinstellung gepflegt wird.

Eine bräunliche Hauttönung, unabhängig vom Sonneneinfluß, weist auf die Tendenz zu einer Leberschwäche. Man findet sie häufig bei Menschen, die ihre Kräfte verausgaben. Sie sollten mehr auf das rechte Maß ihres Tuns achten.

Eine bläuliche, zyanotische Farbtönung ist bei »vollblütigen« Menschen gegeben. Herzinsuffizienz, ein gehemmter Blutumlauf sind hier oftmals vorhanden. Die altbewährten Methoden wie das Schröpfen und Blutegelanwendungen könnten hier eingesetzt werden. Alle Ableitungsmaßnahmen sind angebracht.

Eine etwas festere, weniger zu verschiebende kräftige Haut läßt Entschlackungskuren empfehlen. Eine sehr magere Hand zeigt sich bei einer geschwächten Konstitution. Das gleiche gilt für eine überaus üppige und füllige Hand. Bei der ersteren liegt

eine Auszehrung durch ein gravierendes, organisches Leiden vor, bei der zweiten eine Drüseninsuffizienz.

Die Elastizität der Hand wird geprüft, indem man gleichzeitig mit dem Daumen die Außenhand und mit den Fingern die Innenhand – an den Fingerspitzen beginnend zu der Handwurzel hin – abtastet. Es ergibt sich sehr oft, daß auf einzelnen Fingergliedern verhärtetes Gewebe zu fühlen ist. Man kann es durch die dort stärkere Spannung der Haut erkennen.

Da die einzelnen Finger bestimmten Organen und ihren Funktionen zugeordnet sind, läßt sich ersehen, welche Organsysteme eine Disposition zu entsprechenden Störungen aufweisen. Auf den Fingergrundgelenken zeigen sich darüber hinaus scheibenartige Merkmale, die auf Schädigungen im Skelettsystem hinweisen.

Der Daumen ist dem Kopf und dem Rückenmark zugeordnet.

1 = Halswirbelsäule
2 = Brustwirbelsäule
3 = Lendenwirbelsäule
4 = Kreuzbein, Steißbein
5 = Hüfte, Becken

6 = Knie
7 = Fuß
8 = Arm, Hand
9 = Allgemeine Verfeinerung

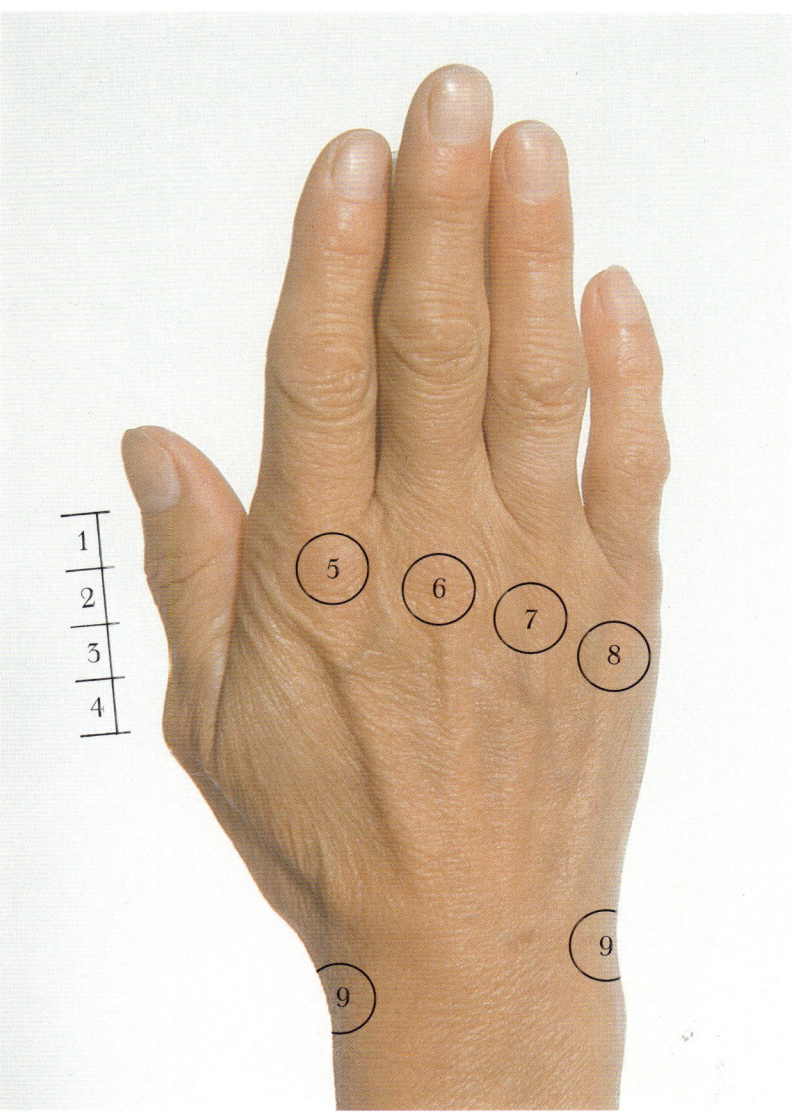

14 Der Zeigefinger steht mit dem Blutsystem in Verbindung.
Der rechte Zeigefinger korrespondiert mit der Leber, der Galle
und dem roten Blutsystem, der linke Zeigefinger mit der Milz,
der Bauchspeicheldrüse und dem weißen Blutsystem.

Die Mittelfinger haben eine Verbindung mit dem Stoffwechsel und dem Darmbereich. Blinddarmreizungen sind anlagebedingt, wenn das obere Glied des Mittelfingers leicht zum Ringfinger hin gebogen ist.

Die Ringfinger beziehen sich auf die Nieren. Eine Biegung des
ersten Ringfingergliedes zum Mittelfinger deutet auf eine Niereninsuffizienz. Eine Einziehung am zweiten Glied des Ringfingers läßt eine Anlage zu Herzschwäche erkennen. Befindet
sich am unteren Ansatz des Ringfingers eine Einziehung, besteht eine Anlage zu Gelenkschwäche der Füße.

Die Kleinen Finger korrespondieren mit den Sexualorganen
und mit dem Rückenmark. Zeigen die Kleinen Finger eine Biegung oder Knickung, so besteht Bindegewebeschwäche im Urogenitalbereich.

Handformen und Handtypen

Quadratische Hand

Die Hand des weniger entwickelten Menschen ist im Schema –
Handteller oder Handrücken und Finger gemeinsam gesehen –
als Quadrat zu erkennen.

Rechteckige Hand
Die Hand des entwickelten Menschen zeigt sich im Schema –
Handteller oder Handrücken und Finger gemeinsam gesehen –
als ein breiteres oder schmaleres Rechteck.

Breites Rechteck   Schmales Rechteck

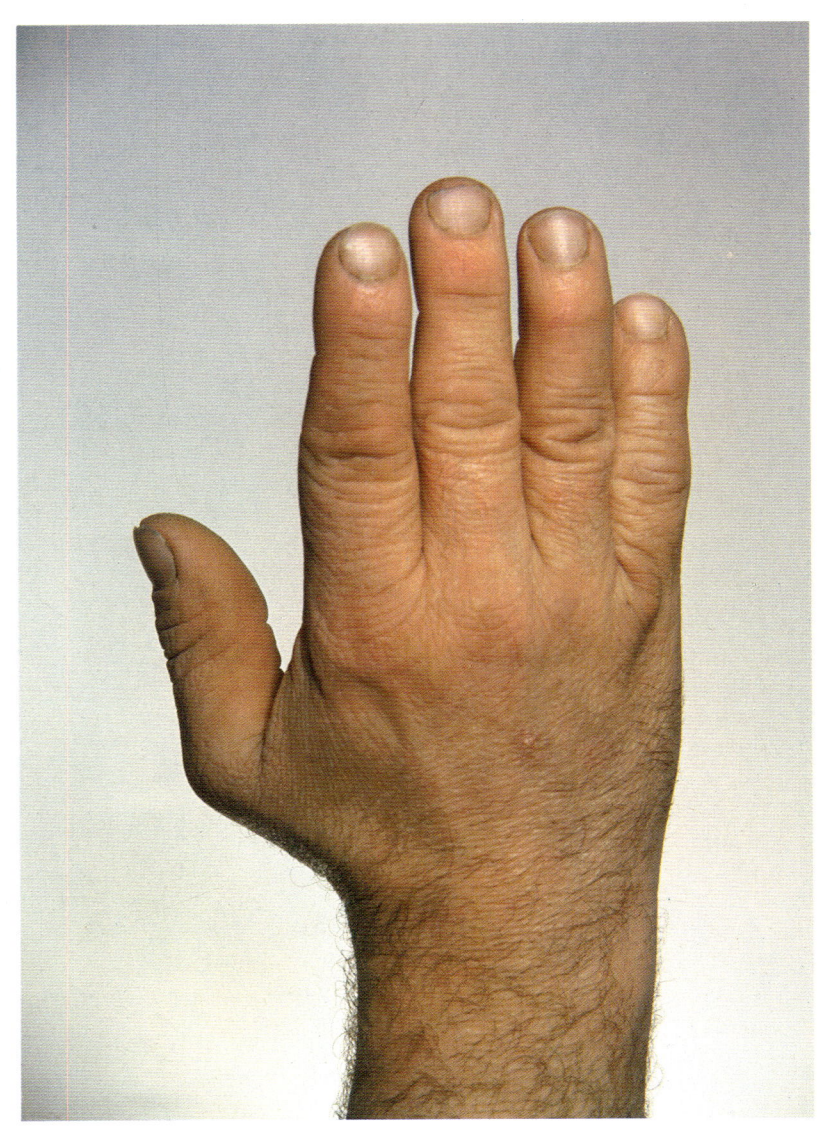

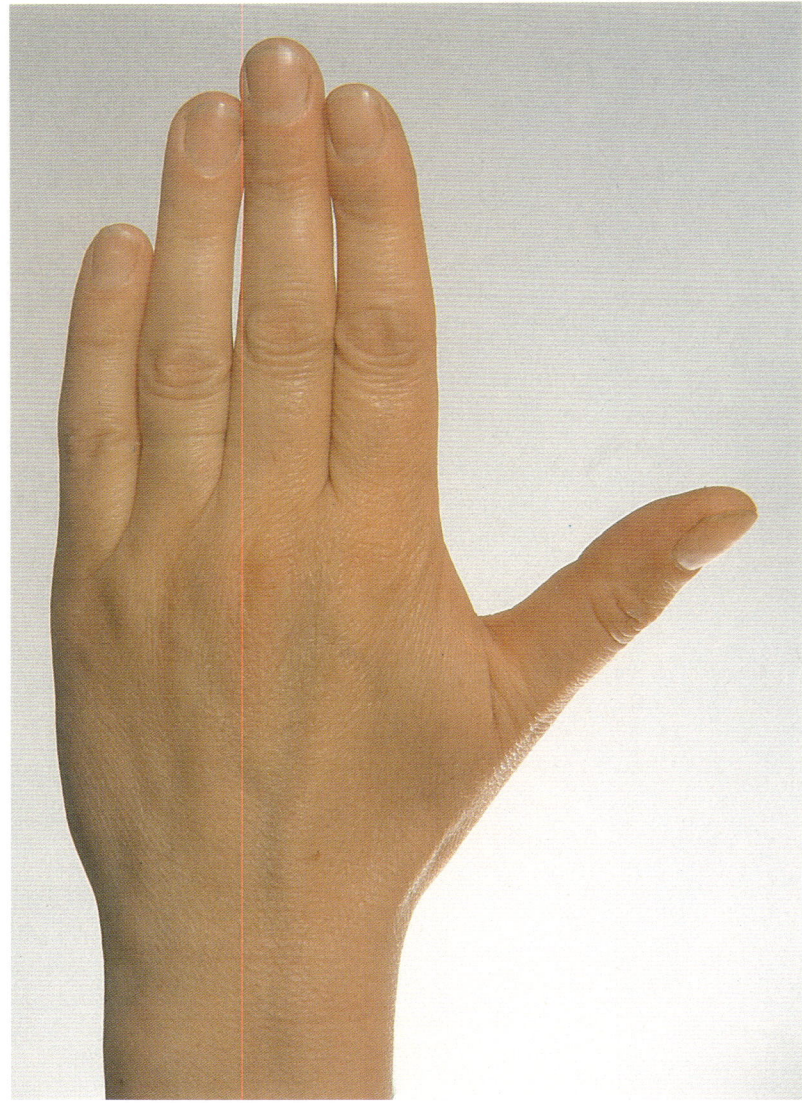

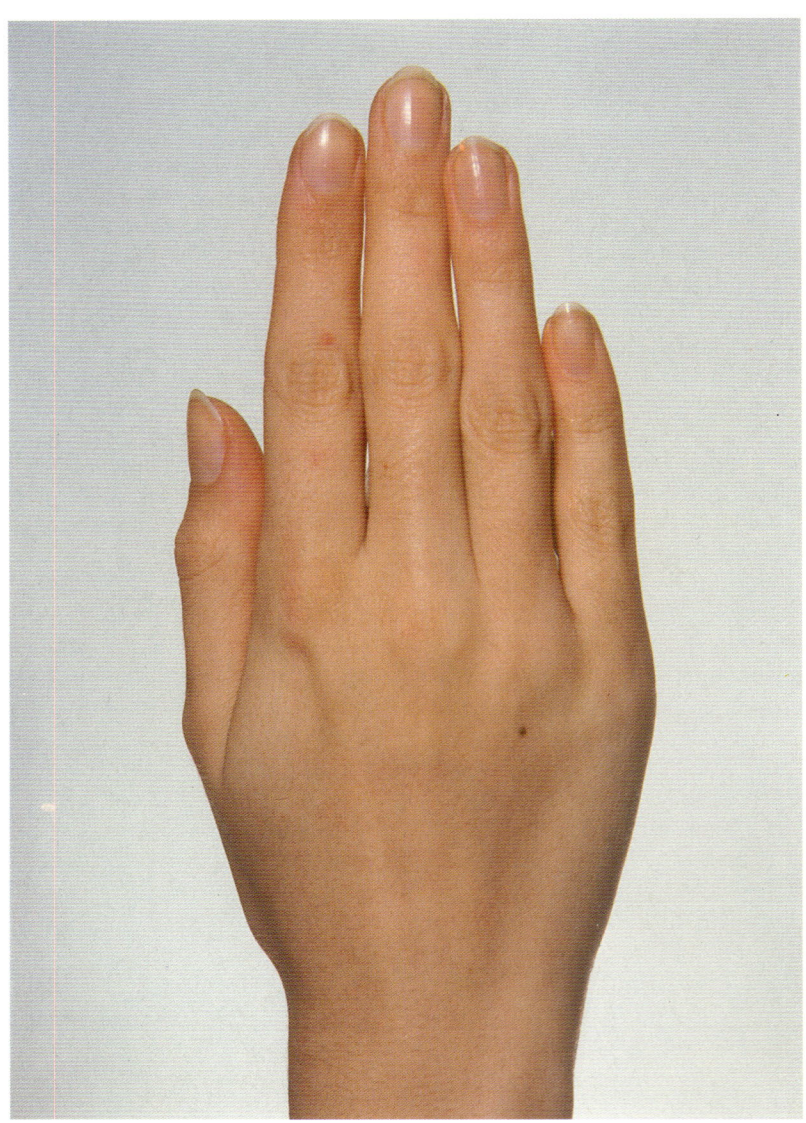

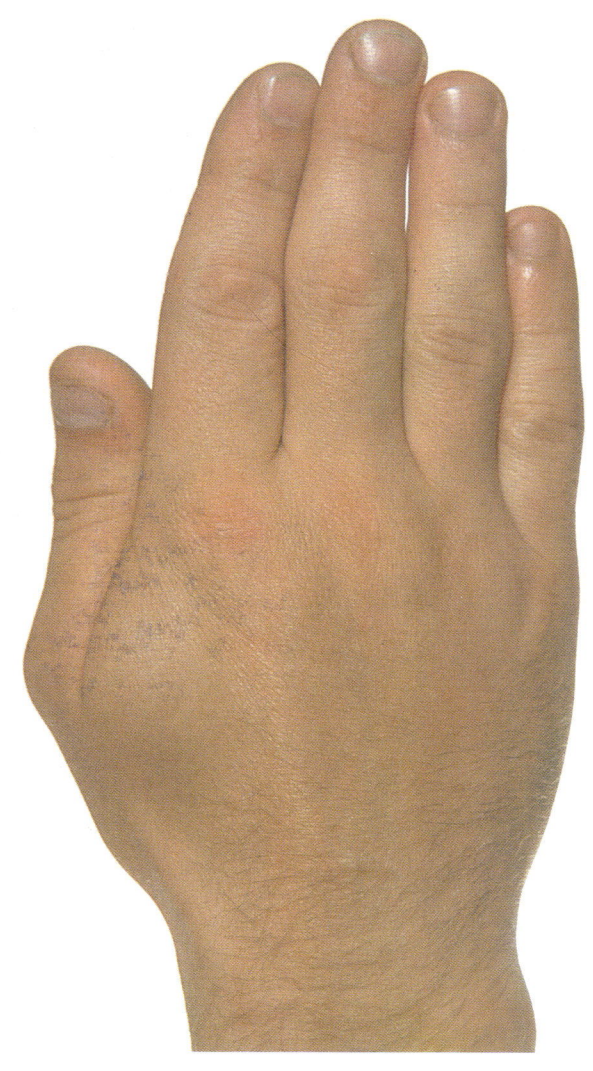

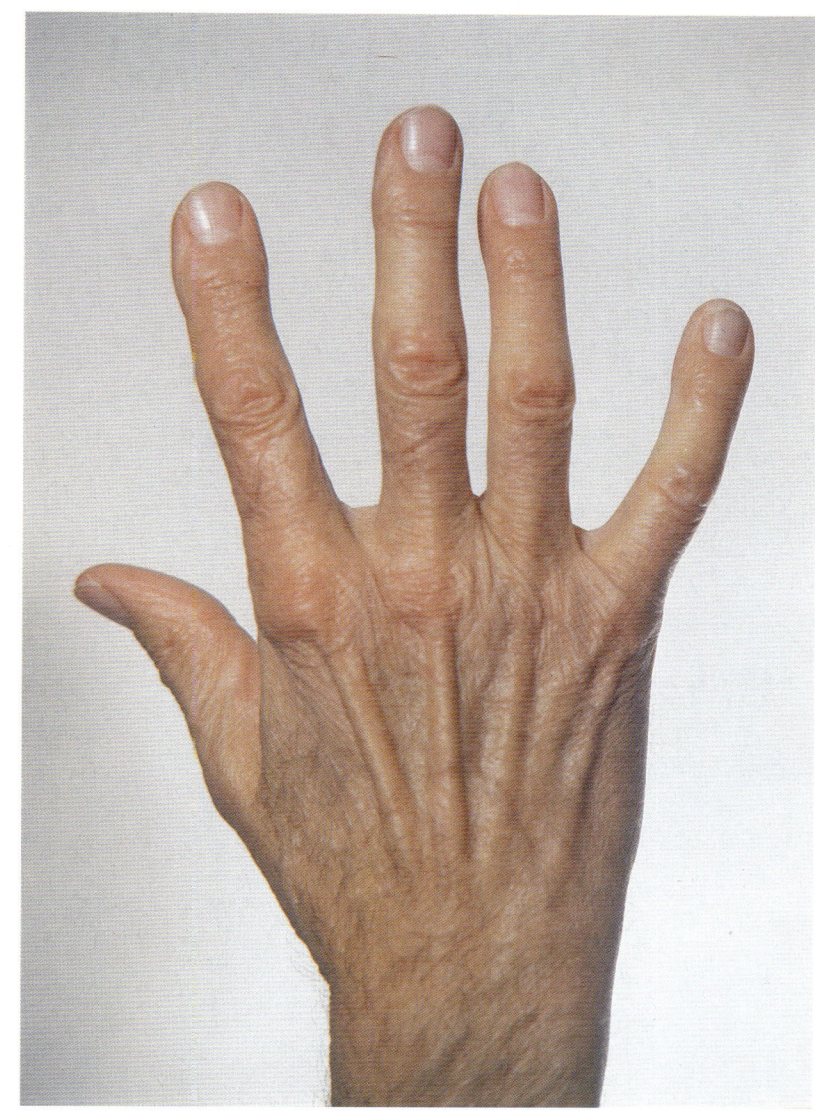

Handtypen

Wir unterscheiden sieben grundlegende Handtypen, wobei der siebente eine Kombination aus den vorhergehenden darstellt. Es ist dabei zu beachten, daß eine »gemischte Hand« vorwiegend nur aus zwei oder drei Grundtypen kombiniert ist. Ein reiner Handtyp ist selten.

Erster Handtyp: *Primitive Hand.*

Die Handteller und die Finger sind gleich lang.

Diese Menschen sind der Erde zugeneigt, naturverbunden und mehr materiell ausgerichtet. Es sind zum Beispiel Menschen, die sich bei Erkrankungen meist selbst mit Kräutern und Lehmpackungen behandeln. Ihre Widerstandsfähigkeit ist ausgezeichnet.

Zweiter Handtyp: *Spatelhand.*

Diese Hand ist länglicher als die primitive Hand. Sie zeigt ein etwas breiteres Rechteck. Sie fällt durch die Besonderheit ihrer Fingerkuppen auf, die seitlich, oben am Rand, ausgebuchtet sind.

Diese Menschen stehen im praktischen Leben. Sie sind aufgeschlossen für vernünftige Darstellungen, weil sie das, was sie erkennen, einsichtsvoll zur Ausführung bringen. Wenn eine Therapie notwendig wird, lassen sich mit ihnen in der Praxis alle Probleme gut besprechen. Sie schätzen die naturgemäße Behandlungsweise. Die Maßnahmen sollten genau abgesprochen werden, da diese Menschen den Heilungsprozeß stets bejahend unterstützen. Ihre Widerstandsfähigkeit ist allgemein gut.

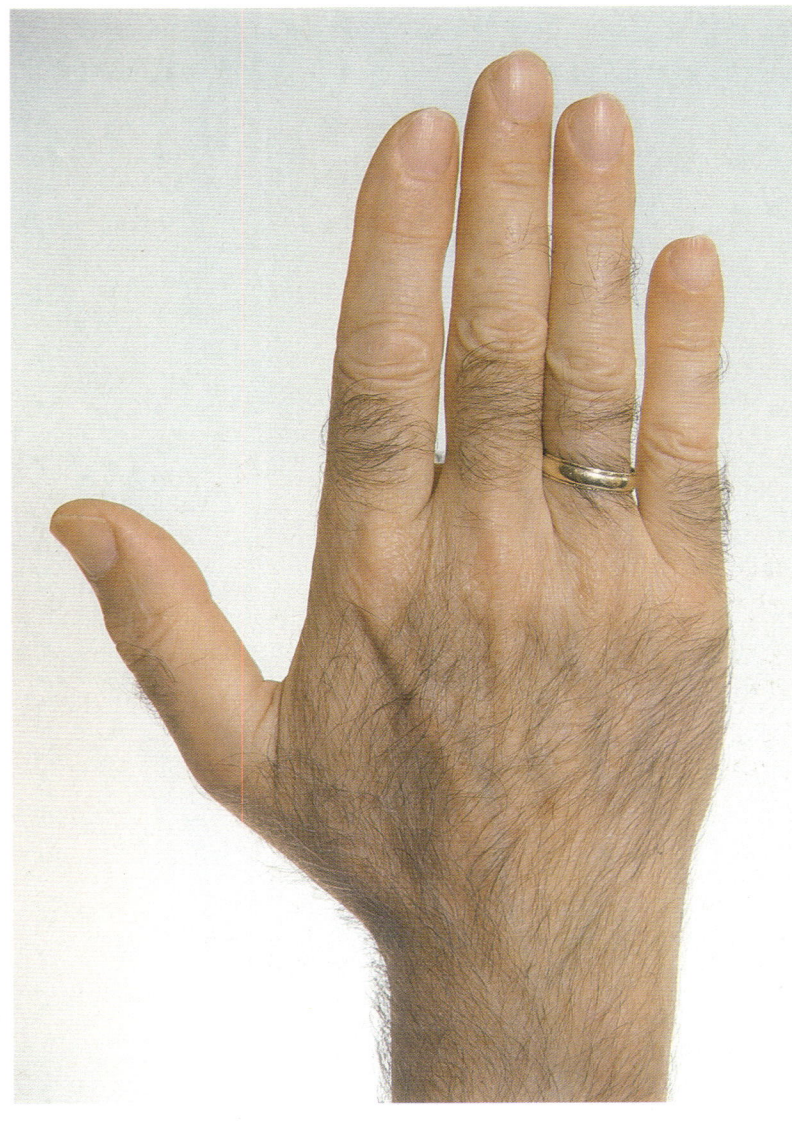

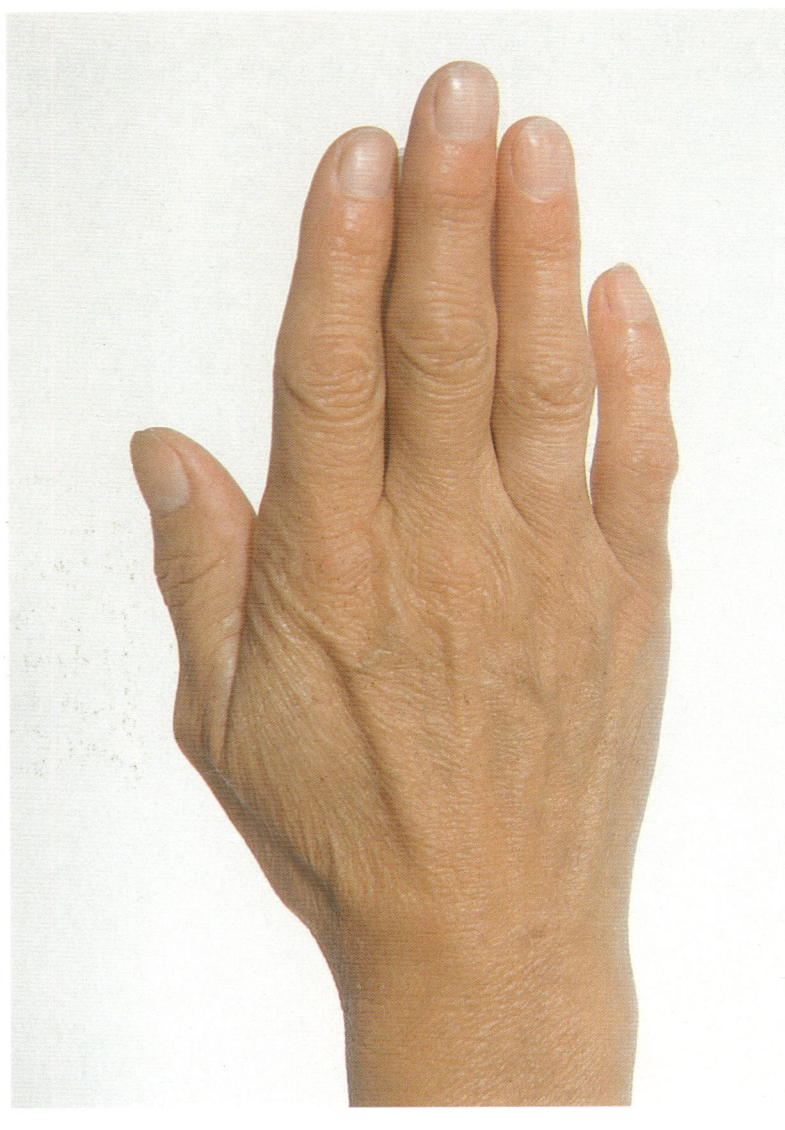

Dritter Handtyp: *Eckige Hand*.

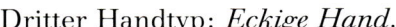

Sie bildet ein schmaleres Rechteck als die Spatelhand. Ihre besondere Charakteristik ist dadurch gegeben, daß hier die Fingerkuppen eckig, wie abgeschnitten, dargestellt sind und die Fingerseiten parallel verlaufen.

Der rein intellektuelle Mensch und Theoretiker besitzt diese spezielle Hand- und Fingerform. Er ist der geborene Skeptiker, oft aus mangelnder Praxis. Demgemäß wird er selten den Naturarzt aufsuchen. Seine Widerstandsfähigkeit ist etwas labil, da er vorwiegend ein »Nervenmensch« ist.

Vierter Handtyp: *Knotige Hand*.

Sie ist auch unter dem Begriff die »philosophische Hand« bekannt. Ihr spezielles Charakteristikum wird durch die Knoten, die über die Fingergelenke verlaufen, dargestellt. Der Handteller ist unten schmaler, die Hand ist seitlich etwas ausgebuchtet.

Ein Mensch mit dieser Handform ist allem Sinnvollen aufgeschlossen. Er stellt sich den Lebenssituationen. Mit ihm kann man in der Praxis sehr offen sprechen. Er will sich gründlich informieren. Er läßt sich gern beraten, trifft aber seine eigenen Entscheidungen. Er schenkt der naturgemäßen Behandlungsweise volles Vertrauen. Er ist ein Mensch, der sein Leben sinnvoll gestaltet und der bewußt gesund bleiben will. Seine Widerstandsfähigkeit ist allgemein gut. Zu seiner Erholung benötigt er verhältnismäßig wenig Zeit.

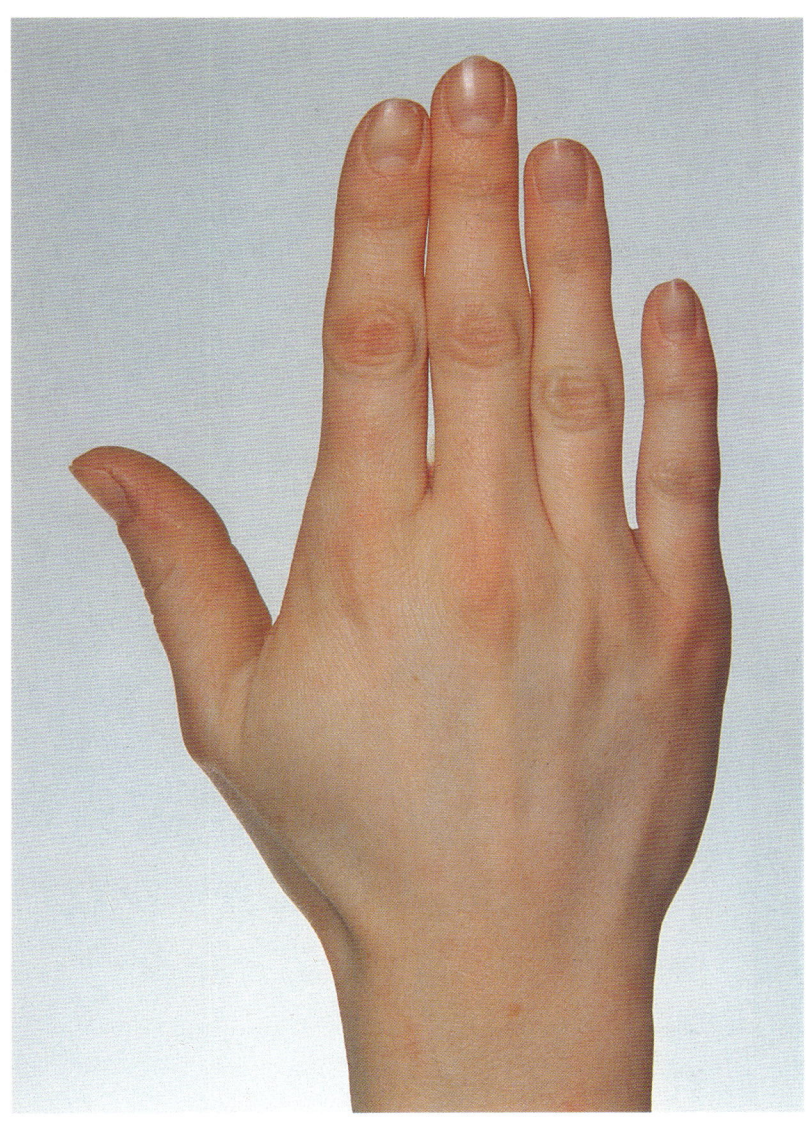 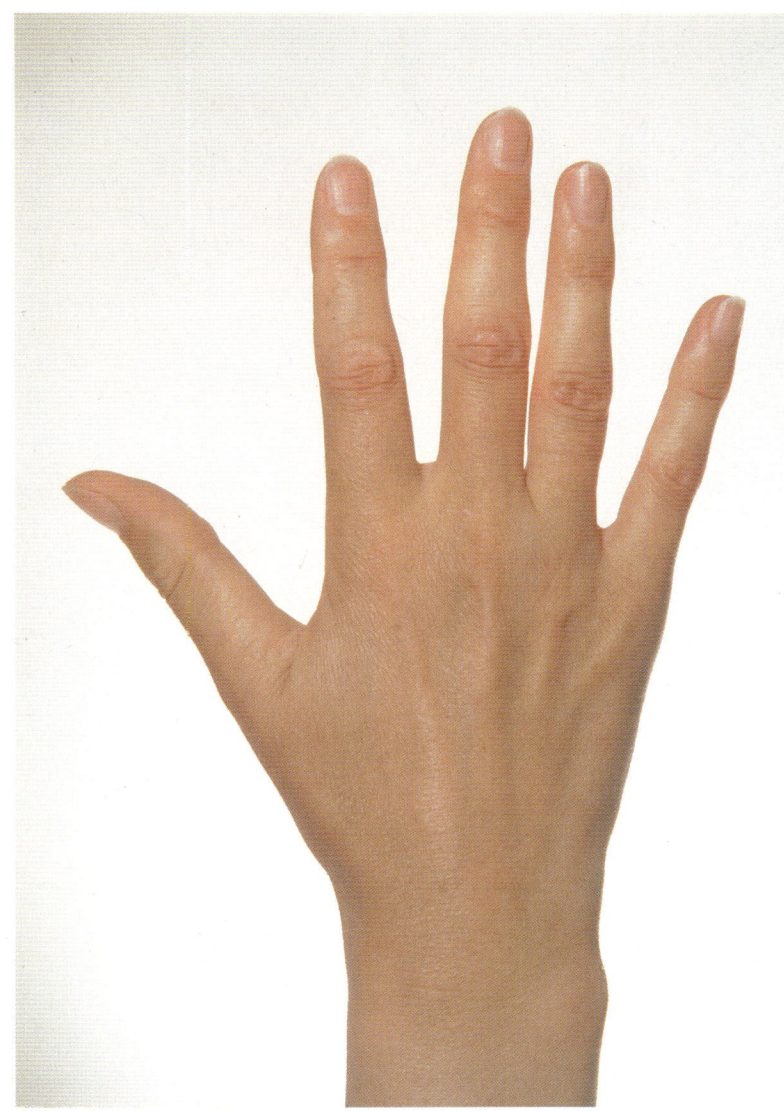

Fünfter Handtyp: *Konische Hand.*

Sie wird auch als »künstlerische Hand« bezeichnet. Ihr Charakteristikum zeigt sich in einer breiten Basis, die sich nach oben verjüngt. Der Handteller ist unten breiter, die Hand ist seitlich ausgebuchteter als die knotige Hand. Die Finger verjüngen sich von unten nach oben zuspitzend. Die konische Hand kennzeichnet den Stimmungs-und Empfindungsmenschen.

Bei der konischen Form unterscheiden wir drei Größen: die kleinere, die mittlere und die größere Hand. Je größer die konische Hand ist, um so mehr gewinnt die materielle Ausrichtung, besonders die Freude am sinnlichen Genuß die Vorherrschaft.

Dieser Mensch ist mehr den Einflüssen der Umwelt geöffnet. Da er dadurch stärker zu beeinflussen ist, ist er auch labiler und ängstlicher. Diesen Patienten sollte man nicht mit schwerwiegenden Aussagen belasten, selbst wenn er danach verlangt. Er kann solche bei seiner Konstitution nicht bewältigen.

Mit einer naturgemäßen Behandlung, die vielfältig und abwechslungsreich sein sollte, wird man hier kräftigend und unterstützend helfen können. Wichtig ist für diesen Menschen, daß er ständig mit positiven Hinweisen, Worten und Gedanken gefördert wird. Seine Widerstandsfähigkeit ist von seiner Gemütslage abhängig, die demgemäß zäh und/oder labil sein kann.

Sechster Handtyp: *Ideale Hand.*

Sie bildet das schmalste Rechteck mit sehr feinen, zarten, langen, konisch zugespitzten Fingern.

Dieser Mensch ist weniger dem praktischen Leben zugewandt, jedoch für alles Feingeistige geöffnet. Man findet diese Konstitution sehr selten. In der Praxis wäre eine ihm gemäße Behandlung mit Spagyrik, Hochpotenzen und Einzelhomöopathie zuträglich und hilfreich. Dieser Patient beschränkt sich gern auf das Notwendige. Seine Widerstandskraft ist nicht sehr groß.

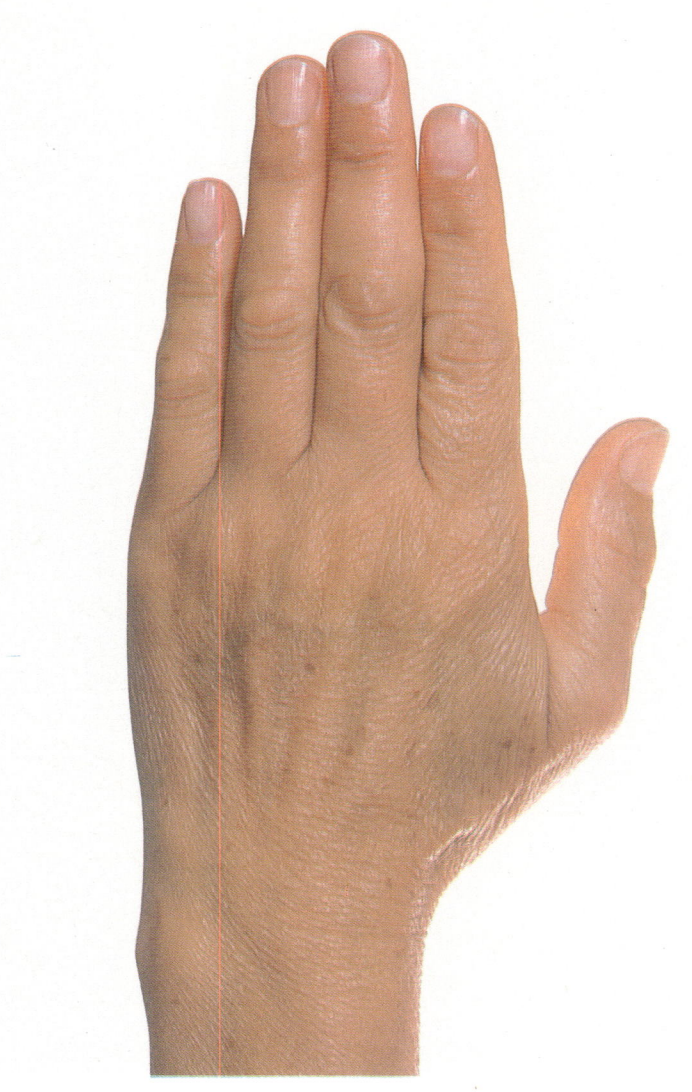

Siebenter Handtyp: *Kombinierte Hand*.

Sie ist eine Kombination der vorher geschilderten einzelnen Handtypen. Daraus ergibt sich ein jeweils neues individuelles Bild, wobei man die Grundkonstitution vorrangig bedenken sollte. Dieser Patient bedarf einer ihm entsprechenden Kombination aus verschiedenen Gebieten der Naturheilweisen.

In dem Dreiklang von Körper, Seele und Geist offenbart sich das Leben. Seine Bewegung vollzieht sich in dem sich ablösenden Prozeß von Ausweitung und Zusammenziehung. Diesen rhythmischen Vorgang nennt man Atmung.

In den *Büchern der Upanishaden*, einer Sammlung von Weisheitslehren der östlichen Welt, wird auf die kosmischen Zyklen des Seins – Werden und Vergehen – hingewiesen. Diese werden auch im Zusammenhang mit der Ein- und Ausatmung Gottes betrachtet. Jede Manifestation oder die Erscheinungswelt ist die Reaktion der Ausatmung des höchsten Lebens; das Vergehen, die Auflösung dieser, ist die Folge Seiner Einatmung.

»Wie im Großen, so im Kleinen.« Der Mensch entspricht als Mikrokosmos mit seinen Anlagen und Gegebenheiten dem Makrokosmos. Auch in ihm findet die Dreiheit des Lebens seinen Ausdruck. In seiner Einheit verbinden sich die drei Ebenen, die wir als körperliche, seelische und geistige bezeichnen. Durch den Werdegang im sichtbaren Bereich wirken sie ergänzend aufeinander abgestimmt, entscheidend für die Bewußtseinsentwicklung des Menschen. Das Organ, der menschliche Körper, ist dafür gleichnishaft bedeutsam, wie ein Gefäß zu seinem Inhalt.

Als Mittler zwischen geistiger und materieller Welt wirkt die seelische verbindend. Zufolge der Atmung, dem Ausdruck des Lebens, wird der magnetische Kontakt hergestellt. Dadurch stehen auch Menschen und Weltall miteinander in einem elektromagnetischen Austausch.

Von den inneren Vorgängen ausgelöst, findet alles im Äußeren mehr oder weniger seinen Niederschlag. Das Gesetz von Ursache und Wirkung läßt sich in dieser Beziehung anwenden und aufzeigen. Es dient dem Erkennen für ein bewußteres Leben.

Zwischen den Handformen und den einzelnen Yogawegen bestehen geistige Parallelen und Übereinstimmungen. Sie lassen sich erkennen bei

1. den praktischen Handformen, Spatel- und spatelgemischte Hand, die mit dem Yogaweg der Erfahrung in Verbindung stehen;
2. den theoretischen Handformen, eckige Hand und eckiggemischte Hand, die mit dem Yogaweg des theoretischen Denkens verknüpft sind;
3. den psychischen Handformen, konische und ideale Hand, auch diese gemischt, die den Yogaweg der Hingabe und Verehrung wählen;
4. den geistigen Handformen, knotige und knotig-gemischte Hand, die praktisch, theoretisch und psychisch reagieren. Sie bemühen sich, das Ganze zu verbinden, sich von Weisheit und Liebe lenken zu lassen.

Die Signaturen der drei Ebenen prägen sich am Menschen besonders bedeutsam und hinweisend an den Händen. Die verschiedenen Handformen und Zeichensetzungen der Linien lassen viele Korrelationen, durch die Eingravierung seiner Reaktionen in der Formgebung, auffinden.

An der Hand bedeuten die Finger den geistigen Kraftpol im Gegensatz zum Handteller, der als Basis für die materiellen Kräfte gilt. Die Fingerglieder selbst werden den drei Bewußtseinsebenen zugeordnet.

Die oberen beziehungsweise ersten weisen auf die geistige Ebene. Die Energien dieser Welt lassen hier Schlüsse auf geistige Kontakte und höheres Bewußtsein, entsprechend der Anlage der Persönlichkeit, zu. Sie nehmen durch die Ein- und Ausstrahlungskapazität Bezug auf die geistigen Energien und Fähigkeiten. Die mittleren beziehungsweise zweiten Fingerglieder stehen in Verbindung mit der seelischen Ebene. Das Empfindungsleben in seiner Zielsetzung nach Harmonie, Schönheit und Ausgewogenheit läßt hier das Erleben jener Welt in seiner Tragweite entschlüsseln und erkennen. Die unteren beziehungsweise dritten Fingerglieder fügen sich zu der dritten Ebene. Sie enthalten die Anteile der materiellen Welt und bestimmen den Menschen in der Realität mit all seinen Wünschen und Trieben.

Beim Betrachten der Innenhand ist die Zuordnung im Hinblick auf die drei Ebenen gleicherweise gegeben. Eine Differenzierung des Handtellers wird durch die Linienbildung vom gleichen Aspekt her gesehen.

Der Handteller erhält seine besondere Signierung durch die drei Hauptlinien: Herz-, Kopf- und Lebenslinie.

Die Herzlinie bezieht sich auf die geistige Ebene, auf das göttliche Leben.

Die Kopflinie nimmt Bezug auf die Vorstellungswelt, das Denken, auf das vermittelnde Prinzip und damit auf die zweite, seelische Ebene.

Die Lebenslinie weist auf die materielle Welt, den physischen Anteil, auf die Lebensenergien und Reserven der organischen Gegebenheiten.

Die Linien selbst wirken abgrenzend durch die sich bildenden drei verschiedenen Kraftfelder untereinander. Verschiebungen nach einer Richtung oder mehreren Seiten lassen dann das Verhältnis zu den entsprechenden Ebenen ermessen.

Das obere Feld, begrenzt durch die Herzlinie, zeigt die Raumgebung für die geistigen Energien. Das mittlere Feld, durch die Kopflinie unterteilt, bildet das Ausmaß der seelischen Möglichkeiten. Die Lebenslinie zeigt in ihrer Umgrenzung des Daumenballens das Feld der physischen Kräfte an.

Nachdem sich durch die Übersicht der kosmischen Bezüge und des Yoga in ihrer Struktureinheit zum Handbild eine Orientierung zur weiteren Begutachtung erfassen läßt, wird es für die Nutzanwendung eine Einführung zum eigenen Verstehen sein.

Das Erleben schöpferischen Wirkens gestaltet sich durch die Hinwendung des Menschen auf seine ganze Natur, die sich in drei Welten kundtut. Dem geistigen Erwachen geht stets Verstehen voraus. Der Mensch lernt bewußter dem zu entsprechen, was er im Innersten darstellt: ein Ebenbild des Göttlichen.

Jeder Berater und Behandler sollte den Daumen seiner Patienten richtig beurteilen können. Der Daumen stellt für die Persönlichkeit mit dem ersten Glied das Maß des Willens und mit dem zweiten Glied das Maß der Vernunft dar. Wir unterscheiden seine Länge, die Formation und die Elastizität.

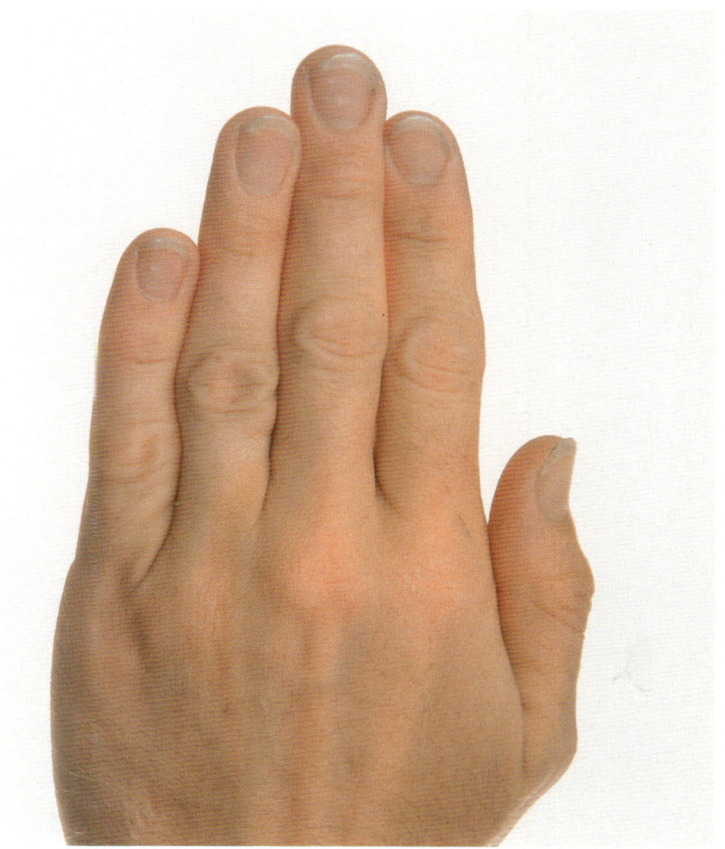

Die normale Länge reicht bei dem an die Hand angelegten Daumen bis an die Mitte des unteren Zeigefingergliedes.

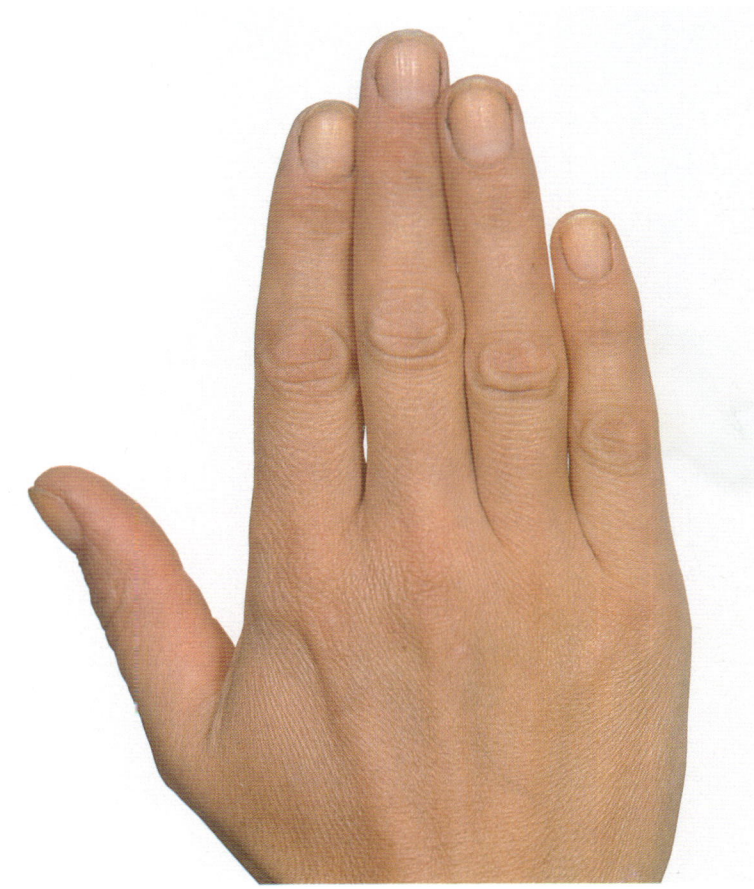

Ist der Daumen länger, zeigt sich ein selbstbewußter Mensch mit stärkerem Eigenwillen und Durchsetzungsvermögen. Schweren Lebensprüfungen wird er gut begegnen können.

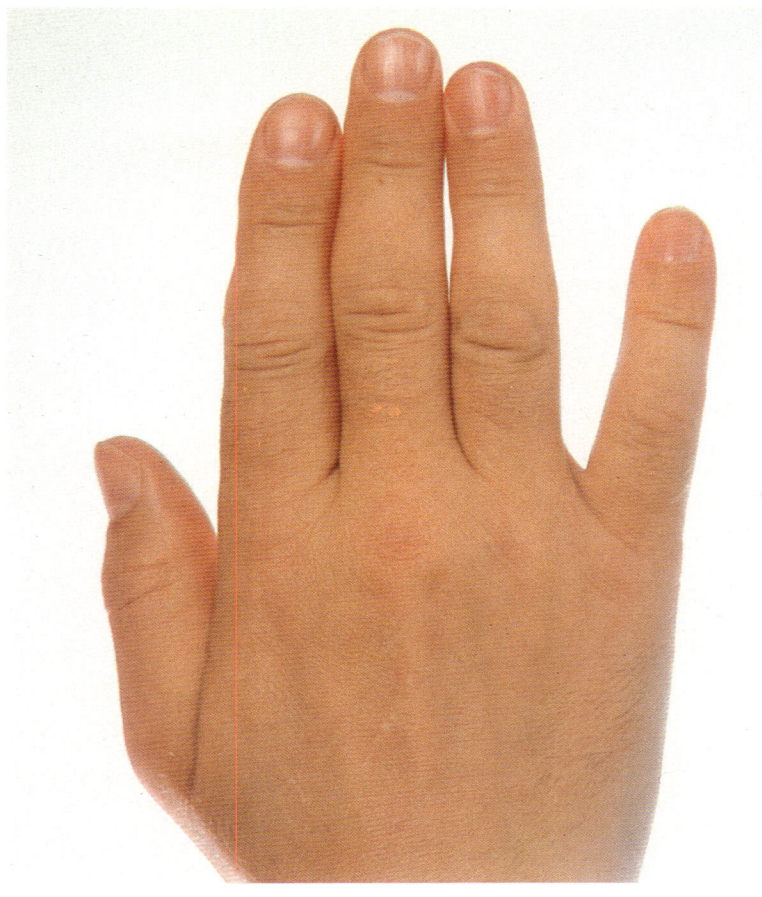

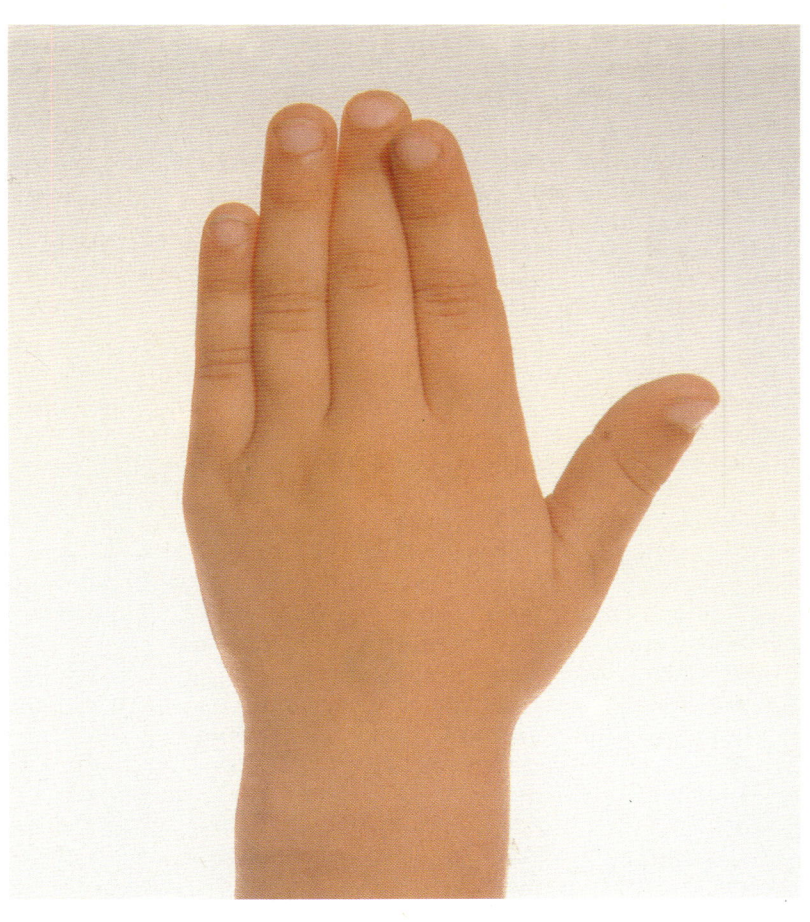

Bei einem kürzeren Daumen sind der eigene Wille und das Durchsetzungsvermögen weniger ausgeprägt. Dieser Daumeneigner hat mit den Einflüssen seiner Umwelt stärker zu kämpfen. Sein Denkvermögen sollte intensiver angeleitet werden.

Ein starker, kräftiger Daumen zeigt sich bei einem emotionsgeladenen Menschen, der unüberlegt und heftig reagiert.

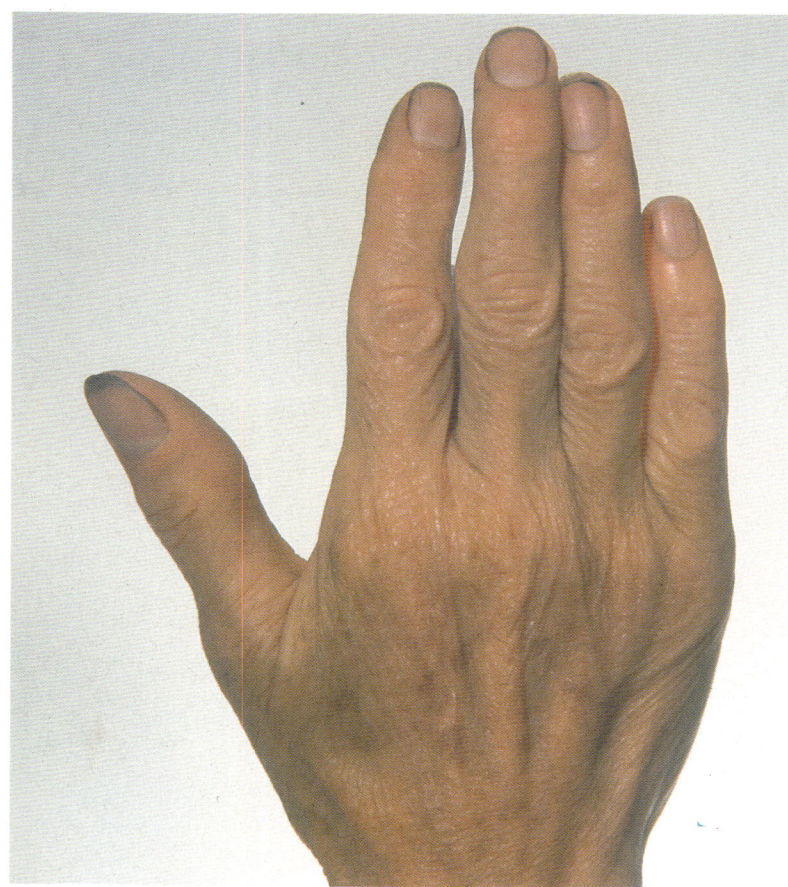

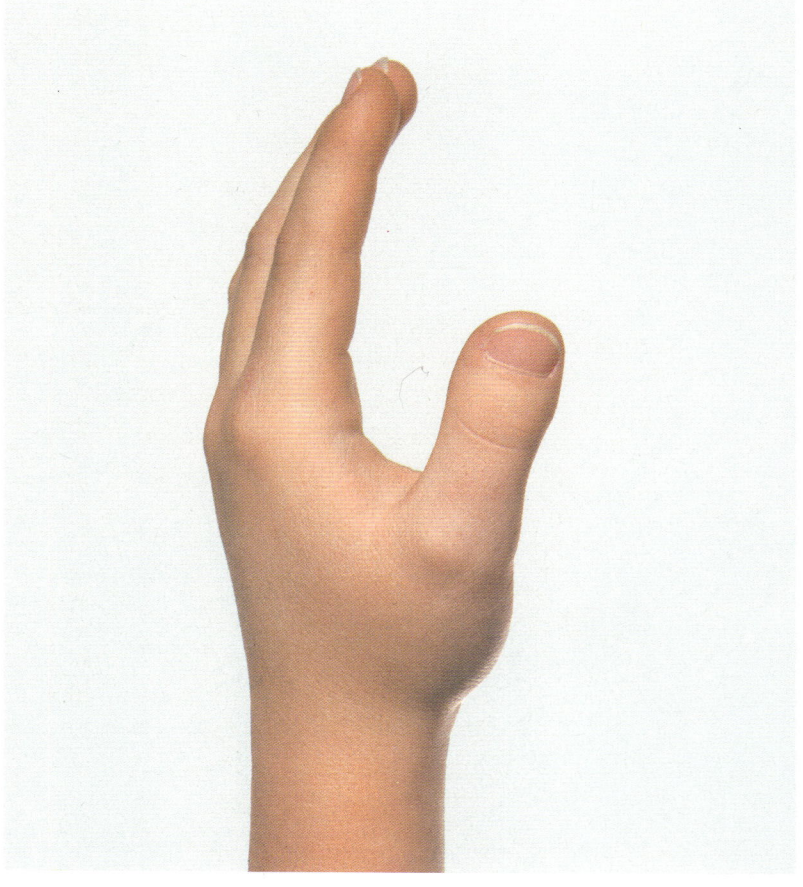

Ein feingliedriger Daumen läßt auf ein differenziertes Denken schließen. Hier findet man größere Disziplin.

Am stärksten sind Jähzorn und Heftigkeit bei dem sogenannten Keulendaumen ausgeprägt. Mit einem solchen Daumeneigner sollte man gelassen und überpersönlich, neutral umgehen, damit Kurzschlüsse vermieden werden.

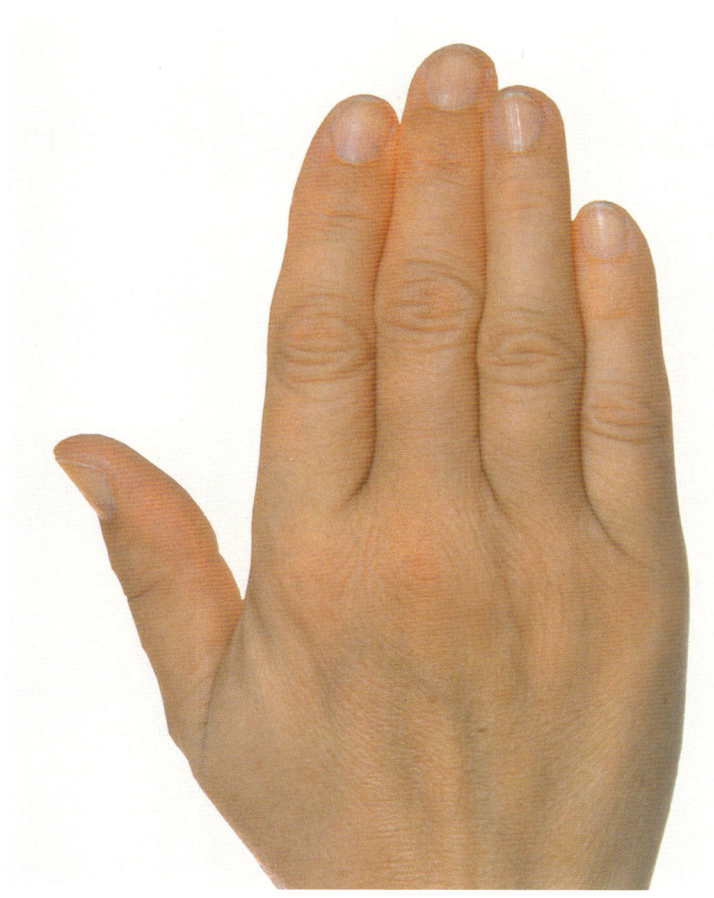

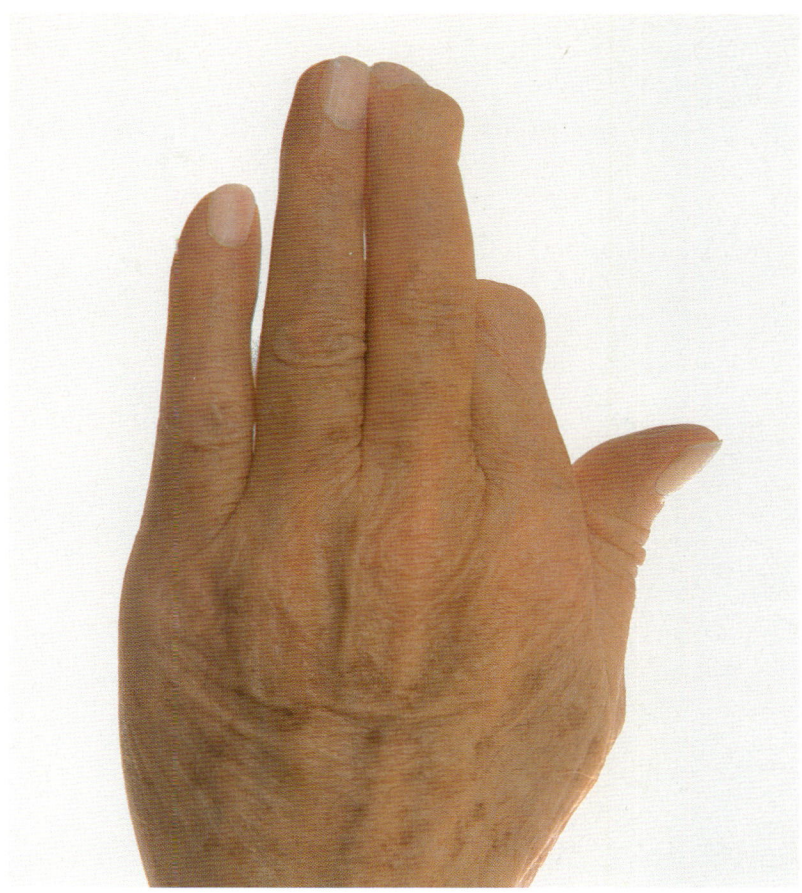

Ein normales erstes Daumenglied ist etwas gerundet, nicht zu spitz, leicht abgeflacht. Daraus ergibt sich, daß die Handlungen dieses Menschen aus einem durch Überlegung gesteuerten Willen resultieren.

Eine spitze Daumenkuppe spricht für Findigkeit im weitesten Sinn, mit der sich der Daumeneigner leicht in Aufgabenstellungen hineindenken kann. Dieser Mensch sollte aufgeklärt werden, nicht über einem Punkt das Ganze zu vergessen.

Die Biegsamkeit des Daumens deutet auf das Maß der Anpassungsfähigkeit hin. Die normale Biegung bildet einen Viertelkreis des vor der Hand nach außen abgewinkelten Daumens. Außerdem kann sich die Daumenspitze für sich abbiegen und zeigt im Normalfall eine kleine Biegung nach außen. Bei einem Zuviel oder Zuwenig wird der Daumeneigner zuviel oder zuwenig Eigenwillen besitzen.

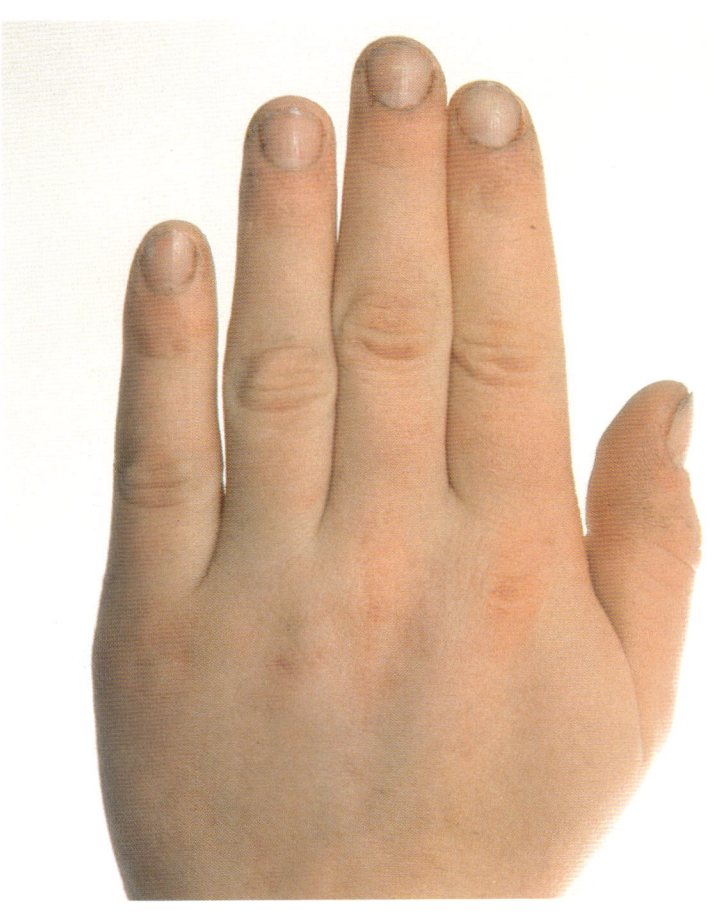

Ist die Daumenkuppe kräftiger gewölbt, wird der Daumeneigner dazu tendieren, spontan und unüberlegt zu handeln.

Mit einem geraden Daumen läßt sich ein stärkeres Rückgrat der Persönlichkeit verbinden – physisch und psychisch.

Ein sehr biegsamer Daumen zeigt sich bei einem Menschen mit übergroßer Anpassungsfähigkeit, die bis zu seiner Selbstaufgabe reichen kann. Sind die Ringfinger länger, ist der Mensch leichter zu beeindrucken, von seiner Umwelt abhängiger und dementsprechend leichter zu beeinflussen.

Die Maus

Auf der Außenhand bildet sich eine kleine Wölbung bei leichtem Anlegen des Daumens an die Hand. Sie wird als Maus bezeichnet und steht in Verbindung mit der Widerstandsfähigkeit, mit der Vitalkraft des ganzen Menschen, aber auch mit der Konsistenz des rechten oder linken Lungenflügels, der rechten oder linken Hand entsprechend.

Man palpiert sehr zart und fein mit der Zeigefingerkuppe die Maus von oben nach unten. Hierbei läßt sich ermessen, wie stark oder schwach das Lungengewebe und die gesamte Konstitution des Menschen sind.

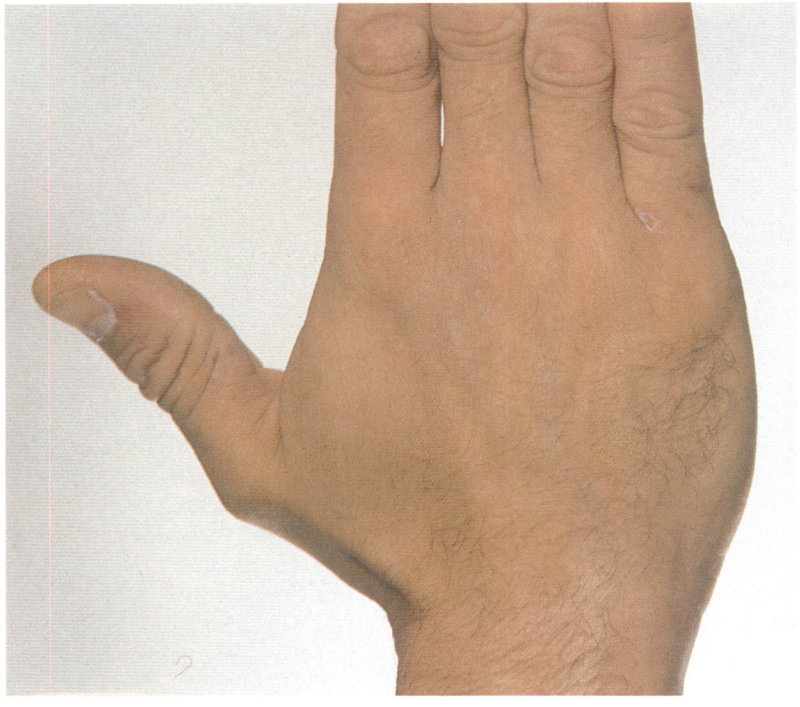

Ist die Wölbung gleichmäßig kräftig, verfügt der Mensch über eine ausgezeichnete Vitalkraft.

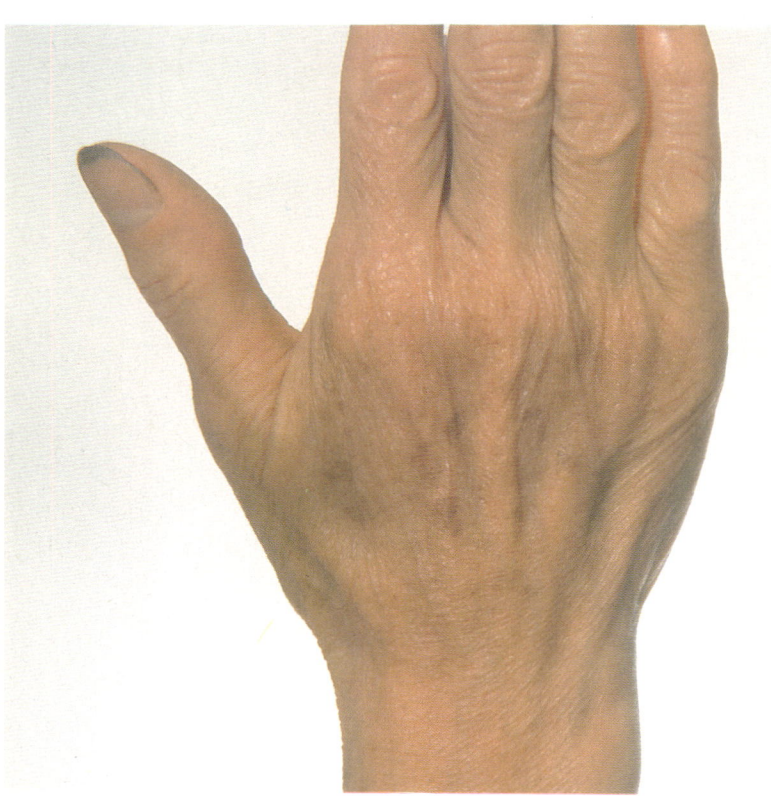

Ist an dieser Stelle keine Wölbung oder sogar eine Einziehung vorhanden, zeigen sich eine allgemeine Schwäche, wenig Widerstandsfähigkeit und ein akuter Abbau der Kräfte und Lebensenergien.

Zu der Beurteilung eines Menschen und um seine Aktivität oder
seine passive Aufnahmefähigkeit zu ermessen, gehört der Ver-
gleich von Zeige- und Ringfingerlänge.

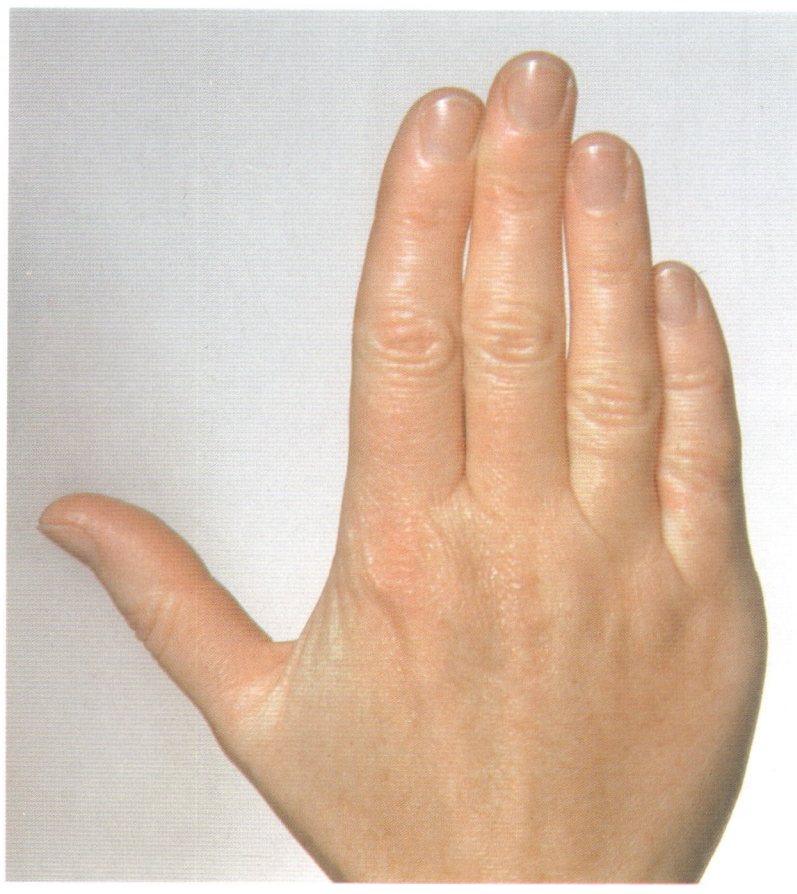

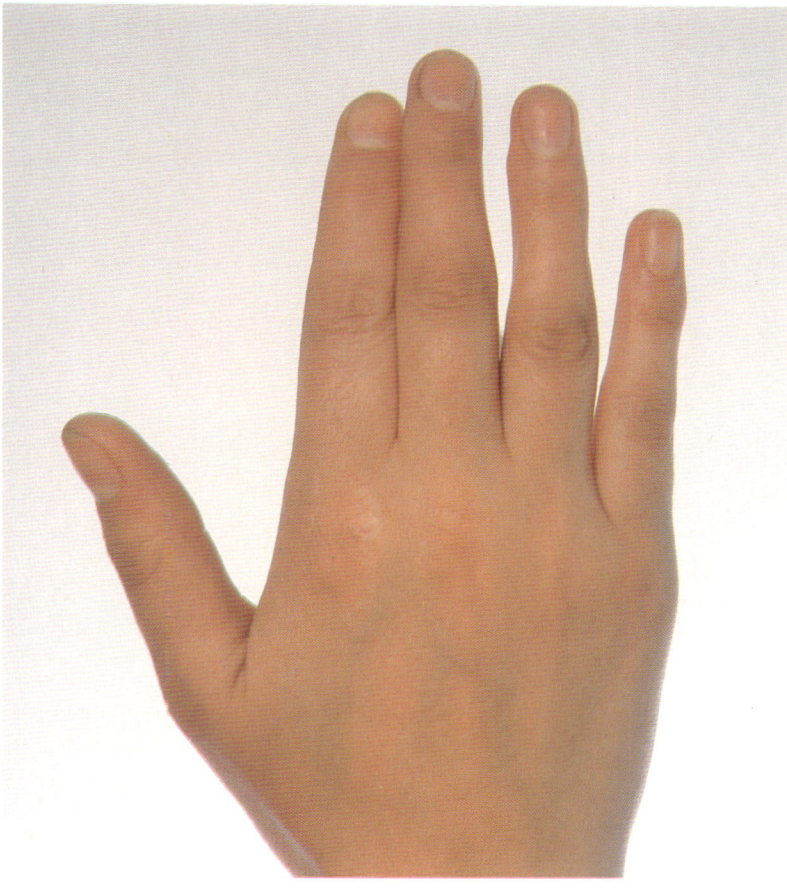

Sind die Zeigefinger länger, ist der Mensch in seinem Streben
selbstsicherer und bewußter, von seiner Umwelt unabhängiger.

Ein eingezogenes zweites Ringfingerglied bezieht sich auf eine
angeborene Herzbelastung.

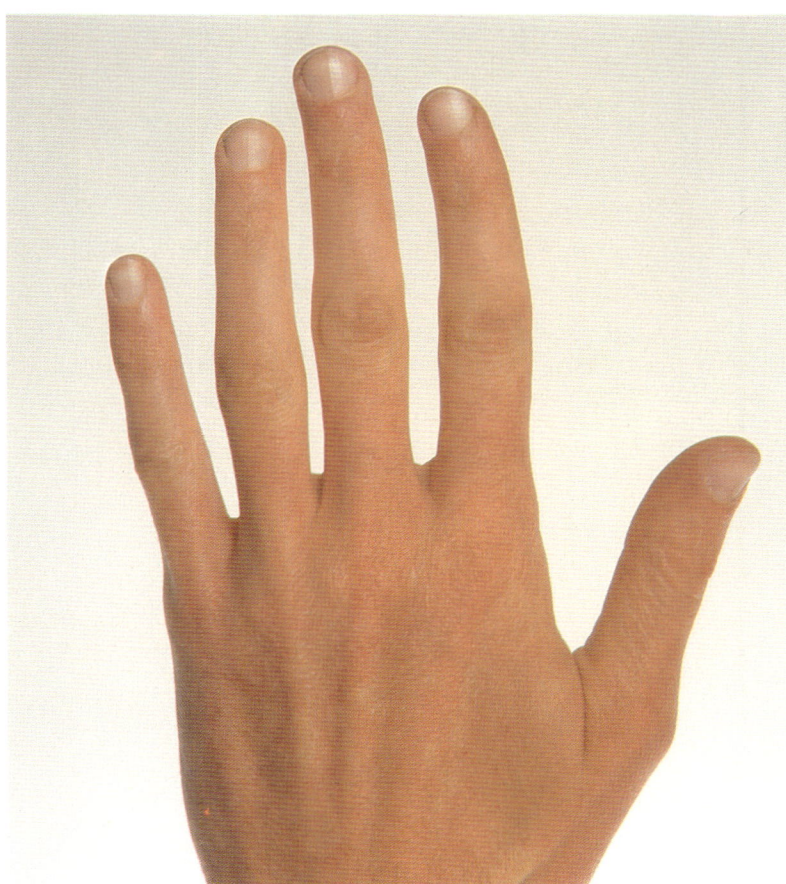

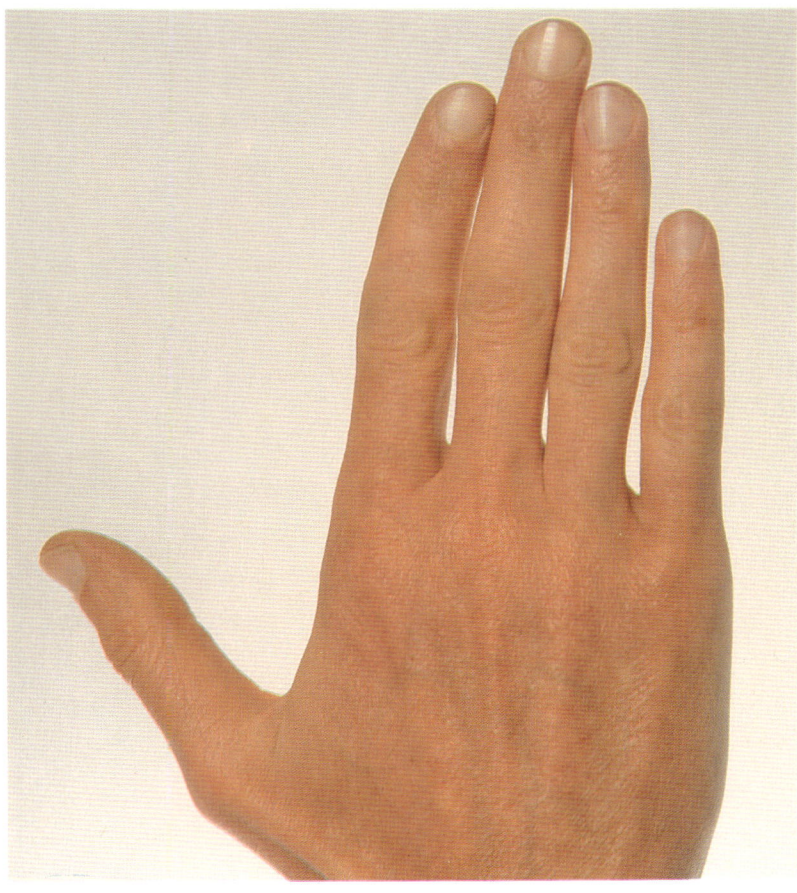

Eine Biegung des linken Zeigefingers gibt die Anlage zu einer
Milz-Pankreasinsuffizienz zu erkennen.

Eine Einziehung am unteren Glied des Ringfingers bezieht sich
auf eine Schwäche der Füße. Eine Biegung des rechten Zeigefingers läßt die Anlage zu einer Leber-Galleninsuffizienz erkennen.

24

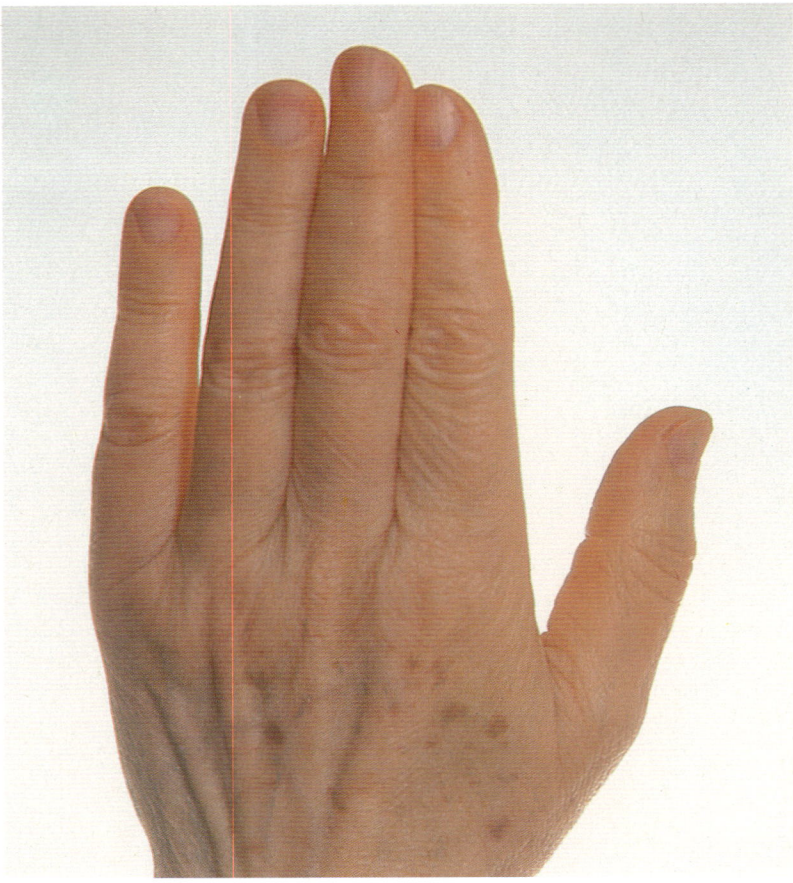

Wenn das obere Glied des Mittelfingers leicht zum Ringfinger hin gebogen ist, bedeutet das eine anlagebedingte Blinddarmreizung.

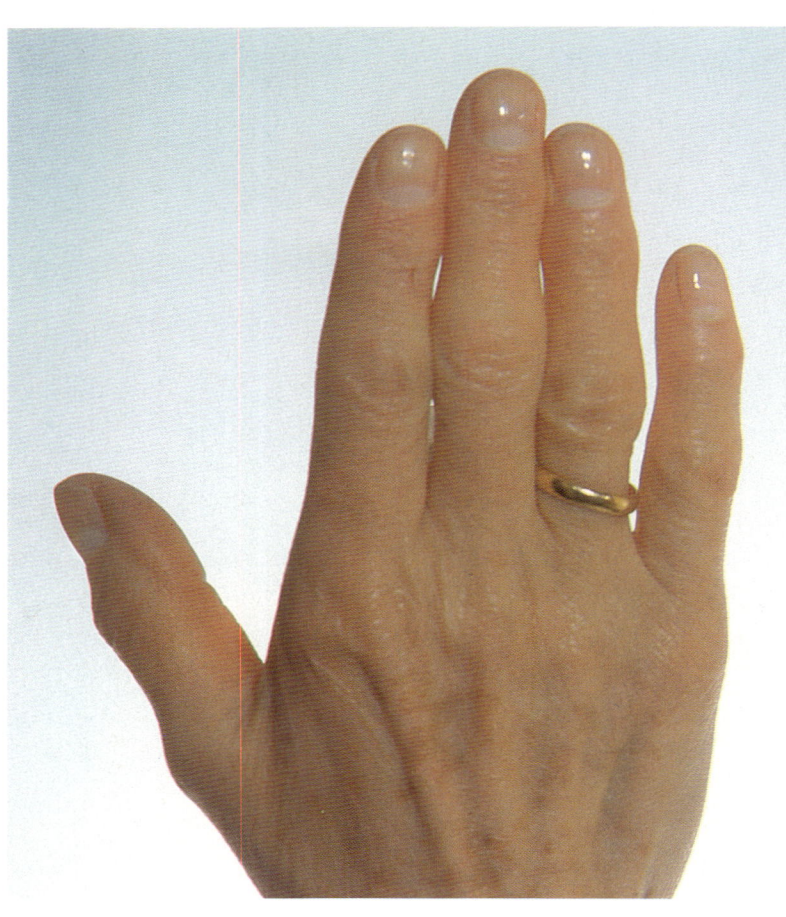

Ist das obere Fingerglied des Kleinen Fingers gebogen, besteht Bindegewebeschwäche, zum Beispiel Senkungsbeschwerden der Unterleibsorgane, des Uterus oder der Hoden.

Die Fingernägel

Zu einer Diagnose der Außenhand gehört die Beurteilung der Fingernägel.

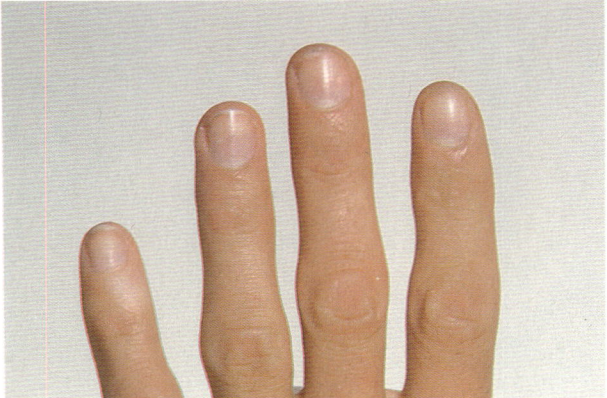

Der normale Nagel ist etwas länger als breit.

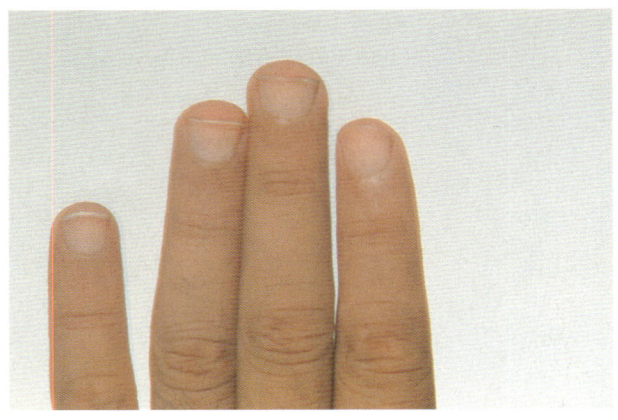

Der kürzere und etwas breitere Nagel weist auf organische, vererbte oder veranlagte Herzstörungen.

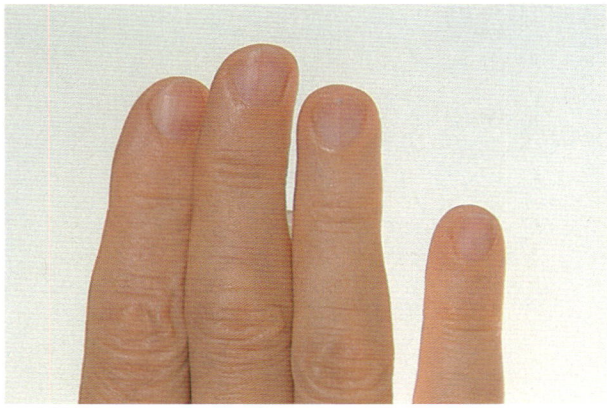

Ein übermäßig kurzer Nagel weist auf eine erbliche Belastung des Urogenitalbereichs in Verbindung mit einem organisch schwachen Herzen.

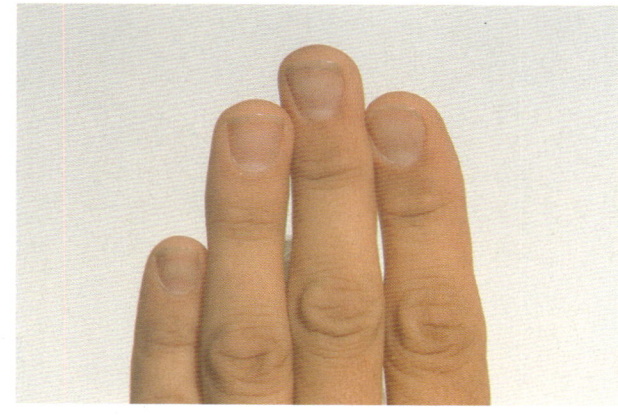

Ein kurzer Nagel, der unten dreieckig zugespitzt verläuft, weist auf das Rückenmark, Herzstörungen, oft auch auf hormonelle Unstimmigkeiten.

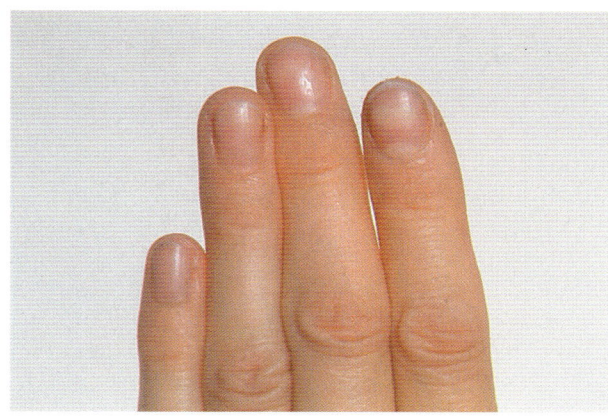

Ein schmaler, langer Nagel, der gewölbt ist, findet sich bei einer Nierenbelastung, die sich zuerst am Ringfinger zeigt. Wenn alle Nägel diese Wölbung von Rand zu Rand besitzen, ist eine Niereninsuffizienz akut geworden.

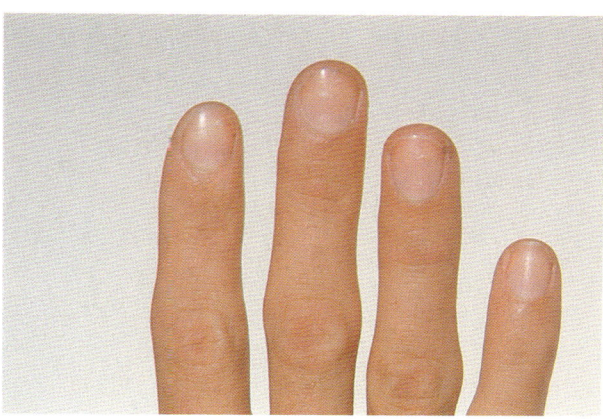

Die normale Nagelfarbe ist zart rosa.

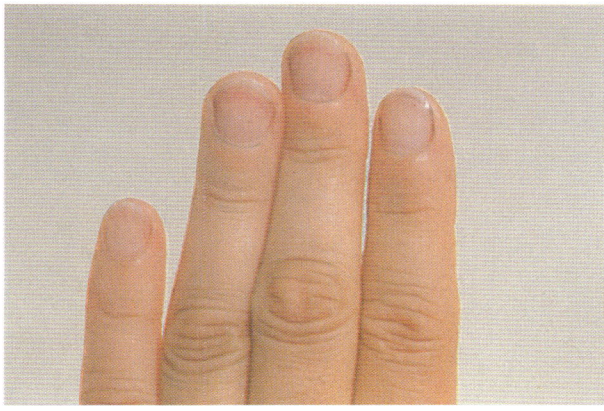

Ein ovaler, kugelförmig gewölbter Nagel, den sogenannten »Trommelschlegel« darstellend, weist auf eine erbliche Bronchialbelastung und Disposition zu Tuberkulose.

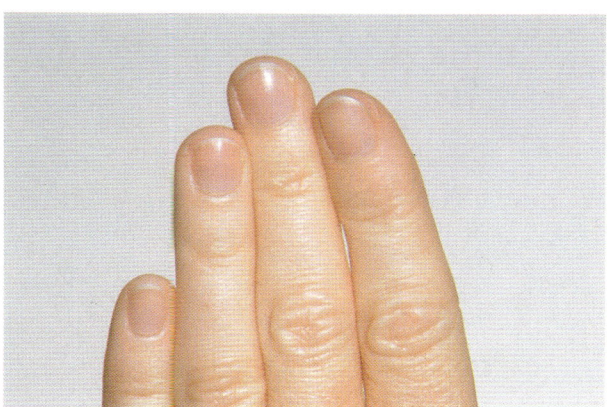

Eine rötliche Farbe spricht für Entzündungen.

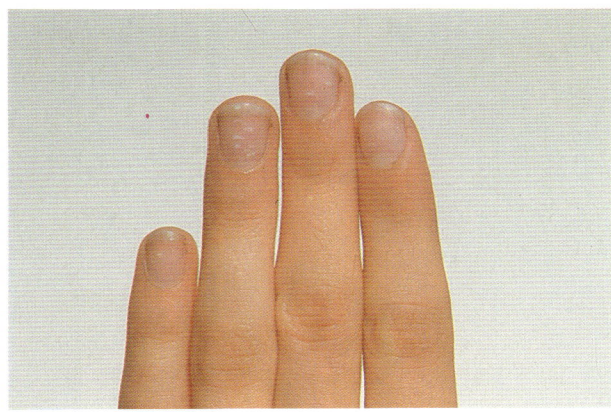

Weiße Flecken bilden sich auf dem Nagel bei Ausscheiden von übermäßig viel Harnsäure. Die Flecken werden auch durch große Entsäuerung bei starken Nervenbelastungen hervorgerufen.

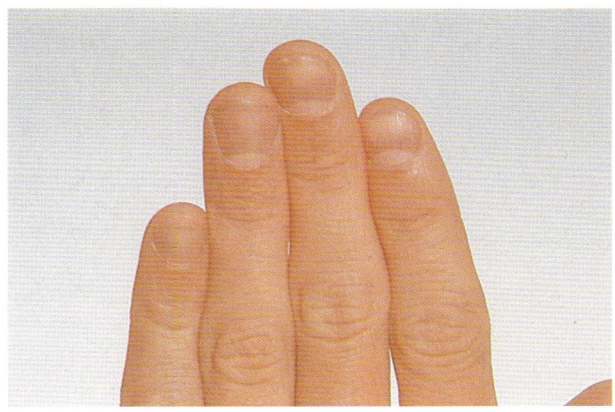

Eine rote Farbe weist auf Blutfülle und schnelle Übererregung.

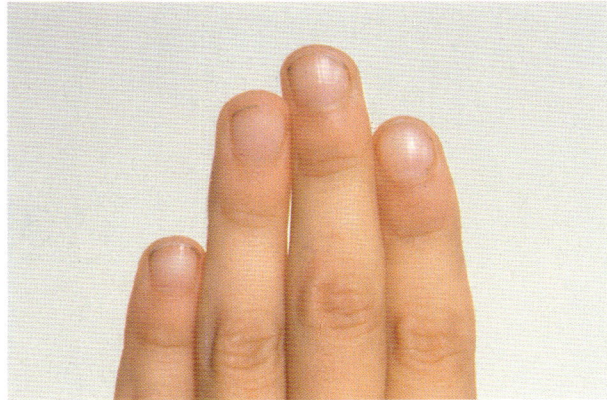

Sind Punkte auf dem Nagel vorhanden, die wie kleine Gruben oder wie mit der Nadel eingestochen erscheinen, wurde die Milz übermäßig aktiviert.

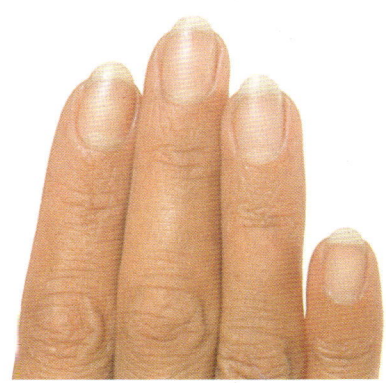

Eine weiße, blasse Farbe weist auf Leberinsuffizienz und Eisenmangel.

26

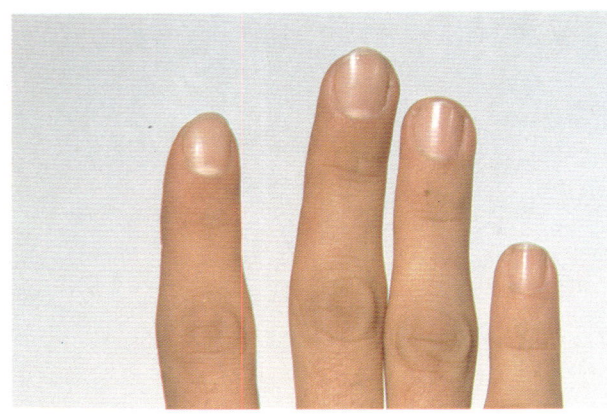

Eine leicht bläuliche, zyanotische Farbe läßt auf zuviel Kohlensäure im Blut schließen; es besteht ein sehr großes Sauerstoffbedürfnis.

Eine Besonderheit in der Nagelfarbe zeigt sich seit etwa 1957 bei einzelnen und ab 1960 in zunehmendem Maße bei allen Menschen, nachdem die Atmosphäre immer stärkeren Störungen unterworfen ist. Dieses Farbzeichen zeigt sich an Finger- und bei vielen Menschen auch an Fußnägeln am oberen Nagelrand unterhalb des herauswachsenden Nagels durch einen rötlichen Streifen, der auch braun-rötlich getönt sein kann. Er ist zeitweise mit einer kaum wahrzunehmenden weißlichen Linie durchzogen, die von Nagelrand zu Nagelrand reichen kann. Der rötliche Streifen verbreitert sich, wenn erneut atmosphärische Störungen in Form von Luftverseuchung auftreten. Die Menschen fühlen sich im akuten Fall überaus müde, abgeschlagen, wie ausgehöhlt, depressiv, ohne An- und Auftrieb.

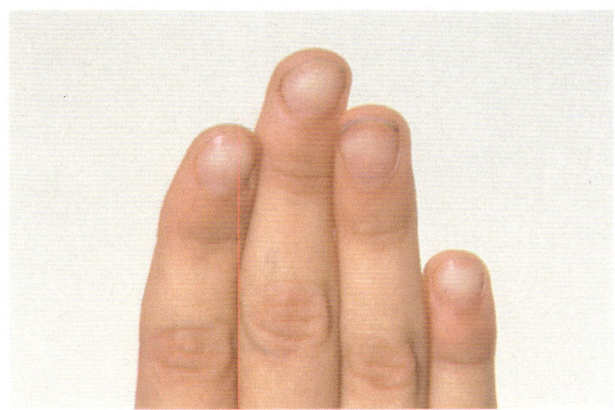

Stauungen im Organismus zeigen sich durch Aufhellungen im rötlichen Nagel.

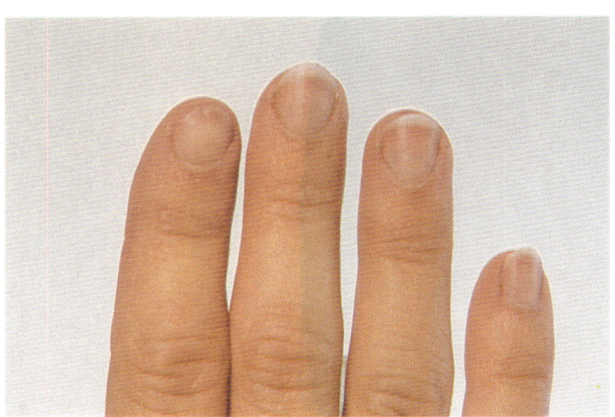

Nagel mit Zeichen für atmosphärische Störungen.

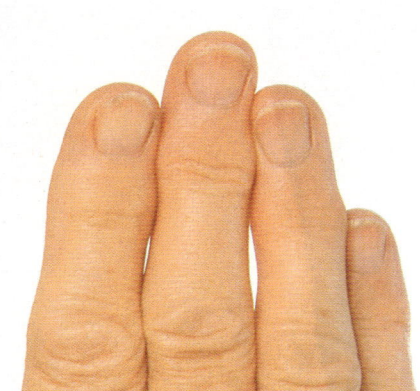

Nagel mit breiterem Streifen für akute atmosphärische Störungen.

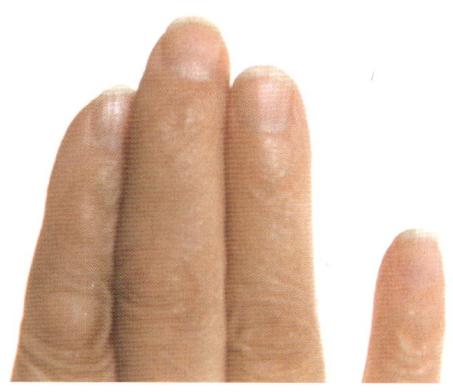

Häufiger als früher findet sich heute der Nagel, der auf gravierende Stoffwechselstörungen im Körper aufmerksam macht. Es ist eine krallenartige, von Seite zu Seite und von oben nach unten gehende Wölbung des Nagels. Diese Form ist oft bei Krebs vorhanden. Die Farbe des Nagels erscheint blaß und matt.

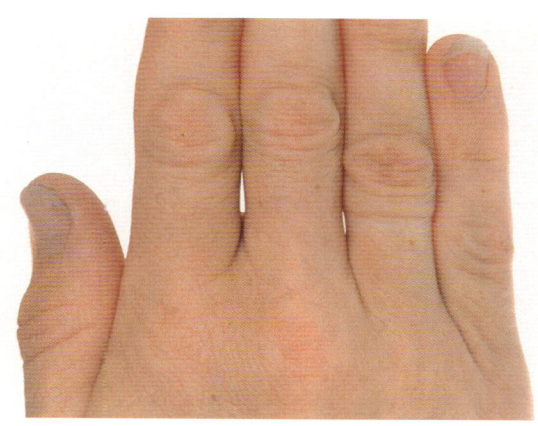

Ein stark schalenförmig gebogener Nagel, vorwiegend am Daumen, weist auf Alkoholismus bei den Vorfahren.

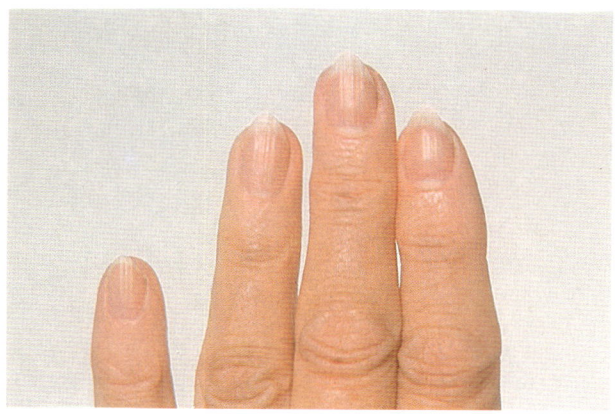

Ist das Nagelprofil seitlich krampenartig eingewachsen, besteht eine Disposition zu Lungenasthma (langer Nagel), Nierenasthma (gewölbter Nagel) oder Herzasthma (kurzer Nagel).

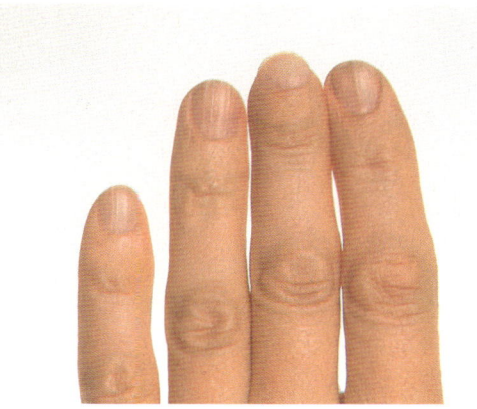

Eine einzelne Rille, senkrecht auf dem Nagel, bildet sich bei einer Nagelhautverletzung.

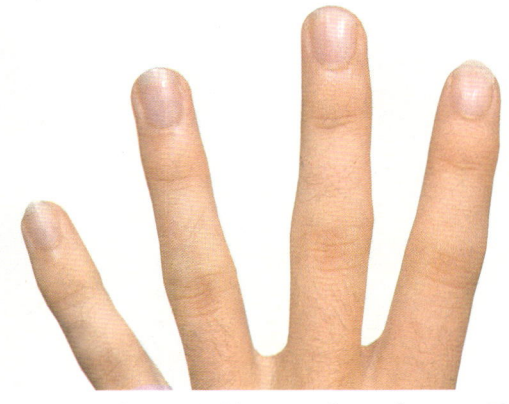

Ist der Nagel mandelförmig, besteht eine Disposition primär zu Stoffwechselstörungen, sekundär zu Diabetes.

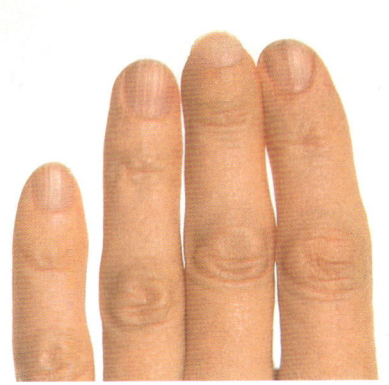

Mehrere Rillen, wie geflochten scheinend, die auf mehreren Nägeln gleichzeitig sichtbar werden können, jedoch am Mittelfinger beginnen, haben Verbindung mit einem veränderten Darmstoffwechsel. Hier sollte die Darmflora mitbehandelt werden. Auch Darmverschlackung und allgemeine Darmerschlaffung sind oftmals vorhanden; eines bedingt das andere.

Die Nagelmonde haben immer eine Beziehung zu den Herznerven.

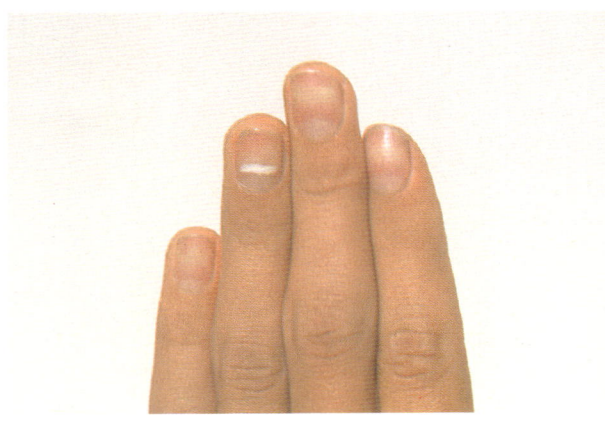

Ein übergroßer Nagelmond, gewölbt, zeigt eine Disposition zu Herzrhythmusstörungen und Überforderung der Herznerven.

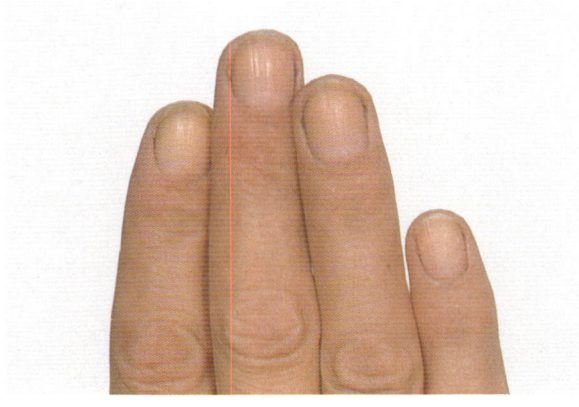

Der normale Nagelmond bildet eine feine achtelgroße Wölbung und weist auf gute Herznerven.

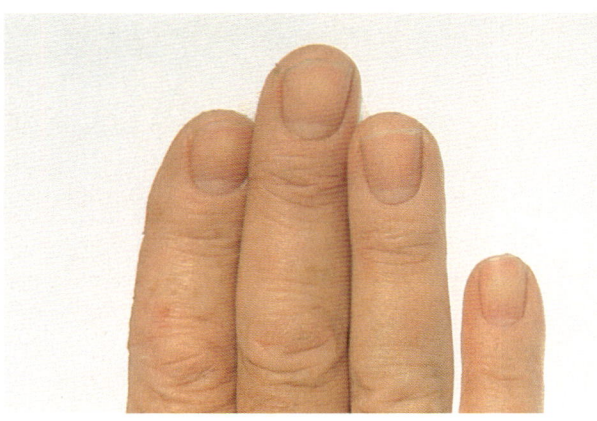

Ein übergroßer Nagelmond, der geradlinig von Rand zu Rand verläuft, weist auf eine anhaltende Übererregung der Herznerven, die zu einem plötzlichen Herzversagen führen kann.

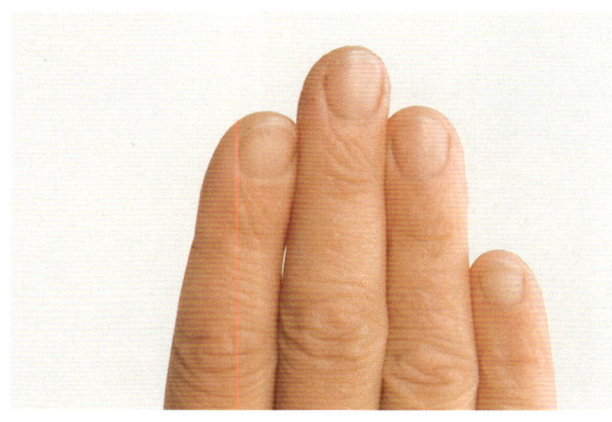

Ein Nagel ohne Nagelmond bedeutet eine allgemeine Nerven- und/oder Herznervenschwäche.

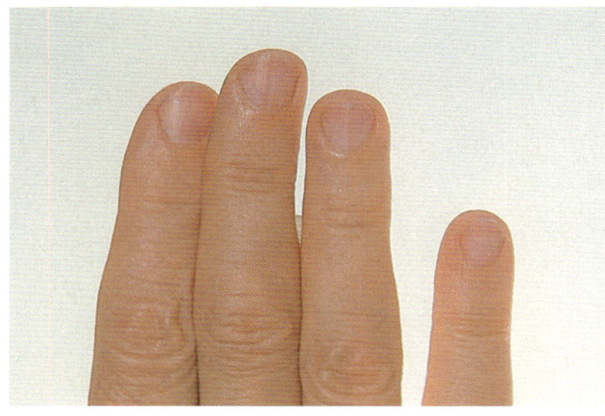

Ist der Nagelmond von einem bläulichen Rand umgeben, besteht Sauerstoffmangel. Dieser Rand ist bei einem längeren Aufenthalt in geschlossenen Räumen (zum Beispiel Konferenzsaal) sehr oft sichtbar.

Für die Synthese von Konstitution und Charakteristik des Menschen ist die Beurteilung der Innenhände eine wesentliche Ergänzung zu den Merkmalen der Außenhände.

In der Innenhand unterscheiden wir drei Ebenen: die geistige, die seelische und die körperliche Ebene. Den geistigen Teil bilden die Finger. Der seelische Teil reicht von den Fingerwurzeln bis zu der Mitte des Handtellers. Der physische Teil schließt sich an und verläuft bis zu der Handwurzel.

»Ich-Seite« – »Du-Seite«

Wir teilen die Innenhand in die »Ich-Seite« (Daumen, Zeigefinger, Mittelfinger) und die »Du-Seite« (Ringfinger, Kleiner Finger). Die Seiten werden durch eine gedachte Linie, die senkrecht zwischen Mittel- und Ringfinger bis zu der Handwurzel hin verläuft, getrennt. Die Ich-Seite wird der eigenen Persönlichkeit, dem Ich, zugeordnet, während sich die andere Seite auf die Umwelt, auf das Du, bezieht.

Der Daumen entspricht ganz speziell dem Ausdruck und der Wesensart einer Persönlichkeit: »Die Individualität, das ›Ich-

Selbst‹, ist der göttliche Kern der inneren Persönlichkeit. Das Äußere eines Menschen ist der Ausdruck des Inneren, des ›Ich‹. Art und Ausdruck dieses Ich zeigen sich konzentriert in Form und Konsistenz des Daumens.« (Ernst Issberner-Haldane)

Der Daumenballenberg als Teil der Ich-Seite, beinahe bis zu der Handmitte reichend, umfaßt mit der Lebenslinie die Lebenskraft der Persönlichkeit. Die Ich-Seite zeigt gleichzeitig auch an dem Beginn der Kopflinie die Basis der Gedankeneinstellung und, mit dem zweiten Abschnitt der Herzlinie bis zu ihrem Ende, das Maß der Güte und Herzlichkeit des Menschen.

Die Du-Seite, die sich auf alles außerhalb der eigenen Persönlichkeit bezieht, auf das Du, die ganze Umwelt eingeschlossen, läßt ermessen, wie die Einstellung und Gedankenrichtung durch die Prägung des zweiten Teils der Kopflinie bis zu ihrem Ende ausgebildet sind. Durch den Anfang und den ersten Teil der Herzlinie werden die Gesinnung und die innere Beziehung des Handeigners zu anderen Menschen erkannt.

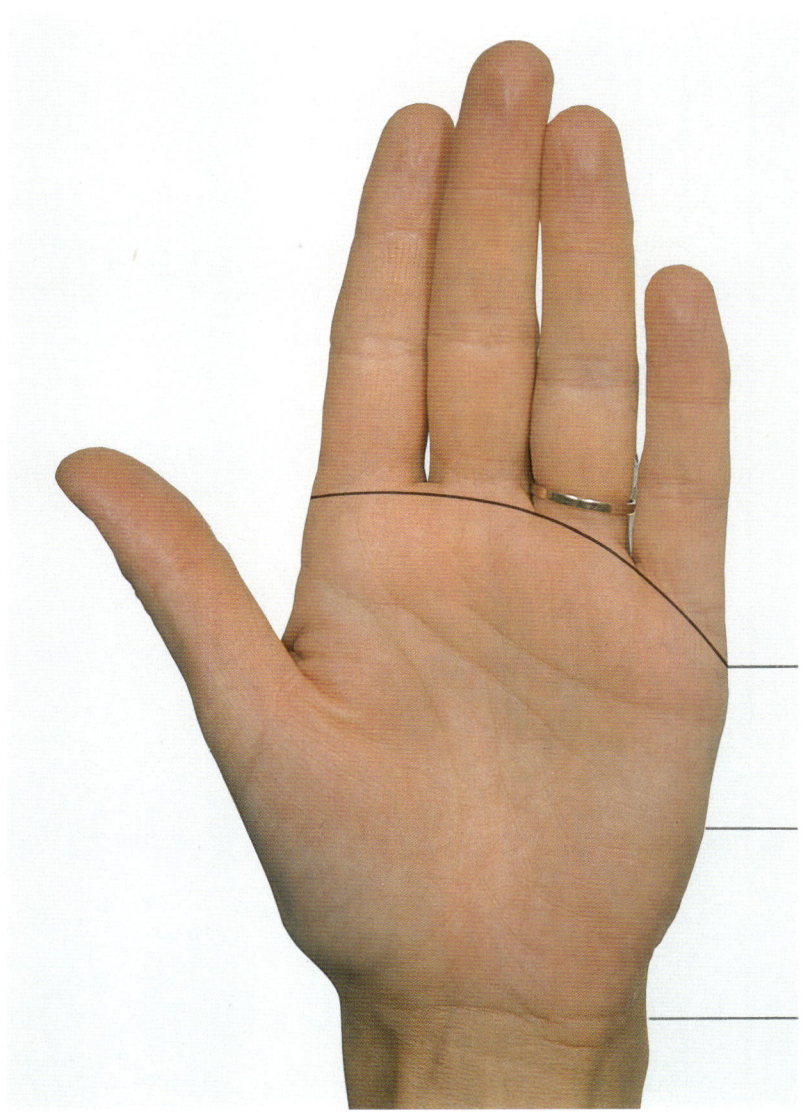

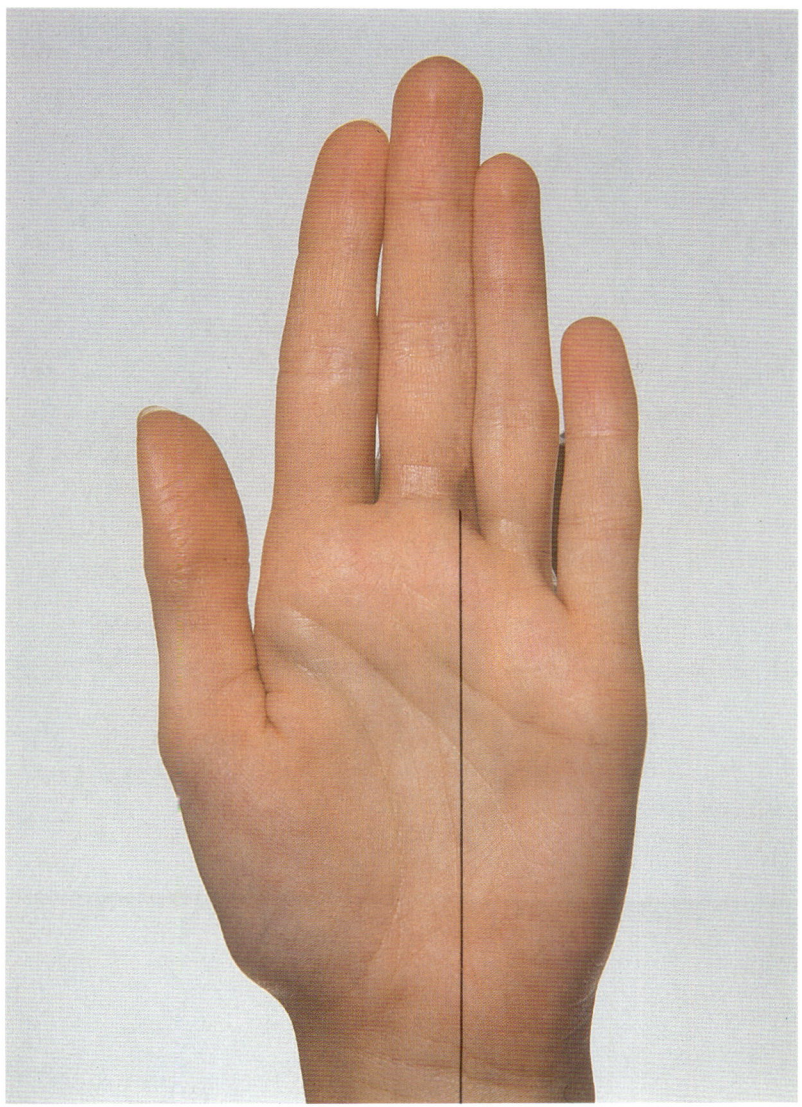

30 Ist die Kopflinie lang, zeigt sich mehr Gehirnnervenkraft. Es sind eine größere Auffassungsgabe, tieferes Nachdenken und mehr Bewußtsein für das, was außerhalb der eigenen Persönlichkeit geschieht, vorhanden.

Die erste Hälfte der Herzlinie (= Du-Seite) gibt darüber Aufschluß, wie sich aus der Resonanz der Umwelt das eigene Herz organisch und empfindungsmäßig entwickelt. Aus diesem Zusammenhang ergibt sich ein Hinweis darauf, wie wichtig die Nestwärme für ein Neugeborenes, ein junges Leben ist.

Ist der Zeigefinger (Ich-Seite) länger als der Ringfinger, (Du-Seite), so ist der Handeigner in sich gefestigter, von der Umwelt unabhängiger. Ist der Ringfinger länger als der Zeigefinger, ist der Handeigner der Umwelt zugeneigter und ihren Einflüssen stärker geöffnet.

Ergänzend sei zu dieser ausgeführten Einteilung der Ich-Seite erwähnt, daß die Schicksalslinie oft mit der gedachten senkrechten Linie (siehe Seite 29) ganz oder teilweise übereinstimmt.

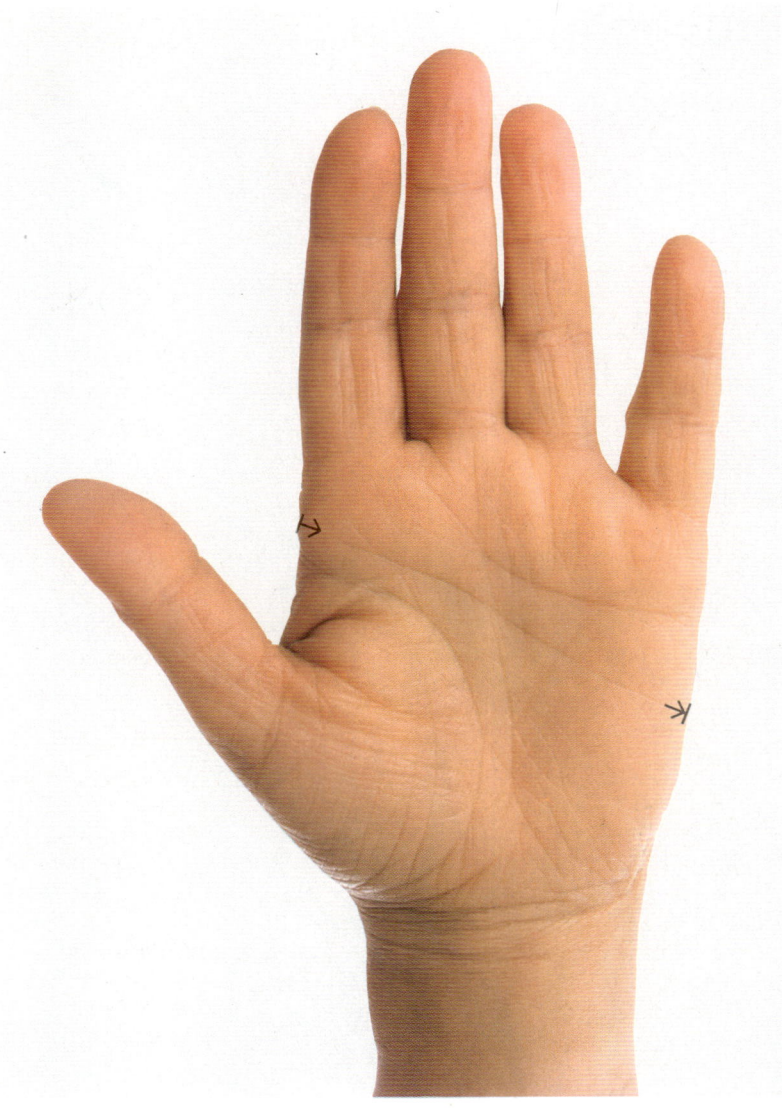

Die Finger werden in drei Abschnitte eingeteilt: die ersten (oberen) Fingerglieder stehen mit dem geistigen Prinzip, die zweiten (mittleren) mit dem seelischen Prinzip und die dritten (unteren) mit dem physischen Prinzip in Verbindung.

Der Handteller wird durch die Kopflinie in zwei Bereiche eingeteilt: seelischer Bereich oberhalb, physisch-materieller unterhalb.

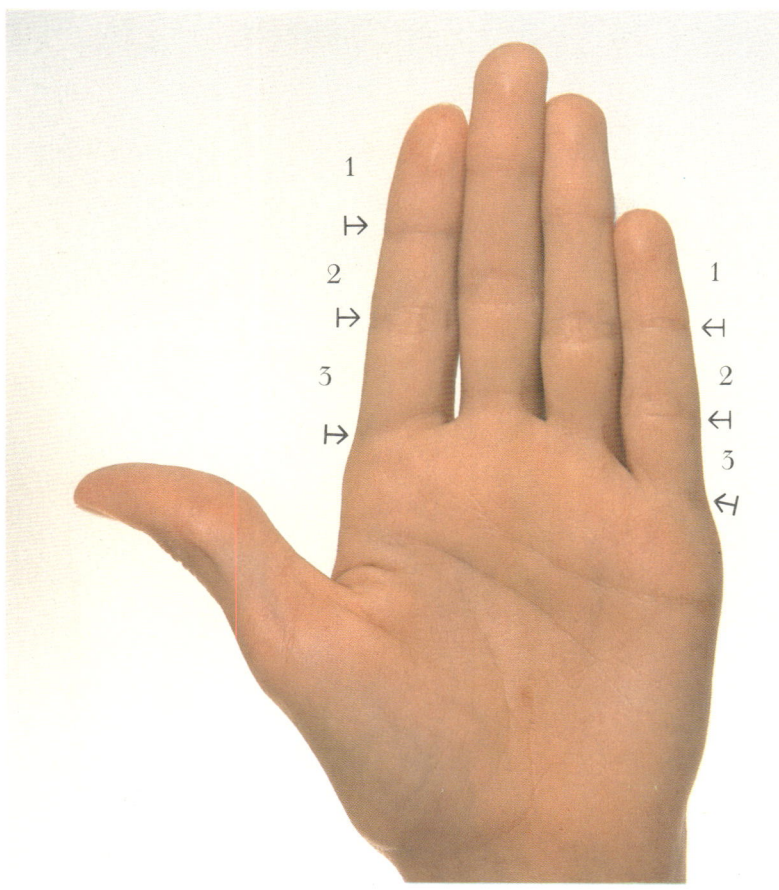

Befinden sich alle drei Abschnitte in gleicher Länge zueinander, zeigt sich ihr Dreiklang in Harmonie.

Betrachten wir die Innenhand in bezug auf die Hauttextur, erkennen wir daran das seelisch-geistige Niveau, die allgemeine Stoffwechsellage und das Kreislaufgeschehen des Handeigners.

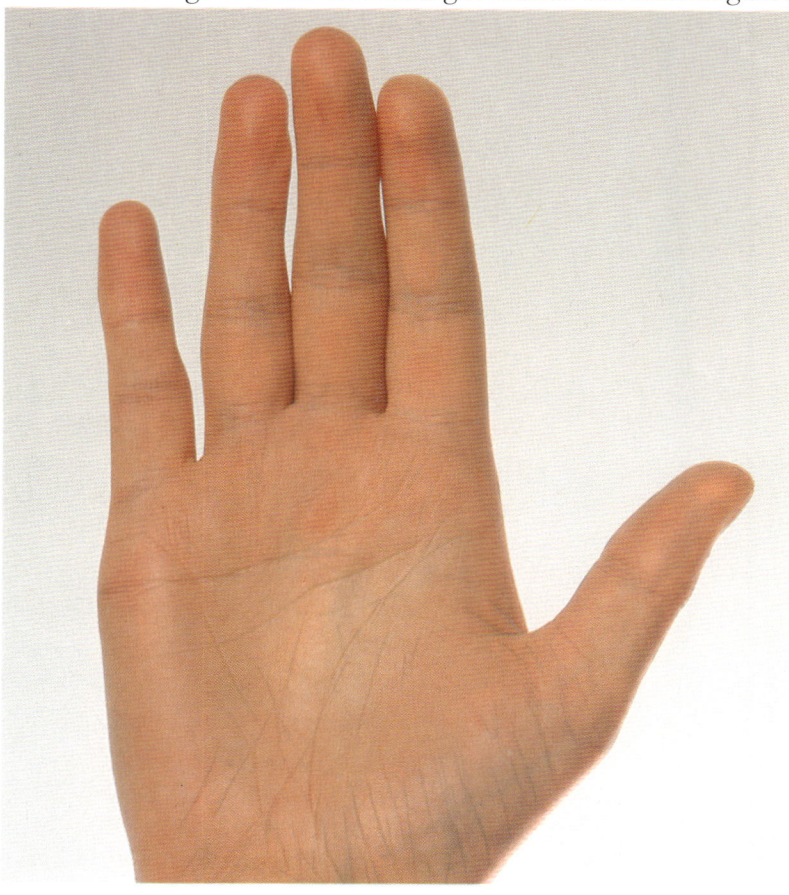

Feine Hauttextur = sensibel

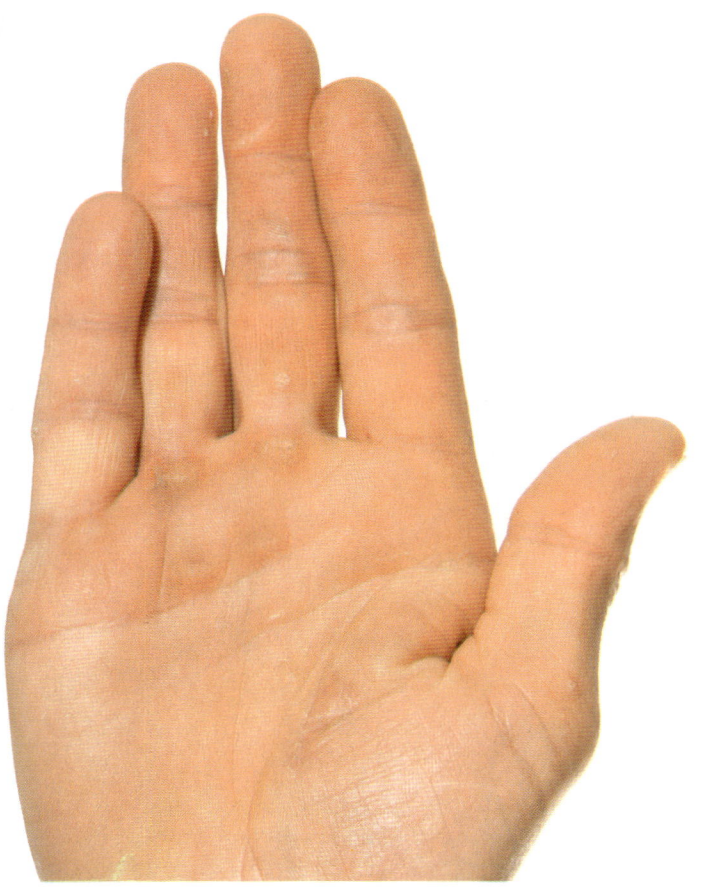

Kräftige Hauttextur = widerstandsfähig

Um das Schema der Innenhandeinteilung abzurunden, sei auf weitere Sektoren, zumeist durch Wölbungen gebildet und als Berge bezeichnet, hingewiesen. Diese Abschnitte bedeuten Kraftfelder. Sie beziehen sich einerseits auf den Charakter, andererseits auf das Organische.

Der Berg unterhalb des Zeigefingers bezieht sich auf die Lebensfreude (psychisch) und auf das Blutsystem (physisch).

Der Berg unterhalb des Mittelfingers weist auf die Konzentration (psychisch) und auf das Knochensystem (physisch).

Der Berg unterhalb des Ringfingers gibt Hinweis auf die Empfindungsfähigkeit (psychisch) und auf die Nerven (physisch).

Der Berg unterhalb des Kleinen Fingers steht mit dem Denken (psychisch) und dem vegetativen Nervensystem (physisch) in Verbindung.

Das Feld zwischen Herz- und Kopflinie unterhalb des Kleinen Fingers zeigt eine Beziehung zu der psychischen und zu der physischen Widerstandsfähigkeit.

Der Außenrand der Innenhand zwischen Kopflinie und Handwurzel bezieht sich auf das Emotionale, das Ideale, die Phantasie, die Sensitivität (psychisch) und auf das Lymphsystem (physisch). Dieser Berg wird in drei physische Bereiche eingeteilt: Der obere und der mittlere Teil stehen mit dem Stoffwechsel in Verbindung, der untere Teil wird der Milz zugeordnet.

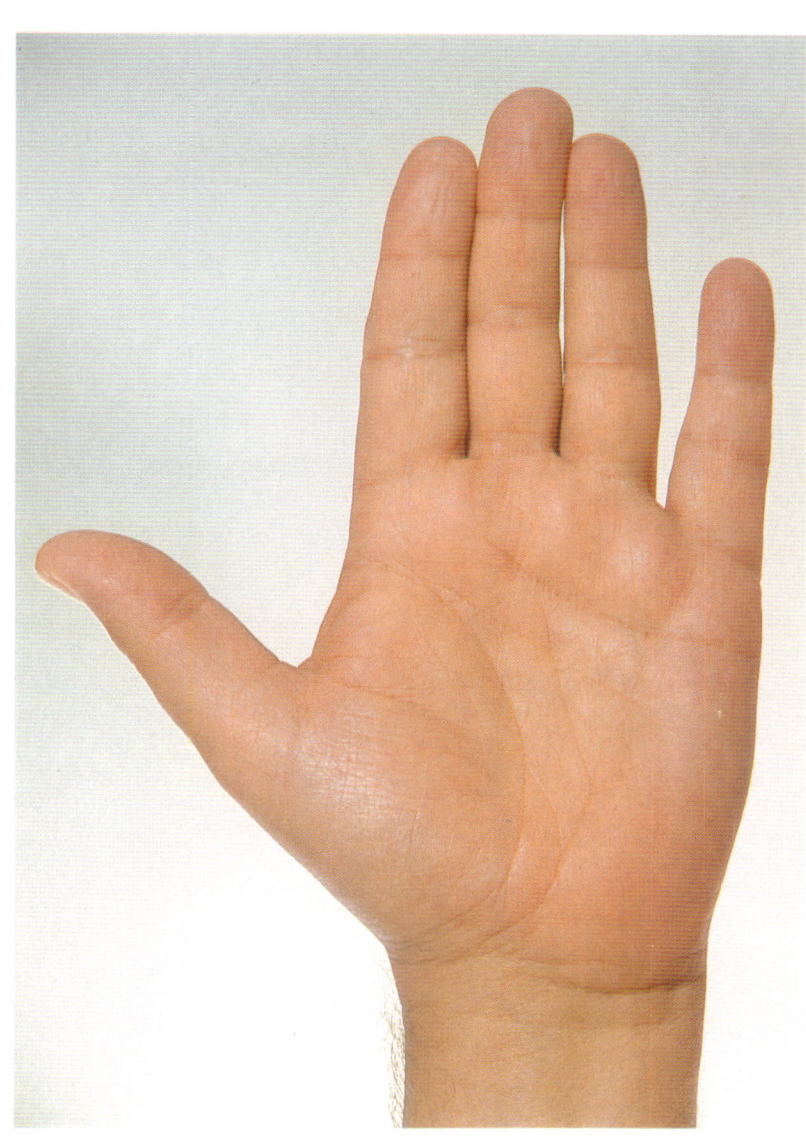

Der Daumenballenberg nimmt Bezug auf die Gefühlswelt (psychisch) und auf die Sexualorgane (physisch).

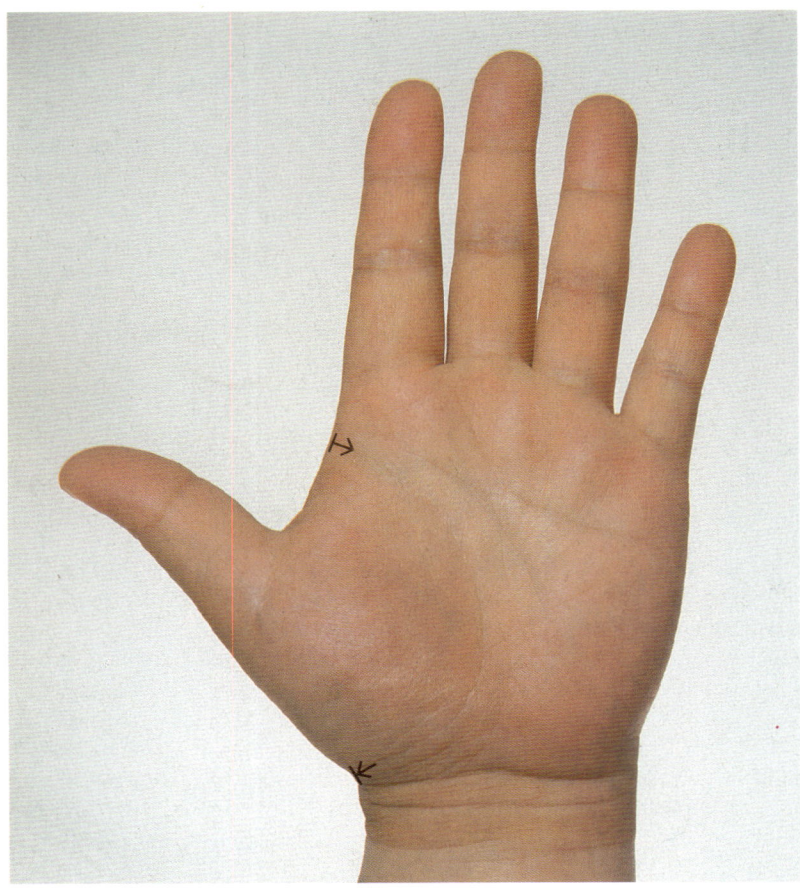

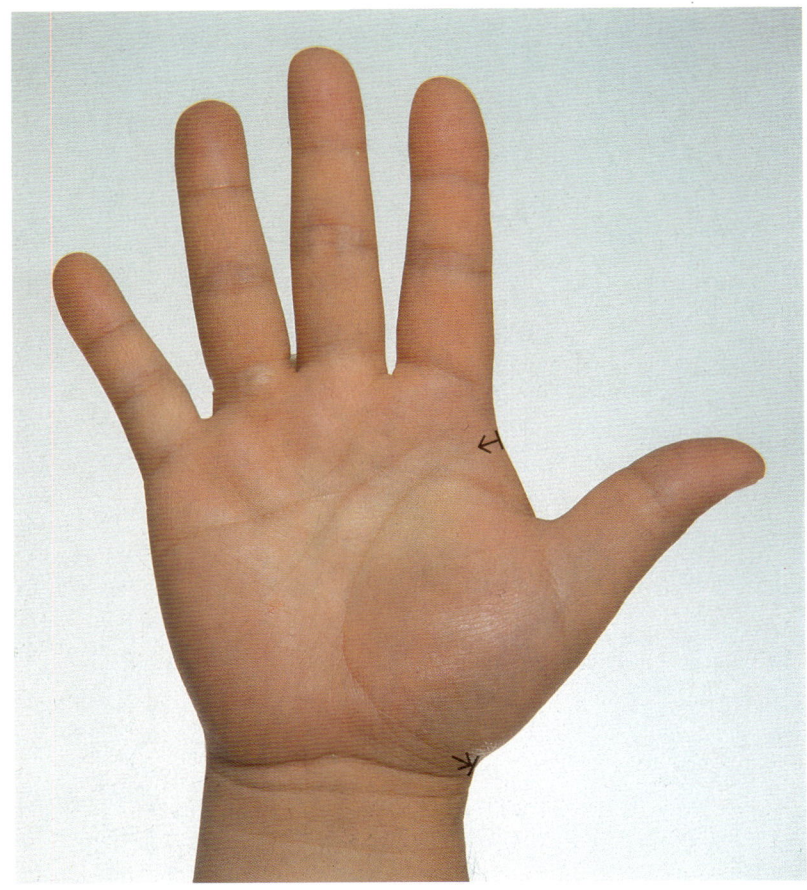

Die Handlinien

Um das Verständnis für die Übersicht der Innenhand zu vertiefen, ist es notwendig, die Bedeutung der einzelnen Linien zu erklären. Als Hauptlinien gelten die Lebenslinie, die Kopflinie und die Herzlinie. Diesen folgen die Schicksalslinie, die Magenlinie, der Venusgürtel, die Sonnenlinie, die Intuitionslinie, die Giftlinie, die selten vorhandene Asketen- oder Isislinie, die Raszetten und die Milchstraßenlinie sowie die Vorgeburtslinie. Um die Zusammenhänge zu begreifen, müssen die einzelnen Linien in ihrer Charakteristik und Prägnanz erklärt und in ihrer Kombination erläutert werden.

Wir beginnen immer mit der Lebenslinie. Diese zeigt an, wie tief und wie lang der Lebensweg des Handeigners aus der mütterlichen und aus der väterlichen Erbsubstanz gebildet wurde. Die linke Hand bezieht sich auf die mütterliche, die rechte auf die väterliche Generation.

Die linke Hand enthält die eigene seelische Beziehung; sie weist auf den Kontakt des Ursprungs, auf das Woher. Die rechte Hand enthält die geistige Beziehung und weist auf das Ziel, auf das Wohin. Man kann auch sagen, daß die linke Hand das bereits bewußt Gewordene, die rechte Hand das noch Bewußtzuwerdende in sich birgt.

Hierdurch offenbart sich die weitere geistige Entwicklung. Die seelischen Voraussetzungen müssen also genutzt werden, um geistig fortschreiten zu können.

Richtunggebend für die Lebensdauer des Menschen ist die rechte Hand. Man kann jedoch nicht allein aus der Kürze oder Länge der Lebenslinie schließen, wieviele Lebensjahre dem Handeigner auf seiner Erdenwanderung vorherbestimmt wurden. Eine solche Aussage bedarf tiefer Einsicht und großer Reife. Der verantwortungsbewußte Mensch kennt die geistigen Gesetze und vermeidet eine Fixierung auf ein bestimmtes Lebensjahr. Er hütet sich, ein Trauma zu verursachen. Menschen, die auf einer eindeutigen Aussage bestehen, besitzen selten eine Vorstellung von ihrer eigenen Seelenkraft.

Das Denkprinzip wird durch die Kopflinie dargestellt. Diese beginnt, ebenso wie die Lebenslinie, an der Daumenseite. Bis zu der Handmitte steht sie mit dem Unterbewußtsein, dem Kleinhirn, in Verbindung, die weiterreichende Kopflinie mit dem Oberbewußtsein, dem Großhirn.

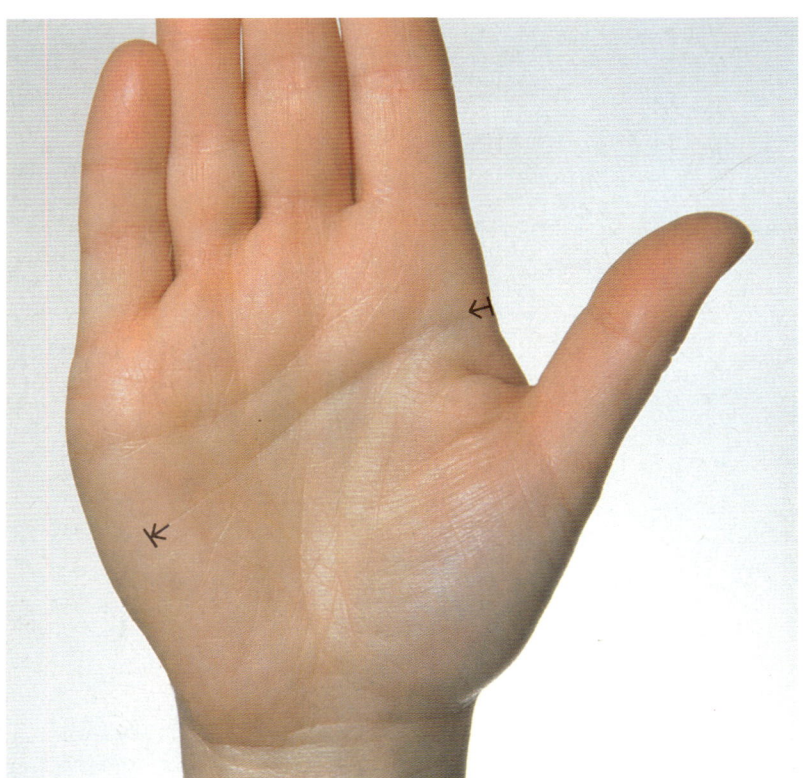

Je bewußter ein Mensch an sich arbeitet und damit geistige Disziplin erwirbt, um so länger prägt sich die Kopflinie. Reicht sie von Rand zu Rand, ist sein eigenständiges Denken um so intensiver. Reicht sie in den oberen oder mittleren Handrandberg, wird durch größere Phantasie schöpferisches Denken entwickelt.

Eine Spaltung der Kopflinie vor der gedachten senkrechten Mittellinie weist auf Schizophrenie. Das Bild einer Kopflinie bei der Parkinsonschen Erkrankung kann mehrere Inseln, Spaltungen, Quasten, auch Abzweigungen zum unteren Handrand aufweisen.

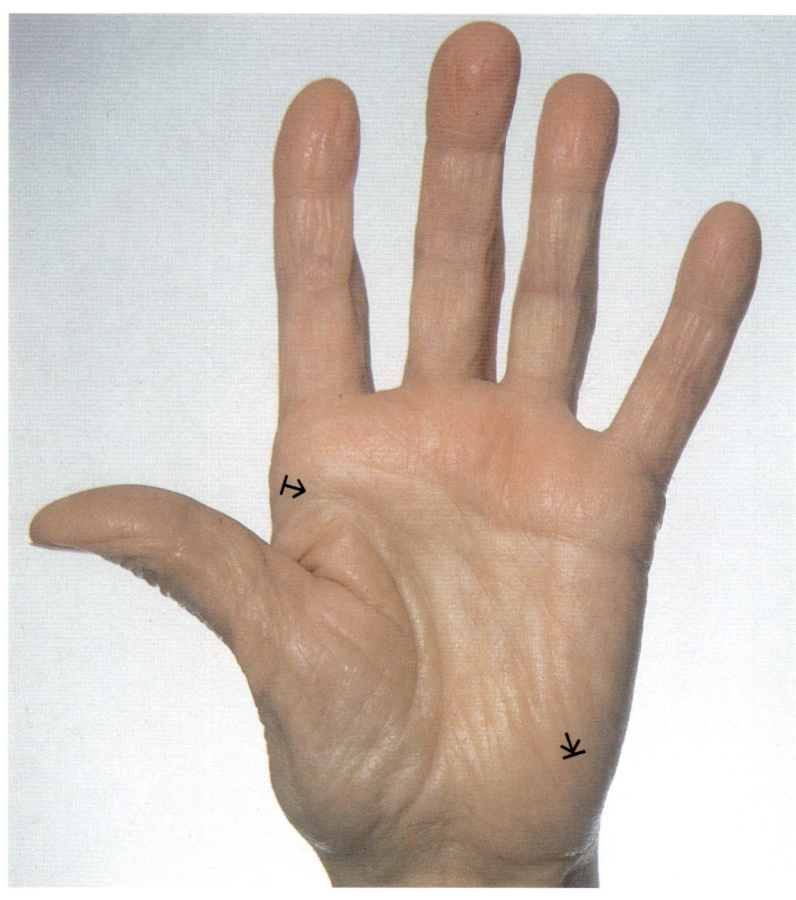

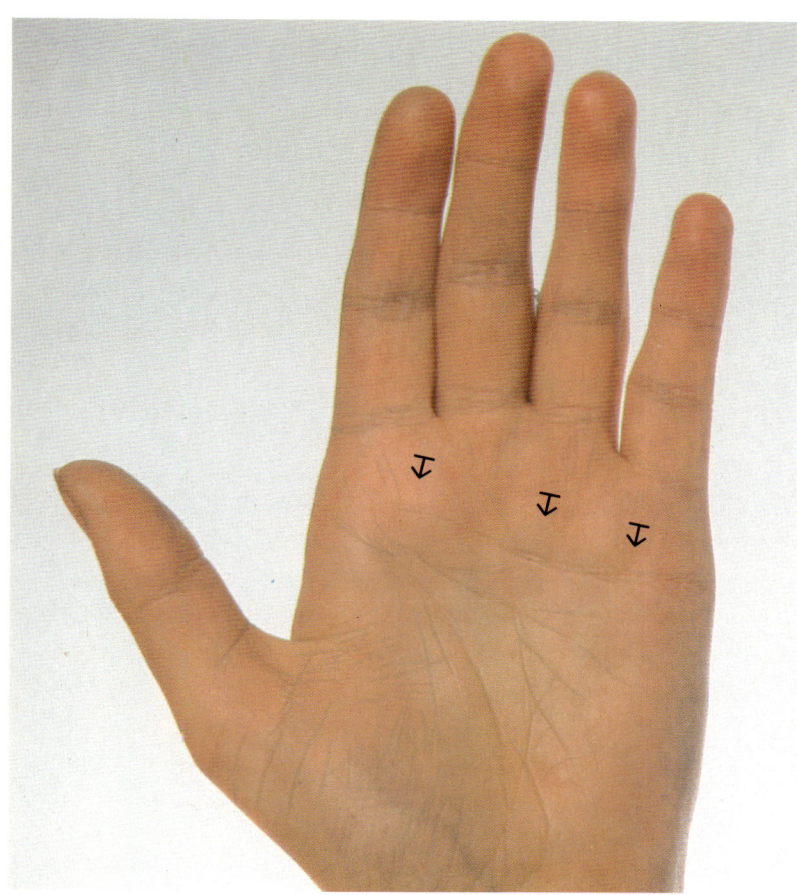

Eine Kopflinie, die bis zum unteren Handrand geneigt ist, zeigt die Tendenz zu Schwindel und Fall, besonders wenn sie hakenförmig gebogen ist. Ohne Biegung jedoch tendiert der Handeigner zu Schwermut und Lebensüberdruß, aber auch zu Selbstaufgabe.

Organische Herzerkrankungen werden durch verschiedenartige Formationen in der Linienführung angezeigt, die zum Beispiel auf Herzmuskelschwäche oder Herzklappenfehler hinweisen aber auch auf Erkrankungen, die mit dem Stoffwechsel, besonders von Niere und Galle, in Verbindung stehen.

Zeigen sich helle Punkte auf der Herzlinie unterhalb des Ringfingers, so deutet dies auf Nierengrieß.

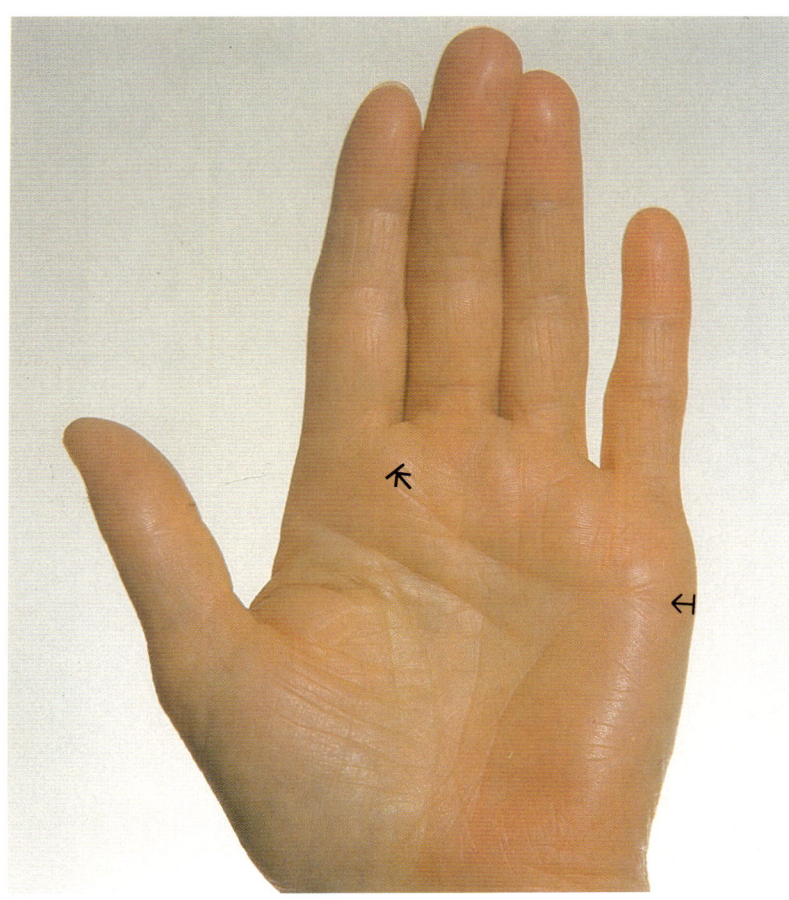

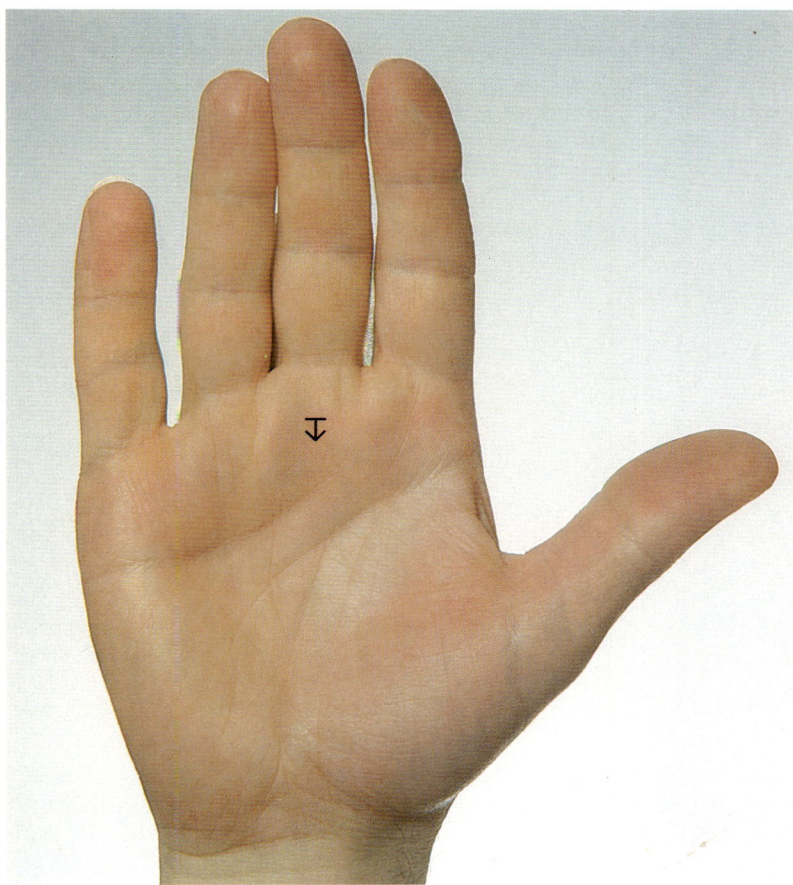

Die Herzlinie nimmt ihren Anfang am oberen, äußeren Handrand und verläuft in Richtung Daumenseite bis zum Berg unterhalb des Zeigefingers. Sie kann diesen Berg durchziehen oder zwischen Mittelfinger und Zeigefinger enden. An der Länge der Herzlinie läßt sich die Wärme und Herzlichkeit eines Menschen erkennen.

Zeigen sich dunkle Punkte unterhalb des Ringfingers auf der Herzlinie, so deutet das auf Gallengrieß.

Zeigen sich Punkte unterhalb des Mittelfingers auf der Herzlinie, sind schadhafte Zähne vorhanden.

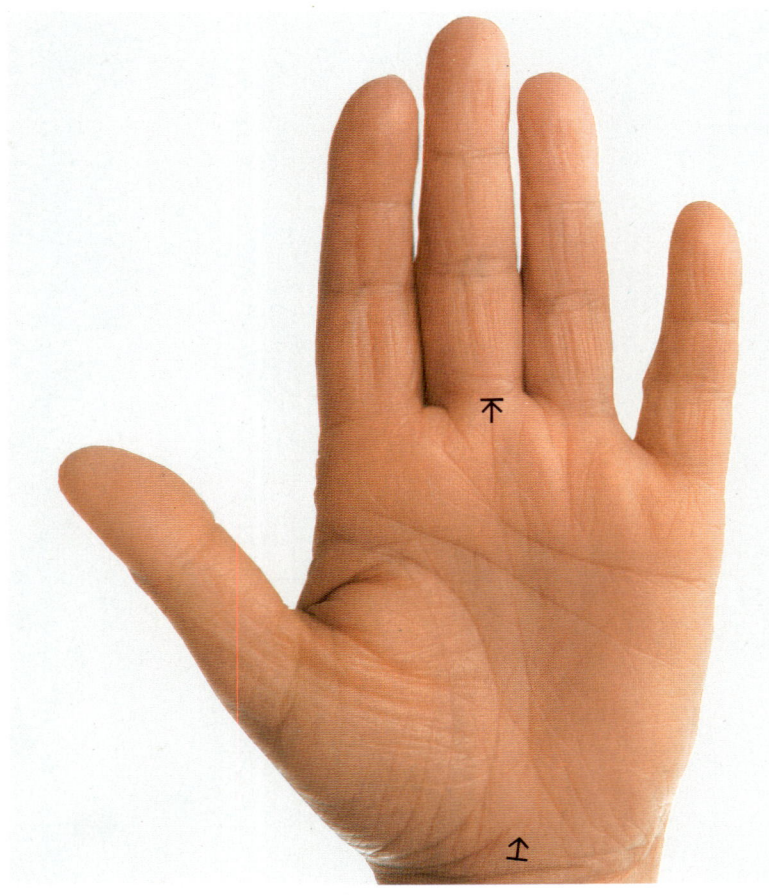

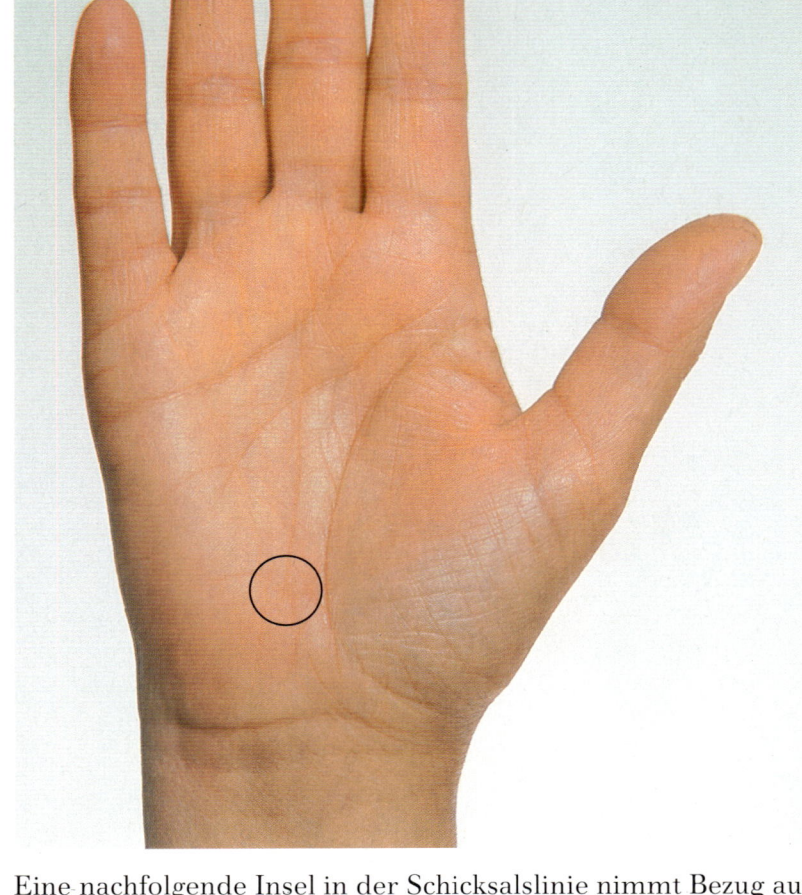

Eine Schicksalslinie, die im geraden Verlauf aus der Handwurzel oder im Bogen vom Handrand kommend, bis unter den Mittelfinger reicht, gibt zu erkennen, daß der Handeigner fähig ist, das geistige Lebensgesetz zu bejahen. Daraus erwächst ihm die Stärke, sein Leben zu meistern. Schwere Lebenssituationen vermag er gut zu überbrücken.

Ein ängstlicher Mensch mit einer gut geprägten Schicksalslinie ist ausgerüstet, seine Ängste überwinden zu können.

An der Schicksalslinie zeigen sich aber auch gravierende Degenerationserscheinungen und Krankheitsprozesse, die unausweichliche Prüfungen für eigene Wandlungen darstellen. Sie werden durch Inselformationen in der Schicksalslinie sichtbar.

Eine nachfolgende Insel in der Schicksalslinie nimmt Bezug auf veranlagte Degenerationsprozesse im Bereich von Uterus, Ovarien oder Prostata.

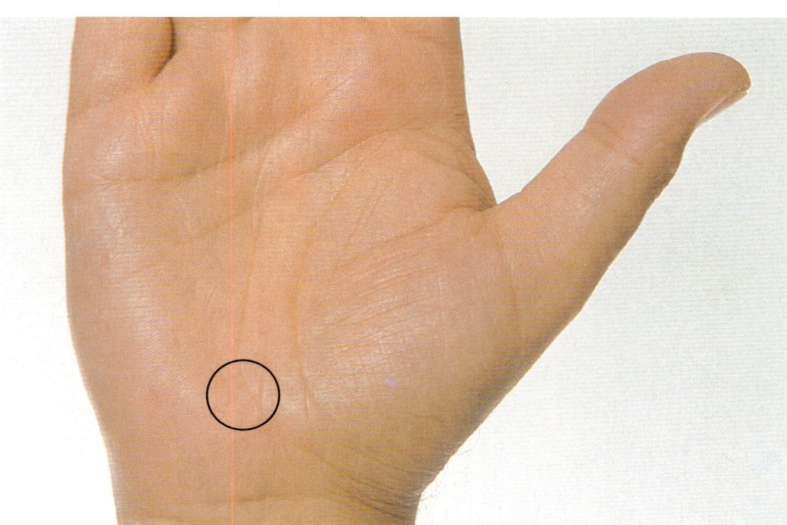

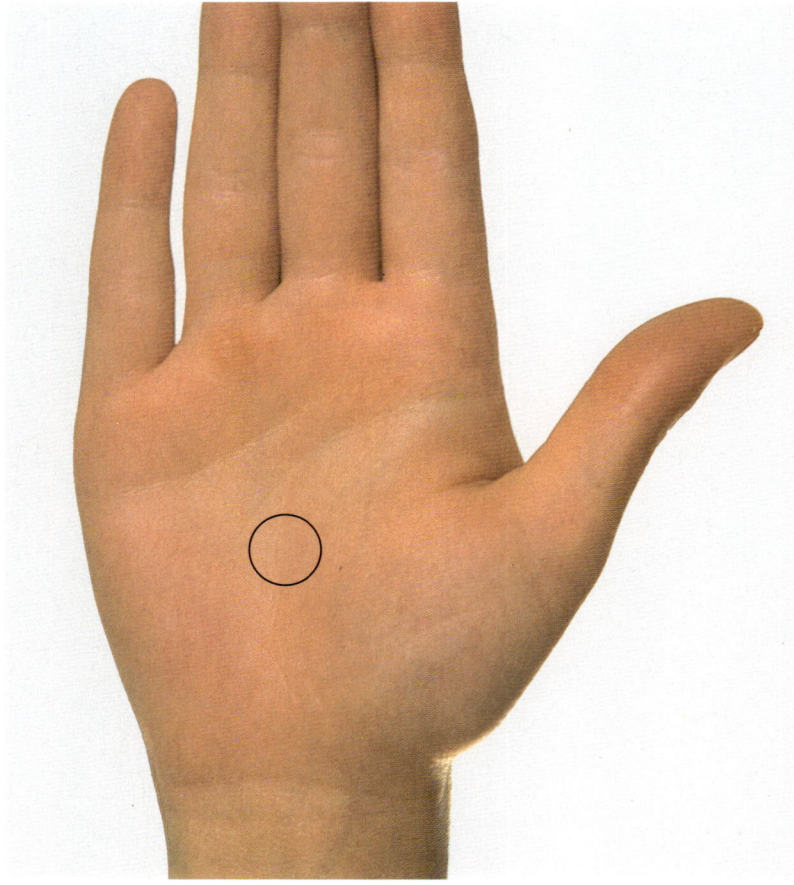

Beginnt die Schicksalslinie unten in der Handmitte mit einer Insel, so bezieht sich diese auf eine übergroße Empfindlichkeit aller Nerven im Organismus. Sie macht aufmerksam auf eine reduzierte, physische Stabilität und, verbunden damit, auf ein oftmals übersteigertes Wahrnehmungsvermögen. Seelisch fällt es diesem Handeigner nicht leicht, etwas zu verkraften oder wahrnehmen zu können, was den normalen Augen meistens verschlossen bleibt.

Eine Insel in der Schicksalslinie oberhalb der vorausgegangenen Insel weist auf eine vererbte Tendenz zu einer schwerwiegenden Degeneration im Leber- oder Darmbereich.

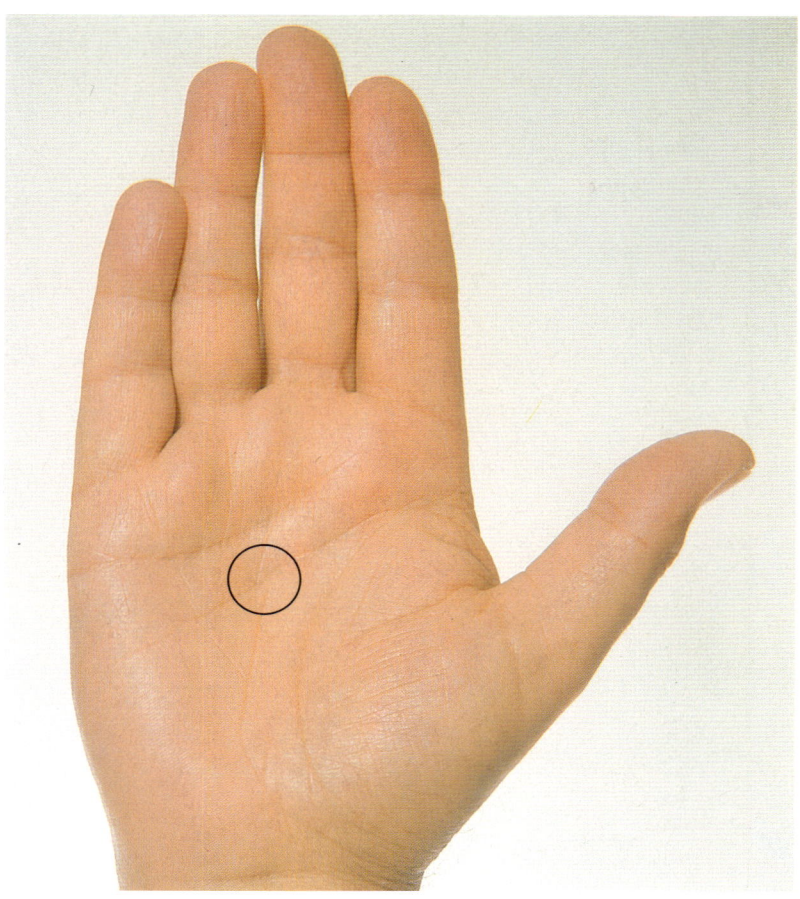

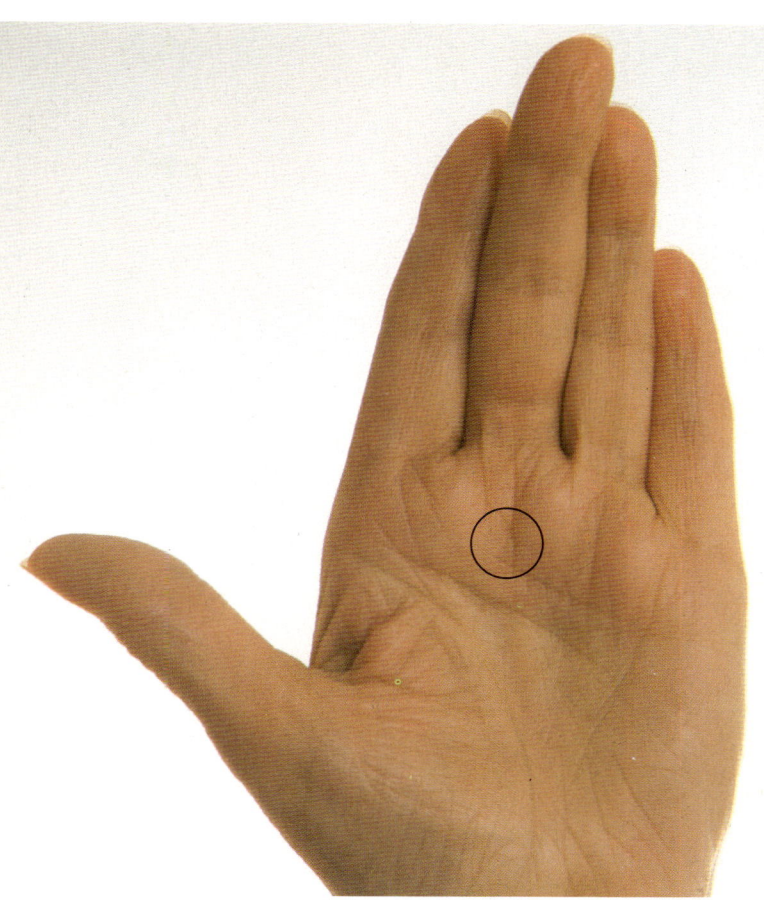

Eine kleine Insel in der Schicksalslinie unterhalb der Kopflinie bezieht sich auf eine vererbte Anlage zu gravierenden Mastdarmerkrankungen.

Eine Insel in der Schicksalslinie oberhalb der Kopflinie deutet auf eine vererbte Anlage zu Degenerationsprozessen im Bereich der Zunge, der Schilddrüse oder der Brust.

Eine Insel in der Schicksalslinie oberhalb der Herzlinie zeigt eine vererbte Tendenz zu Sklerose und Gicht.

Befindet sich am unteren Drittel der Lebenslinie eine Insel oder ein Dreieck, wird allgemein auf eine Tendenz zu vererbten Degenerationsprozessen des Zellstoffwechsels hingewiesen. Tritt dazu eine Inselbildung an der Schicksalslinie auf, so ist mit ernsthaften Erkrankungen der Organe zu rechnen, die in dem entsprechenden Bereich der Schicksalslinie liegen.

Wenn der Mensch psychisch in Nöten verharrt und nicht den Mut zu einer inneren Stellungnahme für eine Regeneration im Sinne einer Bewußtseinswandlung aufbringt, unterliegt er dem Gesetz von Ursache und Wirkung. Einsicht ist die Voraussetzung, um Erfahrungen für die Bewußtseinserweiterung zu nutzen.

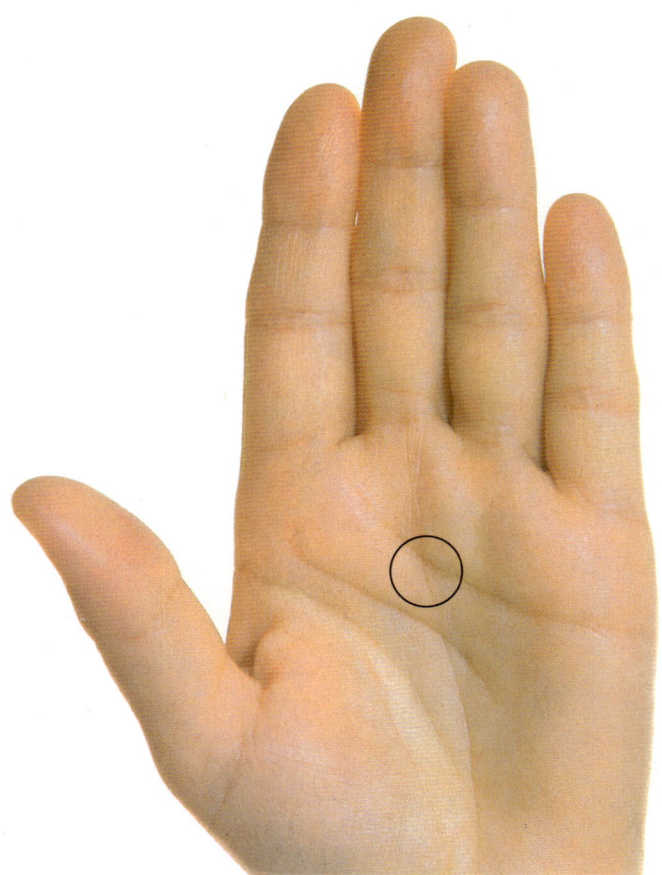

Eine Insel in der Schicksalslinie unterhalb der Herzlinie weist auf eine vererbte Anlage zu einer Degeneration im Magensektor hin.

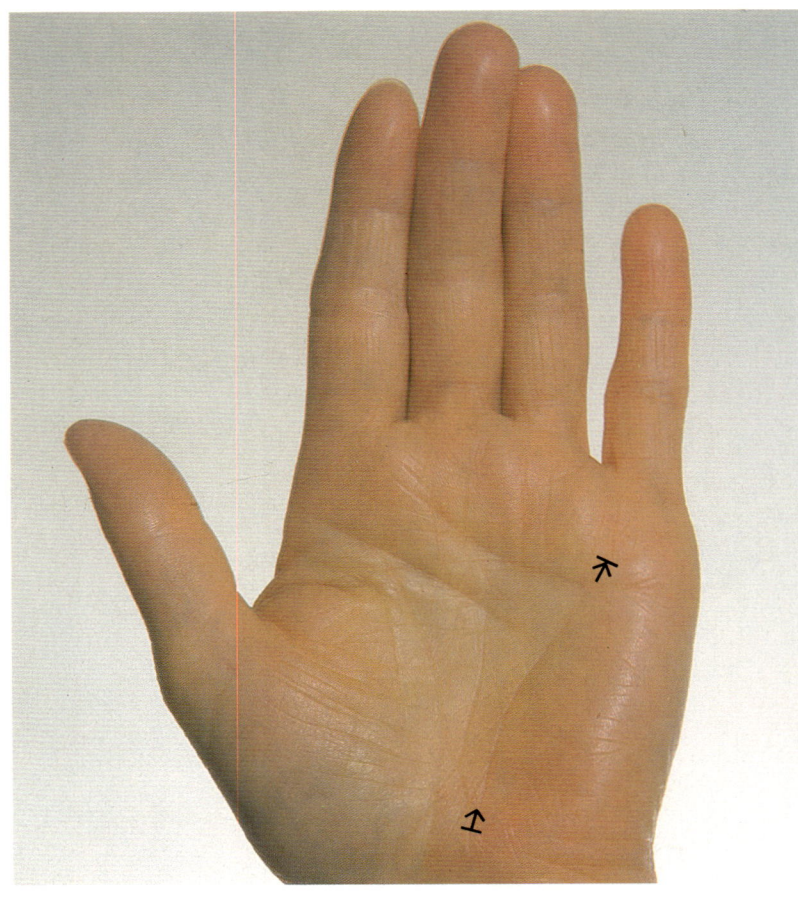
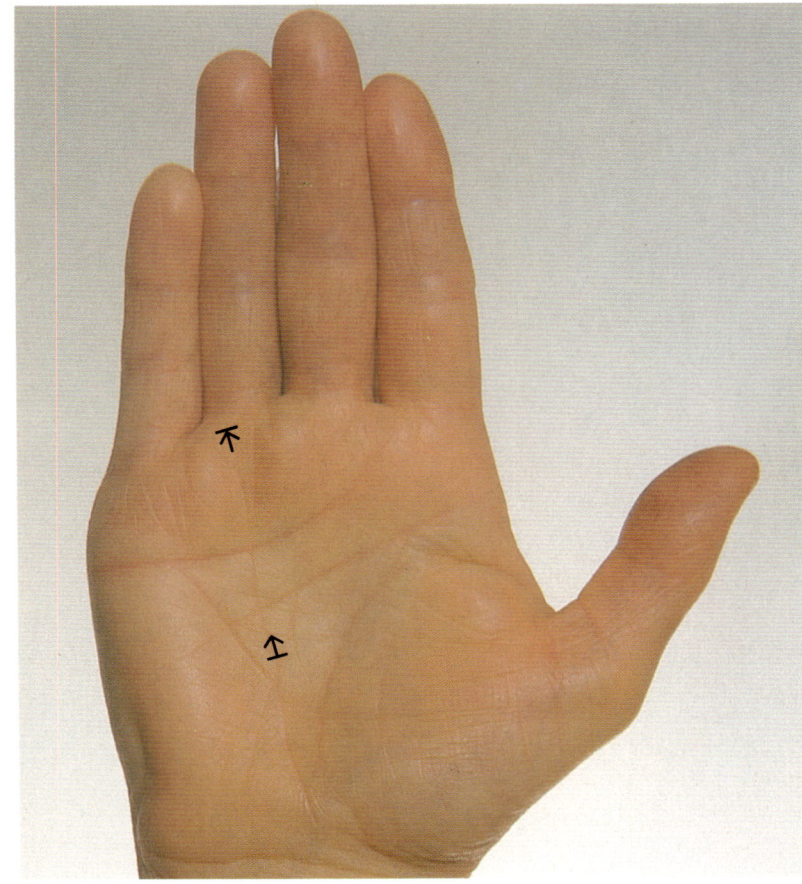

Die Magenlinie beginnt am unteren Drittel der Lebenslinie oder oberhalb der Handwurzel und verläuft schräg in Richtung des Kleinen Fingers. Sie muß nicht vorhanden sein. Wenn sie aber angelegt ist, sollte sie klar und durchgehend verlaufen. Sie bedeutet dann, ebenso wie bei Nichtvorhandensein, daß die vegetative Nervenkraft stabil ist. Eine doppelte Magenlinie zeigt Stabilität und Zähigkeit; psychisch bringt sie Geduld und Ausdauer. Eine zersplitterte Magenlinie weist auf Nervosität und Verlust der Energien.

Die Sonnenlinie, die aus der Handmitte aufsteigt und bis zum Ringfinger reicht, länger oder kürzer gezeichnet, bezieht sich auf alles Musische, steht mit dem Ethischen und Ästhetischen in Verbindung. Das Vorhandensein der Sonnenlinie bietet eine gute Voraussetzung für die Bildekräfte der Seele, sich im künstlerischen Bereich entfalten zu können.

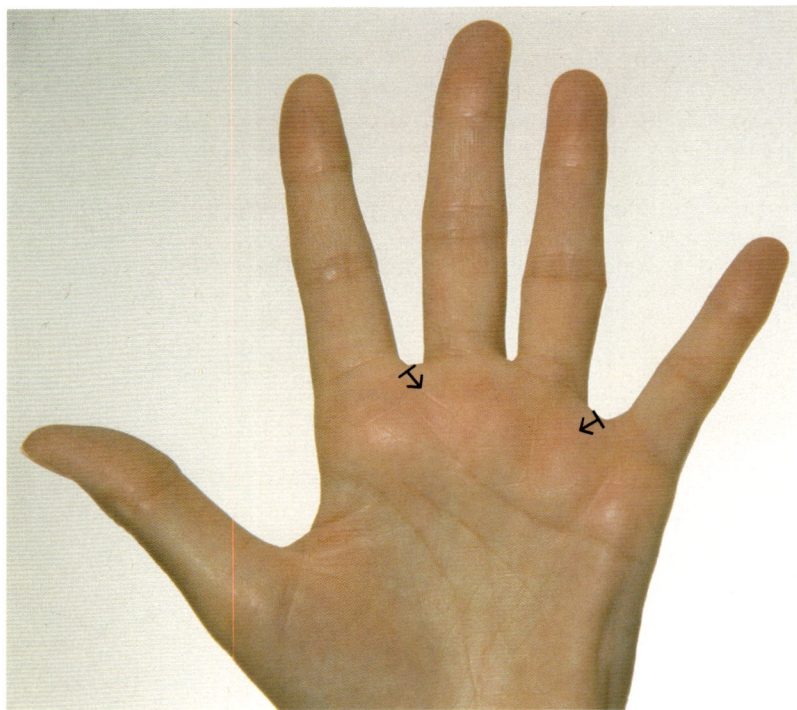
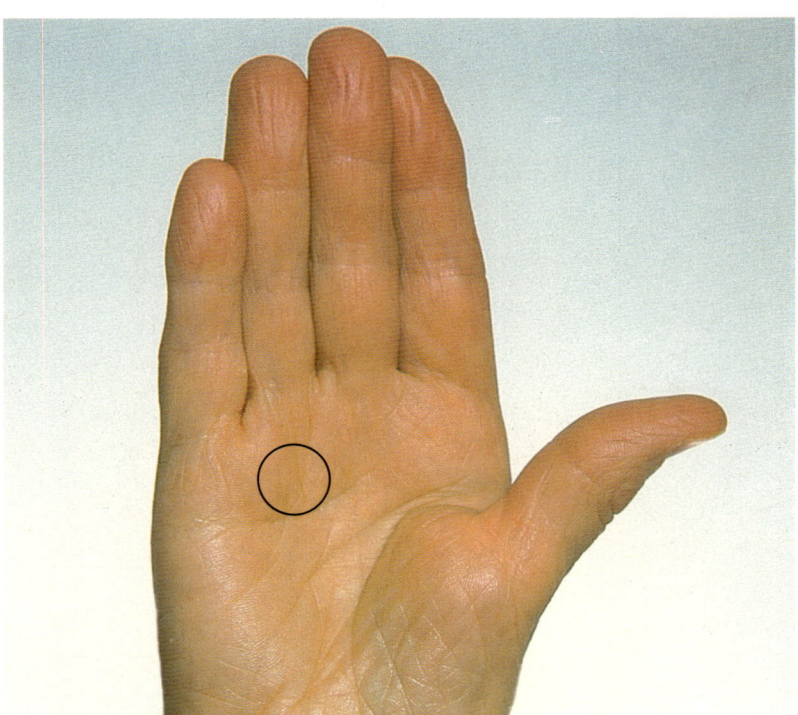

Der Venusgürtel bildet einen Halbkreis, der zwischen Zeige- und Mittelfinger beginnt und zwischen Ring- und Kleinem Finger endet. Verfeinerte Sexualnerven werden hier angezeigt. Ist der Venusgürtel jedoch ausgezogen, nicht im Bogen endend, ist dies ein Zeichen für Rückenschwäche, oft auch für die Scheuermannsche Erkrankung.

Ein zersplitterter Venusgürtel bildet sich durch eine Überreizung der Rückenmarksnerven, die sich in Hysterie oder Neurasthenie auswirken kann.

Scheu und Hemmungen eines Menschen werden durch eine Inselbildung auf der Sonnenlinie oberhalb der Herzlinie dargestellt. Sein auf das Höhere gerichtete Bewußtsein vermittelt dem Handeigner die Kraft, Scheu und Hemmungen zu überwinden.

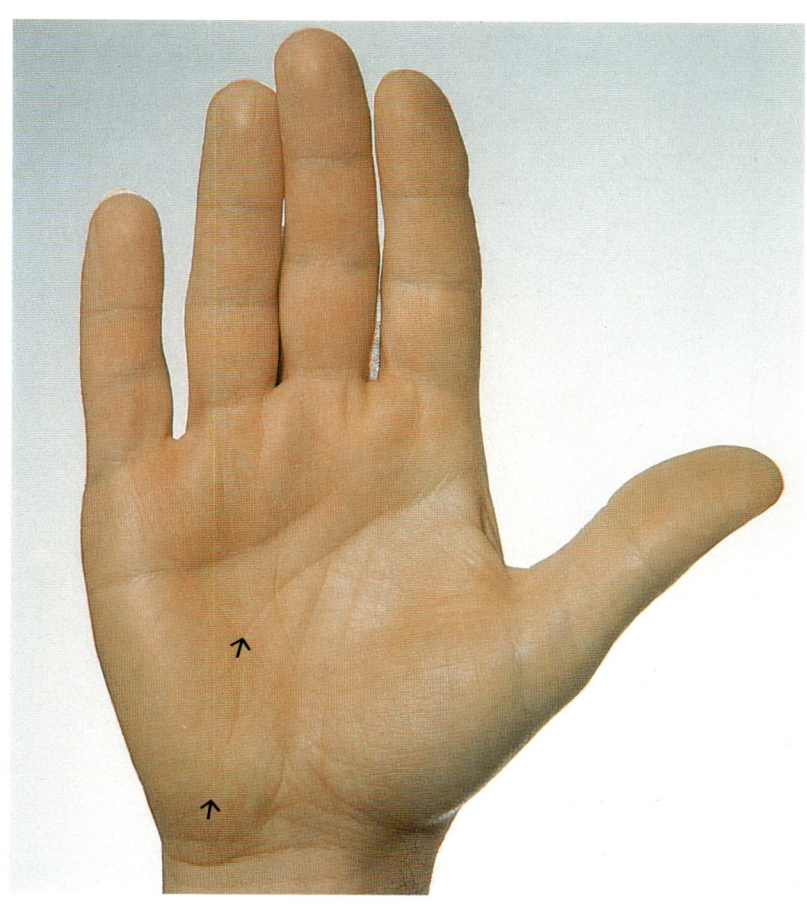

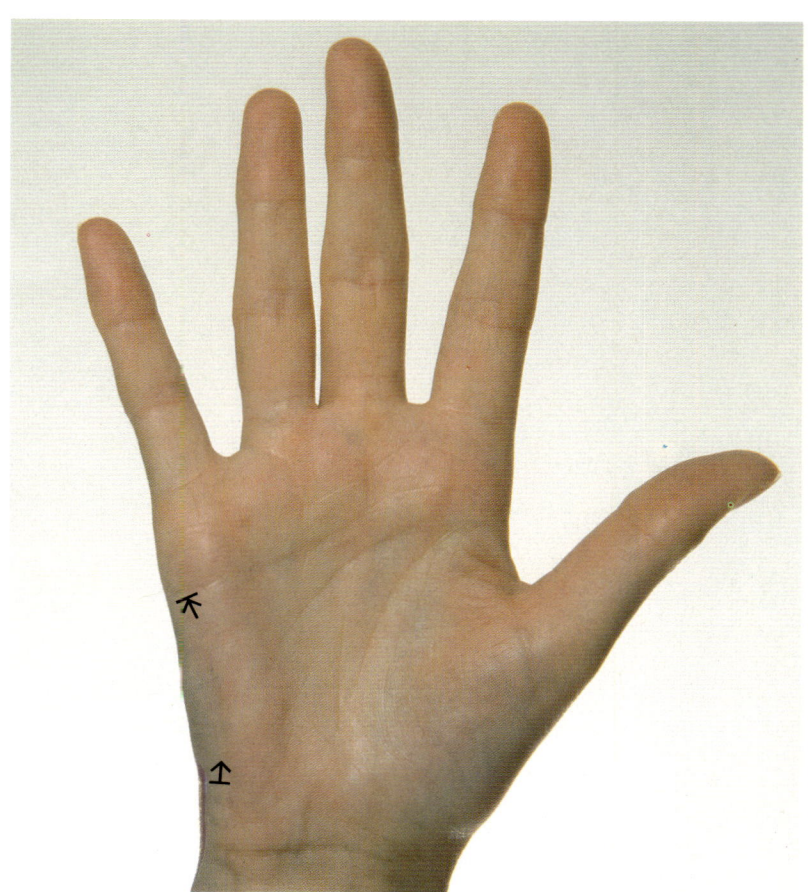

Die Intuitionslinie, vom unteren Drittel des Handrandberges als Halbbogen oder als schräge Linie aufsteigend, läßt dem Hand-eigner geistige Hilfen zukommen. Er vermag durch Innenwis-sen die Zusammenhänge besser verstehen zu lernen, sich größeren Überblick zu erarbeiten. Durch das Erfassen innerer Beweggründe erwirbt er Selbsterkenntnis und dadurch die Kraft, sein Leben zu meistern.

Am seitlichen Handrandberg kann sich, von unten nach oben aufsteigend, die Isislinie bilden, die sehr selten ist. Sie sagt über freiwillige oder unfreiwillige Selbstdisziplin aus und wird auch als Asketenlinie bezeichnet.

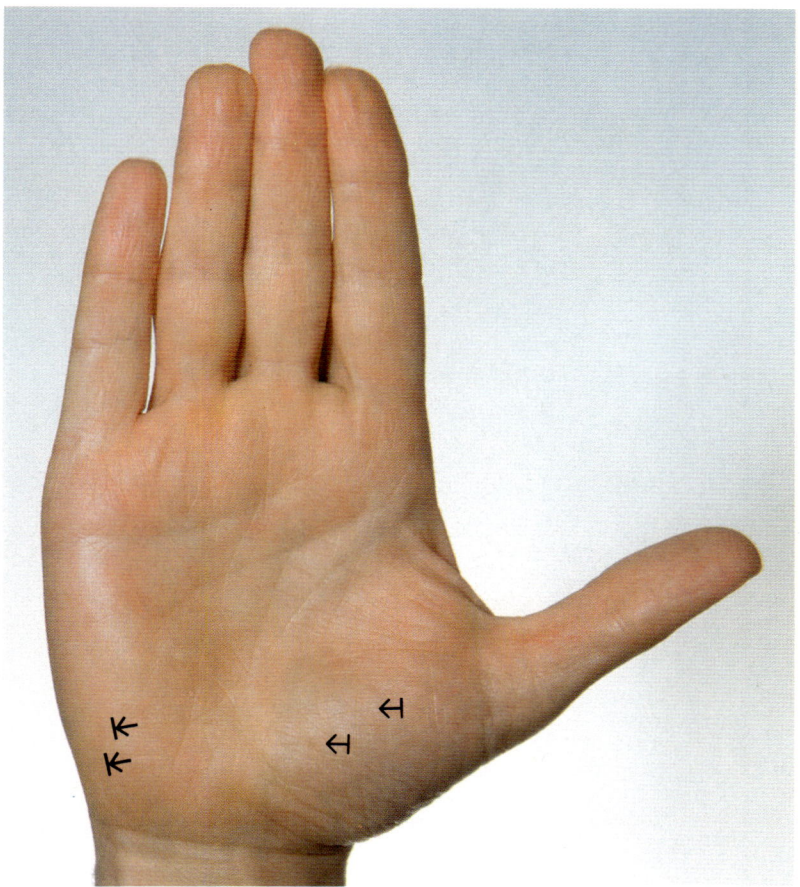

Eine oder mehrere Giftlinien, quer verlaufend von oder vor der Lebenslinie zum unteren Handrandberg, in längeren oder kür-zeren Teilen, haben immer mit Fremdeinwirkungen zu tun, die nicht homogen sind. Daraus ergeben sich vielfältige Störungen im Lymph-, Blut- und Stoffwechselsystem, ausgelöst durch Impfgifte, Medizinalgifte, Narkotika oder ähnliches.

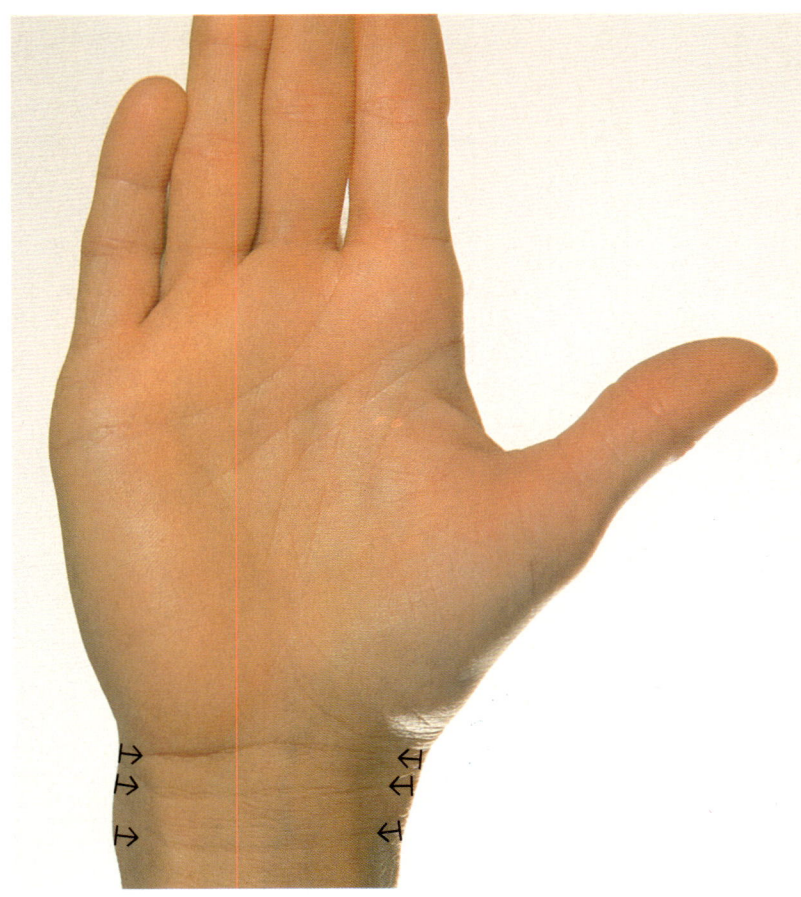

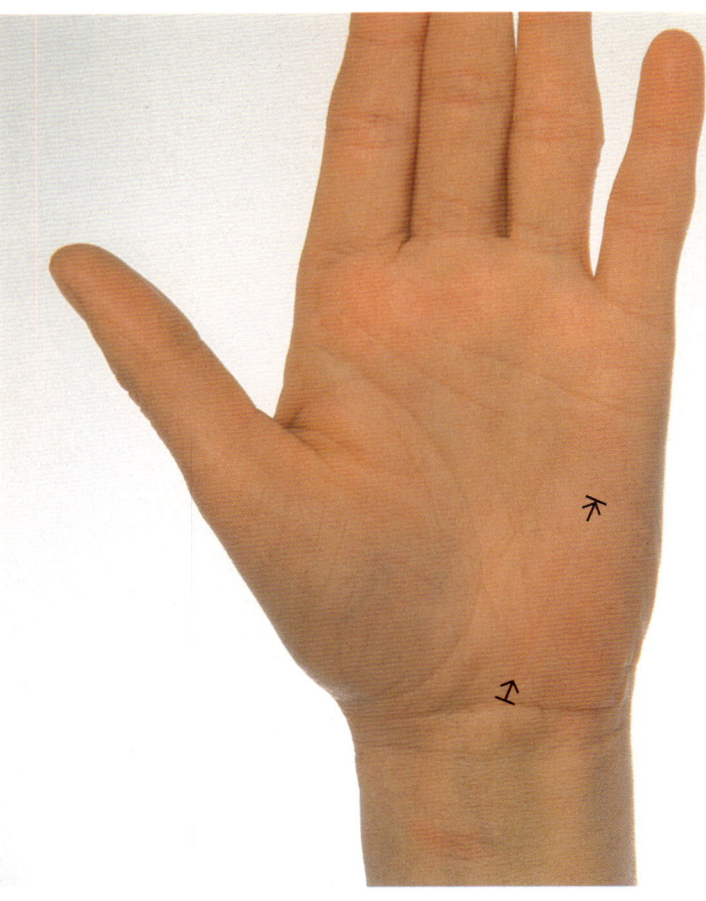

Unterhalb der Handwurzel zeigen sich eine oder mehrere Linien, Raszetten genannt, die auf die Erbsubstanz verweisen.

Ein gutes Erbteil, eine angeborene Lebensklugheit, wird durch die Milchstraßen- oder »Weisheitslinie« ersichtlich. Sie ist eine kleine schräge Linie, die aus der Mitte der oberen Raszettlinie in Richtung des Handrandberges aufsteigt.

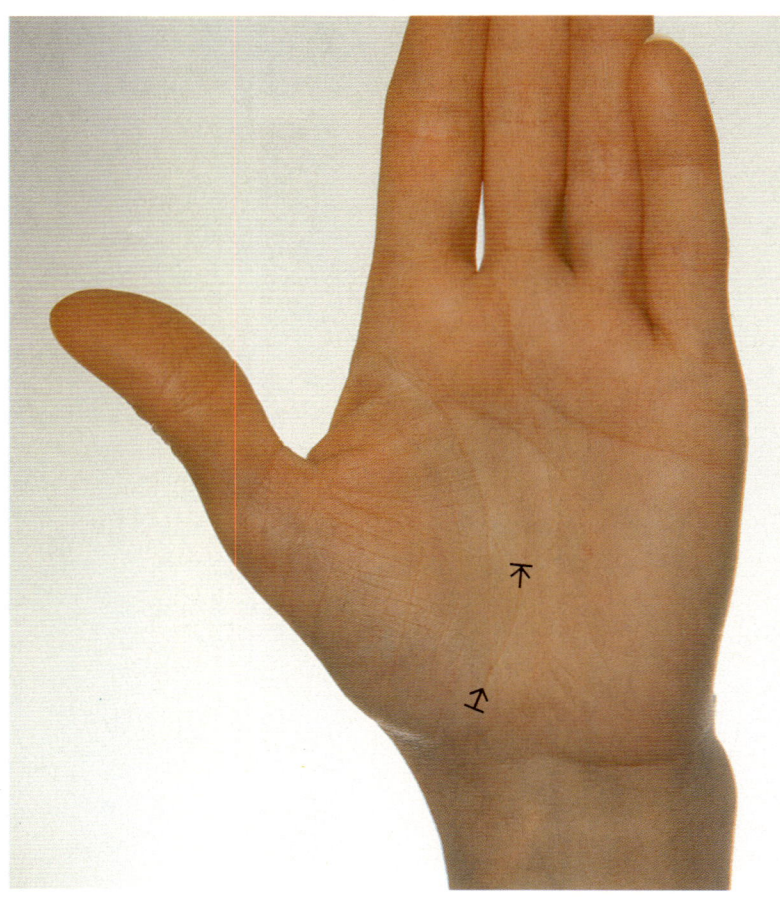

Verschiedene Merkmale durch Formation von Kreuzen, Kreisen, Punkten, Sternen, Vierecken, Inseln und Gittern haben eine spezielle Aussagekraft auf dem Sektor oder in der Linie, in der sie sich befinden. Es sind ergänzende Hinweiszeichen. Immer sollte auch die Farbe der Innenhand mit berücksichtigt werden. Eine starke Rötung der Haut bezieht sich auf organische Herzstörungen. Eine im ganzen blasse Innenhand weist auf allgemeine Durchblutungsstörungen. Ist die Innenhand ausgehöhlt und blaß, zeigt sich Magenschwäche an.

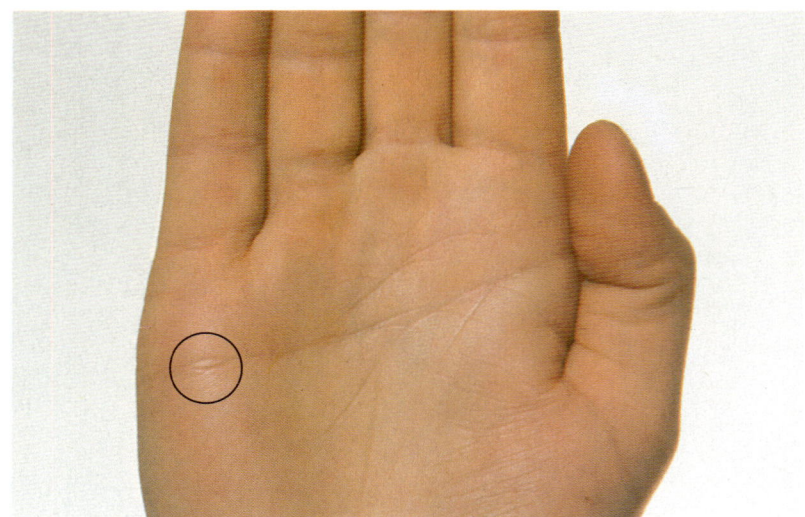

Die Vorgeburtslinie beginnt schräg verlaufend im unteren Teil des linken Daumenballenberges, zieht in oder über die Lebenslinie hinaus und reicht bis etwa zur Mitte des Handtellers. – Sie bedeutet, daß die Mutter während der Zeit der Schwangerschaft psychisch belastet war. Bei dem Handeigner treten als Folge davon Verhaltenheit, Scheu und Hemmungen in der Jugendzeit in Erscheinung.

Inseln, die in den Linien, besonders in den Hauptlinien, vorkommen, sind Vererbungsmerkmale für Erkrankungen organischer aber auch psychischer Natur. Eine Insel kann von unterschiedlicher Größe sein. Sie stellt sich zumeist mandelförmig dar. Frei- beziehungsweise alleinstehende Inseln sind Zeichen für Verletzungen oder Operationen, deren Ursache im eigenpersönlichen Bereich zu suchen ist. Im akuten Krankheitszustand ist die Insel scharf umgrenzt, in der Latenz oder in der Regeneration kann sie sich öffnen beziehungsweise lösen.

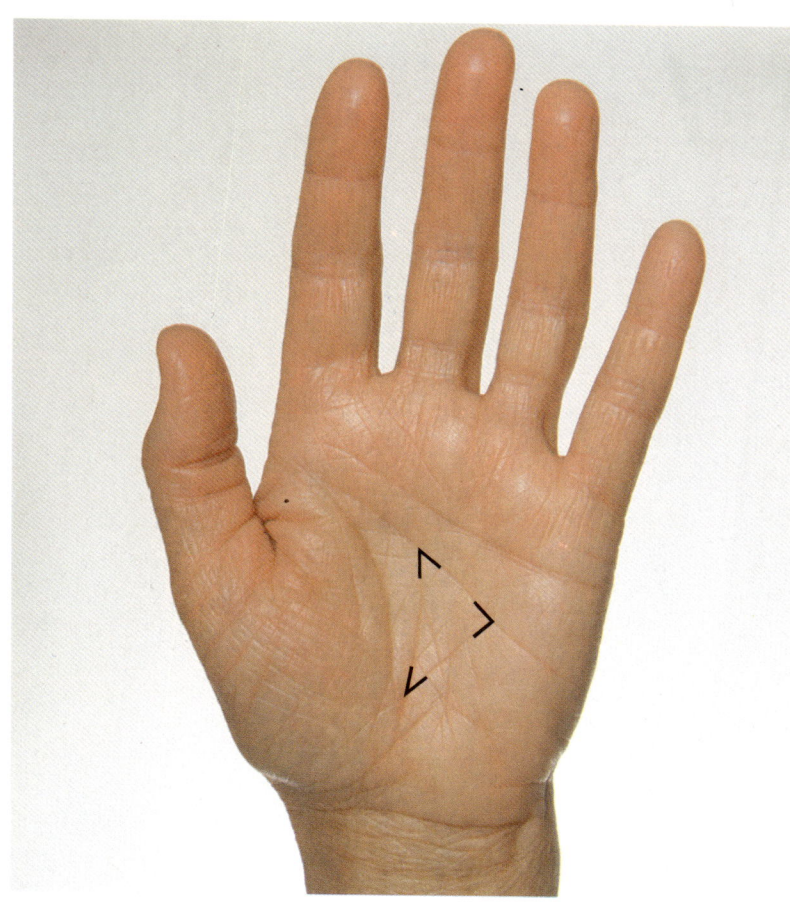

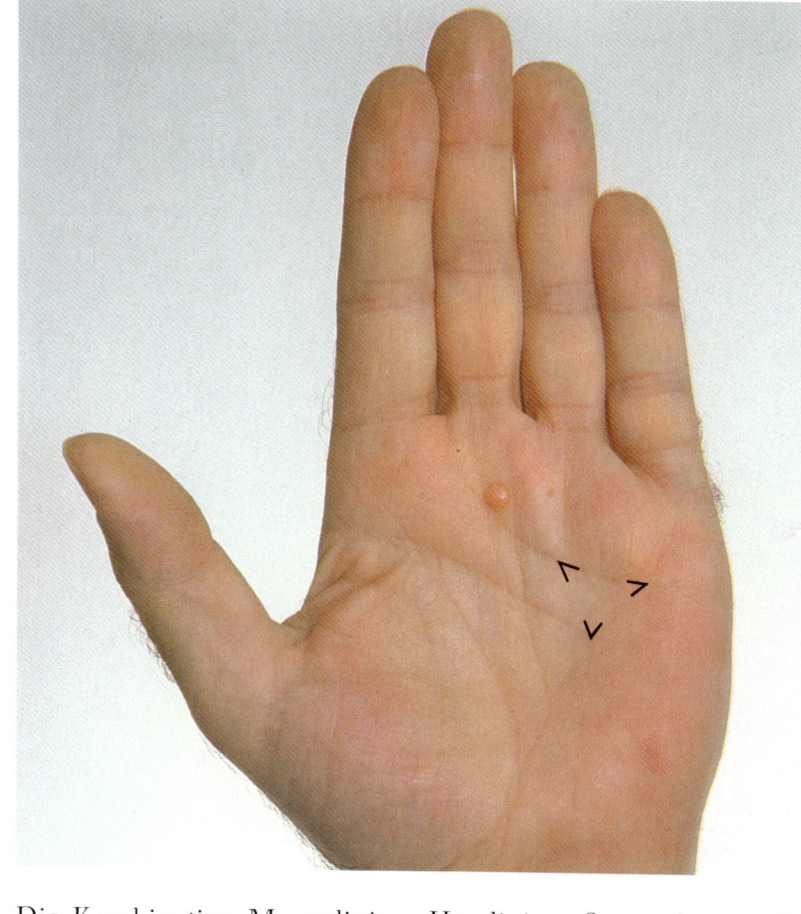

Die Kombination Magenlinie – Kopflinie – Lebenslinie bildet das »Große Dreieck«. Es bezieht sich auf die physische Stabilität des Menschen. An den Winkelbildungen des Dreiecks wird die Qualität der gesundheitlichen Verfassung ersichtlich.

Die Kombination Magenlinie – Herzlinie – Sonnenlinie (oder an ihrer Stelle die Schicksalslinie), als das »Hohe Dreieck« bezeichnet, läßt die innere Verbindung sowohl zum tieferen Mitempfinden als auch zum geistig Abstrakten erkennen.

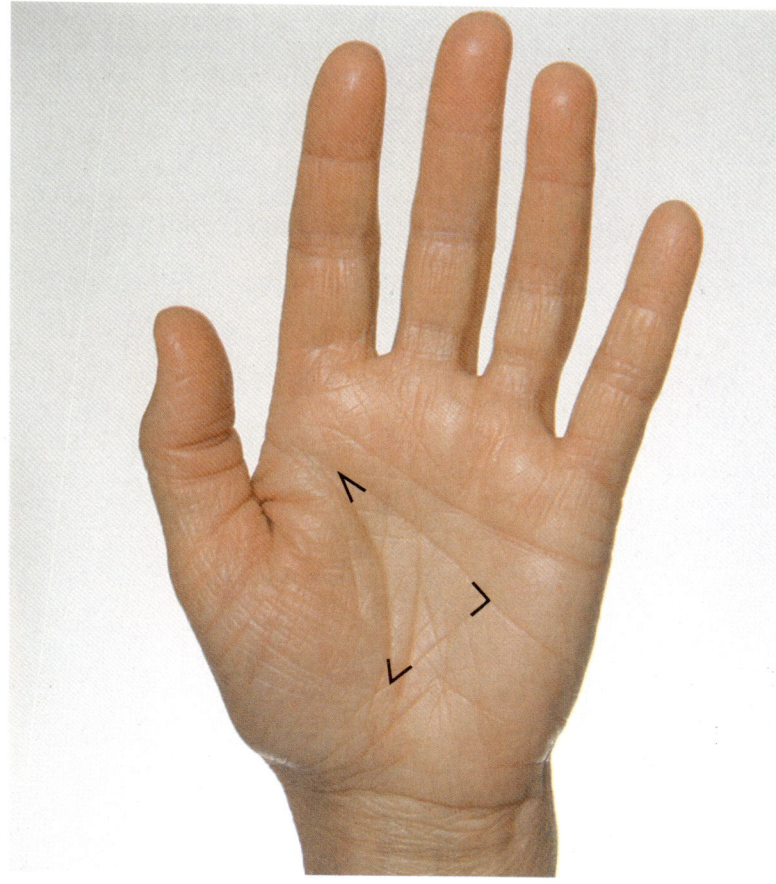

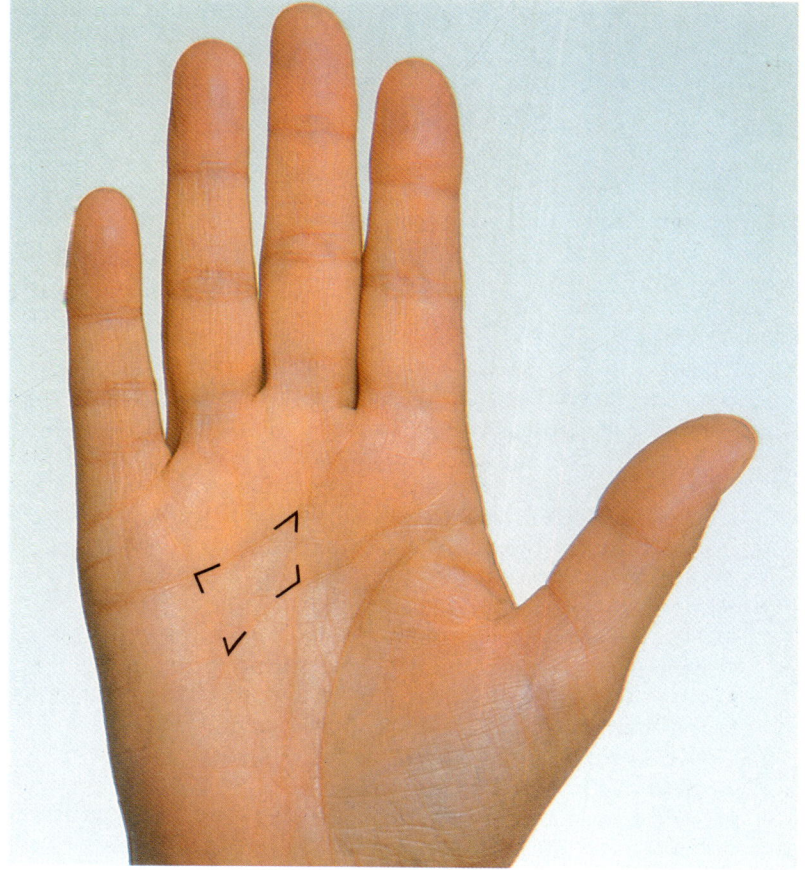

Die Kombination Magenlinie – Kopflinie – Schicksalslinie (oder an ihrer Stelle die Sonnenlinie) gestaltet das »Kleine Dreieck«: Es nimmt Bezug auf die seelisch-geistigen Aktivitäten.

Die Kombination Magenlinie – Kopflinie – Herzlinie – Schicksalslinie (oder an ihrer Stelle die Sonnenlinie) zeigt das »Große Viereck« an. Es weist auf das geistige Bewußtsein, mitmenschliche Beziehungen betreffend.

Analyse und Diagnose der Hände

Für eine fachgerechte Analyse dient das folgende Schema:

Außenhand

Charakteristik:
    Handform im Schema
    Länge der Ring- und Zeigefinger
    Beschaffenheit des Daumens
    Behaarung
    Handgelenke

Konstitution:
Unter dem Begriff »Konstitution« sind von den Bezeichnungen stabil, zäh, labil, sensibel immer zwei oder drei gleichzeitig aufgeführt. Die Reihenfolge der Aufzählung ergibt sich aus der Kombination der Charakteristik im Gesamtbild, gleicherweise die physische und die psychische Komponente umfassend. Hier einige Beispiele als Erklärung.

1. *Charakteristik:* konisch-knotig;
   Konstitution: labil, zäh.
   Dieser Mensch ist schnell zu beeindrucken und damit gesundheitlichen Störungen leichter unterworfen. Sein auf geistige Ordnung gerichteter Sinn vermittelt ihm die Kraft, Unpäßlichkeiten gut abfangen zu können.
2. *Charakteristik:* eckig-spatelförmig;
   Konstitution: sensibel, stabil.
   Dieser Mensch reagiert verstandesbezogen und empfindlich und verfügt gemeinsam mit seinem praktischen Sinn und großer Stabilität über ausreichende Widerstandsfähigkeit, auch chronischen Erkrankungen standzuhalten.
3. *Charakteristik:* eckig, ideal mit knotigem Einschlag;
   Konstitution: zäh, sensibel.
   Dieser Mensch ist dem Geistigen geöffnet und bejaht die Gesetze der Ethik und Ästhetik. Obwohl die Vernunft, die inneren Durchblick vermittelt und dem idealen und knotigen Handtyp entspricht, führend ist, läßt es der oft einseitige Verstand nicht zu, nach geistiger Einsicht zu handeln.
4. *Charakteristik:* konisch, eckig;
   Konstitution: sensibel, labil.
   Dieser Mensch ist den Stimmungen und Empfindungen unterworfen, die er jedoch über den Verstand zu zügeln vermag. Durch Selbstkontrolle fällt es ihm leichter, sich zu disziplinieren.
5. *Charakteristik:* spatelförmig mit knotig-konischem Einschlag;
   Konstitution: stabil, zäh, sensibel.
   Dieser Mensch ist ein Praktiker, der die inneren Werte in sein Leben mit einbezieht.

Disposition
Hautbeschaffenheit
Fingerglieder, Biegungen etc.
Knöchelgelenke
Maus
Größe und Farbe der Fingernägel
Nagelmonde
Einflußzeichen

Innenhand

    1. Fingerglieder
    2. Hauttextur
    3. Innenhandfläche
    4. Handberge
    5. »Großes M«
    6. Lebenslinie
    7. Kopflinie
    8. Herzlinie

 9. Schicksalslinie
10. Magenlinie
11. Großes, Kleines und Hohes Dreieck, Großes Viereck
12. Sonnenlinie
13. Venusgürtel
14. Intuitionslinie
15. Giftlinie
16. Isis- beziehungsweise, Asketenlinie
17. Milchstraßen- beziehungsweise Weisheitslinie
18. Raszettlinien
19. Vorgeburtslinie

Da die Abbildungen, wiedergabetechnisch bedingt, naturgemäß einen nicht ganz vollkommenen Eindruck von der lebendigen Hand vermitteln können, werden aus didaktischen Gründen die Handlinien beschrieben, wie sie für den Betrachter erkennbar sind und das Geschriebene für ihn damit nachvollziehbar wird.

Für jeden gründlich Studierenden ist eine Lupe (2,5×80 mm) empfehlenswert. Damit werden die sehr feinen, erst unterschwellig vorhandenen Linien besser auffindbar. Beim Betrachten der Fotos sollte man beachten, daß Kunstlicht die Farben etwas verändert.

Der Studierende lernt schnell, einzelne Linien, Zeichen und Merkmale für sich zu beurteilen. Diese jedoch miteinander in Beziehung zu setzen unter Berücksichtigung der Charakteristik, um damit zu einer folgerichtigen Synthese zu gelangen, ist nicht einfach und bedarf eines längeren Studiums sowie großer Übung. Die Beherrschung einzelner Zeichen verschafft noch keinen Durchblick. Der Studierende sollte vermeiden, mehr in die Hände »hineinzusehen« als vorhanden ist. Die Wahrscheinlichkeit zu einer neuen beziehungsweise weiteren Linienbildung hängt immer vom dem entsprechenden Handtyp ab. Der intellektuell-materiell eingestellte Mensch oder der rein eckige Handtyp wird im Prinzip durch seinen Verstand kaum dazu beitragen,

einen neuen Linienfluß aufkommen zu lassen. Der Empfindungsmensch oder konische Handtyp, der ideale und der knotige Handtyp bringen durch ihre stärkere seelische Komponente die Voraussetzung zu einer Verlängerung und Vertiefung ihrer Linien sowie zu einer Neubildung von Zeichen mit.

Eine sachgerechte Analyse erfordert die Beschreibung beider Hände. Oft ist in der einen Hand mehr zu erkennen als in der anderen. Beide ergänzen sich. Je gravierender ein Leiden wird, um so mehr Zeichen treten in der Hand dafür auf. *Ein Zeichen* besagt erst eine leichte Disposition, mehrere weisen auf einen akuten oder chronischen Zustand einer Krankheit hin.

Die Empfindungswelt und das Denkvermögen kombinieren die geistige Schrift, die in den Händen zum Ausdruck kommt. Ist das Bewußtsein eines Menschen intensiver, werden seine Handlinien deutlicher und vielfältiger.

Es ist eindringlich davor zu warnen, voreilige Schlußfolgerungen zu ziehen, die zu falschen Aussagen führen können und damit nicht wiedergutzumachenden Schaden anrichten. Da die Suggestionskraft einer fehlerhaften Aussage, besonders bei sensiblen Menschen, sehr groß ist und nachhaltige Spuren hinterlassen kann, sollte sich jeder, der eine »chirologische Beurteilung« vornimmt, der damit verbundenen Verantwortung bewußt sein. Eine Handanalyse ist kein Gesellschaftsspiel.

Der Mensch ist häufig gewohnt, in starren Denkmustern zu verharren. Diese führen in die Sackgasse der Lebensverneinung. Es fällt vielen Menschen schwer, die Gedanken positiv weiterzubewegen, in Zusammenhängen verstehen zu lernen.

Der geistig Wache übt sich darin, Negatives nicht zu fixieren. Weder denkt noch sagt er: »Das ist schlecht«, sondern er vermittelt dem anderen eine positive Wegweisung, wie er sich wandeln kann und, innerlich wachsend, selbst zu helfen vermag. Das führt ihn aus dem Zustand der Verneinung in das Bewußtsein der Lebensbejahung.

Aus dieser Erkenntnis sind die Analysen erstellt worden.

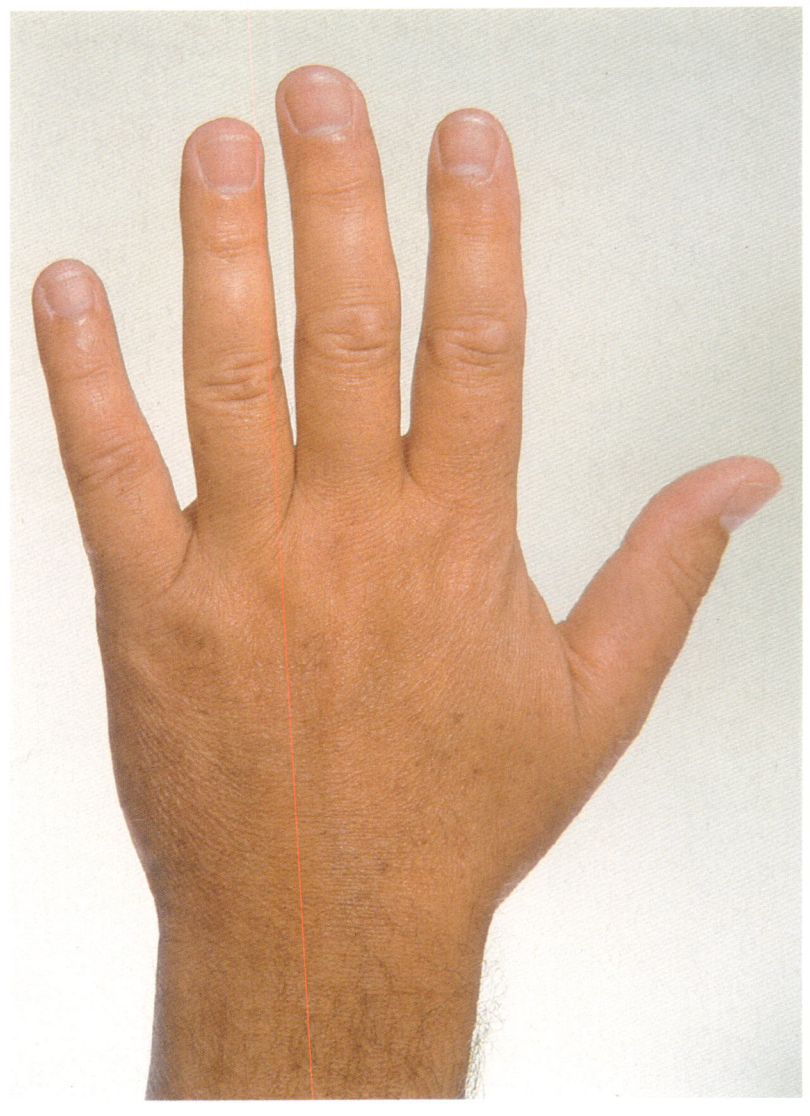 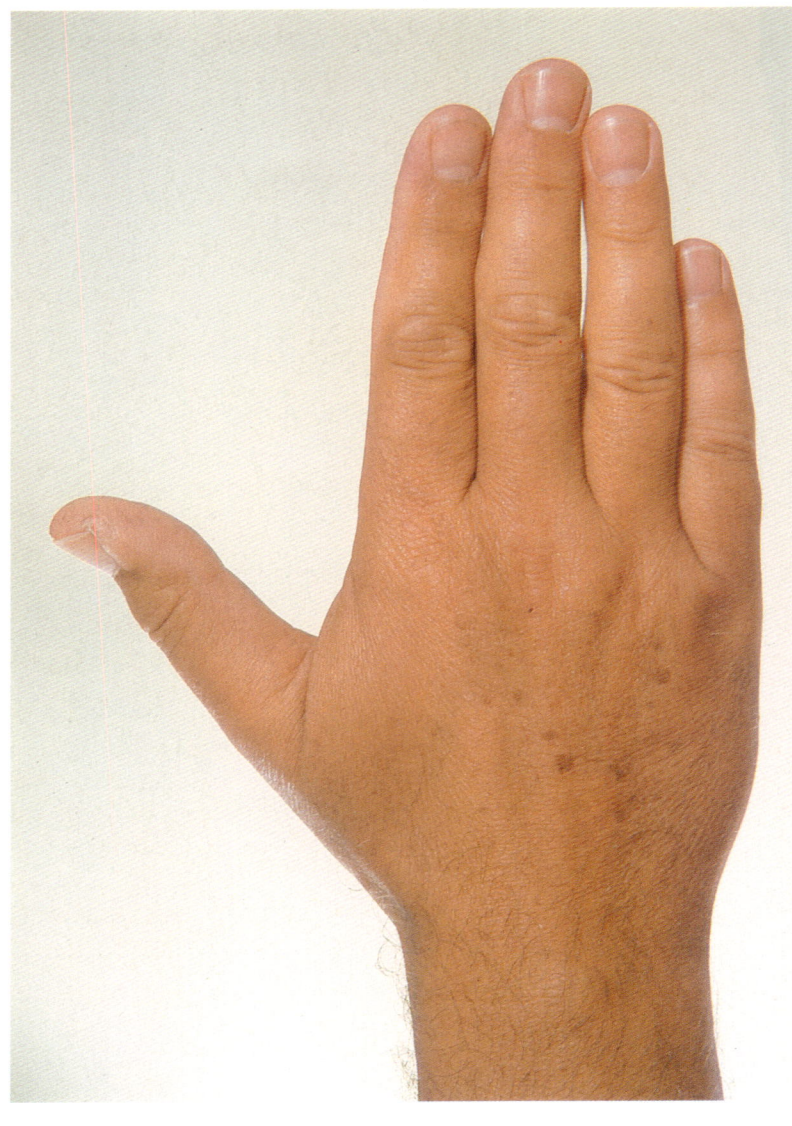

Männliche Außenhände: T. S.
Der Handeigner, 58 Jahre alt, ist Kammermusiker und Dozent.

Die *Charakteristik* der Handform im Schema ist konisch. Der Handeigner verfügt über ausgezeichnete künstlerische Fähigkeiten und ist ein ausgesprochener Stimmungs- und Empfindungsmensch.

An den ersten Gliedern der Ringfinger zeigt sich ein leichter Spateleinschlag, wodurch der Handeigner imstande ist, ein Instrument mit sehr guter Technik spielen zu können. Der rechte Ringfinger ist etwas länger als der Zeigefinger. Der Handeigner benötigt für seine innere Erhebung die Resonanz der Umwelt.

Die Daumen sind von normaler Länge und kräftig bis auf die zart abgeflachten, biegsamen Daumenkuppen. Der Handeigner vermag auf das, was ihn anspricht, im einzelnen einzugehen. Das erste Daumenglied ist kürzer als das zweite. Die Fähigkeit zur Einsicht ist größer als die Willenskraft. Die Daumen sind mittelhoch angesetzt, die seelischen Elemente führen.

Die Handgelenke sind kräftig. Die Vorfahren waren von stabiler Natur.

Die *Konstitution* ist zäh, stabil, sensibel.

Die *Disposition* zu Stoffwechselstörungen zeigt sich an der zarten und zugleich kräftigen Haut, die an den Fingergliedern gespannt ist. An beiden Händen sind die Zeige- und Mittelfinger gebogen und deuten auf eine Anlage zu Milz-Pankreas-, Leber-Galle- und Darmstörungen.

Der rechte gebogene Ringfinger verdeutlicht eine Herzbelastung, die mit einer Nierenstörung einhergehen kann. Der rechte Kleine Finger ist gebogen und weist auf Bindegewebeschwäche im Urogenitalbereich. Das dritte Glied der Kleinen Finger ist füllig und veranschaulicht Bequemlichkeit. Grübchen auf den Fingergelenken sprechen für Zärtlichkeitsbedürfnis.

Die Maus ist an beiden Händen kräftig dargestellt. Die Vital- und Lungenkräfte zeigen eine sehr gute Widerstandsfähigkeit.

Die verhältnismäßig breiten Fingernägel sind in der Mitte blaß, was eine Folge von Stauungen ist. An beiden Ringfingernägeln sind leichte Wölbungen sichtbar, die auf Nierenfunktionsstörungen zurückzuführen sind.

Die unterschiedlich großen Nagelmonde reichen teilweise von Rand zu Rand. Durch innere Erregbarkeit der Herznerven kann ein Kollaps ausgelöst werden. Der bläuliche Rand an den Nagelmonden bedeutet, daß die Herznerven und Herzkranzgefäße weit mehr Sauerstoff für ihre Durchblutung benötigen.

Die Einflußzeichen atmosphärischer Störungen sind an den oberen Nagelrändern erkennbar.

Männliche Innenhände: T. S.

Die Fingerglieder sind etwas unterschiedlich in ihrer Länge. An den Kleinen Fingern ist das zweite Glied am kürzesten. Die Empfindungswelt ist auf das Ideale gerichtet, während die sichtbare Ebene eher von dem Verstand her betrachtet wird. Die zweiten und dritten Fingerglieder weisen mehrfach Längslinien auf, die magnetische Ausstrahlungsfähigkeit des Handeigners veranschaulichen. Die ersten Fingerglieder enthalten zum Teil Längs- sowie Querlinien. Sie machen auf innere und äußere Überreizungen aufmerksam.

Die zweiten und dritten Fingergelenke der Kleinen Finger zeigen mehrere kurze Schnittlinien übereinander, eine Überlastung des gesamten Nervensystems wird dadurch kenntlich gemacht. Eine scharfe Schnittlinie am unteren Gelenk des rechten Zeigefingers deutet auf einen Eingriff im Bauchraum (Galle). Von der etwas kräftigen Hauttextur läßt sich eine Anlage zu Rheuma ableiten.

Die *Berge* in den Innenhänden sind gut gewölbt und etwas verschoben sichtbar. Sie bedeuten einerseits Sinn für alles Schöne sowie Genußfähigkeit, andererseits das Streben nach

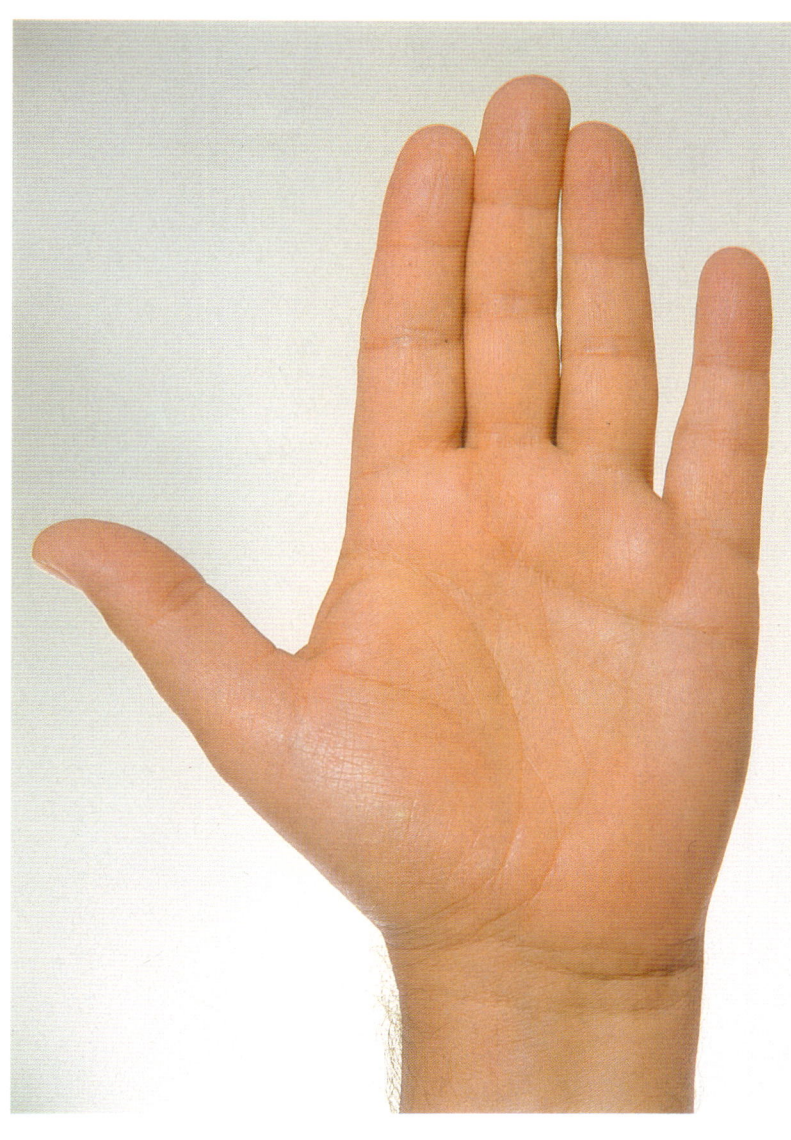 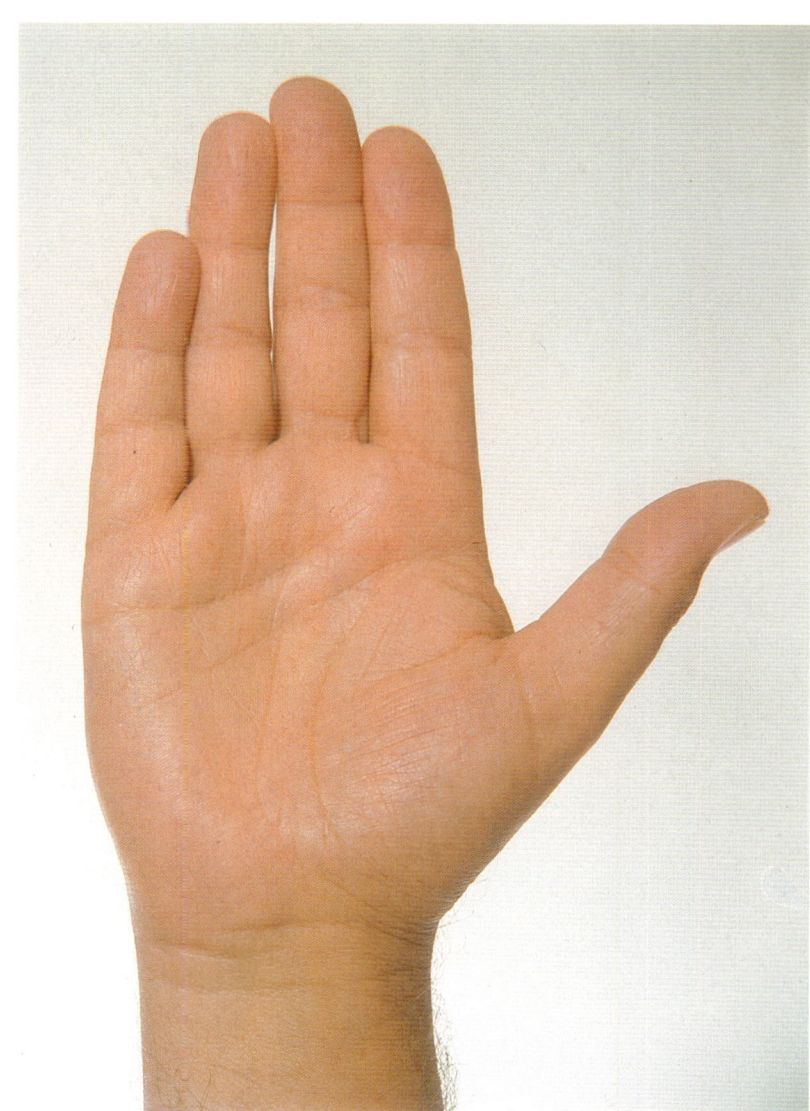

Harmonie. Die insgesamt fülligen Berge offenbaren Lebensfreude und Warmherzigkeit. Mehrfache kurze Längslinien auf den Bergen der Kleinen Finger deuten auf Rheuma im Arm- und Schulterbereich.

In beiden Händen bilden die Hauptlinien ein »Großes M« und weisen auf einen intelligenten Menschen, der zu bewußtseinserweiternden Studien fähig ist.

Die *Lebenslinien* in beiden Händen zeichnen ein gut gerundeten Viertelkreis um den Daumenballenberg. An dem unteren Drittel der linken Lebenslinie zweigt eine nach unten führende Linie ab. Sie steht mit Durchblutungsstörungen des linken Beines in Verbindung (das linke Bein ist durch äußere Einwirkung etwas verkürzt).

Die linke *Kopflinie* grenzt kettig an die Lebenslinie. In den Kinderjahren zeigt sich eine schnelle Ermüdbarkeit. Die rechte Kopflinie ist mit der Lebenslinie verbunden, jedoch an ihrem Anfang mit Ästen und Inseln versehen, was eine Tendez zu Schwindel in den Jugendjahren vermuten läßt. Beide Kopflinien verlaufen, besonders in der rechten Hand, quer von Rand zu Rand. Der Handeigner wird in seinem Denken mehr vom Verstand gelenkt und vertritt sein eigenes Recht. Zwei Kreuze zwischen Kopf- und Lebenslinie, linksseitig, hängen mit Schilddrüsenfunktionsstörungen zusammen. Eine Insel in der rechten Kopflinie unterhalb des Zeigefingers gilt als Vererbungszeichen für eine Augenschwäche. Eine Insel unterhalb des Mittelfingers deutet auf eine von väterlicher Seite vererbte Anlage zu Gehörschwäche.

Die linke *Herzlinie* hört plötzlich auf. In der mütterlichen Generation wurde dem Leben vorwiegend durch Herzschlag ein Ende gesetzt. Die sich am Ende der rechten Herzlinie gestaltende »Neptungabel« weist auf Beschwerden im Oberbauch (Galle, Zwölffingerdarm und Pankreas) hin.

Eine schrägverlaufende *Schicksalslinie* in der linken Hand mündet in die Herzlinie. Der Handeigner richtet sich oftmals nach der Resonanz aus der Umwelt. Durch seine Gutmütigkeit und auch Bequemlichkeit hemmt er sich selbst. Aus der linken Herzlinie steigen weitere Schicksalslinien auf, wobei einige in das Gelenk des Mittelfingers reichen. Aus seinen praktischen Erfahrungen lernt der Handeigner, umsichtig und einsichtig zu handeln. In der rechten Hand verläuft die Schicksalslinie in dem oberen Mittelfingerberg. Damit bringt der Handeigner die Voraussetzung zu einer bewußteren Lebensführung mit. Am Anfang der rechten Schicksalslinie stellt sich eine Insel dar, die ein überfeinertes und gleichzeitig überreiztes Nervensystem kennzeichnet. Unterhalb der Kopflinie formte sich in der rechten Schicksalslinie eine Insel, die eine Folgeerscheinung von chronischen Beschwerden im Mastdarmbereich ist, die sich gravierend auswirken können.

Die sich in der linken Hand befindende, etwas wellige *Magenlinie* läßt eine Krampfbereitschaft im Oberbauchbereich vermuten, insbesondere im Bereich Galle und Darm. In der rechten Hand ist die Magenlinie weniger deutlich und zerrissen. Stoffwechselstörungen nervöser Art lassen sich daraus ableiten.

In beiden Händen sind mehrfach *Sonnenlinien* eingezeichnet. Sie beziehen sich auf die künstlerische Befähigung des Handeigners.

In der linken Hand ist der *Venusgürtel* zum Teil sehr zart vorhanden. Vorübergehend auftretende Schwächen im Bereich des Rückens sind darauf zurückzuführen.

Die *Raszettlinien* an beiden Handwurzeln sind unterschiedlich lang, kettig und gebogen. Die vererbte Konstitution zeigt ein ungleich verteiltes Kräfteverhältnis. Demzufolge ist die allgemeine Verfassung des Handeigners nicht anhaltend stabil.

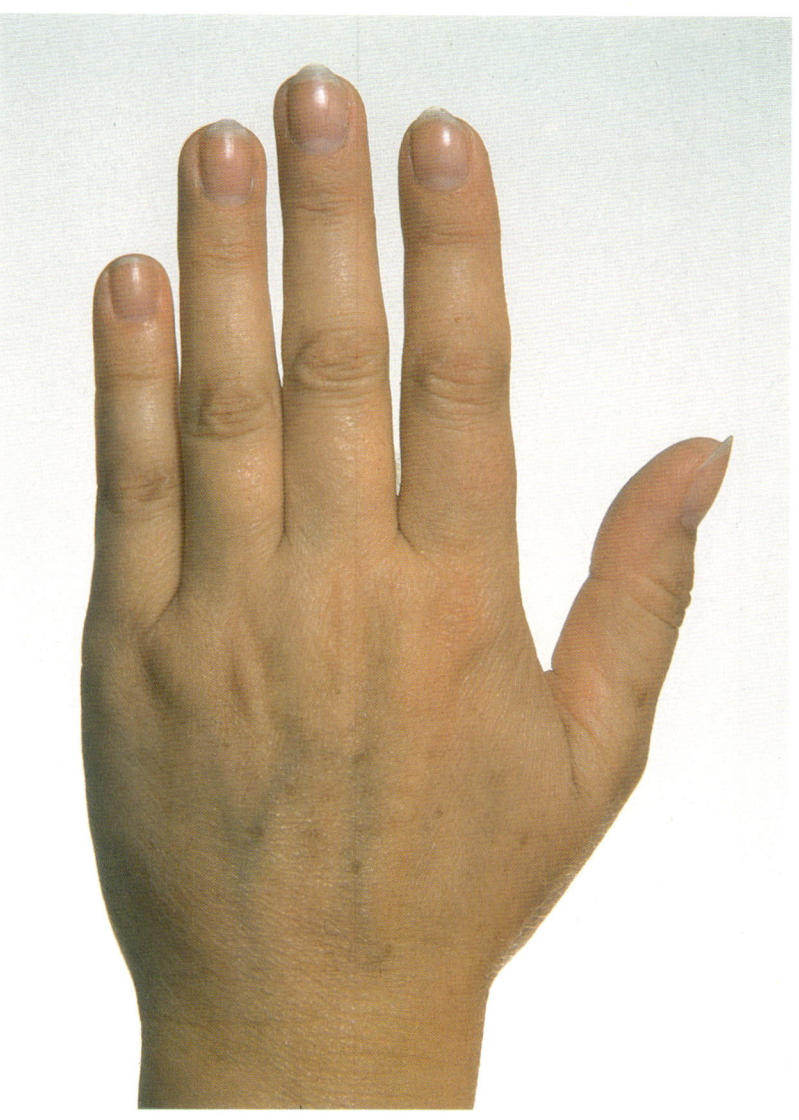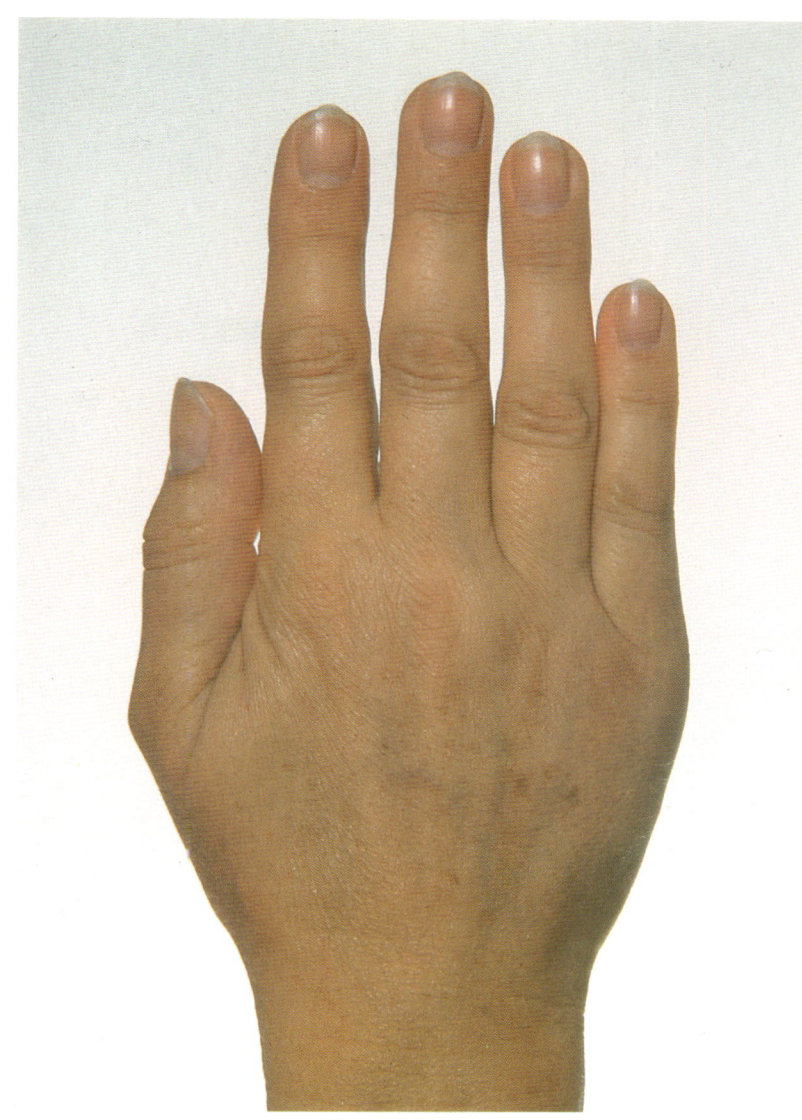

Weibliche Außenhände: E. A. S.
Die Handeignerin, 54 Jahre alt, ist Managerin und Hausfrau.

Die *Charakteristik* der Handform im Schema ist spatelförmig mit leicht knotig-konischem Einschlag. Die Handeignerin stellt einen praktischen Lebenskünstler dar. Sie ist energisch, rastlos, beweglich, aktiv, fleißig und voller Selbstvertrauen, daher auch für größere Unternehmungen, die mit Organisation zusammenhängen, geeignet.

An der linken Hand sind Zeige- und Ringfinger von gleicher Länge, an der rechten Hand ist der Zeigefinger wenig länger. Nach dem 30. Lebensjahr ist die Handeignerin in ihrem Streben noch bewußter. Die langen, kräftigen, mittelhoch angesetzten Daumen geben zu erkennen, daß sich die Persönlichkeit durchsetzen und behaupten kann, in jedem Falle aber höflich, was an den ersten zart gewölbten Daumenkuppen zum Ausdruck kommt. Das linke Handgelenk ist mittelkräftig, das rechte etwas feiner gestaltet. Die Erbsubstanz wirkt sich stabilisierend auf die Lebenskräfte der Handeignerin aus.

Die *Konstitution* ist zäh.

Die *Disposition* zu einer Nierenfunktionsschwäche zeigt sich an der zum Teil zarten Hautbeschaffenheit. Von der hellen und gespannten Haut der Fingerglieder ist ein Verschlackungsprozeß abzuleiten. Die Leberflecken deuten auf Leberinsuffizienz.

Die beidseitig leicht gebogenen Zeigefinger beziehen sich auf die Tendenz zu einer Organschwäche von links, Milz-Pankreas und rechts, Leber-Galle. Die leicht gebogenen Mittelfinger sind auf Störungen im Darmstoffwechsel zurückzuführen. Die etwas gebogenen ersten Glieder der Ringfinger stehen mit Nierenstörungen in Zusammenhang, die Einziehung am zweiten Glied der Ringfinger mit Herzstörungen. Zärtlichkeitsgrübchen an den Knöchelgelenken weisen auf Wünsche seelischer Art. Die Rötungen auf den Knöchelgelenken der Zeigefinger beziehen sich links auf Unstimmigkeiten im weißen Blutsystem und rechts im roten Blutsystem. Die Rötung auf dem Knöchelgelenk des rechten Mittelfingers gibt ungünstige Verhältnisse der Darmflora zu erkennen.

Die Maus an beiden Händen zeigt kaum Einziehungen. Sie ist mittelkräftig und bestätigt gute Lungen- und Vitalkraft.

Die zum Teil ohne Wölbung dargestellten Nagelmonde beruhen auf Übererregbarkeit der Herznerven. Eine Tendenz zu Kollaps ist gegeben.

Die Einflußzeichen atmosphärischer Störungen sind an den oberen Nagelrändern sichtbar.

Weibliche Innenhände: E. A. S. siehe folgende Doppelseite

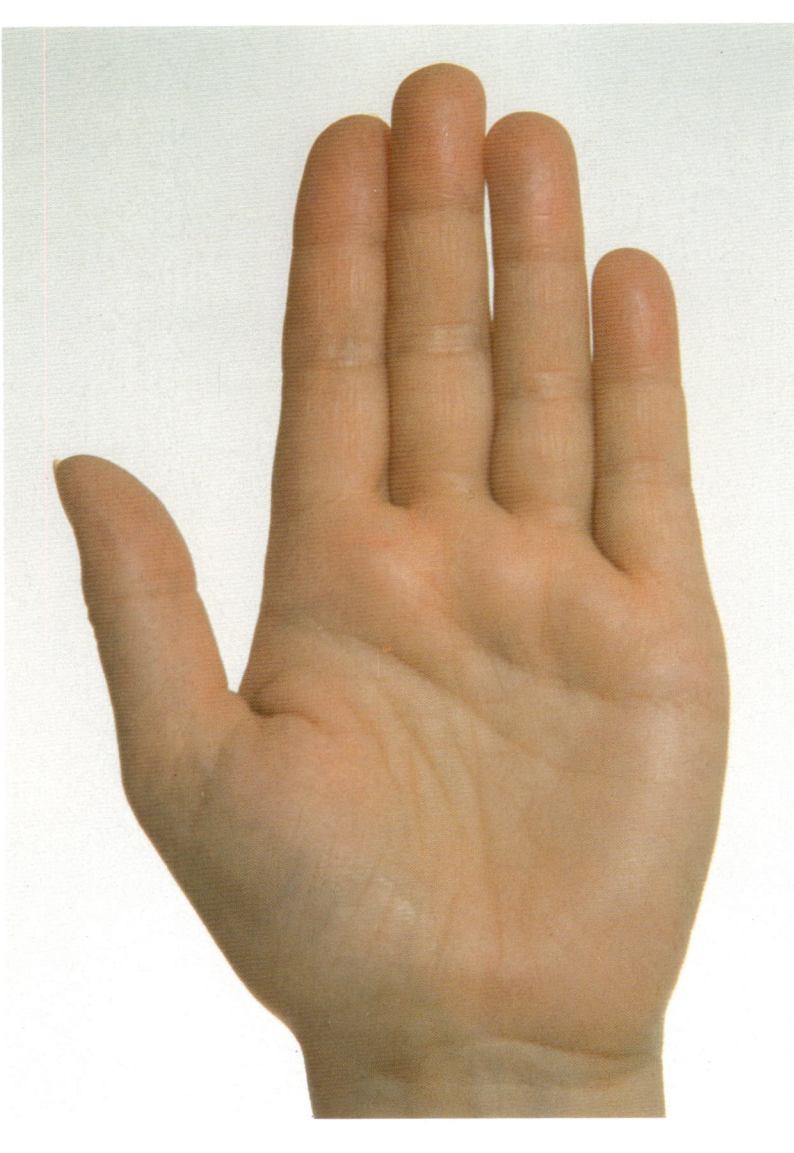

Weibliche Innenhände: E. A. S.
Die Handeignerin, 54 Jahre alt, ist Managerin und Hausfrau.

Die Fingerglieder variieren in ihrer Länge. Sie ergänzen sich dahingehend, daß die Verbindung von der seelischen Ebene sowohl zu der materiellen als auch zu der geistigen Ebene gut hergestellt werden kann. Die auf den zweiten und dritten Fingergliedern befindlichen Längslinien deuten auf das aufgeschlossene und entgegenkommende Wesen der Handeignerin.

Längslinien auf dem ersten Glied des rechten Kleinen Fingers lassen Überanstrengung der Gehirnnerven erkennen. Kurze schräggestellte Linien am unteren Gelenk des linken Zeigefingers beziehen sich auf Pankreasinsuffizienz. Kurze schräggestellte Linien am rechten unteren Zeigefingergelenk beziehen sich auf Leberinsuffizienz und Gallenstörungen. Kleine schräggestellte Linien am unteren Gelenk des rechten Kleinen Fingers wurden durch nervliche Belastungen hervorgerufen.

Die seidig-glänzende Haut läßt auf einen sensiblen Menschen schließen. Die vertiefte und blasse Handtellermitte in beiden Händen macht auf einen funktionsschwachen Magen aufmerksam. Die weiß-rötlich gefleckte Hautfarbe der Innenhandflächen im gesamten betrachtet, beruht auf Nierenstauungen, die das Herz mitbelasten.

Die gut ausgebildeten Berge in beiden Händen sind ein Ausdruck für Freude am Schönen in jeder Form und verfeinerte Genußfähigkeit. Die kurzen senkrechten kleinen Linien auf den Bergen der Kleinen Finger sind ein Merkmal für Rheuma im Arm-Schulter-Bereich. In beiden Händen ist das »Große M«

vorhanden. Die Handeignerin ist ein bewußt denkender Mensch, der seine Handlungen durch klare Überlegungen bestimmen kann.

Die linke hoch angesetzte *Lebenslinie* umrundet den Daumenballenberg in mehreren Teilen. Die Vorfahren mütterlicherseits hatten einen unterschiedlich langen Lebensrhythmus.

Die rechte Lebenslinie ist ebenfalls in mehreren parallellaufenden Teilen dargestellt. Die väterlichen Vorfahren hatten einen unterschiedlich langen Lebensrhythmus. Die in Teilen vorhandene rechte Lebenslinie weist Lücken auf, die Schwächezeiten im Leben der Handeignerin bedeuten. Da sich die Teile parallellaufend versetzt ablösen und durch sehr zarte Verbindungslinien überbrückt werden, vermag sie die Krisenzeiten zu überwinden.

Die linke *Kopflinie* ist mit der Lebenslinie normal verbunden. Rechtzeitige Entschlußfähigkeit ist gegeben. Die Kopflinie richtet sich in ihrem Verlauf zuerst auf den mittleren Handrandberg, ab Höhe des Kleinen Fingers jedoch zum oberen Handrandberg. Die ideale Einstellung der Handeignerin verbindet sich mit Logik. Eine Insel in der linken Kopflinie unterhalb des Zeigefingers bezieht sich auf eine von mütterlicher Seite vererbte Sehschwäche.

In der linken Kopflinie ist unterhalb Mittelfingerhöhe eine gerötete längliche Vertiefung zu erkennen, die sowohl mit Entzündungen im Ohrbereich als auch mit Kopfschmerzen zusammenhängt. Die rechte Kopflinie beginnt einerseits mit einem

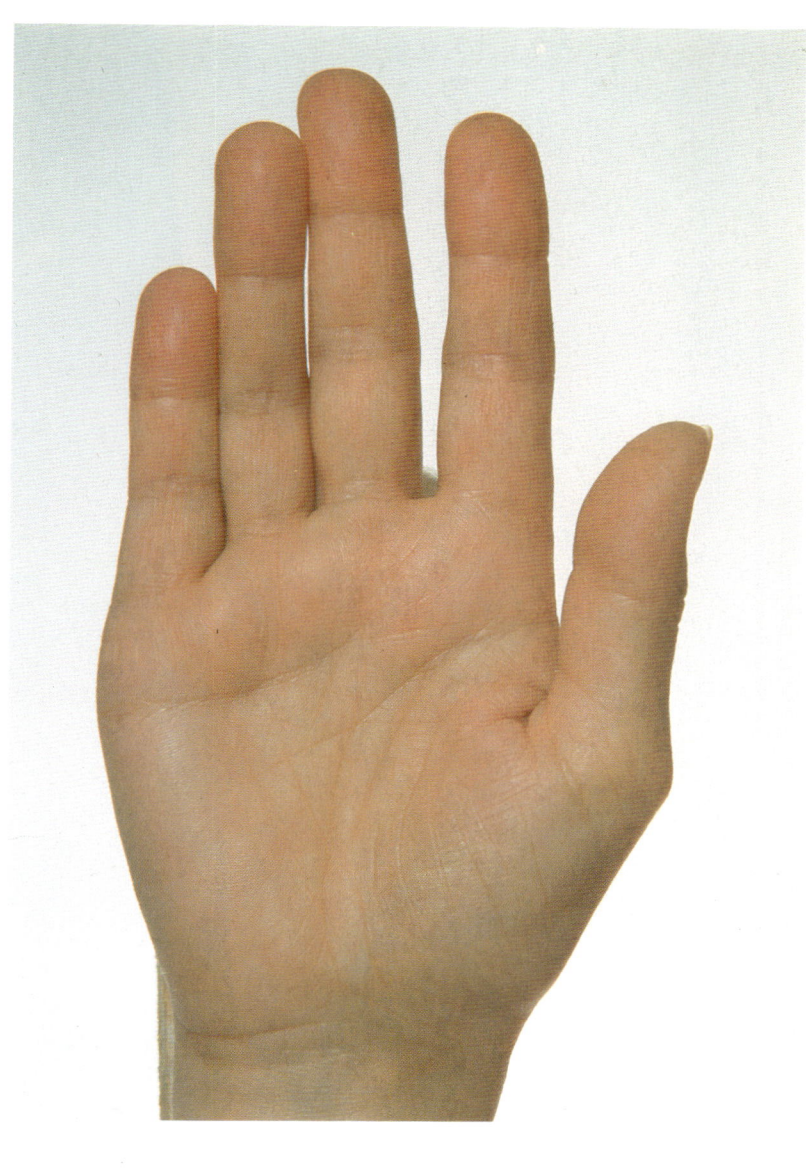

freistehenden, silbrig glänzenden Teil, andererseits wird ihr Anfang durch mehrere mit der Lebenslinie verbundene Inseln gebildet. Diese Linienkonstellation weist auf Störungen im Kleinhirnbereich, die Kopfschmerzen verursachen können. Die Inseln deuten auf von väterlicherseits vererbte Sehschwäche (Insel in Zeigefingerhöhe) sowie Gehörschwäche (Insel in Höhe des Zwischenraumes von Zeige- und Mittelfinger). Die bis zur Mitte schräg verlaufende Kopflinie, rechtsseitig, zieht weiter in den oberen Handrandberg. Auch hier kombiniert sich ideales mit realem Denken. Dunkle Punkte in der rechten Kopflinie lassen Gehirnmüdigkeit erkennen.

Die linke kettige *Herzlinie* bringt eine Tendenz zu organischen Herzstörungen mit sich. Sie bildet am Ende eine Insel. Eine von mütterlicher Generation vererbte Anlage zu Lungenerkrankungen ist offensichtlich. Eine dunkle Vertiefung in der linken Herzlinie unterhalb des Ringfingers ist ein Zeichen dafür, daß sich organische Herzschäden, verursacht durch psychische Belastungen, entwickeln.

Auch die rechte Herzlinie ist kettig und zeigt unterhalb des Mittelfingers eine kurze Unterbrechung. Eine von väterlicherseits vererbte Anlage zu organischen Herzstörungen ist augenscheinlich. Die Unterbrechung läßt eine Bereitschaft zu Herzkollaps vermuten. Beschwerden im Kopfbereich lassen sich durch die am Ende geteilte Herzlinie, die an beiden Teilen jeweils eine Insel enthält, ableiten.

Die linke *Schicksalslinie* steigt nahe der Handwurzel auf und zieht in den Mittelfingerberg. Diese Schicksalslinie läßt durch ihren geraden Verlauf erkennen, daß das seelisch-geistige Erb-Erinnern tiefer wurzelt und über die praktische Betätigung zu neuer Entfaltung gelangt. Die Insel in der linken Schicksalslinie unterhalb der Kopflinie ist auf eine von mütterlicher Seite vererbte Anlage zu Leber- und Darmstörungen zurückzuführen.

Die rechte Schicksalslinie entspringt nahe der Handwurzel und zieht ebenfalls in den Mittelfingerberg, wo sie sich verdoppelt. Aus der Gesamtstruktur der Linie läßt sich folgern, daß die Handeignerin über praktisches Tun ihr Bewußtsein erweitert und seelisch-geistige Kräfte gewinnt. Eine weitere rechte Schicksalslinie, die oberhalb der Kopflinie beginnt und in den Mittelfingerberg reicht, bestätigt die Vielseitigkeit ihres Tuns.

Die vegetativen Störungen der Handeignerin gehen aus den dünnen und zerrissenen *Magenlinien*, beidseitig, hervor.

Die *Sonnenlinien* in beiden Händen bestätigen das Kunstverständnis der Handeignerin. Eine senkrecht auf dem rechten Ringfingerberg in der Sonnenlinie befindliche Insel macht seelische Spannungen, die als Hemmungen anzusehen sind, deutlich.

Eine hochgezogene *Raszettlinie*, linksseitig, sowie zwei hochgezogene, rechtsseitig, geben Bindegewebeschwäche der Vorfahren zum Ausdruck. Weitere Raszettlinien an den Handwurzeln sind sehr zart. Die aus dem Erbgut übernommene Konstitution ist eher zäh als stabil.

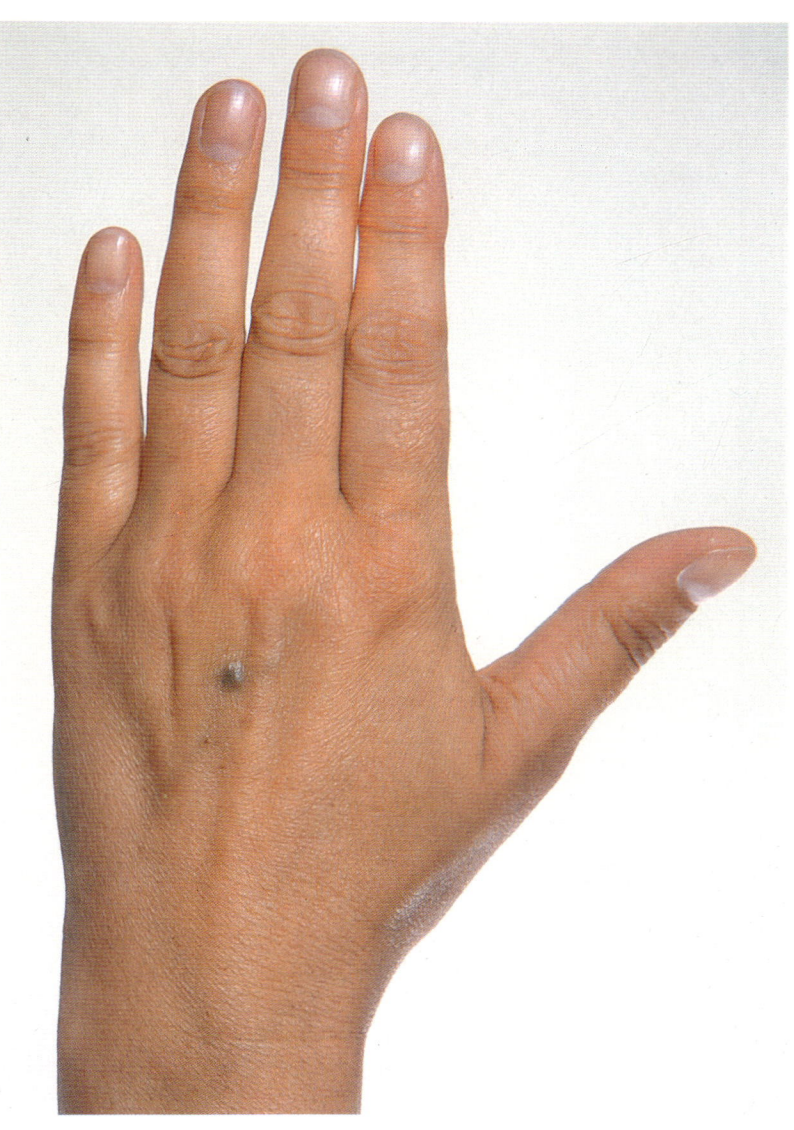 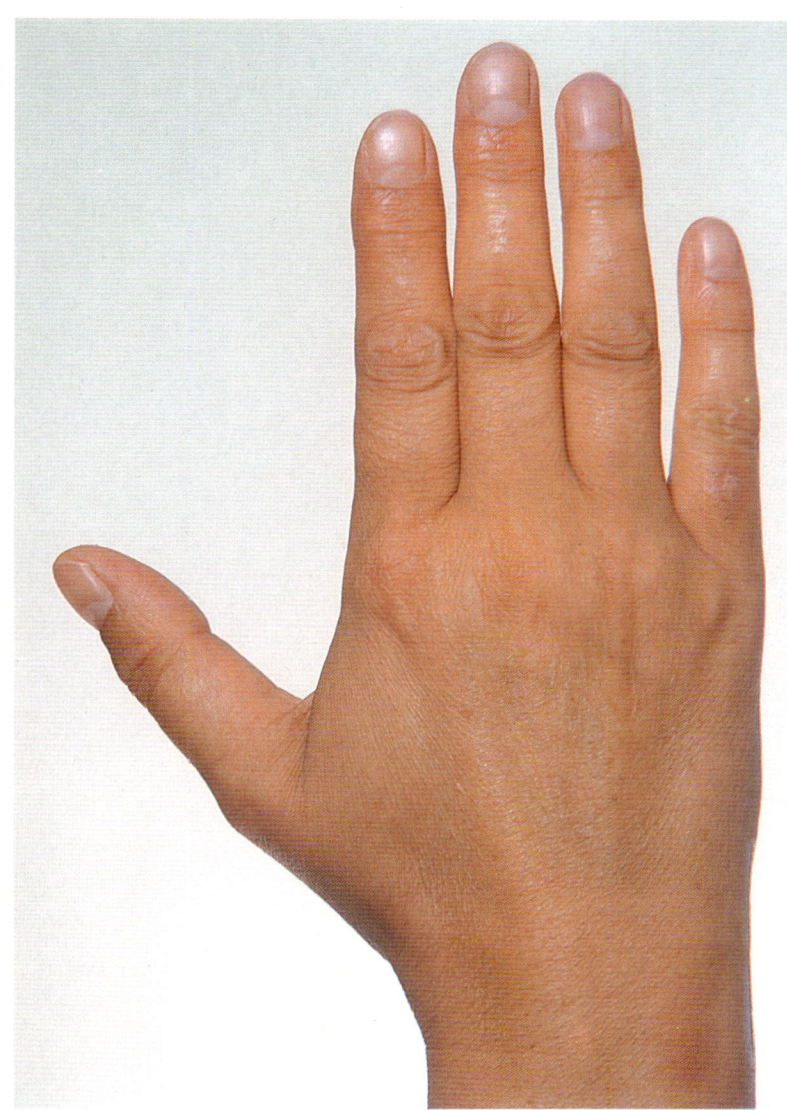

Weibliche Außenhände: D. S.
Die Handeignerin, 47 Jahre alt, ist Sekretärin.

Die *Charakteristik* der Handform im Schema ist eckig, ideal. Verstand und Empfindung ringen miteinander. Der Verstand hemmt die Handeignerin in ihrem Streben, das Prinzip der geistigen Ordnung zu erreichen.

Die Ringfinger sind länger als die Zeigefinger. Die Handeignerin ist von den Einflüssen der Umwelt abhängiger. Die tiefer angesetzten Daumen sind von normaler Länge. Nur mit äußerstem Nachdruck vermag sich die Handeignerin durchzusetzen, zumal die zweiten Daumenglieder länger sind als die ersten.

Die mittelkräftigen Handgelenke weisen darauf hin, daß ihr die Vorfahren Zähigkeit vererbten.

Die *Konstitution* ist zäh, sensibel.

Die *Disposition* zu Stoffwechselstörungen läßt sich an der leicht gefurchten und zum Teil gespannten Haut der Fingerglieder ableiten.

Gichtknoten befinden sich an den ersten Gelenken der Ring- und Zeigefinger, linksseitig. Die Auswertung der Nahrung ist fehlgesteuert.

Der linke gebogene Ringfinger hängt mit einer linksseitigen Niereninsuffizienz zusammen, die eine Herzfunktionsstörung nach sich ziehen kann, was aus einer am zweiten Gelenk vorhandenen kleinen Einziehung ersichtlich ist.

Die gebogenen Kleinen Finger zeigen Bindegewebeschwäche im Urogenitalsystem. Auf der linken Handmitte tritt ein bläuliches Gefäß hervor, das zu einer späteren Zelldegeneration führen kann.

Die Maus auf beiden Händen zeigt an den oberen Partien Einziehungen und Konturen, die eine Tendenz zu Lungenspitzenkatarrh aber auch eine Schwäche der Wirbelsäule im Nackenbereich aufweisen. Die Vitalkräfte sind bedingt widerstandsfähig.

Die langen, großen Fingernägel sind rosa, aber infolge der Stauungen im Organismus, besonders im mittleren Bauchraum, auch aufgehellt. Die Tendenz zu Lungenschwäche und Empfindlichkeit der Bronchien geht aus den langen und zum Teil gewölbten Fingernägeln hervor. Die teilweise sehr großen Nagelmonde sind an ihren Rändern bläulich getönt. Die leicht erregbaren Herznerven werden durch zuviel Kohlensäure im Blut belastet.

Die Merkmale atmosphärischer Störungen sind an den oberen Nagelrändern erkennbar.

Weibliche Innenhände: D. S. siehe folgende Doppelseite

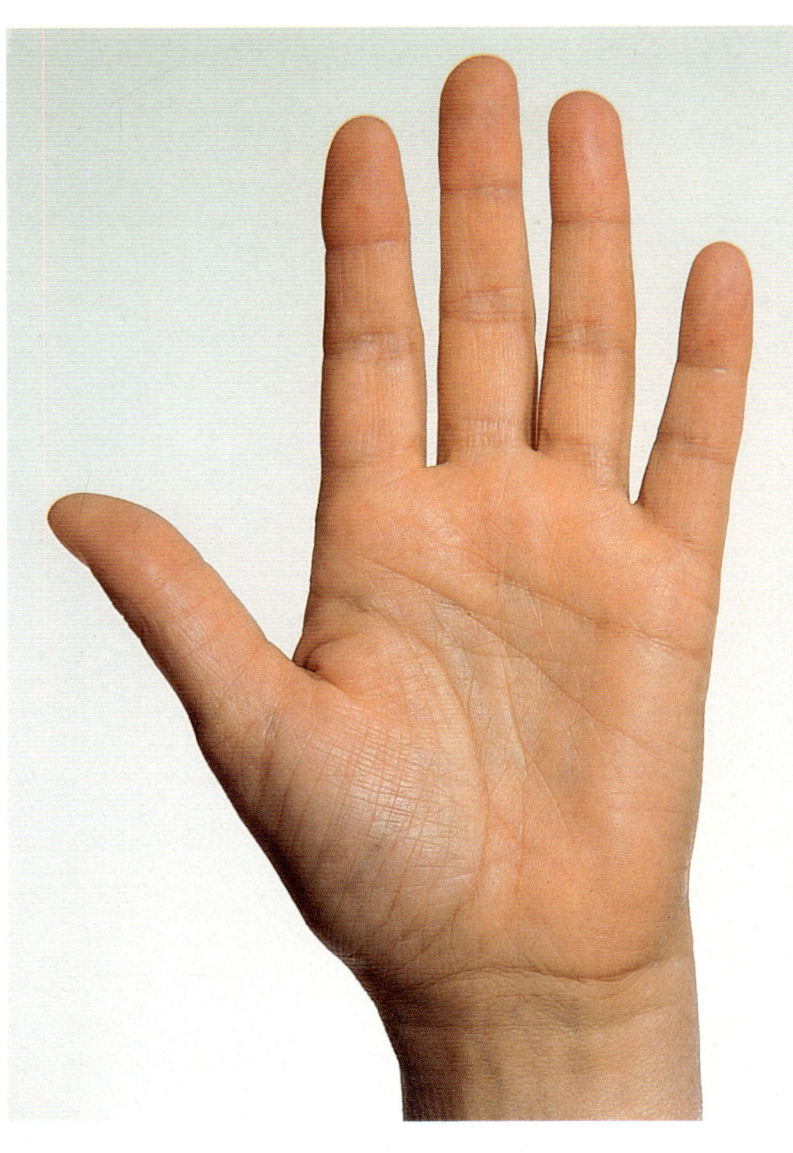

Weibliche Innenhände: D. S.
Die Handeignerin, 47 Jahre alt, ist Sekretärin.

Die Fingerglieder sind etwas unterschiedlich in ihrer Länge. Die Handeignerin kann durch geistige Bemühungen Ausgewogenheit anstreben. Übermäßige Anstrengungen jedoch wirken sich nervenbelastend aus, was an allen ersten Fingergliedern durch Quer- und Längslinien deutlich wird. Die zweiten und dritten Fingerglieder sind von vielen feinen Längslinien durchzogen und veranschaulichen Ausstrahlungsfähigkeit und magnetische Anziehungskraft der Handeignerin. Am rechten unteren Glied des Kleinen Fingers fallen kurze schräge Querstriche auf, die wie eine Unterteilung, wie sie am Gelenk vorkommt, aussieht. Die Gedanken und Wahrnehmungen der Handeignerin können zu falschen Schlüssen führen und nervliche Überreizungen auslösen.

Die feine Hauttextur gibt einen sensiblen Menschen zu erkennen.

Die Handtellermitte ist in beiden Händen etwas vertieft und bläulich-blaß, wovon Durchblutungsstörungen im Magenbereich abzuleiten sind. Auf eine Regulierung der Wärmeverhältnisse im Stoffwechsel sollte geachtet werden. Die zart gewölbten *Handberge* lassen auf verfeinerten Genußsinn schließen.

Die linienreichen Hände sprechen für einen aufgeschlossenen und nachdenklichen Menschen. Die bräunliche Tönung der Linien stellt ein Merkmal für Leber- und Gallenstörungen dar. Das »Große M« ist, besonders rechtsseitig, gut geformt. Die seelischen Elemente führen die Handeignerin zu einer geistigen Bewußtseinsentwicklung.

Die in beiden Händen tief eingravierten *Lebenslinien* bilden einen gut gezeichneten Viertelkreis um den Daumenballenberg. Die von den Vorfahren übernommene Vitalität und Zähigkeit bedeuten für die Handeignerin eine notwendige Grundlage zum Ausgleich ihrer großen Sensibilität. Am unteren Viertel der Lebenslinien – linksseitig besonders deutlich – befindet sich ein Dreieck, das auf Zelldegenerationen bei den mütterlichen Vorfahren beruht. Bei der Handeignerin besteht die Tendenz zu einer Zelldegeneration, die aber nicht akut werden muß. Auf eine gesunde Lebens- und Ernährungsweise sollte jedoch bewußt Wert gelegt werden.

Beide *Kopflinien* beginnen mit großem Abstand von den Lebenslinien. Die offene Handeignerin reagiert impulsiv und spontan. Ihre gerade Art wird von anderen leicht ausgenutzt. Die linke, gerade, bis zum Handrand verlaufende Kopflinie weist auf Eigenwilligkeit. Die Handeignerin ist Ratschlägen anderer nicht sehr zugänglich. Unterhalb der linken Kopflinie in Mittelfingerhöhe ist eine große Insel sichtbar. Die mütterliche Generation war vermutlich mit Kopfschmerzen und Gehörschwäche behaftet. Da sich die Insel vor der Mitte der Kopflinie befindet, nimmt sie auf das Kleinhirn Bezug. Unterbewußte Störungen können bei der Handeignerin auftreten. Die rechte Kopflinie ist in zwei Bögen dargestellt, wobei zu beachten ist, daß die Kopflinie unterhalb des Zwischenraumes von Zeige- und Mittelfinger neu ansetzt und sich unterhalb des Mittelfingers verdoppelt. Nach der Schicksalslinie läuft der obere Teil in Richtung Herzlinie, der untere Teil in Richtung des mittleren Handrandberges. Aus dem Bild der rechten Kopflinie läßt sich ableiten, daß die Handeignerin im Denken verschiedenartige Prozesse durchzustehen hat. Die Verdoppelung der Kopflinie unter dem Mittelfinger deutet Gehörschwierigkeiten an, die sich auch auf die Psyche erstrecken. Kurz vor dem Ende der rechten Kopflinie wird diese von einer halbkreisförmigen Giftlinie (Medizinalgifte) geschnitten.

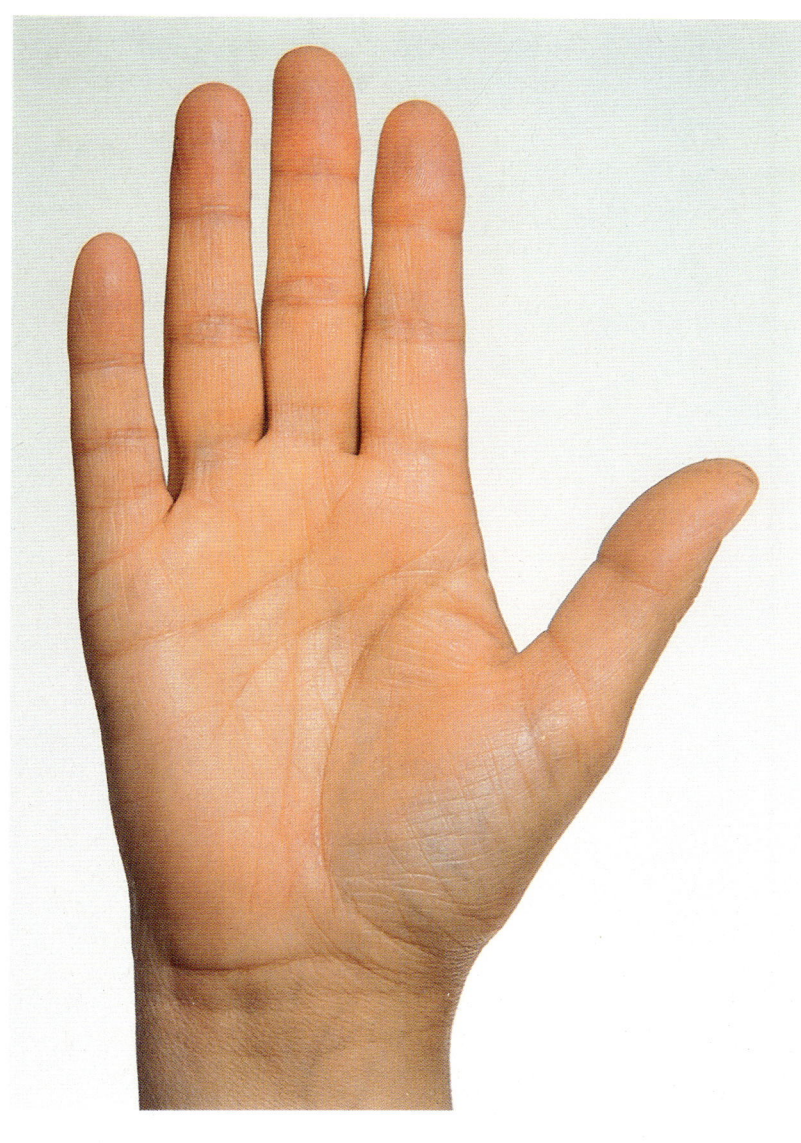

Die linke *Herzlinie* weist am Ende eine offene Insel auf. Die Insel bezieht sich auf eine von den mütterlichen Vorfahren vererbte Anlage zu Lungenschwäche. Die rechte Herzlinie mündet zwischen Zeige- und Mittelfinger. Es ist ein Merkmal dafür, daß nach geistiger Gesetzmäßigkeit Partnerschaften dazu dienen, aus den Erfahrungen zu lernen, größere Nächstenliebe zu entwickeln, was eigener Persönlichkeitsüberwindung bedarf. In der rechten Herzlinie scheint sich unter dem Mittelfingerberg eine erworbene Unterbrechung abzuzeichnen, die auf plötzliches Herzversagen schließen läßt. Punkte, besonders in der linken Herzlinie, unter dem Mittelfinger, deuten auf defekte Zähne, helle Punkte unter dem Ringfinger weisen auf Nierengrieß.

Die linke *Schicksalslinie*, die mit einem Teil in der Handwurzel beginnt, mit einem anderen Teil in der Mitte des Handrandberges, reicht unter der Kopflinie sowie über der Herzlinie versetzt in den Mittelfingerberg. Aus der gewachsenen geistigen Ordnung und den Impulsen von außen ist der Handeignerin Kraft zugemessen, sich durch Umsicht und Konzentration zu bewähren, wobei sie viele Hindernisse zu überwinden hat. Eine sehr kleine Insel kurz vor dem Zusammenschluß beider Teile der Schicksalslinie ist auf Myome im Uterus zurückzuführen, die auch entarten können. (Der Uterus mußte operativ entfernt werden.)

Die rechte Schicksalslinie beginnt in Höhe des unteren Drittels der Lebenslinie und steigt in den Mittelfingerberg auf, wo Teile weiterer Schicksalslinien sichtbar sind. Unterhalb der Kopflinie befindet sich in der rechten Schicksalslinie eine Spaltung in Richtung des Kleinen Fingers, die ein Merkmal für Würmer

darstellt. Die auf dem Mittelfingerberg befindlichen Schicksalslinien verkörpern geistige Reserven, aus denen die Handeignerin Kraft schöpfen kann.

Die linke, nur zum Teil vorhandene *Magenlinie* weist eine kleinwellige Form auf und beruht auf einer Krampfdiathese, das heißt auf einer erhöhten Krampfanfälligkeit im Magendarmtrakt. Die rechte, wie geflochten wirkende Magenlinie beginnt mit einer Insel, die auf ein überfeinertes Nervensystem deutet und vegetative Störungen der Stoffwechselorgane zu erkennen gibt.

In beiden Händen sind *Sonnenlinien* auf den Ringfingerbergen sichtbar. Das Schöngeistige ist der Handeignerin ein Bedürfnis, um sich seelisch zu stimulieren.

In der linken Hand sind Teile eines zerrissenen *Venusgürtels* vorhanden. Eine Rückenschwäche sowie überreizte Sexualnerven und Störungen im Gefühlsleben sind darauf zurückzuführen. Eine kleine, schräggestellte Linie, die aus dem Zwischenraum von Zeige- und Mittelfinger, linksseitig, kommt und in den Zeigefingerberg zieht, betrifft Eingriffe im Bereich der Unterleibsorgane. Eine waagerecht an der Schicksalslinie beginnende *Giftlinie* in der rechten Hand weist einerseits auf übersteigerte Sensibilität und andererseits darauf, daß Arzneigifte den Organismus belasten.

Die oberen *Raszettlinien* sind in beiden Händen, besonders linksseitig, wellig und kettig. Damit verbunden ist Bindegewebeschwäche und eine bei den Vorfahren bemessene Vitalkraft, zumal die weiteren Raszettlinien sehr zart dargestellt sind. Die Handeignerin sollte ihre Lebensweise nach geistigen Zielen orientieren.

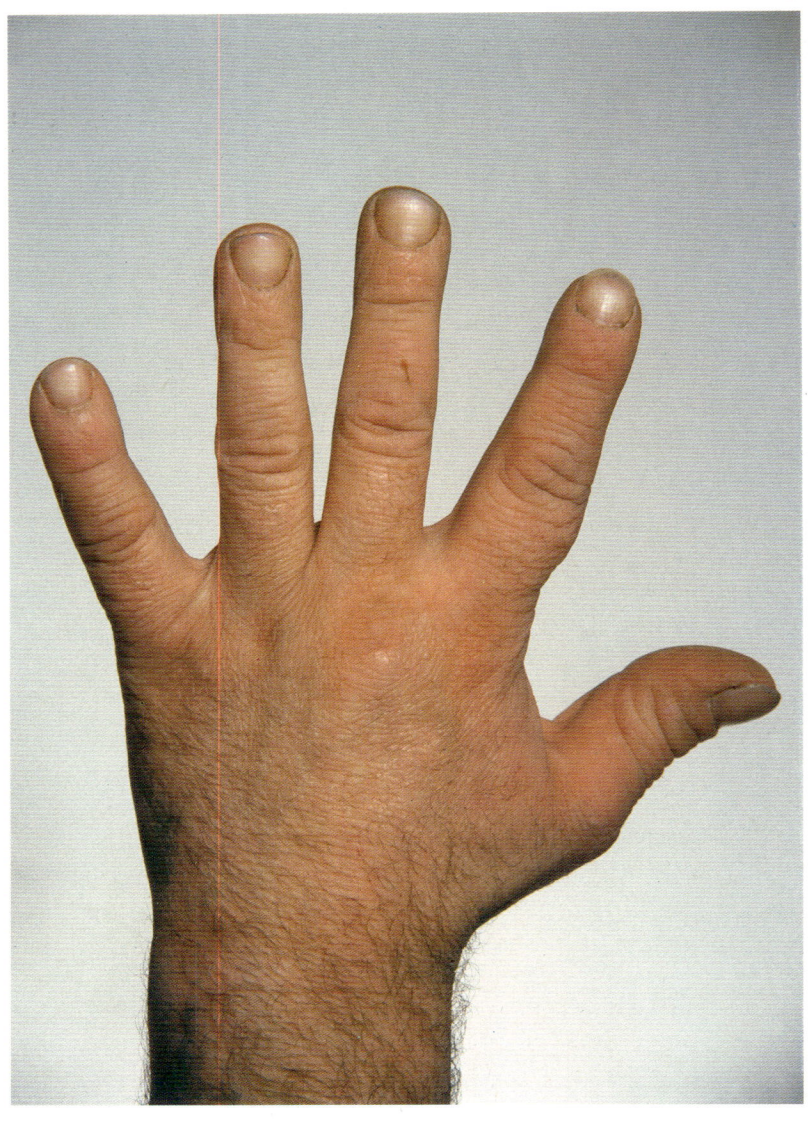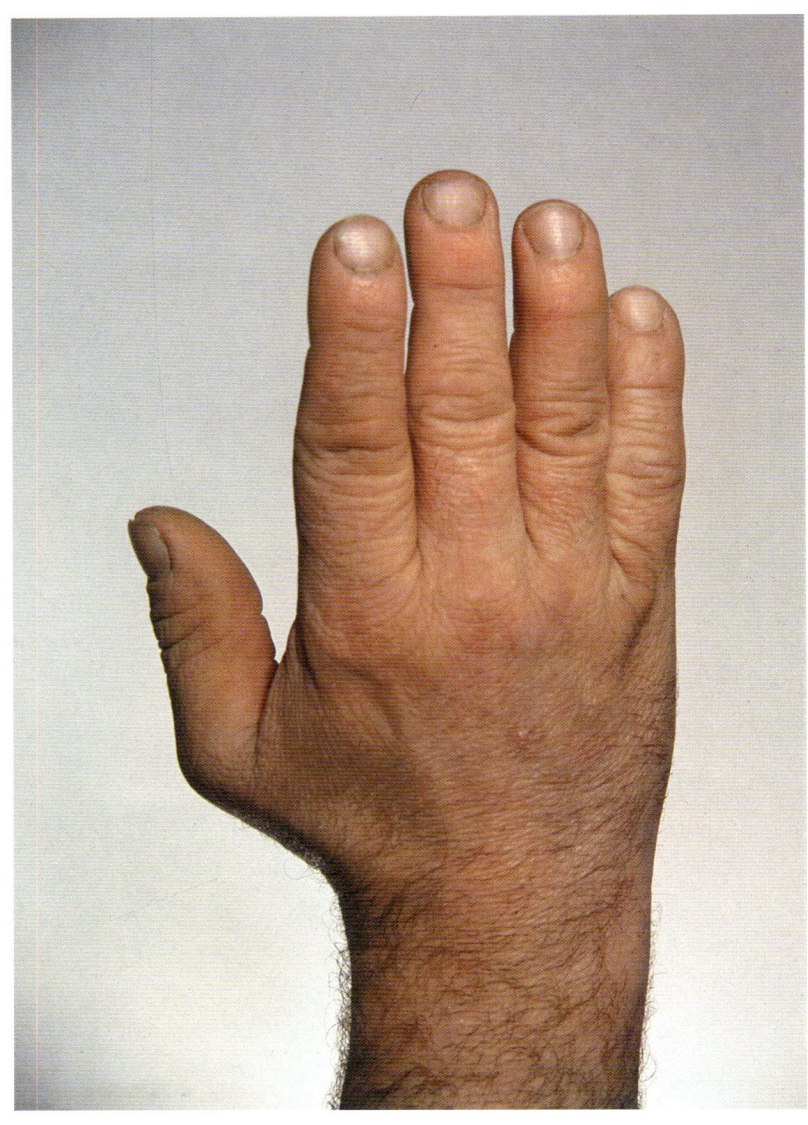

Männliche Außenhände: D. L.
Der Handeigner, 40 Jahre alt, ist Bauarbeiter.

Die *Charakteristik* der Handform im Schema bildet ein kräftiges Quadrat. Die Hand ist ursprünglich, primitiv, doch entwikkelter. Der Handeigner ist ein naturverbundener Mensch, der sich den notwendigen Lebensumständen gut anpassen kann. Die konischen Zeigefinger geben zum Ausdruck, daß er in seinem Empfinden und Bestreben das geistig-göttliche Prinzip nicht außer acht läßt, aber auch Freude an den Genüssen des Lebens findet. Die Ringfinger sind etwas länger als die Zeigefinger. Die Abhängigkeit von der Umwelt ist geringfügig. Die Daumen sind kräftig geformt. Die Persönlichkeit vermag sich durchzusetzen und zu behaupten. Der Handeigner ist als guter Vorarbeiter geeignet. Die Daumenkuppen sind etwas abgeflacht, die Persönlichkeit ist durch innere Einsicht anpassungsfähig. Der mathematische Sinn des Handeigners teilt sich durch das kantige zweite Daumengelenk an beiden Händen mit. Die Behaarung der Hand läßt Temperament und die Tendenz zu heftigeren emotionellen Reaktionen erkennen.

Die Handgelenke sind ebenfalls kräftig. Die Vorfahren waren demzufolge stämmige, stabile Menschen.

Die *Konstitution* ist zäh und stabil.

Die *Disposition* weist auf eine rheumatische Anlage hin, da das Hautgewebe fest und relativ unelastisch ist. Schlacken sind bereits vorhanden. Die ersten nach innen gebogenen Glieder der Kleinen Finger beziehen sich auf Bindegewebeschwäche der Sexualorgane. Die oberen Fingerglieder sind gerötet und lassen akute Entzündungen erkennen. Sie sind nicht nur durch äußere Einwirkungen, sondern auch durch die Lebens- und Ernährungsweise verursacht worden.

Die linksseitige Maus ist kräftig, während die rechte Maus an der oberen und unteren Partie Einziehungen erkennen läßt. Kopf- und Fußbereich der rechten Körperseite weisen Schwächen auf.

Die Fingernägel sind breiter als lang. Das empfindlichste Organ ist das Herz. Die Zeigefingernägel sind rund und beziehen sich auf das lymphatische System, die Milz. Die Fingernägel haben eine blasse Farbe, auf Anämie deutend. Da die Nagelmonde fehlen, ist eine Herznervenschwäche vorhanden.

Die atmosphärischen Störungen zeigen sich an den oberen Nagelrändern durch einen rötlichen Streifen.

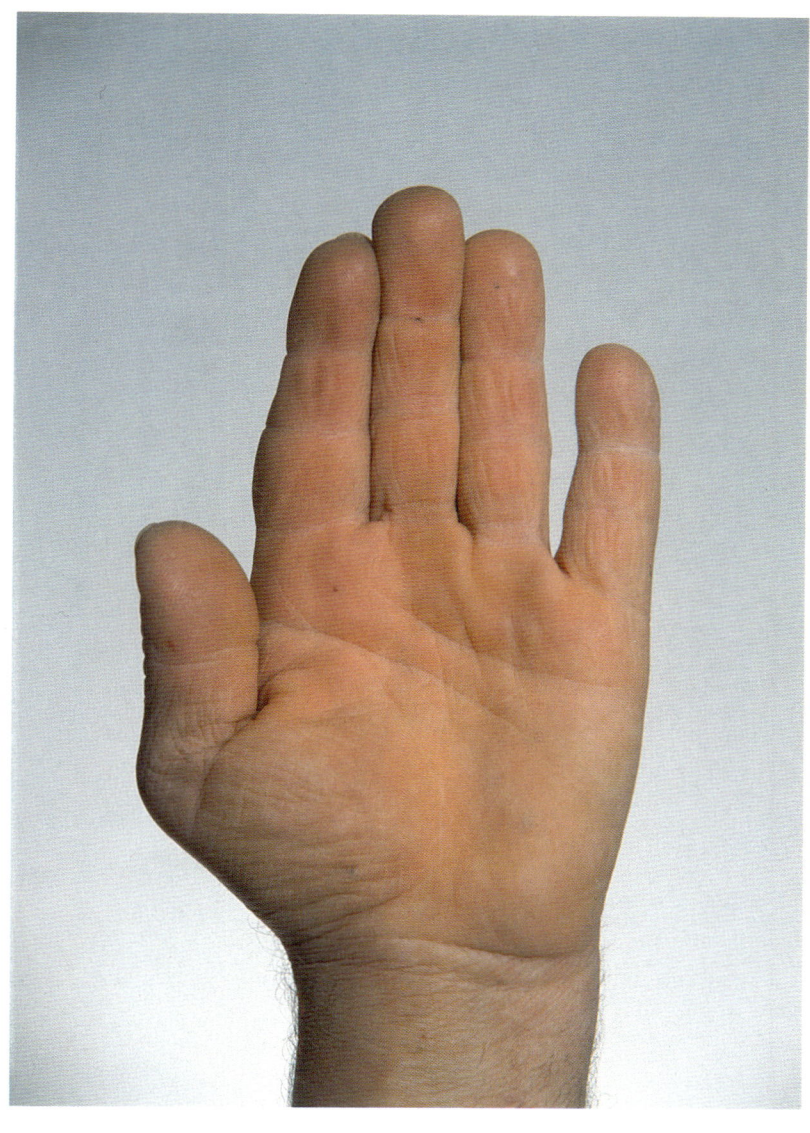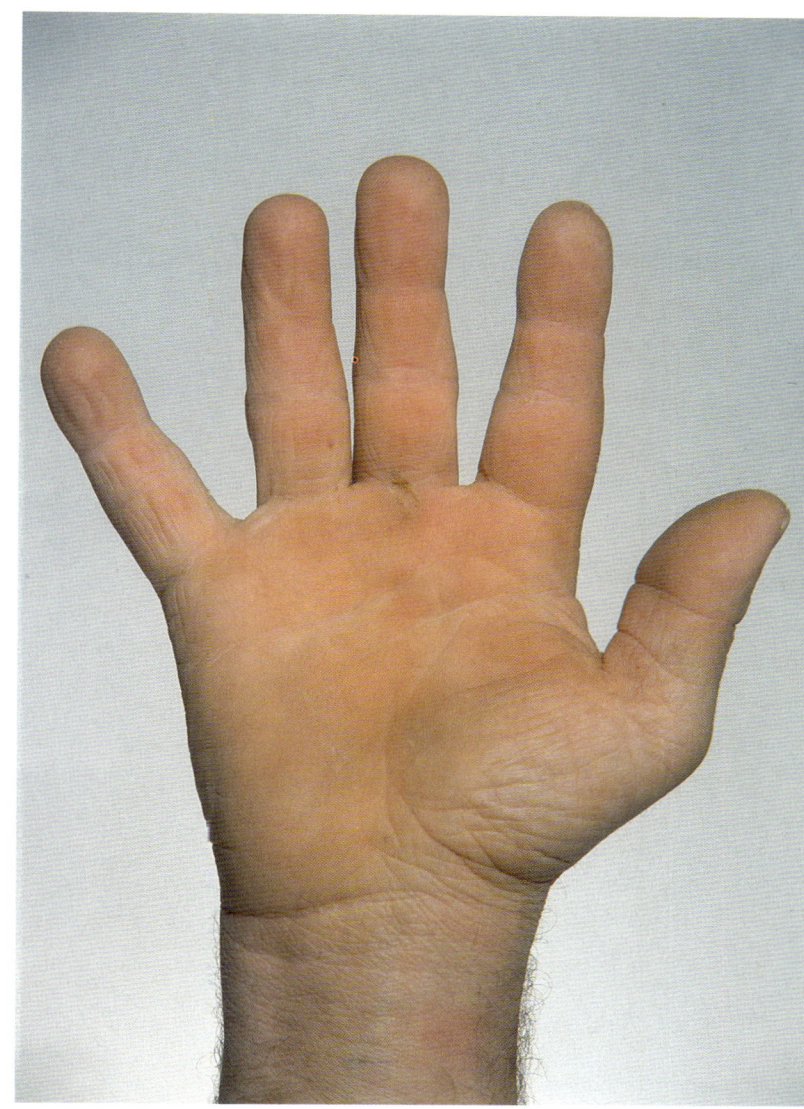

Männliche Innenhände: D. L.

Die Fingerglieder sind fast gleich lang und damit harmonisch aufeinander abgestimmt. Die Längslinien auf den zweiten und dritten Fingergliedern veranschaulichen ein entgegenkommendes Wesen und Ausstrahlungsvermögen. Längslinien auf den ersten Fingergliedern deuten auf Überbeanspruchung der Kopfnerven.

Die Handteller sind kräftig geformt. Die Persönlichkeit kann zupacken und sich ausdauernd mit der Materie Bau und Boden befassen. Der rechte Daumenballenberg ist noch deutlicher hervorgehoben als der linke. Die Energien der Sexualsphäre sind auch in den späteren Jahren noch stark und intensiv. Inseln in beiden Daumenballenbergen warnen vor Ansteckungen im Sexualbereich.

Die *Lebenslinien*, beidseitig, sind teilweise blaß und besagen, daß die Durchblutung verbessert werden sollte.

Die linke *Kopflinie* ist kräftig und länger als die rechte. Der Verstand ist rege. Der Handeigner weiß seine Arbeit mit Umsicht und Überlegung auszuführen. Die Kopflinien sind lang mit den Lebenslinien verbunden. Es fällt dem Handeigner nicht leicht, schnelle Entschlüsse zu fassen. Die Insel in der rechten Kopflinie unterhalb des Zeigefingers bezieht sich auf eine von väterlicher Seite vererbte Anlage zu Augenschwäche.

Beide *Herzlinien* sind kräftig und reichen bis zum Zeigefingerberg. Das Herz zeigt keine offensichtlichen Störungen. Die rechte Herzlinie ist jedoch sehr blaß und läßt Durchblutungsstörungen des Herzmuskels vermuten. Dem Handeigner sind Mitempfinden und Güte zu eigen. Ein Punkt auf der linken Herzlinie unter dem Kleinen Finger weist auf Blasengrieß. Weitere

Punkte befinden sich unter dem Ring- und Mittelfinger (Nierengrieß und Karies). Die rechte Herzlinie neigt sich am Ende der Kopf-/Lebenslinie zu und weist auf eine Tendenz zu Lähmungen.

Eine *Schicksalslinie*, linksseitig, steigt aus der Lebenslinie als Merkmal einer starken Bindung zu seinen mütterlichen Vorfahren auf. Eine zweite linke Schicksalslinie steigt zwischen Herz- und Kopflinie auf. Das läßt eine freiere Entfaltung seiner Persönlichkeit zu, die der Handeigner bewußt weiter zu nutzen vermag, was sich durch die auf dem Mittelfingerberg sichtbare Schicksalslinie bestätigt. Rechtsseitig ist eine Schicksalslinie vorhanden, die an der Lebenslinie ansetzt und bis in die Kopflinie reicht. Hemmungen, durch eigene Bedenken entstanden, kommen hier zum Ausdruck. Eine zweite, am oberen Drittel der Lebenslinie aufsteigende Schicksalslinie verläuft bis in das Ende des Mittelfingerberges. Der Handeigner ist bestrebt, seine Verpflichtungen dem Leben gegenüber bewußt zu erfüllen.

In beiden Händen zeichnen sich kürzere *Sonnenlinien* ab. Der Handeigner ist nicht ohne Feingefühl und zeigt sich aufgeschlossen für das Schöne.

Die obere *Raszette* der linken Hand verkürzt den unteren Handwurzelrand. Die zweite Raszette ist kräftig aber kettig. Die mütterlichen Vorfahren waren sowohl zäh und stabil als auch weniger widerstandsfähig. Eine Raszette an der rechten Handwurzel verläuft in einem leichten Bogen, obgleich etwas kettig und unterbrochen, dennoch deutlich gezeichnet. Auffällig sind die mehrfachen Linien, die die rechte Raszette kreuzen. Es ist eine tiefere Verbundenheit zu den väterlichen Vorfahren zu vermuten.

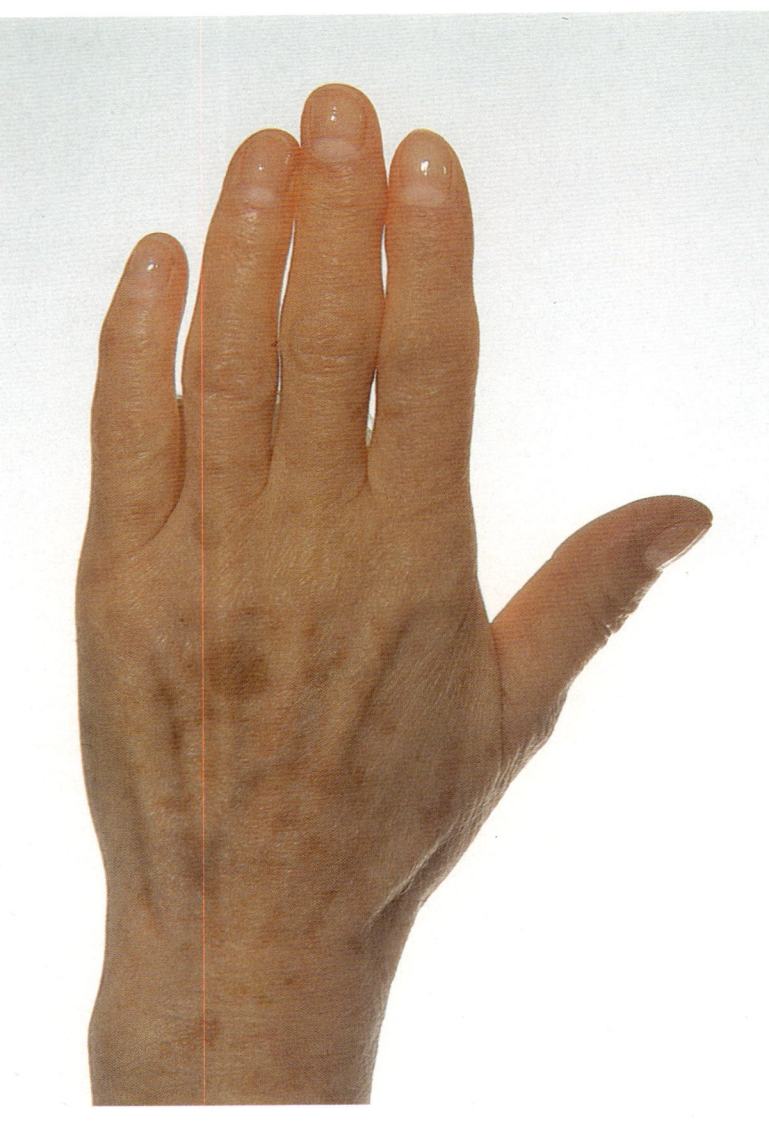 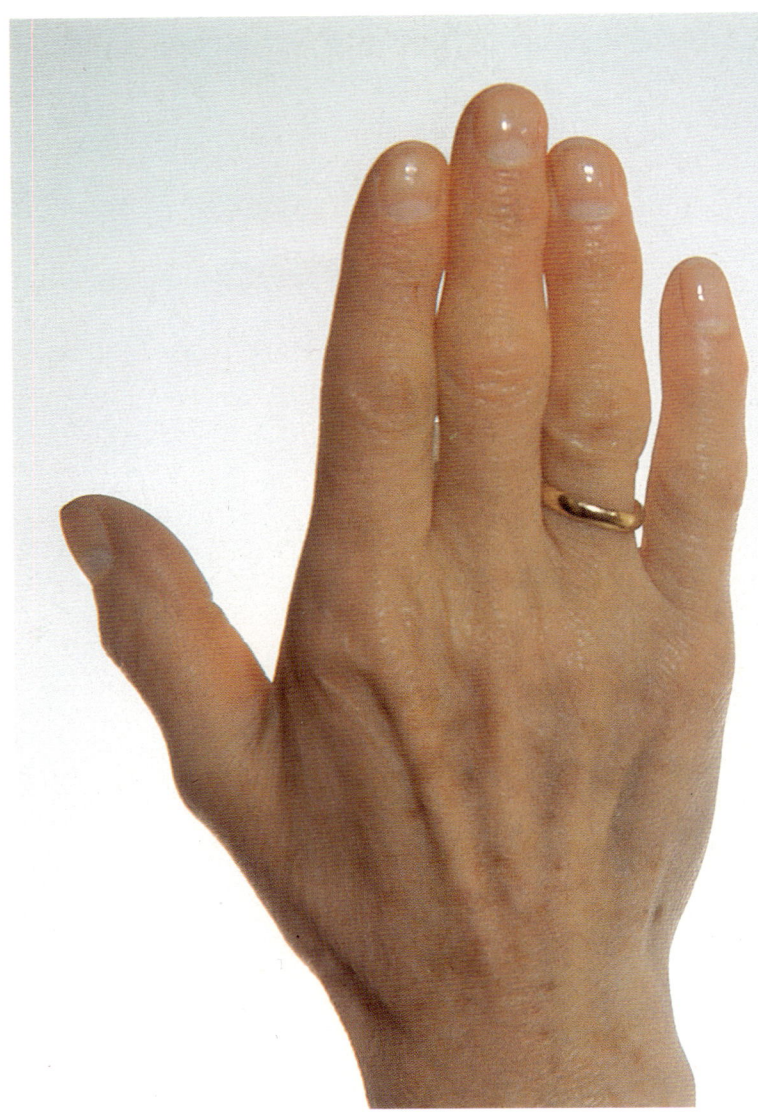

Weibliche Außenhände: E. M.
Die Handeignerin, 65 Jahre alt, ist Diätassistentin.

Die *Charakteristik* der Handform im Schema ist knotig. Sie verkörpert einen kosmisch aufgeschlossenen Menschen, der sich an dem Prinzip von Ursache und Wirkung orientiert. Zeige- und Ringfinger sind linksseitig von fast gleicher Länge, rechtsseitig ist der Ringfinger länger. Die Handeignerin sucht in der Ich- und Du-Beziehung die Harmonie, die sowohl das Materielle als auch das Ideelle umfaßt. Nach dem 30. Lebensjahr gibt sie dem ideellen Prinzip Vorrang. Die Daumen sind mittelhoch angesetzt und lang. Die Handeignerin kann sich auch im praktischen Leben gut zurechtfinden.
Die zarten und schmalen Handgelenke weisen auf einen differenzierten Menschen hin.

Die *Konstitution* ist zäh und sensibel.

Die *Disposition* zu Stoffwechselstörungen ist durch Leberflecken angezeigt. Die Hautbeschaffenheit der Finger ist etwas kräftiger, während die Haut auf der Hand zarter im Gewebe erscheint. Durch seelische Heiterkeit kann sich die Handeignerin eine lange Jugendlichkeit bewahren. Die Biegung der Ringfinger ist eine Folge von Nierenstörungen; die Einziehung zeigt eine Anlage zu Herzschwäche. Die gebogenen Kleinen Finger sind auf eine Bindegewebeschwäche sowie auf eine Senkung des Uterus zurückzuführen.

Die verhältnismäßig flache Maus deutet, besonders rechtsseitig, eine weniger widerstandsfähige Lebens- und Lungenkraft an.

Die zum Teil kugelförmig gewölbten Fingernägel beziehen sich auf eine Anfälligkeit der Bronchien.

Die Nagelmonde sind übergroß, sie geben eine Übererregbarkeit der Herznerven zu erkennen. Die Ränder der Nagelmonde sind bläulich getönt und weisen auf Sauerstoffmangel der Herznerven und Herzkranzgefäße hin.

Die Einflußzeichen atmosphärischer Störungen sind an den oberen Nagelrändern sichtbar.

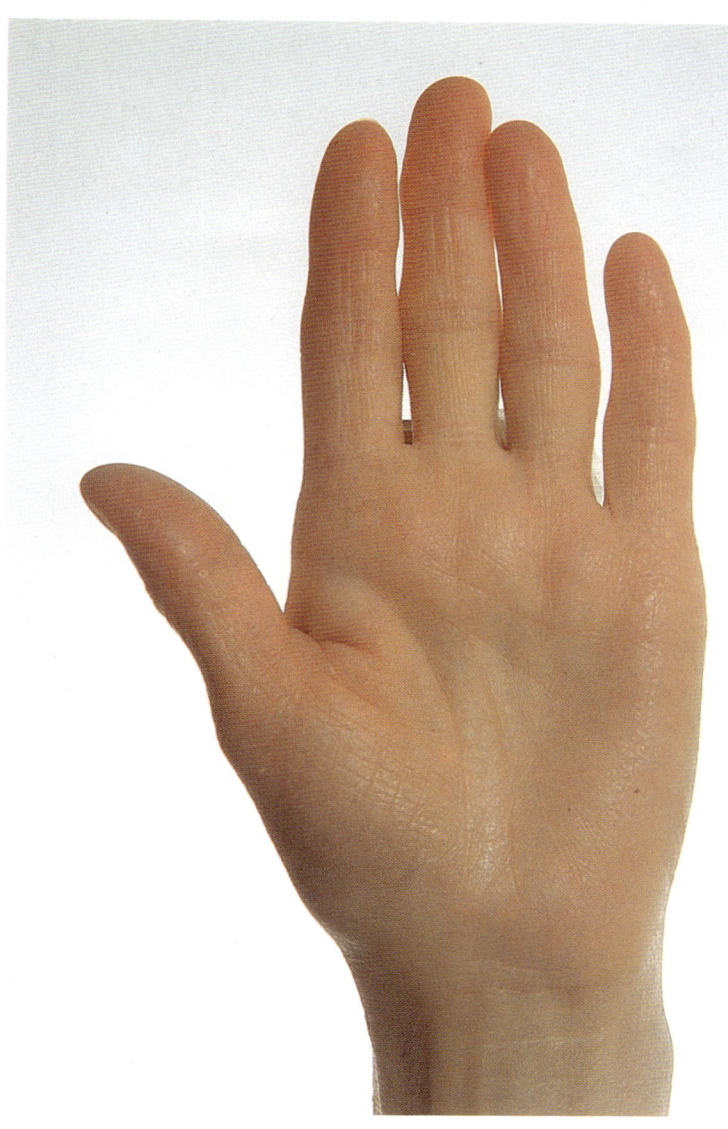 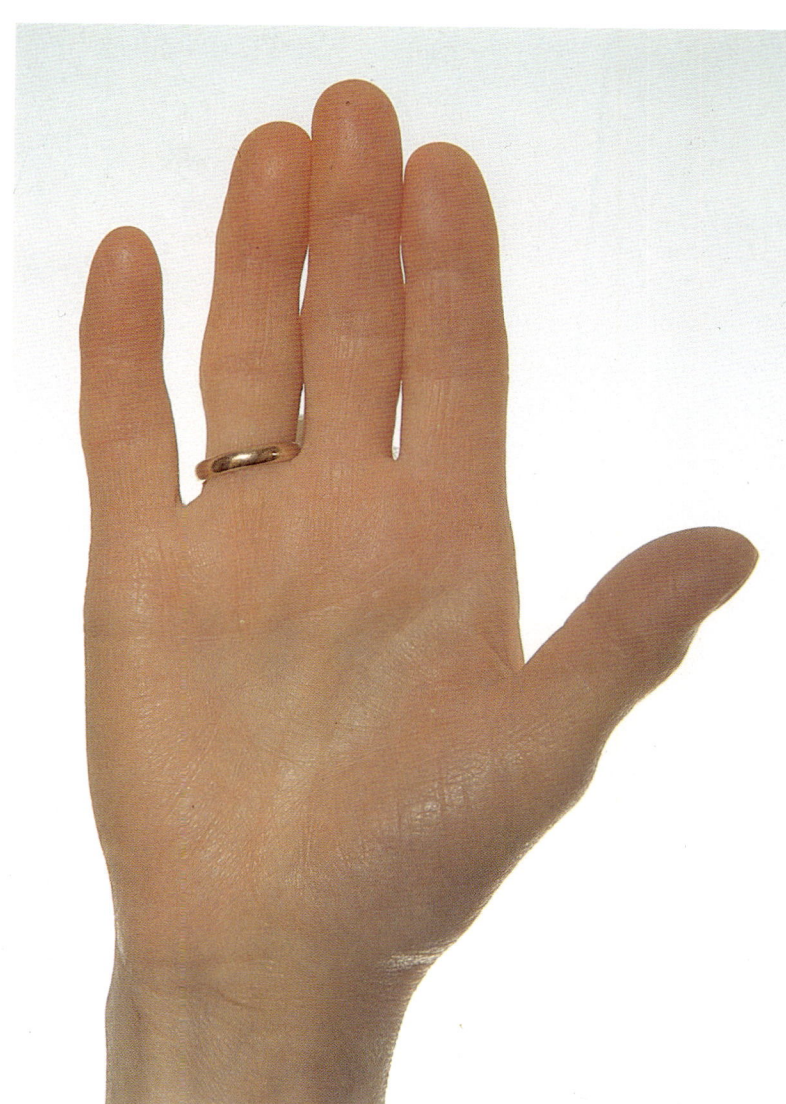

Weibliche Innenhände: E. M.

Die Fingerglieder sind von fast gleicher Länge und bringen Harmonie zum Ausdruck. Die Ausstrahlungsfähigkeit und Anziehungskraft der Persönlichkeit äußern sich durch die Längslinien auf den zweiten und dritten Fingergliedern. Die Einziehung an dem unteren Glied der Mittelfinger deutet auf eine Schwäche im Skelettsystem. Die Einziehung an dem unteren Glied der Ringfinger bringt eine Schwäche der Füße zum Ausdruck. Die feine Hauttextur spiegelt Sensibilität wider. Die fein gewölbten Handberge sprechen für die Lebensbejahung der Handeignerin. Das in beiden Händen angelegte »Große M« läßt auf einen wachdenkenden Menschen schließen, der bestrebt ist, sich geistig weiterzuentwickeln. Alle Linien sind zart. Beide Innenhände weisen viele feine Linien auf, die mit einer großen Feinnervigkeit zusammenhängen. Dadurch ist jedoch die Belastbarkeit der Nerven vermindert. Die beidseitig etwas vertiefte und blasse Handtellermitte bezieht sich auf Magenschwäche.

Durch den Verlauf der Lebenslinien beidseitig, wirken die Daumenballenberge schmaler. Es bedeutet, daß die Reserven begrenzt sind und die Handeignerin deshalb ihrem Ruhebedürfnis stets Folge leisten sollte. An der rechten Hand ist das Umfeld der Lebenslinie in der ersten Hälfte auffallend blaß, was auf Durchblutungsstörungen hinweist.

Die *Kopflinien* sind beidseitig zart. Eine ständige Fürsorge durch eine vernünftige Lebensweise gewährleistet eine ausreichende Durchblutung von Kopfnerven und Gehirn.

Die *Herzlinien* sind in beiden Händen gleich lang geprägt. Eine kleine Insel in der linken Herzlinie unterhalb des Kleinen

Fingers deutet auf die von mütterlicher Seite vererbte Anlage zu einer Herzmuskelschwäche. Anschließend befinden sich mehrere kurze, die Herzlinie verbreiternde Linien, die auf einen Herzklappenfehler deuten. Die rechte verbreiterte Herzlinie bezieht sich auf den Herzmuskel, der stets mit ausreichend Sauerstoff versorgt werden sollte. Der enge Zwischenraum von Herz- und Kopflinie. besonders rechtsseitig, weist auf Platzangst beziehungsweise Beengungsgefühle.

Die linke *Schicksalslinie*, die aus dem unteren Bereich der Hand aufsteigt, ist deutlich sichtbar und vermittelt der Handeignerin bis zu ihrem 28. Lebensjahr seelische Stärke. Die rechte Schicksalslinie zeigt eine Unterbrechung zwischen Kopf- und Herzlinie, verdoppelt sich jedoch oberhalb der Herzlinie. Die Lebensumstände fordern von der Handeignerin ihren vollen persönlichen Einsatz, innere Sammlung und Konzentration, um zu einem tieferen Bewußtsein zu gelangen. Auf dem weiteren Lebensweg blickt die Handeignerin, von ihrem inneren Wissen gestützt, ihren Aufgaben geistig bewußt entgegen.

Das empfindliche Vegetativum wird durch die sehr zarten *Magenlinien*, beidseitig, dargestellt.

In beiden Händen veranschaulichen viele feine *Sonnenlinien* die differenzierte Empfindungswelt der Handeignerin. Eine vom rechten mittleren Handrandberg kommende kräftigere Sonnenlinie zieht bis zum oberen Ringfingergelenk. Sie ist ein Zeichen für phantasievolle Intuition und beglückendes Erleben.

Die *Raszettlinien* sind beidseitig nur teilweise vorhanden, der Spannungsbogen der Regenerationskräfte ist weniger groß.

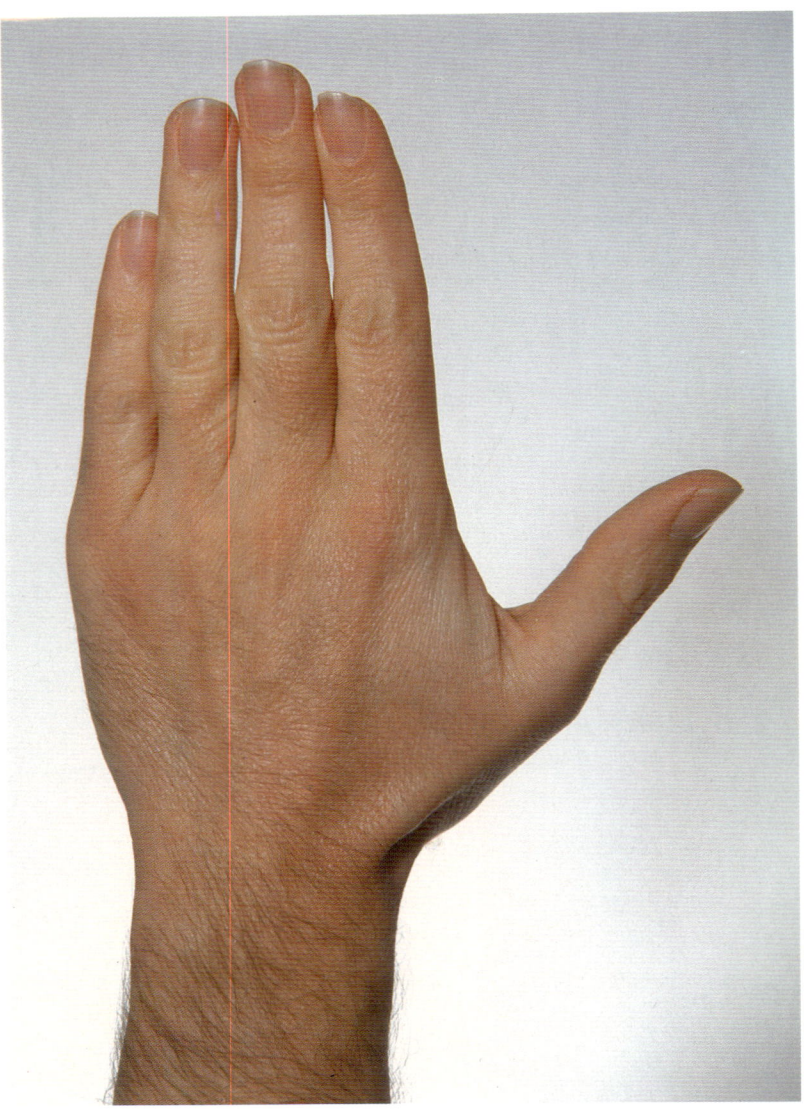 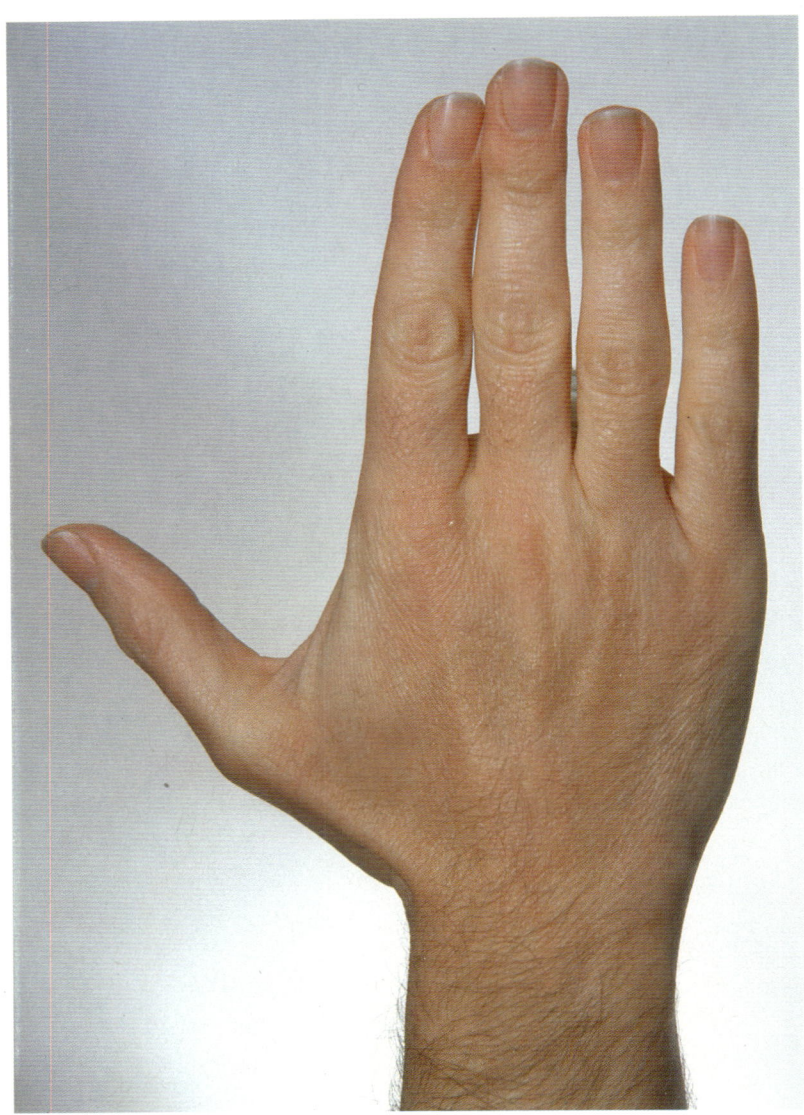

Männliche Außenhände: T. N.
Der Handeigner, 41 Jahre alt, ist Verwaltungsangestellter.

Die *Charakteristik* der Handform im Schema ist knotig, konisch gemischt mit eckigen Fingerkuppen. Diese Kombination vermittelt dem Handeigner einen geistig geöffneten Sinn, tiefergreifende Empfindungen, die von dem Verstand kontrolliert werden. Die Zeige-und Ringfinger sind von beinahe gleicher Länge, die Wesensart des Handeigners ist ausgewogen und anpassungsfähig. Die Daumen sind tiefer angesetzt und fein gestaltet. Die Persönlichkeit vermag sich durch geistige Aufmerksamkeit in verschiedenartigen Situationen gut zurechtzufinden.

Die Handgelenke sind sehr fein, was auf differenzierte Vorfahren schließen läßt.

Die *Konstitution* ist sensibel und zäh.

Die *Disposition* zu Nierenstörungen läßt sich aus der zarten, feinen Hautbeschaffenheit ableiten. Das Gewebe selbst wirkt wie ausgetrocknet, so daß für eine genügende Flüssigkeitszufuhr gesorgt werden sollte. Die gebogenen Zeigefinger machen auf eine Organschwäche, links Milz-Pankreas, rechts Leber-Galle aufmerksam.

Die Maus beider Hände ist von mittlerer Stärke und steht für die Widerstandsfähigkeit der Lebens- und Lungenkraft des Handeigners. Die untere vertiefte Partie der Maus, beidseitig, besagt, daß der untere Teil der Lunge schwächer und anfällig ist. Außerdem kommt damit eine Schwäche der Füße zum Ausdruck.

Die Fingernägel sind länger als breit und korrespondieren mit den Lungen. Die Nägel sind, besonders an den Ringfingern, leicht röhrenförmig gebogen und weisen auf eine Nierenfunktionsstörung. Die rötlich-bläuliche Nagelfarbe zeigt Entzündungstendenzen und Sauerstoffbedürfnis an. Eine Herznervenschwäche ist durch die kaum vorhandenen Nagelmonde sichtbar.

Die Einflußzeichen aus der Atmosphäre sind an den oberen Nagelrändern vorhanden.

Männliche Innenhände: T. N.

Die Fingerglieder sind in ihrer Länge nicht einheitlich. Der Handeigner vermag auf geistigem Wege die innere Harmonie zu erreichen. Längslinien an den oberen Fingergliedern weisen auf einen überanstrengten Menschen hin. Längslinien auf den zweiten und dritten Fingergliedern sprechen für Warmherzigkeit und Kontaktfähigkeit. Die feine und seidig glänzende Hauttextur ist ein Merkmal für Sensibilität.Die Handteller sind in der Mitte etwas blasser und vertieft, Unstimmigkeiten im Magenstoffwechsel anzeigend. Alle Linien sind zart. Das seelische Empfindungsvermögen ist ausgeprägt. Etwas seitlich unterhalb der linken Handtellermitte zeigt sich aus der Linienkombination ein deutlicher Fünfstern, ein Pentagramm, das symbolisch das Streben des Menschen nach Vervollkommnung zu erkennen gibt. Die den Fingern zugeordneten Handberge sind wenig erhaben. Der untere Teil der Daumenballenberge und der mittlere Abschnitt der Handberge sind stärker entwickelt. Der von Stimmungen und Phantasie getragene Handeigner bringt eine Eignung zu Rhythmus und Tanz mit.

In der rechten Hand ist das »Große M« zu erkennen. Der geistig strebende Handeigner bemüht sich um Bewußtseinsentfaltung.

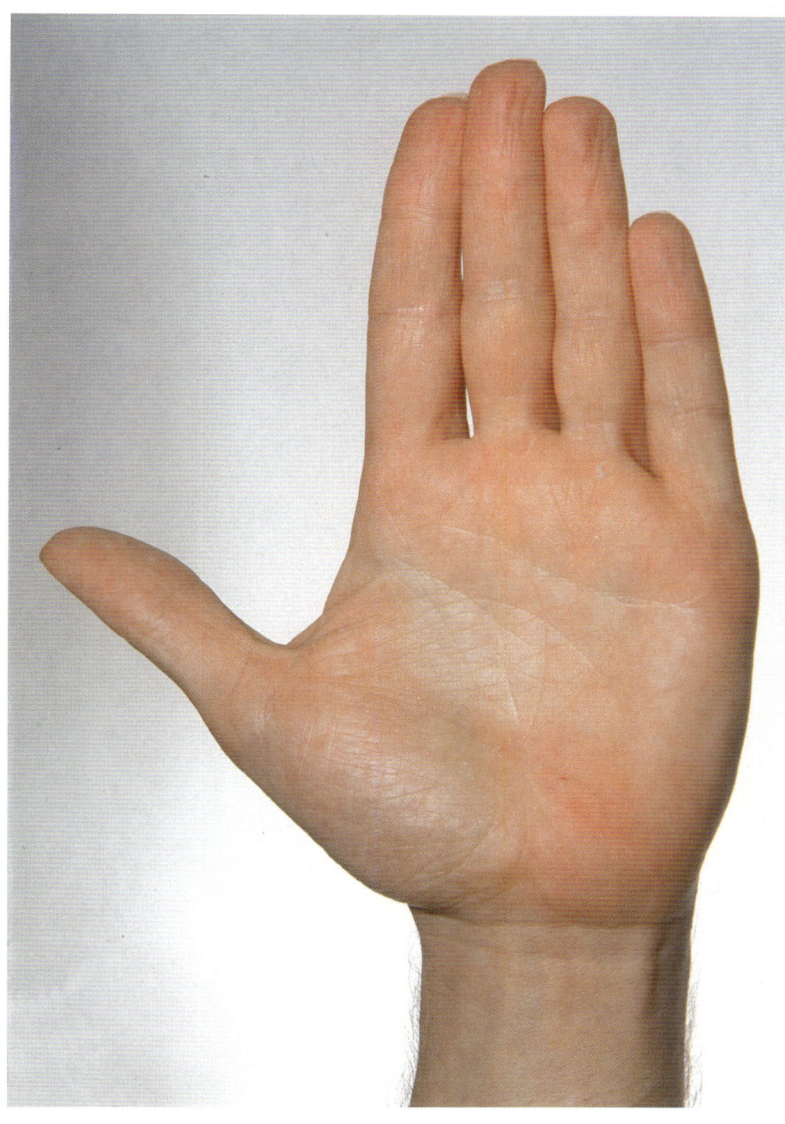 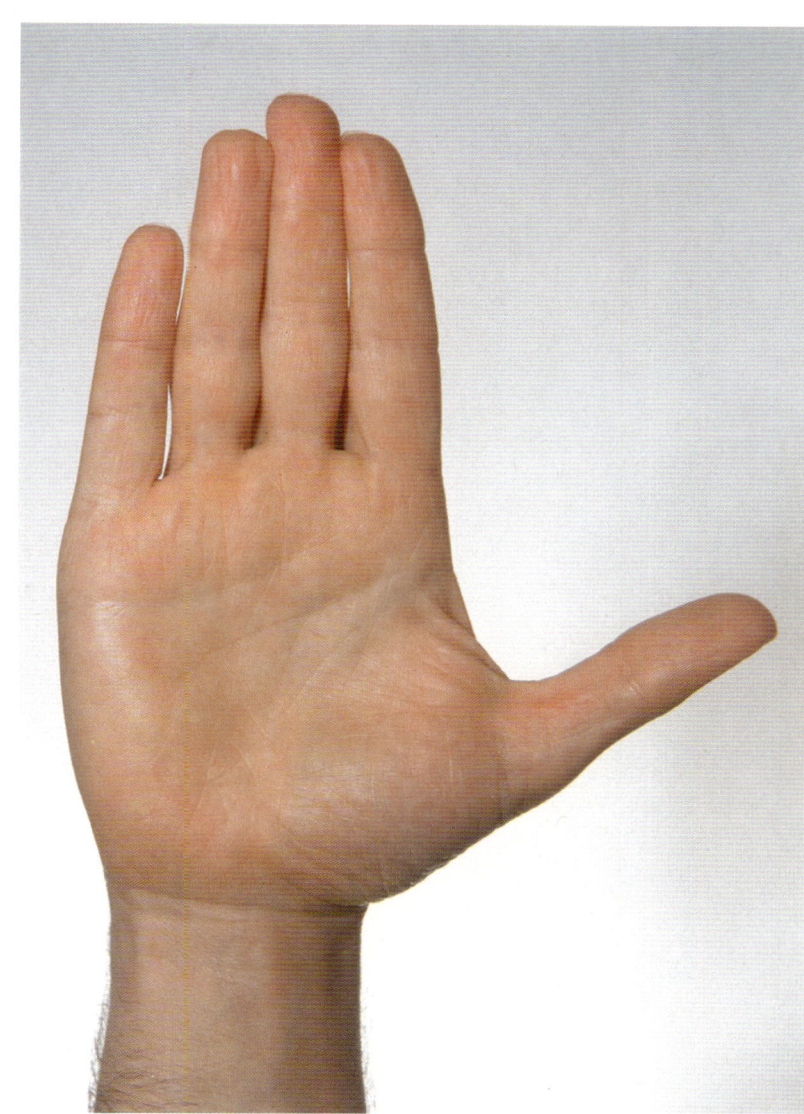

Die linke in Abschnitten mehrfach versetzt und teilseise doppelt dargestellte *Lebenslinie* zeigt unterschiedlich lange Lebensrhythmen der mütterlichen Vorfahren. für den Handeigner bedeutet es schwankende Gesundheitsverhältnisse bis zum 28. Lebensjahr, zumal das Umfeld der Lebenslinie blaß ist (Kreislaufstörungen). Die rechte Lebenslinie reicht in eine zweite von der Kopflinie kommende Lebenslinie, die am unteren Teil des Daumenballenberges zum Teil inselförmig weiterläuft. Eine Abzweigung am unteren Drittel der rechten Lebenslinie bezieht sich auf den rechten Hoden.

Beide *Kopflinien* sind am Anfang mit der Lebenslinie unverbunden und unterhalb der Mittelfinger mit einer weiteren Lebenslinie verbunden. Der Handeigner ist sowohl schneller Entschlüsse fähig als auch in seinen Überlegungen lange bedacht. Er kann offen und verschlossen sein. Die linke Kopflinie ist aus mehreren Teilen zusammengesetzt und zeigt in der Mitte eine große Inselbildung. In der mütterlichen Generation traten starke Kopfschmerzen auf, der Handeigner selbst leidet an Durchblutungsstörungen im Kopfbereich. Die rechte Kopflinie läuft in Höhe des Zwischenraumes von Ring- und Kleinem Finger in einer Insel aus. Sie steht im Zusammenhang mit Nase und Atmung.

Die *Herzlinien* sind etwas blaß und weisen auf Kreislaufschwäche. Beide Herzlinien enthalten Inseln, die auf organische Herzleiden bei den mütterlichen und väterlichen Vorfahren deuten. Die linke Herzlinie endet in einer Spaltung, die auf Kälteempfindlichkeit der Kopfnerven zurückzuführen ist. Die rechte Herz-linie zeigt am Ende eine schmale Insel, die eine Folge von Lungenerkrankungen (Tuberkulose) bei den väterlichen Vorfahren ist.

Die linke *Schicksalslinie* steigt von der Lebenslinie auf und verdoppelt sich oberhalb der Herzlinie. In der Jugend war die Bindung an das Elternhaus intensiv. Die rechte Schicksalslinie steigt von dem unteren Handrandbeg auf und mündet in einer zweiten, unterhalb der Herzlinie beginnenden Schicksalslinie. In späteren Lebensjahren entfaltet der Handeigner durch zunehmendes Bewußtsein größere Selbständigkeit.

Mehrere *Sonnenlinien* befinden sich unterhalb der Ringfinger, wobei linksseitig durch kleine Querlinien verdeutlicht wird, daß Mitmenschen die Empfindungswelt des Handeigners zeitweilig beeinflussen und ihn irritieren können. Rechtsseitig ist in der Sonnenlinie oberhalb der Herzlinie eine senkrecht stehende Insel sichtbar, die Scheu und Schüchternheit zum Ausdruck bringt.

Eine aus dem Daumenballenberg kommende *Giftlinie* in der rechten Hand weist auf Gifte (Chemikalien), die das Lymphsystem schädigen. Rötungen in beiden unteren Handtellern geben Entzündungen zu erkennen.

Die *Raszeiten* sind an der linken Handwurzel zweifach gut durchgezogen. An der rechten Handwurzel reicht eine zweite nur bis zur Hälfte, eine dritte schwach sichtbare Raszette ist durchgezogen. Für den Handeigner ist eine gesunde Lebensweise erforderlich.

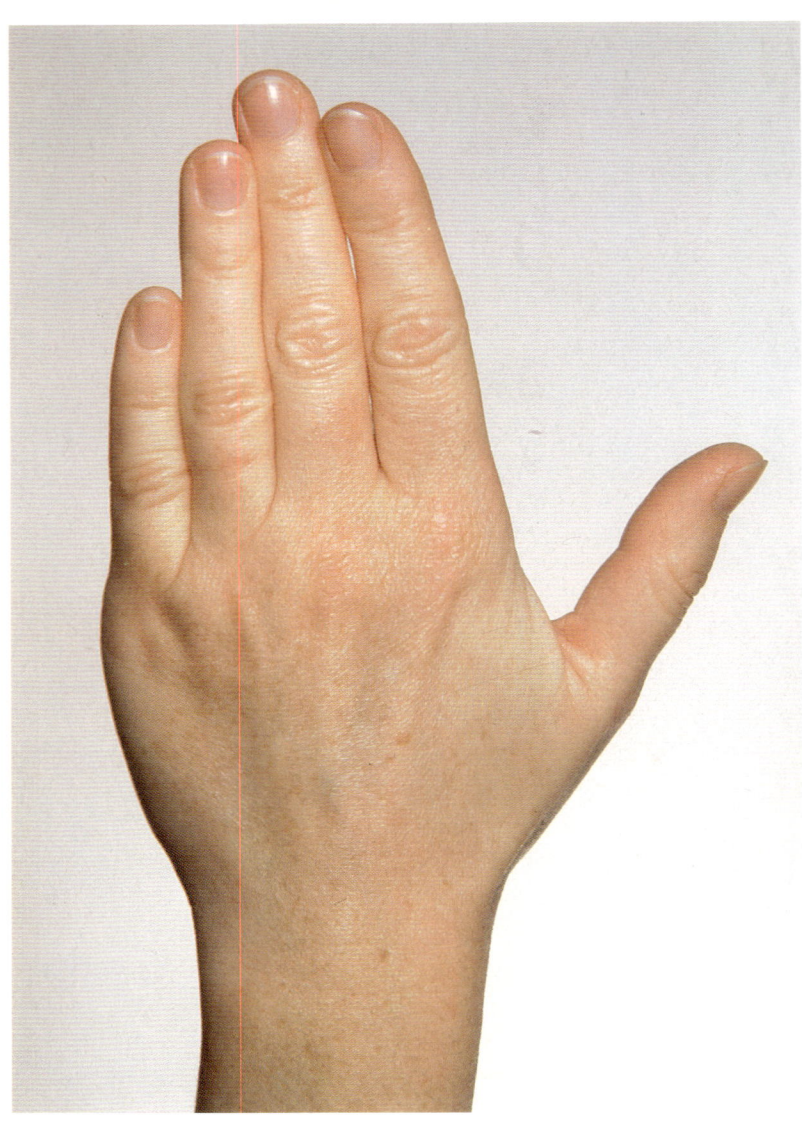

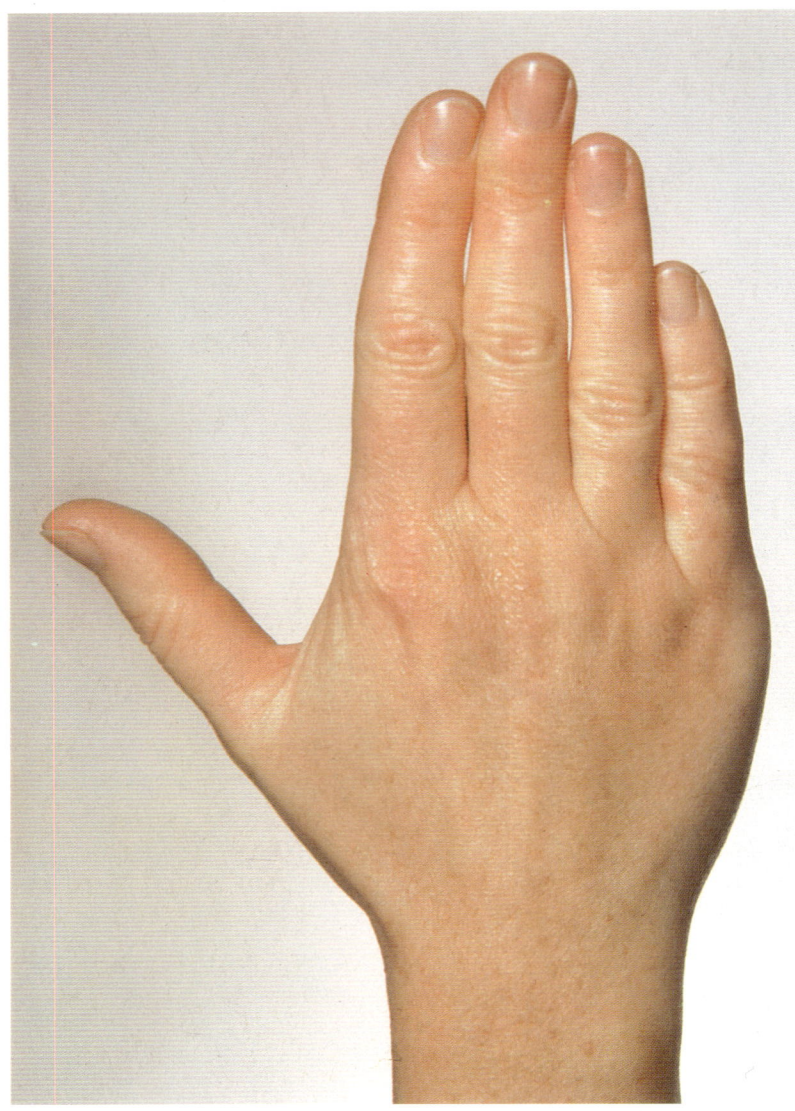

Weibliche Außenhände: A. N.
Die Handeignerin, 33 Jahre alt, ist Direktrice und Kosmetikerin.

Die *Charakteristik* der Handform im Schema ist zart konisch. Die Handeignerin ist sensibel, empfindsam und weiß die Regungen ihrer Umwelt sehr schnell richtig einzuschätzen. Die Zeigefinger sind länger als die Ringfinger, besonders rechts. Die Persönlichkeit kann sich in ihrer Umwelt unmerklich durchsetzen. Die normal langen Daumen zeigen Disziplin und Eigenständigkeit an. Das erste und zweite Daumenglied sind von gleicher Länge. Wille und Vernunft stimmen überein. Die Länge der Daumenglieder läßt sich feststellen, indem man die Innenseite der Daumen von der Spitze bis zum ersten Gelenk und vom ersten bis zum zweiten Gelenk ausmißt.

Die verfeinerten Handgelenke deuten auf ein gutes, von den Vorfahren vererbtes Niveau hin.

Die *Konstitution* ist sensibel, labil, zäh.

Die *Disposition* zu einer Empfindlichkeit im Nierensystem macht sich an der zarten Hautbeschaffenheit bemerkbar. Der funktionsschwache Stoffwechsel äußert sich an den Fingergliedern, deren Gewebe gestaut ist. Die gebogenen Zeigefinger weisen auf eine Funktionsstörung von Milz-Pankreas und Leber-Galle hin, die sich in einer Stoffwechselschwäche auswirkt. Das erste gebogene Glied des rechten Mittelfingers bezieht sich auf Blinddarmreizung. Die Kleinen Finger zeigen durch eine Biegung Bindegewebeschwäche im Unterleibsbereich an. Die kurzen Kleinen Finger, besonders linksseitig, lassen eine Keimdrüsenschwäche vermuten.

Die Maus ist beidseitig mittelkräftig, bis auf eine kleine obere Partie, die auf eine Tendenz zu Lungenspitzenkatarrh deutet.

Die Fingernägel sind von mittlerer Größe. Ihre Farbe ist rosarötlich. Es besteht eine leichte Anfälligkeit zu Infekten. Durch die fehlenden Nagelmonde ist eine Herznervenschwäche angezeigt. Der natürliche Glanz der Nägel ist ein Merkmal für die derzeitige subjektiv gute Verfassung der Handeignerin.

Die Einflußzeichen aus der Atmosphäre sind an den oberen Nagelrändern zu erkennen.

Weibliche Innenhände: A. N.

Die Fingerglieder sind in ihrer Länge etwas unterschiedlich. Die dritten Glieder der Ringfinger sind kürzer, die ersten Glieder der Kleinen Finger sind länger. Es bedeutet, daß die Handeignerin ihre geistig-musischen Talente nicht zu rein materiellem Gewinn nutzen will. Das mittlere Gelenk der Kleinen Finger wird von mehreren kurzen Linien geschnitten. Hier äußert sich innere Nervosität, die auch die Unterleibsorgane beeinflussen kann (Form und Größe der Kleinen Finger). Die Längs- und Querlinien auf den ersten Fingergliedern, beidseitig, beruhen auf seelisch-geistiger Überforderung. Die Längslinien auf allen zweiten und dritten Fingergliedern veranschaulichen Kontaktfähigkeit zu den mit der Handeignerin im inneren Gleichklang stehenden Menschen. Ausschlaggebend dafür ist ihre Sensibilität, die auch an der seidig glänzenden Haut zum Ausdruck kommt. Querlinien auf den zweiten Gliedern der Ringfinger lassen auf Hemmungen in der Empfindungswelt schließen. Querlinien auf dem zweiten Glied des linken Mittelfingers sind ein Zeichen für Eigensinn. Querlinien auf dem mittleren Glied des linken Zeigefingers weisen auf Hemmungen durch unerfüllte Wunschvorstellungen. Die tannenzapfenartigen kurzen Linien am unteren Gelenk des linken Zeigefingers lassen auf eine Insuffizienz von Milz-Pankreas schließen. Die Einziehung am unteren Gelenk des linken Mittelfingers gibt eine Schwäche des Skelettsystems zu erkennen. Die kurzen kleinen Linien an den unteren Gelenken der Kleinen Finger hängen mit äußerer Unruhe und Nervosität zusammen.

Die zarte Hauttextur bestätigt das Feinempfinden der Handeignerin.

Die vertieften und blassen Innenhandflächen, besonders linksseitig, sind auf mangelnde Durchblutung im Magenbereich zurückzuführen. Die fein gewölbten, verschobenen und dadurch kombinierten *Handberge* spiegeln Lebensbejahung und die Beziehung zum Harmonisch-Schönen wider.

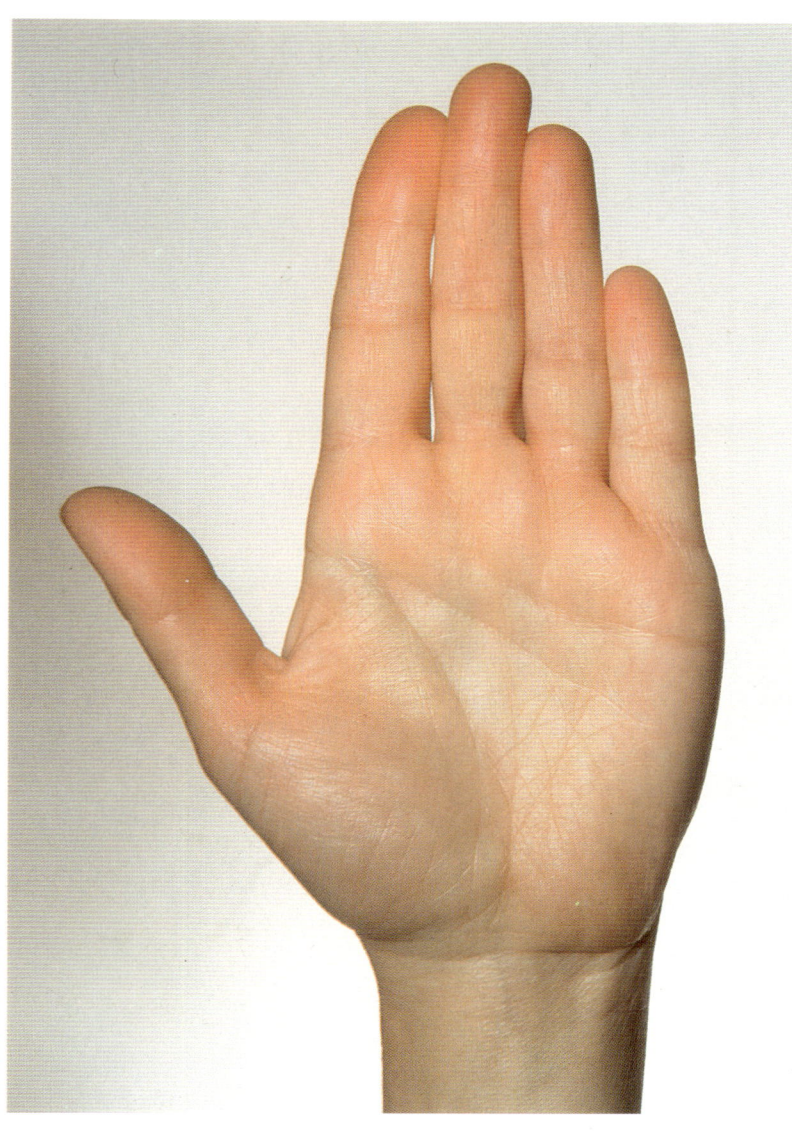
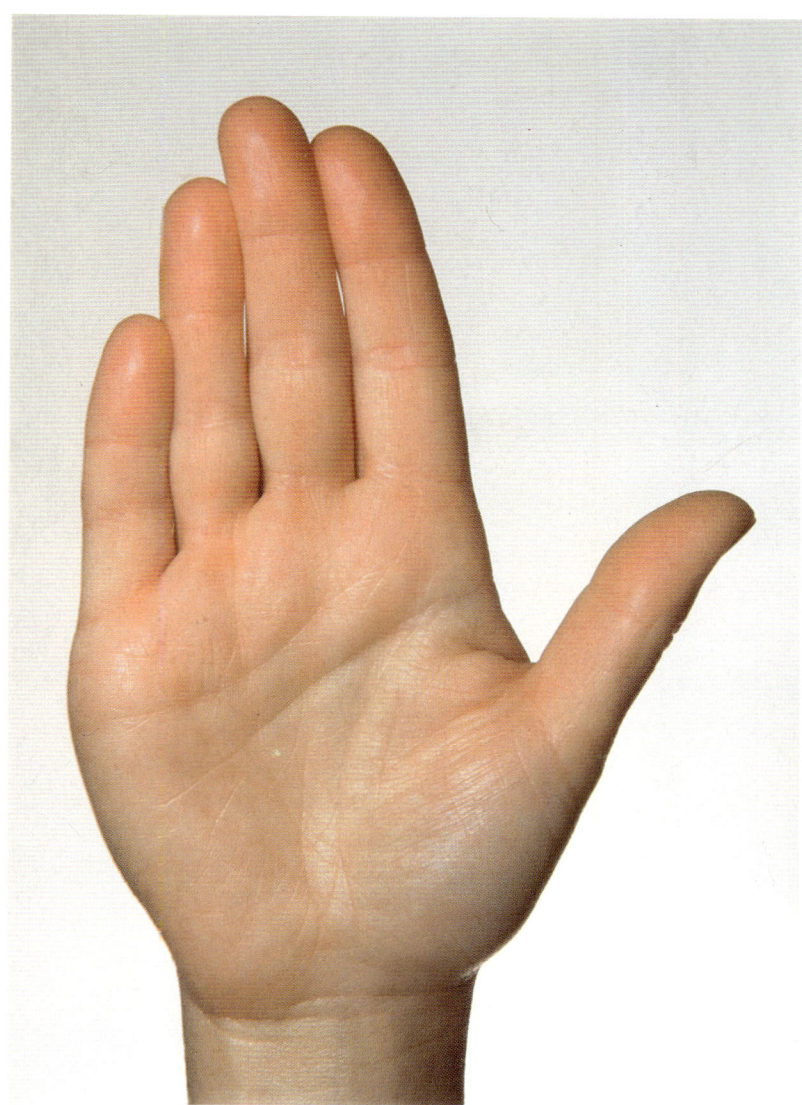

Der kaum ausgeprägte untere Handrandberg bezieht sich auf Verhaltenheit in den Emotionen. Auf beiden Zeigefingerbergen sind längere Linien, die aus den Gelenken der Zeigefinger kommen, sichtbar. Sie verdeutlichen eine Disposition zu Entzündungen im Urogenitalbereich.

Ein großes Dreieck auf dem oberen Drittel des rechten Daumenballenberges ist ein Hinweis auf Kraft zur Enthaltsamkeit.

In beiden Händen ist das »Große M« zu erkennen, was für einen Menschen spricht, der wach und strebend bemüht ist, sein Leben zu meistern.

Die linke *Lebenslinie* stellt sich kräftiger dar als die rechte. Bis zur Hälfte der Lebenslinien ist das Umfeld blaß, was auf Durchblutungsstörungen aufmerksam macht. Am oberen Teil beider Lebenslinien bildeten sich den Zeigefingern zustrebende Linien, die der Handeignerin einerseits einen guten geistigen Schutz und andererseits lebenskraftverstärkende Energien vermitteln. Die am unteren Viertel der Lebenslinien befindlichen Abzweigungen korrespondieren mit einer Durchblutungsstörung oder Venenschwäche der Beine.

Die *Kopflinien* sind beidseitig lang und kräftig, was auf einen intelligenten Menschen schließen läßt. Eine Inselbildung am Anfang zwischen Kopf- und Lebenslinie, rechtsseitig, weist auf eine vererbte Augenschwäche. Eine Empfindlichkeit von Hals und Kehlkopf wird durch ein kleines Kreuz zwischen Kopf- und Lebenslinie, rechtsseitig, augenscheinlich.

Die kräftigen Punkte, besonders in der linken Kopflinie, beruhen auf überanstrengten Kopfnerven, die Müdigkeit zur Folge haben.

Die *Herzlinien* sind lang. Die Handeignerin erwartet von den ihr zugeneigten Menschen liebevolles Entgegenkommen. Die rechte Herzlinie endet in einer kleinen Insel, die zu einer Herzstörung, verbunden mit einer von väterlicher Seite vererbten Lungenschwäche, tendiert. Kurze Begleitlinien an der linken Herzlinie zwischen dem Kleinen Finger und dem Ringfinger beziehen sich auf eine Anlage zu einem Herzklappenfehler.

In der linken Hand beginnt eine *Schicksalslinie* in der Raszette, die sich mit einer zweiten vom unteren Handrandberg kommenden Schicksalslinie unterhalb der Kopflinie verbindet. Obwohl bei der Handeignerin der Drang nach Selbständigkeit sehr ausgeprägt ist, dienen ihr auch die von außen kommenden Einflüsse und Anregungen zur Selbstschulung und Bewußtseinserweiterung. Zwei kleine Inseln in der linken Schicksalslinie unterhalb der Kopflinie sind Hinweiszeichen für eine von mütterlicherseits vererbte Disposition zu Leber- und Darmstörungen. Unterhalb der linken Herzlinie deutet eine kleine Insel auf eine von mütterlicherseits vererbte Anlage zu Magenschwäche. Die linken Schicksalslinien münden knapp über der Herzlinie. Zwei weitere von der linken Lebenslinie aufsteigende Schicksalslinien münden in den Mittelfingerberg. Die nach Selbständigkeit strebende Handeignerin kann das Gebundensein an das Elternhaus in innere Verbundenheit wandeln. Sie gewinnt daraus die Kraft, ihre Prüfungen in Erfahrungswerte umzusetzen. Auch in der rechten Hand setzt eine Schicksalslinie an der Raszette an und zieht in den Mittelfingerberg. Denken und Handeln werden aus eigener Erkenntnis immer bewußter. Weitere Schicksalslinien bestätigen die vielseitigen Bestrebungen der Handeignerin.

Die teilweise doppelt vorhandene *Magenlinie*, beidseitig, weist auf ein widerstandsfähiges Vegetativum und pflegerische Fähigkeiten.

Die in der linken Hand in mehreren Teilen vorhandene *Sonnenlinie* deutet auf verschiedenartige künstlerische Interessen. In der rechten Hand zweigt von der Lebenslinie eine sehr gut gezeichnete Sonnenlinie ab. Die schöngeistigen Fähigkeiten sind wegweisend für die Lebensgestaltung der Handeignerin.

In beiden Händen ist der zerrissene *Venusgürtel* ein Merkmal für Rückenschwäche und verfeinerte Sexualnerven.

Die linke klar durchzogene, zum Teil kettige *Raszettlinie* läßt auf Energiereserven schließen, aber auch auf Sensibilität. Die rechten in Teilen dargestellten Raszettlinien verkörpern stabile und zähe väterliche Vorfahren mit unterschiedlich langen Lebensrhythmen.

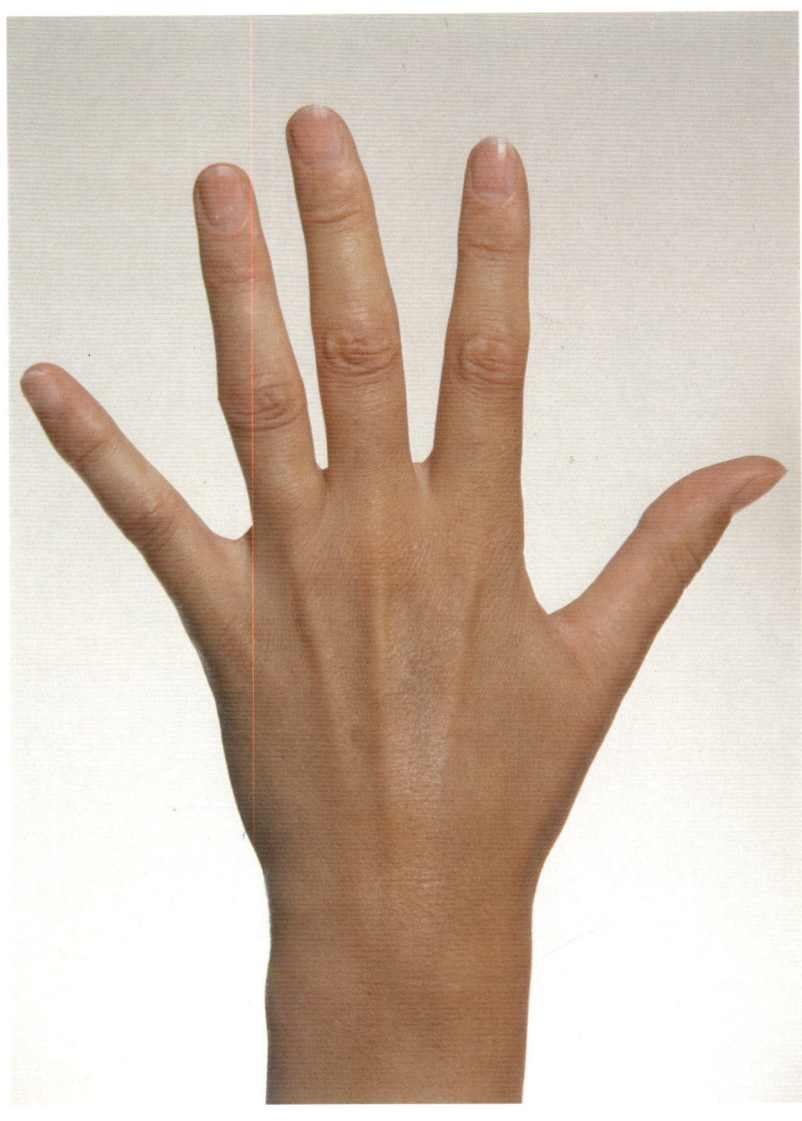 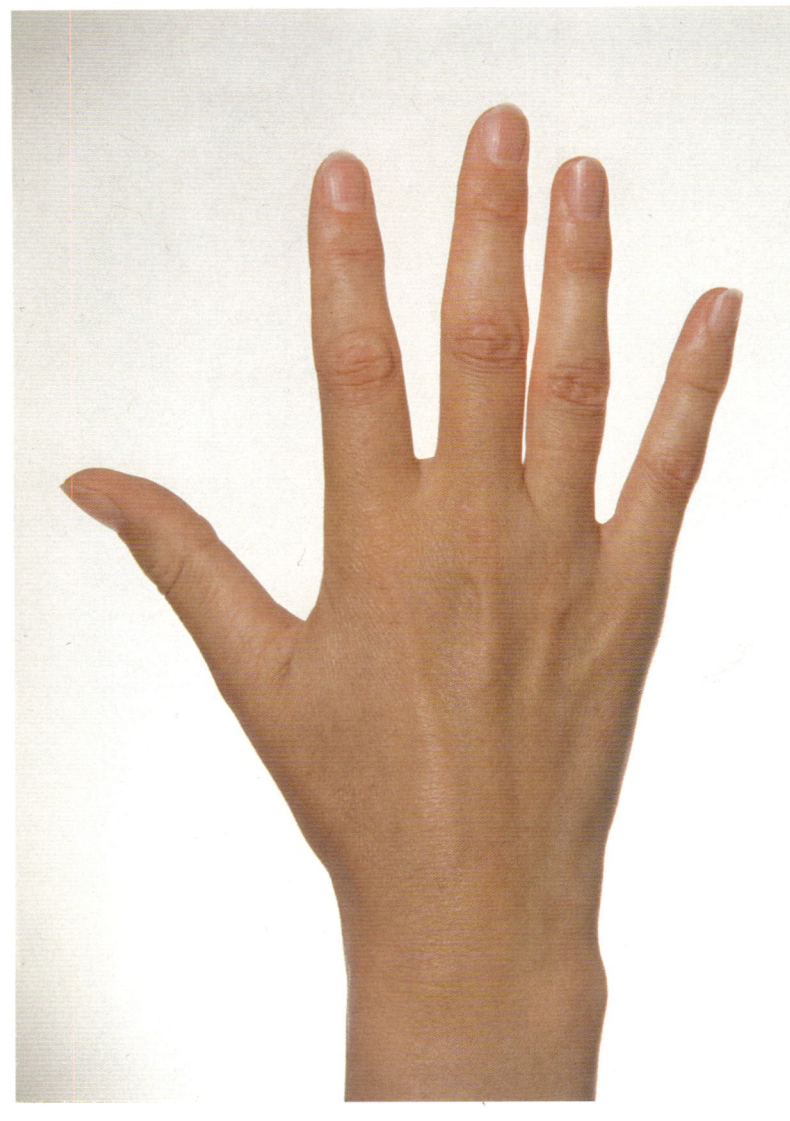

Weibliche Außenhände: E. A.
Die Handeignerin, 40 Jahre alt, war Arzthelferin und ist jetzt
Hausfrau.

Die *Charakteristik* der Handform im Schema ist ideal mit knotigem Einschlag. Die Handeignerin ist für das Feingeistige empfänglich und weniger materiell eingestellt. Durch den philoso-
phischen Sinn kann sie ihre Ideale auch praktisch verwirklichen.
Die fast gleich langen Zeige- und Ringfinger lassen Ausgewogenheit der Handeignerin in ihrem Verhalten zur Umwelt erkennen. Sensibilität und Gerechtigkeitsempfinden verhelfen ihr,
bewußt Harmonie zu suchen und zu bewahren. Die Daumen
sind lang und mittelhoch angesetzt. Die Daumenspitzen sind
leicht gebogen. Die Persönlichkeit besitzt Zähigkeit, ihre Anpassung und Nachgiebigkeit richten sich nach ihrer Einsicht und
Erkenntnis. Da das erste Daumenglied kürzer ist als das zweite,
bedeutet es für sie eine Anstrengung, Erkanntes konsequent
durchzusetzen.

Die mittelkräftigen Handgelenke zeigen an, daß die Handeignerin von den Vorfahren Zähigkeit geerbt hat.

Die *Konstitution* ist sensibel und zäh.

Die *Disposition* zu Nierenstörungen ergibt sich aus der sehr
feinen Hautbeschaffenheit. Bei einer positiven Lebenseinstellung kommt der Handeignerin eine lange Jugendlichkeit zu. An
fast allen zweiten Fingergliedern ist das Gewebe heller und gespannt. Leichte Verschlackungen im Stoffwechsel sind augenscheinlich. Eine Tendenz zu Blinddarmreizungen läßt sich aus
den etwas gebogenen Mittelfingern ableiten.

Die schmale Maus an beiden Händen verdeutlicht die mehr
zähe als kräftige Vitalität. Die Lungen sind bedingt widerstandsfähig.

Die länger als breiten Fingernägel beziehen sich auf die Atmungsorgane. Dem Sauerstoffbedürfnis sollte stets Rechnung
getragen werden. Die Farbe der Fingernägel ist rosa-rötlich.
Beide Ringfingernägel zeigen eine deutliche Wölbung, die auf
eine Nierenfunktionsstörung zurückzuführen ist. Auch die anderen Nägel lassen die Wölbung schon erkennen, was besagt,

daß die Nieren als solche pfleglicher Aufmerksamkeit bedürfen.
Auf dem linken Ringfingernagel sind zwei weiße Flecken sichtbar, die auf einer Harnsäureausscheidung beruhen. Die Nagelmonde sind unterschiedlich in Form und Größe, reichen zum
Teil quer von Rand zu Rand und lassen auf eine Herzschwäche aber auch auf Erregungszustände der Herznerven
schließen. Die Nagelmondränder sind etwas bläulich. Die Herzkranzgefäße benötigen mehr Sauerstoff.

Die Einflußzeichen atmosphärischer Störungen sind an den
oberen Nagelrändern sichtbar.

Weibliche Innenhände: E. A.

Die Fingerglieder sind unterschiedlich in der Länge. Das seelische Prinzip sollte von der Handeignerin intensiv genutzt werden, um zu innerer Harmonie zu gelangen. Viele kleine zarte
Längslinien an den mittleren und unteren Fingergliedern sind
ein Merkmal für die seelisch-geistige Ausstrahlung und Anziehungskraft der Handeignerin.

Die sehr feine und seidig glänzende Hauttextur weist auf
große Sensibilität.

Die Handtellermitte in beiden Händen ist vertieft und blaß,
bedingt durch Sekretionsstörungen im Magenstoffwechsel sowie eine allgemeine Mageninsuffizienz. Der Solar plexus reagiert empfindlich.

Die Handberge sind sehr fein gestaltet und sprechen für einen
verfeinerten Sinnengenuß in bezug auf Ethik und Ästhetik. Auf
den Handbergen befinden sich Rötungen, die auf eine Herz-
und Kreislaufinsuffizienz schließen lassen. Zwei Schräglinien auf
dem linken Zeigefingerberg machen auf eine Disposition zu
Blasen- und Unterleibsstörungen aufmerksam.

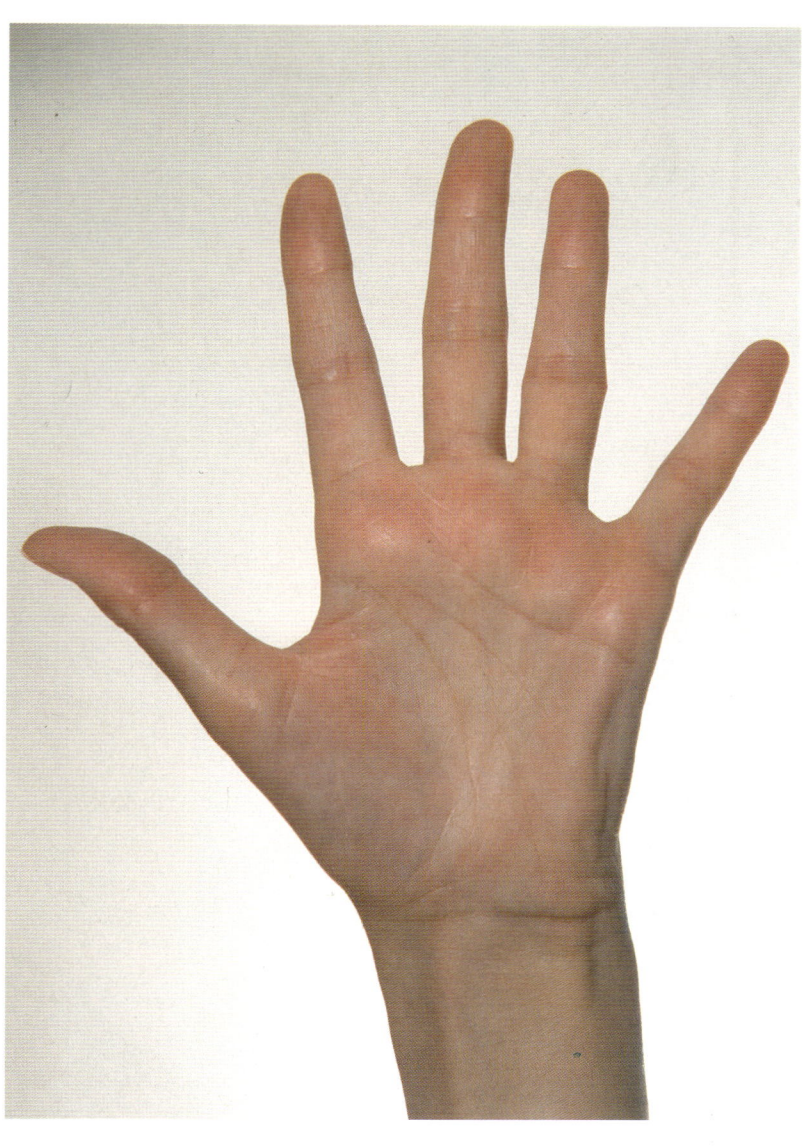
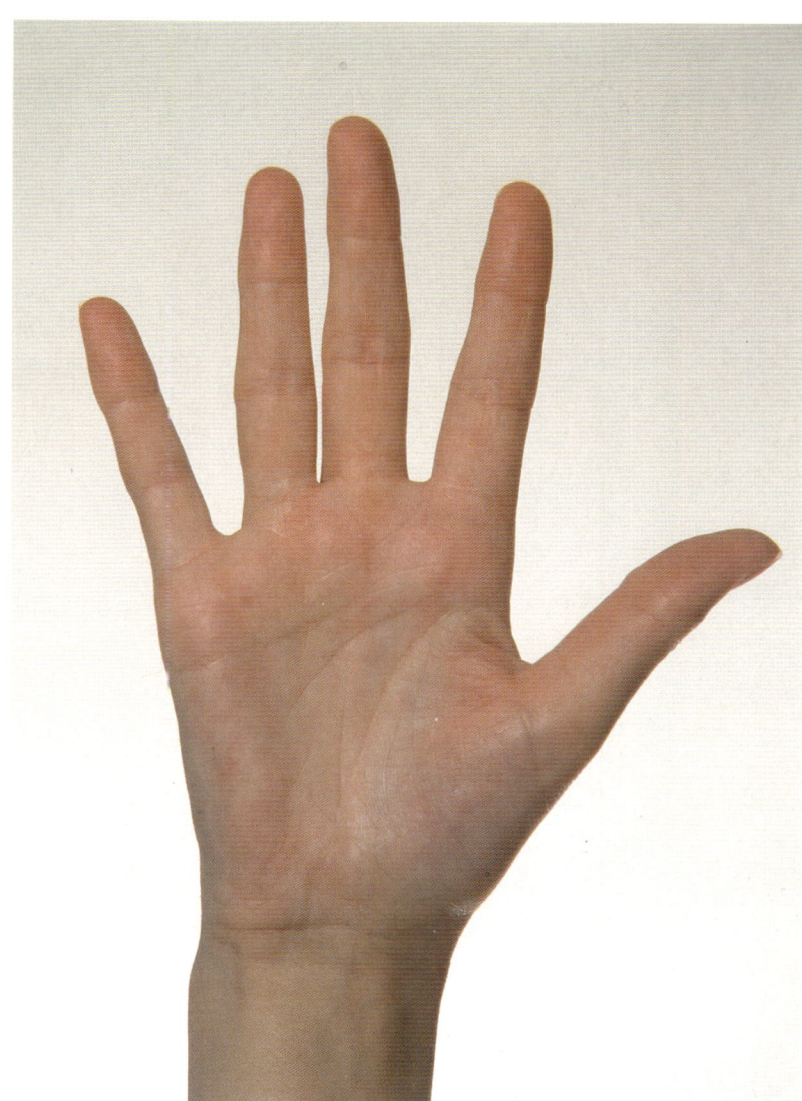

In beiden Händen ist das »Große M« angelegt aber nicht deutlich sichtbar. Die Handeignerin bemüht sich, ihrem Leben einen geistigen Sinn zu geben.

Die am Anfang kettigen *Lebenslinien* geben eine lymphatische Diathese, besonders im Hals-Rachenraum, zu erkennen. Punkte in der linken Lebenslinie besagen eine geschwächte Konstitution in den entsprechenden Zeitabschnitten. Die linke Lebenslinie läuft in einer kleinen Spaltung aus. Ein langsames Dahinschwinden der Kräfte der mütterlichen Vorfahren geht daraus hervor. Die rechte Lebenslinie mündet in der Schicksalslinie. Für die Handeignerin ist eine bewußte Lebensweise erforderlich.

Die freistehenden *Kopflinien*, beidseitig, bekunden Offenheit und Impulsivität. Wendet die Handeignerin bewußt ihr Unterscheidungsvermögen an, wird sie diese Impulse steuern können. Die Kopflinien sind lang und münden in den mittleren Handrandbergen. Eine soziale, ideale Einstellung zeichnet sich ab. Eindeutig ist ebenfalls Phantasiereichtum und eine schöpferische Begabung.

Die linke normal lange *Herzlinie* reicht bis zum Anfang des Zeigefingerberges. Durch die Abzweigung unterhalb des Mittelfingers wird eine Kälteempfindlichkeit der Kopfnerven deutlich. Die unterhalb des linken Kleinen Fingers verbreiterte Herzlinie weist auf eine Anlage zu Herzmuskelschwäche. Die rechte Herzlinie läuft in einer offenen Insel aus, die mit Lungentuberkulose bei den väterlichen Vorfahren zusammenhängt. Ein organisches Herzleiden der väterlichen Vorfahren ist durch eine kleine Insel in der rechten Herzlinie unterhalb des Kleinen Fingers angezeigt. Der Zwischenraum von der Herz- zu der Kopflinie ist in der rechten Hand schmaler als in der linken Hand. Nach dem 30. Lebensjahr benötigt die Handeignerin einen größeren inneren Freiraum. Es besteht eine leichte Tendenz zu Asthma.

Die vom linken unteren Handrandberg aufsteigende *Schicksalslinie* führt in Unterbrechungen mit schwacher Inselbildung bis fast in die Herzlinie. Im Leben der Handeignerin erfolgt manche Umstellung, auch in gesundheitlicher Hinsicht, die sie zum tieferen Nachsinnen veranlaßt. Ein Teil einer Schicksalslinie, rechtsseitig, beginnt mit einer Insel in der Mitte des unteren Handtellers und verhält kurz vor der Kopflinie. Die Insel steht in Verbindung mit natürlicher Medialität, Wahrträumen und Vorahnungen. Ein Teil einer sehr zarten zweiten Schicksalslinie, ebenfalls rechtsseitig, beginnt unterhalb der Herzlinie. Die Handeignerin ist bemüht, persönliche Unabhängigkeit durch geistiges Bewußtsein zu erlangen.

Kurze Teile einer *Sonnenlinie*, beidseitig, beziehen sich auf die musische Aufgeschlossenheit der Handeignerin.

Die unterbrochenen, zerrissenen *Magenlinien*, beidseitig, geben ein labiles Vegetativum zu erkennen.

In beiden Händen ist der ausgezogene *Venusgürtel* ein Zeichen für Rückenschwäche.

An dem unteren rechten Handrandberg werden Teile einer *Intuitionslinie* wahrnehmbar. Durch geistige Arbeit – Meditation und Konzentration – entwickelt sich Intuition.

An den Handrändern ist die *Isislinie* vorhanden, linksseitig durch die Faltung stärker verdeutlicht. Disziplin und naturgegebene Enthaltsamkeit sind damit verbunden.

Beidseitig bilden oberhalb der Handwurzel *Giftlinien* einen Hinweis für mehrfache Impfungen.

In beiden Händen lassen die oberen kräftigen aber auch kettigen *Raszettlinien* sowohl auf Stabilität als auch auf Sensibilität der Vorfahren schließen. Die zweiten Raszettlinien sind sehr zart. Die Handeignerin selbst verfügt über mehr Zähigkeit als Kraft.

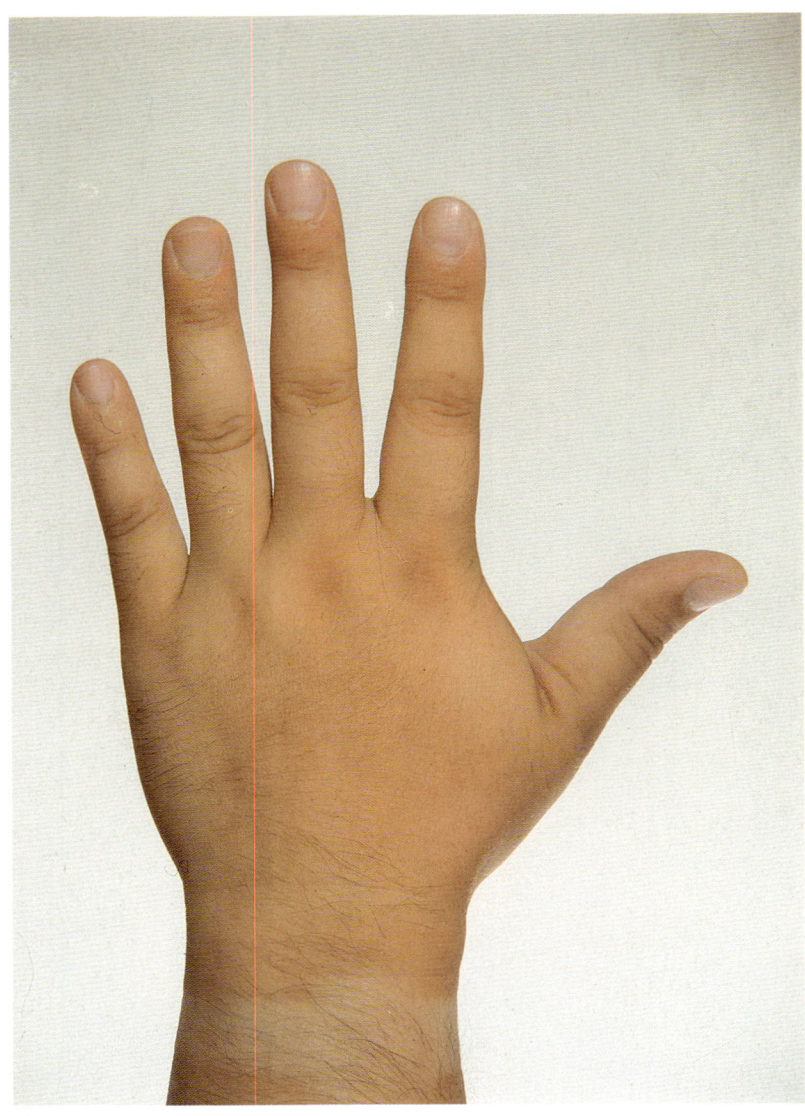 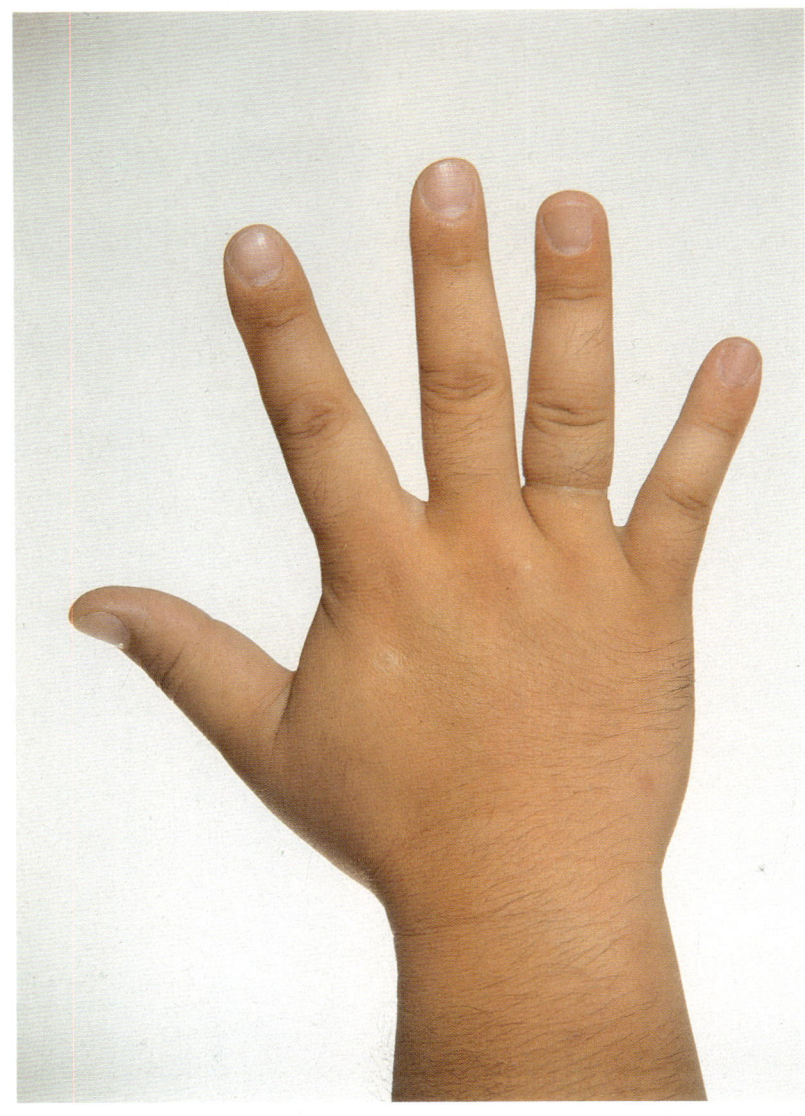

Männliche Außenhände: O. A.
Der Handeigner, 43 Jahre alt, ist Diplomkaufmann.

Die *Charakteristik* der Handform im Schema zeigt einen Spatel-handrumpf und konische Finger. Der Handeigner ist ein Le-benspraktiker, empfindungsstark und genußfähig. Er liebt so-wohl das Praktische als auch das Schöne. Der rechte Zeigefinger ist etwas länger als der Ringfinger. An der linken Hand sind Zeige- und Ringfinger fast gleich lang. Der Handeigner schätzt die Harmonie mit der Umwelt, kann sich aber auch frei von ihren Einflüssen halten. Die Daumen sind stämmig. Das erste Glied ist zart und leicht gebogen. Der Handeigner berücksich-tigt andere Menschen; selbst wenn er mit Vernunft etwas durch-schaut, wird er nicht gewaltsam seinen eigenen Willen voran-stellen.

Eine leichte Behaarung zeigt sich an den Außenhänden, ein Zeichen für Temperament und Emotionen.

Die feiner gestalteten Handgelenke sind kräftig. Die Vorfah-ren brachten eine gute Konstitution und ein gutes Niveau mit.

Die *Konstitution* ist zäh, stabil, sensibel.

Die *Disposition* zu Stoffwechselstörungen wird an den etwas gespannten, aufgehellten Fingergliedern ersichtlich. Auf den Knöchelgelenken der Zeige- und Mittelfinger sind Rötungen wahrnehmbar, die sich auf eine gestörte Darmflora und ein ver-schobenes Blutbild beziehen. Die Zärtlichkeitsgrübchen sind neben den Knöchelgelenken der Finger deutlich eingegraben.

Die Maus ist beidseitig kräftig geformt und bestätigt Vitalität und widerstandsfähige Lungen.

Die normal geformten Fingernägel sind rosa getönt, was sich in einer allgemein guten Verfassung äußert. Die Nagelmonde sind von unterschiedlicher Größe und Form und von einem bläulichen Rand umgeben. Es läßt auf eine schnelle Erregbar-keit der Herznerven sowie Sauerstoffmangel der Herzkranzge-fäße schließen.

Die Einflußzeichen atmosphärischer Störungen sind an den oberen Nagelrändern sichtbar.

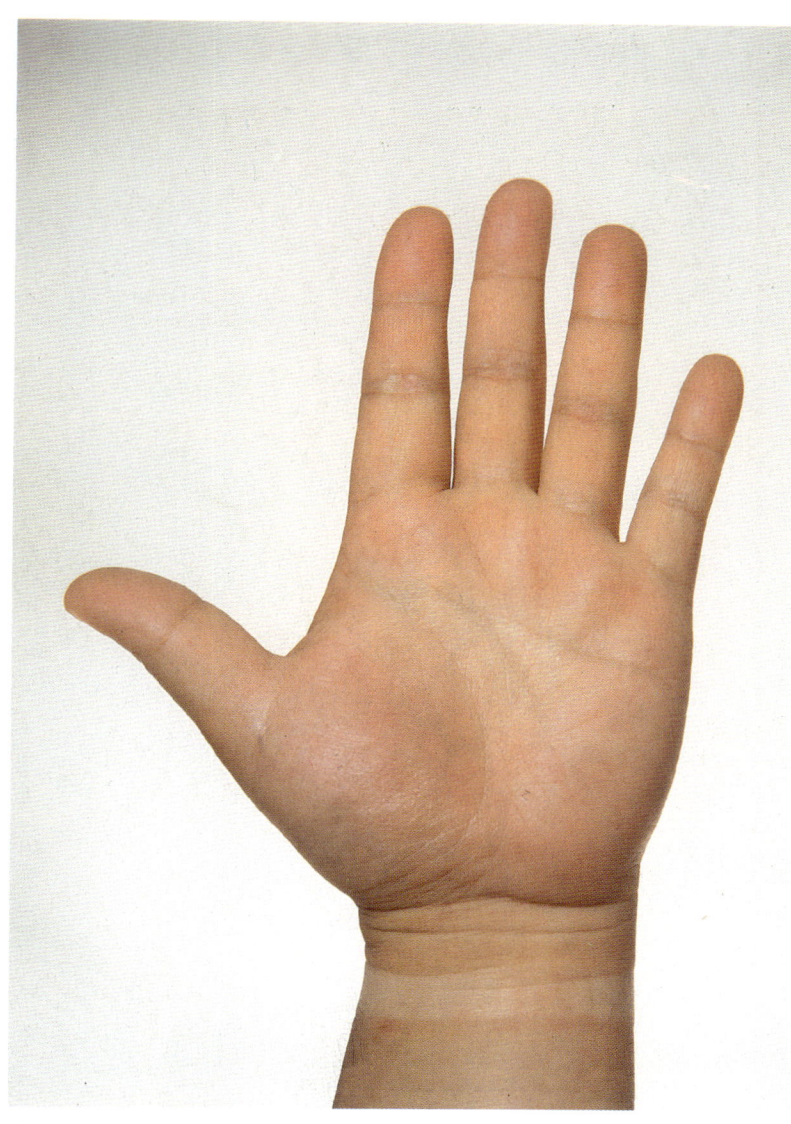
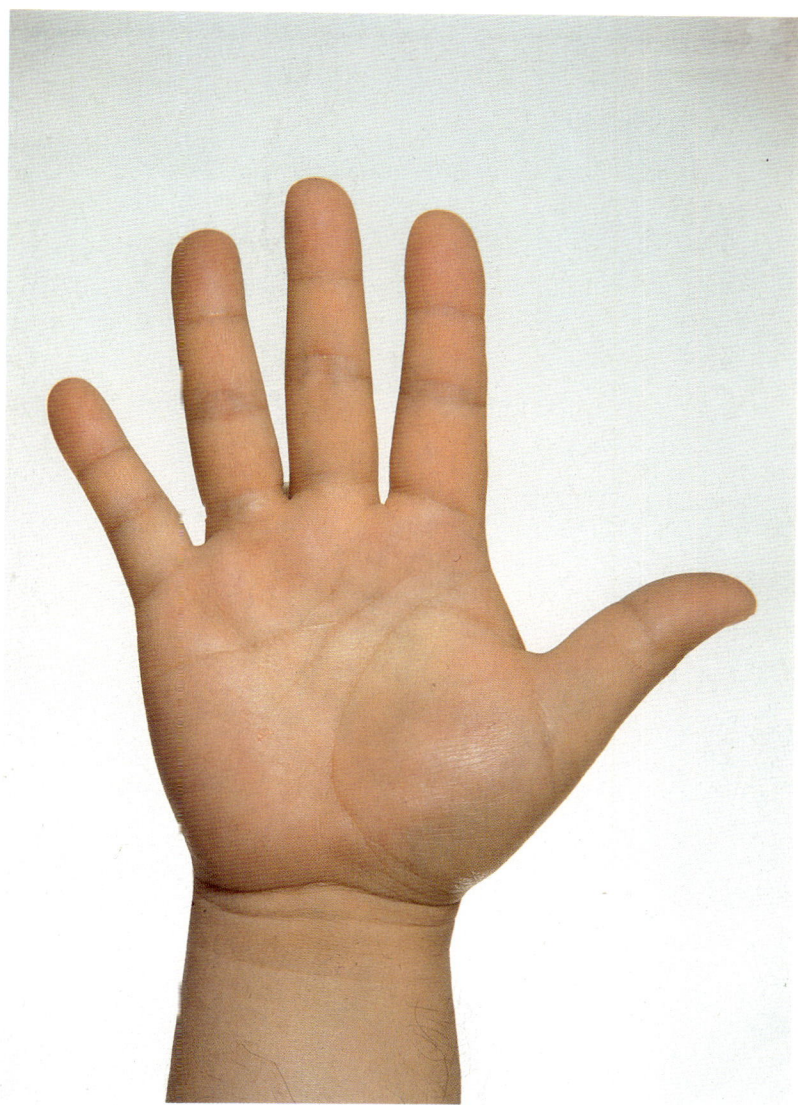

Männliche Innenhände: O. A.

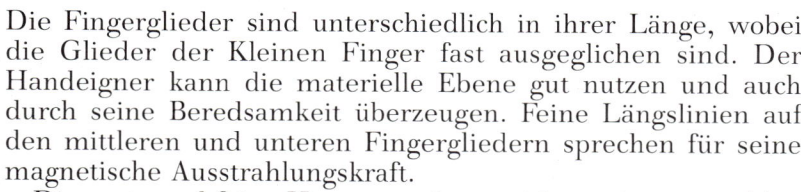

Die Fingerglieder sind unterschiedlich in ihrer Länge, wobei die Glieder der Kleinen Finger fast ausgeglichen sind. Der Handeigner kann die materielle Ebene gut nutzen und auch durch seine Beredsamkeit überzeugen. Feine Längslinien auf den mittleren und unteren Fingergliedern sprechen für seine magnetische Ausstrahlungskraft.

Die zarte und feine Hauttextur kennzeichnet einen sensiblen Menschen.

Von den *Handbergen* heben sich die Daumenballenberge besonders hervor. Eine ausgeprägte Lebenskraft und Freude an allem Schönen sind hier gegeben. Die geröteten Handberge stehen mit Herz und Kreislaufstörungen in Zusammenhang.

Beide *Lebenslinien* sind kräftig und deutlich eingezeichnet. Die rechte Lebenslinie beginnt im Zeigefingerberg und bedeutet eine gute Basis für die Konstitution und das Wohlergehen des Handeigners. Zeiten körperlicher Überforderung lassen sich von mehreren auf den Lebenslinien befindlichen Punkten ableiten.

Beide *Kopflinien* beginnen freistehend mit einem verhältnismäßig weiten Abstand zu den Lebenslinien. Der sehr offene Handeigner ist wagemutig und zu schnellen Entschlüssen fähig. Die linke Kopflinie neigt sich bis zum Ende des mittleren Handrandberges und beweist, daß der leicht melancholische Handeigner ideal und sozial eingestellt ist und auch über Phantasiereichtum verfügt. Die rechte Kopflinie bestätigt die ideale und soziale Gesinnung des Handeigners sowie eine gute Anlage zu schöpferischer Gestaltungsfähigkeit.

Beide *Herzlinien* sind lang. Die linke Herzlinie endet vor dem Zwischenraum von Zeige- und Mittelfinger, während die rechte direkt in dem Zwischenraum endet. Der Handeigner hat sich dem unausweichlichen geistigen Gesetz der Nächstenliebe zu unterstellen, um über seine Partnerschaftsbeziehung seine Seele zu vertiefen. Die linke Herzlinie ist mit der Kopflinie durch eine Insel verbunden, die vermuten läßt, daß eine Magenfunktionsstörung gegebenenfalls zu einem operativen Eingriff führen könnte, wobei die Durchblutung von Herz und Kopf beeinträchtigt werden kann. Eine Asthmagefährdung kann sich durch Überernährung (Roemheldscher Symptomenkomplex) ergeben. In der rechten Hand zweigt in der Mitte der Herzlinie eine Linie ab, die bis in die Lebenslinie reicht. Es ist ein Hinweis, daß durch eine seelische Erschütterung der Solar plexus nachhaltig reagieren kann. Kurz vor dem Ende der rechten Herzlinie weist eine rhombusartige Insel auf die Anlage zu Prostataleiden hin.

In der linken Hand beginnt die *Schicksalslinie* dreifach, um in einer einzigen Linie in der Kopflinie zu münden. Die vielfältigen Lebensanstöße werden von dem Intellekt des Handeigners in der Jugend abgefangen. Zwei weitere Schicksalslinien setzen an der Kopflinie an und reichen bis in den Mittelfingerberg. Eigener Einsicht fähig, bewältigt er nunmehr bewußter seine ihm zugemessenen Aufgaben.

Besonders in der linken Hand sind sehr viele zarte Linien vorhanden als Zeichen einer großen Sensibilität.

In der rechten Hand ist das gesamte Bild klarer. Im Bereich der *Magenlinie* zeigen sich viele kurze kleine Linien, in Abständen übereinanderliegend, die durch Überernährung ausgelöste Funktionsstörungen im Magendarmtrakt verdeutlichen.

Zwei quer auf dem linken Zeigefingerberg parallellaufende Linien lassen auf eine Anlage zu Blasen- und Unterleibsstörungen schließen

Die *Raszettlinien* sind an beiden Handwurzeln mehrfach sichtbar. Die ersten sind sehr kräftig, kettig und in der Mitte hochgezogen. Sie zeigen ein geschwächtes Bindegewebe und Feinnervigkeit, auch bei den Vorfahren, an.

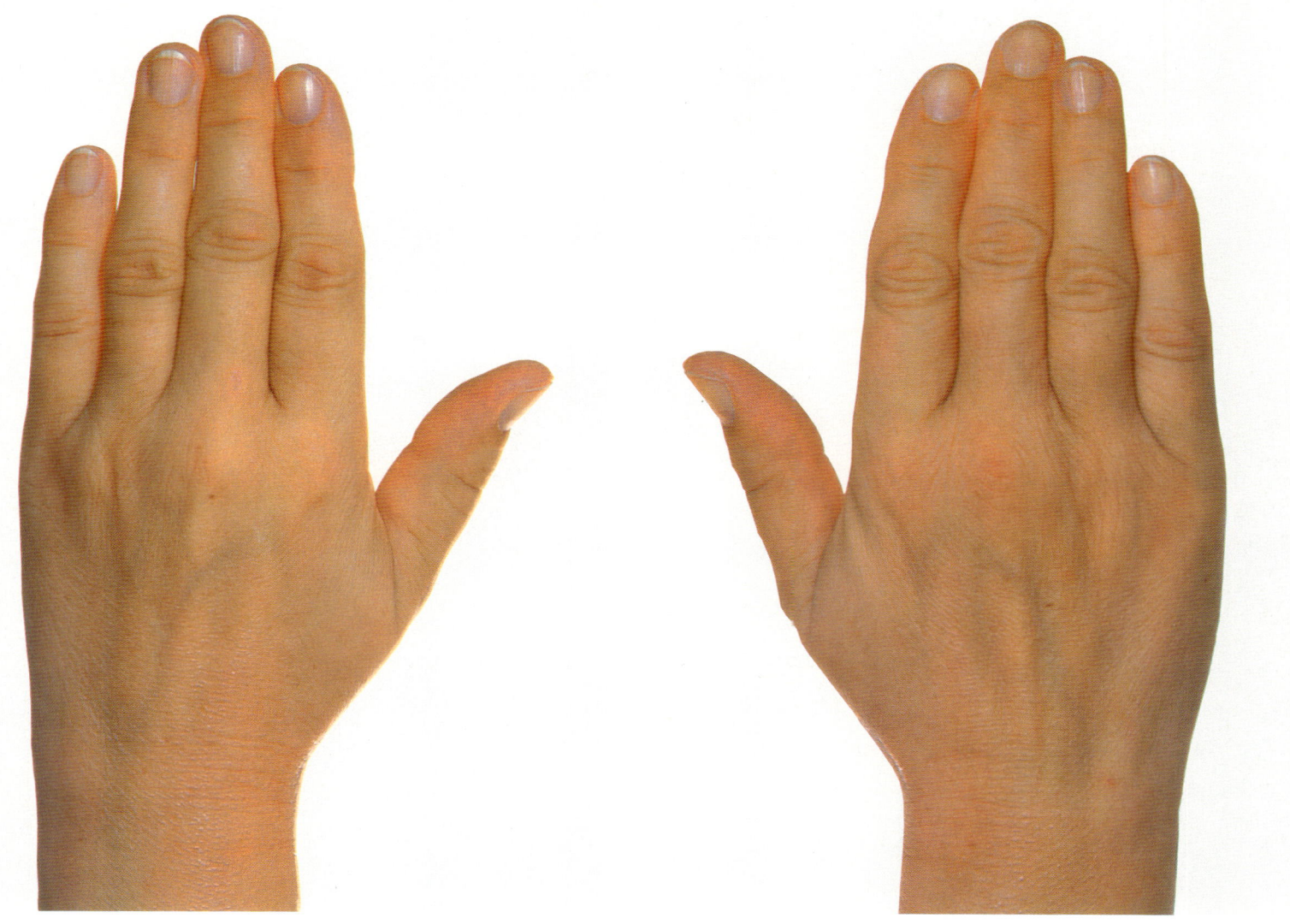

Weibliche Außenhände: E. R.
Die Handeignerin, 58 Jahre alt, ist Beamtin.

Die *Charakteristik* der Handform im Schema ist konisch, eckig mit knotigem Einschlag. Die Handeignerin vermag ihre Empfindungen mit dem Verstand zu kontrollieren. Sie liebt das Schöne aber auch das Praktisch-Nützliche. Sie ist sowohl dem Idealen als auch dem Realen zugeneigt. Die großzügige Handeignerin kann sehr gut einteilen. Dazu gehören ihre Zuverlässigkeit, Ordnungsliebe und Durchhaltungsvermögen. Ihre Einstellung ist mit dem Althergebrachten verwurzelt. Sie schätzt die Moral und leidet, wenn Unvermutetes, Neues auf sie zukommt.

Die Ringfinger sind beidseitig länger als die Zeigefinger. Die Handeignerin ist betroffen und reagiert empfindlich, wenn die Resonanz aus der Umwelt ihren Empfindungen nicht entspricht.

Die tief bis mittelhoch angesetzten Daumen sind lang, das erste und zweite Daumenglied sind von fast gleicher Länge. Wille und Vernunft stehen im Gleichgewicht. Eine geistige Anpassungsfähigkeit wird an den leicht gebogenen und abgeflachten Daumenkuppen sichtbar. Die gerade Haltung der Daumen charakterisiert eine selbstbewußte Persönlichkeit, die darauf eingestellt ist, Menschen, die ihr innerlich entsprechen, zu akzeptieren ohne intolerant zu sein.

Die mittelkräftigen Handgelenke verdeutlichen eine aus der Erbsubstanz übernommene Widerstandsfähigkeit.

Die *Konstitution* ist zäh, sensibel.

Die *Disposition* zu Stoffwechselstörungen, speziell der Nieren, läßt sich an der feineren Hautbeschaffenheit sowie an dem festeren Gewebe der Fingerglieder und den Stauungen an den Knöchelgelenken ersehen. Die gebogenen und etwas eingedrehten Zeigefinger weisen auf Funktionsstörungen der Organe Milz-Pankreas, links, und Leber-Galle, rechts. Die gebogenen Mittelfinger kennzeichnen Störungen im Verdauungstrakt und die Tendenz zu Blinddarmreizungen. Nierenfunktionsstörungen äußern sich an der Haltung der Ringfinger, die etwas über die Mittelfinger gelegt sind. Eine geringfügige Knickung der Kleinen Finger deutet auf Bindegewebeschwäche. Der gerötete Knöchel des rechten Mittelfingers beruht auf einer gestörten Darmflora.

Die beidseitig normal gewölbte Maus läßt eine gute Widerstandsfähigkeit der Lungen und der Vitalkraft erkennen. Die Kontur an der Maus, rechtsseitig, bezieht sich auf eine Schwäche der Halswirbelsäule.

Die in Form und Größe etwas unterschiedlichen Fingernägel sind blaß-bläulich. Die den Fingern zugeordneten Organe arbeiten nicht immer synchron. Dazu macht sich Sauerstoffmangel bemerkbar. Die an fast allen Fingernägeln vorhandenen Rillen sind auf das Ausscheiden von Schlacken zurückzuführen. Die fast fehlenden Nagelmonde lassen auf Herzneurose schließen.

Die Belastungszeichen aus der Atmosphäre sind an den oberen Nagelrändern zu sehen.

Weibliche Innenhände: E. R. siehe folgende Doppelseite.

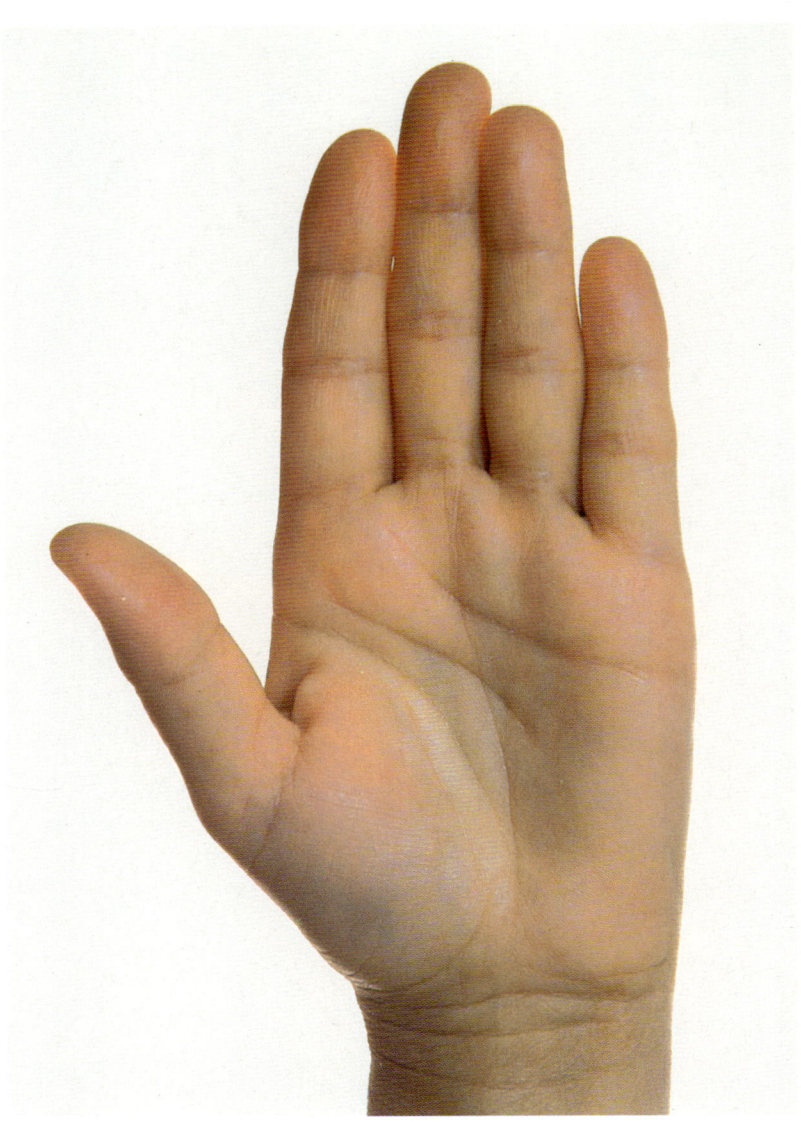

Weibliche Innenhände: E. R.
Die Handeignerin, 58 Jahre alt, ist Beamtin.

Die Fingerglieder sind in ihrer Länge noch nicht harmonisch aufeinander abgestimmt. Die etwas längeren dritten Glieder der Zeigefinger geben zu verstehen, daß die Handeignerin ihr Alltagsleben im ganzen ideal gestaltet sehen möchte. Eine Neigung, sich alles zu erleichtern, drückt sich an den kräftigen unteren Zeigefingergliedern aus sowie an dem rechten dritten Glied des Kleinen Fingers. Besonders an der linken Hand sind zarte Längslinien auf einigen der ersten Fingerglieder ersichtlich, die auf eine Belastung der Gehirnnerven durch zu große Besorgnisse hindeuten. Zarte Längslinien, die vorwiegend an den zweiten und dritten Fingergliedern der linken Hand zu erkennen sind, veranschaulichen die Gabe unmittelbarer Kontaktfähigkeit.

Die linken und rechten mittleren Gelenke der Kleinen Finger enthalten kurze Schräglinien und beruhen auf innerer Unruhe. Schräglinien und Inseln am dritten Gelenk der Kleinen Finger sind auf chronische nervliche Belastungen zurückzuführen. Die kurzen Schräglinien am rechten mittleren Zeigefingergelenk sind ein Zeichen für Unsicherheit in den Zielsetzungen der Handeignerin. Leberstau mit Krampfdiathese im Oberbauchraum äußert sich an der welligen Linie am unteren Gelenk des rechten Zeigefingers.

Die feine, zum Teil seidig glänzende Hauttextur läßt auf einen empfindsamen Menschen schließen. Die beidseitig etwas vertiefte und blasse Innenhandfläche bezieht sich auf eine Magenschwäche. Die gut dargestellten, zum Teil verschobenen Handberge fungieren als Energieträger, die dazu dienen, das Lebensgefühl zu steigern und die Gaben der Natur in sich aufzunehmen. Die sehr kurzen kleinen Linien auf dem oberen Teil der Berge der Kleinen Finger besagen Rheuma im Arm- und Schultergürtelbereich. Das »Große M« ist in beiden Händen deutlich und klar eingezeichnet. Die freiheitsliebende selbständige Handeignerin strebt nach Ergänzung ihres Wissens und Erkennens.

Die linke kräftige *Lebenslinie* zeigt am unteren Drittel eine Unterbrechung. Ein dort befindliches schwach sichtbares, leicht verschobenes Schutzquadrat verbindet die beiden Teile der Lebenslinie. Die mütterlichen Vorfahren erlitten im zweiten Drittel ihres Lebens ernsthafte Erkrankungen, die jedoch überwunden werden konnten. Für die Handeignerin bedeutet es, daß auch sie noch Zeiten körperlicher Schwäche erleben kann.

Eine kurze kräftige Lebenslinie, rechtsseitig, wird von einer zweiten kräftigen, von unterhalb der Kopflinie kommenden Lebenslinie abgelöst und zieht mit kaum wahrnehmbaren Unterbrechungen um den Daumenballenberg. Die väterlichen Vorfahren hatten einen unterschiedlich langen Lebensablauf. Eine Insel am unteren Drittel der rechten Lebenslinie beruht auf Zelldegenerationen bei den väterlichen Vorfahren. Eine kleine Abzweigung von der rechten Lebenslinie läßt eine Tendenz zu Durchblutungsstörungen vermuten.

Die hoch angesetzte linke *Kopflinie* beginnt mit einer Insel, die mit einer von mütterlicherseits vererbten Augenschwäche zusammenhängt. Der hohe Ansatz spricht für ein heiteres, offenes und impulsives Naturell, das sich auch durch den Abstand von Kopf- und Lebenslinie am Beginn bestätigt. Dennoch ist ein schneller Umschwung zu pessimistischen Gedanken leicht möglich, da sich die linke Kopflinie dem unteren Handrandberg zuneigt.

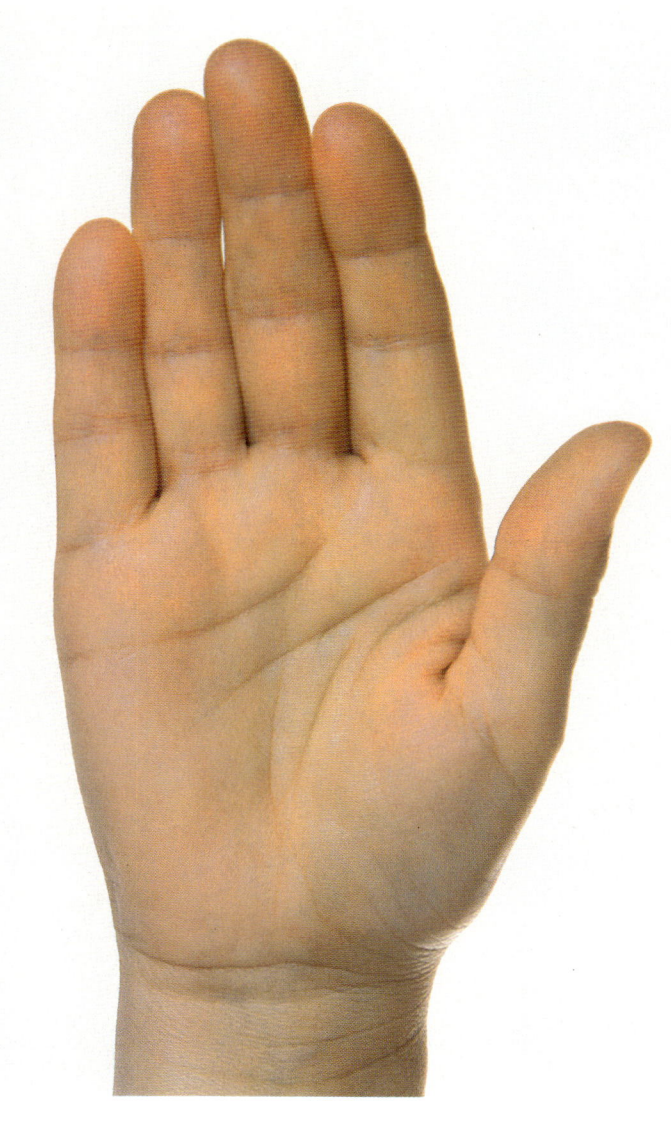

Ein dunkler Punkt in der linken Kopflinie unterhalb des Ringfingers läßt auf Kopfnervenschwäche schließen, zumal der anschließende Verlauf der Kopflinie weitere kleine Punkte aufweist.

Die rechte gerade verlaufende und nur leicht dem oberen Handrandberg zugeneigte Kopflinie beginnt ebenfalls mit einer kleinen Insel, die auf eine von väterlicher Seite vererbte Augenschwäche zurückzuführen ist (die Handeignerin ist Brillenträgerin). Impulsivität und schnelle Entschlußfähigkeit bleiben auch weiterhin bestehen, da Kopf- und Lebenslinie unverbunden beginnen. Die Gedankenrichtung ist mehr verstandesbezogen.

Von den Vertiefungen in der rechten Kopflinie unterhalb des Mittelfingers läßt sich eine Ohrenbelastung ableiten, von den Punkten in der Kopflinie eine schnelle Ermüdbarkeit der Kopfnerven. Ein zwischen der rechten Kopf- und Lebenslinie befindliches kleines und größeres Kreuz sind ein Merkmal für eine Schilddrüsenerkrankung. Bei der Handeignerin wurde ein »kalter Knoten« entfernt.

Die lange linke *Herzlinie* ist kettig und gibt Aufschluß darüber, daß die Handeignerin erwartet, daß die Umwelt auf ihre Herzlichkeit eingeht. Die Anlage zu einem Herzleiden wurde akut, so daß ein Herzschrittmacher notwendig wurde. Ein rötlicher Punkt warnt vor einer Überdosierung von Medizinalgiften. Helle Punkte unterhalb des Mittelfingers weisen auf Karies.

Die rechte, zum Teil kettige Herzlinie mündet zwischen Zeige- und Mittelfinger und bildet dort eine Insel, die auf eine Schwäche der Gebärmutter zurückzuführen ist. Auch in der rechten Herzlinie sind mehrere rötliche Punkte zu sehen, die ein Herzleiden bestätigen.

Die linke *Schicksalslinie* steigt aus der oberen Raszette bis in das untere Mittelfingergelenk auf. An der Herzlinie verdoppelt sich die Schicksalslinie. Die Identität der Schicksalslinie nimmt Bezug auf das Solide und Stabile des Charakters. Eine Abspaltung unterhalb der Kopflinie bildet ein Merkmal für Würmer.

Die rechte Schicksalslinie beginnt etwas diffus nahe der Handwurzel, was für eine Labilität der Nerven spricht. Die rechte Schicksalslinie reicht bis in die Kopflinie, zieht schwach weiter in die Herzlinie und besagt, daß das Streben der Handeignerin nach Selbständigkeit durch Gutmütigkeit aufgehalten wird. Die rechte Schicksalslinie setzt in der Herzlinie neu an und läuft zweifach versetzt sehr zart durch den Mittelfingerberg. Die Handeignerin sollte sich mit tieferem Bewußtsein auf die inneren Werte des Lebens konzentrieren, um die geistigen Zusammenhänge zu begreifen, was zu einer positiven Lebenseinstellung führt. Die Abspaltung von der rechten Schicksalslinie unterhalb der Kopflinie läßt auf die Aufnahmebereitschaft zu Würmern, auch nach dem 30. Lebensjahr, schließen.

Die Zeichnung der *Sonnenlinien*, beidseitig, weist auf große Feinnervigkeit, eine passive Beeindruckbarkeit und einen empfindlichen Solar plexus.

Die linke erste hochgezogene und die zweite leicht geschwungene kettige *Raszettlinie* veranschaulichen Bindegewebeschwäche der mütterlichen Vorfahren, die sich auch bei der Handeignerin bemerkbar macht. Zwei weitere kettige gerade verlaufende Raszettlinien deuten auf Zähigkeit und Sensibilität. An der rechten Handwurzel ist das Bild sehr ähnlich. Das väterliche Erbgut läßt ebenfalls Zähigkeit und Sensibilität ersehen.

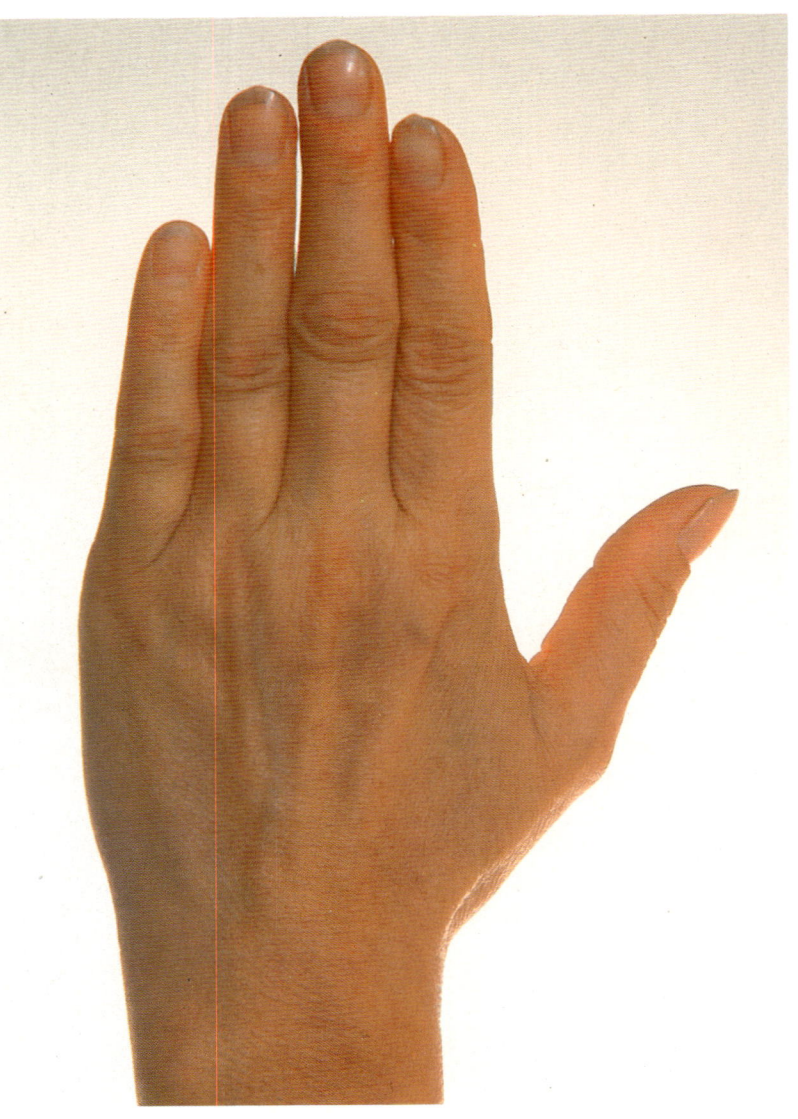 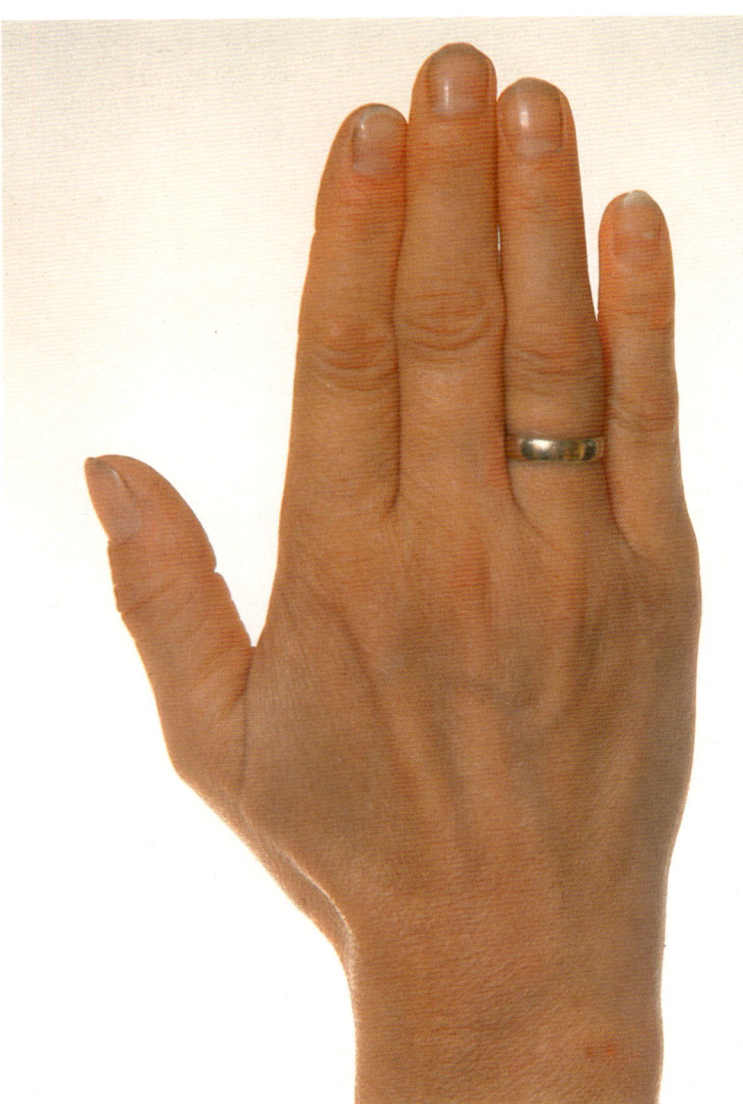

Weibliche Außenhände: D. R.
Die Handeignerin, 46 Jahre alt, ist Kauffrau und Hausfrau.

Die *Charakteristik* der Handform zeigt im Schema ein etwas breiteres, kürzeres Rechteck. Sie ist konisch, knotig. Die Handeignerin ist ein leicht den Stimmungen unterworfener Mensch, die sie, geistig bewußt werdend, zu beherrschen lernt.

Die Ringfinger sind länger als die Zeigefinger. Die Handeignerin ist ihrer Umwelt stärker zugeneigt. Wenn sie persönlich reagiert, kann sie mit sich selbst in Konflikt geraten. Ihre intensive Hilfsbereitschaft kann ihrem Durchsetzungsvermögen insofern im Wege stehen, als ihre Empfindungswelt und ihr verstandesbezogenes Denken sich oftmals konträr verhalten. Die beiden Daumen weichen in der Form etwas voneinander ab und sind, zu der Handform passend, kräftig. Das innere Bestreben der Handeignerin geht dahin, sich in der Umwelt als Persönlichkeit zu behaupten.

Die feinen Handgelenke weisen auf bewußter lebende Menschen bei den Vorfahren hin.

Die *Konstitution* ist zäh und sensibel.

Die *Disposition* zu Nieren- und Leberstörungen zeigt sich an der durchlässig scheinenden, stumpfer wirkenden Haut. Der linke Zeigefinger ist etwas eingedreht und steht mit dem weißen Blutsystem und der Bauchspeicheldrüse in Verbindung. Der rechte ebenfalls eingedrehte Zeigefinger hängt mit dem roten Blutsystem und der Galle zusammen. Der linke Kleine Finger ist leicht gebogen und deutet auf Senkungsbeschwerden im Urogenitalbereich.

Die Maus ist auf beiden Händen flach. Die Vital- und Lungenkräfte sind vermindert.

Die Fingernägel sind lang und teilweise etwas gewölbt. Sie beziehen sich auf die Bronchien. Die rötlich-zart bläuliche Nagelfarbe verdeutlicht Sauerstoffmangel. Aufhellungen vornehmlich an den Zeigefingernägeln haben ihre Ursache in Stauungen in den Bereichen Milz-Pankreas und Leber-Galle. Weiße Flekken auf dem Nagel des rechten Kleinen Fingers sind bedingt durch Sexualnervenschwäche. Die Nagelmonde, die überwiegend quer von Rand zu Rand reichen, sind ein Hinweis auf übererregte Herznerven.

An den oberen Nagelrändern sind die Belastungszeichen aus der Atmosphäre deutlich sichtbar.

Weibliche Innenhände: D. R.

Die Fingerglieder sind nicht ganz einheitlich in ihrer Länge. Nur durch tiefere Einsicht ist es der Handeignerin möglich, ihre Persönlichkeit zu überwinden, damit sie von ihrem seelischen Kraftfeld harmonisch getragen werden kann. An dem unteren Gelenk des linken Mittelfingergliedes sind mehrere kurze senkrechte Linien sichtbar. Sie sind ein Merkmal für Verletzungen oder Eingriffe im Bauchraum. An dem unteren Gelenk des linken Ringfingers befindet sich ein Viereck, das ein Schutzzeichen gegen Fuß- und Beinverletzungen darstellt. Die Hauttextur ist teils fein, teils kräftig. Seelische Labilität und organische Stoffwechselstörungen zeigen eine Wechselwirkung. Die festere Muskulatur der Innenhände läßt einen zuverlässigen Charakter erkennen.

Die *Lebenslinien* sind in beiden Händen tief eingeprägt und umgeben die Daumenballenberge in einem vollständigen Viertelkreis. Auf beiden Lebenslinien sind viele Punkte sichtbar, die die unterschiedliche Verfassung der Vitalkräfte widerspiegeln. Eine am unteren Drittel der rechten Lebenslinie befindliche Abzweigung bezieht sich auf eine Anlage zu einem Ovarienleiden, rechtsseitig.

Beide *Kopflinien* sind fast normal mit den Lebenslinien verbunden. Die Handeignerin handelt mit Überlegung. Am Beginn beider Kopflinien haben sich Inseln gebildet, die auf eine von beiden Elternteilen vererbte Augenschwäche hinweisen. Die

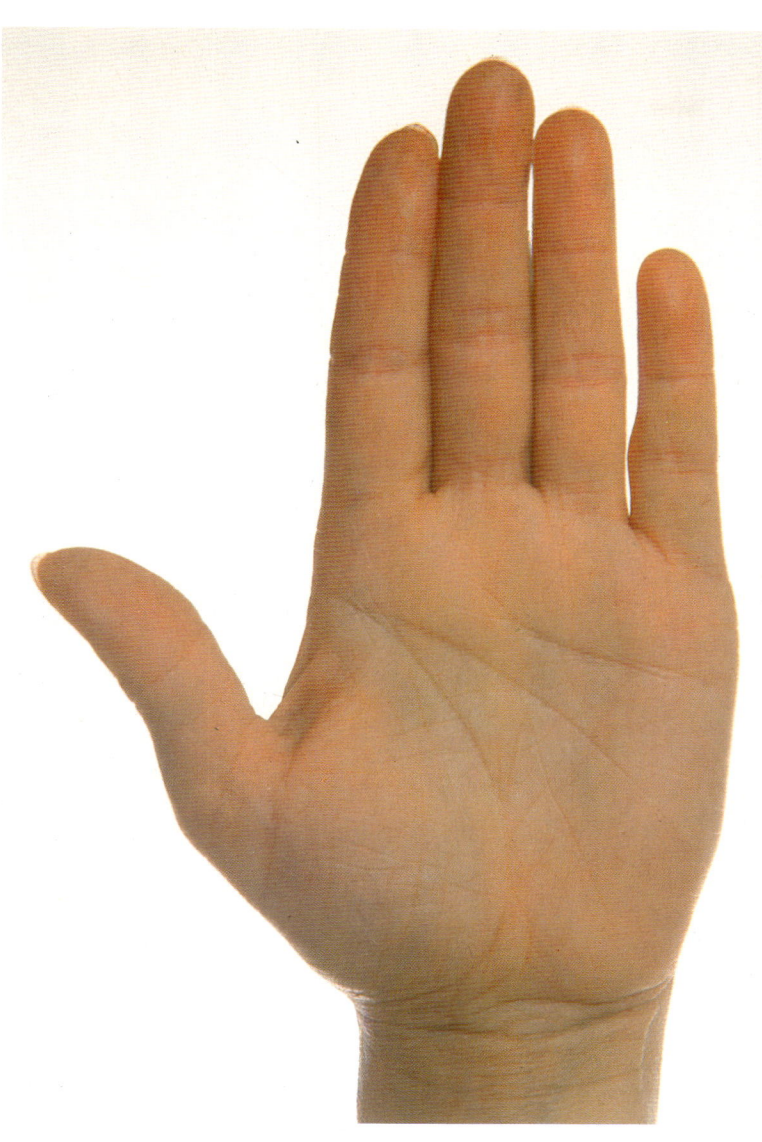
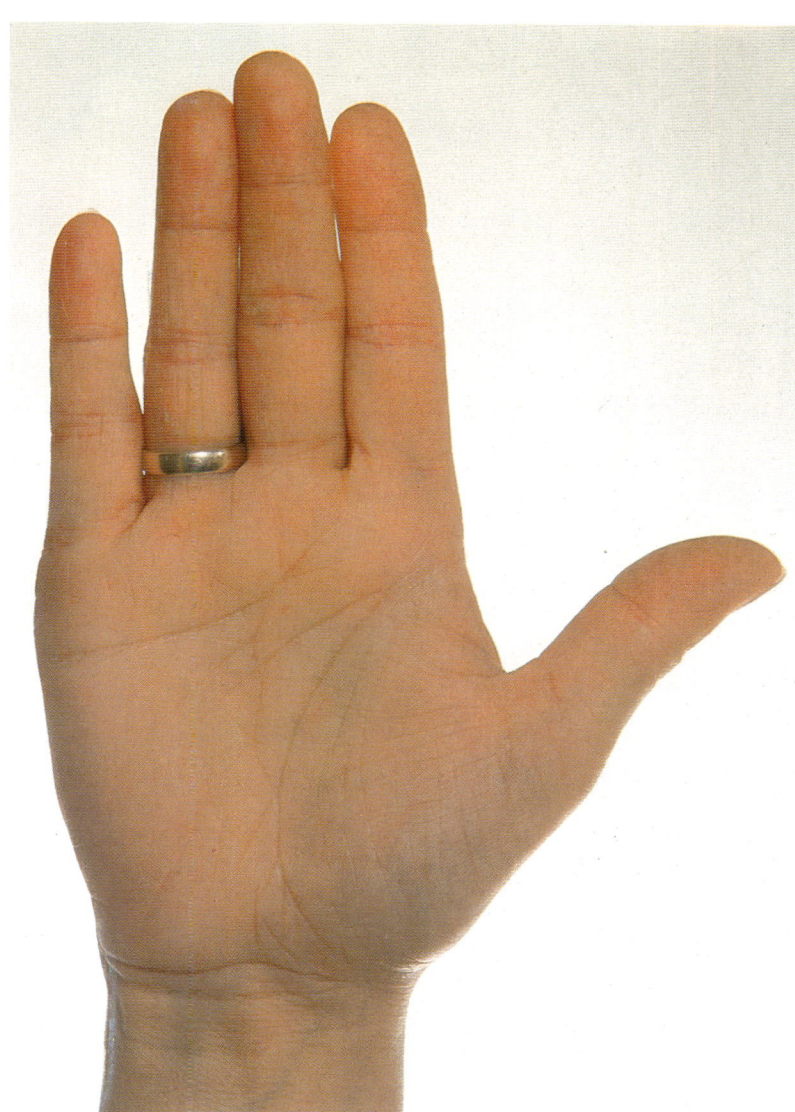

linke, etwas längere Kopflinie reicht bis in den oberen Handrandberg. Sie ist mit Punkten versehen, was auf schnelle Ermüdung schließen läßt. In der rechten Hand befinden sich zwei Kopflinien. In der väterlichen Generation war Alkoholismus vorhanden. Für die Handeignerin bedeutet dies, daß ihre überfeinerten Kopfnerven das Gleichmaß ihrer Gedanken beeinträchtigen, so daß ihre Empfindungen voneinander abweichen können. Jeder Mißbrauch widernatürlicher Substanzen (Alkohol, Nikotin und Drogen jeder Art) beeinträchtigt einen Organismus so nachhaltig, daß auch die Nachkommen davon noch Schaden erleiden.

Die linke normal lange *Herzlinie* gabelt sich an ihrem Ende und zeigt Kälteempfindlichkeit der Kopfnerven an. Die rechte Herzlinie ist länger geprägt und reicht in Richtung des Zwischenraumes von Zeige- und Mittelfinger. Den physischen und psychischen Herzkräften der Handeignerin wird schicksalhaft vieles abverlangt mit dem Sinn einer inneren Reifewerdung.

Aus der scharfen, senkrechten, kurzen Linie, die aus dem Zwischenraum von Zeige- und Mittelfinger, linksseitig, kommt, ist eine rheumatische Diathese zu erkennen. Die von oberhalb des Zeigefingergelenkes kommende, etwas schräg verlaufende Linie hängt mit einem Eingriff in den Geburtswegen zusammen. Die Herzlinien enthalten Punkte, die sich auf Konkremente und Karies beziehen. Unterhalb der Ringfinger sind helle Punkte für Nierengrieß sowie dunkle Punkte für Gallengrieß zu sehen. Unterhalb des linken Mittelfingers weisen helle Punkte auf kürzlich entstandene Karies, während dunkle Punkte auf chronisch gewordene Zahnschäden aufmerksam machen, die sich auch im Kiefer auswirken.

Die linke *Schicksalslinie* verknüpft sich mit der Herzlinie. Die Bewußtseinsentfaltung der Handeignerin wird durch ihre Gutgläubigkeit gehemmt. Die rechte Schicksalslinie verläuft leicht wellenförmig, Verkrampfungen physischer und psychischer Art stehen hiermit im Zusammenhang. Eine zweite rechte Schicksalslinie durchzieht den Mittelfingerberg. In reiferen Jahren läßt sich die Handeignerin von ihrer Vernunft bewußt leiten.

Zwei versetzte längere und mehrere kürzere *Sonnenlinien*, linksseitig, sind auf dem Ringfingerberg sichtbar. Die seelische Membrane für eine schöngeistige Vertiefung ist angelegt. In der rechten Hand ist eine von einer Magenlinie aufsteigende, von zwei Sonnenlinien gebildete, sehr große Insel, die von der Handmitte bis fast in die Mitte des Ringfingerberges zieht, augenscheinlich. Übergroße Feinnervigkeit und Sensibilität, die auch den Solar plexus miteinbeziehen, sind hieraus abzuleiten. Unterhalb der Kopflinie sowie oberhalb der Herzlinie bildet diese Insel jeweils ein Dreieck. Rechtes Denken und rechtes Empfinden wirken stabilisierend auf die große Feinnervigkeit und Sensibilität.

In der linken Hand formte eine anfänglich zweifach vorhandene *Magenlinie* eine große Insel, die mit Nervosität und vegetativen Störungen in Verbindung steht. Rechtsseitig bilden zwei zart gezeichnete Magenlinien zwischen Lebenslinie und Kopflinie eine große Insel, die sowohl vegetative Störungen als auch Funktionsschwäche im Verdauungstrakt anzeigt.

Auf dem rechten Handrandberg bildete sich eine *Intuitionslinie*. Durch höhere geistige Wahrnehmung vermag die Handeignerin schwierigen Lebenssituationen zu begegnen.

Die erste und zweite *Raszettlinie* an der linken Handwurzel bilden in der Mitte eine große, nicht geschlossene Insel, bezogen auf Bindegewebeschwäche, speziell der Unterleibsorgane bei den mütterlichen Vorfahren. Ein ähnliches Bild zeigt sich an der rechten Handwurzel. Die Lebenskräfte der väterlichen Vorfahren waren nicht anhaltend stabil. Die Handeignerin muß ihre Lebenskräfte gut überwachen und einteilen.

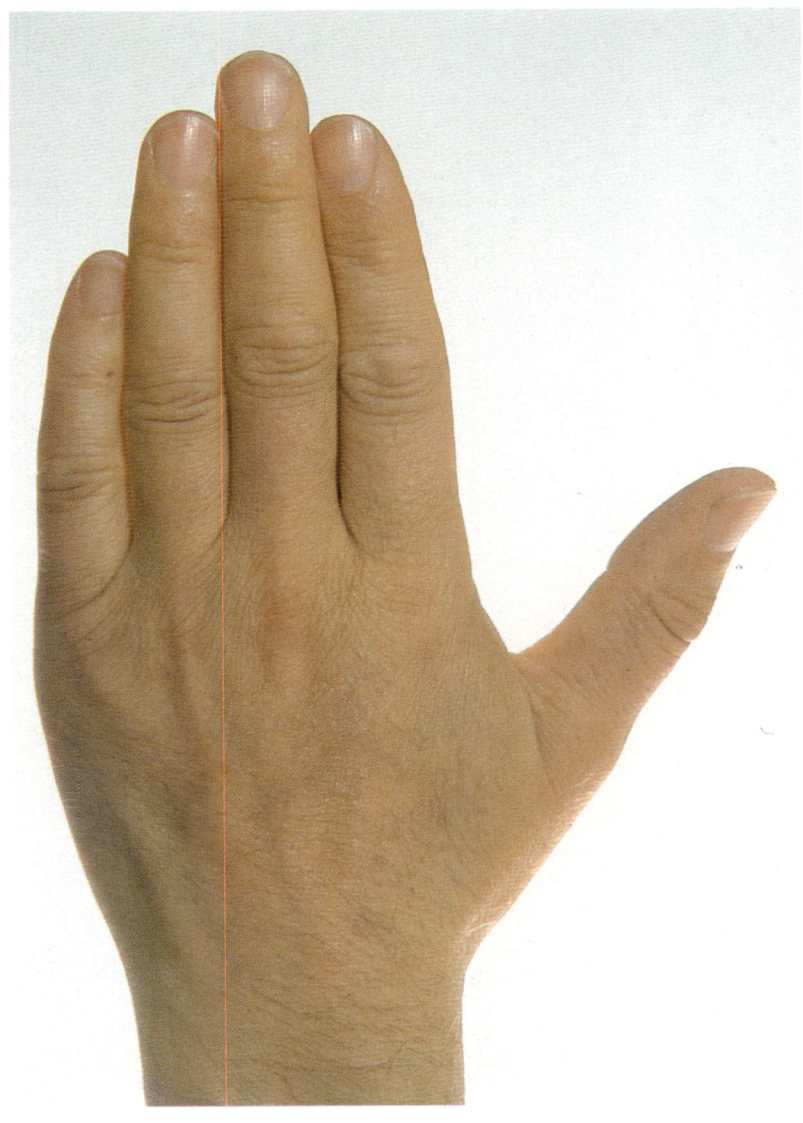 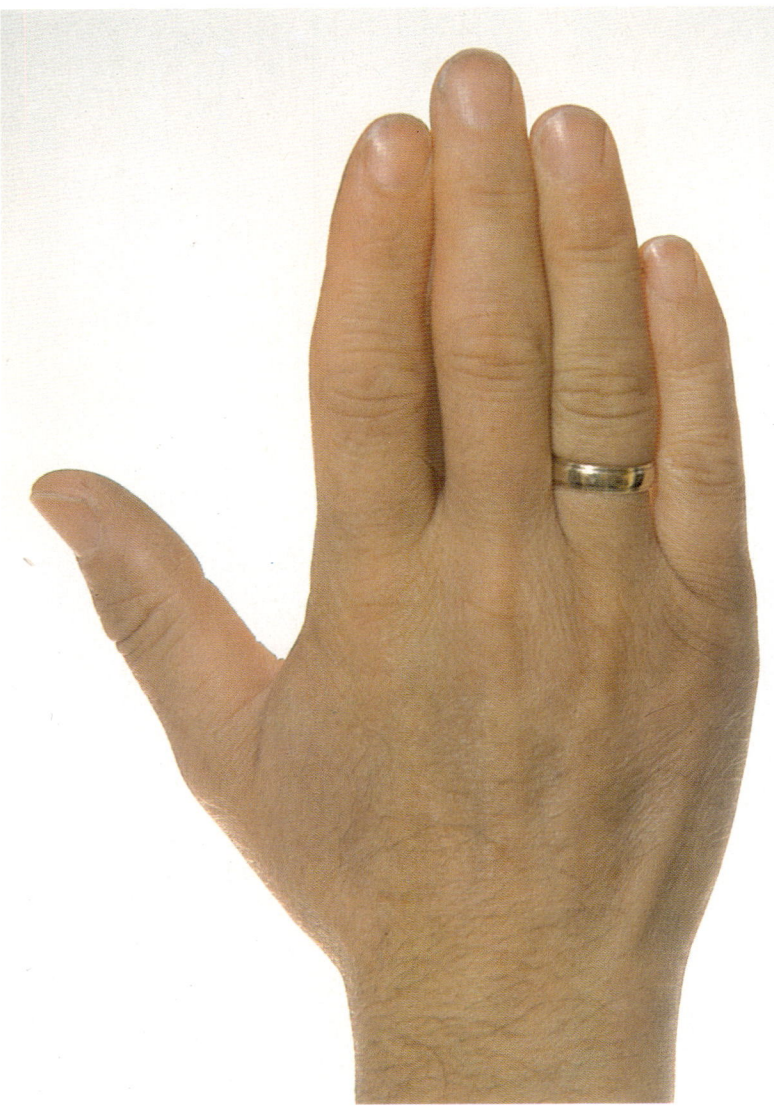

Männliche Außenhände: T. R.
Der Handeigner, 46 Jahre alt, ist Verwaltungsangestellter und
Altwarenhändler.

Die *Charakteristik* der Handform ist im Schema konisch mit
knotigem Einschlag. Der Handeigner ist sowohl empfindsam
als auch empfindlich. Erhebt er sich auf seine innere geistige
Warte, vermag er Theoretisches und Praktisches geschickt miteinander zu verbinden und seine Aufgaben zu lösen.

Beide Ringfinger sind unerheblich länger als die Zeigefinger.
Im wesentlichen kann sich der Handeigner mit der Umwelt
abstimmen. Die Daumen sind lang und normal kräftig. Wenn
es ihm passend erscheint, kann er sich einsichtsvoll beherrschen.
Die zweiten Daumenglieder sind länger als die ersten. Obwohl
ihm der Verstand zu einer theoretischen Einsicht verhilft, gelingt
es dem Handeigner schwerlich, das Erkannte praktisch durchzusetzen. Die leichte Behaarung der Außenhände beruht auf
Temperament, das der Handeigner je nach Stimmungslage zu
zügeln versteht.

Die mittelkräftigen Handgelenke zeigen die widerstandsfähige Konstitution seiner Vorfahren.

Die *Konstitution* ist sensibel, labil, zäh.

Die *Disposition* zu Stoffwechselstörungen zeigt sich an der
kräftigen und festeren Haut sowie an der gespannten Haut der
zweiten Fingerglieder.

Die beidseitig gebogenen Zeigefinger beziehen sich links auf
eine Anlage zu einer Milz- und Pankreas-Insuffizienz, rechts auf
Leber- und Gallenstörung. Die gebogenen Kleinen Finger weisen auf Bindegewebeschwäche im Urogenitalbereich.

Die Maus an beiden Händen ist von mittlerer Kraft und an
dem unteren Teil etwas abgeflacht, was auf weniger kräftige
Füße deutet. Im allgemeinen sind die Widerstandsfähigkeit und
Lungenkraft zäh, aber nicht kräftig.

Die mittelgroßen Fingernägel sind von Rand zu Rand leicht
gewölbt und stehen mit einer Niereninsuffizienz in Verbindung.

Bei diesem Handeigner ist auch Bluthochdruck vorhanden. Die
Farbe der Nägel ist rosa, zart bläulich. Der Herzmuskel bedarf
einer besseren Durchblutung. Von den kaum vorhandenen Nagelmonden ist Herznervenschwäche abzuleiten.

An den oberen Nagelrändern sind die Belastungszeichen aus
der Atmosphäre zu erkennen.

Männliche Innenhände: T. R.

Die unteren Mittelfingerglieder heben sich durch ihre Länge
hervor, die sich durch teilweise darübergelagerte Querstriche
wieder verkürzen. Der Handeigner bemüht sich um Sicherheit,
die er gewinnt, wenn er die innere Welt mit der äußeren zu
koordinieren versteht. Feinfühligkeit und Qualitätssinn werden
durch kleine kegelförmige Erhebungen auf den Fingerkuppen
veranschaulicht.

Die Hauttextur ist fein und kräftig zugleich. Die linke vertiefte
Handtellermitte steht mit einem funktionsschwachen Magen im
Zusammenhang. Die Zeige-, Mittel- und Ringfingerberge sind
in der linken Hand etwas verschoben. Die Lebensgenüsse werden bewußt gepflegt.

Die linke *Lebenslinie* ist kräftig geprägt und verläuft bis über
das untere Viertel des Daumenballenberges. Die mütterlichen
Vorfahren erreichten zum Teil bei guter Gesundheit ein mittel-
hohes Alter. Die rechte noch markanter und längere Lebenslinie
bedeutet für den Handeigner eine Hilfe, da sich in der rechten
Hand Kopf- und Herzlinie zu einer einzigen Linie verbinden
und für den Begriff der »gesperrten Hand« stehen. Diese läßt
keine Prognose für das Lebensalter zu.

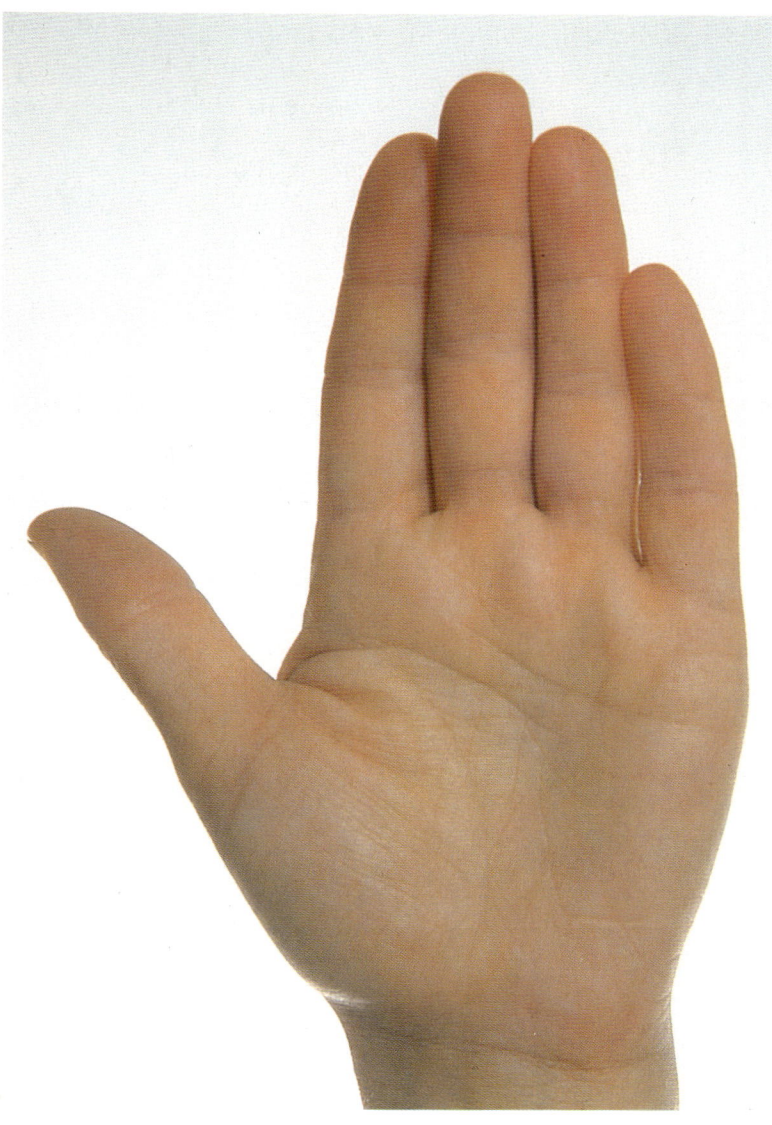
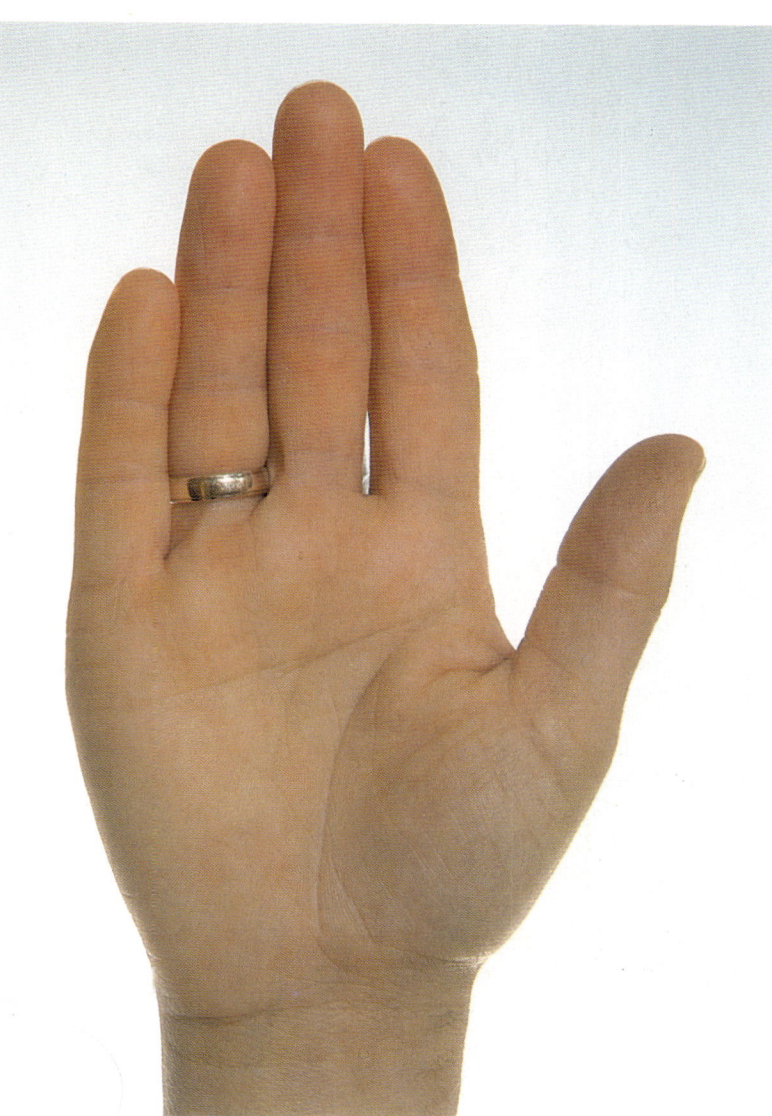

Beide *Kopflinien* sind mit der Lebenslinie normal verbunden, die Entschlüsse werden rechtzeitig gefaßt. Auf dem linken oberen Daumenballenberg ist ein kräftiger Ast der Kopflinie zu ersehen, woraus sich ein stark egozentrischer Einschlag erklärt, der störend auf die seelische Harmonie des Handeigners einwirkt. Die linke Kopflinie endet plötzlich unterhalb des Ringfingerberges mit der Tendenz zu Apoplexie (Schlaganfall). Diese Kopflinie spaltet sich kurz nach einer gedachten senkrechten Linie zwischen Mittel- und Ringfinger. Die Abzweigung verläuft etwas weniger kräftig in Richtung Handrandberg. Die ursprünglich intellektuelle Gedankenrichtung wird ergänzt durch die hinzugekommene Fähigkeit, sich auch mit dem Schöpferisch-Phantasievollen zu befassen.

Die zu der Herzlinie hochgezogene Kopflinie, linksseitig, ist ein Merkmal dafür, daß den Handeigner auf ihn einwirkende Störungen und Leiderfahrungen aus der Umwelt seelisch lähmen können. Unterhalb des Zeigefingers zwischen Kopf- und Lebenslinie ist eine Inselbildung zu erkennen, die eine von mütterlicher Seite vererbte Augenschwäche anzeigt. Eine sehr große Insel, die sich aus der Lebens-, Kopf- sowie einer Querlinie bildete, die von dem Daumenballenberg kommt und in der Kopflinie endet, bezieht sich auf das Kleinhirn sowie auf das Unterbewußtsein – ursächlich für Kopfschmerzen –, ebenfalls von mütterlicher Seite vererbt. Die rechte Kopflinie verläuft kräftig bis in Ringfingerhöhe, von dort in sehr schwacher unterschwelliger Linienführung in Richtung Handrandberg. Ideale Gedankengänge beeinflussen günstig den Intellekt des Handeigners. Am Anfang der rechten Kopflinie bildete sich eine Insel, die eine von väterlicher Seite vererbte Augenschwäche kenntlich macht.

Die linke *Herzlinie* ist prägnant gezeichnet, endet abrupt und bezieht sich auf plötzliches Herzversagen oder Infarkt, den der Handeigner bereits erlitt. Auf der linken Herzlinie befinden sich mehrere Punkte unterhalb des Mittel- und Ringfingers. Damit werden die Zähne und Nieren angesprochen. Die rechte tief angesetzte Herzlinie trifft unterhalb des Mittelfingers auf die Kopflinie. Aus diesem Linienverlauf ist deutlich die sogenannte »gesperrte Hand« zu ersehen, wie schon oben erwähnt. Damit ist eine Tendenz zu Kurzschlußhandlungen sowie Lähmungen verbunden.

In der linken Hand sind Teile mehrerer *Schicksalslinien*, zwei von der Lebenslinie kommend und zwei vom Handrandberg aufsteigend, zu erkennen. Der Handeigner konnte mehrere Wege gleichzeitig für seine Bewußtseinsentfaltung einschlagen. Es zeigt seine vielseitigen Interessen. In der rechten Hand stellt sich eine Schicksalslinie vom mittleren Handrandberg bis zum oberen Teil des Mittelfingerberges dar. Aus dieser Linie läßt sich ableiten, daß es dem Handeigner durch geistiges Bewußtsein gelingen kann, seine Impulse zu Kurzschlußhandlungen abzufangen und zu steuern.

Die rechte anfangs kräftige aus dem Daumenballenberg kommende *Magenlinie* läuft zart in den Berg des Kleinen Fingers. Die vegetativen Reaktionen sind nicht abschätzbar.

In der linken Hand ist nur ein Teil des *Venusgürtels* sichtbar und verdeutlicht Rückenschwäche.

Die zarten unvollkommen ausgebildeten *Raszetten* stellen sich kettig dar. Der Handeigner sollte besonders aufmerksam nach dem Prinzip der geistigen Ordnung leben und handeln.

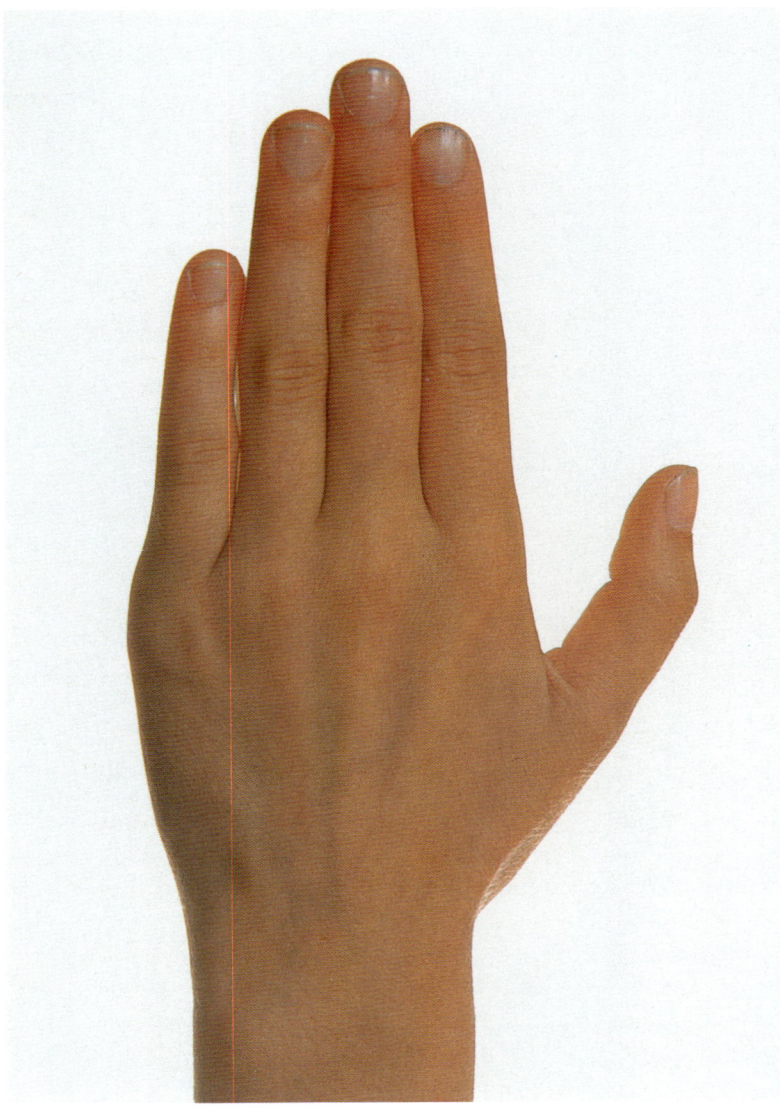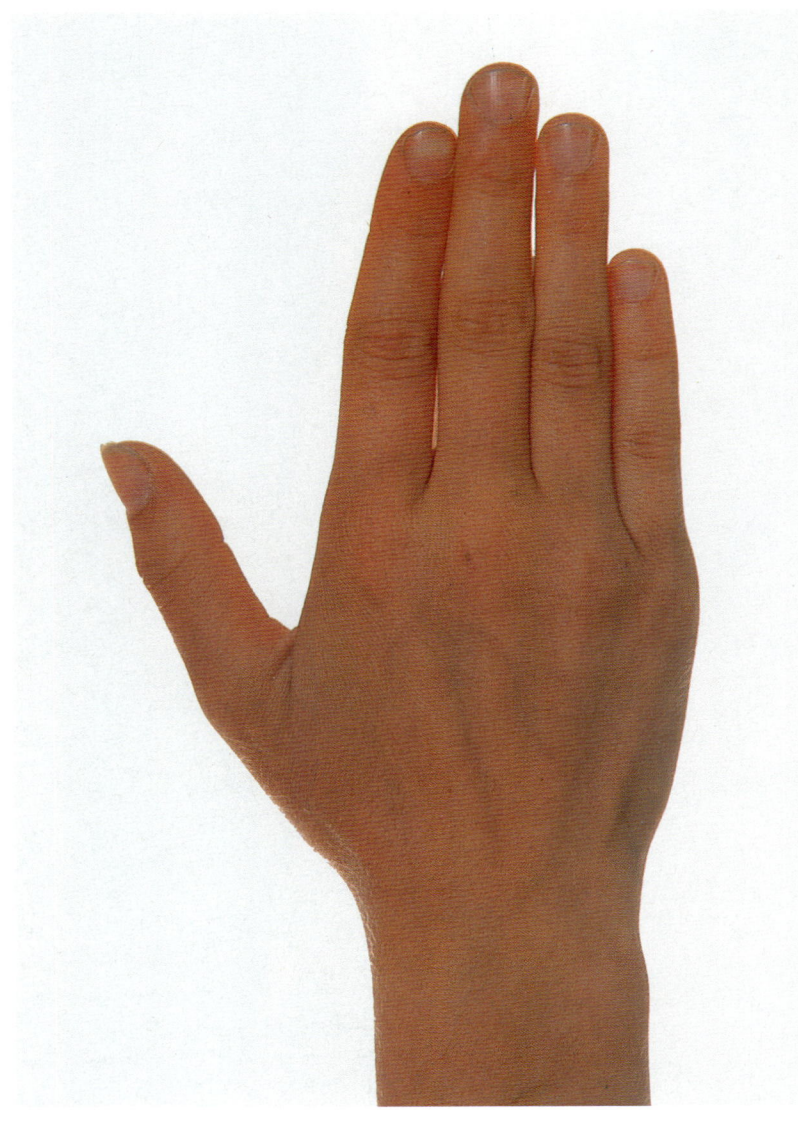

Weibliche Außenhände: E. R.
Die Handeignerin, 16 Jahre alt, ist Schülerin.

Die *Charakteristik* der Handform zeigt im Schema ein Recht-eck. Sie ist konisch, knotig, eckig. Die angeborene Wesensart läßt die Handeignerin zuerst aus dem Empfinden heraus, dann umsichtig und schließlich verstandesgemäß reagieren.

Beide Ringfinger sind länger als die Zeigefinger und verdeut-lichen, daß die Handeignerin sich mehr nach ihrer Umwelt rich-tet beziehungsweise sich von dieser beeinflussen läßt. Die Dau-men sind lang. Die Handeignerin bemüht sich, ihre Emotionen durch Vernunft zu meistern.

Die Handgelenke sind verfeinert. Die Vorfahren hatten ein gutes Niveau.

Die *Konstitution* ist sensibel, zäh.

Die *Disposition* zu Nierenbelastungen wird an der feinen zarten Haut ersichtlich. Die Handeignerin ist selbst leicht ver-letzlich, jedoch, wie auch aus der Charakteristik hervorgeht, darauf bedacht, nicht andere zu verletzen.

Beide Zeigefinger sind gebogen und lassen eine Schwäche im Milz-Pankreas- sowie Leber-Galle-Bereich erkennen. Die Klei-nen Finger haben im ersten Gelenk eine Biegung, die auf eine Bindegewebeschwäche im Urogenitalbereich hinweist und im zweiten Gelenk eine Knickung, die sich ebenfalls auf die Sexual-organe bezieht.

Die Maus ist an beiden Händen kaum gewölbt. Die allge-meine Widerstandsfähigkeit sowie die Lungenkraft sind herab-gesetzt.

Die Fingernägel sind von normaler Größe. Die derzeitig gute Verfassung der Handeignerin äußert sich an dem perlmuttarti-gen Schimmer der Nägel. Beide Ringfingernägel sind gewölbt, eine Nierenschwäche anzeigend. Die Nagelfarbe ist rosa-rötlich, bis auf die teilweise blassen Zeigefingernägel, die auf Stauun-gen beruhen. Die weißen Flecken auf den Nägeln der linken Hand sind eine Folge von nervösen Reizungen und zuviel Harn-säure. Die Nagelmonde sind kaum sichtbar, was auf Herzneu-rose schließen läßt.

Die Belastungszeichen atmosphärischer Störungen befinden sich an den oberen Nagelrändern.

Weibliche Innenhände: E. R.

Die unteren Fingerglieder beider Hände sind länger als die üb-rigen. Der Sinn für die materielle Welt ist gut entwickelt. Die Handeignerin kann die praktischen Aufgaben des Lebens gut bewältigen.

Die Handtellermitte in beiden Händen ist, besonders links-seitig, etwas vertieft und blaß. Eine die Magensekretion anre-gende Ernährung sollte bevorzugt werden.

Die *Lebenslinien* in beiden Händen verlaufen in einem trop-fenförmähnlichen Viertelkreis, was den unteren Daumenbal-lenberg vergrößert. In reiferen Jahren stehen der Handeignerin mehr Lebenskräfte zur Verfügung. An dem unteren Teil der linken Lebenslinie zweigt eine kräftige Linie ab, die bis an den Handrandberg zur Handwurzel zieht und mit dem linken Ovar (Eierstock) zusammenhängt.

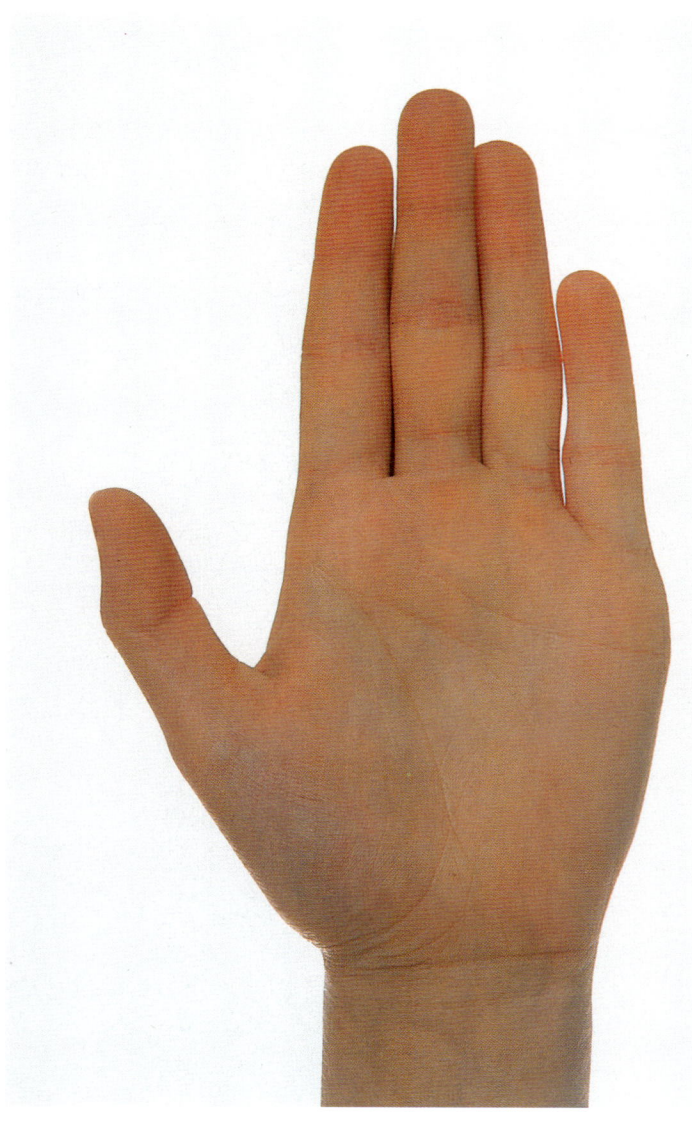

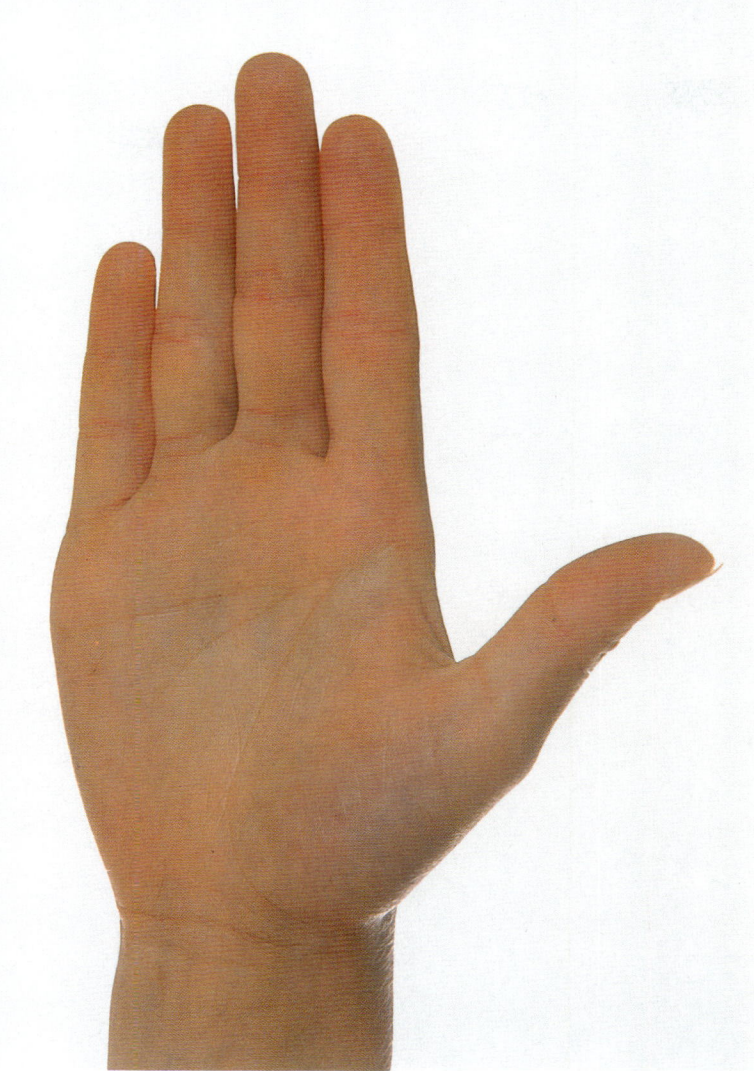

In der linken Hand beginnt die *Kopflinie* im oberen Teil des Daumenballenberges und schneidet die Lebenslinie. Diese Linienführung bringt zum Ausdruck, daß die Handeignerin übereilte und unerwartete Entschlüsse fassen kann, da sie durch ihr ichbezogenes beziehungsweise eigenpersönliches Denken leicht hitzig und impulsiv reagiert. Die linke Kopflinie ist kräftig geprägt bis zu der gedachten Mittellinie zwischen Zeige- und Mittelfinger, wo sie sich spaltet. Der obere Teil verläuft in Richtung Herzlinie, und der etwas blassere untere Teil verläuft länger bis in den mittleren Handrandberg. Die Vielseitigkeit ihrer Gedanken richtet sich auf das Wohlergehen anderer, einerseits durch Warmherzigkeit, andererseits durch soziale Bestrebungen.

Ein kurzes Stück einer zweiten Kopflinie schneidet die untere Abzweigung der ersten Kopflinie. Bei dem kurzen Stück der zweiten Kopflinie handelt es sich um den Rest einer von der Mutter vererbten zweiten Kopflinie. In der rechten Hand der Mutter (siehe Seiten 68/69) zeigen sich zwei von der väterlichen Seite vererbte doppelte Kopflinien, die eine Folgeerscheinung von Alkoholismus, hier bei den väterlichen Vorfahren, sind.

Bei der Handeignerin selbst kann sich zeitweise eine Wesensfremdheit einstellen.

Die rechte Kopflinie setzt erst unterhalb des Zwischenraumes von Zeige- und Mittelfinger an der Lebenslinie an. Die verlangsamte Entschlußfähigkeit kann die Handeignerin in Konfliktsituationen bringen. Die rechte Kopflinie führt zu dem oberen Handrandberg und läßt die soziale und ideale Gesinnung der Handeignerin erkennen. Die Insel in der rechten Kopflinie unterhalb des Zeigefingers weist auf eine von väterlicher Seite vererbte Augenschwäche hin.

Die linke bis zum Mittelfingerberg kräftige *Herzlinie* mündet blaß unterhalb des Zeigefingers. Die Handeignerin sucht und benötigt liebevolle Resonanz. Ein heller Punkt auf der linken Herzlinie unterhalb des Kleinen Fingers deutet auf Blasengrieß, dunkle Punkte unterhalb des Kleinen Fingers lassen auf eine Stoffwechselstörung schließen. Ein dunkler Punkt auf der linken Herzlinie unterhalb des Ringfingers ist ein Zeichen für Gallenstauung, auch Gallenstein. An derselben Stelle ist eine Unterbrechung der Herzlinie sichtbar, die eine organische Herzschwäche vermuten läßt.

Die drei Hauptlinien, Lebens-, Kopf- und Herzlinie, rechtsseitig, sind zusammengeschlossen. Bei diesem Erscheinungsbild ist die Wahlfreiheit des eigenen Willens eingeschränkt. Oftmals sind damit auch Lähmungen psychischer oder physischer Art verbunden. Aus der sogenannten »gesperrten Hand« des Vaters, in dessen rechter Hand Kopf- und Herzlinie als eine Linie dargestellt sind (siehe Seiten 70/71), wurde der Tochter die Anlage zu Lähmungen vererbt.

In der linken Hand beginnt am unteren Teil der Lebenslinie die nur schwach sichtbare *Magenlinie*. Nimmt die Handeignerin Abstand von ihrem eigenpersönlichen Denken, wird ihr Selbstbewußtsein und damit ihr Vegetativum gestärkt.

In beiden Händen ist ein ausgezogener *Venusgürtel* sichtbar, der auf eine anhaltende Rückenschwäche aufmerksam macht.

In beiden Händen sind die oberen *Raszettlinien* kräftig geprägt, die zweiten beidseitig und die dritte in der rechten Hand schwächer. Die Erbsubstanz beider Generationen bietet keine anhaltende Stabilität, so daß die Handeignerin für ihre Gesundheit Sorge tragen muß.

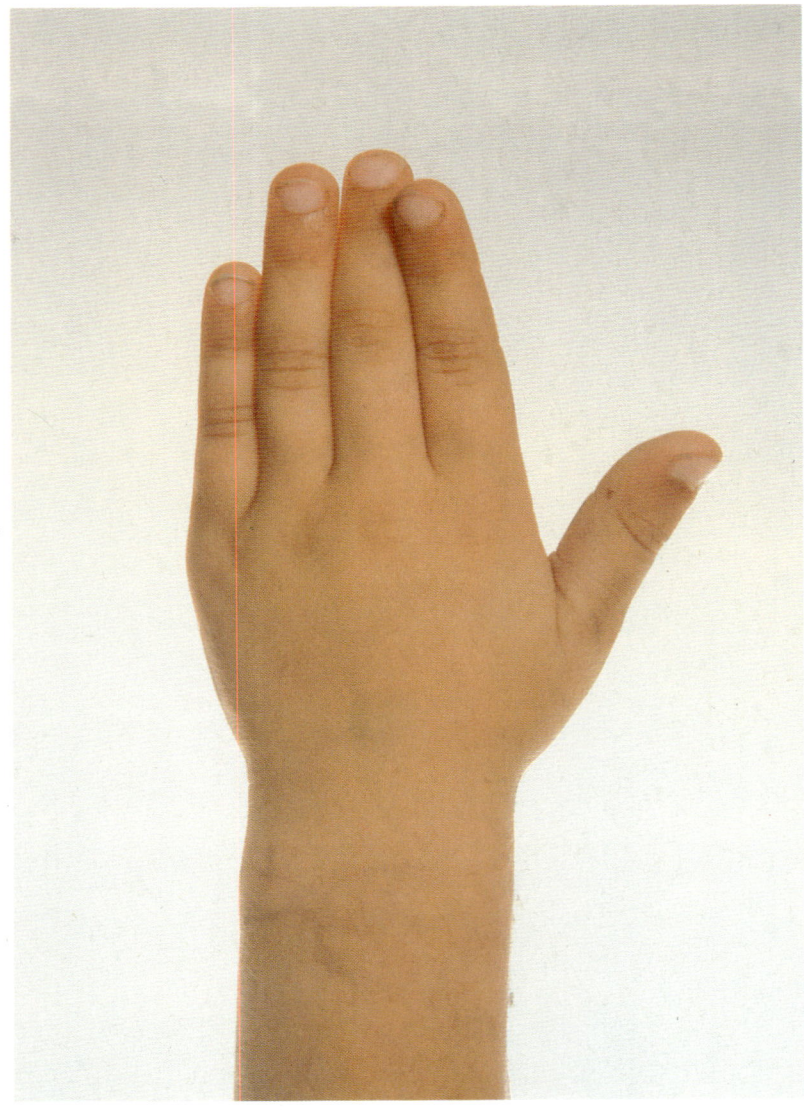 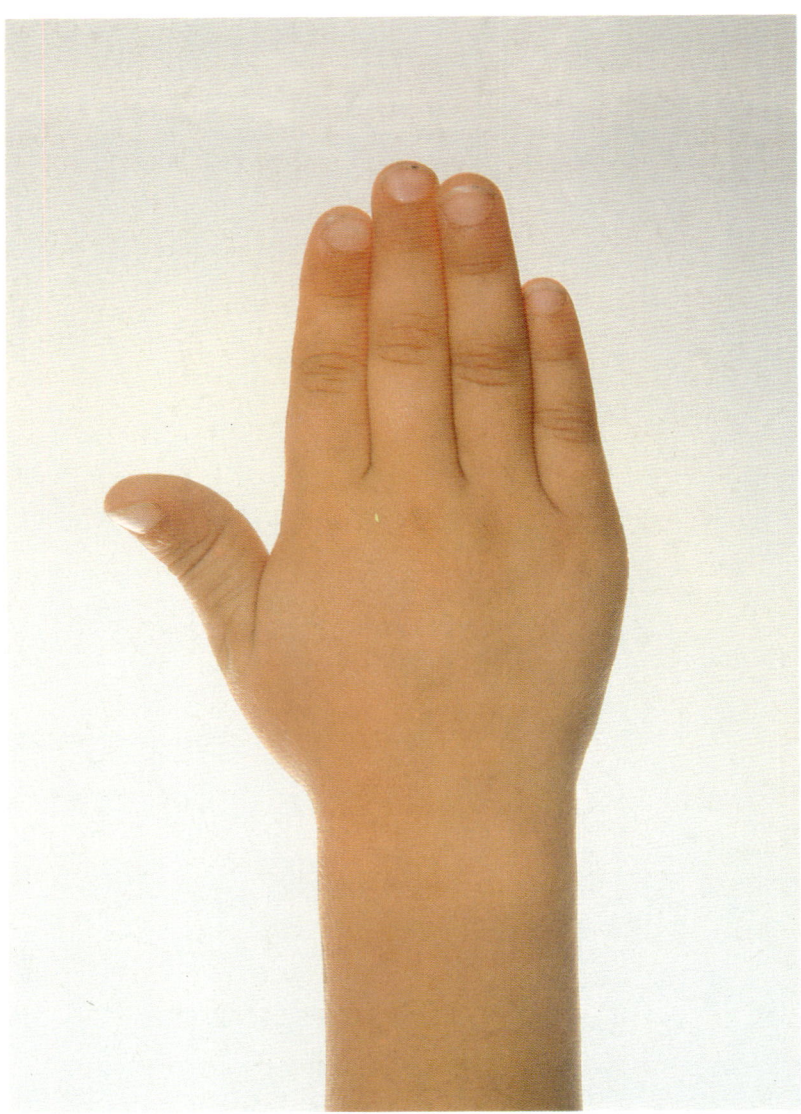

Männliche Außenhände: N. R.
Der Handeigner, 5 Jahre alt, ist Vorschüler.

Obwohl die Qualität der Dias für die Drucklegung eine deutlichere Wiedergabe nicht zuläßt, ist dieses Kinderhandpaar wegen seiner besonderen Charakteristik zum Studium aufgenommen worden.

Die *Charakteristik* der Handform im Schema ist konisch, spatelförmig. Der Handeigner ist ein starker Empfindungstyp, der noch sehr von seiner Umwelt abhängig ist. Im Spiel beweist er bereits seine praktische Anlage. Die übermäßig langen eckigen Ringfinger haben einen spatelförmigen Einschlag. Das Verhalten des Handeigners seiner Umwelt gegenüber ist auf Selbstzweck ausgerichtet. Die beiden Kleinen Finger sind lang und kräftig. Der Handeigner möchte gerne Recht behalten und das letzte Wort haben. Die biegsamen Daumen sind ebenfalls lang und kräftig. Die Persönlichkeit, die gerne im Mittelpunkt stehen will, läßt sich aber auch beeinflussen. In einer unruhigen Umgebung verliert er die Kontrolle über sich. Eine konsequente Erziehung kann ihm zu innerem Gleichgewicht verhelfen.

Die Handgelenke sind kräftig.
Die *Konstitution* ist sensibel, stabil.
Die *Disposition* zu Verschlackungen zeigt sich an der helleren Haut und dem somit festeren Gewebe der Fingerglieder. Die Ablagerungen resultieren aus dem übermäßigen Genuß von Süßigkeiten.
Die Vertiefungen an den Knöchelgelenken sind Zärtlichkeitsgrübchen und bedeuten Anlehnungsbedürfnis.
Die normal gewölbte Maus an beiden Händen zeigt keine Konturen. Die allgemeine Widerstandsfähigkeit und Lungenkraft sind gut. Die breiten kurzen Fingernägel beziehen sich auf eine Anlage zu Herzstörungen. Handeigner mit kurzen Fingernägeln reagieren zumeist impulsiv und heftiger. Der rechte Zeigefingernagel weist durch die Aufhellung auf Stauungen im Bereich von Leber und Galle. Da die Nagelmonde fehlen, besteht eine Herznervenschwäche.
Die Zeichen für Belastungen aus der Atmosphäre sind an den oberen Nagelrändern vorhanden.

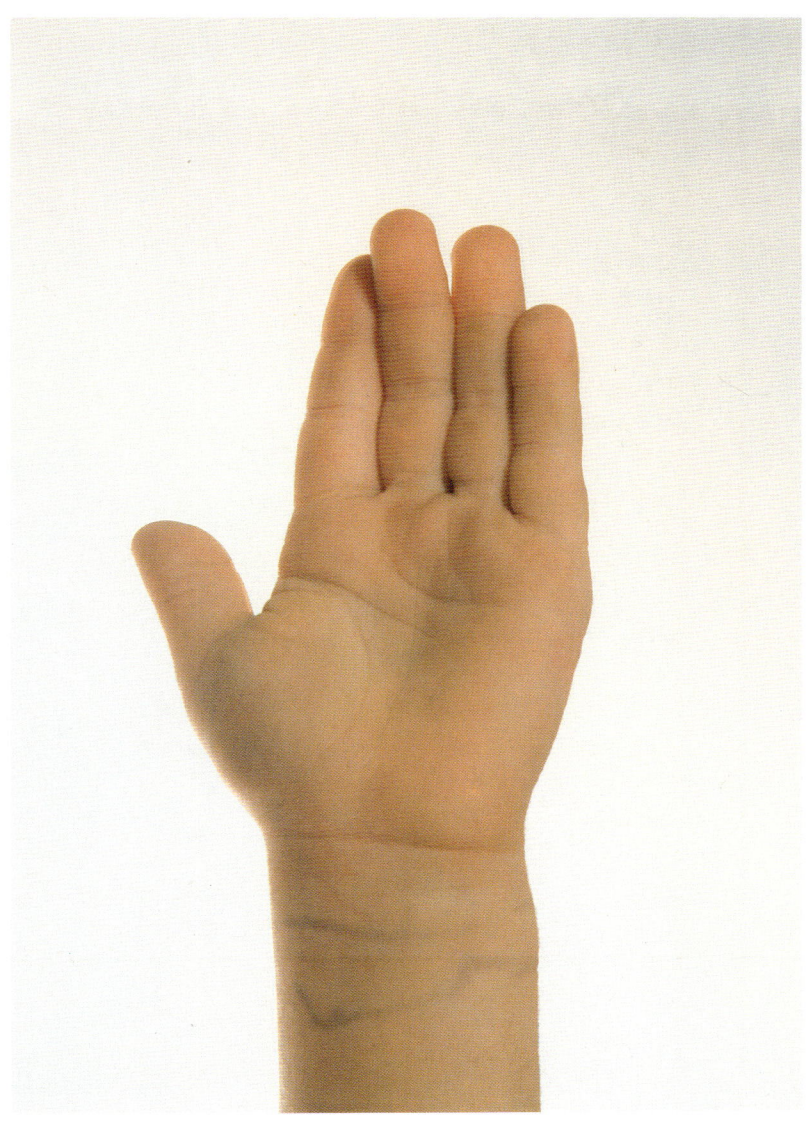
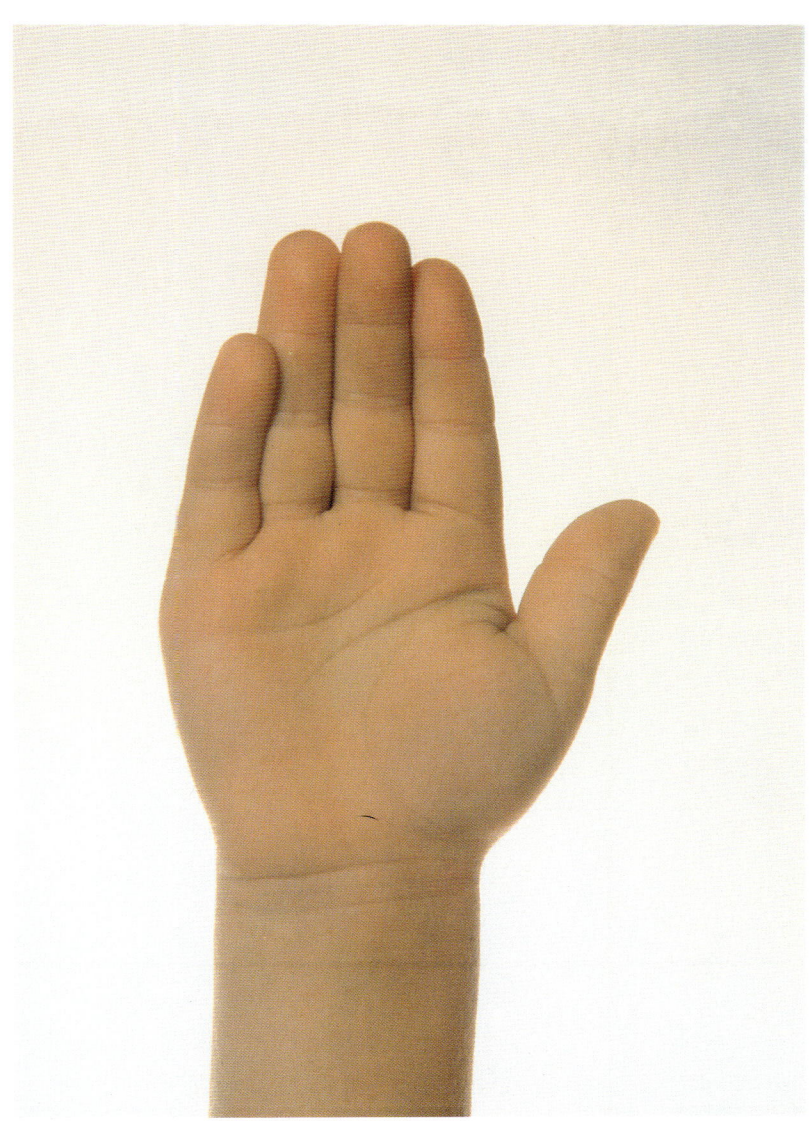

Männliche Innenhände: N. R.

Die Fingerglieder sind ungleich in ihrer Länge. Der harmonische Dreiklang von Körper, Seele und Geist sollte im Laufe des Lebens angestrebt werden. Die ersten Glieder der Mittelfinger sind am kürzesten. Der Sinn des Handeigners ist nicht immer auf das geistige Bewußtsein gerichtet. Die unteren Glieder der Kleinen Finger sind kräftig und weisen auf Bequemlichkeit. Die unteren Glieder der Zeigefinger sind breit und lassen erkennen, daß der Handeigner gerne das Beste genießt.

Die Innenhandfläche ist vertieft und gibt Aufschluß über eine Empfindlichkeit des Magens. Die gesamte Handfläche ist kräftig und spricht für Lebenskraft, gute Reserven und Sinnesfreude. In der linken Hand ist das »Große M« angelegt und macht darauf aufmerksam, daß der Handeigner sich konzentrieren kann und mit Ernsthaftigkeit in das Leben blickt.

Die linke *Lebenslinie* enthält am unteren Drittel eine Insel, die eine Zelldegeneration der mütterlichen Vorfahren andeutet. Dem Handeigner sollte frühzeitig eine Vollwertkost zukommen. Die rechte Lebenslinie umrundet den gesamten Daumenballenberg und läßt auf eine gute Widerstandsfähigkeit schließen.

Die linke *Kopflinie* verläuft eher gerade, während die rechte in Richtung des mittleren Handrandberges zieht. Die Gedanken des Handeigners sind bis zum 28. Lebensjahr mehr verstandesbezogen. Nach dem 30. Lebensjahr tritt die ideale Einstellung in den Vordergrund. Die kräftig geprägten Kopflinien besagen, daß alles, was für den Handeigner von Interesse ist, ihm auch zufällt.

Beide *Herzlinien* sind gut markiert, ein Zeichen dafür, daß sowohl Warmherzigkeit als auch die Basis für eine gesunde Herztätigkeit trotz der kurzen Fingernägel vorhanden sind. Kaum sichtbare Vertiefungen (Punkte) in beiden Herzlinien unterhalb der Mittelfinger lassen Karies erkennen (Süßigkeiten sind die Ursache; siehe auch die gut entwickelten Handberge der Genießerhand).

Die linke *Schicksalslinie* gibt zu erkennen, daß der Handeigner frühzeitig viele Anstöße erfährt, die auf sein Bewußtsein einwirken.

Die *Sonnenlinie* auf dem linken Ringfingerberg offenbart ein vertieftes Empfindungsleben und die Neigung zur gestaltenden Kunst.

Die oberen *Raszettlinien* sind in beiden Händen klar durchgezogen, die zweiten Raszetten sind, besonders links, sehr zart. Die von den Vorfahren ererbte Konstitution sollte von dem Handeigner noch weiter stabilisiert werden.

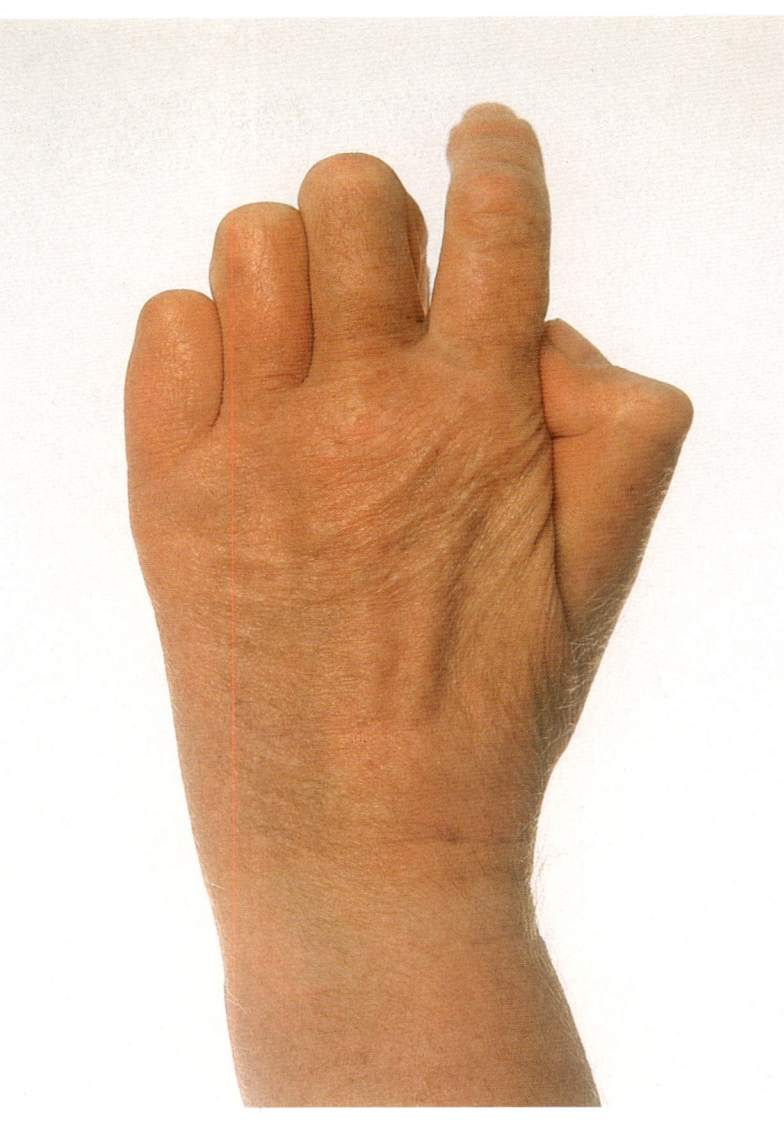
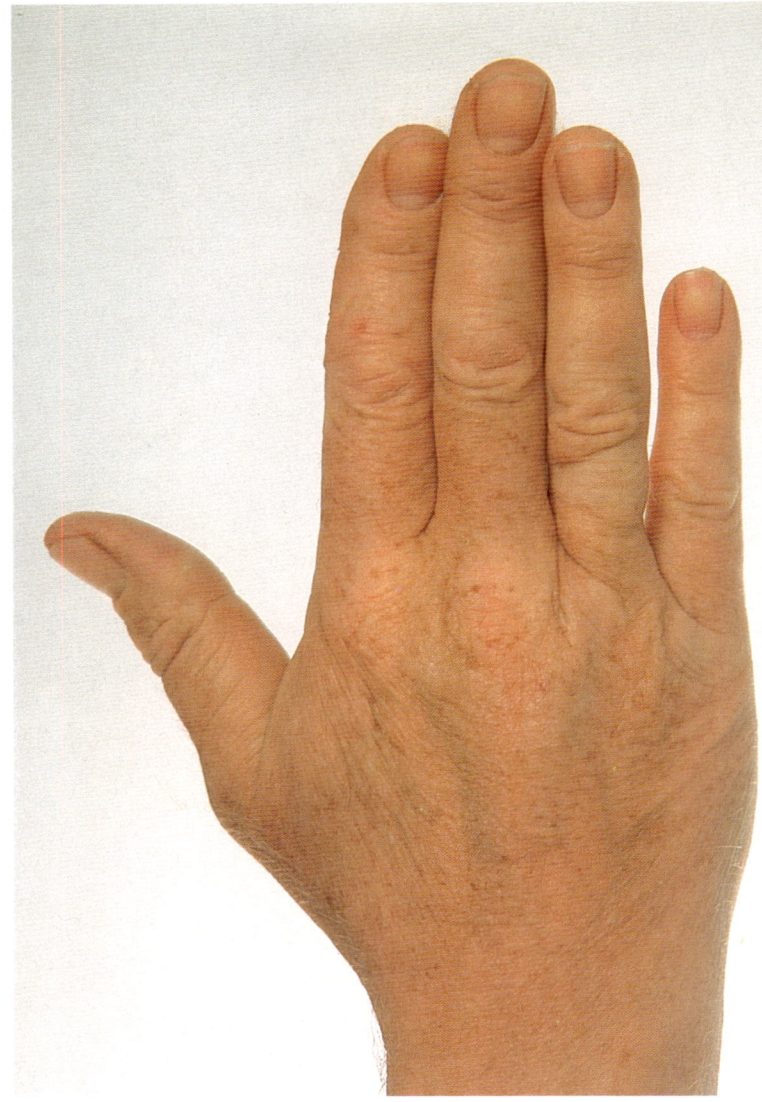

Männliche Außenhände: R. Sch.
Der Handeigner, 63 Jahre alt, ist Diplomingenieur.

Die *Charakteristik* der Handform im Schema stellt sich als ein etwas breiteres Rechteck dar. Sie ist konisch, eckig mit Spateleinschlag. Die praktische, wissenschaftliche Anlage des Handeigners läßt genügend Raum für künstlerische Ambitionen und materiellen Lebensgenuß.

Die linke Hand ist durch eine Kriegsverletzung beschädigt.

Zeige- und Ringfinger stehen in ihrer Länge in einem ziemlich ausgeglichenen Verhältnis zueinander. Die Kontaktfähigkeit zu seiner Umwelt ist harmonisch entwickelt. Die Daumen sind mittelhoch angesetzt. Die materielle Ebene und die seelischen Werte bewegen die Persönlichkeit des Handeigners. Das erste Glied des rechten Daumens ist abgeflacht und läßt Findigkeit auf dem Gebiet des Forschens erkennen.

Die mittelkräftigen Handgelenke weisen auf ein gutes Niveau der Vorfahren hin.

Die *Konstitution* ist stabil, zäh und sensibel.

Die *Disposition* zu Rheuma zeigt sich an der etwas festeren Hautbeschaffenheit. Von den Leberflecken läßt sich ein allgemein belasteter Stoffwechsel ableiten. Die erhabene festere Haut der Fingerglieder deutet auf Verschlackung durch Nieren und Darm. Die Biegung des rechten Zeigefingers verdeutlicht die Anlage zu einer Galleninsuffizienz, die vorwiegend durch Genußfreude verursacht wurde. Die eher großen Fingernägel zeigen Aufhellungen, die auf Stauungen zurückzuführen sind. Die Nagelmonde wirken wie abgeschnitten, reichen waagerecht von Rand zu Rand und sind ein Merkmal für schnelle Erregbarkeit, die sich in gesteigerten Emotionen äußert und auf die Herznerven auswirkt.

Die Belastungszeichen aus der Atmosphäre sind an den oberen Nagelrändern vorhanden.

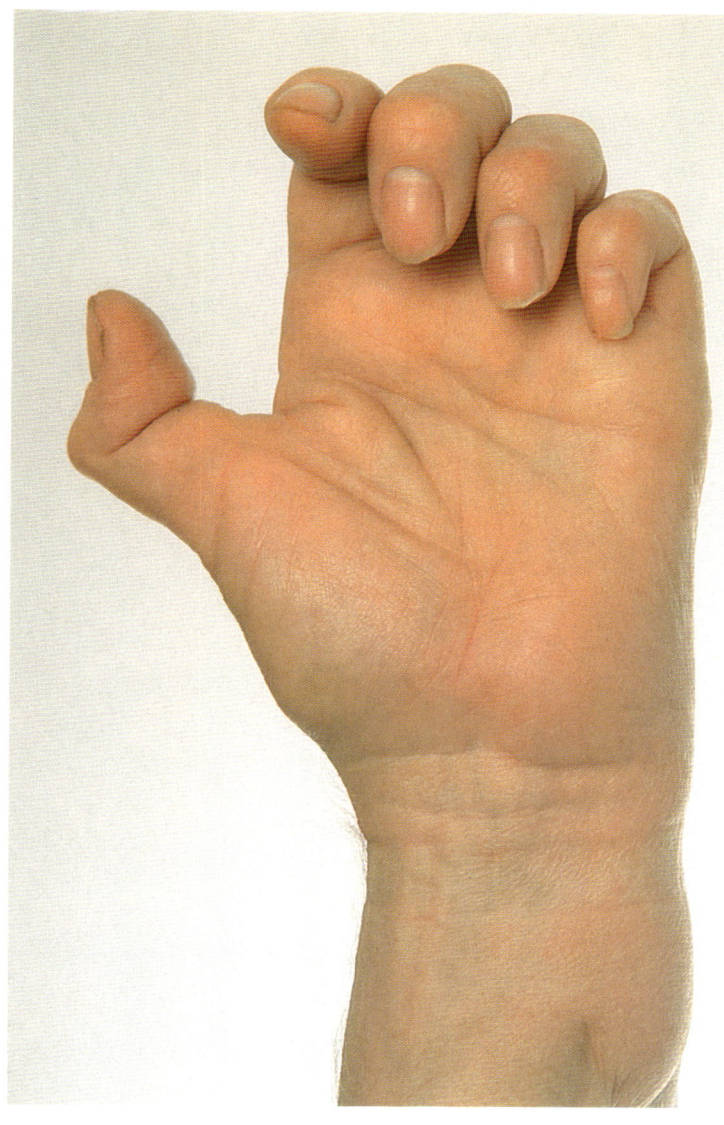 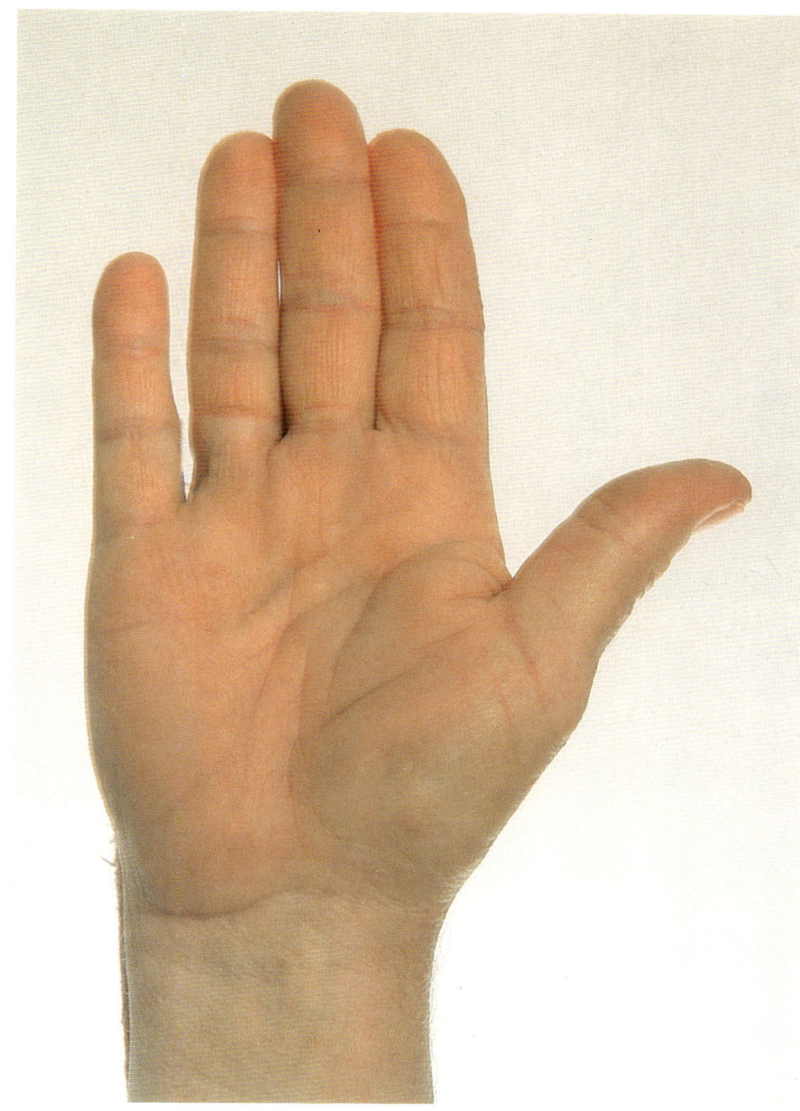

Männliche Innenhände: R. Sch.

Die ersten Fingerglieder der rechten Hand sind, außer bei dem Kleinen Finger, auffallend kurz, während die zweiten und dritten Fingerglieder sehr viel länger sind. Die seelische Empfindungswelt und die materiellen Interessen sind für den Handeigner in seinen persönlichen Bestrebungen maßgebend, während die spirituellen Kräfte in seinem Denkprinzip weniger Spielraum haben. Die Längslinien auf den zweiten und dritten Fingergliedern lassen wissen, daß der Handeigner über magnetische Ausstrahlungs- und Anziehungskraft verfügt. Die Berge unterhalb der Kleinen Finger sind von mehrfachen Linien belebt und deuten hier auf rheumatische Tendenzen in dem rechten Arm-Schulter-Bereich. Die Anlage zu Rheuma wird ebenso aus den gewölbten mittleren und unteren Handrandbergen ersichtlich.

Die verhältnismäßig kräftige *Lebenslinie* in der linken Hand bildet scheinbar keinen geschlossenen Viertelkreis, weil sie mehrfach von aus dem Daumenballenberg aufsteigenden Linien geschnitten wird. Die rechte Lebenslinie verläuft in halber Länge kräftig, danach schwächer, um anschließend wieder kräftiger den Daumenballenberg zu umrunden. Zwei aus dem linken und eine aus dem rechten Daumenballenberg kommende, auf die Lebenslinie treffende, kräftige Linien deuten auf Kampfbereitschaft und Energieeinsatz.

Die linke, mit der Lebenslinie unverbundene *Kopflinie* reicht bis in den mittleren Handrandberg und offenbart, daß der Handeigner dem Phantasievollen zugeneigt ist und Kreativität besitzt. Die Kopflinie in der rechten Hand ist kürzer, verläuft, bis auf eine Welle, gerade und weist auf eine mehr intellektuelle Einstellung des Handeigners, der die sich ihm bietenden Möglichkeiten nutzt.

Das auf zweierlei Ziele gerichtete Denken läßt in dem Handeigner in sich widerstreitende Empfindungen entstehen. Die rechte Kopflinie ist länger mit der Lebenslinie verbunden. Erst nach gründlichem Abwägen trifft der Handeigner seine Entscheidungen.

Beide *Herzlinien* verlaufen lange parallel mit den Kopflinien. Aus dem engeren Zwischenraum läßt sich eine Tendenz zu Platzangst und Asthma ableiten. Ein heruntergezogener Venusgürtel durchschneidet unterhalb des Mittelfingers die linke Herzlinie. Beschwerden des Rückens können sich am Herzen auswirken. Am Ende der linken Herzlinie stellt sich eine offene Insel dar, die mit Lungenerkrankungen bei den mütterlichen Vorfahren zusammenhängt. Die offene Insel bedeutet für den Handeigner bis zu seinem 28. Lebensjahr nur noch eine geringe Anfälligkeit dafür. Eine kleine Insel in der linken Herzlinie unterhalb des Kleinen Fingers deutet auf eine Anlage zu Herzklappenfehlern.

In der linken Hand mündet eine schräg aus dem Daumenballenberg kommende *Vorgeburtslinie* in die Lebenslinie. An derselben Stelle steigt eine anfangs kräftig und später feiner gezeichnete *Schicksalslinie* auf, die bis über die Herzlinie reicht. Die Vorgeburtslinie besagt, daß Hemmungen in der Jugendzeit, die durch Leiderfahrung der Mutter während der Schwangerschaft entstanden sind, durch bewußtes Unterscheidenlernen und Streben überwunden werden mußten. In der rechten Hand sind zwei Schicksalslinien vorhanden. Die erste am Anfang zart gebildete Schicksalslinie entspringt am unteren Teil des Daumenballenberges und schneidet die Lebenslinie. Die eigenen Energien werden durch positive Kräfte anderer belebt. Vor der Kopflinie ist sie bis zur Herzlinie unterbrochen. Eine zweite freistehende Schicksalslinie mündet in den Mittelfingerberg. Der Handeigner ist bemüht, die von außen kommenden Einflüsse aufzugreifen und nutzbringend zu verarbeiten.

Die linke anfangs kräftige und gerötete *Magenlinie* reicht zarter werdend in die Kopflinie und läßt auf ein gutes Vegetativum schließen. Die Rötung hängt mit der Verletzung zusammen.

Die musischen Anlagen des Handeigners werden durch die *Sonnenlinien* in beiden Händen bestätigt.

Die oberen *Raszetten* sind beidseitig bogig geschwungen und zeigen Schwankungen der Vitalkräfte an. Die Vorfahren vererbten Bindegewebeschwäche.

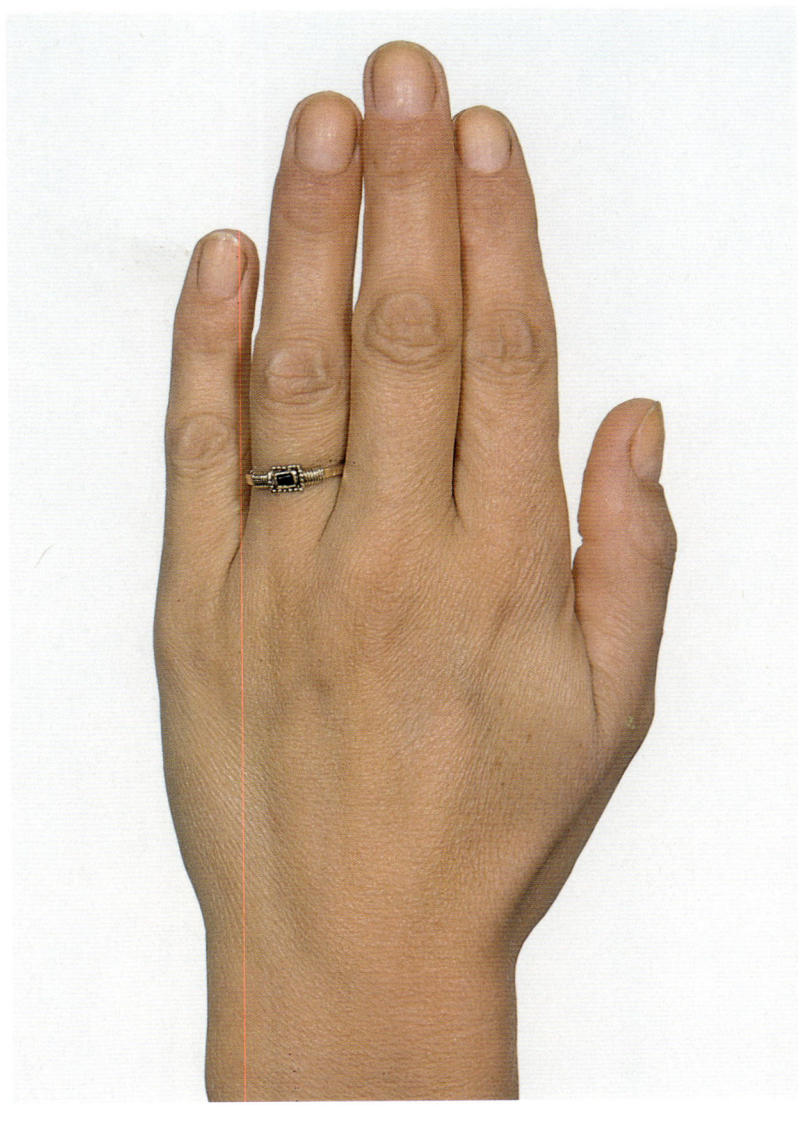 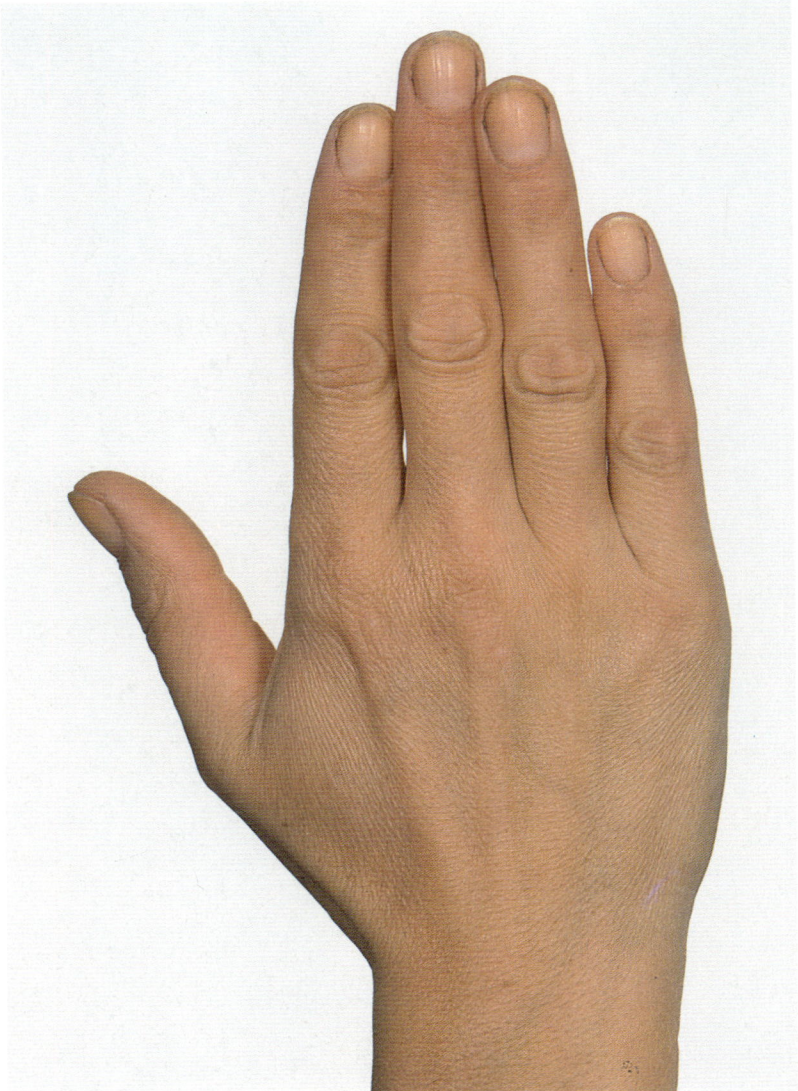

Weibliche Außenhände: A. Sch.
Die Handeignerin, 43 Jahre alt, ist Hausfrau und war Geschäftsfrau.

Die *Charakteristik* der Handform zeigt im Schema ein Rechteck. Sie ist konisch, eckig mit knotigem Einschlag. Diese Kombination stellt Vielseitigkeit dar. Die Handeignerin akzeptiert das ihr Sympathische. Im Grunde ihres Wesens ist sie konservativ, doch auch allem Neuen, das ihr nützlich erscheint, aufgeschlossen. Sie legt Wert darauf, daß die von ihr eingenommene Position von anderen beachtet wird.

Die Ringfinger sind etwas länger als die Zeigefinger. Die Handeignerin ist geneigt, die Resonanz aus der Umwelt ihrer Selbstorientierung voranzustellen. Die mittelhoch angesetzten Daumen sind lang. Die Handeignerin besitzt eine lebensnahe Einstellung und kann mit den Gegebenheiten des Lebens gut fertig werden.

Die Handgelenke sind schmal. Die Strukturen der Vorfahren waren verfeinert.

Die *Konstitution* ist zäh, sensibel.

Die *Disposition* zu einer Nierenfunktionsstörung sowie zu einer langen Jugendlichkeit läßt sich aus der feinen Hautbeschaffenheit erklären. Die gebogenen Kleinen Finger beziehen sich auf Gebärmuttersenkung.

Die Maus ist an beiden Händen schmal mit deutlichen Konturen dargestellt und von mittlerer Stärke. Die Vitalität und Lungenkraft sind begrenzt.

Die Fingernägel sind, besonders linksseitig, unterschiedlich in Form und Größe. Die den Fingern entsprechenden Organe arbeiten nicht immer synchron. Die großen Nagelmonde zeigen sich gut gewölbt. Eine Tendenz zu innerer Erregbarkeit sowie zu Funktionsstörungen der Herznerven ist angezeigt.

Die atmosphärischen Einflußzeichen sind an den oberen Nagelrändern sichtbar.

Weibliche Innenhände: A. Sch.

Die zweiten Glieder der Mittelfinger sowie die ersten Glieder der Kleinen Finger sind länger als die anderen Fingerglieder. Die Kombination im Empfinden und Fühlen findet in sportlicher Betätigung Ausdruck (z. B. reiten). Die längeren ersten Glieder der Kleinen Finger besagen, daß die Handeignerin sich in Wort und Schrift gewählt auszudrücken vermag. Die kleinen Erhebungen auf den ersten Fingergliedern veranschaulichen Qualitätssinn.

Eine deutlich sichtbare Längslinie auf dem oberen Glied des linken Ringfingers bezieht sich auf Spannungen mit der Umwelt. An dem unteren Glied der Kleinen Finger zeigen sich mehrfache kleine tiefe kurze Linien. Sie deuten auf starke Nervenbeanspruchung. Die drei Hauptlinien bilden mit der schwach sichtbaren Schicksalslinie in beiden Händen das »Große M«, das auf einen vielseitig interessierten Menschen hinweist.

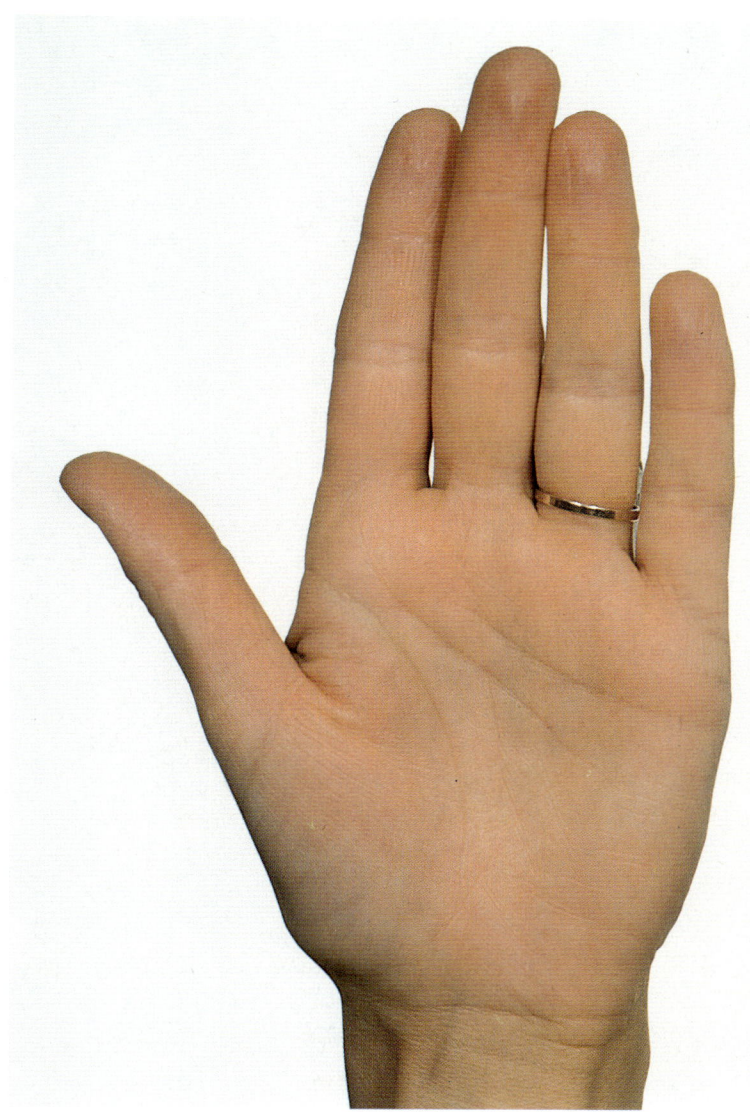
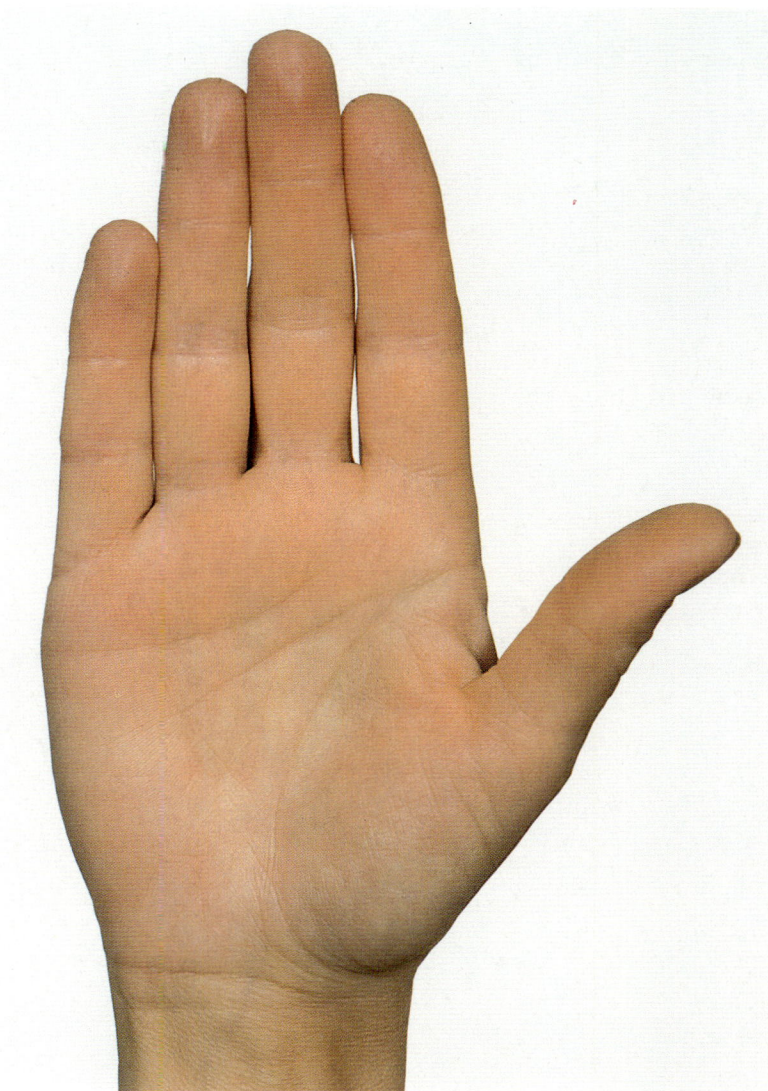

Beide *Lebenslinien* umrunden die Daumenballenberge etwas einengend. Die Handeignerin ist eher zäh als kräftig. Das Umfeld der rechten Lebenslinie ist bis zum unteren Drittel ihrer Länge auffallend blaß. Es läßt auf mangelnde Reserven und Durchblutungsstörungen schließen.

Die linke *Kopflinie* beginnt freistehend auf dem Zeigefingerberg. Es bedeutet, daß die Handeignerin ein heiteres Naturell besitzt und dem Leben gegenüber positiv eingestellt ist. Von dem Abstand der linken Kopflinie zur Lebenslinie läßt sich große Offenheit und Spontaneität ableiten. Die Richtung der Kopflinien, beidseitig, auf die oberen Handrandberge besagt ein mehr auf den Verstand bezogenes Denken. Die rechte Kopflinie beginnt mit einer Insel an der Lebenslinie, die eine von väterlicher Seite vererbte Augenschwäche erkennen läßt. Die Verbindung zwischen diesen Linien hält länger an. Daraus erklärt sich eine zeitweise verzögerte Entschlußfähigkeit.

Die linke *Herzlinie* endet plötzlich. Dies ist ein Hinweis auf Herzschlag bei den mütterlichen Vorfahren. Die rechte Herzlinie verläuft kräftig bis in Mittelfingerhöhe, anschließend sehr zart bis in den Zeigefingerberg. Die Handeignerin ersehnt und benötigt warmherziges Entgegenkommen ihrer Umwelt. Die nahe beieinanderstehenden Herz- und Kopflinien bringen Beengungstendenzen zum Ausdruck. Für die Handeignerin ist ein seelisch größerer Spielraum erforderlich.

In der linken Hand fängt die *Schicksalslinie* in der Handmitte an und mündet in die Herzlinie. Auf dem linken Mittelfingerberg sind weitere kurze Teile einer Schicksalslinie vorhanden. Die Handeignerin wird immer wieder zu erneuten Einsätzen herausgefordert, um in ihren geistigen Bestrebungen nicht nachzulassen. In der rechten Hand findet die Schicksalslinie ihren Anfang in der zweiten Lebenslinie und mündet in den Mittelfingerberg. Die Kräfte für ihre Bewußtseinsentwicklung erhält die Handeignerin aus der Substanz ihrer väterlichen Vorfahren.

Die linke nicht deutlich sichtbare Magenlinie ist zerrissen und mit Inselbildungen versehen. Das Vegetativum ist labil.

Die *Magenlinie* in der rechten Hand beginnt zweifach und bildet eine große Insel, die auf eine Schwäche im Magen-Darm-Bereich zurückzuführen ist.

Eine *Giftlinie* auf dem linken Handrandberg ist vermutlich die Ursache von Impfgiften. Mehrere auf beiden Handrandbergen zwischen Herz- und Kopflinie und Kopflinie und mittlerem Handrandberg befindliche querlaufende Linien deuten darauf, daß sich die Handeignerin dem Lebenskampfe zu stellen hat.

Form und Verlauf der *Raszettlinien* in beiden Händen sind verschiedenartig und unregelmäßig. Die körpereigenen Kräfte der Vorfahren waren unterschiedlich stabil. Die Handeignerin muß selbstverantwortlich für ihre Gesunderhaltung sorgen.

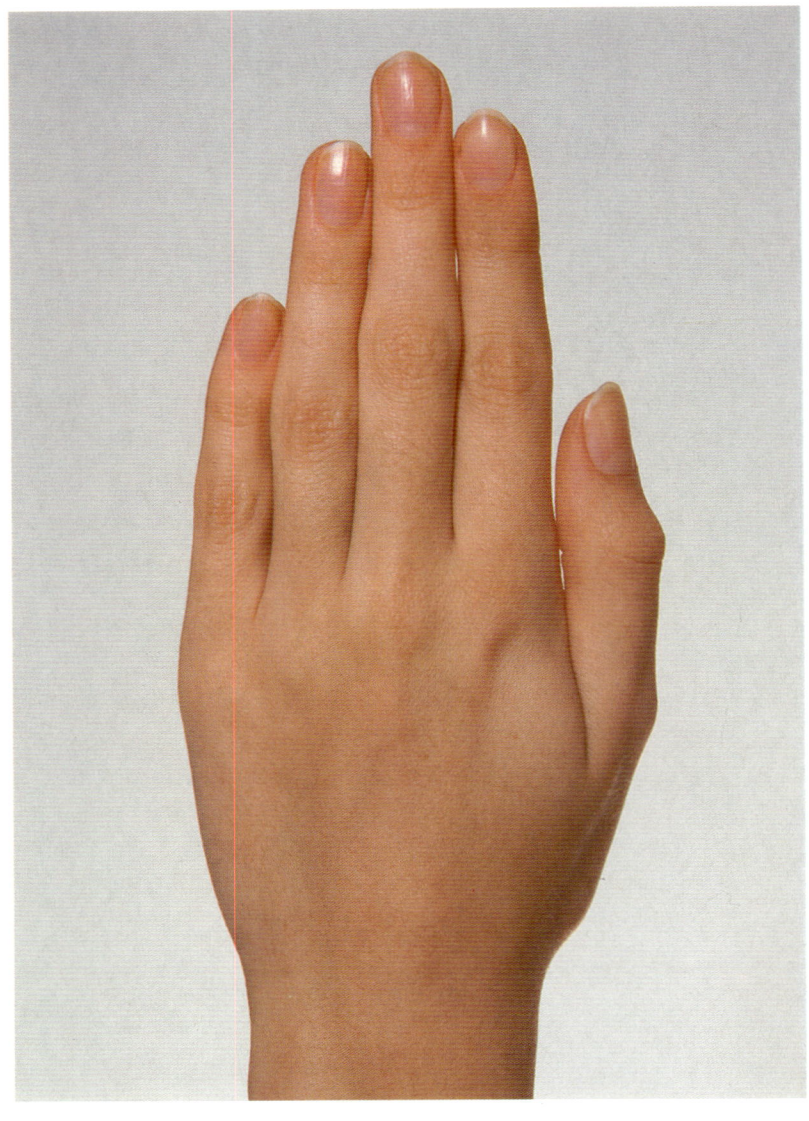
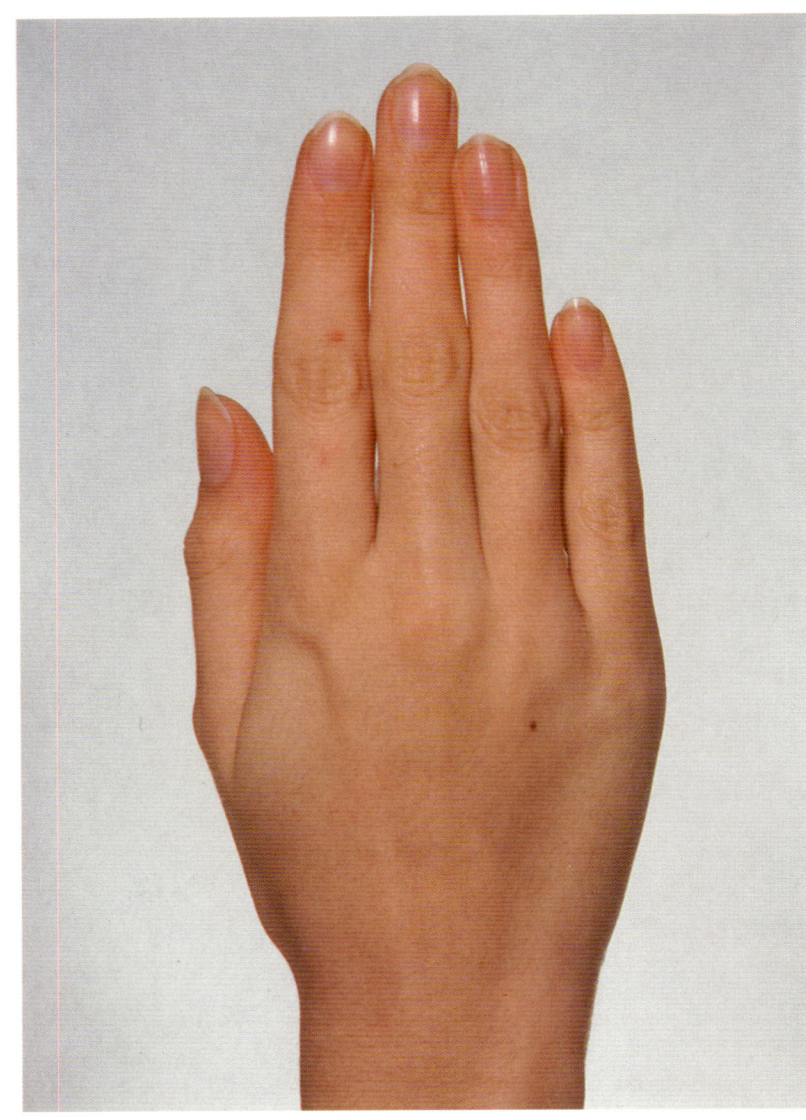

Weibliche Außenhände: E.-E. N.
Die Handeignerin, 20 Jahre alt, ist Schülerin.

Die *Charakteristik* der Handform zeigt im Schema ein schmales Rechteck. Sie ist konisch, ideal, mit knotigem Einschlag. Die Handeignerin strebt instinktiv nach höheren Erkenntnissen und meidet möglichst jede Disharmonie.

Die Zeigefinger sind länger als die Ringfinger. Sie ist ein von der Umwelt unabhängiger Mensch. Die Finger sind sehr lang, ebenso die weniger biegsamen Daumen. Die Handeignerin lebt nach eigenen geistigen Interessen und Überzeugungen.

Die zarten Handgelenke zeigen eine gute Herkunft an.

Die *Konstitution* ist sensibel, labil, zäh.

Die *Disposition* zu Nierenschwäche sowie zu langer Jugendlichkeit, die bei einer positiven Einstellung zum Leben erhalten bleiben kann, wird durch die sehr feine Haut gekennzeichnet.

Die Kleinen Finger sind leicht gebogen, was auf eine Anlage zu Gebärmuttersenkung schließen läßt. An den unteren Ringfingergliedern besteht eine Einziehung, die auf Gelenkschwäche der Füße hinweist.

Die Maus, beidseitig, ist schmal und wenig gewölbt. An der oberen Partie ist jeweils eine Einziehung sichtbar, die auf eine Schwäche der Lungenspitzen Bezug nimmt. Die Vitalkräfte sollten gesteigert werden.

Die Fingernägel sind länger als breit und stehen mit den Lungen und der Atmung in Zusammenhang. Die Nägel sind gerötet und weisen auf Entzündungstendenzen. Aufhellungen an den Zeigefingernägeln deuten auf Stauungen der Organe im mittleren Bauchraum. Die Nagelmonde sind von normaler Größe und

Form, bis auf den nicht vorhandenen Nagelmond des Kleinen Fingers. Die Herznerven arbeiten normal.

An den oberen Nagelrändern bildeten sich die Belastungszeichen atmosphärischer Störungen.

Weibliche Innenhände: E.-E. N.

Die Fingerglieder sind bei der Handeignerin bis auf die ersten Glieder der Mittelfinger und die zweiten Glieder der Kleinen Finger in ihrer Länge ausgewogen. Die Konsequenzen, die beispielsweise ernsthafte Aufgaben erfordern, müssen noch erarbeitet werden. Die kleinen Erhebungen an fast allen Fingerkuppen verkörpern Qualitätssinn und sehr gutes Tastvermögen. Die Hauttextur ist außerordentlich fein. Die Handeignerin ist feinnervig und empfindsam.

Die Handtellermitte in beiden Händen ist geringfügig vertieft. Die Handeignerin sollte für genügend Wärmezufuhr sorgen, damit die Durchblutung des Magens angeregt und somit der gesamte Kreislauf unterstützt wird. An den unteren und mittleren Gelenken der Kleinen Finger sind kurze kleine Linien übereinandergelagert, die psychische und physische Nervenüberreizungen deutlich machen.

Das »Große M« ist in der rechten Hand klar ausgeprägt. Die Handeignerin ist dem oberflächlichen Denken und Empfinden abgewandt, da sie bestrebt ist, die ursächlichen Zusammenhänge

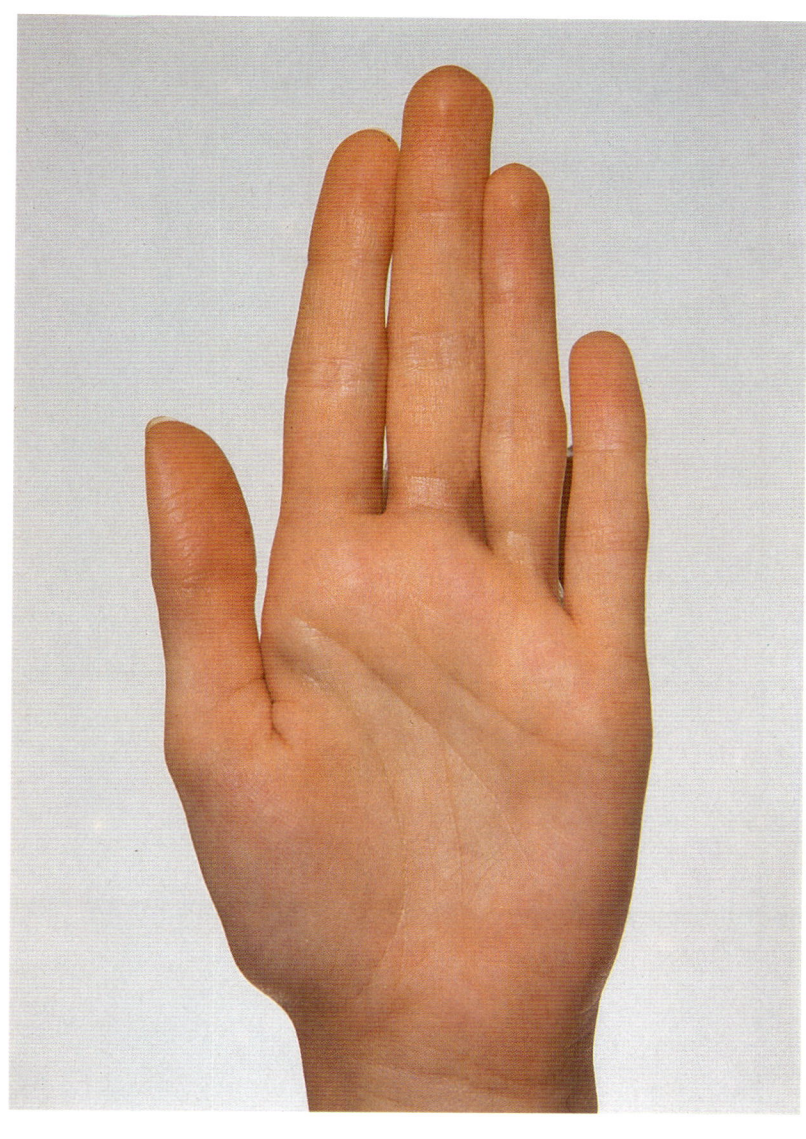

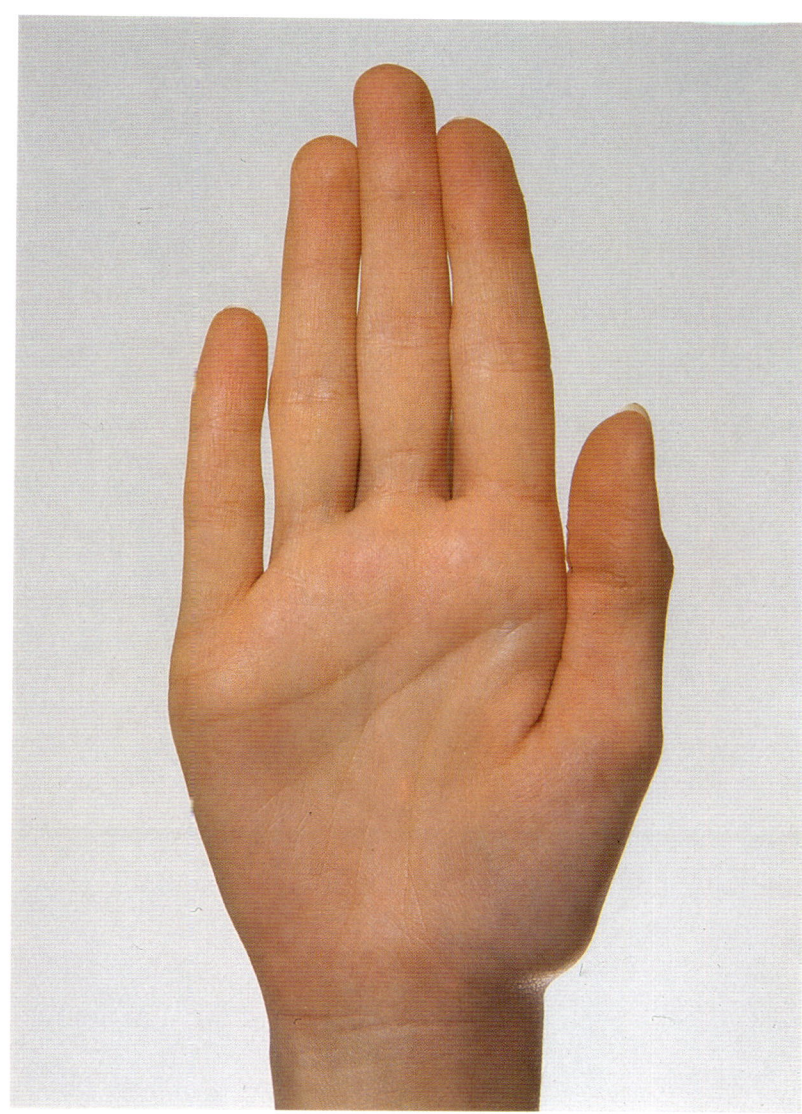

des Lebens zu erkennen. Die Hauptlinien sind in beiden Händen kräftig markiert und gelblich-bräunlich getönt. Das besagt Leberschwäche oder eine kürzlich überwundene schwere Erkrankung.

Die *Lebenslinien* verkleinern beide Daumenballenberge, die Lebenskräfte sind nicht übermäßig belastbar. Am Anfang der linken Lebenslinie ist eine querliegende Insel zu sehen, die ein Merkmal für Entzündungen im Hals-Rachenraum in den Kinderjahren darstellt. An dem unteren Viertel der rechten Lebenslinie ist eine größere Insel auf Zelldegenerationen bei den väterlichen Vorfahren zurückzuführen. Für die Handeignerin selbst bedeutet es, daß sie, besonders nach dem 30. Lebensjahr, auf eine gesunde Ernährung achten sollte.

Die linke *Kopflinie* ist sehr hoch angesetzt und nicht verbunden mit der Lebenslinie. Der sich somit darstellende Zwischenraum veranschaulicht, daß die Handeignerin impulsiv und spontan denkt und reagiert. An der rechten Seite ist die Kopflinie normal an der Lebenslinie angesetzt, mehr Bedachtsamkeit und Überlegung nach dem 30. Lebensjahr anzeigend. Beide Kopflinien werden unterhalb der Ringfinger zarter, blasser und reichen bis in den oberen Handrandberg. Eine Tendenz zu Durchblutungsstörungen, die sich als Kopfschmerzen bemerkbar machen können, ist hier offensichtlich. Aus der Verlaufsrichtung der Kopflinien kann man erkennen, daß die Handeignerin sowohl dem Idealen als auch dem Kreativen geöffnet ist.

Beide *Herzlinien* sind normal lang und reichen fast bis zu dem Zeigefingerberg. Ein etwas dunklerer Punkt (Originalfarbton

bläulich) auf der linken Herzlinie bezieht sich vermutlich auf eine leichte Herzschwäche, was die besonders zwischen den Handbergen sichtbaren Rötungen unterstreichen.

Die linke *Schicksalslinie* beginnt parallel zu dem unteren Viertel der Lebenslinie und reicht bis in die Herzlinie. Das Bewußtsein der Handeignerin wird durch ihre Gutherzigkeit beeinflußt. Aus der Mitte des rechten Handrandberges kommt eine Schicksalslinie, die durch eine Vertiefung in der Kopflinie (Gehörschwäche) in den Mittelfingerberg zieht. Außerdem zeigt sich ein Ansatz einer zweiten Schicksalslinie, die ab der Kopflinie parallel zu der ersten läuft. Die von außen kommenden Einflüsse und Anregungen sind entscheidend für die Bewußtseinsentwicklung der Handeignerin.

An beiden Händen sind die *Magenlinien* nur unterschwellig vorhanden. Das Vegetativum ist labil. Erst wenn die Handeignerin seelisch tiefer erschüttert wird, erhalten die feingezeichneten Linien eine stärkere Prägung.

Mehrere kurze, versetzt übereinanderliegende kleine Linien auf den Mittelfingerbergen sind Teile eines zerrissenen *Venusgürtels*, die sowohl Rückenschwäche als auch eine Überreizung der Sexualnerven zu erkennen geben.

Die *Raszettlinien* sind an beiden Handwurzeln nicht durchgezogen. Die Lebenskräfte der Vorfahren zeigten größere Abweichungen von der Norm. Infolgedessen stehen der Handeignerin aus ihrem Erbgut nicht genügend unterstützende Energien zur Verfügung, so daß sie ihre eigenen Kräfte bewußt einteilen muß.

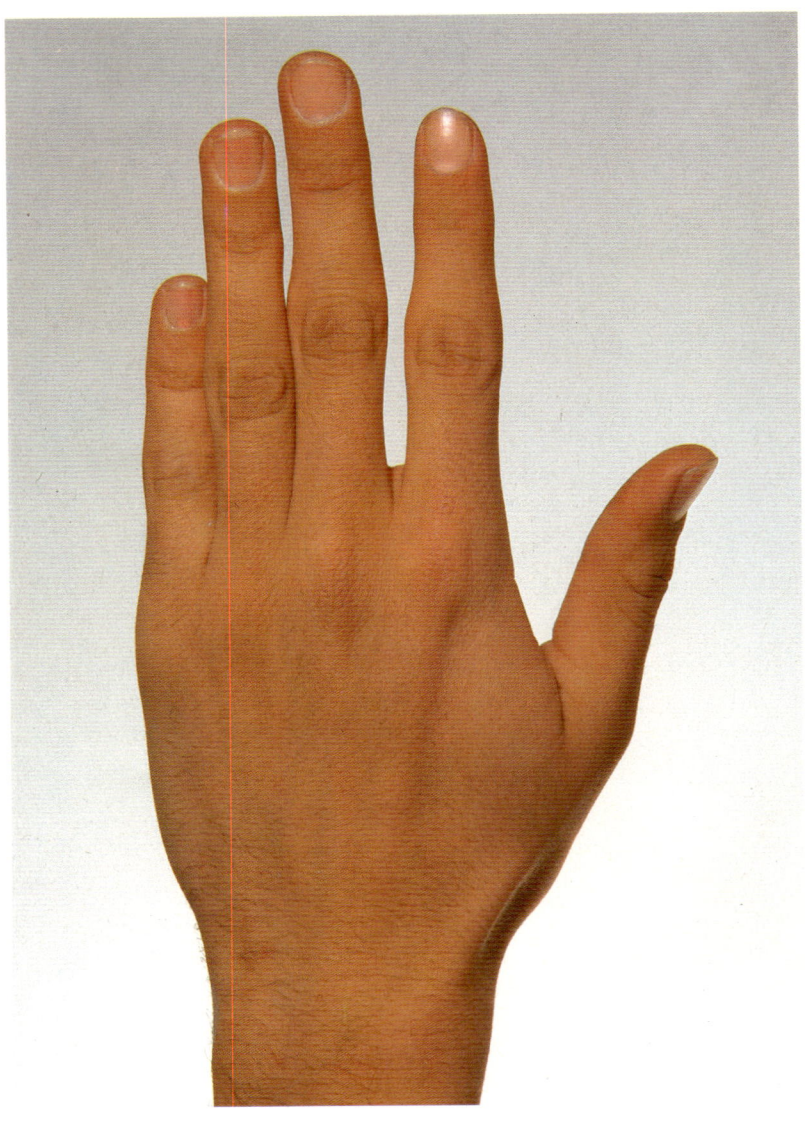 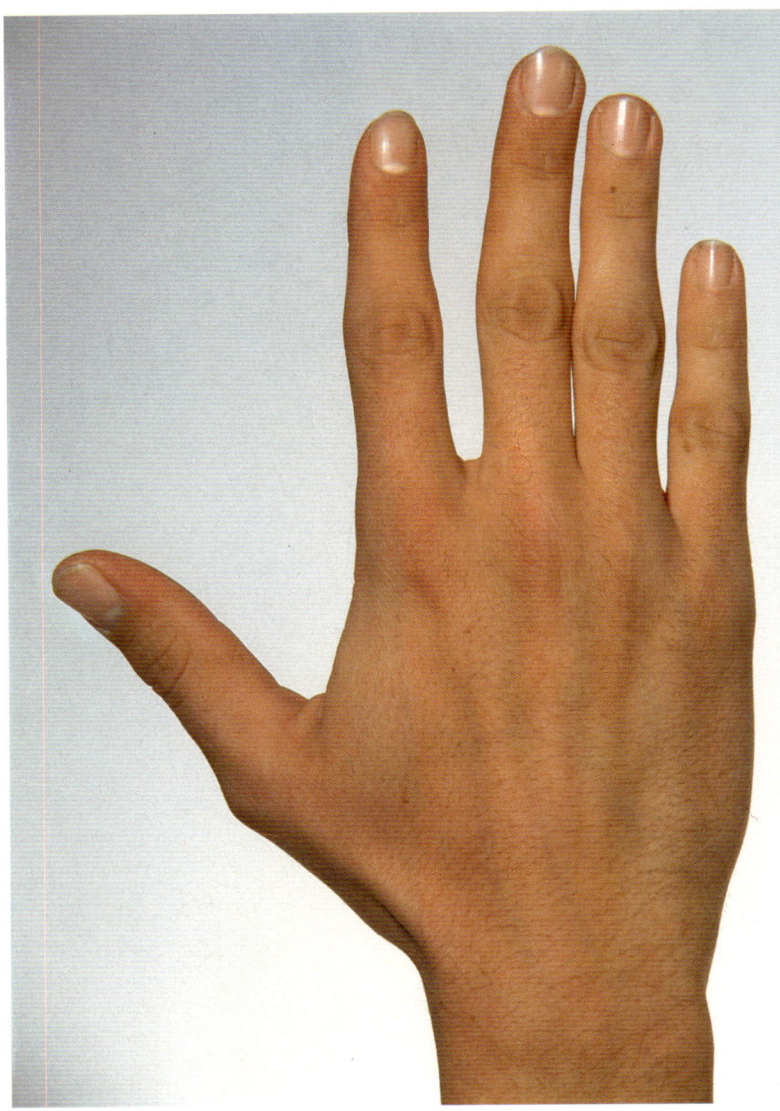

Männliche Außenhände: T. L.
Der Handeigner, 25 Jahre alt, ist Jurastudent

Die *Charakteristik* der Handform im Schema ist eckig, knotig mit Spateleinschlag. Der strebsame Handeigner ist genau, korrekt und etwas konservativ. Seine philosophische Aufgeschlossenheit läßt keinen Fanatismus aufkommen. Der Handeigner sucht nach sachkundiger praktischer Betätigung. Er gibt anderen und benötigt selbst genügend Spielraum, was sich an den fast gleich langen Ringfingern und konisch zugespitzten Zeigefingern sowie an der etwas abgespreizten Haltung des Zeigefingers bestätigt.

Die Daumen sind tiefer angesetzt. Der Handeigner pflegt die Beziehungen zu der Umwelt sinnvoll und mit geistigem Abstand. Ferner vermag er sich höflich und zielstrebig durchzusetzen. Sinn für mathematisches Denken wird durch das kantige zweite Daumengelenk dargestellt.

Die zarten, fein geformten Handgelenke weisen auf eine verfeinerte Erbsubstanz hin.

Die *Konstitution* ist zäh, sensibel.

Die *Disposition* zu Nierenstörungen ergibt sich aus der zarten Hautbeschaffenheit. An den etwas hellen Fingergliedern sind Verschlackungen sichtbar. Die gebogenen Zeigefinger lassen eine Anlage zu Stoffwechselstörungen von Milz-Pankreas, links, und Leber-Galle, rechts, erkennen. Die gebogenen Mittelfinger deuten auf eine Anlage zu Blinddarmreizungen sowie Darmstörungen. Die leichte Biegung der Kleinen Finger weist auf Bindegewebeschwäche und Schwäche im Urogenitalbereich hin. Die Rötung auf den Knöchelgelenken der Zeige-und Mittelfinger ist die Folge einer gestörten Darmflora, die eine Regulierung der Stoffwechselvorgänge notwendig macht.

Die Maus, beidseitig, ist nur in der Mitte gewölbt, oben und unten zeigen sich tiefere Einziehungen, die auf eine reduzierte Atemkapazität sowie eine Schwäche der Halswirbelsäule und

der Füße schließen lassen. Die allgemeine Widerstandsfähigkeit sollte gestärkt und der Nikotingenuß eingestellt werden.

Die Fingernägel der Ring- und Kleinen Finger sind stärker gewölbt als Zeichen einer zunehmenden Nierenfunktionsschwäche. Die Farbe der Fingernägel ist etwas bläulich, zyanotisch. Da zuviel Kohlensäure im Blut vorhanden ist, besteht ein großes Bedürfnis nach Sauerstoff. Die auffallend weißen Nagelmonde beruhen wahrscheinlich auf einer Verengung der Herzkranzgefäße, die reichlich Sauerstoff benötigen. Ferner macht sich eine Herznervenschwäche durch die zum Teil fehlenden Nagelmonde bemerkbar.

An den oberen Nagelrändern befinden sich die Einflußzeichen aus der Atmosphäre.

Männliche Innenhände: T. L.

Die mittleren Fingerglieder sind am längsten. Die seelische Ebene ist als Ausgangsbasis der Persönlichkeit des Handeigners zu betrachten. Die auf den ersten Fingergliedern befindlichen diffusen Quer- und Längslinien gelten als Zeichen geistiger Überforderung. Die kleinen Ballen auf den Fingerkuppen weisen auf Feinfühligkeit und Empfindungsfähigkeit.

Die Querlinien an den zweiten Daumengliedern sowie an den dritten Mittel- und Ringfingergliedern bilden ein Merkmal für Hemmungen auf der persönlich-materiellen Ebene. Das erste Daumenglied ist kürzer als das zweite. Die Willenskraft bedarf des Nachdruckes. Die etwas erhöht und nahe beieinanderstehenden Mittel- und Ringfinger verdeutlichen, daß der Handeigner das, was ihn intensiv anspricht, durch Konzentration geistig auswertet. Daran entwickelt sich sein Gerechtigkeitsempfinden und macht ihn zu einem wahrhaften Rechtsgelehrten geeignet.

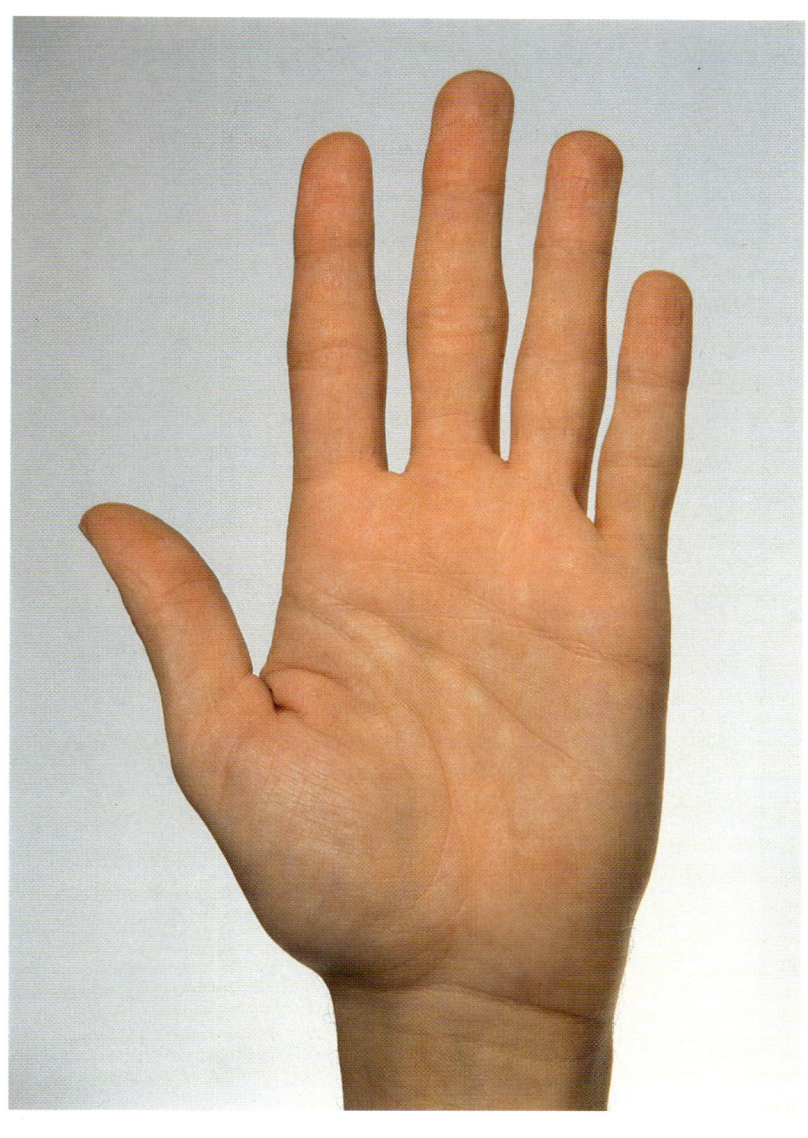
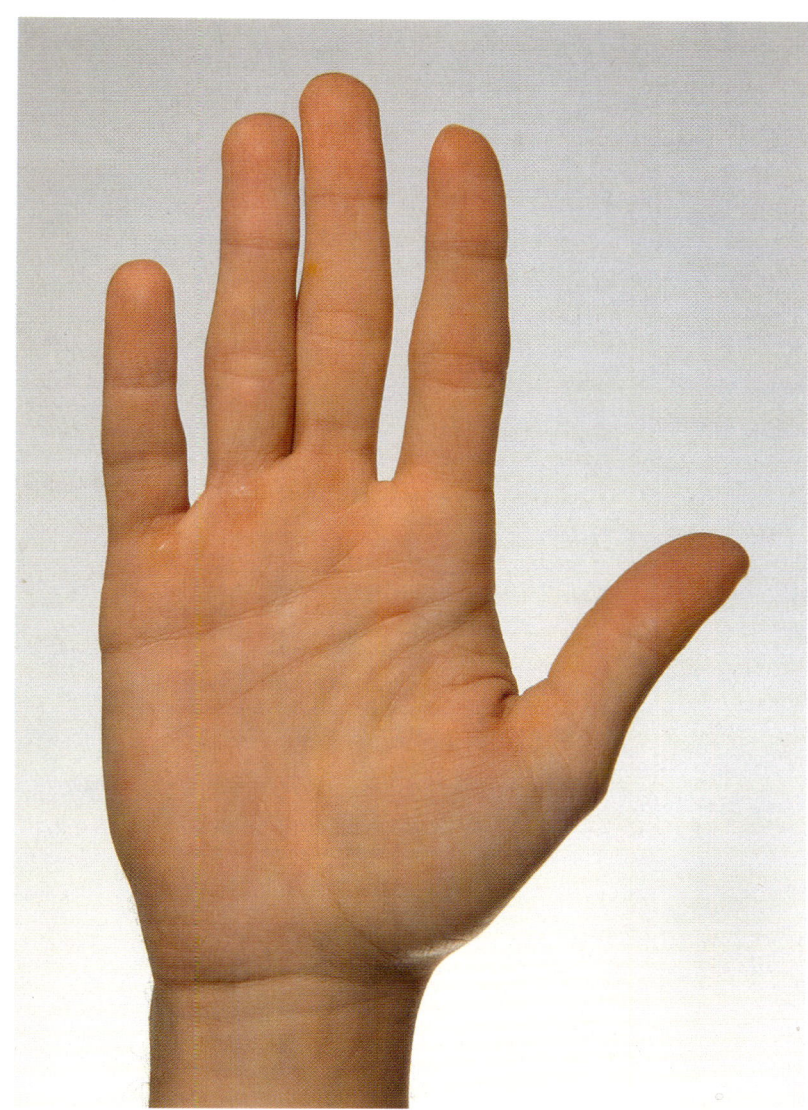

Die Hauttextur ist mittelkräftig bis fein und gibt sowohl Zähigkeit als auch Sensibilität wider. Die Innenhandflächen sind weißrötlich gefleckt. Durchblutungsstörungen und Harnstauung sind offensichtlich. Die festere Struktur der Innenhandflächen weist auf einen zuverlässigen Menschen hin.

Die beidseitig gut geschwungenen und höher angesetzten Lebenslinien, die Strebsamkeit und Wohlergehen in sich tragen, umrunden, besonders rechtsseitig, den Daumenballenberg. Innerhalb des Daumenballenberges sind bis zu der ersten Lebenshälfte doppelte Lebenslinien zu erkennen, die dem Handeigner Kraftreserven verleihen. Ein am unteren Drittel der linken Lebenslinie befindliches Dreieck gibt Aufschluß darüber, daß bei den mütterlichen Vorfahren eine Zelldegeneration vorlag. Die in dem Handeigner latent vorhandene Anlage braucht bei einer vernünftigen Lebensweise nicht akut zu werden.

Die linke Lebenslinie verdoppelt sich an ihrem Ende und enthält Inselbildungen, die auf undefinierbare körperliche Schwächen oder Gebrechen bei den mütterlichen Vorfahren zurückzuführen sind. Ein Teil einer dritten Lebenslinie, die in Höhe des zweiten Drittels der Hauptlinie sichtbar ist, wirkt ebenfalls energieverstärkend.

Beide Kopflinien sind lang. Die linke in den oberen Handrandberg reichende Kopflinie gibt die soziale Einstellung und Hilfsbereitschaft des Handeigners zu erkennen aber auch Diplomatie, da diese Kopflinie eine gewellte Form aufweist. Die linke Kopflinie ist ebenso wenig wie die rechte mit der Lebenslinie verbunden. Der Handeigner ist im Wesen sehr offen und muß deshalb darauf bedacht sein, sich nicht von anderen ausnutzen zu lassen. Die längliche dunkle Vertiefung mit Inselbildung in der linken Kopflinie unterhalb des Mittelfingers hängt mit einer Empfindlichkeit des linken Ohres zusammen. In Höhe des Zwischenraumes von Zeige- und Mittelfinger stellt sich in der rechten Kopflinie eine längliche rote Vertiefung dar, die sich auf eine

Entzündung im Kopfbereich, vermutlich das rechte Ohr betreffend, bezieht. Beide Kopflinien sind auffallend tief und breit eingezeichnet als Zeichen einer regen Gehirntätigkeit.

Auch die Herzlinien sind stark geprägt. Sie sind teilweise inselförmig, teilweise verdoppelt und mit Abzweigungen versehen. Sie machen auf die Anlage zu einer Myocardinsuffizienz aufmerksam. Am Ende der Herzlinien, beidseitig, ist eine große Spaltung sichtbar, wobei die eine Linie in den Zeigefingerberg reicht und die andere in den Zwischenraum von Zeige- und Mittelfinger. Der herzliche Handeigner wird von tiefen Empfindungen bewegt, seine hochgesteckten Erwartungen finden selten die für ihn notwendige Resonanz. Er kann den schicksalhaften Prüfungen nicht ausweichen, die ihm auftragen, in wachsender Nächstenliebe zu reifen.

Eine Schicksalslinie in der linken Hand ist ausgesprochen zart und noch nicht voll ausgebildet. Der Teil einer zweiten Schicksalslinie, vom Handrandberg kommend, ist sehr kurz. Äußere Anstöße wirken sich nicht nachhaltig auf den Handeigner aus. Wohl ist er für das geistige Prinzip aufgeschlossen, sieht aber noch keine Veranlassung, sich bewußter damit zu befassen. In der rechten Hand steigt eine noch nicht voll ausgebildete Schicksalslinie am unteren Teil einer zweiten Lebenslinie auf und zieht unterschwellig in den Mittelfingerberg. Es bedarf großer Anstrengungen, das Bewußtsein zu erweitern.

In der rechten Hand sind Splitter eines Venusgürtels sichtbar, die auf Überreizung der Rückenmarksnerven zurückzuführen sind.

Eine Giftlinie, linksseitig, die aus der Lebenslinie kommt, die Schicksalslinie und den Teil einer Magenlinie schneidet, bezieht sich auf Medizinalgifte.

Die ersten Raszetten sind an beiden Handwurzeln kräftig und kettig, die zweiten und dritten zarter und ebenfalls kettig. Zähigkeit und Sensibilität wurden von den Vorfahren vererbt.

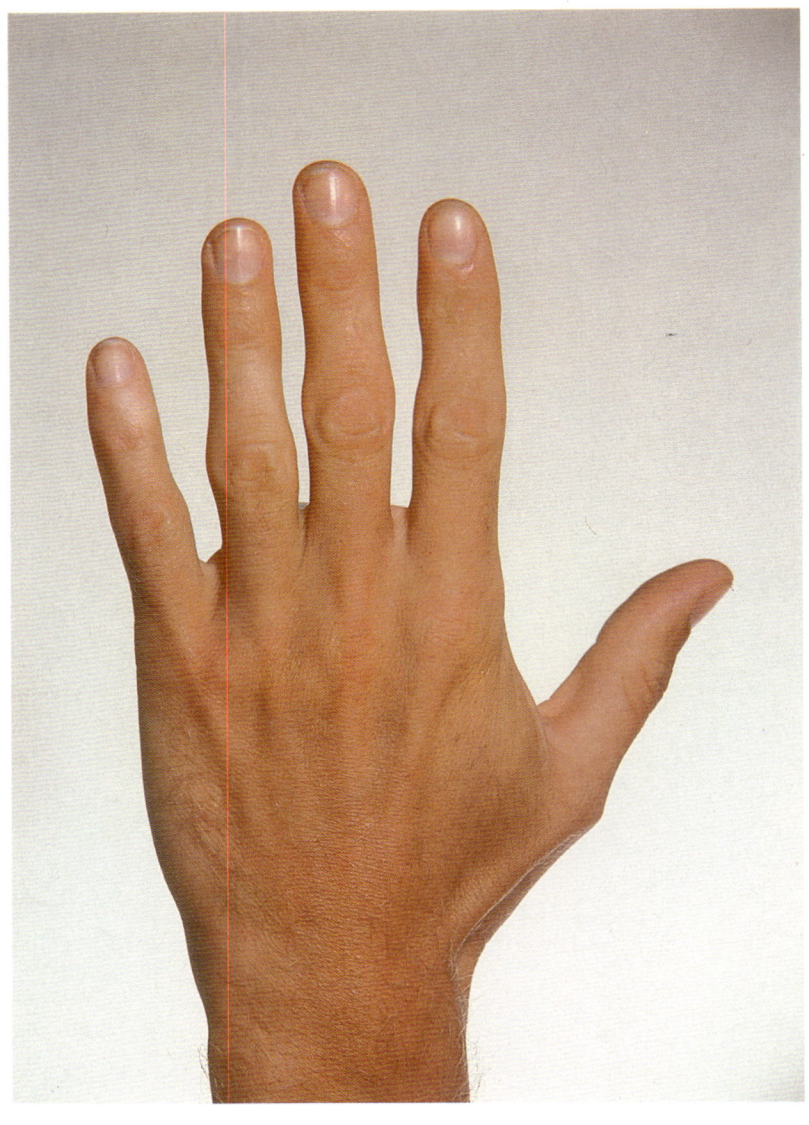 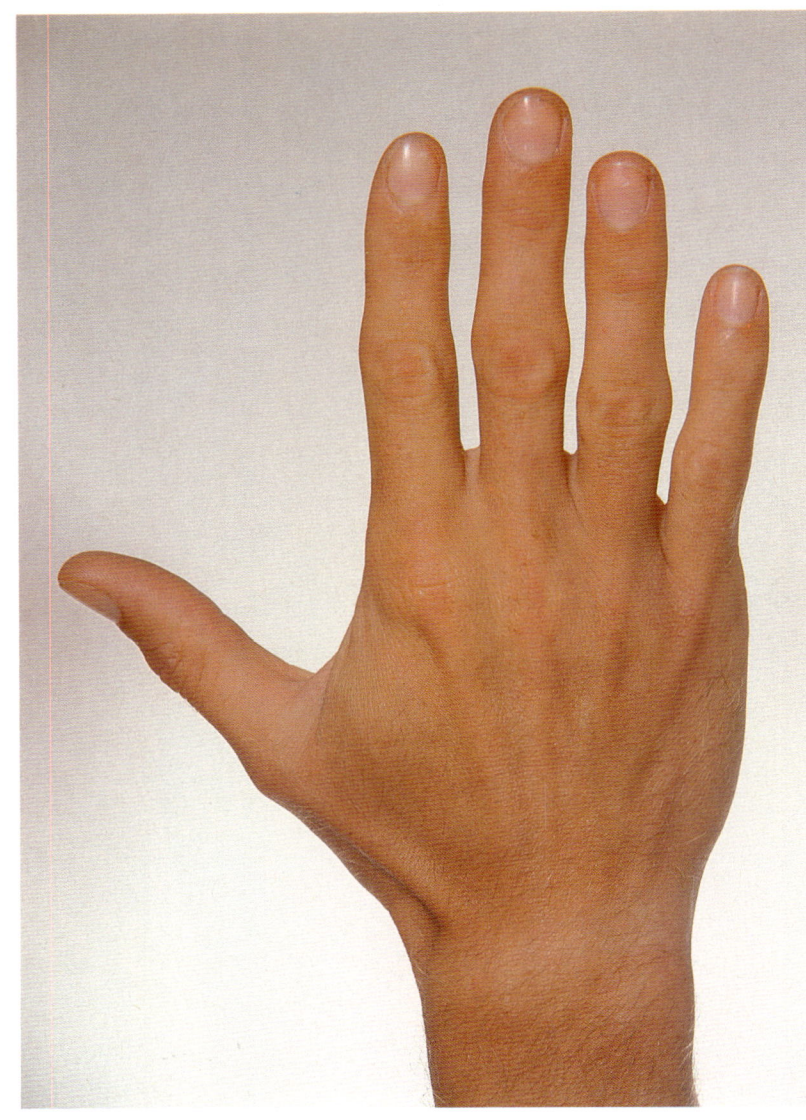

Männliche Außenhände: R. D.
Der Handeigner, 30 Jahre alt, ist Diplomingenieur der Landwirtschaft und Reitlehrer.

Die *Charakteristik* der Handform zeigt im Schema ein Rechteck. Der Handrumpf ist links eher eckig und rechts etwas knotig. Die Finger sind teilweise ideal, teilweise knotig. Der Handeigner benötigt für seine Lebenspraxis nicht nur verstandesgemäße Theorie, sondern auch geistige Einsicht, um im ganzen erfolgreich zu sein. Die Zeigefinger sind länger als die Ringfinger. Das bedeutet größere Unabhängigkeitsliebe. Die Daumen sind lang, die Persönlichkeit weiß sich durchzusetzen.

Die Handgelenke sind schmaler gestaltet. Die Vorfahren waren von sensiblerer Natur.

Die *Konstitution* ist zäh, sensibel.

Die *Disposition* zu Störungen im Nierenstoffwechsel stellt sich an der feinen zarten Hautbeschaffenheit dar. Übereinstimmend damit ist der Handeigner sehr empfindsam und verletzlich. Er muß sich bemühen, den ernsthaften Konsequenzen des Lebens nicht auszuweichen. Die Einziehung an den Ringfingern unten am dritten Glied deutet auf zarte, etwas schwache Fußgelenke.

Die Maus beider Hände ist erhaben und von guter Kraft. Die oberen Partien, die mit den Lungenspitzen korrespondieren, sind ein wenig eingezogen. Die Vitalkräfte sind im großen und ganzen von guter Widerstandsfähigkeit.

Die Fingernägel sind länger als breit und beziehen sich auf die Lungen. Eventuelle Schwächen und Infektionskrankheiten würden sich zuerst an den Lungen bemerkbar machen. Weiße Flecken auf den Nägeln zeigen Nervenbelastungen an sowie Harnsäure, die ausgeschieden wird. Die Nagelmonde verlaufen teilweise ohne Wölbung von Rand zu Rand und weisen auf schnelle innere Erregbarkeit.

An den oberen Nagelrändern bildeten sich deutlich die Zeichen für atmosphärische Störungen.

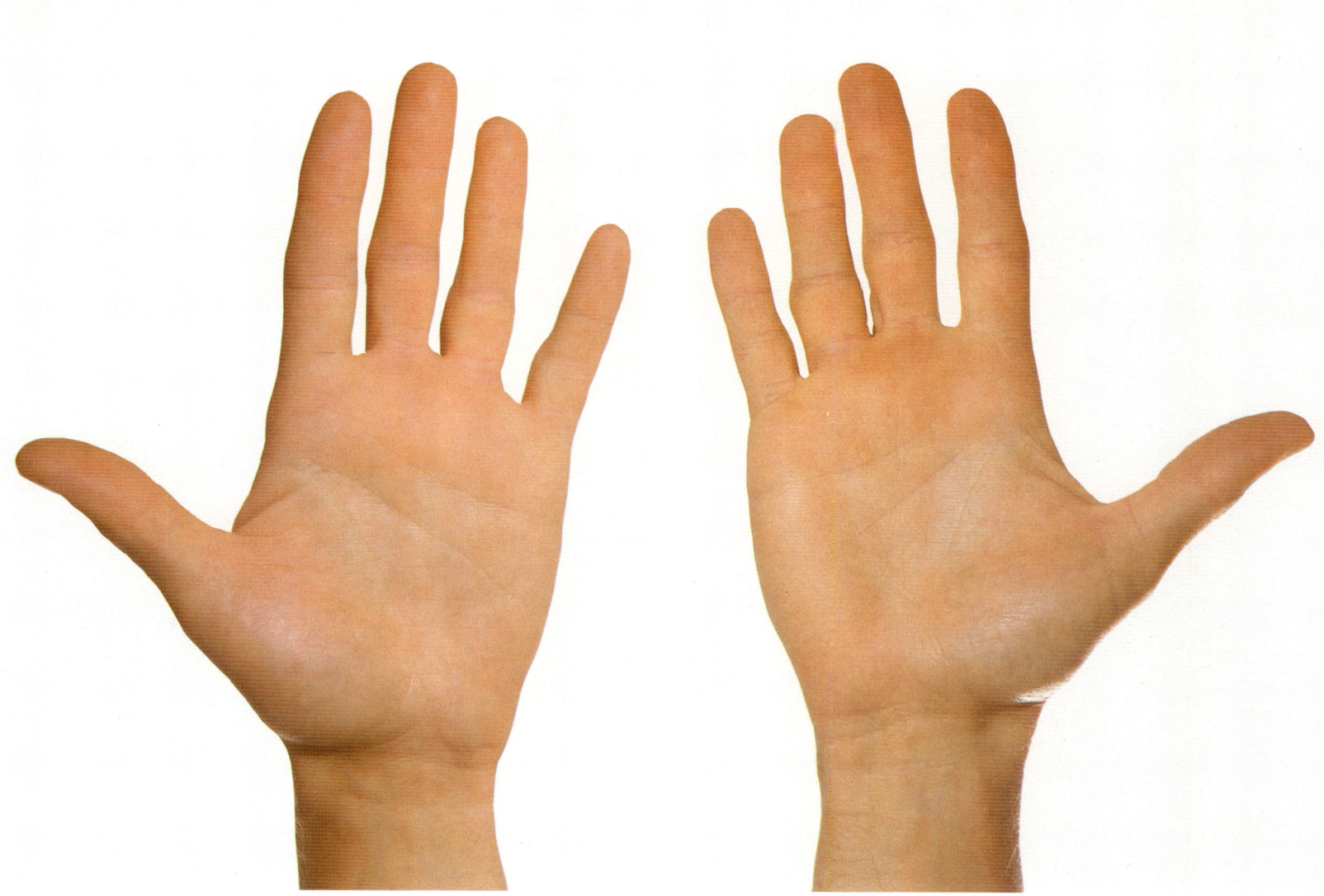

Männliche Innenhände: R. D.

Die Fingerglieder, beidseitig, differieren in ihrer Länge. Der Handeigner muß lernen, mit sich selbst konsequenter zu sein, damit er seinen Lebensplan überblicken und klarer gestalten kann. Durch innere Gelassenheit erwirbt er Harmonie, die auch auf seine Umwelt ausstrahlt. Die Hauttextur ist zart und fein und deutet auf einen sensiblen Menschen.

Die Handrandberge, rechtsseitig, zwischen Herz- und Kopflinie und Kopflinie und Handwurzel sind kräftiger und heben sich stärker hervor. Sie bringen nach dem 30. Lebensjahr einerseits mehr Mut und Gestaltungskraft mit sich, andererseits die Tendenz zu einer Stoffwechselbelastung.

Die Handteller sind in der Mitte etwas vertieft und weisen auf Empfindlichkeit im Magenbereich hin.

Beide *Lebenslinien* umgrenzen die Daumenballenberge bis zu dem ersten Drittel etwas schmaler und erweitern sich zunehmend. Es bedeutet, daß die Lebenskräfte etwa bis zum 30. Lebensjahr weniger energiereich sind, später verbessern sie sich. Punkte in beiden Lebenslinien deuten auf Schwächezeiten in der gesundheitlichen Verfassung.

Die linke *Kopflinie* ist mit der Lebenslinie unverbunden, auf eine schnelle Entschlußfähigkeit, auch Voreiligkeit, hinweisend. Die rechte Kopflinie nimmt ihren Anfang am oberen Rand des Daumenballenberges und offenbart Kampfbereitschaft. Die linke Kopflinie reicht fast von Rand zu Rand und besagt, daß der Handeigner sich nicht gerne von anderen raten läßt. Die rechte Kopflinie ist etwas kürzer und läßt ihm mehr Spielraum im Verhalten zur Umwelt. Beide Kopflinien geben durch ihre Verlaufsrichtung die zum Teil ideale Einstellung des Handeigners zu erkennen. Beide Kopflinien zeigen unterhalb der Zeigefinger jeweils eine Insel, bedingt durch eine Augenschwäche, die von den mütterlichen sowie väterlichen Vorfahren vererbt wurde. In

dem ersten Teil der linken Kopflinie münden mehrfache, aus dem oberen Daumenballenberg kommende kleine Linien, die auf Infektionskrankheiten in den Kinderjahren beruhen, die aber auch im Kleinhirnbereich den Kopf belasteten.

In der rechten Kopflinie unterhalb des Mittelfingers ist ein von einem Viereck umgebener dunkler Punkt sichtbar, der sich auf eine Gehörschwäche, die sich jedoch nicht gravierend auswirkt, bezieht.

Beide *Herzlinien* sind von fast normaler Länge und bestimmen die Zurückhaltung des Handeigners. Die zwischen Kleinem Finger und Ringfinger schräg aufgesplitterte linke Herzlinie weist darauf hin, daß in der Jugend der Herzmuskel vermutlich durch eine Entzündung belastet wurde. Eine Insel am Anfang der rechten Herzlinie bezieht sich auf eine von väterlicherseits vererbte Anlage zu einem Herzleiden.

Die linke unterschwellig vorhandene *Schicksalslinie* steigt aus der Lebenslinie auf. Der Handeigner konnte sich schwerlich von Hemmungen innerer Art befreien, deren Ursache bei den Vorfahren mütterlicherseits zu suchen ist. Die rechte Schicksalslinie beginnt oberhalb der Lebenslinie und endet zwischen Kopf- und Herzlinie. Eine weitere Schicksalslinie beginnt oberhalb der Kopflinie und reicht in den Mittelfingerberg. Es bedeutet, daß der Handeigner mit wachsendem Bewußtsein unterstützende Hilfen für seinen Lebensweg gewinnt.

Die linke *Magenlinie* ist nur schwach sichtbar. Die in mehreren parallellaufenden Teilen dargestellte rechte Magenlinie bedeutet nervliche Labilität.

Die *Raszetten* sind beidseitig unterschiedlich geformt und kettig, zum Teil nur halb durchgezogen. Die Erbsubstanz ist von der mütterlichen und väterlichen Generation her nicht eindeutig kraftvoll.

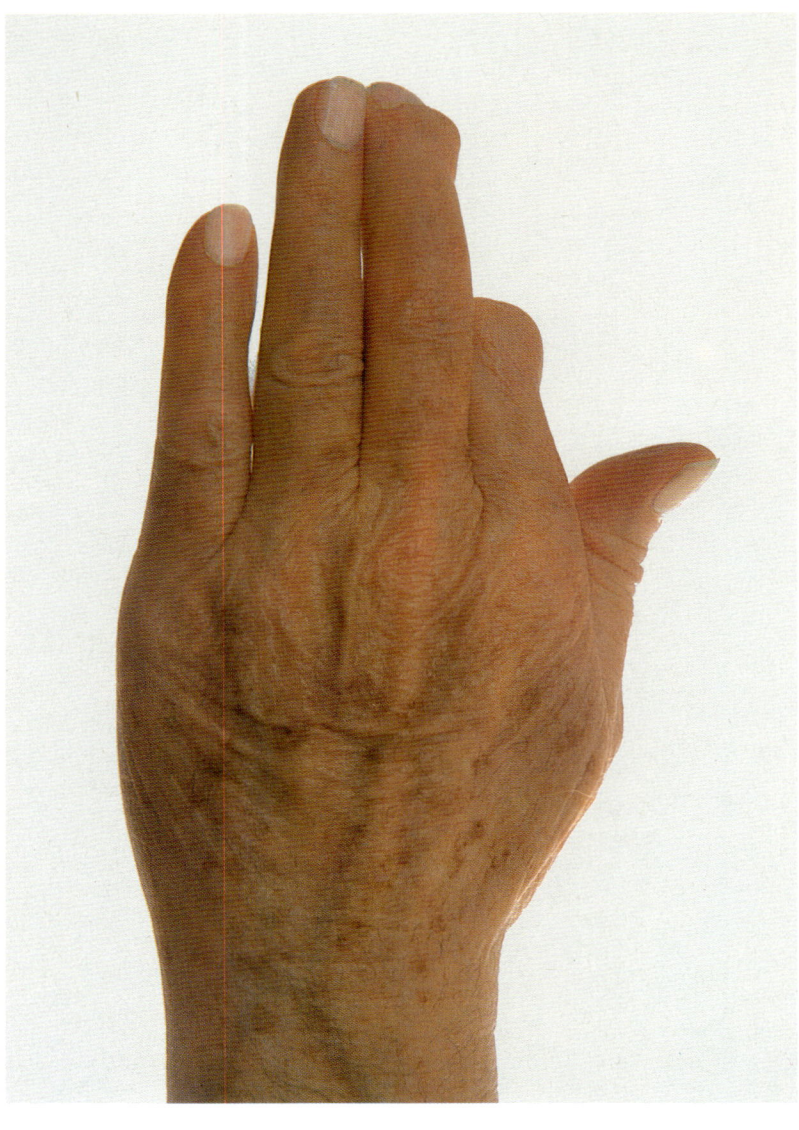
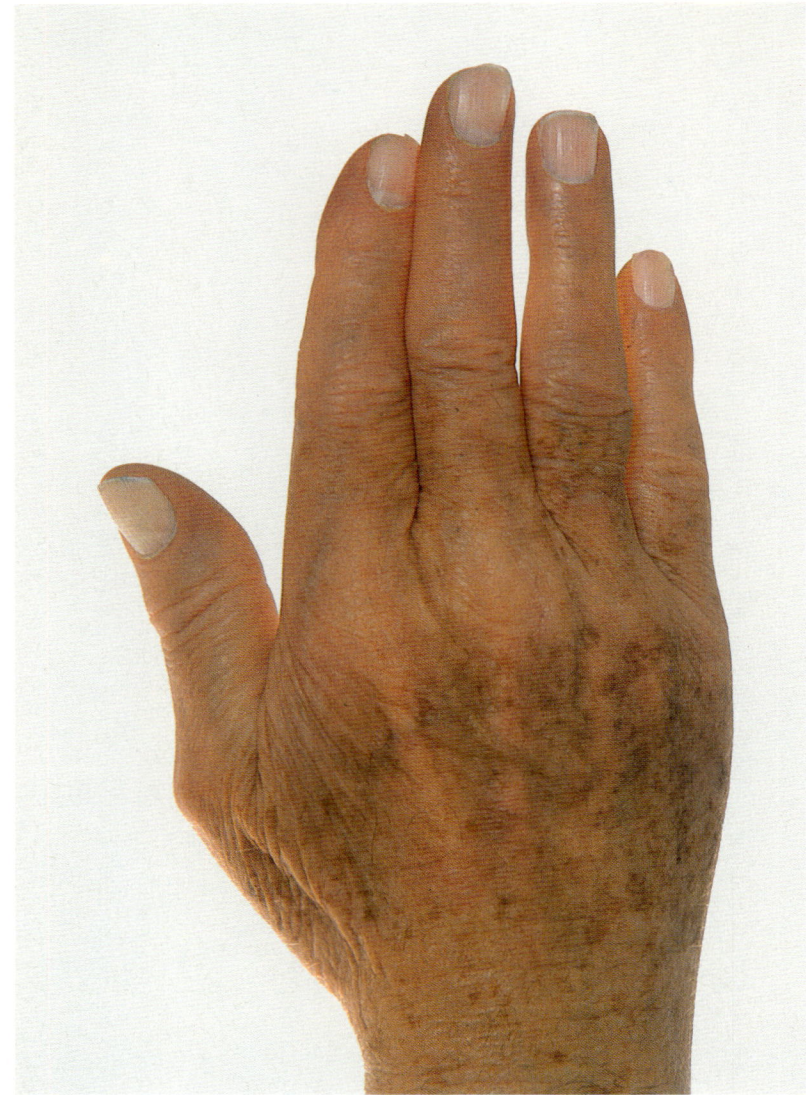

Männliche Außenhände: A. N.
Der Handeigner, 85 Jahre alt, besitzt einen Betrieb für Holzverarbeitung und eine Sargtischlerei.

Die *Charakteristik* der Handform im Schema ist insgesamt konisch. Sie weist auf einen künsterlichen Einschlag. Der rechte Ringfinger ist länger als der Zeigefinger. Die Einflüsse aus seiner Umwelt bewegen den Handeigner nachhaltig. Die Daumen sind lang und etwas zugespitzt. Der Handeigner kann sich gut in eine Sache hineindenken und versteht sich durchzusetzen. Die linke Hand wurde durch eine Säge beschädigt.

Die kräftigen Handgelenke bilden für den Handeigner eine gute Grundlage für seine Konstitution.

Die *Konstitution* ist stabil und sensibel.

Die *Disposition* zu Stoffwechselstörungen, speziell der Leber, kommt an den Leberflecken, die häufig eine Alterserscheinung sind, zum Ausdruck. Die Finger zeigen fast keine Ablagerungen, was oft ein Zeichen für lange Jugendlichkeit ist. Der Handeigner ist ein bewußt froher Lebensgenießer, der auch seine Lebenskräfte länger bewahren konnte.

Eine rötliche Streifenbildung an den Knöcheln der Mittel- und Ringfinger, linksseitig, der Zeige-, Mittel- und Ringfinger, rechtsseitig, bezieht sich auf den Stoffwechsel von Darm und Nieren sowie das Blutsystem und entspricht in diesem Zustand akuten Unstimmigkeiten der Darmflora.

Die Maus an beiden Außenhänden läßt vermuten, daß der vitale Handeigner eine sehr gute Widerstandsfähigkeit besitzt.

Der linke stark gebogene Kleine Finger verdeutlicht Bindegewebeschwäche im Urogenitalbereich. Der rechte Zeigefinger ist gebogen und zeigt die Tendenz zu einer Leber-Gallen-Insuffizienz.

Die mittelgroßen Fingernägel sind, besonders an den Ringfingern, krampenartig gewölbt und stehen mit Nierenfunktions-

störungen sowie mit einer Tendenz zu Nierenasthma in Verbindung. Die Nagelmonde sind unterschiedlicher Größe und Form. Herzkranzgefäße und Herznerven sind nicht frei von Störungen.

Die Einflußzeichen atmosphärischer Störungen sind an den oberen Nagelrändern zu erkennen.

Männliche Innenhände: A. N.

Die Fingerglieder der rechten Hand sind etwas unterschiedlich in ihrer Länge. Das dritte Glied des Zeigefingers ist kürzer. Die geistigen Fähigkeiten werden von dem Handeigner weniger materiell ausgewertet. Eine Querlinie im zweiten Glied des Zeigefingers zeigt Behinderung im Verarbeiten von seelischen Belastungen. Ähnlich verhält es sich mit den Querlinien auf den zweiten Fingergliedern der Mittelfinger.

Querlinien auf den zweiten Gliedern der Kleinen Finger lassen wissen, daß der Handeigner die aus seinem vielfältig gestalteten Leben auf ihn einwirkenden Gedanken stets ordnen sollte. Dadurch vermeidet er unnötige, innere, ihn belastende Barrieren. Die Längslinien an den zweiten und dritten Fingergliedern geben Warmherzigkeit und Ausstrahlungskraft zu erkennen. Aus dem rechten unteren Zeigefingergelenk kommende schräge Linien deuten auf Bindegewebeschwäche, die mit den Unterleibsorganen in Zusammenhang steht. Die an dem unteren Gelenk des Ringfingers vorhandenen übereinanderliegenden Linien beweisen, daß der Handeigner durch seine seelische Empfindsamkeit Spannungen mit der Umwelt erlebte, die ihn nervlich überforderten.

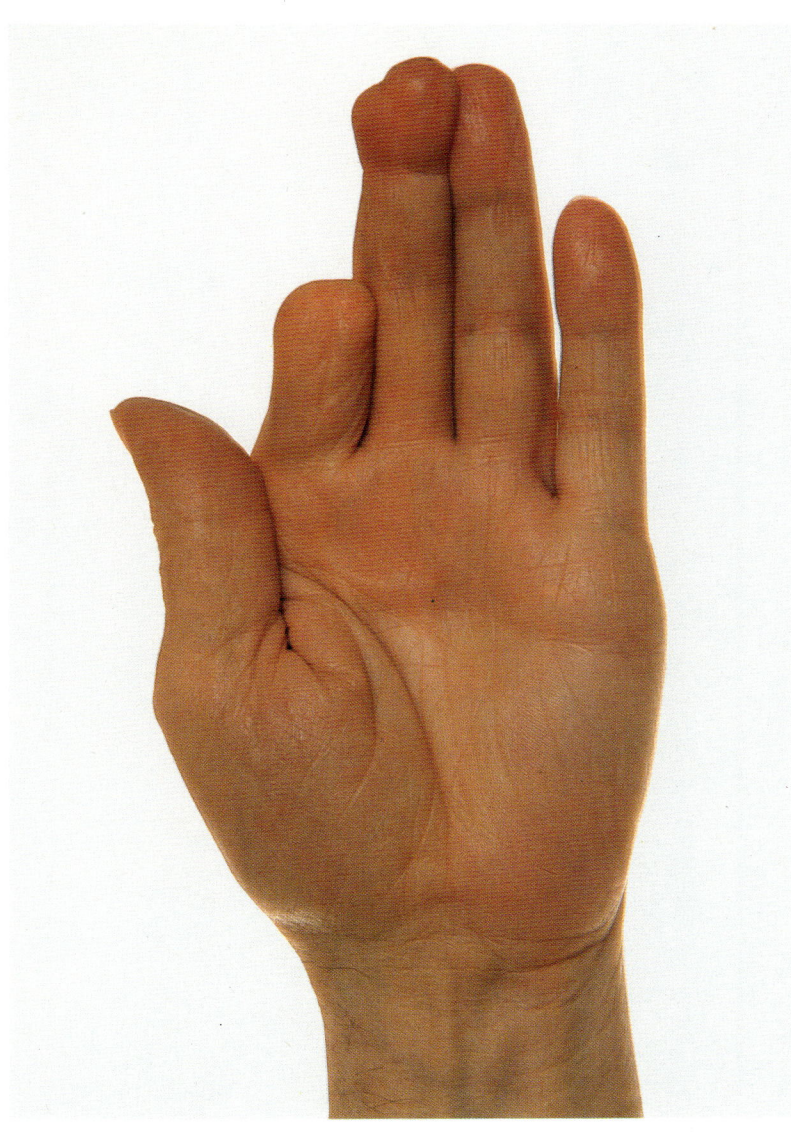 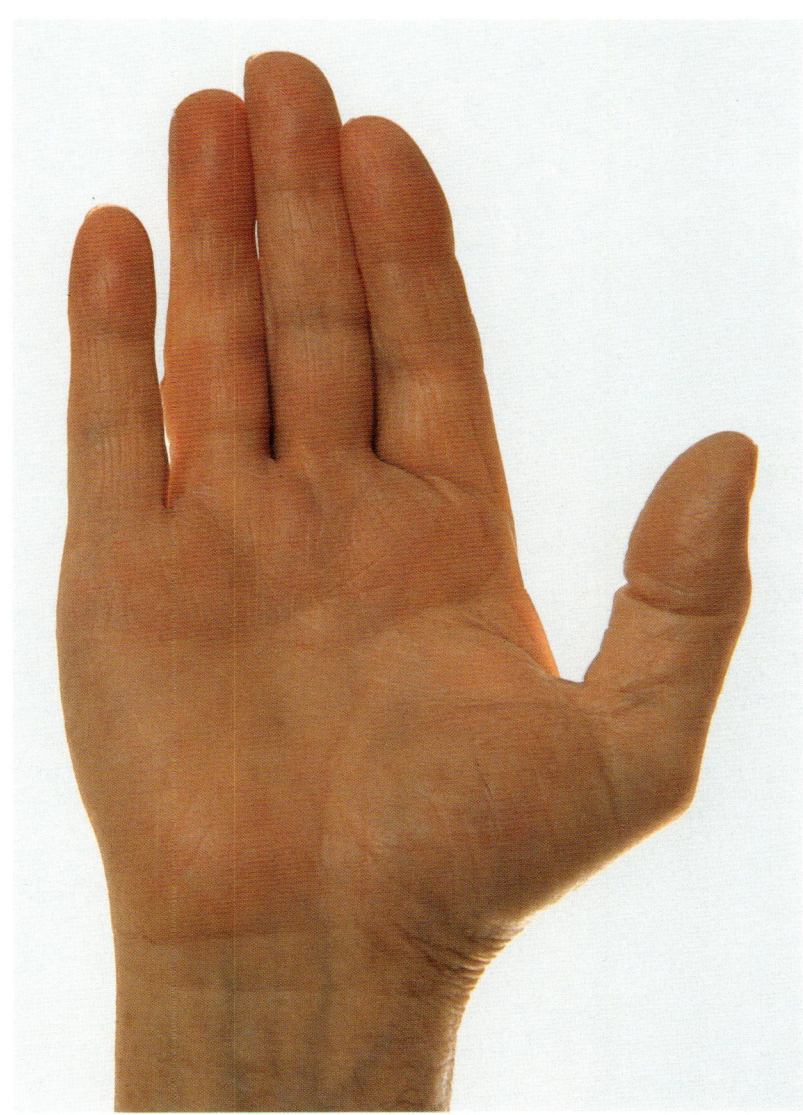

Das rechte, eckige Daumengelenk läßt große mathematische Begabung erkennen. Ebenso versteht der Handeigner übersichtlich zu planen. Die fülligen Innenhandflächen weisen auf Lebenswärme und Genußfähigkeit hin. Auf dem Berg des linken Kleinen Fingers befindet sich ein freistehendes, gut ausgebildetes Kreuz. Durch Übereinstimmung im Denken und Handeln ist der Handeigner in seinem Tätigkeitsbereich erfolgreich. Die *Daumenballenberge* heben sich hervor und verdeutlichen große Lebensreserven.

Die *Lebenslinien* sind beidseitig kräftig eingezeichnet. Der Handeigner ist zäh und widerstandsfähig. Eine zweite, deutlich sichtbare Lebenslinie, linksseitig, wirkt stabilisierend. Auffällig sind zwei am oberen Drittel der linken Lebenslinie herauskommende kräftige Linien, die beide in die Herzlinie reichen. Die obere bildet zwischen Kopf- und Herzlinie eine Insel, die mit dem Magen in Verbindung steht. Diese Linien sind Zeichen für operative Eingriffe. Eine von der Mitte der linken Lebenslinie aufsteigende Linie endet unterhalb der Kopflinie und wird von einer kurzen Querlinie geschnitten. Diese Kreuzbildung deutet auf Lebensprüfungen, die zu meistern sind.

Die linke kurze *Kopflinie* endet in Höhe des Ringfingers und besagt eine von mütterlicher Seite vererbte Disposition zu Gehirnschlag. Die rechte Kopflinie ist kräftiger und länger als auf der Abbildung sichtbar ist. Sie zieht in den mittleren Handrandberg und spricht für eine soziale Gesinnung.

Die linke lange *Herzlinie* bestätigt die Warmherzigkeit des Handeigners. Die rechte Herzlinie läuft in einer Spaltung aus und deutet auf eine Kälteempfindlichkeit der Kopfnerven.

Die *Schicksalslinie* in der linken Hand steigt von nahe der Handwurzel auf. Der Handeigner bemüht sich aus eigener Kraft, seinen Schicksalsweg zu meistern. In der rechten Hand sind auf dem Mittelfingerberg Teile mehrerer Schicksalslinien wahrnehmbar. Der Handeigner bewältigt die ihm gestellten Aufgaben mit Konzentration und Ausdauer.

Eine *Sonnenlinie*, linksseitig, beginnt am mittleren Handrandberg und mündet in dem Gelenk des Ringfingers. Hieraus erklärt sich die künsterliche Gestaltungsfähigkeit, die der Handeigner in seinem Beruf für die Holzbearbeitung zu nutzen vermag. Mehrere Sonnenlinien auf dem rechten Ringfingerberg veranschaulichen seinen Schönheitssinn und sein sonniges Temperament.

Die erste *Raszette* an der linken Handwurzel ist hochgeschwungen und deutet an, daß die mütterlichen Vorfahren komplizierte Geburten hatten. Bei dem Handeigner selbst bedeutet es, daß Bindegewebeschwäche im Bereich der Unterleibsorgane von den mütterlichen Vorfahren vererbt wurde. Die erste Raszette, rechtsseitig, ist leicht gewölbt und mit einer Insel unterhalb des Daumenballenberges versehen. Vermutlich lagen bei den Vorfahren nicht genau definierbare Krankheiten vor, die mit operativen Eingriffen verbunden waren. Eine zweite Raszette ist gerade durchgezogen und enthält einige Punkte, die zwar Schwächezustände bei den väterlichen Vorfahren zu erkennen geben, die Gesundheit des Handeigners jedoch nicht ausschlaggebend beeinträchtigen.

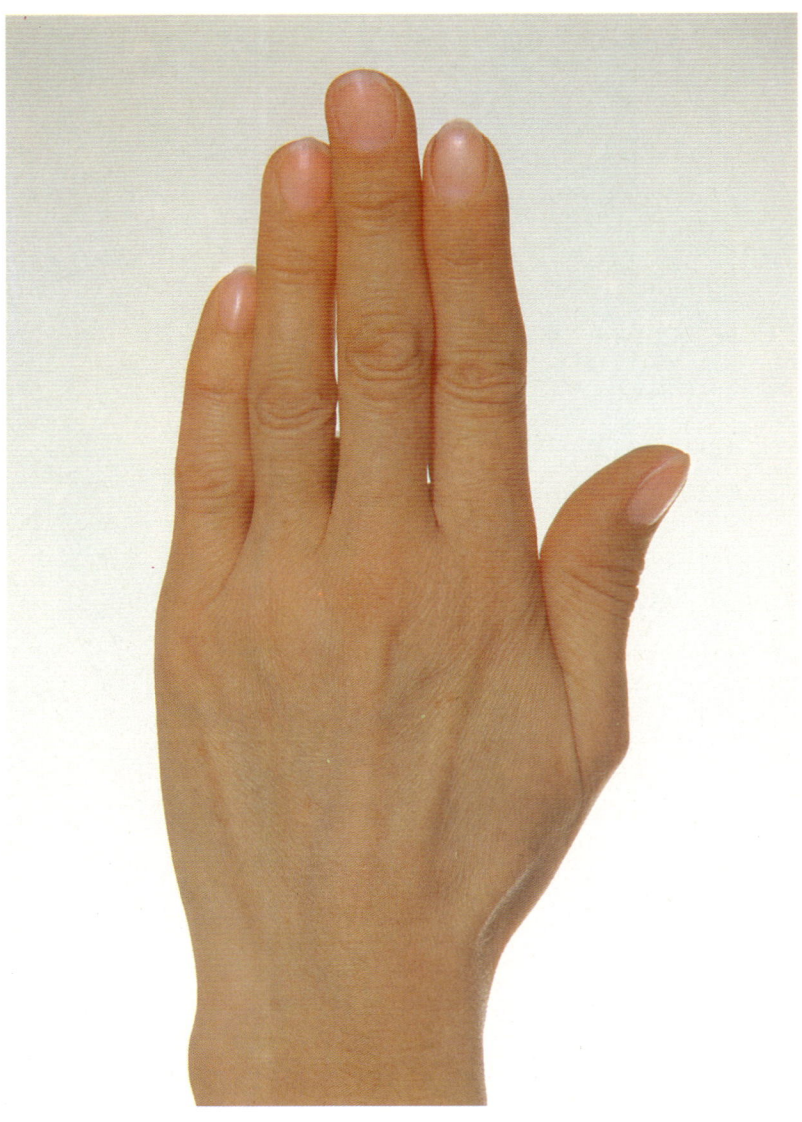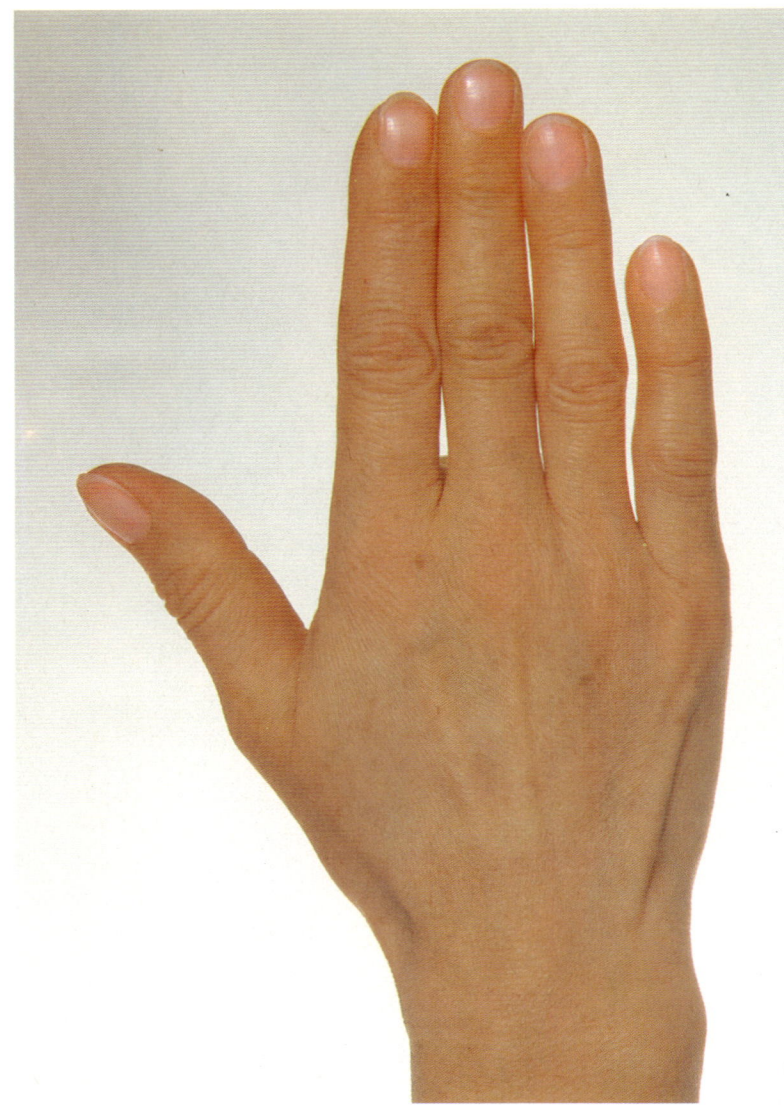

Weibliche Außenhände: E. R.
Die Handeignerin, 51 Jahre alt, ist Geschäftsfrau und Hausfrau.

Die *Charakteristik* der Handform ist im Schema eckig, spatelförmig und knotig. Die Grundhaltung der Handeignerin ist konservativ, zuverlässig und korrekt. Sie weiß sich auf der materiellen Ebene geschickt, improvisierend und ordnend zu bewegen.
Ihre praktischen Talente vermag sie flexibel und ideenreich einzusetzen.
  Die Zeigefinger, besonders der rechte, sind etwas länger als
die Ringfinger. Gewissenhaft und pflichttreu dient sie ihrer
Umwelt. Die Daumen sind lang und mittelhoch angesetzt. Die
Persönlichkeit der Handeignerin basiert auf der seelischen
Ebene. Die biegsamen Daumen sprechen für Anpassungsfähigkeit. Das erste und zweite Daumenglied sind von gleicher Länge.
Wille und Vernunft halten sich die Waage. Anstand und Sitte
bestimmen das Durchsetzungsvermögen der Handeignerin. Das
kantige zweite Daumenglied läßt das mathematische Verständnis erkennen.
  Die Handgelenke sind sehr fein gestaltet. Die Vorfahren waren
weiter entwickelte Menschen.
  Die *Konstitution* ist zäh, sensibel.
  Die *Disposition* zu Gefäßschwäche läßt sich von den erhabenen Venen ableiten. Die jugendlich wirkende Haut weist darauf
hin, daß die Nieren harmonisch arbeiten, zumal keine Ablagerungen sichtbar sind. Die Zeigefinger sind leicht gebogen und
eingedreht. Sie deuten auf eine Stoffwechselschwäche der
Organe im mittleren Bauchraum. Die gebogenen und etwas
geknickten Kleinen Finger beziehen sich auf eine Tendenz zu
Senkungsbeschwerden im Urogenitalsystem.

Die Maus ist an beiden Händen nicht kräftig, eher flach. Die
allgemeine Widerstandsfähigkeit ist herabgesetzt. Die Lungen
benötigen mehr Sauerstoff.
  Die Fingernägel sind von mittlerer Größe, rosa in der Farbe
und glänzend. Die derzeitige Verfassung der Handeignerin
scheint störungsfrei zu sein. Die fast fehlenden Nagelmonde
lassen auf eine Herznervenschwäche schließen.
  Die Merkmale für Belastungen aus der Atmosphäre sind an
den oberen Nagelrändern vorhanden.

Weibliche Innenhände: E. R.

Die Fingerglieder sind uneinheitlich in ihrer Länge. Die innere
Struktur der Handeignerin bedarf einer bewußten geistigen
Steuerung und Disziplin, um eine harmonische Ausgeglichen-
heit zu erreichen. Auf den zweiten und dritten Fingergliedern
stellen viele senkrechte Linien ein Merkmal für Warmherzigkeit und Anziehungskraft dar. Die auf einigen ersten Fingergliedern befindlichen Quer- sowie Schräglinien bringen zum Ausdruck, daß sich die Handeignerin durch ihre eigenpersönlichen
Vorstellungen Hemmungen auferlegt, die durch den geistigen
Durchblick zu lösen sind. An den unteren Gelenken der Mittel-
und Ringfinger sind Einziehungen deutlich wahrnehmbar. Das
Skelettsystem ist im gesamten zart, insbesondere die Fußgelenke, die eine Tendenz zum Umknicken mit sich bringen.

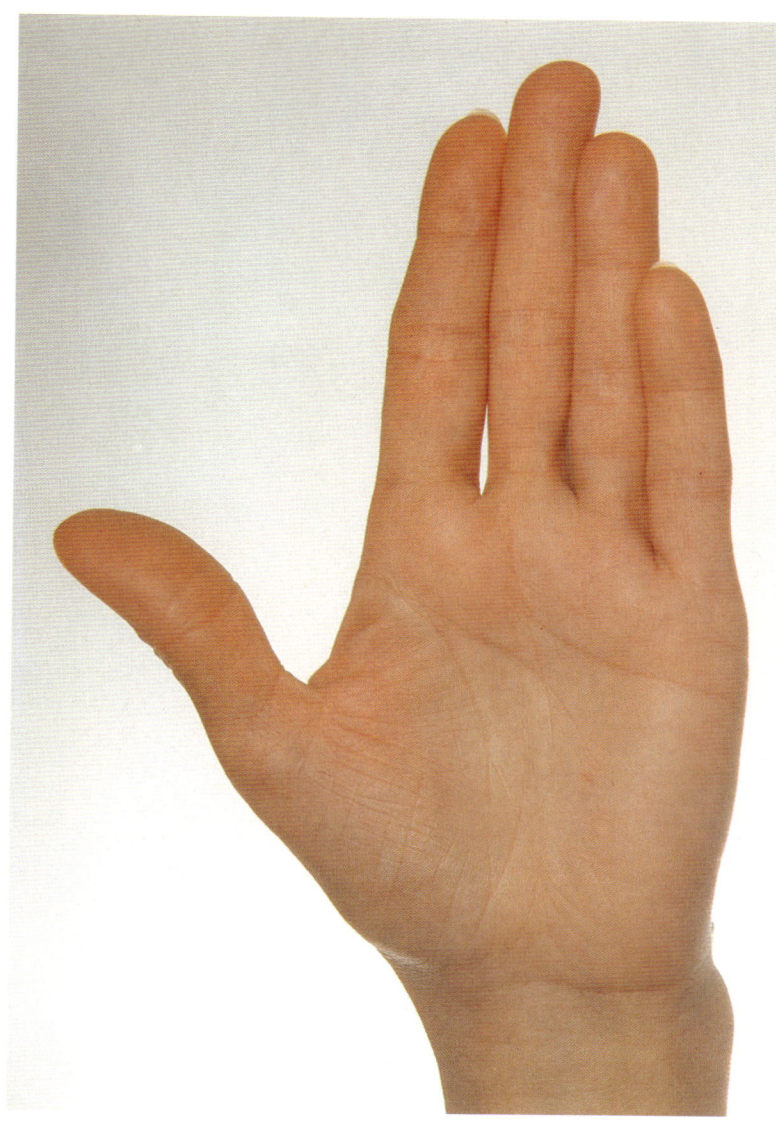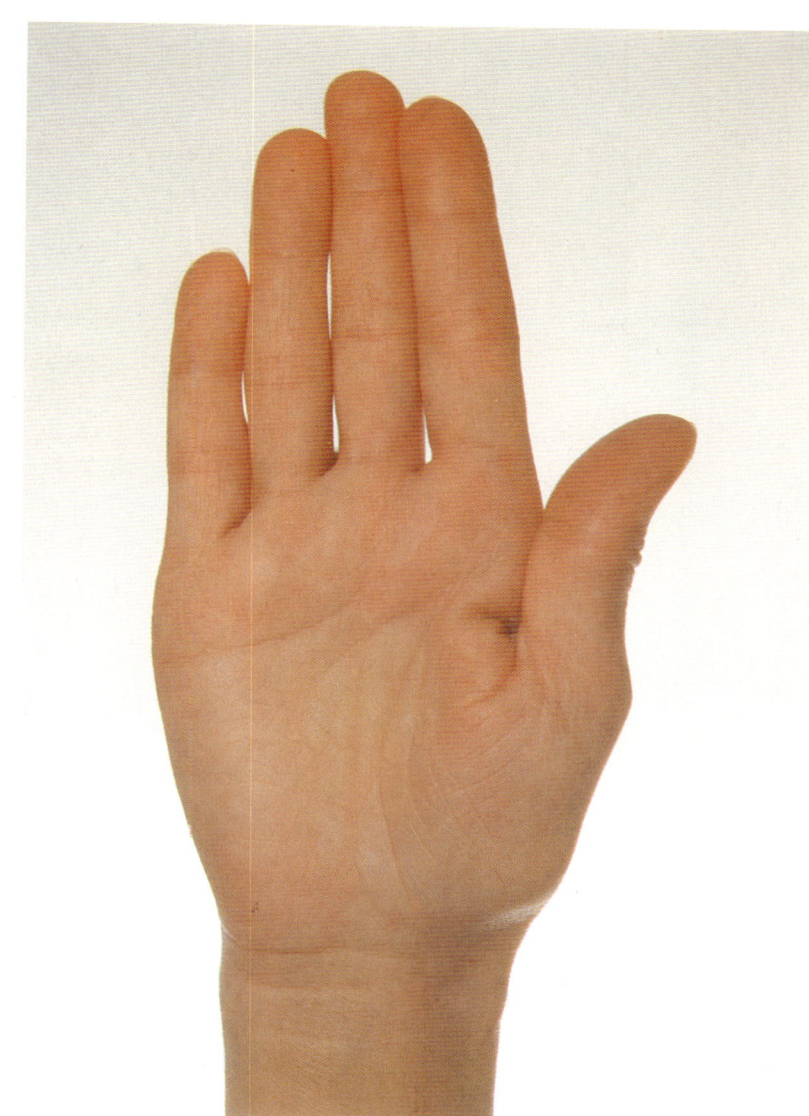

Die zarte und feine Hauttextur bestätigt die Sensibilität der Handeignerin. Die Handmitte, beidseitig, ist etwas vertieft und steht mit einem empfindlichen Magenstoffwechsel, besonders bis zum 28. Lebensjahr, in Verbindung. Die zum Teil verschobenen Handberge sind ein Hinweis auf Sinnenfreude und edle und verfeinerte Genußfähigkeit. Auf den Bergen der Kleinen Finger befinden sich mehrere kurze Linien, die auf Verspannungen im Schulter-Armbereich hinweisen. Das »Große M« in beiden Händen spricht für einen Menschen, der mit Klugheit und Intelligenz selbstgesteckte Ziele erreichen kann.

Die gut gezeichneten *Lebenslinien* umrunden die Daumenballenberge weniger ausladend. Zum Teil sind auf den Daumenballenbergen parallellaufende lebensenergieverstärkende Linien zu sehen. Das Gesamtbild der Lebenslinien läßt die Zähigkeit der Handeignerin erkennen.

Die linke *Kopflinie* verläuft in Richtung des mittleren Handrandberges. Die Gedanken der Handeignerin werden von Phantasie und Idealismus motiviert. Die rechte Kopflinie nimmt zuerst einen geraden, verstandesgemäßen Verlauf, um sich unterhalb des Ringfingers dem Sozial-Idealen zuzuwenden. Die Entschlossenheit äußert sich an dem fast normalen Anschluß der Kopflinien an die Lebenslinien. Unterhalb der Zeigefinger lassen sich kleine Inseln feststellen, die auf eine von den Eltern vererbte Sehschwäche hindeuten.

Die *Herzlinien* enden unter den Mittelfingerbergen. Daraus ist Verhaltenheit im Wesen zu entnehmen. Bräunliche Punkte in den Herzlinien unterhalb der Ringfinger beziehen sich auf Gallengrieß.

Die linke und rechte *Schicksalslinie* steigen nahe der Handwurzelmitte bis durch den Mittelfingerberg auf, wobei die rechte unterhalb der Kopflinie versetzt weiterläuft. Die Handeignerin entwickelt ihre seelischen Kräfte an dem, was sie aus innerer Konzentration und Überzeugung tut. Diese Linien weisen auf die vorhandene Voraussetzung, bewußt größeres Selbstvertrauen entfalten zu können.

Eine *Vorgeburtslinie* am unteren Teil der Lebenslinie, bis in die Schicksalslinie aufsteigend, erklärt, daß die Mutter während der Zeit der Schwangerschaft mit Depressionen zu kämpfen hatte. Für die Handeignerin selbst bedeutet es, mit unterbewußten Hemmungen behaftet zu sein, die ihr, besonders während der Jugendzeit, zu schaffen machten.

Teile des *Venusgürtels* unterhalb der Mittelfinger deuten auf eine schwache Lendenwirbelsäule.

Oberhalb der linken Handwurzel gruppieren sich viele kurze Linien, die auf unterbewußte, mit Schlafstörungen verbundene, nervliche Überreizungen, auch Medizinalgifte, zurückzuführen sind.

Die ersten *Raszettlinien* sind beidseitig etwas geschwungen und veranschaulichen Bindegewebeschwäche der Vorfahren. Die Konstitution der Vorfahren war weniger stabil, da weitere Raszettlinien nur schwach vorhanden sind. Die Handeignerin kann mit Umsicht und eigener Zähigkeit die Grundlage zu ihrem Wohlbefinden festigen.

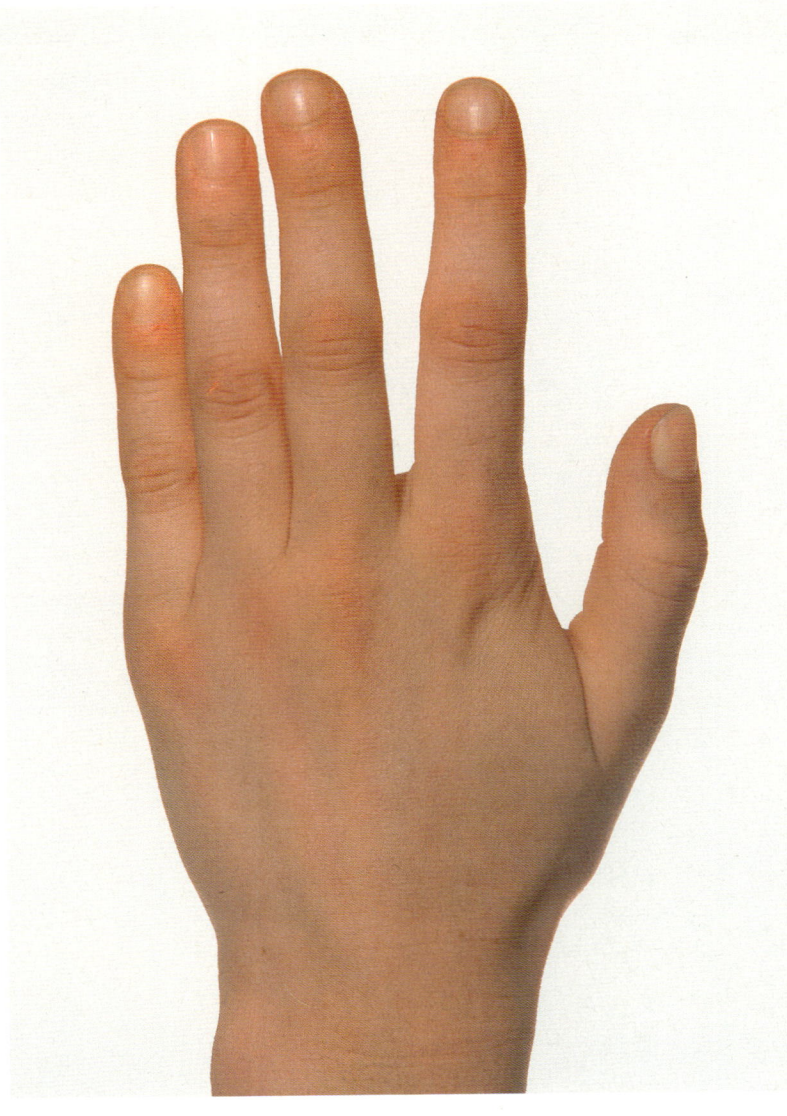 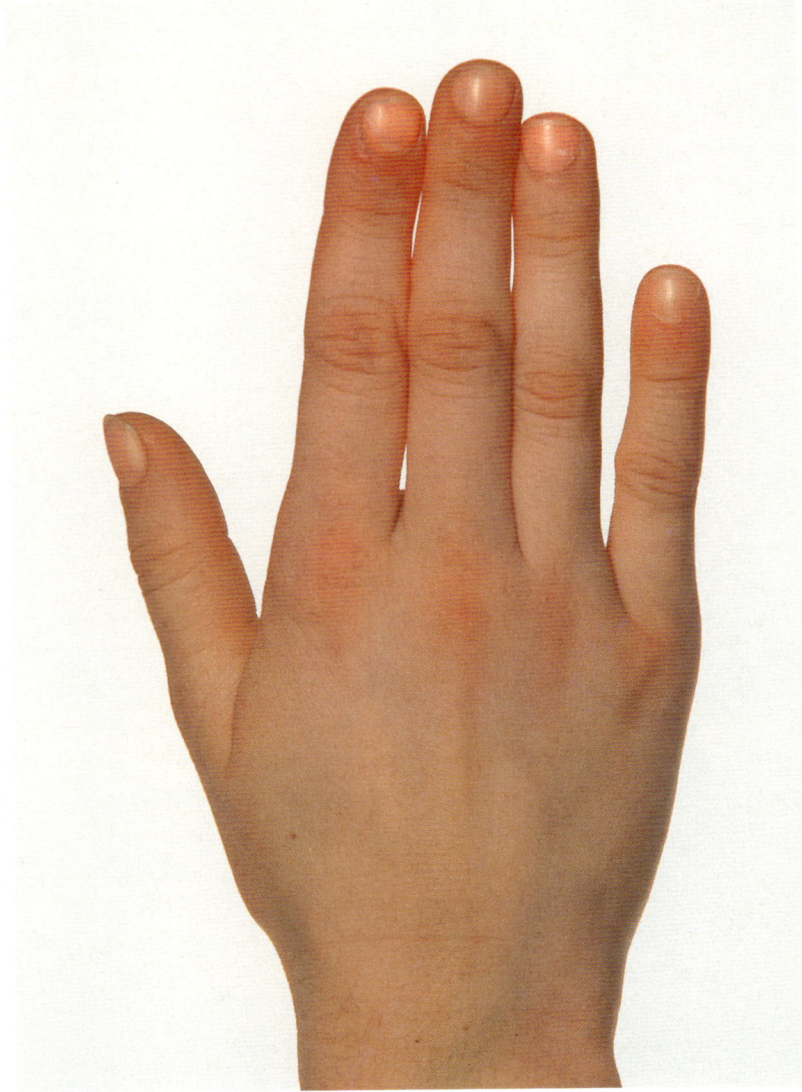

Weibliche Außenhände: E. R.
Die Handeignerin, 21 Jahre alt, ist Studentin der Veterinär-
medizin.

Die *Charakteristik* der Handform im Schema ist vorwiegend
eckig, zart knotig mit Spateleinschlag. Die Handeignerin ist ein
wissenschaftlich denkender Mensch mit der Eignung zu einer
Lehrtätigkeit. Durch die zarten Knoten wird das nützliche Prinzip, das dem Praktischen dient, mit dem geistigen verbunden.
Eine Lehrtätigkeit ist hier eine Berufung, weil auch die psycho-
logische Komponente (Knoten) vorhanden ist. Die langen Finger zeigen an, daß das geistige Kraftfeld vorrangig ist.

Die Zeigefinger sind länger als die Ringfinger und besagen,
daß die wahrheitsliebende Handeignerin eine Begabung zum
Dozieren mitbringt. Es fehlt ihr auch nicht an Ernst und Nachdenklichkeit, was an den langen Mittelfingern zum Ausdruck
kommt. Die langen Kleinen Finger beziehen sich auf Redetalent
und gute Darstellungsfähigkeit. Die langen Daumen sind tief
bis mittelhoch angesetzt. Die Handeignerin behauptet sich von
der geistig-seelischen Warte her. Das linke erste Daumenglied
ist etwas nach innen abgewinkelt und gibt ein vorsichtiges Wesen
zu erkennen.

Die fein gestalteten, mittelkräftigen Handgelenke lassen auf
ein gutes Niveau der Vorfahren schließen.

Die *Konstitution* ist sensibel, zäh, labil.

Die *Disposition* zu Verschlackungen wird an der hellen
gespannten Haut der zweiten Fingerglieder wahrnehmbar. Das
Gewebe an den Fingergelenken ist bräunlich-rötlich und bezieht
sich auf eine allgemeine Stoffwechselinsuffizienz, während die
geröteten Knöchelgelenke auf eine gestörte Darmflora schließen lassen.

Das linke erste Mittelfingerglied ist leicht gebogen und weist
auf Blinddarmreizung. Die etwas geknickten und gebogenen

Kleinen Finger verdeutlichen Bindegewebeschwäche und eine
Anlage zu Senkungsbeschwerden im Urogenitalbereich.

Die mittelgroße, gut gewölbte Maus, beidseitig, ist, bis auf
eine kleine Einziehung oben, linksseitig, die sich auf eine Schwäche im Kopf-Nackenbereich bezieht, von guter Kraft und bestätigt widerstandsfähige Lungen.

Die Fingernägel sind sehr klein. Die Herz- und Nervenkräfte
sind für anhaltende Schwerarbeiten weniger geeignet. Die rötliche Farbe der Fingernägel macht auf Entzündungen aufmerksam. Die weißen Flecken auf dem rechten Ringfingernagel
beziehen sich auf Nervosität und Ausscheiden von Harnsäure
der rechten Niere. Die fast fehlenden Nagelmonde sind ein
Merkmal einer Herznervenschwäche.

Die Einflußzeichen atmosphärischer Störungen sind an den
oberen Nagelrändern vorhanden.

Weibliche Innenhände: E. R.

Die Fingerglieder sind von unterschiedlicher Länge, die Glieder
der Kleinen Finger sind gleich lang. Durch folgerichtiges Denken gewinnt die redegewandte Handeignerin einen guten Überblick über die sie interessierenden Themen und Wissensgebiete.
Sie muß jedoch sparsam und vernünftig mit ihren Energien
umgehen, da alle ersten Fingerglieder Querstriche über dem
Gelenk aufweisen. Auf allen Fingerkuppen befinden sich kleine
Wölbungen, die Qualitäts- und Tastsinn widerspiegeln.

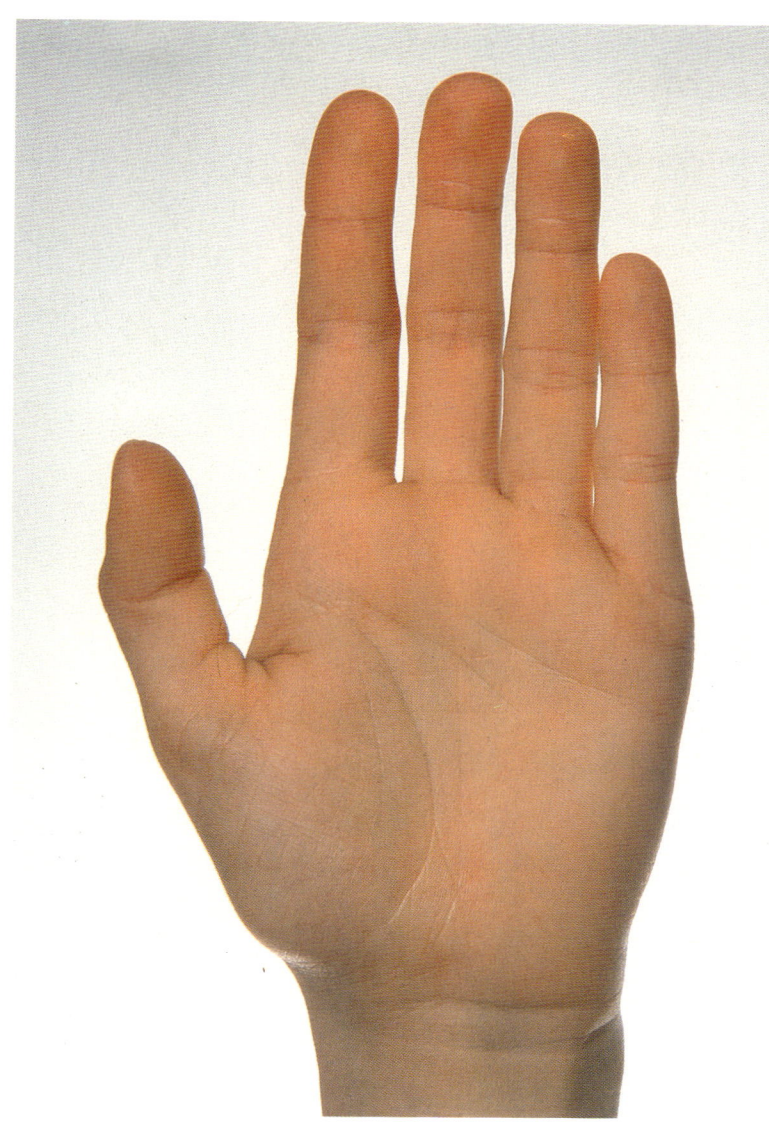
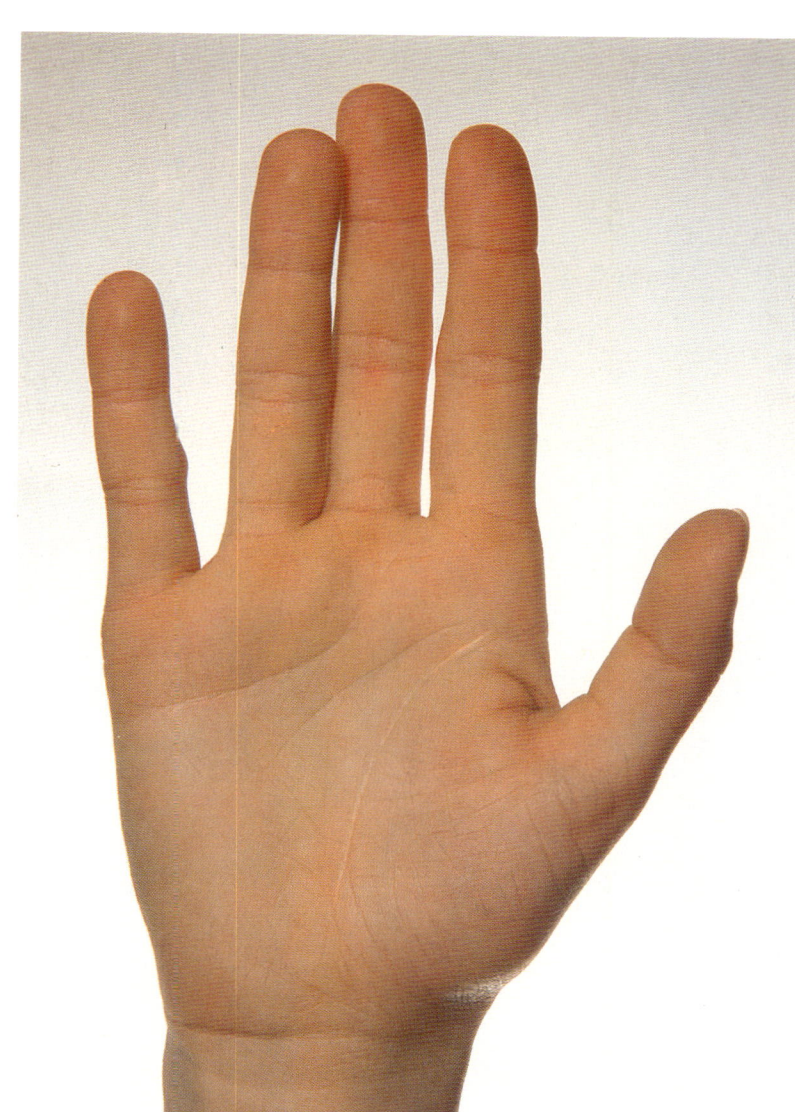

Die Hauttextur ist sehr zart und auf den Handbergen etwas kräftiger. Wiederholt lassen sich Sensibilität und Zähigkeit feststellen. Die feinen Berge geben Sinn für das Schöne und Genußfähigkeit zu erkennen. Das »Große M« befindet sich in beiden Händen und offenbart einen lebensbewußten Menschen.

In beiden Händen umrunden die *Lebenslinien* harmonisch die Daumenballenberge. Beidseitig erscheinen die Lebenslinien am Anfang silbrig. Eine schwache Konstitution in der ersten Lebenszeit läßt sich davon ableiten. Die Abzweigungen am unteren Viertel der Lebenslinien lassen vermuten, daß in späteren Jahren mit Beschwerden der Beine (Durchblutungsstörungen, Stauungen) zu rechnen ist. Ein Teil einer zweiten linken Lebenslinie unterhalb des Mittelfingers verläuft in die Schicksalslinie und gibt zeitweise Verschlossenheit zu erkennen. Ein anderer Teil einer zweiten unteren Lebenslinie mündet ebenfalls in die Schicksalslinie, die als Brücke der Lebensenergien dient und die Zähigkeit der Handeignerin bekräftigt.

Die linke *Kopflinie* zeigt am Anfang eine mit der Lebenslinie verbundene Insel, die sich auf das linke Auge bezieht und eine von mütterlicher Seite vererbte Anlage zu Sehschwäche verdeutlicht. Die etwas höher an die Herzlinie reichende, eher gerade verlaufende Kopflinie, linksseitig, weist auf einen streitbaren Verstand.

Die rechte Kopflinie beginnt in dem oberen kleinen Daumenballenberg und deutet auf ein unstetes und unbeständiges Wesen. Diese Kopflinie läuft auf den oberen Handrandberg zu und besagt, daß die Handeignerin dem Idealen und Sozialen geöffnet ist. Eine große Insel unterhalb der rechten Kopflinie in Höhe des Zwischenraumes von Zeige- und Mittelfinger hängt

mit Kopfschmerzen zusammen sowie mit Reizbarkeit im Unterbewußten. Die beiden zwischen Kopf- und Lebenslinie schwach sichtbaren Kreuze beziehen sich auf Schilddrüsenfunktionsstörungen (Blähhals).

Die linke *Herzlinie* endet unterhalb des Mittelfingers. Die Handeignerin ist abwartend und zurückhaltend. Unterhalb des Ringfingers sind mehrere helle Punkte sichtbar, die auf Nierengrieß schließen lassen. Die rechte Herzlinie mündet zwischen Mittel- und Zeigefinger. Daraus geht hervor, daß die Handeignerin Prüfungen in der »Du«-Beziehung, die sie innerlich reifen lassen, bestehen muß. Die nahe zueinandergerückten Herz- und Kopflinien, beidseitig, bestätigen, daß die Handeignerin großen eigenen Freiraum benötigt. Innere Beengung kann organisch Asthma auslösen.

Die linke *Schicksalslinie* steigt von dem Teil einer zweiten Lebenslinie mit Inselbildung auf, ein weiteres Zeichen für große Feinnervigkeit. Auch eine Anlage zu Wahrträumen und Vorahnungen ist damit verbunden. Die linke Schicksalslinie mündet in den Mittelfingerberg. Auch die rechte Schicksalslinie beginnt nahe der Handwurzel. Die freiheitsliebende Handeignerin ist bemüht, ihr Leben geistig bewußt zu betrachten.

Rechtsseitig läuft eine *Magenlinie* in die Kopflinie und begrenzt das »Große Dreieck« das sich begünstigend auf die vegetative Verfassung auswirkt.

Die *Raszettlinien* sind beidseitig zweifach sichtbar, wobei die oberen kräftig und kettig und die weiteren zarter und kettig sind. Die Konstitution der Vorfahren war zäh und sensibel. Die Handeignerin sollte ihre Lebensführung bewußt gestalten.

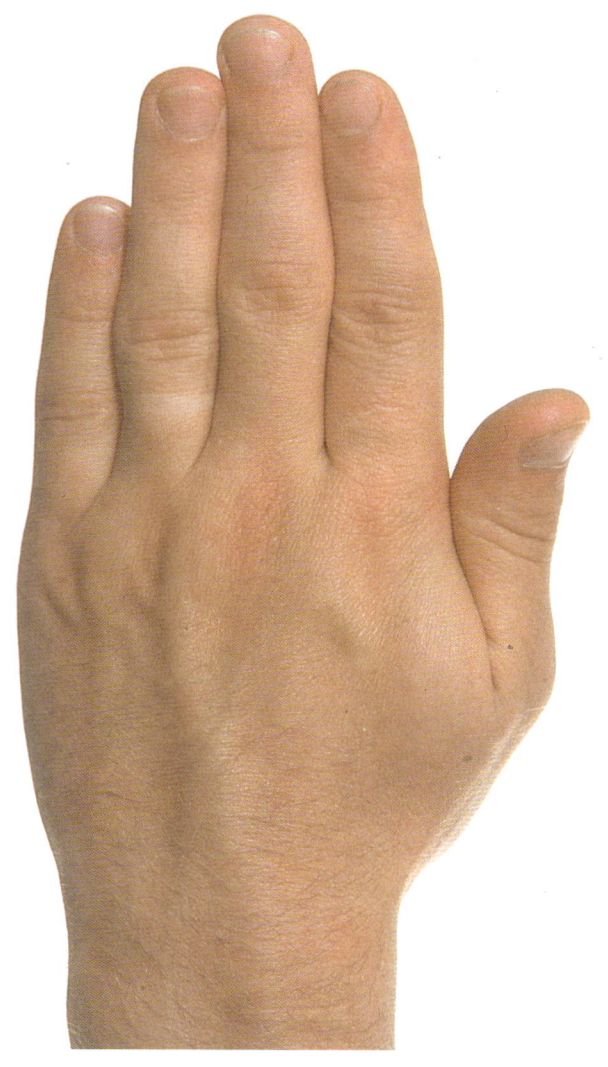 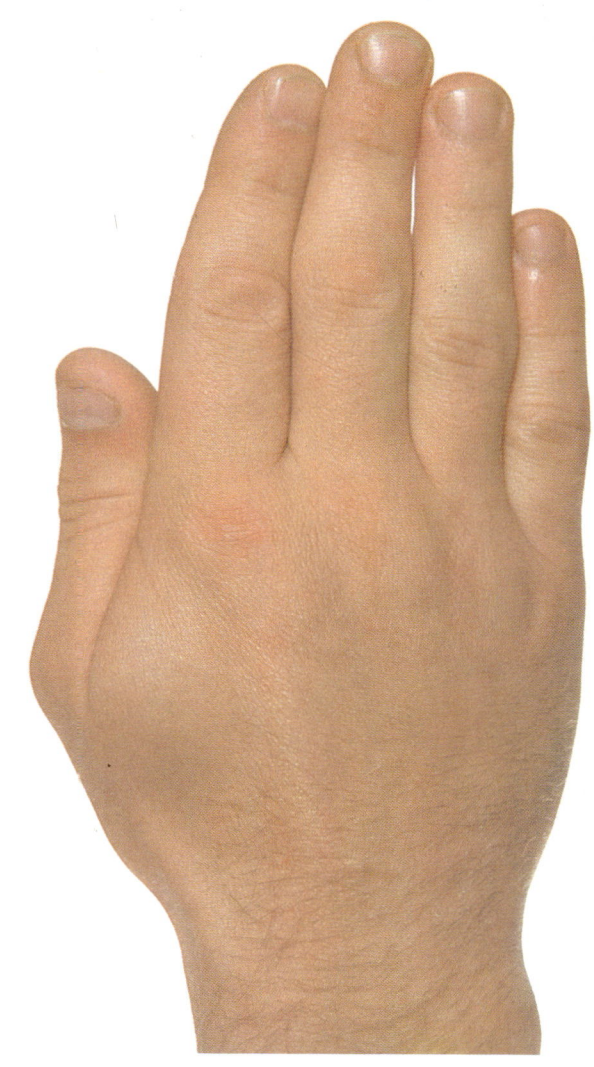

Männliche Außenhände: I. R.
Der Handeigner, 31 Jahre alt, ist Koch.

Die *Charakteristik* der Handform im Schema ist ursprünglich, primitiv, quadratisch. Sie differenziert sich im einzelnen als spatelförmig, konisch mit knotigem Einschlag. Der Handeigner ist ein praktischer Lebenskünstler und weiß mit Geschick sein Handwerk auszuüben, wobei er auch die Ordnung nicht außer acht läßt. Er strebt nach einem sinnvollen Einsatz, um zum Wohlergehen anderer einen Beitrag zu leisten.

Da die Ringfinger länger sind als die Zeigefinger, ist die Freude des Handeigners an einer guten Resonanz aus seiner Umwelt verständlich. Die normal langen, mittelhoch angesetzten, gebogenen Daumen sind der Hand angelehnt und deuten auf einen höflichen Menschen, der sich leichter beeinflussen läßt. Er ist großzügig und kann seiner Aufgabe intensiv nachgehen. Die Biegung der Daumen, besonders linksseitig, läßt physische sowie psychische Labilität des Rückgrates erkennen. Von den betonten zweiten Daumengelenken läßt sich Sinn für Symmetrie ableiten.

Die mittelkräftigen Handgelenke lassen auf widerstandsfähige Naturen bei den Vorfahren schließen.

Die *Konstitution* ist zäh, stabil.

Die *Disposition* zu Stoffwechselstörungen, vorwiegend der Nieren, ist an der zarten Hautbeschaffenheit sowie an dem etwas festeren Gewebe der Fingerglieder ersichtlich. Die stark gebogenen und nach innen gedrehten ersten und zweiten Glieder der Zeigefinger beziehen sich auf eine Organschwäche von links, Milz-Pankreas und rechts, Leber-Galle. Die gebogenen ersten und zweiten Mittelfingerglieder stehen mit Blinddarmreizungen und Verdauungsstörungen in Zusammenhang, zumal die zweiten Mittelfingerglieder oberhalb des Knotens etwas verdickt sind. Die gebogenen Kleinen Finger verdeutlichen Bindegewebeschwäche des Urogenitalsystems.

Die Zärtlichkeitsgrübchen zwischen den Knöchelgelenken besagen, daß sich der Handeigner nach liebevoller Zuwendung sehnt. Eine Rötung auf den Knöchelgelenken der Zeige- und Mittelfinger, linksseitig, weist darauf hin, daß die Darmflora reguliert werden sollte. Die Rötung auf dem rechten Zeigefingerknöchel ist eine Hautverletzung.

Die bis auf eine kleine Einziehung am oberen Teil gut gewölbte Maus in beiden Händen zeugt von guter Widerstandsfähigkeit, wobei die Einziehung auf eine kleine Schwäche an den Lungenspitzen oder auch an der Halswirbelsäule schließen läßt.

Die kurzen, rosafarbenen Fingernägel bestätigen eine Disposition zu organisch vererbten Herzstörungen sowie eine Tendenz zu Unterleibsschwäche. Die kaum vorhandenen Nagelmonde bieten das Bild einer Herzneurose.

Die Einflußzeichen atmosphärischer Störungen sind an den oberen Nagelrändern nur wenig sichtbar.

Männliche Innenhände: I. R. siehe folgende Doppelseite.

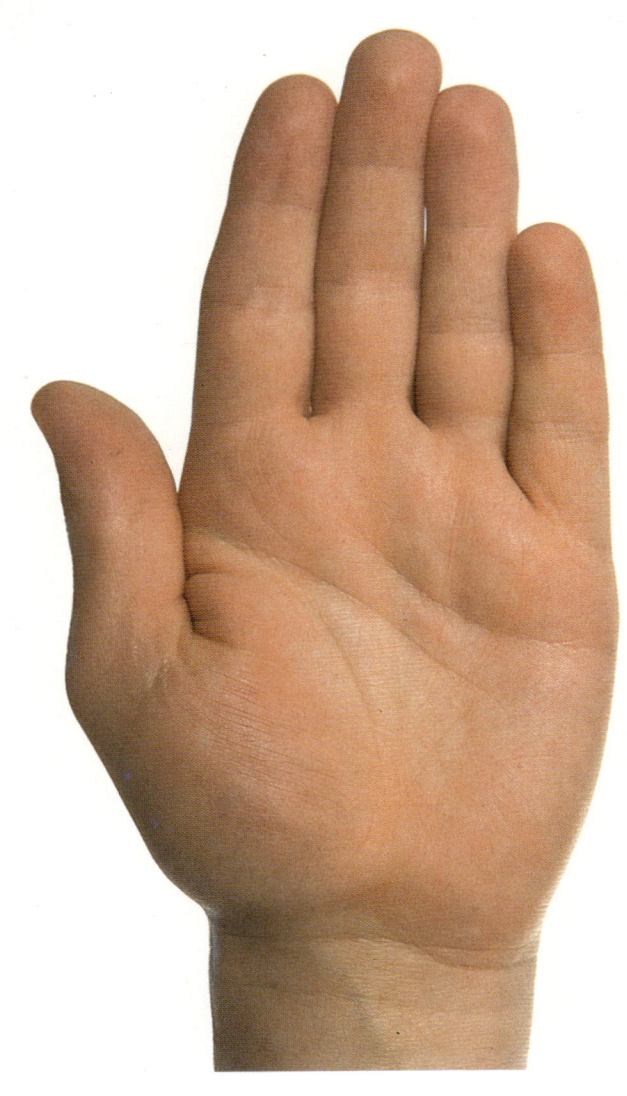

Männliche Innenhände: I. R.
Der Handeigner, 31 Jahre alt, ist Koch.

Die Fingerglieder sind, bis auf die unteren Glieder der Mittel-finger, in ihrer Länge ausgewogen. Eine Übereinstimmung der drei Ebenen Geist, Seele, Körper kann erreicht werden, wenn der Handeigner auch der geistigen Realität echtes Vertrauen entgegenbringt. Sehr zarte Längslinien auf den zweiten und drit-ten Fingergliedern sind ein Hinweis dafür, daß sich der Hand-eigner durch mehr Entgegenkommen größere Ausstrahlungsfä-higkeit aneignen kann. Qualitätssinn äußert sich an den kleinen glänzenden, deutlichen Erhebungen der Fingerkuppen. Kleine Querlinien am linken unteren Zeigefingergelenk weisen auf Drüsenstörungen von Milz-Pankreas. Querlinien an den unte-ren Gliedern der Mittelfinger bedeuten eine Möglichkeit für den Handeigner, durch Einschränkung über sich hinauszuwach-sen. Kleine Linien für überreizte Nerven finden sich an den unteren Gelenken der Kleinen Finger.

Die zarte Hauttextur gibt einen empfindsamen Menschen zu erkennen. Die leicht rot-weiß gefleckte Haut deutet auf Nieren-funktionsstörungen und eine überfüllte Blase (sehr oft auch bei Harnverhalten von Kindern festzustellen). Die hellen, etwas ver-tieften Innenhandflächen lassen auf einen empfindlichen Magen schließen. Die gut gewölbten, zum Teil verschobenen Berge sind ein Merkmal für Lebensfreude und Genußfähigkeit, auch für Stimmungen, die den Handeigner mitunter täuschen und irri-tieren können. Auf dem linken Zeigefingerberg deuten zwei Linien auf Stirnhöhlen- und Harnröhren-Katarrh. Das »Große M« ist in beiden Händen eingezeichnet. Über den Denk- und Lernprozeß wird das Bewußtsein des Handeigners vertieft.

Beide *Lebenslinien* sind bis zur Hälfte kräftig markiert, dann zart auslaufend. Die hoch angesetzten Lebenslinien sprechen für lebensenergieverstärkende Impulse, die dem Handeigner auch in reiferen Jahren zur Verfügung stehen. Die kurze, deut-lich markierte Linie am oberen Teil des linken Daumenballen-berges hängt mit einer Infektionskrankheit in den Kinderjahren zusammen.

Die hoch angesetzte, etwas geschwungene linke *Kopflinie* reicht in den oberen Handrandberg. Von Natur aus ist dem Handeigner Frohsinn und Beweglichkeit der Gedanken mitge-geben. Der kettenförmige Beginn veranschaulicht eine erschwer-te Lern- bzw. Aufnahmefähigkeit in den frühen Jugendjahren infolge von Müdigkeit und Durchblutungsstörungen.

Die linke mit der Lebenslinie verbundene Kopflinie endet unterhalb des von Kopf- und Herzlinie begrenzten Berges, was ein mehr auf den Verstand gerichtetes Denken besagt. Die rechte Kopflinie ist mit der Lebenslinie länger verbunden und verläuft in Richtung des oberen Handrandberges. Nach dem 30. Lebens-jahr ist der Handeigner bedachtsamer und in sich verschlosse-ner. Die Gedanken bewegen sich mehr in die ideale, kreative Richtung. Auch die rechte Kopflinie ist anfangs lange kettig und läßt Gehirnnervenschwäche erkennen, die sich als Kopfschmer-zen bemerkbar machen kann. Die in beiden Kopflinien befindli-chen Punkte sind Merkmale für Ermüdungserscheinungen. Eine Insel am Anfang der rechten Kopflinie weist auf eine von väterli-cherseits vererbte Anlage zu Sehschwäche.

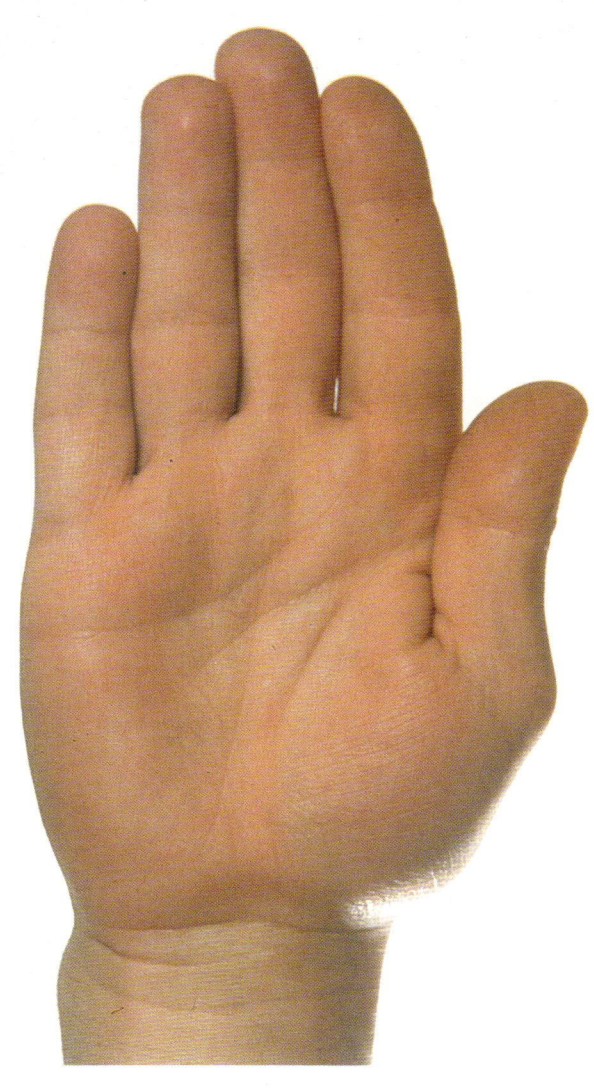

Der Zwischenraum von den *Herz-* zu den Kopflinien ist relativ eng, ein Zeichen dafür, daß eine Disposition zu, physisch, Asthma und, psychisch, Platzangst besteht. Die damit verbundene Engherzigkeit kann der Handeigner durch tätige Nächstenliebe überwinden lernen.

Punkte auf den Herzlinien, beidseitig, unter den Ringfingern stehen mit Nierengrieß (helle Punkte) und Gallengrieß (bräunliche Punkte) in Verbindung. Punkte auf den Herzlinien, beidseitig, unter den Mittelfingern geben Karies zu erkennen. Eine kleine, deutlich sichtbare Insel unterhalb des rechten Kleinen Fingers bezieht sich auf eine von väterlicherseits vererbte Anlage zu einem Herzfehler.

Die am inneren Handrandberg zart beginnende linke *Schicksalslinie* reicht etwas über die Herzlinie. Indirekte Einflüsse dienen zur Förderung der Bewußtseinsentwicklung des Handeigners. Die rechte von Anfang an kräftiger gezeichnete Schicksalslinie beginnt an der Innenseite des unteren Handrandberges und zieht über der Herzlinie versetzt durch den Mittelfingerberg. Greift der Handeigner die ihm von außen zukommenden Anregungen auf, kann er sie für seine Bewußtseinsentwicklung nutzen und daraus geistigen Halt gewinnen.

Die linke *Magenlinie*, die an der Lebenslinie ansetzt, reicht bis in die Kopflinie und bildet mit dieser und der Lebenslinie das »Große Dreieck«. Das »Große Dreieck« veranschaulicht eine Stabilisierung der Gesundheit, zumal die Schicksalslinie nur zart ausgebildet ist. Die vielen zarten, kurzen Linien im »Großen Dreieck«, linksseitig, nahe der Lebenslinie lassen eine Neigung zu fiebrigen Infektionen vermuten.

Rechtsseitig bilden zwei aus der Schicksalslinie kommende Magenlinien, die in die Kopflinie ziehen, eine große Insel, die mit Gallenstörungen zusammenhängt. In der rechten Hand ist das »Kleine Dreieck«, aus Magen-, Kopf- und Schicksalslinie gebildet, sichtbar. Es macht für geistige Studien geeignet, wobei Geduld und Ausdauer erforderlich sind. Auf beiden Ringfingerbergen deuten mehrfache zarte *Sonnenlinien* darauf hin, daß der Handeigner sehr empfindsam ist und einen empfindlichen Solar plexus hat, wodurch er nicht jeden Menschen in nahem Kontakt ertragen kann. Er sollte seinen Freundeskreis unter diesem Aspekt bewußt auswählen.

Die erste, obere, linke *Raszettlinie* ist kräftig, kettig und geschwungen. Ein Teil einer zweiten, gerade verlaufenden Linie sowie eine dritte, gerade verlaufende Raszettlinie stellen das Erbgut der mütterlichen Vorfahren dar, aus dem Bindegewebeschwäche, Feinnervigkeit und Zähigkeit abzuleiten sind. Die erste, fast gerade verlaufende Raszettlinie, rechtsseitig, ist kräftig und kettig, die zweite, kräftige, nicht voll ausgebildete sowie eine gerade verlaufende dritte Raszettlinie verkörpern das väterliche Erbgut und lassen auf Stabilität, Zähigkeit und Feinnervigkeit schließen.

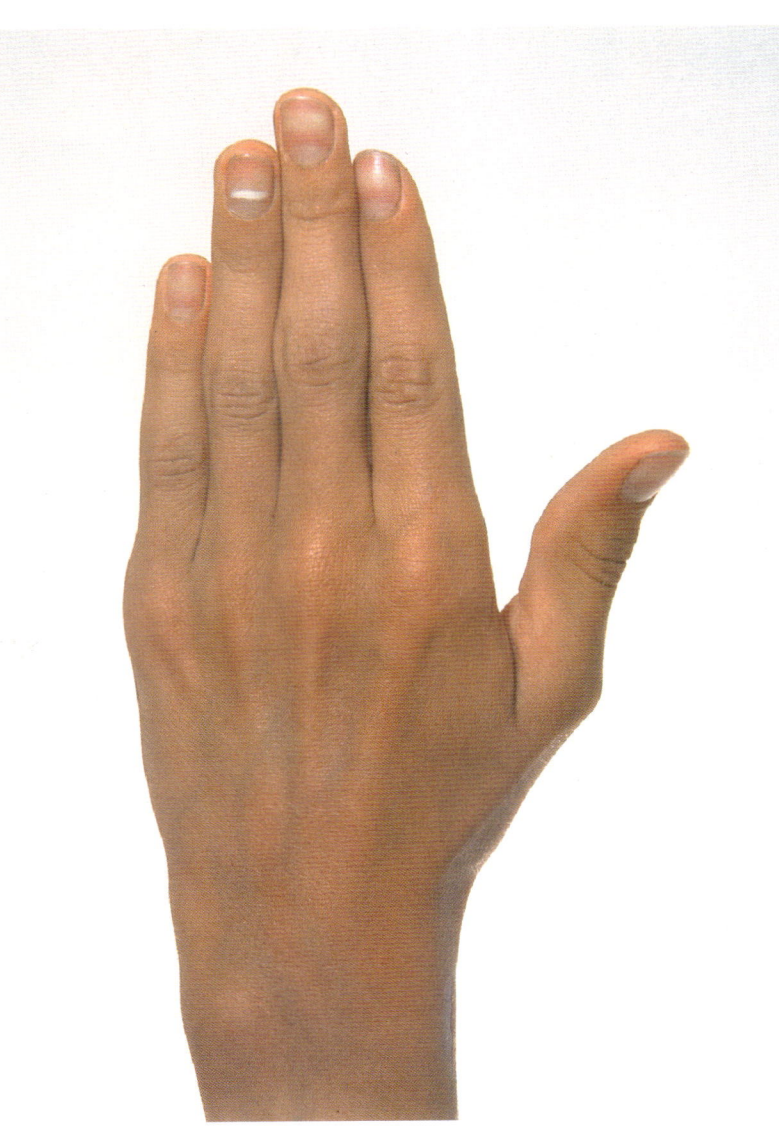
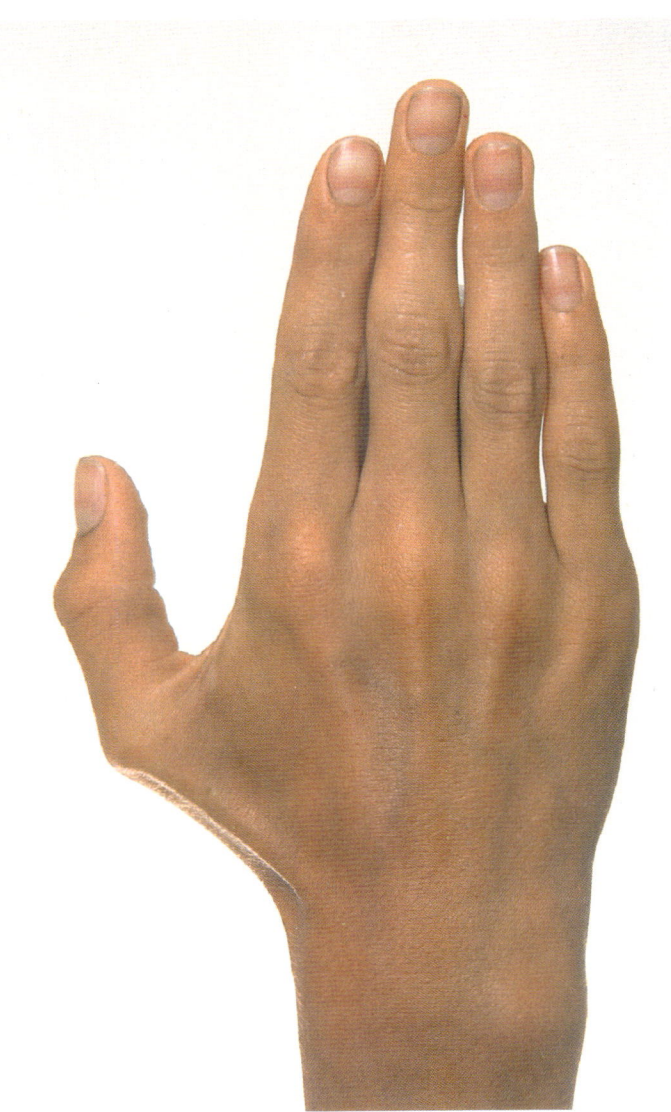

Männliche Außenhände: S. N.
Der Handeigner, 15 Jahre alt, ist Schüler.

Die *Charakteristik* der Handform im Schema ist knotig mit spatelförmigem Einschlag, die Hände sind mittelgroß. Der freiheitsliebende Handeigner strebt nach Gerechtigkeit und bewahrt seine Ideale. Durch die philosophische Grundhaltung wird er in seinem Denkprinzip Ursache und Wirkung miteinbeziehen. Dadurch gelangt er zu geistigen Folgerungen, die ihn zu höherer Vernunft führen, wodurch er eine innere Verbundenheit zum Religiös-Sozialen erwirbt und sich von äußeren Bindungen freihält. Diese Gesinnung kommt auch im praktischen Tun zum Ausdruck. Da die Ringfinger länger sind als die Zeigefinger, fällt es dem Handeigner nicht immer leicht, Erkanntes seiner Umwelt verständlich zu machen.

Die mittelhoch angesetzten langen Daumen besagen, daß die Persönlichkeit des Handeigners von der seelischen Ebene her bestimmt wird. Die ersten und zweiten Daumenglieder sind von gleicher Länge, was bedeutet, daß Wille und Vernunft in einem ausgeglichenen Verhältnis stehen. Damit verknüpft sind Zuverlässigkeit und Verträglichkeit. Das stärker ausgebildete erste rechte Daumengelenk läßt auf Zähigkeit in der Ausführung seiner Pläne schließen, ebenso auf Intelligenz und Unabhängigkeitsliebe. Die beidseitig kräftigen zweiten Daumengelenke drücken mathematisches Verständnis und Sinn für Symmetrie aus. Von der Haltung des linken Daumens läßt sich Höflichkeit und Anpassungsfähigkeit ableiten, von der Haltung des rechten Daumens zeitweise Reserviertheit und große Vorsicht.

Die feiner gestalteten Handgelenke weisen auf weiterentwickelte, differenzierte Vorfahren hin.

Die *Konstitution* ist zäh.

Die *Disposition* zu Nierenstörungen wird an der etwas durchsichtigen, feinen Hautbeschaffenheit sichtbar. Die gebogenen Zeigefinger beziehen sich auf eine Anlage zu Stoffwechselstörungen von Milz-Pankreas, links, und Leber-Galle, rechts.

Die gebogenen und abgeknickten Kleinen Finger deuten auf eine Anlage zu Bindegewebeschwäche und Beschwerden im Urogenitalbereich. Die Knöchelgelenke, beidseitig, besonders von Zeige- und Mittelfinger, sind etwas betont, im Gewebe gröber und stellen sich leicht kreisförmig dar. Es läßt den Beginn einer Hüft- und Kniegelenk-Schwäche vermuten.

An der beidseitig wenig ausgeprägten Maus läßt sich erkennen, daß die Lungen- und Vitalkraft verbessert werden sollten.

Die langen, gewölbten Fingernägel weisen auf eine Disposition zu Lungen- und Nierenstörungen. An den Aufhellungen der rosafarbenen Fingernägel spiegeln sich Stauungen der Organe im mittleren Bauchraum wider. Ein breiter weißer Streifen am linken Ringfingernagel veranschaulicht, daß vermehrte Harnsäureausscheidung aus der linken Niere stattgefunden hat. Die großen Nagelmonde sind ein Merkmal für eine Anlage zu Stoffwechselstörungen, Lungenbelastung sowie Herzschlag. Die rötlichen Ränder der Nagelmonde geben Aufschluß über Entzündungstendenzen im Organismus.

Die Einflußzeichen atmosphärischer Störungen sind an den oberen Nagelrändern zu sehen.

Männliche Innenhände: S. N. siehe folgende Doppelseite.

98

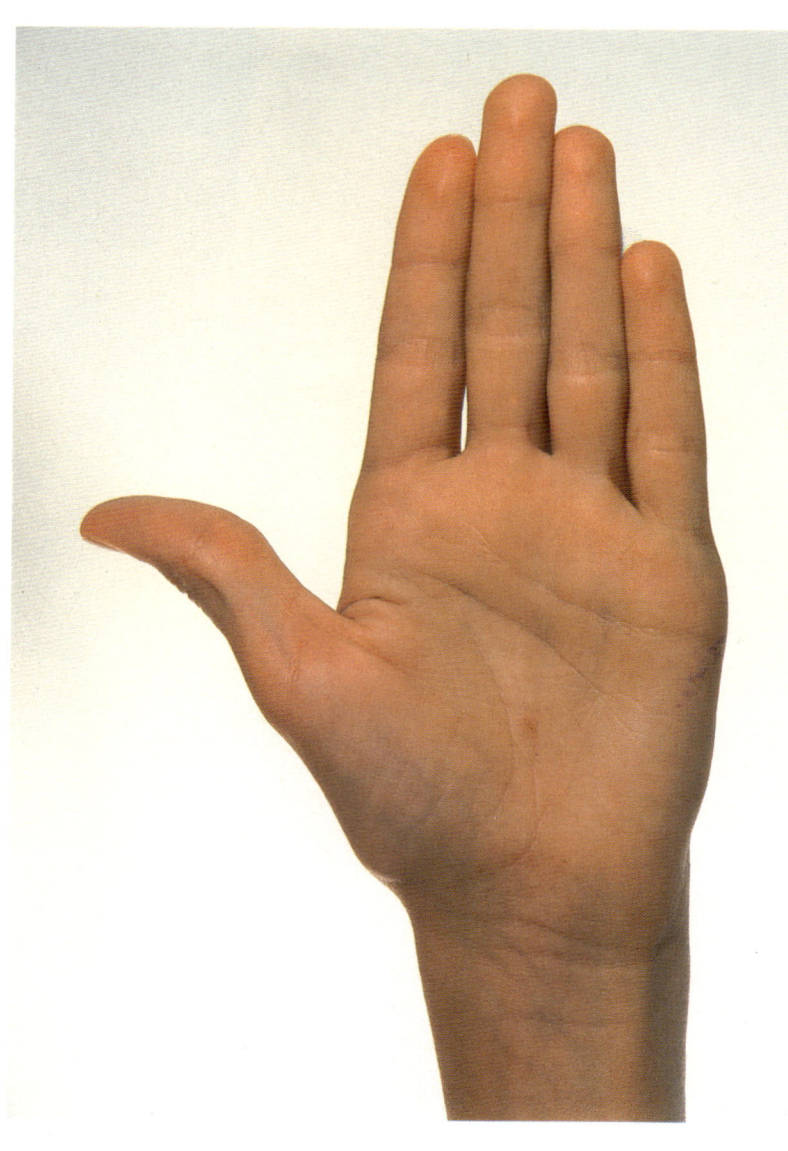

Männliche Innenhände: S. N.
Der Handeigner, 15 Jahre alt, ist Schüler.

Die Befähigung zu geistiger Betätigung wird durch die in der Länge führenden ersten Fingerglieder deutlich. Zum Teil stimmen die zweiten Fingerglieder mit den ersten in der Länge überein. Der Handeigner sollte in seinen Bemühungen darauf bedacht sein, unter Einbeziehung der materiellen, das heißt der sichtbaren Welt nach bewußter Ergänzung zu der geistig-seelischen Ebene zu streben, um die Voraussetzung für die Harmonie von Geist, Seele, Körper zu schaffen.

Tast- und Qualitätssinn äußern sich an den kleinen hellen Erhebungen der ersten Fingerglieder. Zarte Längslinien an den zweiten und dritten Fingergliedern sind ein Merkmal dafür, daß der Handeigner fähig ist, auf andere Menschen zugehen zu können. Die an den unteren Gelenken der Zeigefinger befindlichen kleinen Linien deuten auf eine Organschwäche von Milz-Pankreas, links, und Leber-Galle, rechts. Kleine Querlinien an den unteren Gelenken des rechten Ringfingers sowie beider Kleinen Finger beziehen sich auf nervliche Überreizungen und Nervosität.

Die Einziehung am unteren Gelenk der Mittel- und Ringfinger beruht auf einer Schwäche des Skelettsystems und der Füße.

Von der mittelkräftigen Hauttextur läßt sich seelische Widerstandsfähigkeit ableiten. Die etwas blasse, ausgehöhlte rechte Innenhandfläche läßt Durchblutungsstörungen erkennen, die auch den Magen miterfassen.

Alle *Handrandberge* sowie die unteren Teile der Daumenballenberge sind gut gewölbt, während die weiteren drei Fingerberge nur zarte Konturen aufweisen. Die Gefühls- und Empfindungswelt des Handeigners zeigt Mut und Temperament.

Eine Anlage zu Rheuma äußert sich an dem rechten unteren gewölbten Handrandberg sowie an zwei kurzen senkrechten Linien im Zwischenraum von Zeige- und Mittelfinger und am Mittelfingergelenk.

Die höher angesetzte linke *Lebenslinie* reicht bis zum unteren Viertel des Daumenballenberges und ist durch eine am zweiten Drittel der Lebenslinie beginnende Abzweigung mit einer weiteren Lebenslinie, die um den Daumenballenberg führt, verbunden. Die unterschiedlich langen Lebensrhythmen der mütterlichen Vorfahren werden hier augenscheinlich. In der linken Lebenslinie sind mehrere kleine Inseln und Punkte wahrnehmbar, die auf Zeiten körperlicher Schwäche aufmerksam machen.

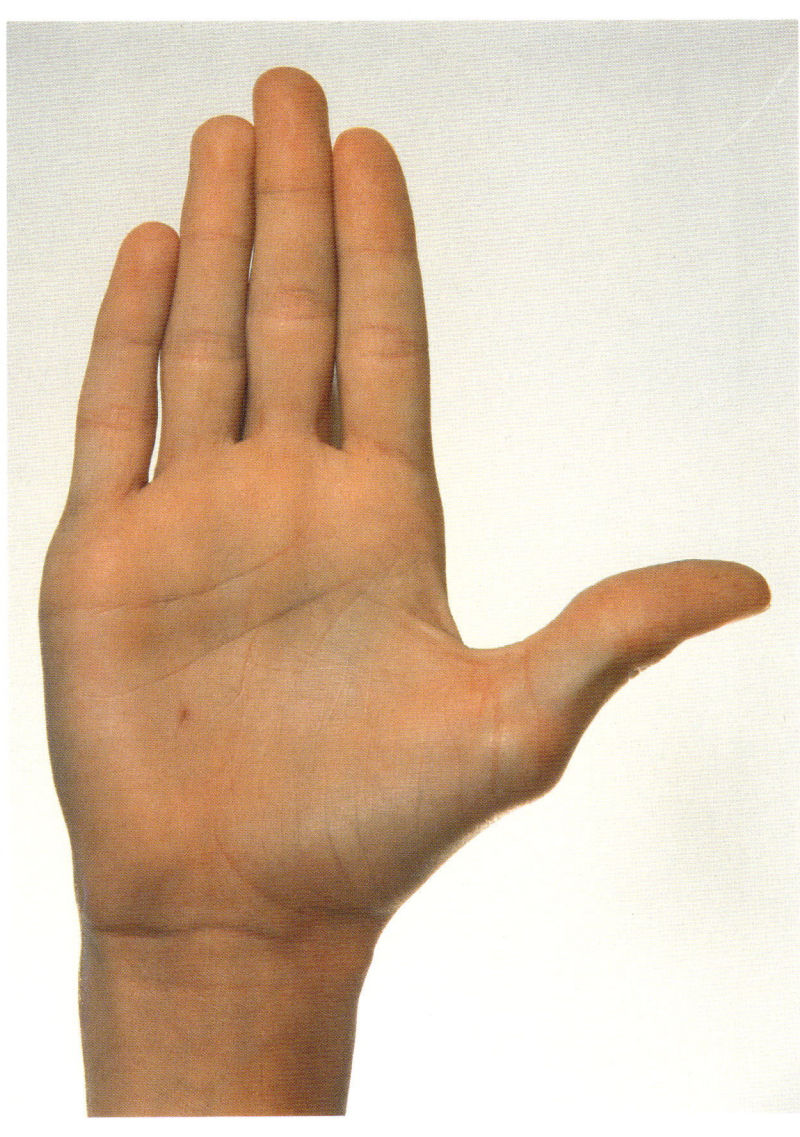

Die rechte am Anfang mit Inseln und Punkten versehene Lebenslinie zeigt einen undeutlichen Verlauf. Die von väterlicher Seite vererbte Konstitution läßt auf eine herabgesetzte Widerstandfähigkeit schließen.

Beide *Kopflinien* sind durch Inseln mit den Lebenslinien verbunden. In der Kindheit war der lymphatische Rachenring ein Störfeld. Die linke in dem oberen Handrandberg verlaufende Kopflinie gibt einer sozial-idealen Denkrichtung Ausdruck. Die rechte gerade verlaufende Kopflinie läßt ein verstandesbezogenes Denken erkennen. Die Punkte in den Kopflinien verdeutlichen Überanstrengung der Kopfnerven.

Die linke am Anfang kettige *Herzlinie* mündet in einer Büschelbildung und zeigt eine Tendenz zu organischen Herzstörungen sowie zu Störungen im Leber-Galle-Bereich. Die dunkle Stelle in der linken Herzlinie unterhalb des Ringfingers bezieht sich auf Gallen-Konkremente. Die rechte anfangs kettige Herzlinie endet in einer Spaltung, die auf eine von väterlicher Seite vererbte Anlage zu Herzstörungen hinweist. Zwei dunkle Vertiefungen in der rechten Herzlinie unterhalb des Ringfingers sind auf Gallengrieß zurückzuführen. Die unterhalb der Mittelfinger endenden Herzlinien deuten auf innere Zurückhaltung des Handeigners. Die näher beieinanderligende Herz- und Kopflinie, linksseitig, machen darauf aufmerksam, daß der Handeigner bis zum 28. Lebensjahr zu seelischen Beengungszuständen neigt, besonders dann, wenn ihm keine Warmherzigkeit und Verstehen aus seiner Umwelt zukommen.

Die linke *Schicksalslinie* beginnt an dem unteren Teil der äußeren Lebenslinie und erklärt, daß die enge Bindung an das Elternhaus die eigene Entfaltung in bezug auf das Selbständigwerden verzögert. Die linke Schicksalslinie bleibt in der Kopflinie stehen. Der Verstand des Handeigners wirkt sich hemmend auf sein Selbstvertrauen aus.

Die rechte Schicksalslinie ist in drei Teilen sichtbar, unterhalb der Kopflinie in zwei Teilen und versetzt oberhalb der Kopflinie bis zur Herzlinie. Die Bewußtseinsentwicklung des Handeigners geht in unterschiedlichen Phasen vor sich, wobei das Unterscheidungsvermögen geschult werden sollte.

Drei linke *Raszettlinien* sind teilweise kettig. Aus der Erbsubstanz der mütterlichen Vorfahren wurden dem Handeigner sowohl Zähigkeit als auch Feinnervigkeit vermittelt. Von väterlicher Seite vererbte Bindegewebeschwäche und überfeinerte Nerven äußern sich an den rechten kettigen Raszettlinien.

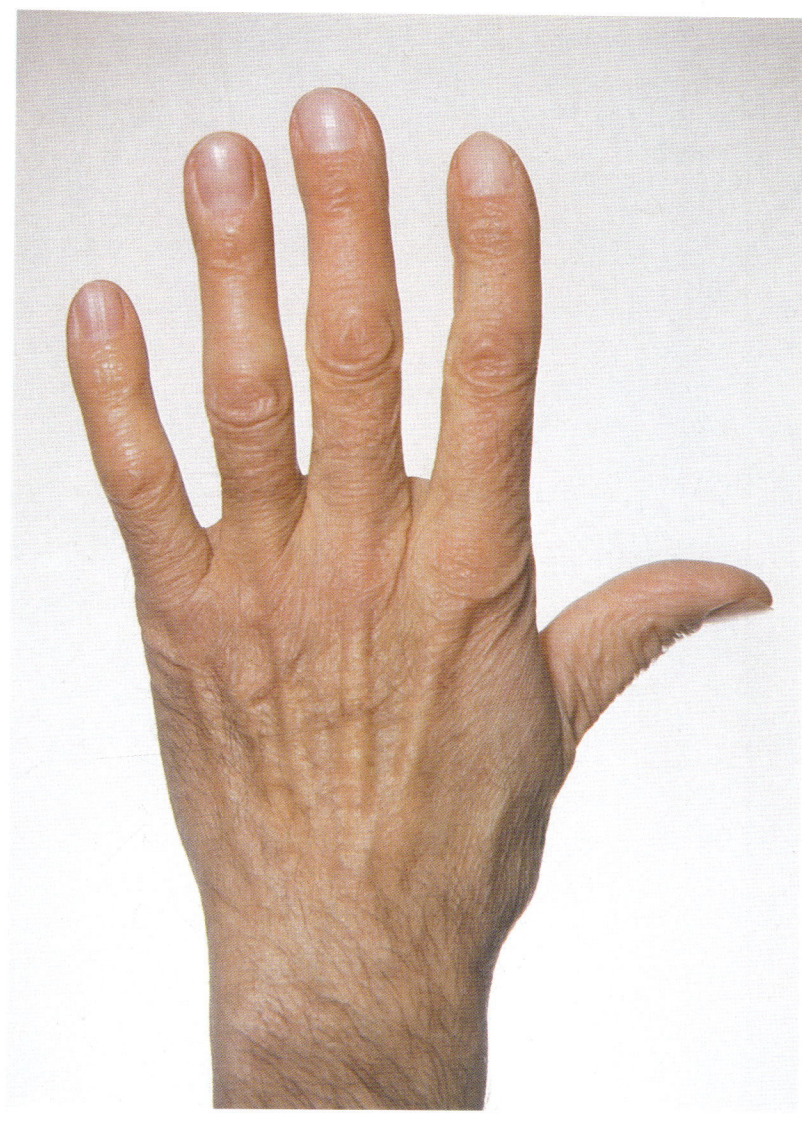 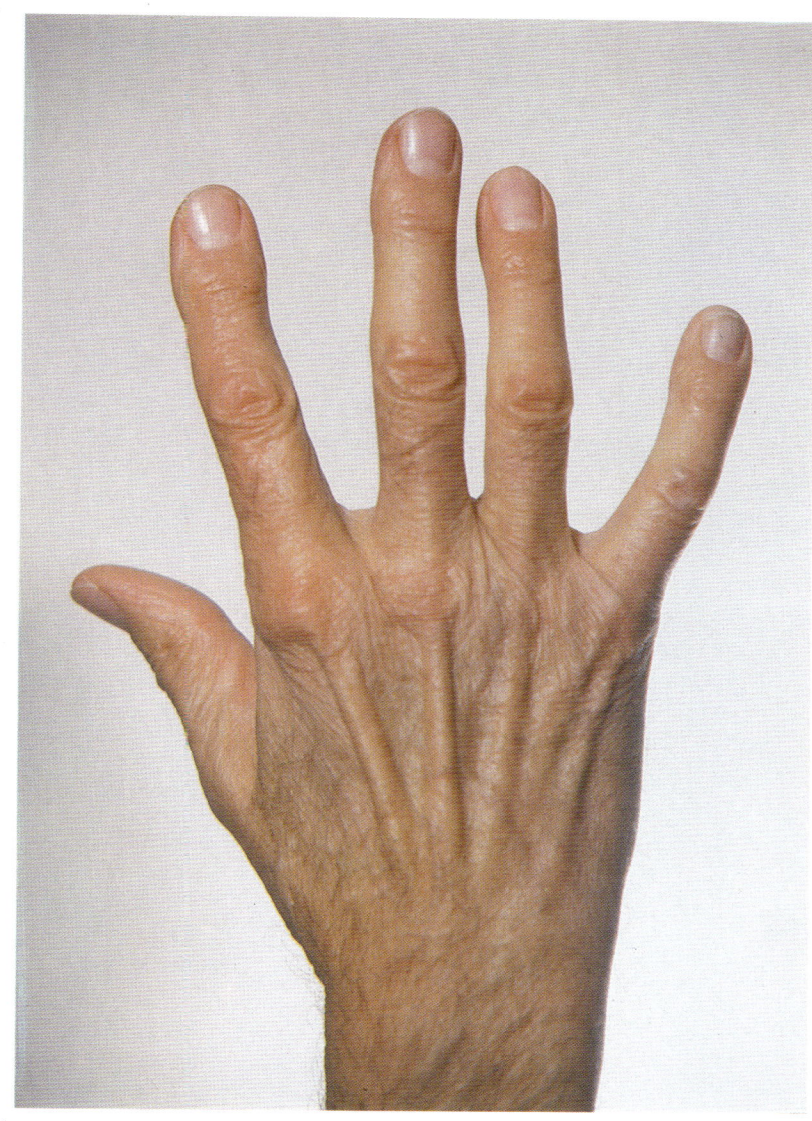

101

Männliche Außenhände: F. H.
Der Handeigner, 77 Jahre alt, war Beamter und ist jetzt Rentner.

Die *Charakteristik* der Handform im Schema ist vorwiegend spatelförmig mit leicht knotigem Einschlag. Der Handeigner ist unternehmungslustig und für Neues zu gewinnen. Er zeichnet sich durch Akkuratesse aus, verfügt über natürliche Intelligenz, liebt alles Regelmäßige und ist ein praktischer Lebenskünstler. Der Handeigner ist Vegetarier, der bewußt seinen Körper pflegt und erhält. Durch die gespreizte Haltung der Finger vermittelt er den Eindruck großer Offenheit. Die Haltung der Daumen hingegen drückt persönliche Verhaltenheit aus.

Die Zeige- und Ringfinger sind fast gleich lang. Das Äußere und Innere halten sich die Waage. Die mittelhoch angesetzten Daumen sind biegsam. Der höfliche, zuvorkommende Handeigner paßt sich den geistigen Lebensregeln an beziehungsweise handelt nach den ungeschriebenen Gesetzen. Er vermag sich in ein Aufgabengebiet sehr gut hineinzuversetzen, da das obere Daumenglied abgeflacht ist. Die Behaarung läßt auf Temperament schließen.

Die mittelkräftigen Handgelenke deuten auf zähe und widerstandsfähige Vorfahren.

Die *Konstitution* ist mehr zäh als stabil und sensibel.

Die *Disposition* zu einer langen Jugendlichkeit zeigt sich an der feinen Haut. Die Funktionsfähigkeit der Nieren ist immer noch gut, da die Fingerglieder fast frei von Ablagerungen sind.

Die beidseitig etwas gebogenen Zeige- und Mittelfinger lassen erkennen, daß die Organe des mittleren Bauchraumes, links, Milz-Pankreas, rechts, Leber-Galle sowie der Darm eine leichte Schwäche aufweisen. Die gebogenen Kleinen Finger beziehen sich auf ein Blasenleiden und auf Prostatabeschwerden, verbunden mit Bindegewebeschwäche.

Die linke Maus zeigt sich noch gut gewölbt, während die rechte, besonders unter dem Knöchelgelenk, stärker eingezogen ist, was auf eine Kopfbelastung hindeutet. Die Lungenkraft ist linksseitig stärker als rechts.

Die etwas gewölbten, blassen Fingernägel lassen eine Leberschwäche sowie Anämie vermuten. Die Längsrillen auf dem Nagel des linken Kleinen Fingers sind auf hormonelle Unstimmigkeiten zurückzuführen. Die in Form und Größe unterschiedlichen Nagelmonde verdeutlichen Herzrhythmusstörungen (der Handeigner hat seit einem Jahr einen Herzschrittmacher).

Die Ränder der Nagelmonde sind etwas bläulich getönt und ein Merkmal für Sauerstoffbedürfnis der Herzkranzgefäße.

Die Belastungszeichen aus der Atmosphäre sind an den oberen Nagelrändern zwar vorhanden aber kaum sichtbar.

Männliche Innenhände: F. H. siehe folgende Doppelseite.

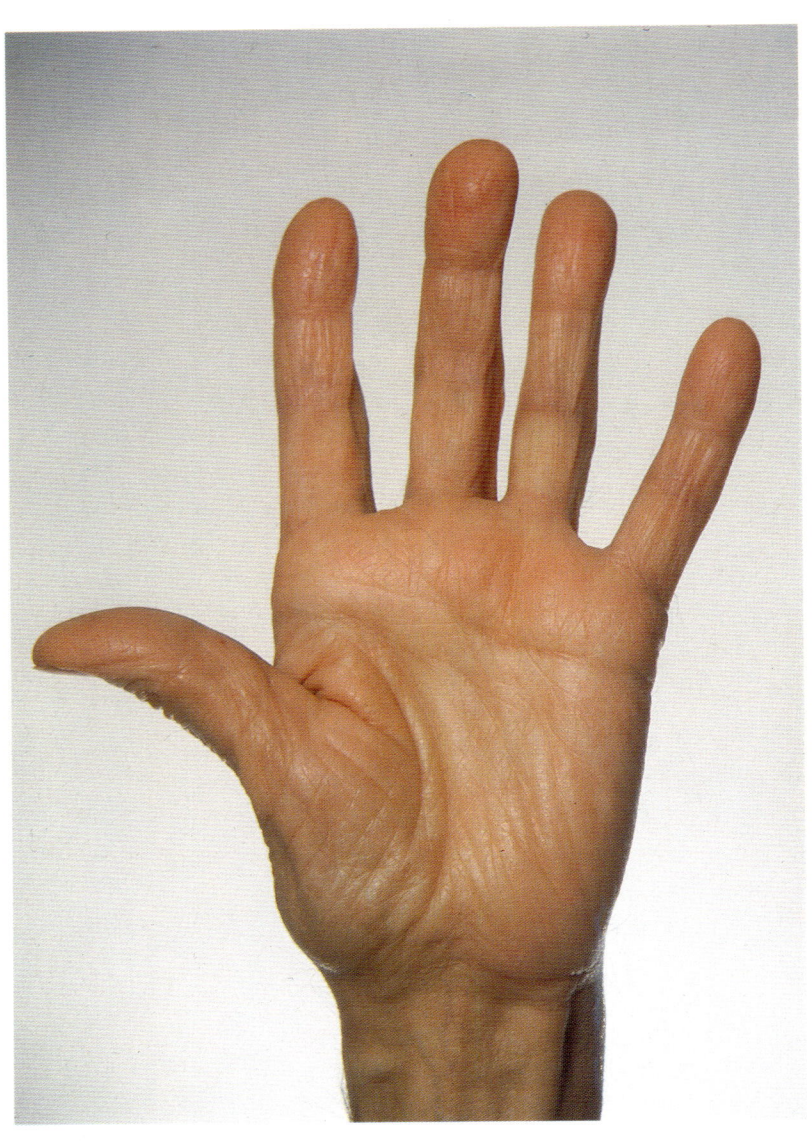

Männliche Innenhände: F. H.
Der Handeigner, 77 Jahre alt, war Beamter und ist jetzt Rentner

Die Fingerglieder sind unterschiedlich lang, die unteren Glieder der Zeige- und Mittelfinger sind am längsten. Der Handeigner ist ehrgeizig bestrebt, sich auch im materiellen Bereich abzusichern. An allen ersten Fingergliedern befinden sich verschiedene Linienstrukturen, die eine deutliche Belastung der Gehirnnerven und -gefäße kennzeichnen (Parkinsonsche Erkrankung, siehe auch linke Kopflinie). Die an den zweiten und dritten Fingergliedern sichtbaren Längslinien bestätigen das entgegenkommende, aufgeschlossene Wesen des Handeigners. Auf den zweiten Gliedern der Mittelfinger bedeutet jeweils eine kräftige Querlinie, daß sich Gifte (Medizinalgifte) nachhaltig auf den Organismus auswirken. Die an fast allen zweiten Gelenken der Fingerglieder übereinandergelagerten kurzen Querlinien bilden einen Hinweis auf fehlgesteuerte Nerven. Die auf dem ganzen unteren rechten Glied des Kleinen Fingers quer verlaufenden Linien lassen eine Überreizung der Sexualorgane vermuten (Prostata). An fast allen unteren Gelenken der Fingerglieder sind Überreizungszeichen organischer Funktionsstörungen wahrnehmbar.

Die feine und seidig glänzende Hauttextur gibt einen sensiblen Menschen zu erkennen. Die linke blasse Innenhandfläche beruht auf Sekretionsstörungen des Magens. Die unterschiedlich gewölbten Handberge drücken Warmherzigkeit und Disziplin aus sowie verhaltene Emotionen. Das in beiden Händen vorhandene »Große M« weist auf einen bewußter lebenden Menschen, der nachdenken kann und bemüht ist, zu logischen Schlußfolgerungen zu kommen.

Die zweifach vorhandenen kräftig gezeichneten linken *Lebenslinien* veranschaulichen eine von mütterlicher Seite vererbte hohe Lebenserwartung und gute Vitalkraft. Auch die rechte Lebenslinie ist kräftig und lang geprägt. Eine aus dem oberen Daumenballenberg kommende zweite Lebenslinie gibt Aufschluß darüber, daß Vorfahren der väterlichen Seite heftiges Temperament besaßen. Die Lebenserwartung der väterlichen Vorfahren war vorwiegend hoch. An den Lebenslinien, beidseitig, sind am unteren Drittel abwärts gerichtete Abzweigungen sichtbar, die sich auf die unteren Extremitäten beziehen und mit Durchblutungsstörungen verbunden sind.

Die linke *Kopflinie* beginnt mit einer Spaltung, was auf Ohnmachtstendenzen schließen läßt (Absencen ab 76. Lebensjahr). Im Anschluß ist eine Insel als Kennzeichen für eine Anlage zu Augenschwäche in der linken Kopflinie unterhalb des Zeigefingers zu sehen. Der weitere Verlauf stellt sich wabenförmig dar und läßt Durchblutungsstörungen im Kleinhirn vermuten. Vor der gedachten Mittellinie in der linken Kopflinie deutet eine Insel auf Gehörschwäche, nach der gedachten Mittellinie bezieht sich eine rautenförmige Insel auf eine Kopfnervenschwäche. Am Anfang und am Ende der rautenförmigen Insel zieht je eine Linie zum unteren und mittleren Handrandberg. Die in den unteren Handrandberg verlaufende Linie spaltet sich. Die zum mittleren Handrandberg laufende Linie enthält nach kürzeren weiteren Abzweigungen eine Insel, die ein Merkmal für Sklerose ist. Von der rautenförmigen Insel läuft außerdem ein Ast geradeaus. Die Gedankenrichtung des Handeigners kombiniert sich aus einer intellektuellen, idealen und auch melancholisch-depressiven Einstellung.

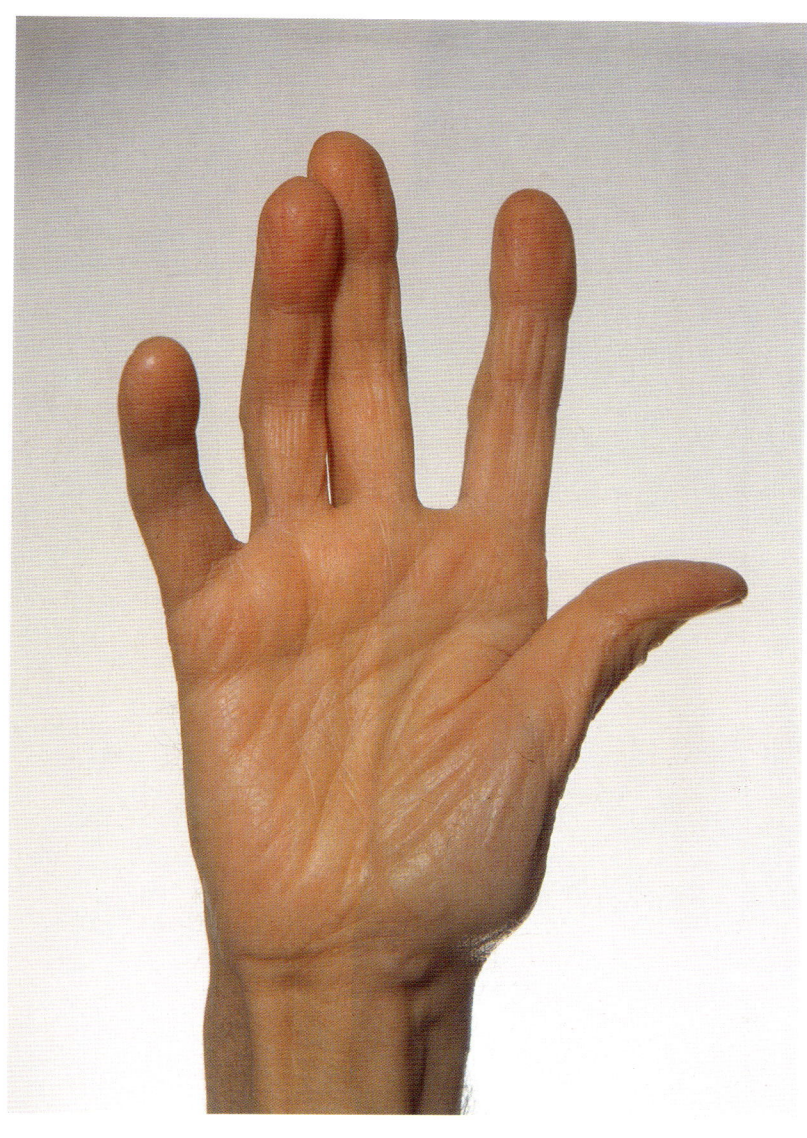

Aus dem Neigungswinkel der in den unteren Handrandberg reichenden gespaltenen linken Kopflinie läßt sich eine Tendenz zu Schwindel und Fall ableiten. Zusammengefaßt weist das Bild dieser Kopflinie auf eine starke Störung im Klein- sowie Großhirn, die durch die gute Vitalität und einsichtige Lebensführung erst im Alter auftrat. Die rechte Kopflinie beginnt ebenfalls mit einer Spaltung, die sich auf Ohnmachtserscheinungen bezieht. Im Anschluß stellt sich auch hier eine Insel für eine Anlage zu Sehschwäche dar. Ebenso läßt der weitere wabenförmige Verlauf Durchblutungsstörungen im Kleinhirn vermuten. Viele Punkte in der rechten Kopflinie unterhalb des Mittelfingers deuten auf Ermüdungserscheinungen. Die Richtung der rechten Kopflinie geht in den mittleren Handrandberg, was eine vertiefte Beziehung zum Naturerleben (der Handeigner ist ein Wanderfreund) mit sich bringt. Der Anschluß beider Kopflinien an die Lebenslinien bestätigt sehr große Bedachtsamkeit.

Beide *Herzlinien* sind lang und münden im Zwischenraum von Zeige- und Mittelfinger. Der aufgeschlossene, warmherzige Handeigner umging gefühlsmäßig aufgrund seiner Konstitution eine enge Bindung. In beiden Händen sind Herz- und Kopflinien unterhalb der Mittelfinger durch jeweils eine Abzweigung verbunden, die Lähmungserscheinungen beziehungsweise Hemmungen im Empfinden und Denken zum Ausdruck bringen. Eine die linke Herzlinie schneidende, zu dem Zeigefingerberg ziehende Linie ist wahrscheinlich auf Durchblutungsstörungen im Kopfbereich, hypotoner Art, zurückzuführen. Kleine Inselbildungen und dunkle Punkte in beiden Herzlinien stehen in Zusammenhang mit organischen Herzleiden. Auf dem Berg des rechten Kleinen Fingers bezeugen mehrere schräge, die Herzlinie schneidende Linien, daß zuviel Aktivität in den Bestrebungen des Handeigners das Herz organisch belastete.

Die linke *Schicksalslinie* beginnt zweifach am inneren unteren Handrandberg und läuft als eine Linie in den Mittelfingerberg. Eine zweite Schicksalslinie beginnt unterhalb der Kopflinie und zieht ebenfalls in den Mittelfingerberg. Alles Unvorhergesehene war für den Handeigner Anlaß, sein Leben nach innerer Ordnung auszurichten. Die rechte Schicksalslinie beginnt kräftig in der Mitte des unteren Handrandberges und bleibt unterhalb der Kopflinie als »Gabel« stehen. Die Anregungen von außen werden durch Bedenken und Unentschlossenheit nicht immer genutzt.

Die rechte Schicksalslinie läuft mehrfach versetzt bis unter den Mittelfinger. Der Handeigner hat Mühe, die vielfältigen Eindrücke der Lebenssituationen zu ordnen und bewußt als Teile einer geistigen Einheit zu erfassen.

Die in beiden Händen sehr zarten und zerrissenen, mehrfach vorhandenen *Magenlinien* deuten auf Leber- und Darmstörungen sowie auf ein labiles Vegetativum. In beiden Händen sind mehrere kürzere und längere *Sonnenlinien* wahrnehmbar. Sie weisen auf Kunstsinn und Schönheitsempfinden.

Beidseitig sind in der Mitte der Handwurzel hochgezogene Raszettlinien sichtbar. In der mütterlichen sowie der väterlichen Generation war Bindegewebeschwäche veranlagt. Weitere schwächere Raszettlinien geben auch weniger stabile Vorfahren zu erkennen.

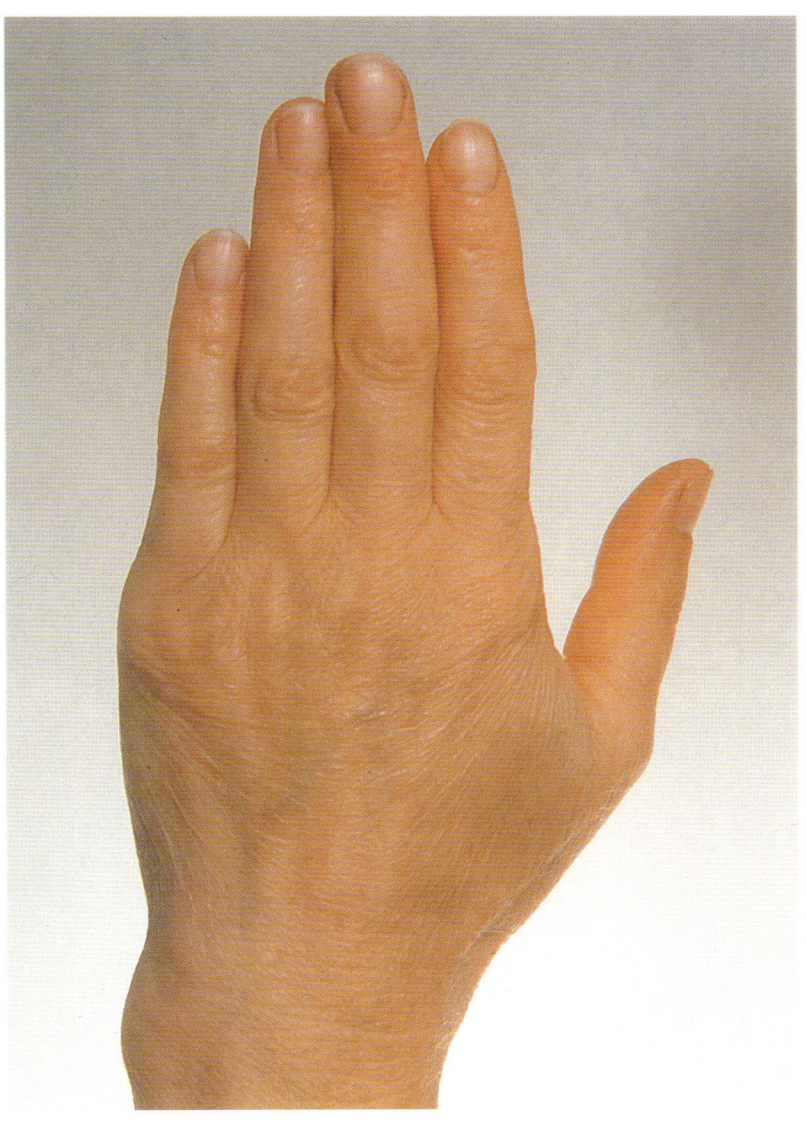
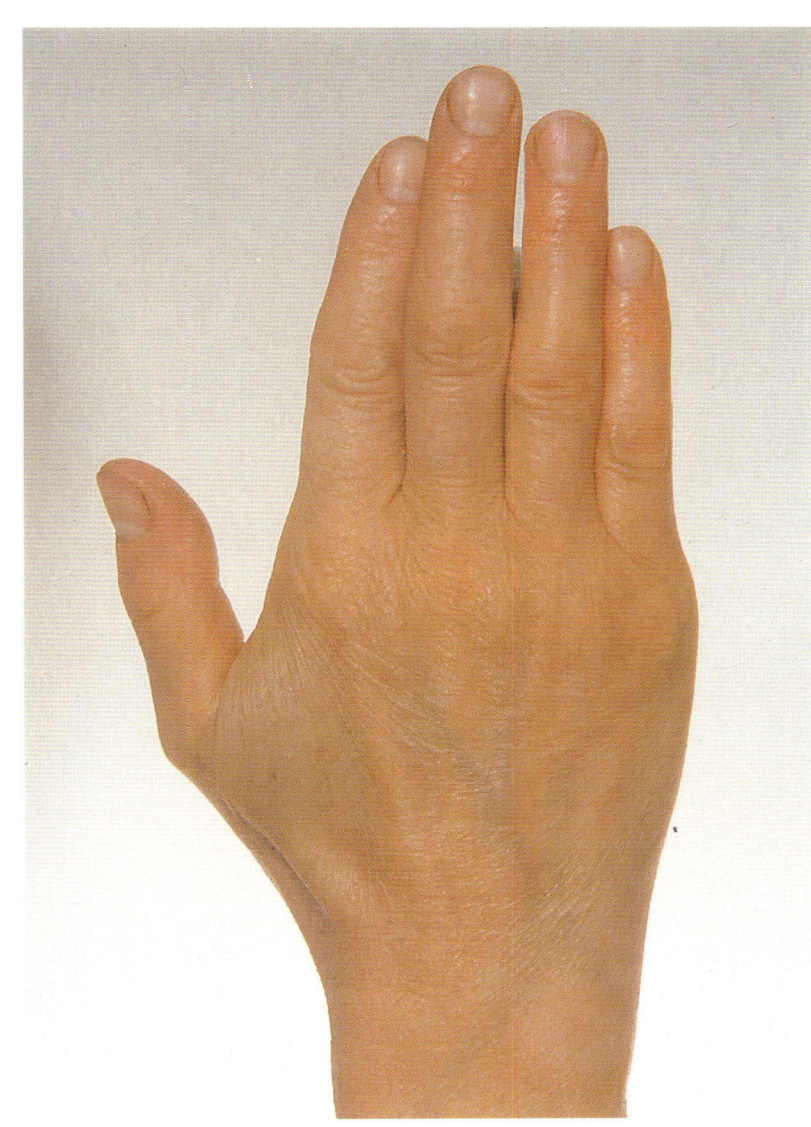

Weibliche Außenhände: A. B.
Die Handeignerin, 54 Jahre alt, ist Hausfrau.

Die *Charakteristik* der Handform im Schema ist gemischt. Die im praktischen Leben stehende Handeignerin ist ordnungsliebend, zuverlässig und immer bereit zu lernen. Sie ist fleißig und strebsam und greift alles auf, woran sie wachsen kann, was ihr die innere Sicherheit gibt, anderen helfen und dienen zu können.

Die beidseitig längeren Ringfinger bestätigen, daß die Handeignerin die Anliegen ihrer Nächsten vorrangig berücksichtigt. Die mittelhoch bis tief angesetzten normal langen Daumen geben zu erkennen, daß die zielstrebige Handeignerin über Tatkraft und Intelligenz verfügt, um das, was in ihrem Aufgabenbereich liegt, umsichtig durchzuführen.

Das linke Handgelenk war gebrochen. Das rechte Handgelenk veranschaulicht das gute Niveau der Vorfahren.

Die *Konstitution* ist zäh, sensibel.

Die *Disposition* zu Bindegewebeschwäche zeigt sich an der bogenförmigen Hautfaltung der Handrücken, zu Stoffwechselstörungen an den gebogenen Zeigefingern. Der linke Zeigefinger bezieht sich auf eine Schwäche von Milz-Pankreas, der rechte Zeigefinger auf eine Leber-Galle-Schwäche. Eine Verdickung des zweiten Gelenkes des linken Kleinen Fingers weist auf eine Anlage zu Gebärmutterknickung. Das rechte verdickte zweite Mittelfingergelenk ist ein Hinweis auf eine Darminsuffizienz.

Die bis auf eine Einziehung am rechten unteren Abschnitt gut gewölbte Maus nimmt Bezug auf widerstandsfähige Lungen und gute Abwehrkräfte. Die Einziehung beruht auf einer Schwäche des rechten Fußes.

Die großen blassen Fingernägel deuten auf eine Tendenz zu Anämie. Der rechte runde Mittelfingernagel bestätigt Darmstörungen unter Beteiligung der Milz. Stauungen im Bauchraum äußern sich an den Aufhellungen der Zeige- und Mittelfingernägel sowie der Nägel der Kleinen Finger. Die in Form und Größe unterschiedlichen Nagelmonde stehen mit Funktionsstörungen der Herznerven im Zusammenhang.

Die Einflußzeichen atmosphärischer Störungen sind an den oberen Nagelrändern erkennbar.

Weibliche Innenhände: A. B. siehe folgende Doppelseite.

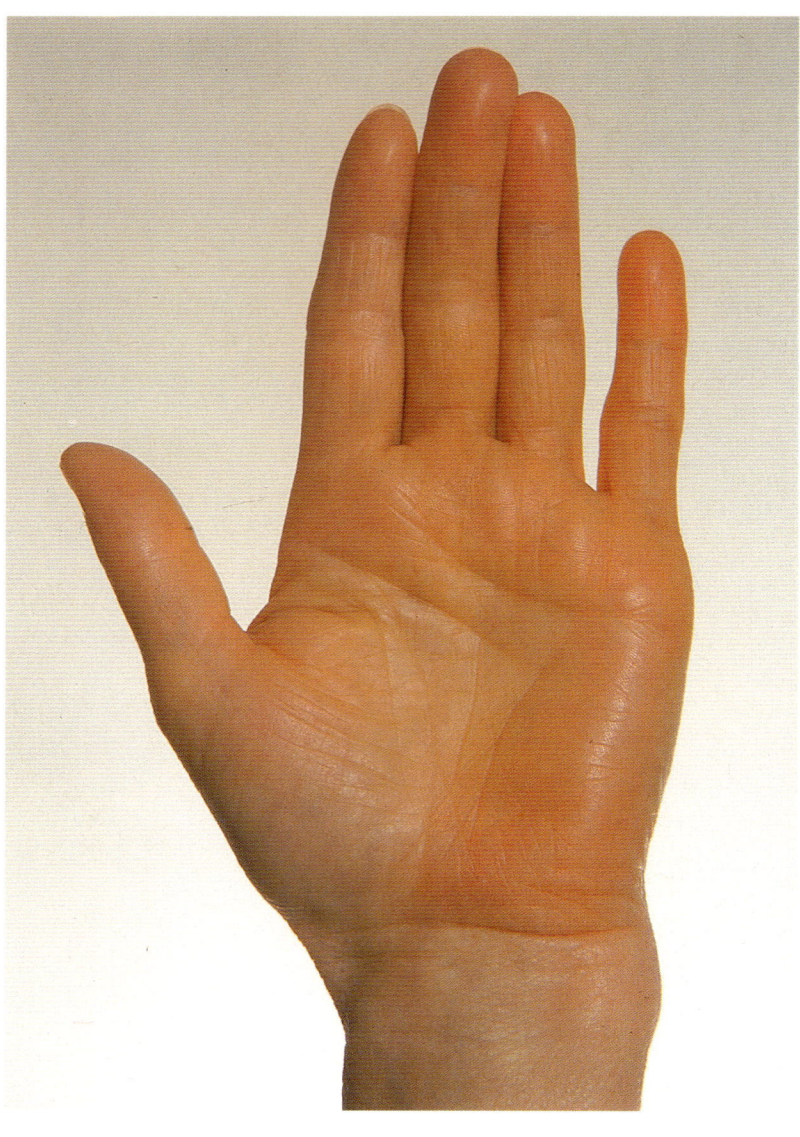

Weibliche Innenhände: A. B.
Die Handeignerin, 54 Jahre alt, ist Hausfrau.

Die Fingerglieder sind unterschiedlich in der Länge. Allgemein betrachtet ist es ein Merkmal für einen Handeigner, der sich um ein mehrschichtiges Denken bemühen muß. Die Handeignerin ist bestrebt, die drei verschiedenen Bewußtseinsebenen Geist, Seele, Körper anhand ihrer Erfahrungen unterscheiden zu lernen und aufeinander abzustimmen.

Die Längslinien auf den ersten Gliedern der Kleinen Finger besagen, daß die Handeignerin ihre vielfältigen Aufgaben gewandt und schnell lösen kann. Kräftige Längslinien auf allen zweiten und dritten Fingergliedern offenbaren ein entgegenkommendes, warmherziges Wesen.

Die die unteren Zeigefingergelenke schneidenden Schräglinien lassen auf eine Anlage zu Fehlgeburten und Erschlaffung der Mutterbänder schließen. Kleine Schräglinien am zweiten und dritten Gelenk des linken Kleinen Fingers wurden durch überforderte Nerven verursacht, die innere Unruhe und Nervosität zur Folge haben. Die vorwiegend feine und seidig glänzende Hauttextur bezeugt einen empfindsamen Menschen.

Die etwas vertieften und blassen Innenhandflächen sind eine Folge von Sekretionsstörungen des Magens. Die feiner gestalteten *Handberge* veranschaulichen Lebensbejahung und Freude an schönen Dingen. Bis auf die Schicksalslinien sind die Hauptlinien gut geprägt. Hieraus erklärt sich eine reifere Seele, die sich durch die Lebenspraxis geistiges Bewußtsein erarbeiten kann.

Die linke erste, normal angesetzte *Lebenslinie* reicht bis über die Hälfte des Daumenballenberges, eine zweite Lebenslinie setzt an der Kopflinie an und zieht bis in die erste Raszettlinie. Eine zwischen Lebens- und Kopflinie liegende Insel weist auf eine Anlage zu einem empfindlichen Hals oder Funktionsstörungen der Schilddrüse. (In der Jugendzeit wurde eine Operation an der Schilddrüse vorgenommen.)

Die linke äußere Lebenslinie endet mit einer Insel, ein Zeichen für Zellveränderungen bei den mütterlichen Vorfahren. Die am unteren Drittel der linken Lebenslinie befindliche Abzweigung bezieht sich auf das linke Bein (Durchblutungsstörungen, Gefäßschwäche).

Die rechten doppelten Lebenslinien bilden mit einer aus dem oberen Daumenballenberg kommenden Linie eine Insel. In der Kindheit waren gesundheitliche Schwächen gegeben, die sich jedoch durch die doppelte Lebenslinie nicht gravierend auswirkten.

Die äußere rechte Lebenslinie umrundet den Daumenballenberg. Am unteren Teil der Lebenslinie befinden sich eine kleine und eine größere, etwas zerrissene Insel. Bei den väterlichen Vorfahren waren Zelldegenerationen veranlagt. Die Handeignerin selbst kann durch eine vernünftige Lebensweise für ihre Gesunderhaltung sorgen.

Eine am unteren Drittel der rechten Lebenslinie schwach sichtbare Abzweigung läßt auf eine Anlage zu Ovarienleiden schließen. Die kreisförmige Wölbung am oberen Teil des rechten Daumenballenberges bezieht sich auf Mut und Zähigkeit. Mehrfache bis zur Kopflinie schräg verlaufende Linien stellen eine Beeinträchtigung der Widerstandsfähigkeit dar, die durch die Zähigkeit der Handeignerin abgefangen wird.

Die linke hoch angesetzte *Kopflinie* zeigt durch ihren Verlauf bei positiver Lebenseinstellung eine verstandesbezogene Denkweise. Der Beginn der linken Kopflinie gibt Aufschluß darüber, daß die Handeignerin sowohl spontan als auch bedachtsam reagieren kann.

Auch die rechte Kopflinie beginnt hoch angesetzt und verläuft dann etwas länger in Richtung des oberen Handrandberges. Das heitere Naturell der Handeignerin verbindet sich mit einer sozial-idealen Gedankenhaltung. Der Beginn der rechten Kopflinie deutet sowohl auf Offenheit als auch auf Verhaltensein. Zarte Punkte in der rechten Kopflinie hängen mit überanstrengten Kopfnerven zusammen.

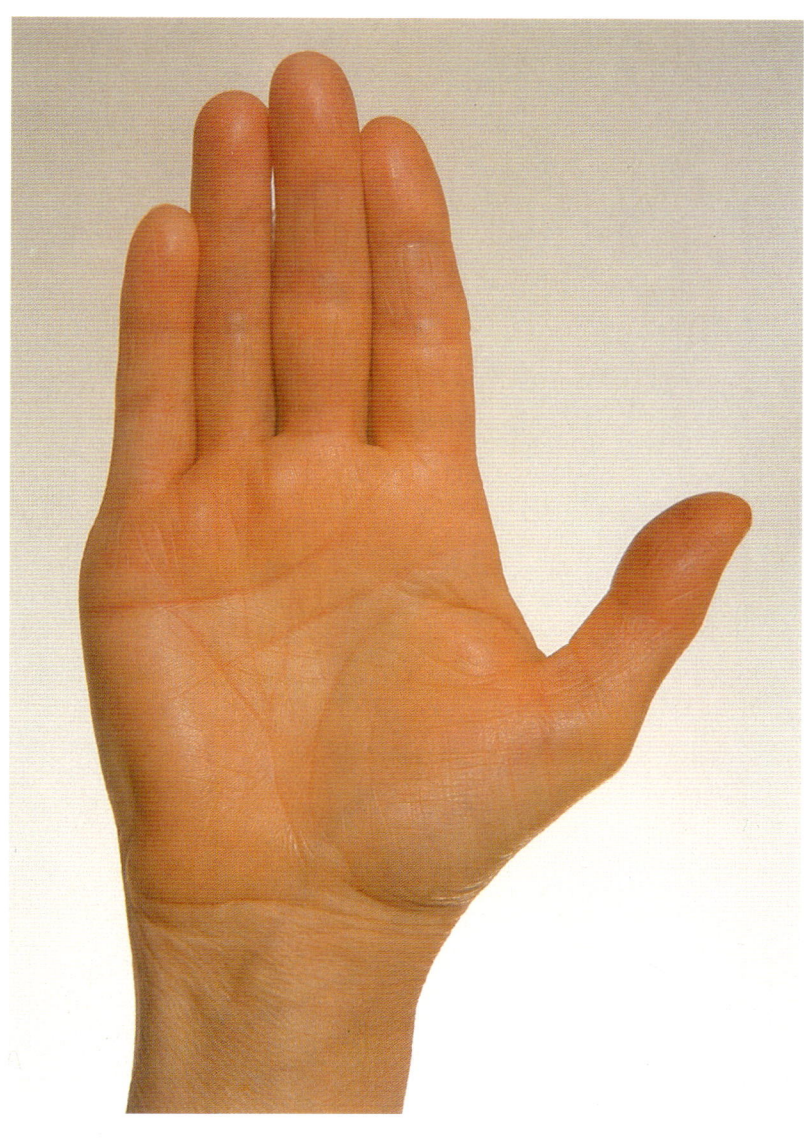

Die linke *Herzlinie* spaltet sich am Ende, was auf eine Kälteempfindlichkeit des Kopfes hinweist. Die am Anfang der linken Herzlinie auf beiden Seiten nach rückwärts laufenden kurzen Linien geben Warmherzigkeit und Herzensjugend zum Ausdruck. Dunkle Punkte in der linken Herzlinie unterhalb des Ringfingers stehen mit Gallengrieß in Verbindung.

Die rechte, am Anfang breitere und gerötete Herzlinie mündet in den Zeigefingerberg. Die kontaktfreudige Handeignerin zeigt eine Anlage zu venösen Störungen und Entzündungen des Herzmuskels. Punkte in der rechten Herzlinie unterhalb des Mittelfingers hängen mit schadhaften Zähnen zusammen.

Eine aus dem linken Daumenballenberg kommende »Vorgeburtslinie« bedeutet, daß die Mutter während der Zeit der Schwangerschaft Kummer hatte, der bei der Handeignerin bis zum 28. Lebensjahr Hemmungen auslöste.

Die linke *Schicksalslinie* nimmt ihren Anfang an der Lebenslinie. Die Handeignerin erarbeitete sich die Selbständigkeit langsam, da die Bindung an das Elternhaus hemmend wirkte. Die linke Schicksalslinie mündet in die Herzlinie. Die Handeignerin sollte sich bewußt machen, daß Erfüllung von Wünschen, die von anderen an sie herangetragen werden, eigene Einsicht für die Folgen voraussetzt. Fehlt die geistige Berechtigung für die Hilfeleistung beziehungsweise Wunscherfüllung, wird die Handeignerin zu ihrem eigenen Nachteil ausgenutzt. Eine Spaltung in der linken Schicksalslinie unterhalb der Herzlinie beruht vermutlich auf Störungen am Pylorus (Magenpförtner). Zwei in der linken Herzlinie neu ansetzende Schicksalslinien geben wachsendes Bewußtsein und Selbstvertrauen zu erkennen.

Die rechte Schicksalslinie beginnt am inneren unteren Handrandberg und reicht bis kurz über die Herzlinie. Die Handeignerin erfüllt ihre Aufgaben im praktischen Tun und wächst daran.

Die linke kräftige *Magenlinie* beginnt oberhalb der Handwurzel und zieht bis knapp über die Herzlinie. Ein Zeichen für ein funktionstüchtiges Vegetativum und einen guten Abwehrmechanismus.

Die rechte kräftige Magenlinie beginnt mit einer kleinen Insel an der Schicksalslinie und reicht in die Herzlinie. Die kleine Insel bezieht sich auf die Anlage zu einem nervösen Magenleiden.

Das »Kleine Dreieck«, gebildet aus Magen-, Kopf- und Schicksalslinie, rechtsseitig, bekundet pädagogische Eignung. In der rechten Hand ist das »Große Viereck«, gebildet aus Magen-, Kopf-, Sonnen- und Herzlinie, vorhanden. Es veranschaulicht einerseits ruhiges Denken und Klugheit, andererseits eine auf Harmonie bedachte Einstellung zur Umwelt.

Zwei auf dem linken Ringfingerberg angelegte *Sonnenlinien* sind ein Ausdruck für die künstlerischen Ambitionen der Handeignerin (vielfältige Handarbeiten).

Eine rechte Sonnenlinie setzt an der Magenlinie an und reicht in den Ringfingerberg, wo eine zweite Sonnenlinie dazukommt. Bei der Anfertigung kunstgewerblicher Gegenstände kommen der Handeignerin Ruhe, Geduld und Ausdauer zugute.

Die sichtbaren Teile des *Venusgürtels* geben Rückenschwäche zu erkennen. Kurze zerrissene Linien am linken inneren unteren Handrandberg lassen sowohl auf Sensitivität als auch auf eine Anlage zu Rheuma schließen.

Eine sehr zarte *Intuitionslinie*, die in der Mitte des rechten Handrandberges beginnt, zieht in die Magenlinie und deutet das Ahnungsvermögen der Handeignerin an. Die quer verlaufenden Linien am unteren linken Handrandberg beziehen sich auf äußere Einflüsse, die die Gedankenwelt der Persönlichkeit anregen und die Seele beleben.

Zwei im mittleren Teil des linken Handrandberges vorhandene schräge *Giftlinien* deuten auf Toxine im Organismus.

Die beidseitig kräftig dargestellten ersten mit jeweils einer kleinen Insel versehenen *Raszettlinien* weisen auf Vorfahren, die sowohl stabil als auch feinnerviger waren, was auch die nur zum Teil ausgebildeten weiteren sehr zarten Raszettlinien anzeigen.

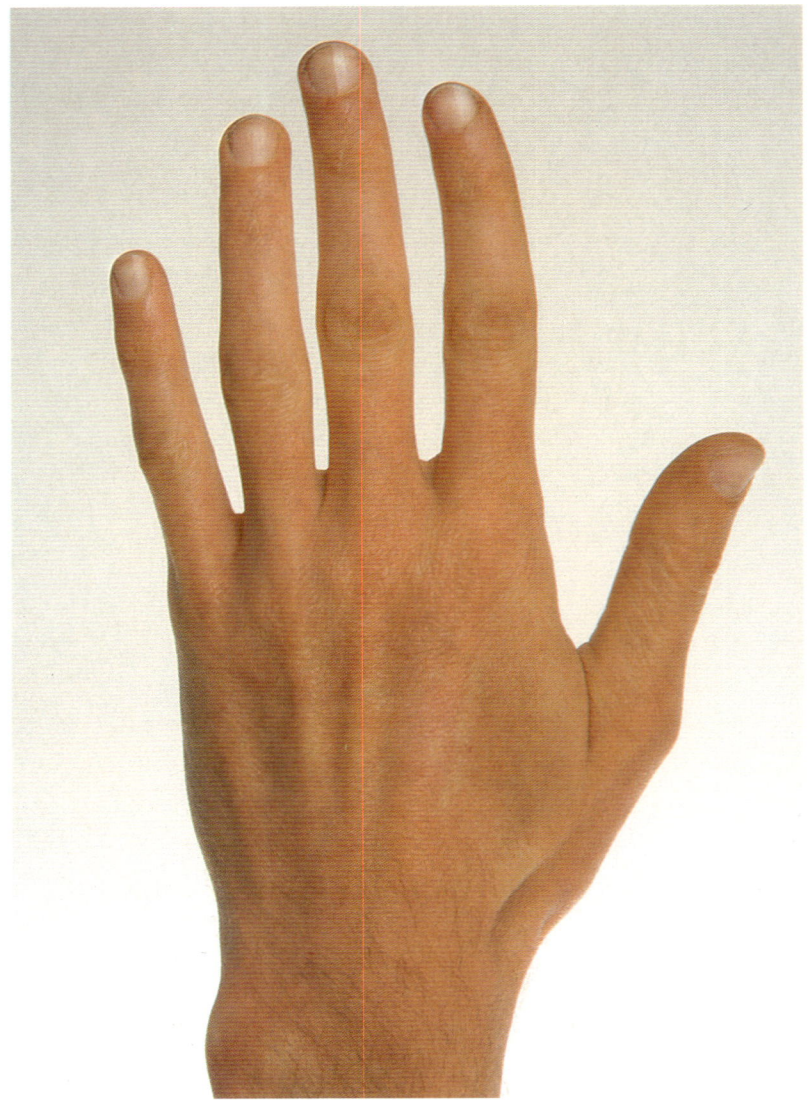 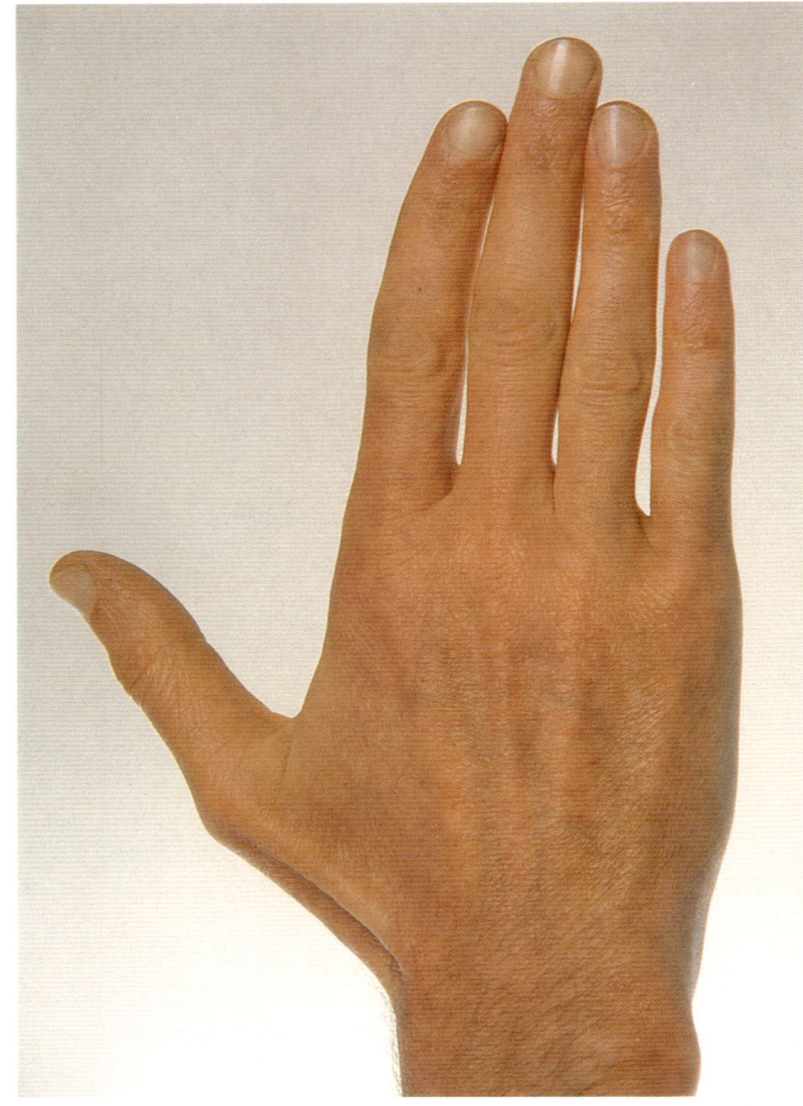

Männliche Außenhände: L. S.
Der Handeigner, 30 Jahre alt, ist vorwiegend im sozialen Bereich
tätig.

Die *Charakteristik* der Handform bildet im Schema ein langes
Rechteck. Die Finger sind eckig, knotig, mit leicht idealem Einschlag. Aus dieser Kombination geht hervor, daß der Handeigner vielseitig interessiert ist, sich auch geistig aufgeschlossen
zeigt, seine physische Kraft jedoch sehr bemessen ist.

An der linken Hand ist der Zeigefinger etwas länger als der
Ringfinger, an der rechten Hand ist es umgekehrt. Vor dem
28. Lebensjahr wird der Handeigner mehr von seinem eigenen
Sinn geleitet, nach dem 30. Lebensjahr fällt es ihm leichter, auf
seine Umwelt einzugehen. Die Daumen sind tief angesetzt und
von mittlerer Größe. Dem Handeigner fehlt es zeitweise an
Überblick und Kraft, seine geistigen Interessen zu verwirklichen.

Die Handgelenke sind von mittlerer Stärke. Die Vorfahren
besaßen eine ausreichende Widerstandsfähigkeit.

Die *Konstitution* ist labil und zäh.

Die *Disposition* zu Kreislaufschwäche zeigt sich an der geröteten Hautfarbe sowie an den kurzen Nägeln, die sich auf ein
weniger widerstandsfähiges Herz beziehen.

Die Biegung der Zeigefinger beruht auf einer Organschwäche
von links, Milz-Pankreas und rechts, Leber-Galle. Die gebogenen Ringfinger verdeutlichen eine Anlage zu Nierenfunktionsstörungen.

Die Maus ist an beiden Händen schwach dargestellt. Die Vital-
und Lungenkräfte veranschaulichen geringe Widerstandsfähigkeit.

Die Nagelfarbe zeigt eine anämische Tendenz. Eine einzelne
Rille auf dem linken Mittelfingernagel weist auf eine Nagelbettverletzung. Das Fehlen der Nagelmonde läßt eindeutig auf Herznervenschwäche schließen.

Die Einflußzeichen atmosphärischer Störungen sind an den
oberen Nagelrändern sichtbar.

Männliche Innenhände: L. S.

Die Fingerglieder sind unterschiedlich in der Länge. Der Handeigner hat Mühe, zu einer eigenen Einsicht zu gelangen. Auf
allen ersten Fingergliedern befinden sich Längslinien. Das Streben des Handeigners steht nicht im rechten Verhältnis zu den
ihm gegebenen Möglichkeiten; die Folge ist ein schneller Kraft-
entzug. Auf den Fingerkuppen zeigen sich kleine Erhebungen,
sie bedeuten Tast- und Qualitätssinn.

Die Einziehung an den unteren Gelenken der Ringfinger läßt
schwache Füße erkennen.

Auffällig ist die Gesamtröte der Haut, die auf Herz- und Kreislaufschwäche hinweist.

Die Mitte der Handflächen ist etwas vertieft. Der Bereich des
Solar plexus ist labil. Ein vegetativ gestörter Magen ist vorhan-
den, der bei Witterungswechsel zu Reaktionen wie allgemeiner
Übelkeit mit Erbrechen führen kann. In beiden Händen ist das
»Große M« vorhanden. Das Streben nach Einblick in die geisti-
gen Gesetzmäßigkeiten ist dem Handeigner wesentlich.

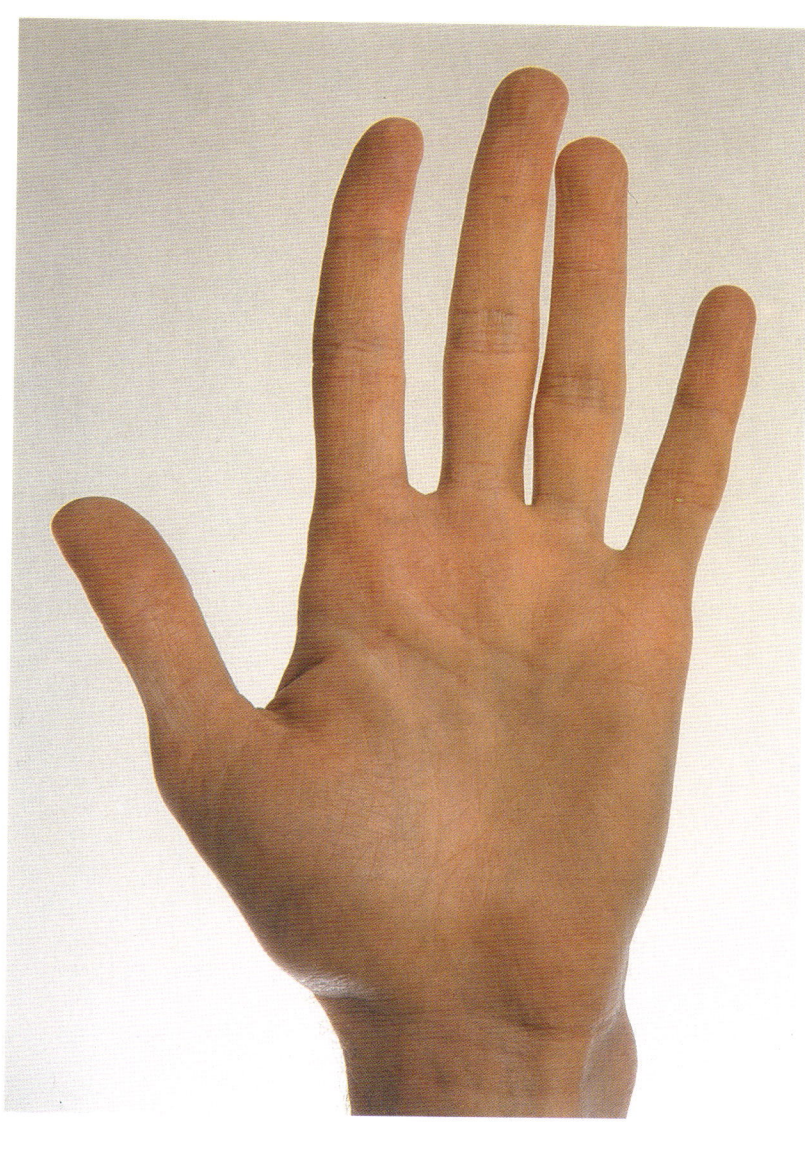
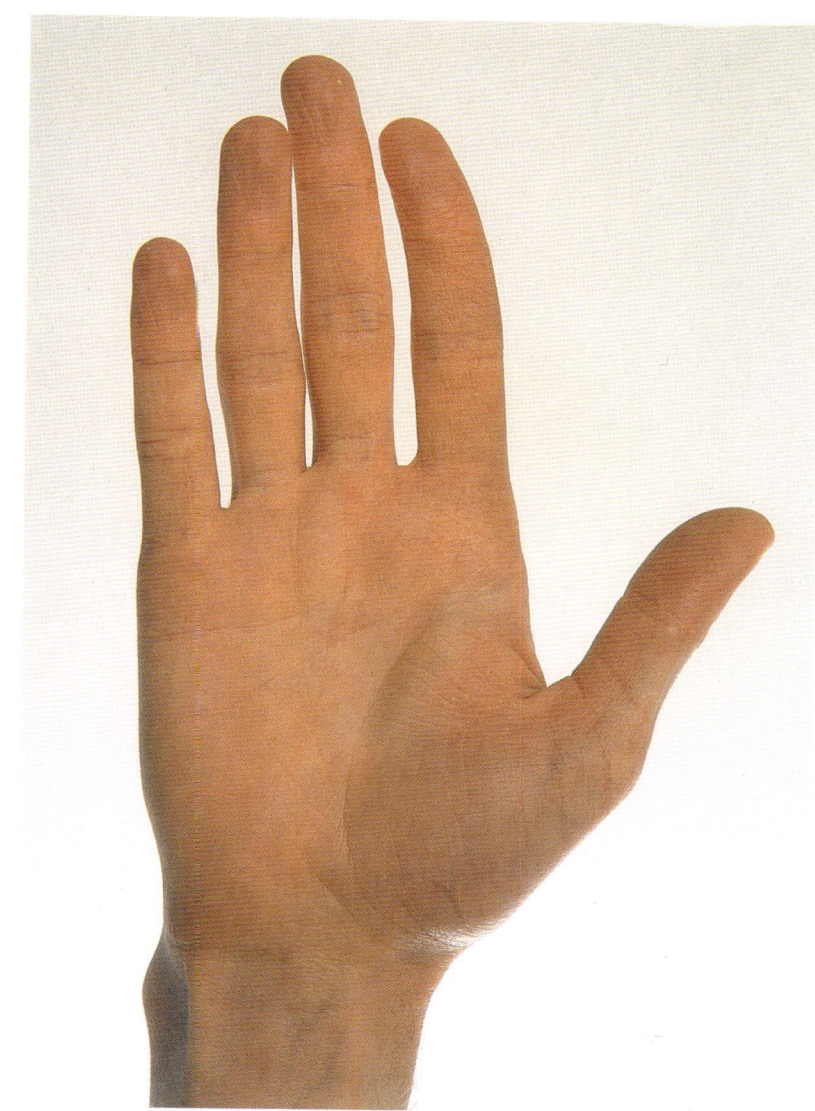

Der Verlauf der *Lebenslinien* läßt die Daumenballenberge mittelgroß erscheinen. Die dementsprechend reduzierten Kraftreserven des Handeigners können durch Ruhe und Entspannung wieder aufgeladen werden. Die Lebenslinien zeigen unterschiedliche Farbtönungen, die sich unregelmäßig blaß und rot darstellen. Aber auch Punkte sind sichtbar. Das allgemeine Befinden unterliegt größeren Schwankungen.

Die *Kopflinien* sind beidseitig nicht direkt mit den Lebenslinien verbunden, Spontaneität wird daraus ersichtlich. Linksseitig verläuft die Kopflinie kräftiger bis unterhalb des Mittelfingers, danach schwächer, aber stark geneigt bis zur Mitte des unteren Handrandberges. Die Tendenz zu Schwermut ist unverkennbar. Starke Punkte in der Kopflinie unterhalb des Zeige- und Mittelfingers deuten auf Schwäche und Durchblutungsstörungen des Kleinhirns und des Großhirns. Die rechte Kopflinie ist kräftiger gezeichnet und verläuft fast bis zu dem Handrand. Der Handeigner läßt sich schwerlich raten.

Beide *Herzlinien* verlaufen kräftiger bis unterhalb der Mittelfinger und anschließend sehr zart bis in die Zeigefingerberge. Das große Sehnen nach Resonanz und Verständnis ist für die Umwelt des Handeigners nicht sehr offenkundig und verständlich. Starke Punkte, besonders in der linken Herzlinie, sowie kleine Inselbildungen weisen auf organische Herzerkrankungen.

In der linken Hand sind mehrere *Schicksalslinien* zu erkennen. Eine beginnt mit einer Insel, die auf die Veranlagung des Handeigners zu Vorahnungen, Wahrträumen und Medialität hinweist. Die Schicksalslinien reichen versetzt und in Unterbrechungen in den Mittelfingerberg. Der Handeigner sollte lernen, mit sich selbst konsequenter zu werden, um für eine klare Zielsetzung Kraft zu gewinnen. Die Schicksalslinie, rechtsseitig, steigt nahe einer zweiten unteren Lebenslinie empor, die in dem Mittelfingerberg in ein Dreieck mündet. Dies weist darauf hin, daß ihm eine praktische Tätigkeit förderlich ist. Teile einer weiteren Schicksalslinie, rechtsseitig, veranschaulichen die vielfachen Interessen des Handeigners.

Linksseitig zeigt sich eine verstärkte *Magenlinie*, die eine Unterbrechung zwischen Kopf- und Herzlinie erfährt und sich bis unter den Berg des Kleinen Fingers fortsetzt, was für die Organe eine Stabilisierung bedeutet. Zwei Magenlinien, die fast eine große Insel bilden, sind rechtsseitig zu erkennen. Sie weisen auf eine Schwäche des mittleren Bauchraumes.

Zwei *Sonnenlinien* befinden sich auf dem rechten Ringfingerberg. Sie geben die künstlerischen Ambitionen des Handeigners zum Ausdruck.

In der linken Hand ist ein zerrissener *Venusgürtel* sichtbar, der sich auf eine weitere Schwäche des Rückens und des Spinalnervensystems bezieht. Akute Reizungen sind vorhanden.

An dem linken unteren Handrandberg sind im mittleren Bereich *Giftlinien* zu erkennen. Im Milzbereich der linken Hand, dem unteren Teil des Handrandberges, bildeten sich kleine Linien, die auf Störungen im Lymphsystem hindeuten und mit körpereigenen Giften zusammenhängen.

Die *Raszetten* sind links dreifach und rechts zweifach fast durchgezogen. Aus dem Erbgut stehen dem Handeigner unterstützende Energien zur Verfügung, mit denen er haushalten sollte.

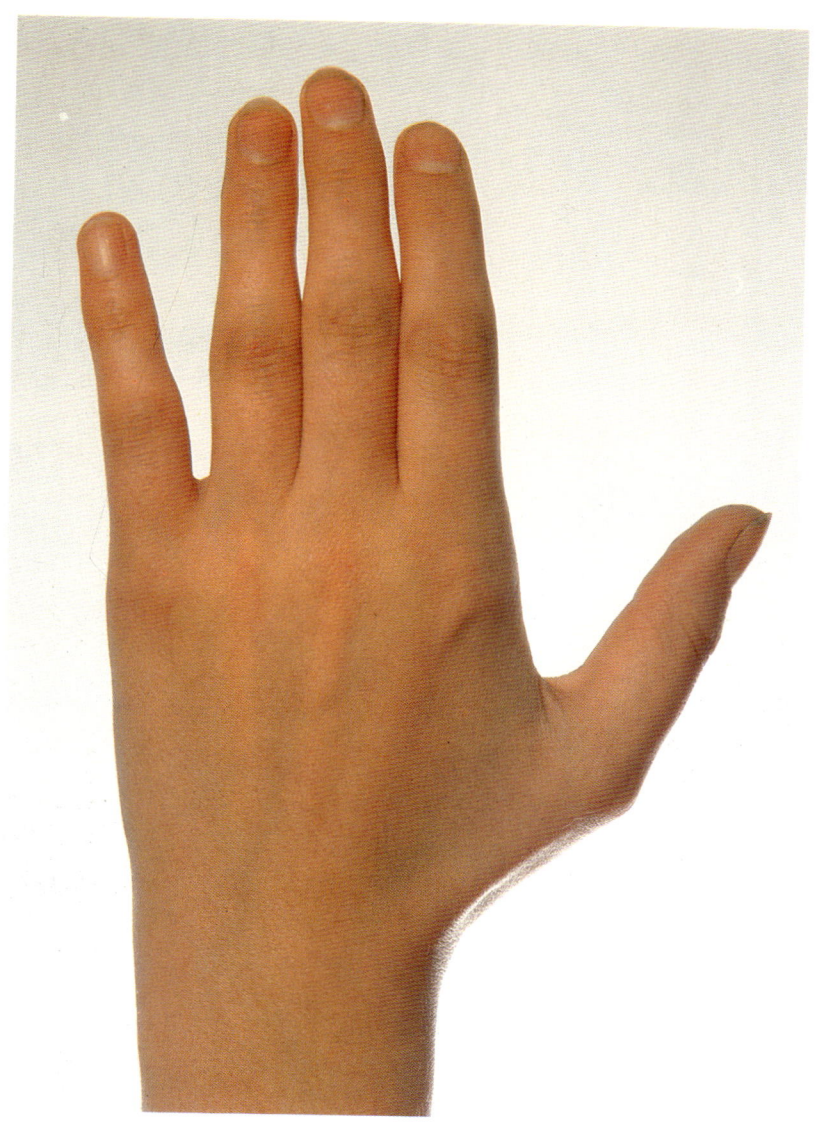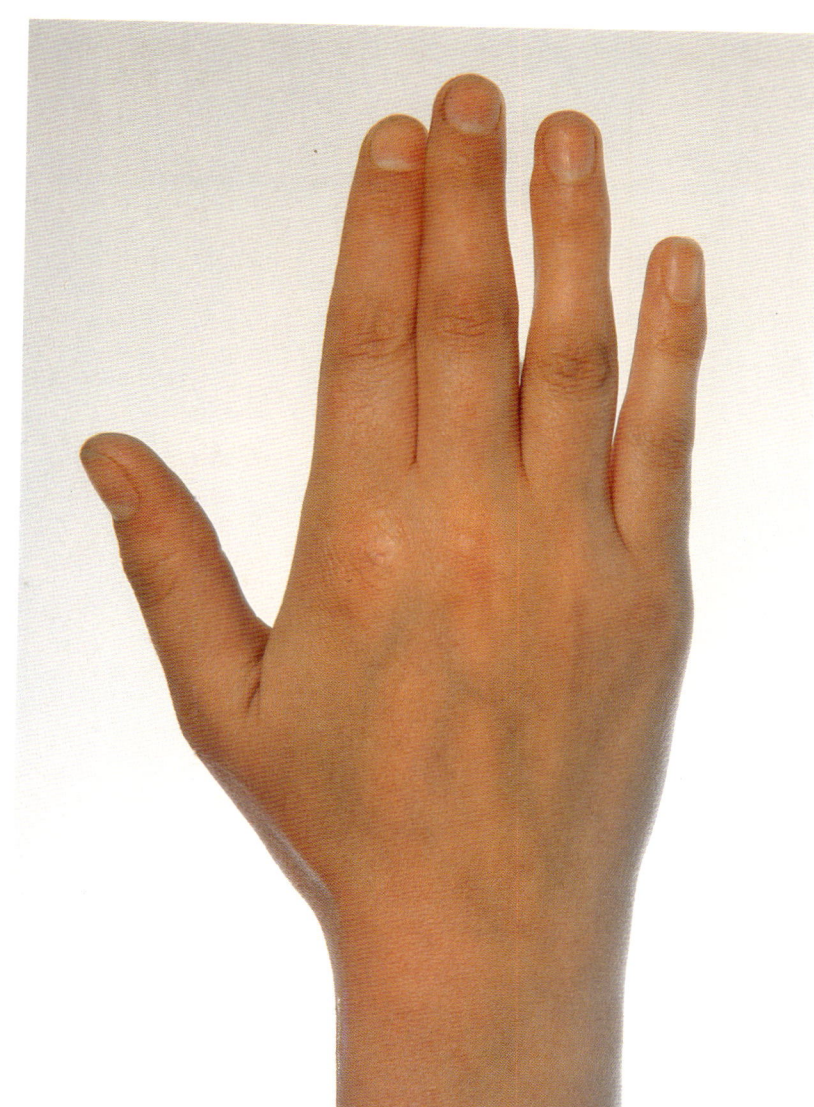

Weibliche Außenhände: B. C. T.
Die Handeignerin, 32 Jahre alt, ist Sekretärin.

Die *Charakteristik* der Handform im Schema ist eckig, ideal mit
knotigem Einschlag. Die strebsame, gewissenhafte Handeignerin hat Sinn für Moral und Tradition. Sie ersehnt ein Loslösen
von materieller Bindung und gerät dadurch in einen Zwiespalt,
der Zweifel, Furcht und Niedergeschlagenheit sowie Unzufrie-
denheit auslöst. Es fällt ihr schwer, das praktische Alltagsleben
zu meistern. Die Vernunft, die der geistigen Ebene zugeordnet
ist, kann ihr Halt und Hilfe geben, um Klarheit zu erlangen und
Standfestigkeit zu gewinnen.

Die Ringfinger sind beidseitig länger als die Zeigefinger. Aufnahme und Empfänglichkeit sind die vorherrschenden Wesensseiten der Handeignerin, wodurch einerseits große Anpassungsfähigkeit, andererseits zuviel Abhängigkeit zum Ausdruck gebracht werden. Die langen, tief angesetzten Daumen lassen
erkennen, daß die Handeignerin nach geistigen Zielen strebt,
wenn sie ihre eigene Willenskraft bewußt dem höheren Prinzip
unterstellt. Die abgespreizten Kleinen Finger lassen auf eine
individuelle Denkweise schließen. Der freistehende Ringfinger
läßt wissen, daß die Handeignerin auch für genügend Freiraum
zwischen sich und der Umwelt sorgt.

Die mittelkräftigen Handgelenke sprechen für widerstandsfähige Naturen und ein gutes Niveau der Vorfahren.

Die *Konstitution* ist zäh, sensibel.

Die *Disposition* zu Stoffwechselstörungen ist an dem bräunlichen Gewebe der Fingergelenke ersichtlich, Gefäßschwäche an
den bläulich durchscheinende Venen. Die eingedrehten, etwas
gebogenen Mittelfinger beziehen sich auf eine Schwäche des
Verdauungssystems und auf den Blinddarm. Die Einziehung am
zweiten Glied der Ringfinger ist auf eine Anlage zu Herzschwäche zurückzuführen.

Die Knöchelgelenke des rechten Zeige- und Mittelfingers sind
gerötet und narbig. Es bedeutet, daß sich Entzündungen bemerkbar machen, die mit dem Stoffwechsel, speziell des Darmes,
sowie mit einer Hüft- und Kniebelastung, rechtsseitig, in Verbindung stehen.

Die weniger gewölbte Maus, beidseitig, besagt, daß die Reserven der körpereigenen Abwehrkräfte nicht sehr groß sind.

Die großen, teilweise länglichen, teilweise oval gewölbten Fingernägel zeigen eine durch Nieren und Pankreas ausgelöste Disposition zu Stoffwechselstörungen. Eine Rille auf dem rechten
Ringfingernagel beruht auf Ausscheiden von Schlacken aus der
rechten Niere. Die rote Nagelfarbe bezieht sich auf Entzündungen. Die unterschiedlich großen Nagelmonde reichen zum Teil
quer von Rand zu Rand und sind ein Hinweis auf schwache
Herznerven, die zeitweise schnell erregbar sind.

Die Belastungszeichen aus der Atmosphäre sind an den oberen Nagelrändern vorhanden.

Weibliche Innenhände: B. C. T. siehe folgende Doppelseite

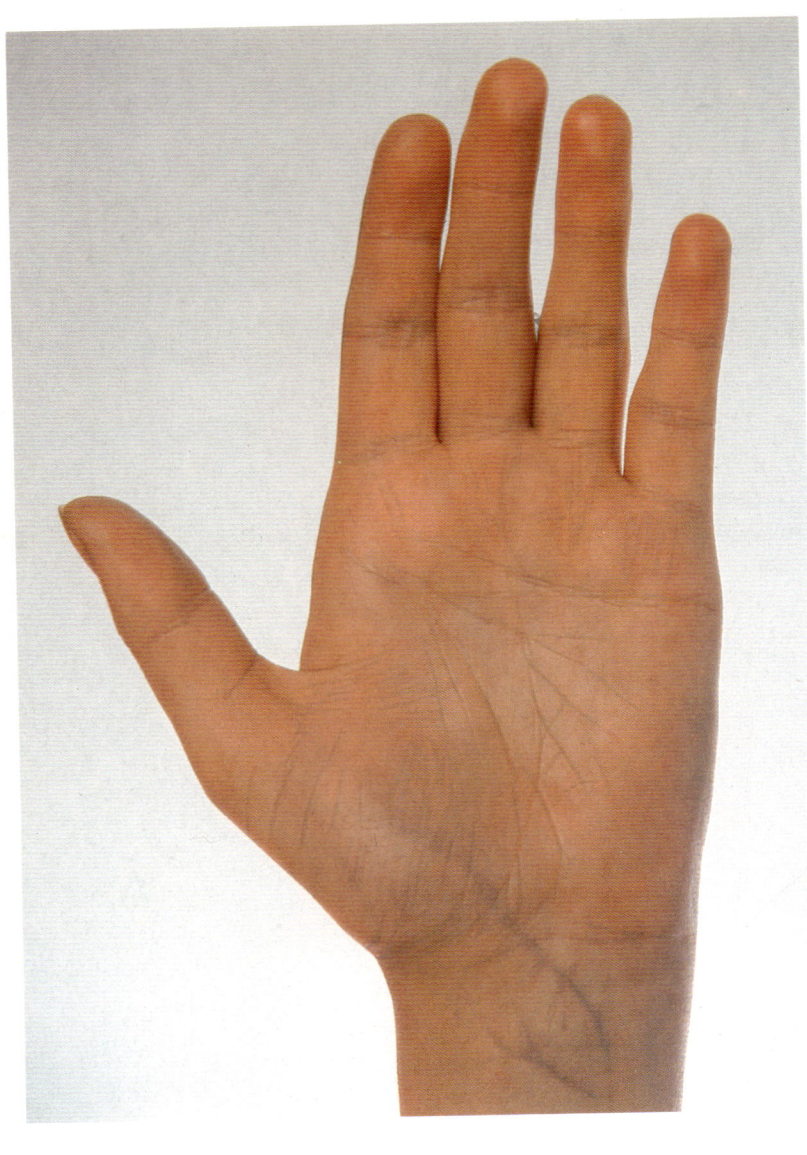

Weibliche Innenhände: B. C. T.
Die Handeignerin, 32 Jahre alt, ist Sekretärin.

Die Fingerglieder sind in ihren drei Abschnitten nahezu ausgewogen. Die längeren ersten Glieder der Ringfinger und der Kleinen Finger deuten auf Interesse für geisteswissenschaftliche Studien. Die auf den Fingerkuppen befindlichen glänzenden kleinen Erhebungen veranschaulichen ein feines Tastvermögen und Sinn für Qualität. Sehr feine Längslinien auf den zweiten und dritten Fingergliedern erklären, daß die Handeignerin auf Warmherzigkeit anderer positiv reagiert. Die an fast allen zweiten Gelenken sichtbaren kurzen Linien beruhen auf innerer Unruhe. Alle unteren Fingergelenke sind mit kurzen Linien oder auch mit kleinen Inseln versehen. Die kurzen Linien deuten auf äußere Nervosität, die kleinen Inseln stehen im Zusammenhang mit den Organen, die den einzelnen Fingern zugeordnet sind (Zeigefinger, links, Milz-Pankreas, Zeigefinger, rechts, Leber-Galle, Mittelfinger Darm, Ringfinger Nieren und Nerven, Kleine Finger Sexualorgane und Rückenmark).

Die zarte und stumpfe Hauttextur spiegelt einen sensiblen Menschen wider, der sich in seiner momentanen Verfassung unpäßlich fühlt. Die Mitte der Innenhandfläche ist beidseitig etwas vertieft und blaß und zeigt Durchblutungsstörungen im Magenbereich an. Die Handberge sind bis auf den oberen Teil des linken Daumenballenberges gut gewölbt und etwas verschoben. Sie wirken als positive Energieträger, die sich bei der Handeignerin in Lebensfreude und Genußfähigkeit äußern.

Die in beiden Händen die Daumenballenberge umrundenden *Lebenslinien* enthalten Punkte, Unterbrechungen und kleine Inseln. Die Vitalkräfte der Handeignerin unterliegen Schwankungen. Es bedarf einer aufmerksamen Lebensführung, um die Gesundheitsverhältnisse zu stabilisieren.

Der obere sehr flache Teil der Daumenballenberge zeigt an, daß in der Kindheit nur eine ungenügende Abwehrfähigkeit bestand. Die Abzweigung am unteren Drittel beider Lebenslinien steht mit Durchblutungsstörungen der unteren Extremitäten in Verbindung. Die Abzweigungen, die jeweils eine Verlängerung aufweisen, deuten ferner auf Eierstocksleiden.

Die linke *Kopflinie* ist länger mit der Lebenslinie verbunden und gibt verzögerte Entschlußfähigkeit der Handeignerin zu erkennen. In der linken Kopflinie ist unterhalb des Mittelfingers eine Abspaltung festzustellen, die in den mittleren Handrandberg reicht. Eine Anlage zu unterbewußten Störungen wird hier deutlich, die bei der Handeignerin zu einem inneren Zwiespalt führen und somit den geistigen Überblick trüben können. Dunkle Punkte in der linken Kopflinie deuten auf eine Kopfnervenschwäche mit einer Disposition zu Kopfnervenfieber. Die rechte Kopflinie ist normal mit der Lebenslinie verbunden und wellig in ihrem Verlauf, was auf innere Verkrampfungen, die auch die Gehirnnerven erfassen können, schließen läßt. Eine Vertiefung in der rechten Kopflinie unterhalb des Mittelfingers beruht auf einer überstandenen Mittelohrentzündung mit einer Tendenz zu Gehörschwäche des rechten Ohres als Folge davon.

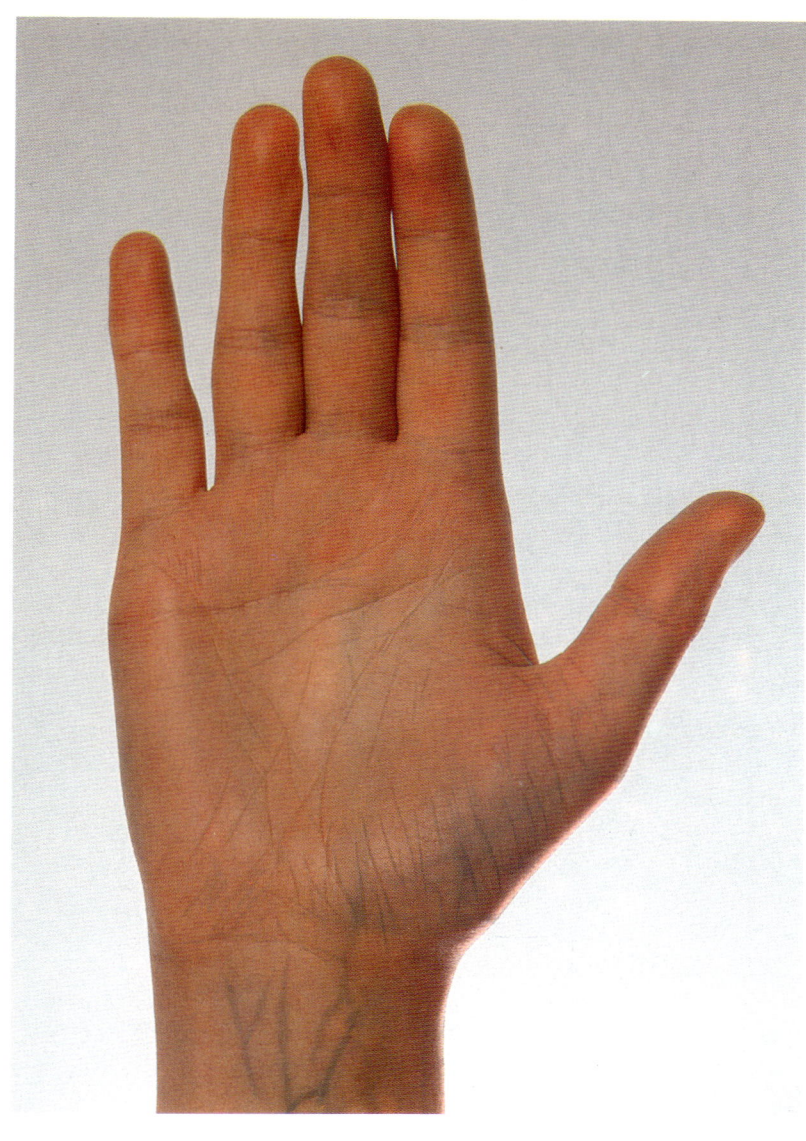

Kleine Punkte in der rechten Kopflinie weisen auf eine Kopfnervenschwäche in Verbindung mit Ermüdungserscheinungen. Zwei kleine Kreuze zwischen Kopf- und Lebenslinie, rechtsseitig, sind auf eine Schilddrüsenbelastung zurückzuführen. Eine zweite rechte Kopflinie, die am oberen Viertel der Lebenslinie ansetzt und in den unteren Handrandberg reicht, verstärkt die bei der Handeignerin auftretende Zwiespältigkeit. Die Handeignerin ist sich selbst und anderen im Wesen nicht leicht verständlich. Eine Disposition zu Melancholie ist unverkennbar.

Der Ansatz der zweiten rechten Kopflinie an die Lebenslinie ist kein Zeichen dafür, daß Vorfahren dem Alkoholismus ergeben waren und der Handeignerin die Anlage zu einer zweiten Kopflinie vererbten. Vielmehr ist es eine von der Handeignerin selbst ausgehende Schwäche ihrer Vitalkräfte und Kopfnerven, die ein zweites Bewußtsein formten.

Die lange, kettige linke *Herzlinie* läßt auf eine Disposition zu Herzleiden schließen. In psychischer Hinsicht besteht eine Tendenz zu Illusionen. Die rechte weniger kettige, aber verästelte Herzlinie endet plötzlich (Herzschlag ist wahrscheinlich) und bezieht sich ebenfalls auf ein schwaches Herz sowie auf Wunschvorstellungen, die nicht leicht realisierbar sind. Kleine Punkte unterhalb des Ringfingers wurden durch Gallengrieß verursacht, Punkte unterhalb des Mittelfingers durch defekte Zähne.

Die links vom mittleren Handrandberg aufsteigende *Schicksalslinie* zieht durch den Mittelfingerberg. Die Handeignerin greift die äußeren Einflüsse zu ihrer Selbstschulung auf und versucht dadurch, mehr Überblick zu gewinnen. Die rechte Schicksalslinie beginnt im unteren Handrandberg und reicht, wie eine zweite von der Lebenslinie aufsteigende Schicksalslinie, in das untere Gelenk des Mittelfingers. Der Beginn der Schicksalslinie im unteren Handrandberg deutet auf eine Anlage zu Medialität.

Die linke *Magenlinie* reicht bis in die Kopflinie und wirkt begünstigend auf die allgemeine Verfassung. Die rechte zum Teil doppelt vorhandene Magenlinie reicht bis in den Berg des Kleinen Fingers. Nach dem 30. Lebensjahr wird das Vegetativum kräftiger. Die vielen feinen, kurzen, zum Teil gitterartigen Linien auf dem rechten Zeige- und Ringfingerberg sowie dem Berg des Kleinen Fingers verbieten, in Verbindung mit den Kopflinien, jede mediale Betätigung.

Die in beiden Händen vorhandenen *Sonnenlinien* veranschaulichen das Geöffnetsein für das Schöngeistige und, da die Linien etwas zerrissen sind, einen sehr reizbaren Solar plexus.

In der rechten Hand bezeugt eine *Intuitionslinie* Innenwissen. Wenn sich die Handeignerin darauf einstellt und damit dem geistigen Gesetz gehorsam ist, wird sie ihr Leben besser meistern können.

Die *Raszettlinien* sind an beiden Handwurzeln in der Mitte hochgezogen und kettig. Weitere Raszettlinien sind nur angedeutet. Sowohl von mütterlicher als auch von väterlicher Seite sind Bindegewebeschwäche sowie eine labile Konstitution vererbt worden.

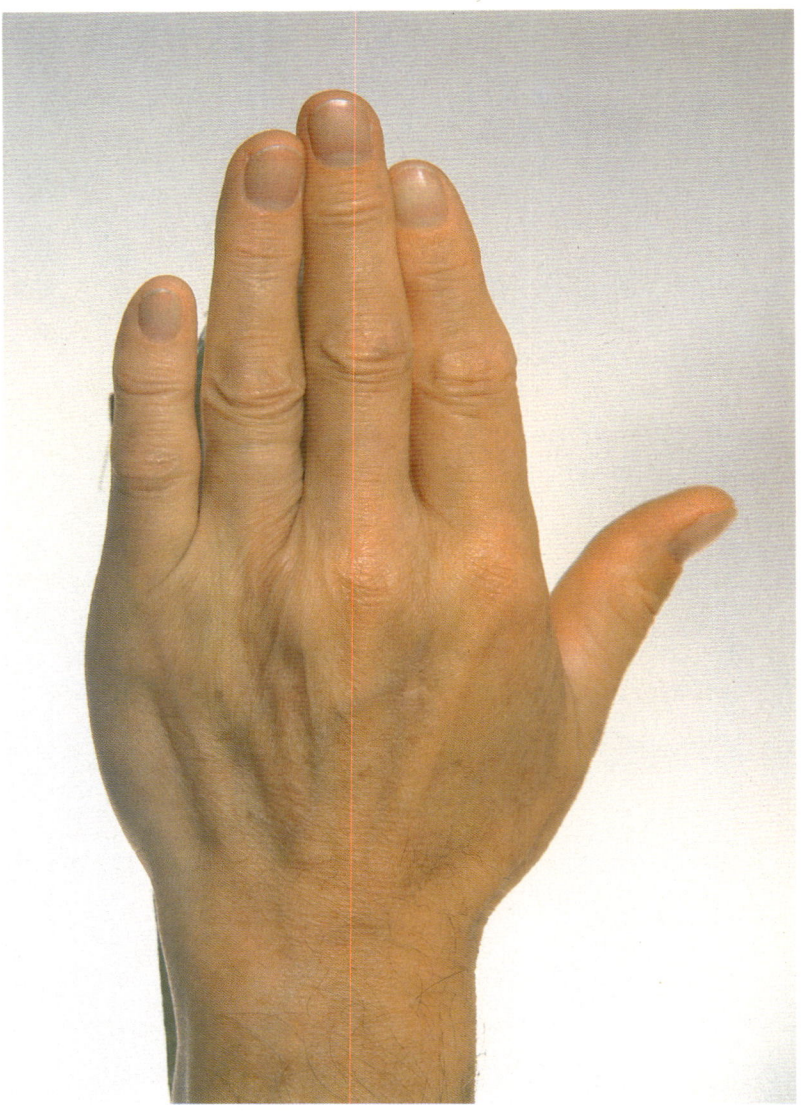
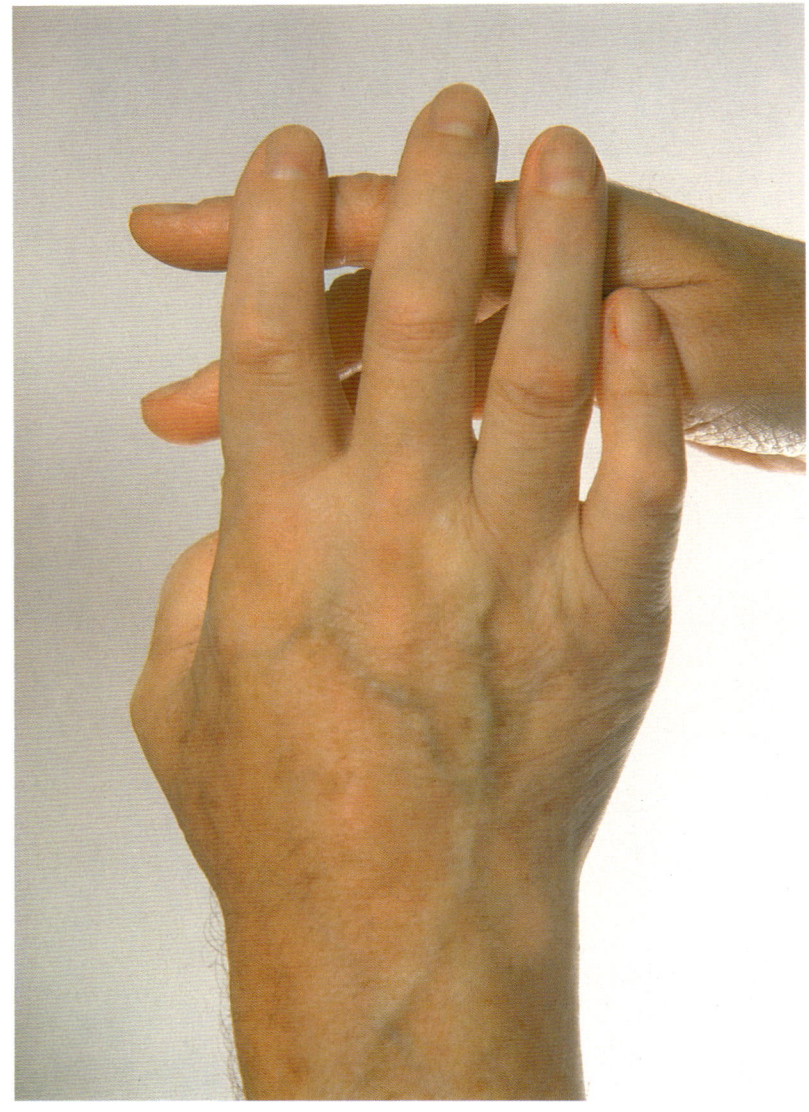

Männliche Außenhände: N. R. N.
Der Handeigner, 67 Jahre alt, ist Künstler und Kunstmaler.

Die *Charakteristik* der Handform ist im Schema konisch. Die Hand ist mittelgroß und kräftig. Hier prägt sich im gesamten betrachtet der Stimmungs- und Empfindungsmensch, der Künstler. Die Ringfinger sind bedeutend länger als die Zeigefinger. In der Resonanz der Umwelt erlebt der Handeigner sein Spiegelbild. Die Beeinflußbarkeit ist groß.

Die rechte Hand ist bewegungsgestört und mußte bei der Aufnahme gestützt werden.

Die Daumen sind tief bis mittelhoch angesetzt. Der Handeigner ist auch für die inneren Zusammenhänge des Schöngeistigen aufgeschlossen. Das erste Daumenglied ist etwas abgeflacht und weist auf ein würdevolles Durchsetzen hin.

Das linke Handgelenk ist feiner gestaltet, das rechte erscheint kräftiger (möglicherweise durch die Verletzung).

Die *Konstitution* ist zäh, sensibel.

Die *Disposition* zu einer Tendenz zu Stoffwechselstörungen, rechts im Leber-Galle-Bereich, links im Bereich von Milz und Pankreas, ist aus beiden gebogenen Zeigefingern ersichtlich. Die Hautbeschaffenheit ist sowohl kräftig als auch verfeinert. Die abgewinkelten und gebogenen Kleinen Finger weisen auf Bindegewebeschwäche und Störungen im Urogenitalbereich hin.

Die Maus auf der linken Außenhand zeigt sich gut gewölbt. Die allgemeine Stabilität gibt dem Handeigner genügend Reserven zu ausdauernder Betätigung.

Die Farbe der Fingernägel ist bläulich, was auf zuviel Kohlensäure im Blut schließen läßt. Die auf dem linken Zeigefingernagel befindliche Aufhellung ist ein Merkmal für Stauungen. Die Nagelmonde sind unterschiedlich groß, ebenso verschieden geformt. Die Funktion der Herznerven zeigt keine Regelmäßigkeit.

Die Zeichen für atmosphärische Einflüsse unterhalb der Nagelränder sind deutlich sichtbar, das allgemeine Befinden des Handeigners ist zeitweise stärker beeinträchtigt.

Männliche Innenhände: N. R. N.

Die unteren Fingerglieder der Ring- und Mittelfinger sind am längsten. Es besagt, daß der Handeigner seine Werke auch nutzbringend umzusetzen vermag. Die anderen Fingerglieder stehen in einem ausgewogenen Verhältnis zueinander und weisen darauf hin, daß ein inneres Harmoniebedürfnis vorhanden ist. Längslinien auf den Fingergliedern sind ein Merkmal dafür, daß der Handeigner ein warmherziges Wesen besitzt. Die feine und seidig glänzende Hauttextur offenbart ein großes Wahrnehmungsvermögen sowie Empfindsamkeit. Die in der Mitte etwas vertieften Innenhandflächen sprechen für einen leicht gestörten Magen. Die stärker gewölbten Handrandberge und der linke Daumenballenberg veranschaulichen Sinnenfreude, Phantasie, schöpferische Fähigkeiten und Sinn für Rhythmus. Der Handeigner sollte bewußt Harmonie pflegen, um keine Stimmungsschwankungen aufkommen zu lassen. Das »Große M« in beiden Händen symbolisiert Würde und Lebensernst.

Die *Lebenslinien* sind beidseitig klar dargestellt. In beiden Händen befindet sich eine Verdoppelung als Zeichen verstärkter Lebenskraft.

Die linke *Kopflinie* beginnt mit einer Spaltung und läßt in der Jugend im Kopfbereich Durchblutungsstörungen, verbunden mit der Tendenz zur Ohnmacht, erkennen. Aus der Richtung der Kopflinie läßt sich intellektuelles Denken ableiten. Eine Insel bildet den Abschluß dieser Linie. Sie bezieht sich auf die Nase, das Gedächtnis und die Durchblutung des Großhirnes.

Die rechte Kopflinie verläuft im mittleren unteren Handrandberg und bekundet übergroße Nachdenklichkeit und zeitweise Schwermut. Im Gegensatz zur linken Hand ist die rechte Kopfli-

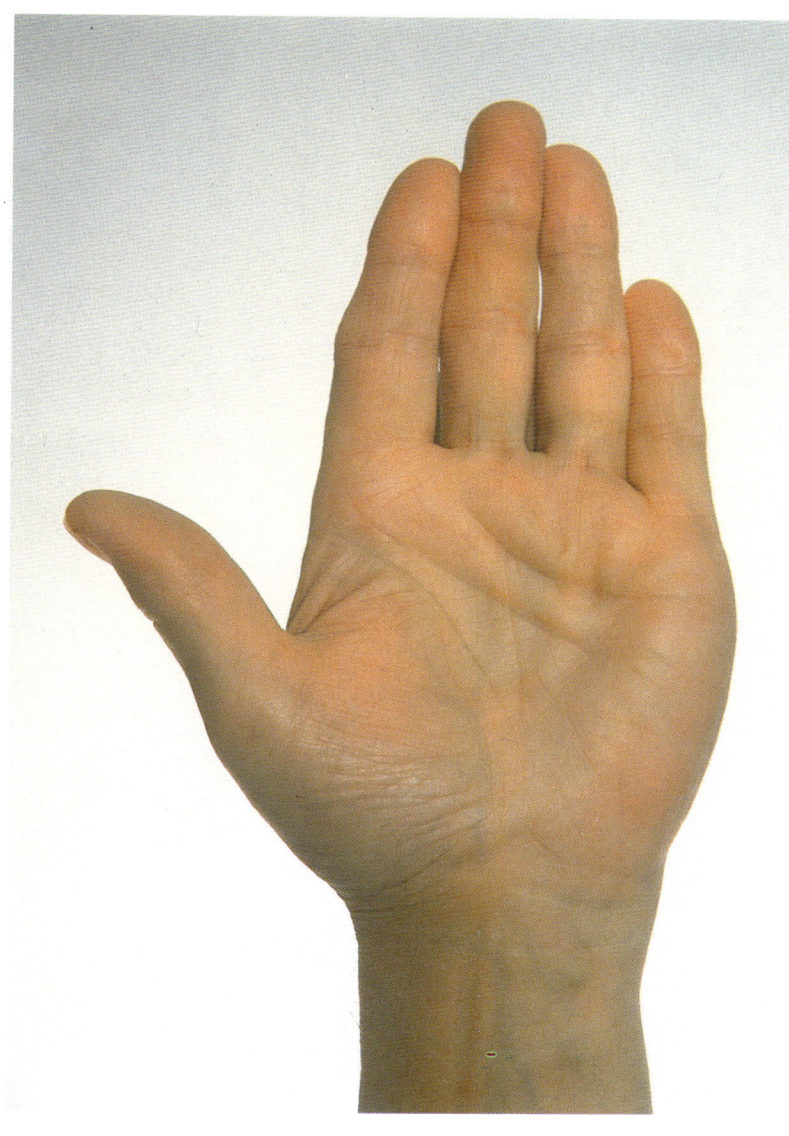
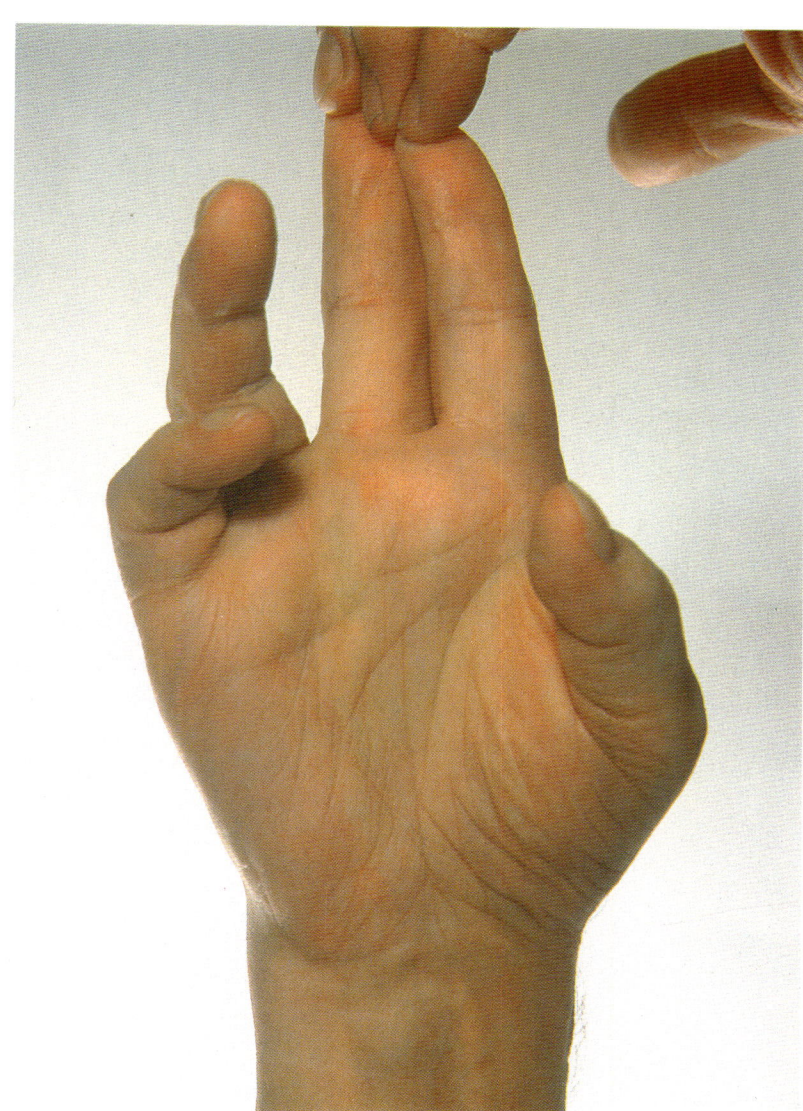

nie mit der Lebenslinie verbunden. Bis zum 28. Lebensjahr sind Spontaneität und Übereifer vorherrschend, nach dem 30. Lebensjahr zeigen sich größere Bedachtsamkeit und verzögerte Entschlußfähigkeit.

Die linke *Herzlinie* endet plötzlich unterhalb des Mittelfingerberges. In der mütterlichen Generation war Herzschlag veranlagt. Eine Insel in der linken Herzlinie in Ringfingerhöhe beruht auf Herzleiden bei den mütterlichen Vorfahren. Die rechte Herzlinie endet mit einem Ast unterhalb des Zeigefingerberges und mit einem zweiten Ast im oberen Teil des Zeigefingerberges. Die Erwartungen hinsichtlich der Zuwendungen aus der Umwelt sind hochgespannt. Bleibt die gewünschte Resonanz aus, ist der Handeigner tief bekümmert, was durch die in den unteren Handrand geneigte Kopflinie bestätigt wird. Der obere Ast deutet auf ein aufrichtiges anständiges Wesen.

Unterhalb der Mittelfinger befinden sich in den Herzlinien Punkte, die auf defekte Zähne hinweisen. Punkte in den Herzlinien in Ringfingerhöhe machen auf Konkremente der Galle aufmerksam.

Eine linke *Schicksalslinie* beginnt nahe der ersten hochgezogenen Raszette mit einer Insel und zieht in einem Bogen in den Ringfingerberg. Eine zweite linke Schicksalslinie kommt aus dem unteren Handrandberg und mündet oberhalb der Herzlinie in die erste Schicksalslinie. Sowohl Feinnervigkeit und mediale Anlagen als auch Wechsel und Wandlungen lassen sich aus dem Beginn beider Schicksalslinien ableiten. Das Ende der Schicksalslinien veranschaulicht Erfolg in der künstlerischen Tätigkeit des Handeigners.

Die rechte Schicksalslinie setzt an der Handwurzel an und läuft in der Kopflinie versetzt in den Mittelfingerberg. Nach dem 30. Lebensjahr kann sich der Verstand des Handeigners

zeitweise hemmend auf sein Selbständigkeitsbestreben auswirken. Eine zweite vom unteren Handrandberg kommende kürzere Schicksalslinie spricht für eine Aufnahmebereitschaft für Einflüsse von außen. Eine dritte kurze, etwas gewundene Schicksalslinie, die von der Mitte des Handrandberges aufsteigt und bis über die Kopflinie reicht, bezieht sich auf eine zeitweise geschwächte Widerstandsfähigkeit.

Mehrere kurze parallellaufende *Sonnenlinien* auf dem linken Ringfingerberg zeigen die vielseitige künstlerische Begabung an. Mehrere lange Sonnenlinien in der rechten Hand, die vom Handrandberg kommen, deuten auf phantasievolle Intuition, die er in seiner Ausübung als Künstler erfolgreich nutzen kann.

In der linken Hand kennzeichnet die zersplitterte *Magenlinie* ein nervöses Vegetativum, deutet aber auch die Tendenz zu einer Nierenbelastung an. Die Magenlinie in der rechten Hand enthält Inseln, die sich als Störungen im Leber-Galle- und Magenbereich äußern.

Die linke obere *Raszettlinie* gleicht einem hochgezogenen Dreieck. Es weist auf Bindegewebeschwäche bei den mütterlichen Vorfahren mit der Tendenz zu erschwerten Geburten. Bei dem Handeigner selbst besagt es eine Bindegewebeschwäche im Urogenitalsystem. Zwei weitere zartgebildete Raszettlinien weisen auf verfeinerte Konstitution der mütterlichen Vorfahren hin, wobei sich die mittlere ebenfalls in einem Bogen darstellt. Auch die rechte obere Raszettlinie ist hochgezogen aber nicht fertig ausgebildet. Diese weist ebenso auf ein schwaches Bindegewebe. Hier besteht die Anlage zu Leisten- oder Hodenbruch. Die weiteren Raszetten sind nur angedeutet vorhanden. Die Konstitution der väterlichen Generation war weniger stabil. Daraus ergibt sich für den Handeigner, daß er bewußt vernünftig mit seinen eigenen Kräften haushalten muß.

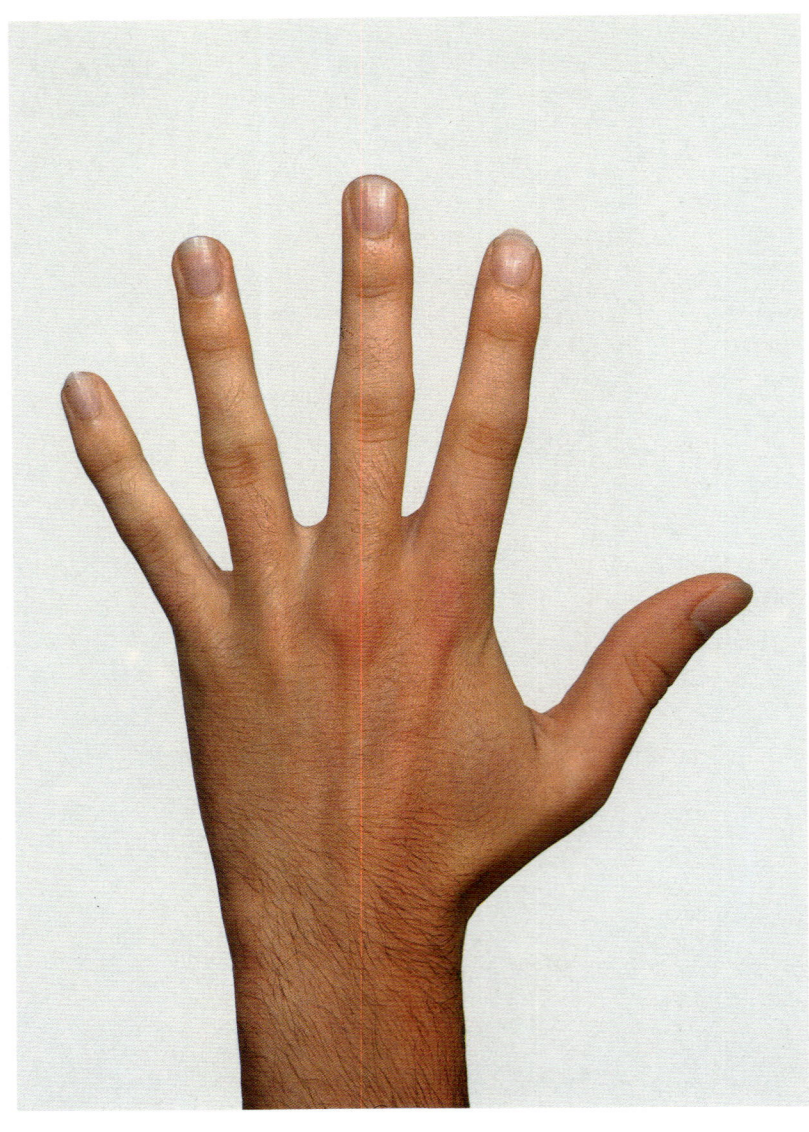
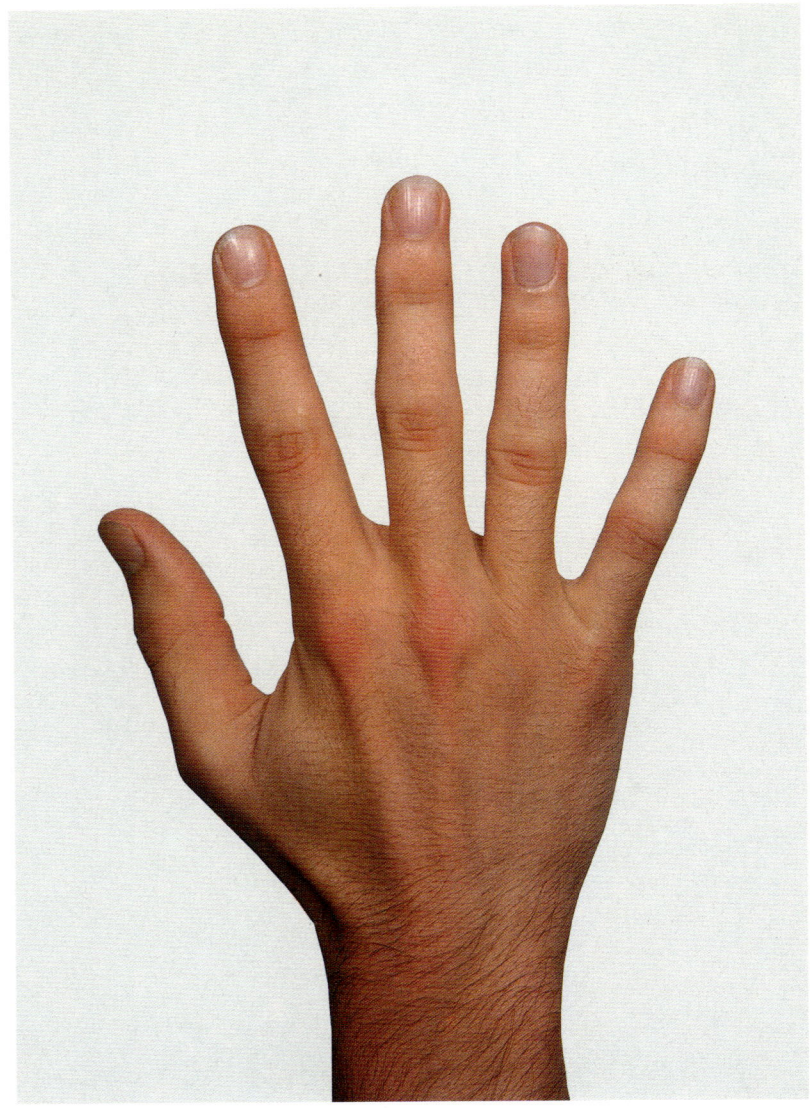

Männliche Außenhände: D. N.
Der Handeigner, 25 Jahre alt, ist Student mit dem Fachgebiet Raum- und Umweltplanung.

Die *Charakteristik* der Handform im Schema ist eckig, knotig gemischt. Der Handeigner verfügt über einen angeborenen Sinn für Ordnung und Präzision. Die Denkvorgänge des Handeigners vollziehen sich in Analyse und Synthese, was für seinen Beruf förderlich ist.

Die Zeigefinger sind etwas länger als die Ringfinger. Der Handeigner verhält sich leicht distanziert zu seiner Umwelt. Die eher tief angesetzten, langen, biegsamen Daumen verkörpern einen individuell denkenden, anpassungsfähigen und disziplinierten Menschen. Sinn für Symmetrie läßt sich von den eckigen zweiten Daumengelenken ableiten. An der Behaarung der Außenhand äußert sich das Temperament des Handeigners.

Die mehr fein gestalteten Handgelenke dokumentieren das gute Niveau der Vorfahren.

Die *Konstitution* ist zäh, sensibel.

Die *Disposition* zu Stoffwechselstörungen läßt sich von der etwas kräftigen, stumpfer wirkenden Haut ableiten. Die leicht gebogenen Mittelfinger deuten darauf hin, daß der Verdauungstrakt nicht immer störungsfrei arbeitet. Die starken Rötungen an den Knöchelgelenken der Zeige- und Mittelfinger, beidseitig, lassen auf ein verschobenes Blutbild sowie auf Fermentstörungen im Darmkanal schließen.

Die Maus ist beidseitig in der Mitte gut gewölbt, zeigt jedoch am oberen und unteren Teil Einziehungen, die sich auf Durchblutungsstörungen im Kopf- und Fußbereich beziehen. Die allgemeine Widerstandsfähigkeit ist herabgesetzt.

Die vorwiegend mandelförmigen Fingernägel hängen mit juveniler Diabetes zusammen. Die rosa-rötlichen Fingernägel weisen auf leichte Entzündungstendenzen. Die gewölbten Nägel der Ringfinger und der Kleinen Finger, beidseitig, beziehen sich auf Nierenfunktionsstörungen. Die leichten Rillen auf fast allen Fingernägeln, besonders an den Nägeln der Mittelfinger, die eine Verschlackung im Darmkanal anzeigen, wurden durch Stoffwechselstörungen verursacht. Durch die kaum vorhandenen Nagelmonde wird eine Herznervenschwäche deutlich.

Die Belastungszeichen aus der Atmosphäre sind an den oberen Nagelrändern sichtbar.

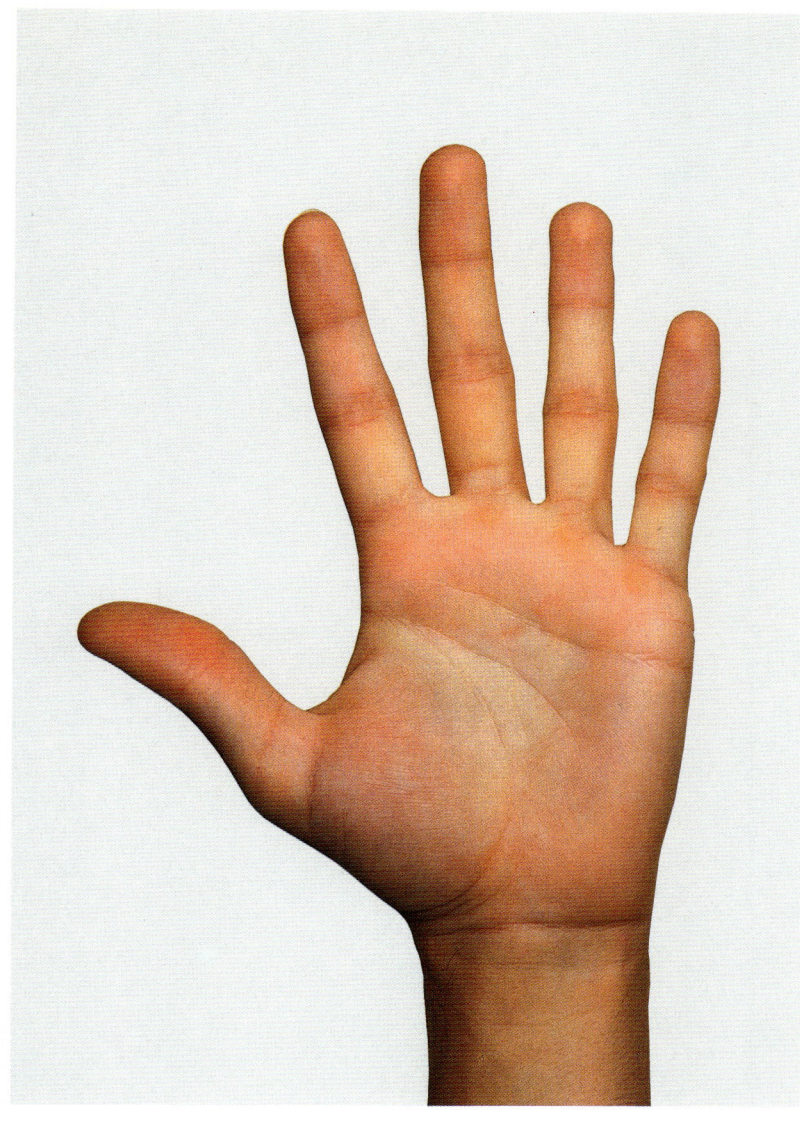
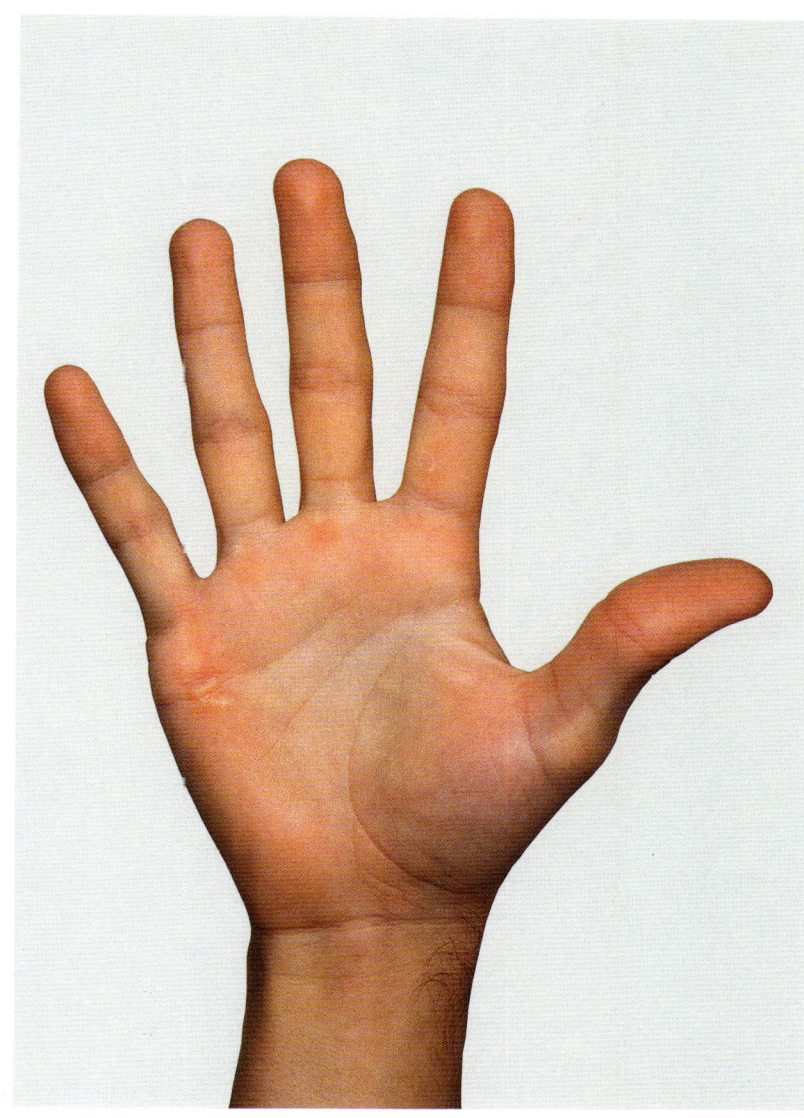

Männliche Innenhände: D. N.

Die Fingerglieder sind in ihrer Länge fast harmonisch aufeinander abgestimmt. Es besteht ein weitgehender Einklang der drei Bewußtseinsebenen.

An allen mittleren Fingergelenken sind kurze übereinanderliegende Querlinien zu sehen, die Koordinierungsstörungen zwischen Seele und Körper erkennen lassen und mit einer Drüsenschwäche einhergehen. Inselbildungen und kurze Linien am unteren Gelenk des linken Zeigefingers deuten auf Pankreasschwäche, bei diesem Handeigner auf Diabetes. Inselbildungen und kurze Linien am unteren Gelenk des rechten Zeigefingers weisen auf eine Leberinsuffizienz.

Die Hauttextur ist mittelfein. Auch hier läßt sich eine leichte Stoffwechselschwäche feststellen. Die blassen Innenhandflächen geben zum Ausdruck, daß die Magendurchblutung durch öftere kleine Mahlzeiten angeregt werden muß.

Die *Lebenslinien* in beiden Händen bilden einen gut geschwungenen Viertelkreis um die kräftigen Daumenballenberge, die Lebensreserven und gute Vitalkräfte symbolisieren. Die Lebenslinien verdoppeln sich am unteren Drittel und erhöhen damit die Lebenserwartung des Handeigners.

Die linke, mit der Lebenslinie normal verbundene *Kopflinie* zeigt in Richtung des mittleren Handrandberges, woraus sich eine innige Naturverbundenheit erklärt. Der kettige Beginn der Kopf- und Lebenslinien, beidseitig, ist auf eine lymphatische Diathese zurückzuführen.

Die rechte *Kopflinie* ist mit der Lebenslinie ebenfalls normal verbunden und zeigt ein rechtzeitiges Reaktionsvermögen. Die Verlaufsrichtung der rechten Kopflinie zum oberen Handrandberg gibt Aufschluß über Gestaltungssinn und -fähigkeit. Punkte in beiden Kopflinien sind eine Folge von Ermüdungserscheinungen der Gehirnnerven.

Die kettige und verbreiterte linke *Herzlinie* läuft in einer Insel auf dem Zeigefingerberg aus. Sie ist ein Merkmal für Lungenerkrankungen (Tuberkulose) bei den mütterlichen Vorfahren. Der Beginn der rechten Herzlinie wird durch eine Brandverletzung verdeckt. Die kurze Herzlinie deutet auf ein verhaltenes Wesen.

Eine kurze schwache *Schicksalslinie* in der linken Hand, in halber Höhe der Lebenslinie beginnend, zieht bis in den Zwischenraum von Kopf- und Herzlinie. Es fällt dem Handeigner nicht leicht, sich auf seinem Lebensweg zu behaupten.

In beiden Händen zeigen die sehr zart angelegten *Magenlinien* ein sensibles Vegetativum an.

In der linken Hand ist ein Teil des *Venusgürtels* ein Zeichen für einen schwachen Rücken.

Die ersten *Raszettlinien* an beiden Handwurzeln verlaufen gerade, kräftig und kettig. Die zweiten Raszetten verlaufen gerade und sehr zart. Der Handeigner ist dazu angehalten, mit den ihm zur Verfügung stehenden Kräften klug umzugehen.

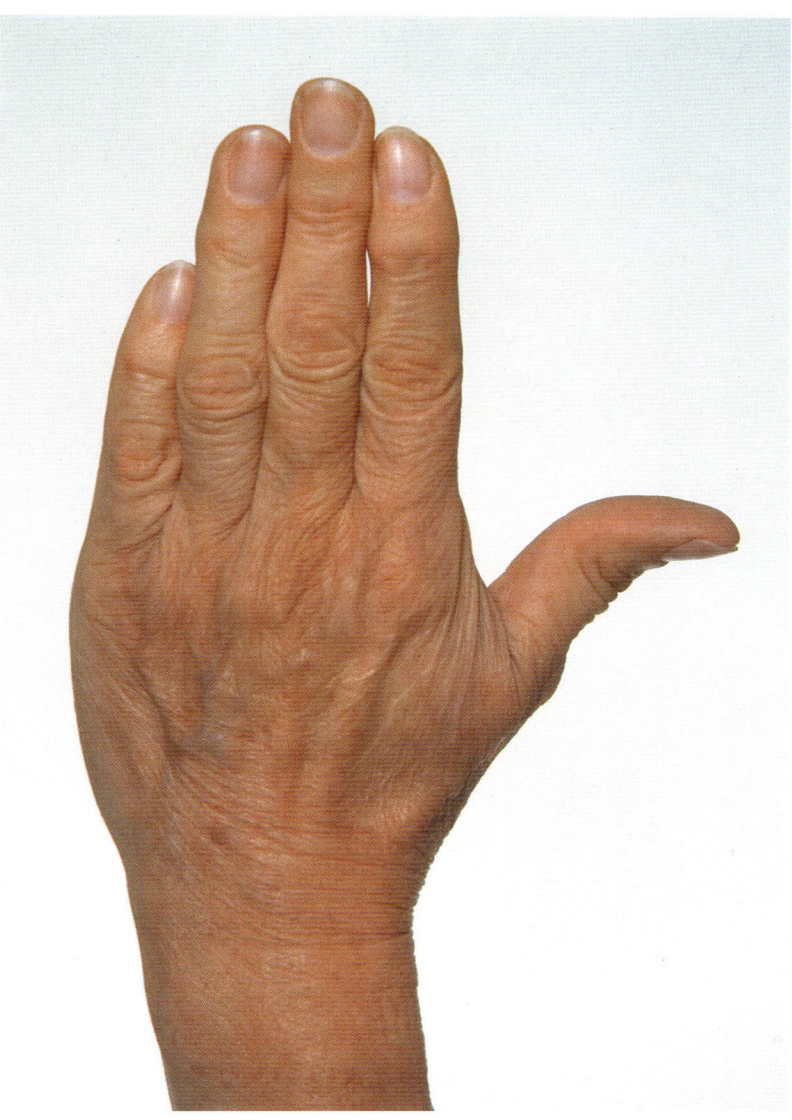 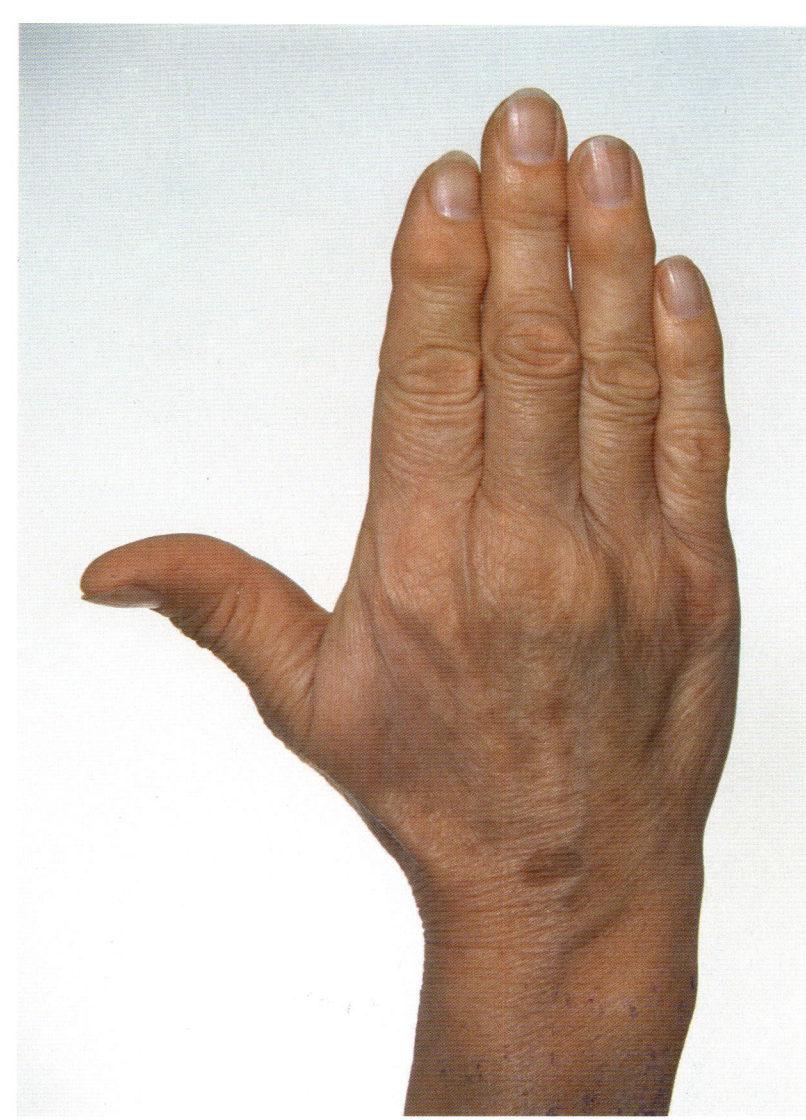

Weibliche Außenhände: E. N.
Die Handeignerin, 70 Jahre alt, ist Fotografin und Hausfrau.

Die *Charakteristik* der Handform im Schema ist knotig, konisch. Die Handeignerin hat einen weltoffenen Sinn und plant aus Überlegung. Sie hat eine starke Neigung zu Kunst und Literatur. Durch wahrhaftes Streben sind ihre künstlerischen Bemühungen von Erfolg gekrönt. Die zeitweise leicht zu beeinflussende Handeignerin ist großzügig und gutherzig und hat einen Hang zum Bohemienhaften. Aus der Fähigkeit ihrer Gestaltungskraft vermag sie intuitiv mit wenigem viel anzufangen, aus dem »Nichts« Großartiges zu schaffen.

Zeige- und Ringfinger der linken Hand sind in der Länge fast ausgewogen. Der rechte Ringfinger ist etwas länger als der Zeigefinger. Der angeborene Kunstsinn der Handeignerin wird nach dem 30. Lebensjahr stärker aktiviert. Die sehr biegsamen langen Daumen besagen, daß die selbstbewußte Handeignerin große Anpassungsfähigkeit besonders im Geistigen besitzt, was an den ersten auswärts gebogenen Daumengliedern deutlich wird, die durch die abgeflachte Daumenkuppe außerdem eine Anlage erkennen lassen, sich in etwas gut hineinversetzen zu können.

Die mittelkräftigen Handgelenke lassen auf widerstandsfähige Naturen der Vorfahren schließen.

Die *Konstitution* ist zäh und sensibel.

Die *Disposition* zu einer Gefäßschwäche zeigt sich an den erhabenen Venen. Stoffwechselstörungen äußern sich an den Leberflecken und an den arthritischen Fingergliedern. Auch an den Knöchelgelenken stellen sich leichte arthritische Gewebeveränderungen dar. Das erste gebogene Glied der Kleinen Finger steht in Zusammenhang mit Beschwerden und Senkung des Uterus, die Verdickung und Versteifung des zweiten Knotens der Kleinen Finger bezieht sich auf eine Knickung des Uterus.

Die Maus ist an beiden Händen durch eine seitliche Einziehung verschmälert, woraus sich noch gute Widerstandsfähigkeit und Lungenkraft sowie Rückenschwäche ableiten lassen.

Die normal großen Fingernägel sind rötlich-bläulich und deuten auf zuviel Kohlensäure im Blut sowie auf Durchblutungsstörungen. Die gewölbten Fingernägel weisen auf Nierenfunktionsstörungen. Die Längsrillen auf dem rechten Mittel- und Ringfingernagel besagen, daß Schlacken aus dem Darm und den Nieren ausgeschieden werden. Die eher kleiner als großen Nagelmonde verlaufen vorwiegend quer von Rand zu Rand, ein Merkmal für schnell erregbare Herznerven. An den Nagelmondrändern zeigt die bläuliche Farbe, daß die Herzkranzgefäße Sauerstoff benötigen.

Die Belastungszeichen atmosphärischer Störungen sind an den oberen Nagelrändern sichtbar.

Weibliche Innenhände: E. N. siehe folgende Doppelseite

120

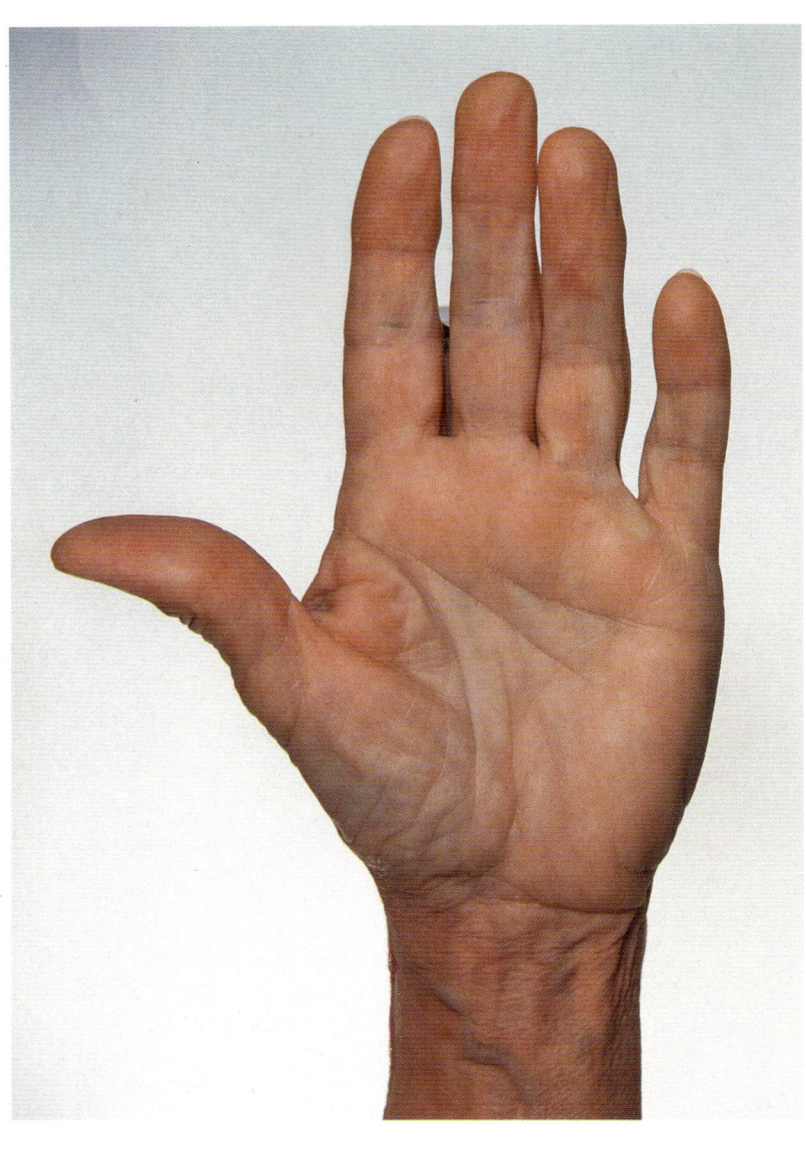

Weibliche Innenhände: E. N.
Die Handeignerin, 70 Jahre alt, ist Fotografin und Hausfrau.

Die ersten Fingerglieder sind die längsten. Mit zunehmender Reife wachsen die geistigen Interessen. Die zweiten und dritten Glieder sind fast harmonisch aufeinander abgestimmt. Empfinden und Fühlen bilden bei der Handeignerin eine Einheit. Längslinien an den ersten Fingergliedern geben Anstrengung zu erkennen, Längslinien auf den zweiten und dritten Fingergliedern Anziehungskraft. Eine schräge, aus dem Zwischenraum von Mittel- und Zeigefinger kommende Linie, rechtsseitig, bezieht sich auf eine Fehlgeburt, eine zweite schräge Linie, die aus der Mitte des Zeigefingergelenkes kommt, ist ein Zeichen für Erschlaffung der Mutterbänder. Aus den kleinen Inseln am unteren Gelenk des rechten Zeigefingers läßt sich eine Anlage zu allergischen Reaktionen und verschobenen Blutwerten ableiten. Eine Querlinie auf dem rechten unteren Glied des Mittelfingers deutet darauf, daß sich die Handeignerin im Leben durch Einschränkung auf das Wesentliche zu konzentrieren lernt. Eine Querlinie auf dem unteren Gelenk des linken Ringfingergliedes drückt zeitweise gehemmtes Empfindungsleben aus. Kleine Schräglinien an den unteren Gelenken der Kleinen Finger weisen auf Nervenbelastung, die durch Überforderung hervorgerufen wurde.

Die mittelfeine Hauttextur spricht für die seelische Widerstandsfähigkeit der Handeignerin. Die Innenhandflächen sind etwas vertieft und blaß. Vermutlich liegt eine Unstimmigkeit der Magensekretion vor. Die Handberge, die zum Teil verschoben sind, deuten darauf hin, daß die Handeignerin bewußt die Lebensfreude sucht und alles Schöne zu genießen weiß. Die gut geprägten Hauptlinien formen ein großes »M«, das die Signatur eines zur Reife kommenden Menschen darstellt. Die zum Teil bräunliche Tönung der Linien beweist Leberschwäche.

Die linke, kräftig markierte *Lebenslinie* endet in einer Insel. Die mütterlichen Vorfahren vererbten der Handeignerin eine Anlage zu Zelldegenerationen, die sich bei ihr an der Haut bemerkbar machte. In der rechten Hand läßt sich eine Lebenslinie innerhalb des Daumenballenberges feststellen sowie eine zweite, die am unteren Zeigefingerberg ansetzt. Daraus resultieren Zähigkeit und Widerstandsfähigkeit. Zusätzlich erfährt die Handeignerin Impulse, die sich förderlich auf ihre Lebensenergien auswirken. Beide Lebenslinien enden in der oberen Raszettlinie.

Ein deutliches Viereck am oberen Drittel zwischen beiden Lebenslinien, diese verbindend, deutet darauf hin, daß nicht verausgabte Energiekräfte zur Verfügung stehen, die bei Erkrankungen den körpereigenen Abwehrmechanismus unterstützen.

Die linke, hoch angesetzte und mit der Lebenslinie unverbundene *Kopflinie* beginnt im Zeigefingerberg und gibt nicht nur eine angeborene positive Lebenseinstellung zu erkennen, sondern auch Spontaneität und ein offenes Wesen. Durch zwei Kreuze am Anfang zwischen Kopf- und Lebenslinie, linksseitig, ist ein Schilddrüsenleiden ersichtlich (Operation der Schilddrüse war erforderlich). Die normal lange, schräg verlaufende linke Kopflinie bestätigt die sozial-kameradschaftliche Grundeinstellung der Handeignerin. Punkte auf der linken Kopflinie weisen auf schnelle Ermüdbarkeit der Kopfnerven.

Die rechte Kopflinie ist normal mit der sie schneidenden Lebenslinie verbunden. Sie beginnt jedoch am Anfang des Daumenballenberges, was für Mut und kämpferischen Sinn der Handeignerin spricht. Sie trifft ihre Entschlüsse im rechten Augenblick. Die rechte, ebenfalls schräg verlaufende Kopflinie

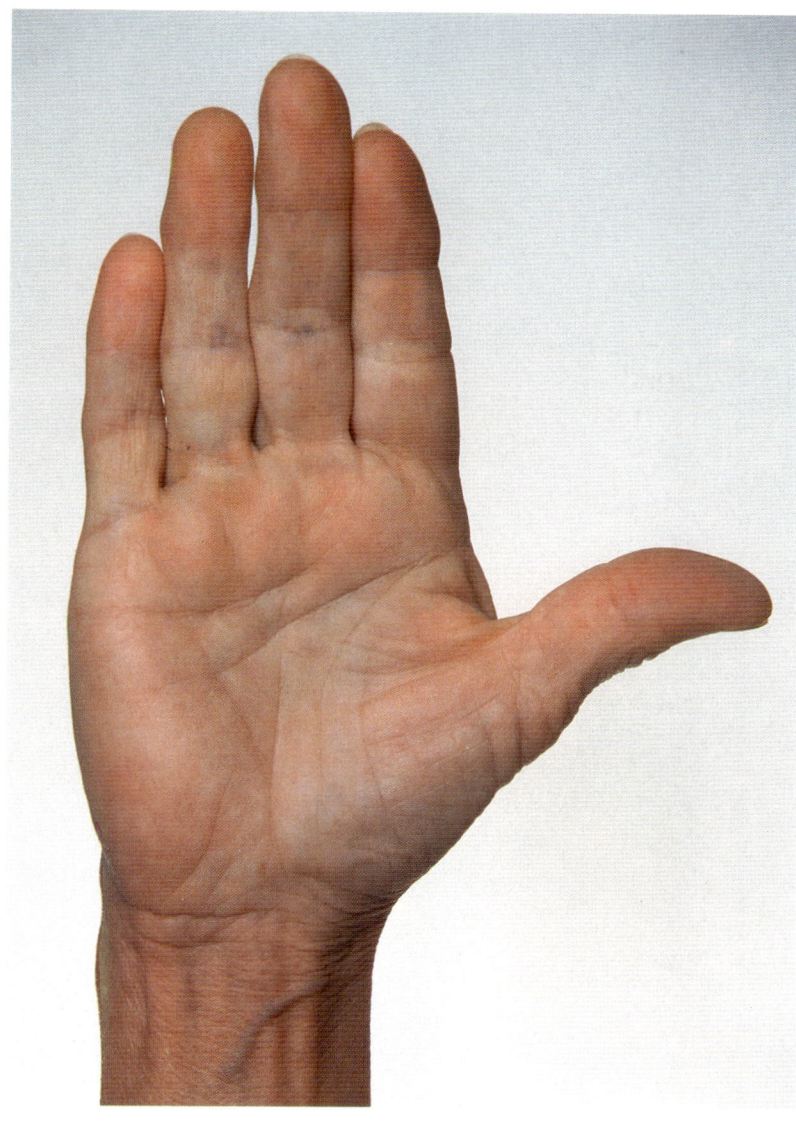

mündet auf dem oberen Handrandberg in eine großen Insel, die sich auf chronische Nasenerkrankungen bezieht. Auch hier ist die ideale Gedankenrichtung der Handeignerin offensichtlich. Punkte in der rechten Kopflinie sind eine Folge von Ermüdungserscheinungen.

Die *Herzlinien* enden beidseitig kurz vor dem Zeigefingerberg, was zu verstehen gibt, daß die Handeignerin sich von anderen Menschen nicht voll in Besitz nehmen läßt. Helle Punkte in der linken Herzlinie unterhalb des Ringfingers deuten auf Nierengrieß. In der rechten Herzlinie sind Inselbildungen vorhanden, die auf eine von väterlicher Seite vererbte Anlage zu Herzbeschwerden schließen lassen. Helle Punkte in der rechten Herzlinie unterhalb des Ring- und Mittelfingers sind auf Nierengrieß und Karies zurückzuführen.

In der linken Hand entspringt eine kräftige *Schicksalslinie* am Daumenballenberg und bleibt kurz vor der Kopflinie stehen, was eine Änderung der Bewußtseinsrichtung, ein Sichloslösenwollen vom Elternhaus kennzeichnet. Eine zweite Schicksalslinie, linksseitig, die aus der ersten Raszette von der Mitte des Handrandberges aufsteigt, mündet in den Mittelfingerberg. Das Streben nach Selbständigkeit wird über äußere Einflüsse gefördert. Eine schwach sichtbare Insel in der linken Schicksalslinie oberhalb der Herzlinie bezieht sich auf Gicht bei den Vorfahren. Die rechte Schicksalslinie beginnt in der oberen Raszette, reicht mit kaum wahrnehmbaren Unterbrechungen bis unter das Mittelfingergelenk und bestätigt das Streben der Handeignerin nach Selbständigkeit und innerer Freiheit, was bewußtes Denken voraussetzt.

Die auf den Ringfingerbergen in beiden Händen sichtbaren zarten *Sonnenlinien* veranschaulichen die musischen Anlagen der Handeignerin.

Zwei sich an den Herzlinien überkreuzende *Magenlinien*, linksseitig, weisen nicht zuletzt aufgrund eines guten Vegetativums auf Zähigkeit und gute Nervenkraft. Die Handeignerin entwickelt mit der Zeit für ihre Gesunderhaltung eine wachsame Fürsorge. Die rechte Magenlinie setzt an der Schicksalslinie an und zieht bis knapp unter das Gelenk des Kleinen Fingers. Diese kräftige Linie bedeutet im Hinblick auf die Lebenslinie eine Stabilisierung für die Lebenskraft.

Am rechten unteren Handrandberg zeigt sich eine aufsteigende *Intuitionslinie*. Es bedeutet, daß sich die Handeignerin durch Innenwissen leiten lassen kann.

Eine *Raszettlinie* an der linken Handwurzel beginnt mit einer großen Insel, die von einer Schräglinie geschnitten wird. Einige der mütterlichen Vorfahren fanden ein nachweisbar frühzeitiges Ende durch Leiden, die Krebs vermuten lassen. Nach der Insel ist die Raszette stark und gerade verlaufend dargestellt. Vorfahren der mütterlichen Generation vererbten der Handeignerin Zähigkeit. Die rechte obere Raszettlinie ist hochgezogen und zeigt das Bild einer großen Insel, die mehrere Inseln umfaßt. Vorfahren väterlicherseits hatten Bindegewebeschwäche und litten an nicht genau zu definierenden Krankheiten. Im weiteren Verlauf ist die Raszettlinie in sich gewellt, ein Zeichen für eine spastische Diathese bei den Vorfahren. Eine zweite, zum Teil ausgebildete kräftige Raszette deutet darauf, daß bei den väterlichen Vorfahren auch stabilere Naturen vorhanden waren.

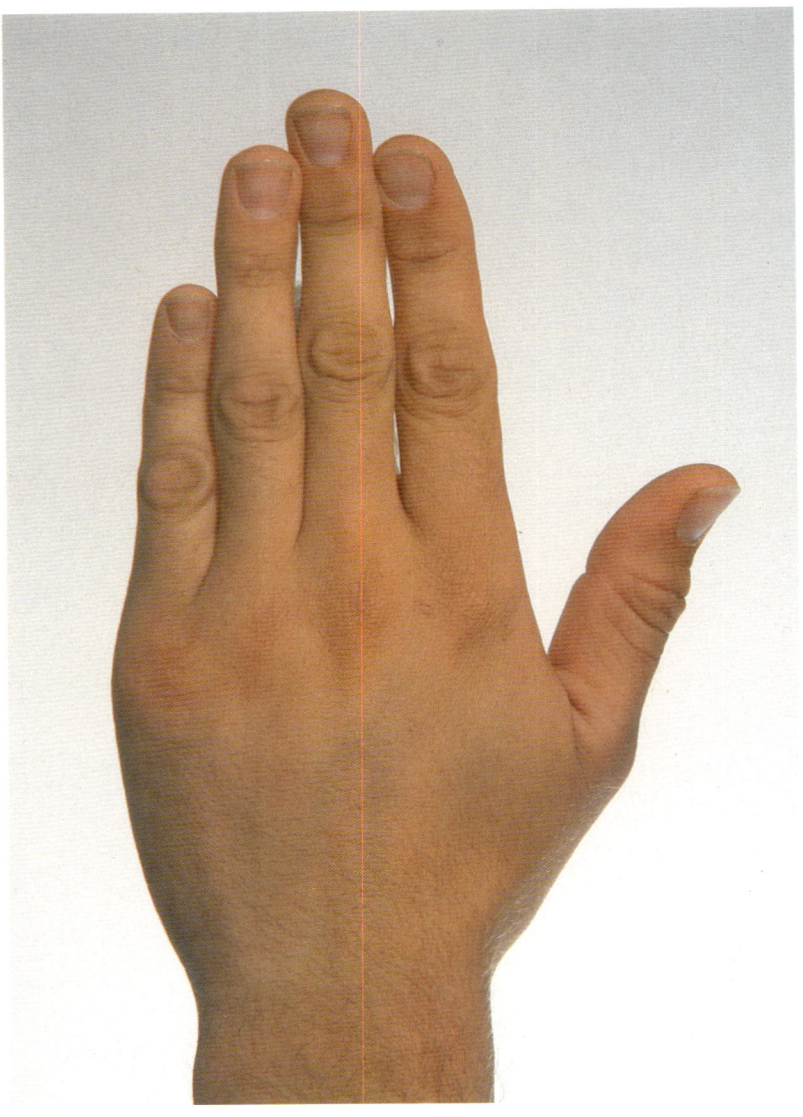 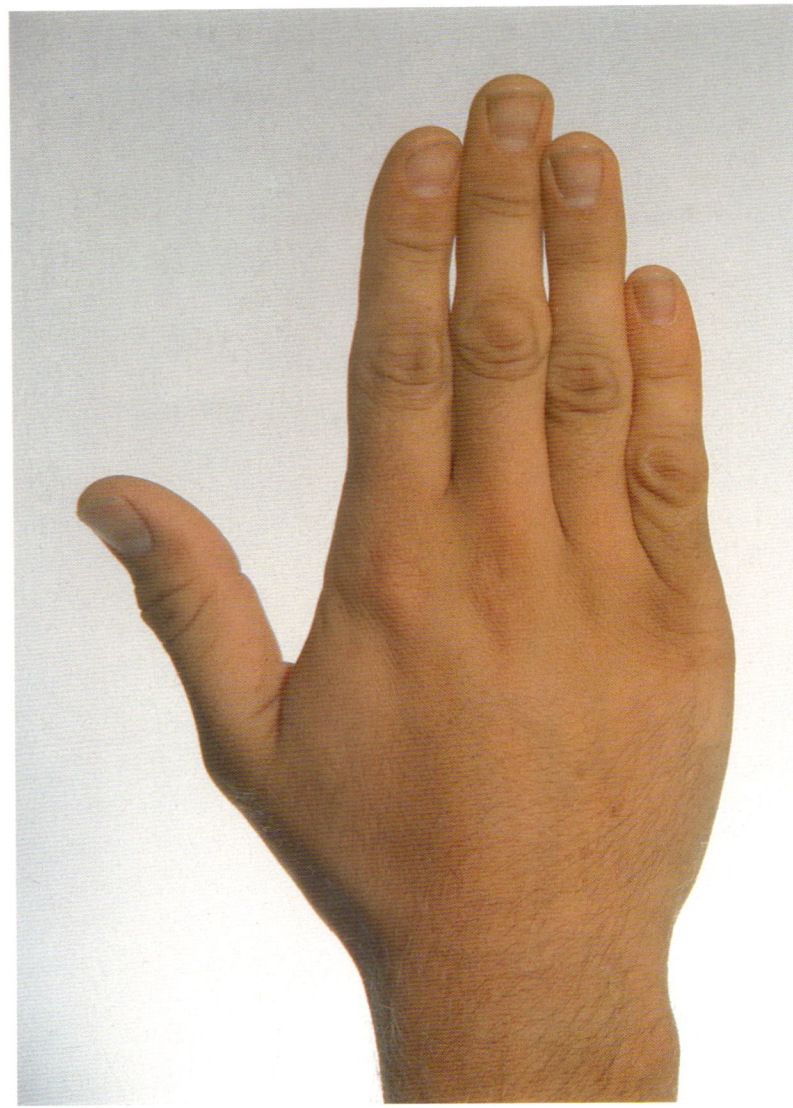

Männliche Außenhände: O. N.
Der Handeigner, 23 Jahre alt, ist Student und will Ingenieur werden.

Die *Charakteristik* der Handform im Schema ist konisch, knotig mit Spateleinschlag. Der Handeigner besitzt die Anlage zu praktischen Fähigkeiten, die er durch Intuition und Einfühlungsvermögen für Erfindungen und Verbesserungen, auch im materiellen Bereich, nutzen kann.

Die Zeige- und Ringfinger sind von fast gleicher Länge. Die eigenen Bestrebungen und Interessen der Umwelt stehen im Einklang zueinander. Die Daumen sind von normaler Länge und kräftig. Der Handeigner kann sich gut durchsetzen. Das zweite kantige Daumengelenk verdeutlicht mathematisches Verständnis.

Die wohlgeformten Handgelenke entsprechen dem guten Niveau der Vorfahren.

Die *Konstitution* ist zäh, sensibel.

Die *Disposition* zu Nierenerkrankungen ergibt sich aus der zarten Hautbeschaffenheit. An den Fingern ist das Gewebe fester, das deutet auf Verschlackung durch Stoffwechselstörungen. Alle zweiten Fingerglieder sind betont. Das dunklere Hautgewebe an den zweiten Fingergelenken stellt sich konzentrisch dar. Eine Tendenz zu Bindegewebeschwäche steht damit in Verbindung. Die Zeigefinger sind leicht gebogen und lassen auf eine Organschwäche, links, Milz-Pankreas, rechts, Leber-Galle, schließen. Die Biegung der Mittelfinger weist auf eine Tendenz zu Blinddarmreizungen sowohl vor als auch nach dem 30. Lebensjahr. Die gebogenen ersten Ringfingerglieder geben eine Anlage zu Nierenstörungen zu erkennen, während sich die etwas gebogenen verschmälerten zweiten Ringfingerglieder auf Herz-

störungen beziehen. Die Abbiegung der ersten Glieder der Kleinen Finger weist auf Bindegewebeschwäche im Urogenitalbereich, und die leichte Knickung des zweiten Gliedes des rechten Kleinen Fingers deutet auf Schwäche der Sexualorgane.

Sogenannte »Zärtlichkeitsgrübchen« sind zwischen den Knöchelgelenken der Finger vorhanden. Der Handeigner sehnt sich nach seelischer Zuwendung. Er ist sehr beeindruckbar und benötigt liebevolles Entgegenkommen als innere Bestätigung. Die leichten Rötungen an den Knöchelgelenken der Zeige- und Mittelfinger sind ein Hinweis auf Unreinheiten im Blut und eine gestörte Darmflora. Unterhalb des rechten Mittelfingergelenkes bildete die Haut eine Scheibenform. Es betrifft das Kniegelenk. Der Handeigner verletzte sich bereits mehrmals das Kniegelenk.

Die Maus ist an beiden Händen nur in der Mitte kräftig. Die oberen und unteren Abschnitte sind abgeflacht. Die Lungenspitzen und die unteren Partien der Lunge sind anfällig für Infektionen. Die Konturen am Anfang der Maus lassen auf eine weniger kräftige Halswirbelsäule schließen.

Die normal großen Fingernägel sind in der Farbe teilweise bläulich. Das Blut enthält zuviel Kohlensäure. Die Aufhellungen auf allen Fingernägeln sind Stauungsmerkmale.

Die Nagelmonde sind etwas unterschiedlich in Form und Größe. Die Herznerven könnten regelmäßiger arbeiten.

Die Einflußzeichen atmosphärischer Störungen sind an den oberen Nagelrändern deutlich sichtbar.

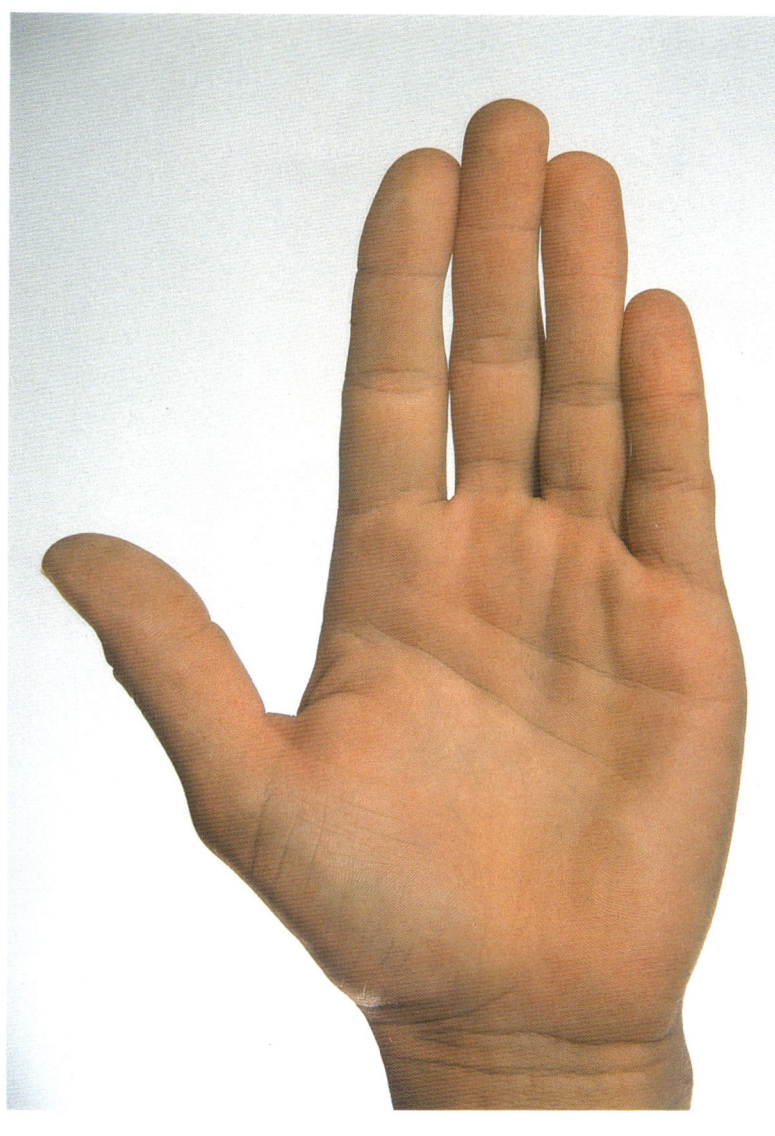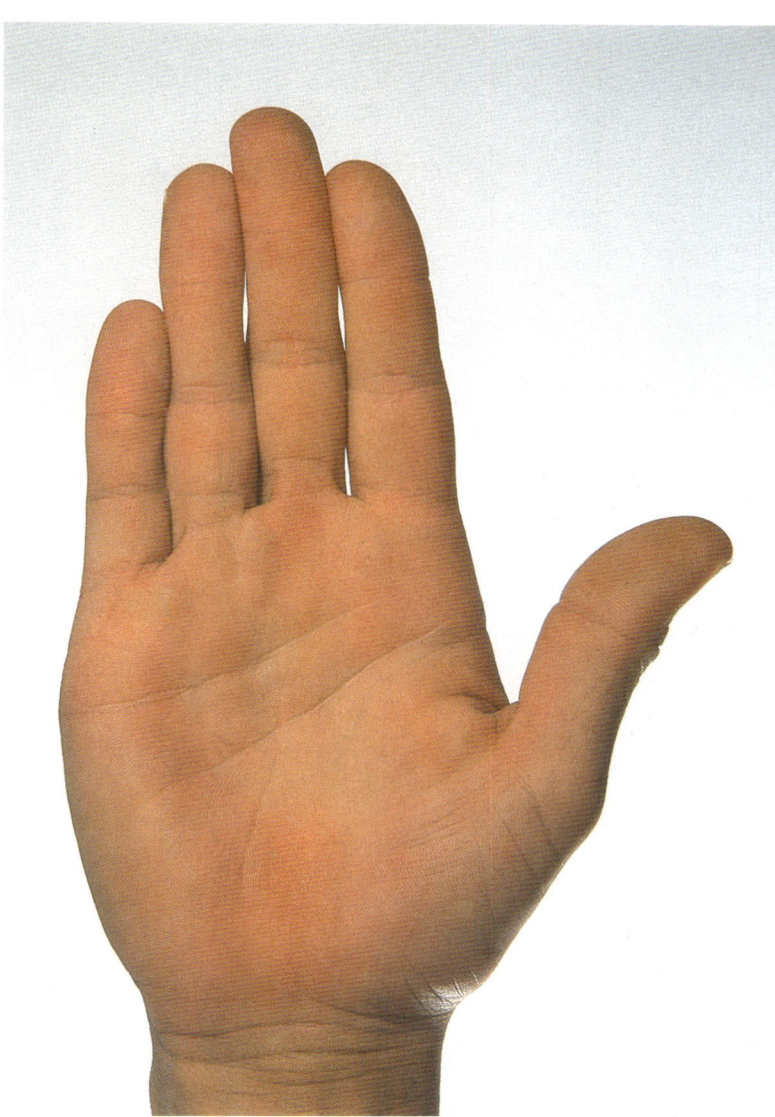

Männliche Innenhände: O. N.

Die Fingerglieder sind etwas unterschiedlich in der Länge. An den Mittelfingern sind die oberen Glieder kürzer. Der Handeigner kann seine Talente und Fähigkeiten für seine eigene Persönlichkeit sehr gut nutzen. An dem rechten Kleinen Finger ist das erste Glied länger. Der Handeigner zeigt sich auf wissenschaftlichem Gebiet erfinderisch, tatkräftig und praktisch.

Die Handtellermitte, beidseitig erscheint etwas vertieft, eine Empfindlichkeit im Magenstoffwechsel ist vorhanden. Die Ernährungsweise des Handeigners dürfte dafür ausschlaggebend sein. Die Handrandberge zwischen Herz- und Kopflinie sowie zwischen Kopflinie und Handwurzel sind kräftig ausgebildet. Eine rheumatische Diathese zeichnet sich ab.

Beide *Lebenslinien* sind zart markiert. Die körperliche Stabilität sollte verbessert werden.

Die *Kopflinien* sind deutlich und lang geprägt. Der Verlauf der Kopflinien zum oberen Handrandberg gibt eine intellektuelle Gedankenrichtung zu erkennen. Mehrere Vertiefungen in beiden Kopflinien machen auf eine Schwäche der Gehirnnerven aufmerksam, die mit den Sinnesorganen in Verbindung stehen (Zeigefinger = Augen, Mittelfinger = Ohren, Ringfinger = Zunge, Kleine Finger = Nase). Am Anfang beider Kopflinien zeigen sich Inseln, die auf einer vererbten Anlage zu Augenschwäche beruhen.

Die *Herzlinien* reichen bis zum Zeigefingerberg. Sie zeigen Warmherzigkeit an. Inselbildungen in dieser besagen eine von den mütterlichen sowie von den väterlichen Vorfahren vererbte organische Anfälligkeit des Herzmuskels und der Herzklappen.

Die *Schicksalslinie* in der linken Hand beginnt nahe der Raszette unterhalb des Handrandberges und mündet in den Mittelfingerberg. Der Handeigner erwirbt Selbständigkeit durch innere und äußere Ausweitung. Die Natur ist seinem geistigen Streben dienlich. Die Schicksalslinie in der rechten Hand beginnt in der Mitte des unteren Handrandberges und durchzieht Kopf- und Herzlinie. Sie steigt weiter auf bis in den oberen Mittelfingerberg. Der Handeigner gewinnt durch seine Erfahrungen Energien, die nicht nur seiner Lebensgestaltung, sondern auch seiner geistigen Bewußtseinserweiterung förderlich sind. Auf den Ringfingerbergen sind jeweils zwei *Sonnenlinien* sichtbar, die sich auf die künstlerischen Interessen des Handeigners beziehen.

Links- und rechtsseitig sind jeweils zwei *Raszettlinien* kräftig gestaltet. Linksseitig ist die obere jedoch mit einer zarten Insel versehen, die auf gesundheitliche Störungen bei den mütterlichen Vorfahren hinweist. Im allgemeinen bildet die Erbsubstanz für den Handeigner eine gute Grundlage für seine Gesundheit.

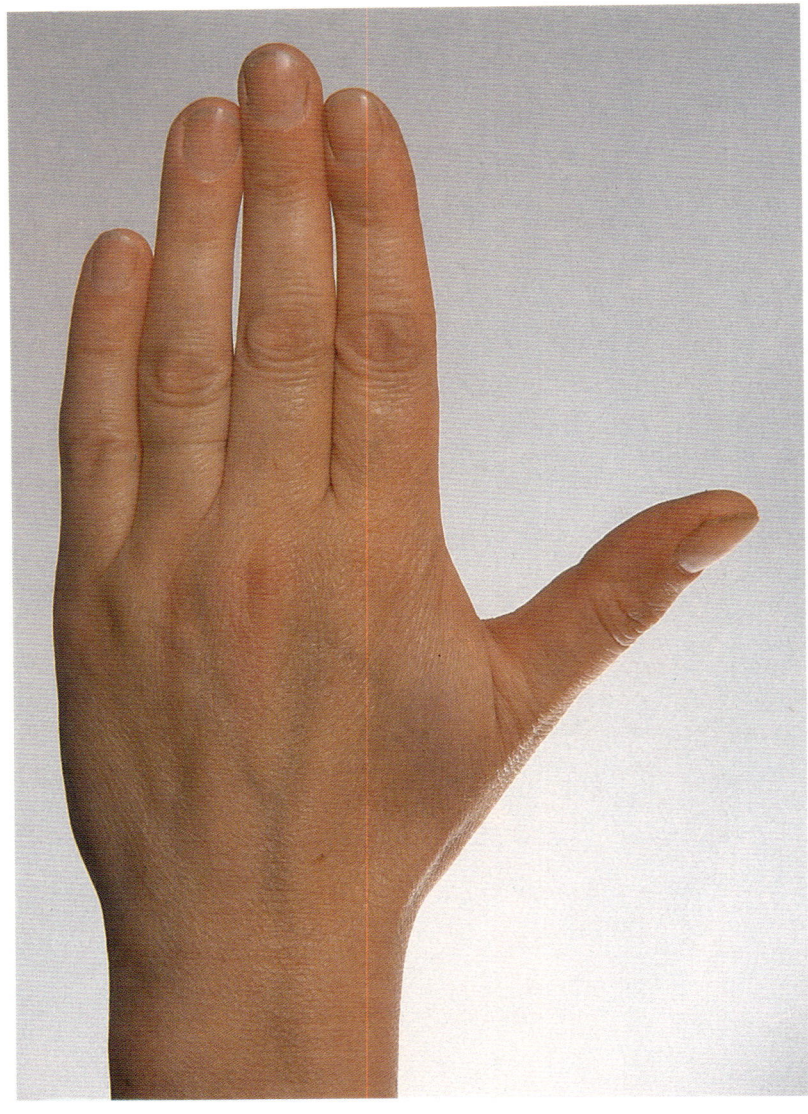 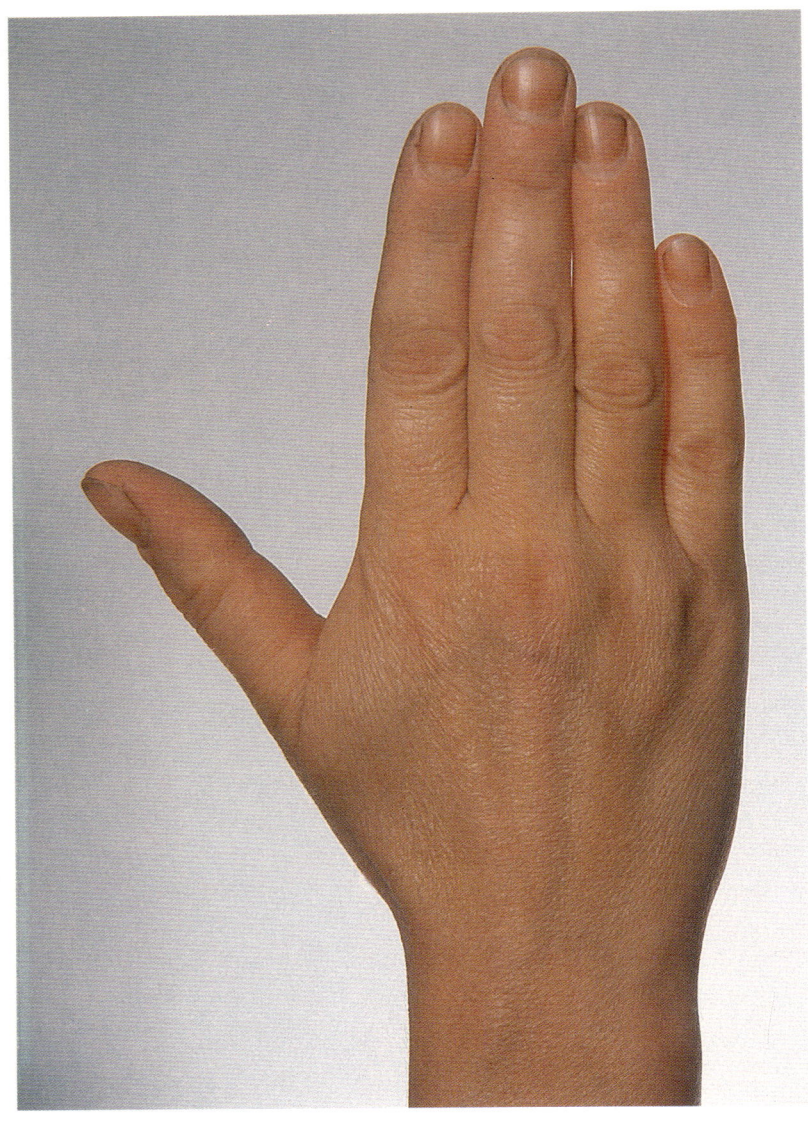

Weibliche Außenhände: N. T.
Die Handeignerin, 38 Jahre alt, ist Drogistin und Hausfrau.

Die *Charakteristik* der Handform im Schema stellt sich durch ein schmaleres Rechteck dar. Die Finger sind gemischt, teilweise eckig, teilweise leicht konisch. Die Handeignerin ist sowohl ein Verstandes- als auch ein Empfindungsmensch, der für intellektuelle Interessen, aber auch für schöngeistige Gebiete aufgeschlossen ist.

An beiden Händen sind Ring- und Zeigefinger von gleicher Länge. Es fällt der Handeignerin leicht, die Kontakte zur Umwelt harmonisch aufrechtzuerhalten. Die Daumen sind kräftig, lang und mittelhoch angesetzt. Die Persönlichkeit weiß sich durchzusetzen.

Die Handgelenke sind feingliedrig. Die Struktur der Vorfahren war verfeinert.

Die *Konstitution* ist zäh, sensibel.

Die *Disposition* zu Nierenstörungen ist durch die zarte Haut offensichtlich. Durch die helle, gestraffte Haut an den Fingern sind Ablagerungen durch Stoffwechselstörungen festzustellen.

Beide Zeigefinger sind gebogen, wobei der linke außerdem wie eingedreht wirkt. Eine Stoffwechselschwäche von Milz-Pankreas und Leber-Galle läßt sich daran erkennen. Die ebenfalls gebogenen und am zweiten Glied leicht eingezogenen Ringfinger verdeutlichen eine Anlage zu Nieren- und Herzschwäche. Biegung und Knickung der Kleinen Finger weisen auf Bindegewebeschwäche und Störungen im Urogenitalsystem. Unterhalb der Mittelfinger ist auf den Knöchelgelenken eine Rötung ersichtlich, die auf eine gestörte Darmflora schließen läßt. Unter-

halb der Fingerglieder werden Zärtlichkeitsgrübchen augenscheinlich, die ein Sehnen nach seelischer Liebe zum Ausdruck bringen.

Die Maus ist an beiden Händen gut sichtbar. An der unteren Partie der Maus, beidseitig, deuten Einziehungen auf eine Schwäche der Lungen im unteren Bereich sowie der Füße.

Rückstände von Nagellack auf den Fingernägeln lassen eine Diagnose nicht zu, da die ursprüngliche Farbe nicht zu definieren ist. Die in Form und Größe unterschiedlichen Nagelmonde spiegeln Unregelmäßigkeiten in der Herznervenfunktion wider.

Die Einflußzeichen aus der Atmosphäre lassen sich an den oberen Nagelrändern erkennen.

Weibliche Innenhände: N. T.

Die Fingerglieder sind etwas unterschiedlich in der Länge. Die Persönlichkeit muß sich um innere Ausgewogenheit bemühen. Mehrfache Längslinien an den zweiten und dritten Fingergliedern beider Hände deuten auf eine anziehende Ausstrahlung, die in anderen Menschen Sympathien erweckt. An einigen der ersten Fingerglieder bildeten sich Linien, die durch Überforderungen entstanden sind. Viele kleine Querlinien am unteren Gelenk der Kleinen Finger hängen mit nervlichen Überreizungen zusammen.

Die zarte Hauttextur veranschaulicht einen feiner empfindenden Menschen.

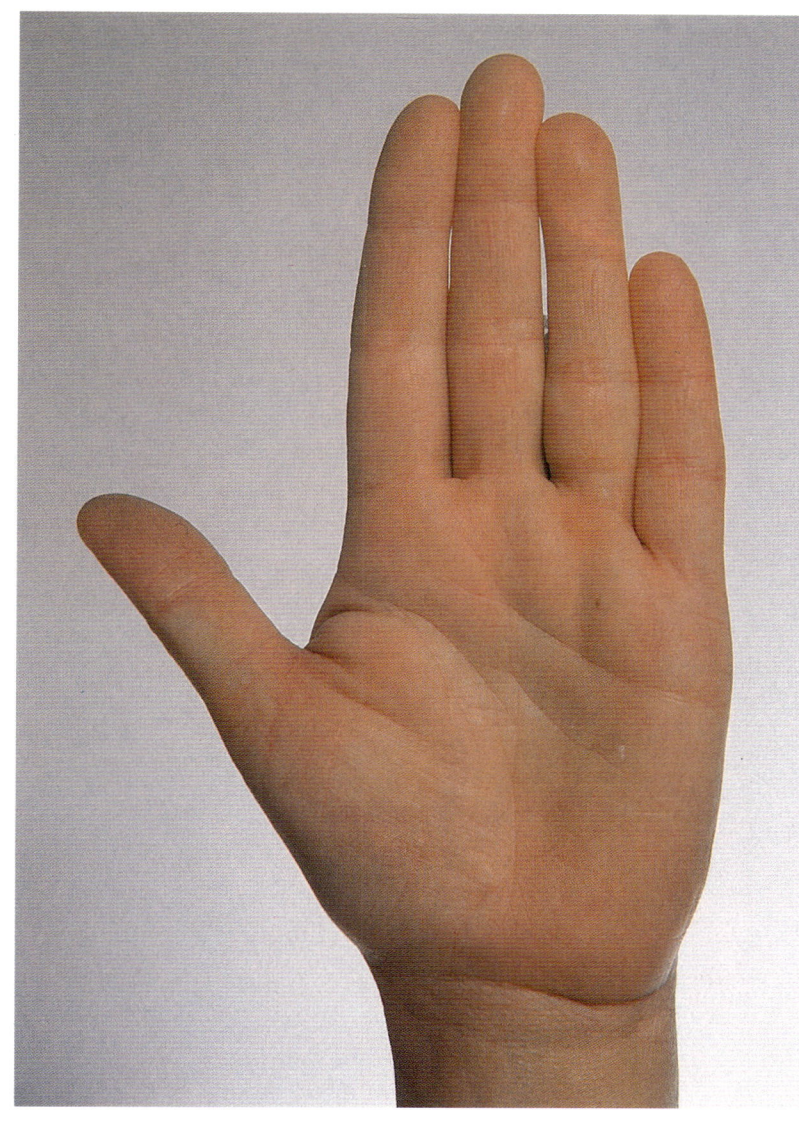
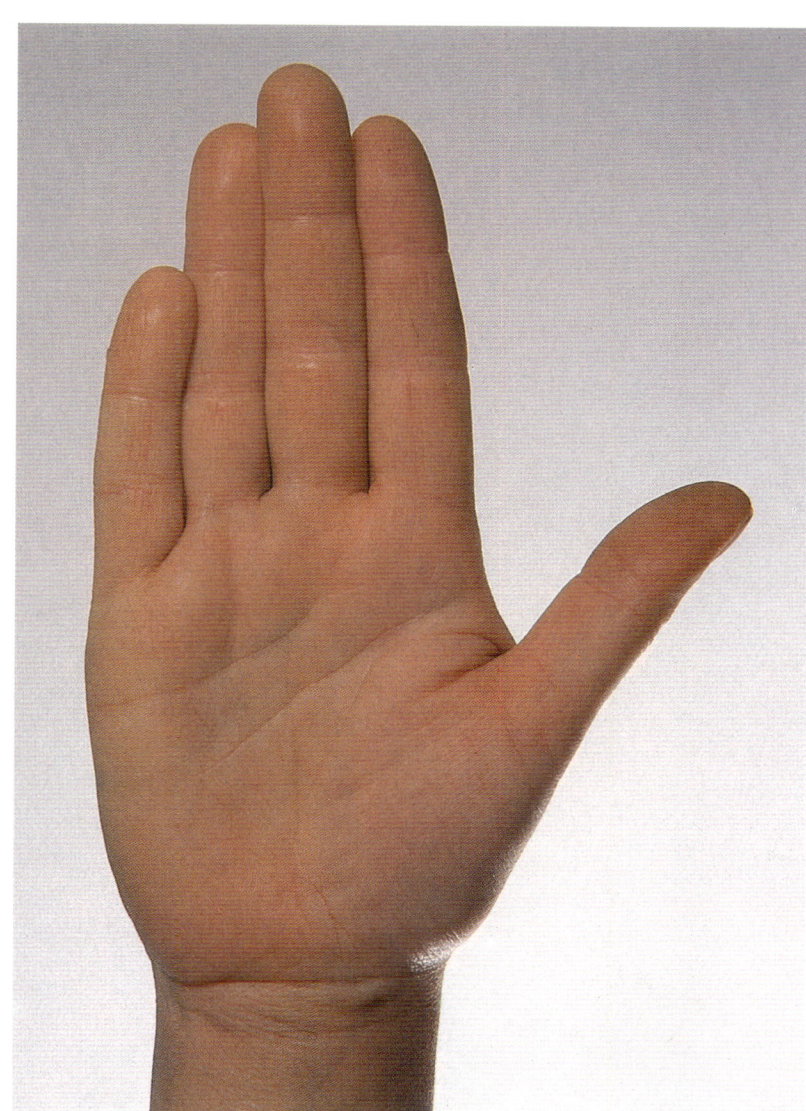

Die elastische Muskulatur der Handteller läßt auf einen zuverlässigen Menschen schließen. Die verschobenen Berge der Ringfinger zu den Kleinen Fingern sowie Mittelfingern weisen darauf, daß die Handeignerin mit Umsicht und Bewußtsein das Schöne in ihren Lebenskreis einzugruppieren vermag. Es kann für sie eine Quelle innerer Stimulierung sein.

Die linke *Lebenslinie* beginnt im oberen Teil des kleinen Daumenballenberges und endet in einer kurzen Spaltung im oberen Drittel. Eine zweite linke Lebenslinie, die tiefer an der Kopflinie ansetzt, bleibt vor der ersten Raszette stehen. Die mütterlichen Vorfahren hatten unterschiedlich lange Lebensrhythmen. Die rechte Lebenslinie kommt aus dem kleinen Daumenballenberg und läuft zarter werdend in den unteren Teil des Daumenballenberges. Die Handeignerin sollte darauf bedacht sein, ihre psychische Widerstandsfähigkeit nicht durch Heftigkeiten (psychisch z. B. Gereiztheit, physisch z. B. Infekte) zu schwächen.

Die hoch angesetzte linke *Kopflinie* ist gebrochen. Ein Schutzzeichen (Viereck) verbindet die beiden Teile. Es bedeutet Schutz bei Kopfverletzungen. Eine Insel in der Kopflinie, linksseitig, in Höhe zwischen Ring- und Kleinem Finger bezieht sich auf die Nase. Die ebenfalls hoch angesetzte, anfangs breiter und kettig gezeichnete Kopflinie in der rechten Hand zeigt an, daß das Lernen zeitweilig schwerer fällt. Verbunden damit ist eine schnelle Ermüdbarkeit, die auch durch die kleinen Punkte betont wird. Eine kleine Insel am Ende der rechten Kopflinie beruht auf Störungen im Nasenraum. Die etwas schräg verlaufende Kopflinie offenbart die soziale Gesinnung der Handeignerin, die

sie auch in komplizierten Situationen beweist, was durch die Welle in der Kopflinie deutlich wird.

Beide *Herzlinien* sind lang und haben am Ende Abzweigungen. Die Handeignerin ist gutherzig und erwartet auch von anderen Entgegenkommen. Die rechte Herzlinie mündet im Zwischenraum von Zeige- und Mittelfinger. Das ist ein Zeichen dafür, daß die Handeignerin seelischen Prüfungen unterzogen wird, die große Aufmerksamkeit und Kraft erfordern. Helle Punkte in der linken Herzlinie unterhalb des Ringfingers beziehen sich auf Nierengrieß. Punkte in der rechten Herzlinie unterhalb des Mittelfingers beruhen auf schadhaften Zähnen.

Die linke *Schicksalslinie* beginnt hoch angesetzt an der Lebenslinie und zieht an der Kopflinie versetzt in den Mittelfingerberg. Nach dem 20. Lebensjahr wird das Anlehnungsbedürfnis an das Elternhaus von größerer innerer Sicherheit abgelöst. Die rechte von der Handwurzel kommende Schicksalslinie zieht an der Kopf- und Herzlinie versetzt in den Mittelfingerberg. Nach dem 30. Lebensjahr lernt die Handeignerin, sich auf das Wesentliche zu konzentrieren, wodurch das geistige Wachbewußtsein entwickelt wird.

Die beidseitigen *Sonnenlinien* lassen auf musische Anlagen schließen, die von der Handeignerin zu ihrer seelischen Stimulierung genutzt werden können.

Die oberen kettigen *Raszetten* erscheinen an beiden Handwurzeln kräftiger, die zweiten Raszettlinien sind etwas schwacher dargestellt. Die vererbte Konstitution erfordert eine umsichtige Lebensführung.

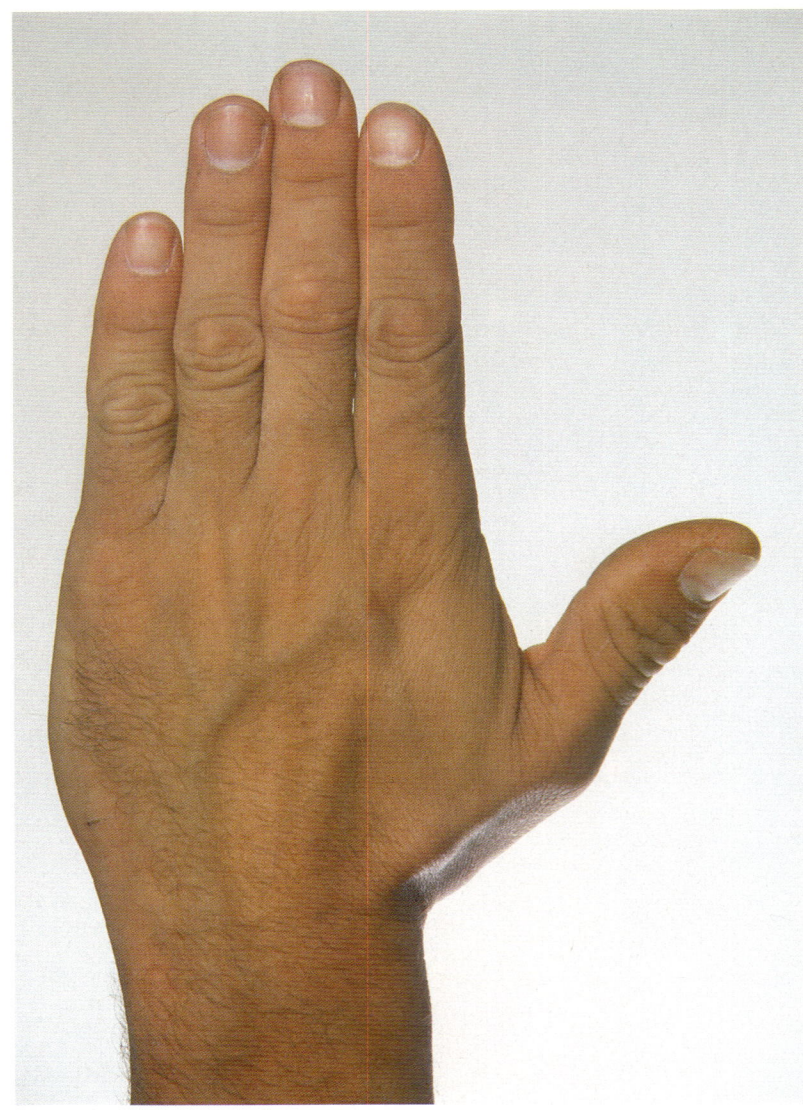
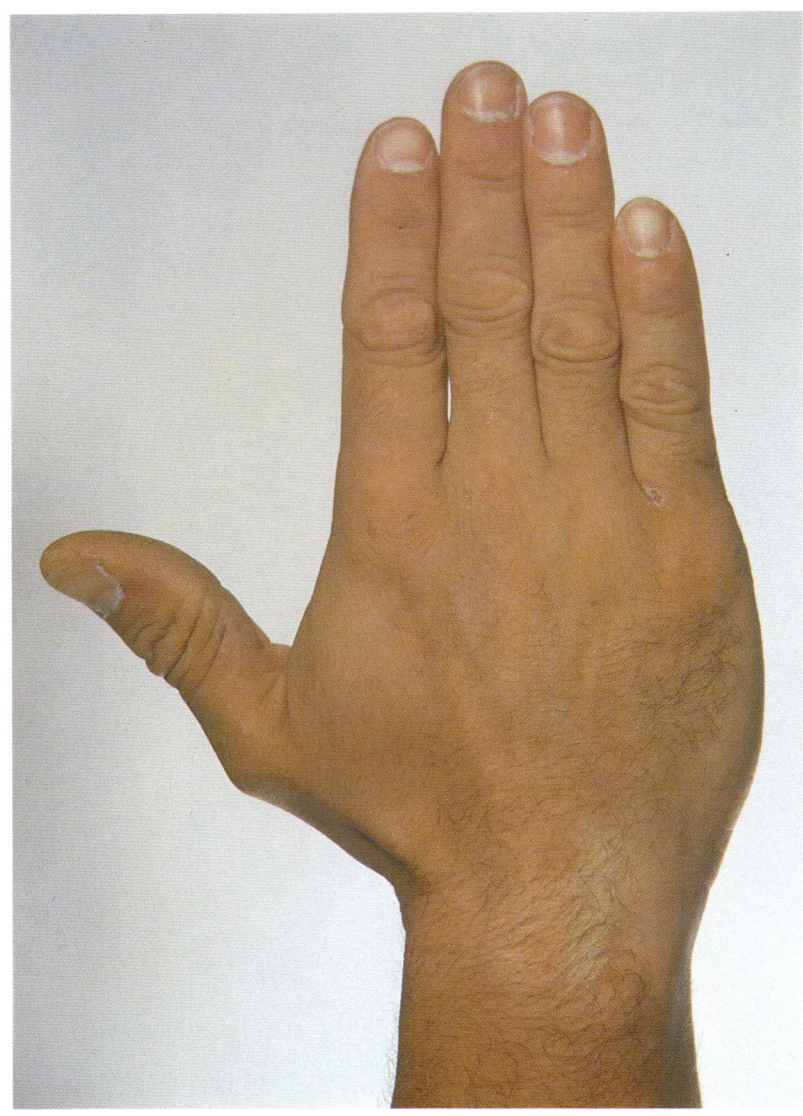

Männliche Außenhände: K. T.
Der Handeigner, 39 Jahre alt, ist Ingenieur.

Die *Charakteristik* der Handform im Schema ist gemischt. Der Handteller ist konisch, die Finger sind eckig, knotig mit spatelförmigem Einschlag. Dieser gemischte Handtyp läßt auf Vielseitigkeit im Denken und Handeln schließen. Durch die konische Basis wird die praktische Betätigung kreativ beeinflußt. Präzision und Genauigkeit verbinden sich durch die vorwiegend eckige und teilweise knotige Fingerform mit großzügigem Planen.

Beide Ringfinger sind länger als die Zeigefinger. Die Resonanz aus der Umwelt bestimmt die eigene Entscheidung des Handeigners. Die Daumen sind mittelkräftig, tief angesetzt und von fast normaler Länge. Die Biegsamkeit weist auf einen höflichen Menschen hin. Er versteht sich anzupassen. Das kantige zweite Daumengelenk drückt mathematisches Denkvermögen aus. Die behaarte seitliche Außenhand macht verständlich, daß der Handeigner auf seine Umwelt temperamentvoll reagieren kann.

Die Handgelenke weisen auf eine Verfeinerung der Strukturen bei den Vorfahren hin.

Die *Konstitution* ist stabil, zäh und sensibel.

Die *Disposition* zu Verschlackung ergibt sich aus der Hautbeschaffenheit der Finger. Das Hautgewebe ist an diesen kräftiger gebildet. Der linke gebogene Kleine Finger beruht auf einer Bindegewebeschwäche im Urogenitalsystem.

In dem oberen und unteren Bereich der Maus, beidseitig, zeigen sich Einziehungen; dementsprechend sind Schwächen in dem oberen und unteren Bereich der Lunge vorhanden. Grippale Infekte können sich hier festsetzen.

Die *Größe der Fingernägel* ist unterschiedlich. Zeige- und Mittelfingernägel sind kleiner, sie beziehen sich auf die organische Herzkraft. Anhaltende körperliche Schwerarbeit wäre eine zu große Belastung für den Herzmuskel. An den Nägeln der Zeigefinger sowie der Kleinen Finger sind Aufhellungen als Merkmal für Stauungen vorhanden, die sich auf den mittleren Bauchraum und die Unterleibsorgane beziehen. Die gerundeten Zeigefingernägel kennzeichnen eine Anlage zu Milzschwäche. Die Nagelmonde treten durch ihre weiße Farbe hervor und sprechen wahrscheinlich für die Tendenz zu einer Verengung oder Belastung der Herzkranzgefäße. Die teilweise nicht gewölbten Nagelmonde haben ihren Ursprung in übererregten Herznerven.

Die Einflußzeichen atmosphärischer Störungen stellen sich durch die rötliche Verfärbung unterhalb der oberen Nagelränder dar.

Männliche Innenhände: K. T.

Die oberen Fingerglieder sind die längsten. Das geistige Prinzip steht im Mittelpunkt der Gedankenwelt. Die Einziehung am unteren Glied der Mittelfinger hängt mit einer Schwäche im Skelettsystem zusammen. Die Handrandberge sind sehr erhaben. Sie beziehen sich einerseits auf schöpferische Fähigkeiten und unbegrenzte Phantasie, andererseits auf Stoffwechselstörungen, vorwiegend Rheuma. Der Handanteil unterhalb der Kopflinie ist im Verhältnis zum Handanteil oberhalb der Kopflinie sehr groß. Obwohl die materielle Ebene dominiert, kann der Handeigner durch geistige Disziplin (siehe Länge der ersten

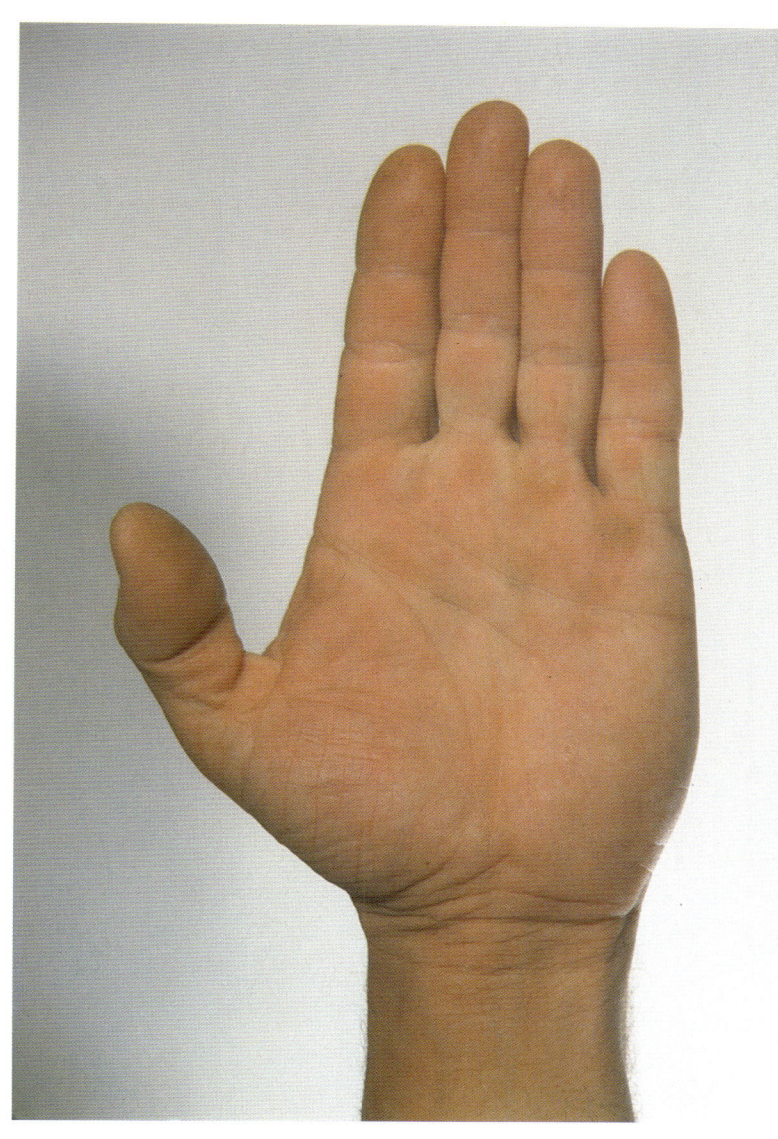 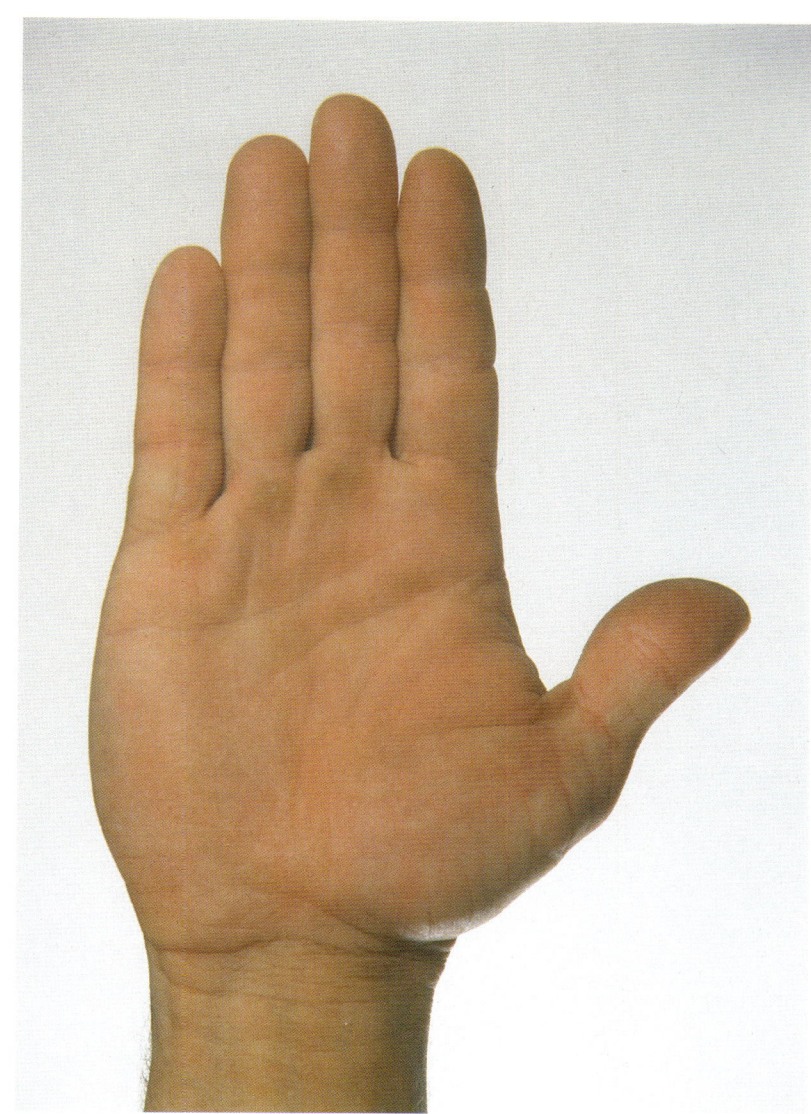

Fingerglieder) die ganzheitliche Ordnung und Harmonie erwirken.

Das »Große M« ist in beiden Händen angelegt. Der Handeigner ist bemüht, sein Leben sinnvoll zu gestalten.

Beide gut gezeichneten und kräftigen *Lebenslinien* umrunden die Daumenballenberge, linksseitig jedoch mit einer Unterbrechung am unteren Drittel. Die Vorfahren, besonders väterlicherseits, hatten eine hohe Lebenserwartung.

Beide *Kopflinien* reichen bis in Ringfingerhöhe. Aus ihrer Verlaufsrichtung sind ein guter Intellekt und eine soziale Einstellung zu entnehmen. Die mit der linken Kopf- und Lebenslinie verbundenen Insel beruht auf einer von mütterlicherseits vererbten Augenschwäche.

Die in der rechten Hand höher angesetzte Kopflinie spricht für Optimismus und Heiterkeit. Der wellenförmige Verlauf der rechten Kopflinie läßt auf spastische Kopfschmerzen schließen. Punkte in beiden Kopflinien beziehen sich auf eine Überbeanspruchung der Kopfnerven.

Beide *Herzlinien* sind kräftig und lang. Fürsorgliche Aufmerksamkeit wird von der Umwelt stets erwartet und gerne angenommen. Helle Punkte unterhalb des linken Ringfingers beziehen sich auf Nierenkonkremente. Unterhalb des rechten Mittelfingers befinden sich Punkte, die auf defekte Zähne schließen lassen. Eine Insel am Anfang der rechten Herzlinie bezieht sich auf eine vererbte Anlage zu Herzleiden der väterlichen Vorfahren.

Aus der oberen Raszette der linken Hand steigt die *Schicksalslinie* bis in die Herzlinie auf, um dann erneut anzusetzen und in dem oberen Mittelfingerberg zu münden. Durch Selbstbewußtsein und Selbständigkeit bahnt sich der Handeigner seinen Lebensweg.

Die rechte Schicksalslinie beginnt oberhalb der Raszetten und mündet in die Kopflinie. Ein durch den Verstand gehemmtes Streben wird dadurch offensichtlich, zumal in halber Höhe dieser Linie eine Ringbildung zu sehen ist. Erschwerten Lebenssituationen kann er nicht ausweichen. Das innere Loslassen von diesen Prüfungen fällt ihm nicht leicht. Eine kräftigere kürzere Schicksalslinie neben einer zweiten weniger kräftigen setzt erneut an der Herzlinie an. Im Bewußtsein reifend, erwächst dem Handeigner in späteren Jahren die Kraft, vor sich selbst bestehen zu können.

In der rechten Hand ist eine kräftige *Sonnenlinie* deutlich gezeichnet. Musische Aufgeschlossenheit, Ethik und Ästhetik, gelangen hier zum Ausdruck.

In der rechten Hand ist eine aus der Lebenslinie kommende *Giftlinie* zu erkennen. Stoffwechselgifte belasten den Organismus chronisch, was eine zweite darübergelagerte Giftlinie bestätigt.

Die *Raszettlinien* in der linken Hand sind kräftig, jedoch ungeordnet. Die zähen und differenzierten mütterlichen Vorfahren hatten unterschiedlich lange Lebensrhythmen. Die obere Raszette der rechten Hand bildet in der Mitte einen Bogen und läßt auf von väterlicher Seite vererbte Bindegewebeschwäche schließen. Eine weitere Raszette ist durchgezogen. Darunter befindet sich eine zart angedeutete Raszette. Die Vitalität aus der väterlichen Generation stabilisiert nur teilweise die Kräfte des Handeigners.

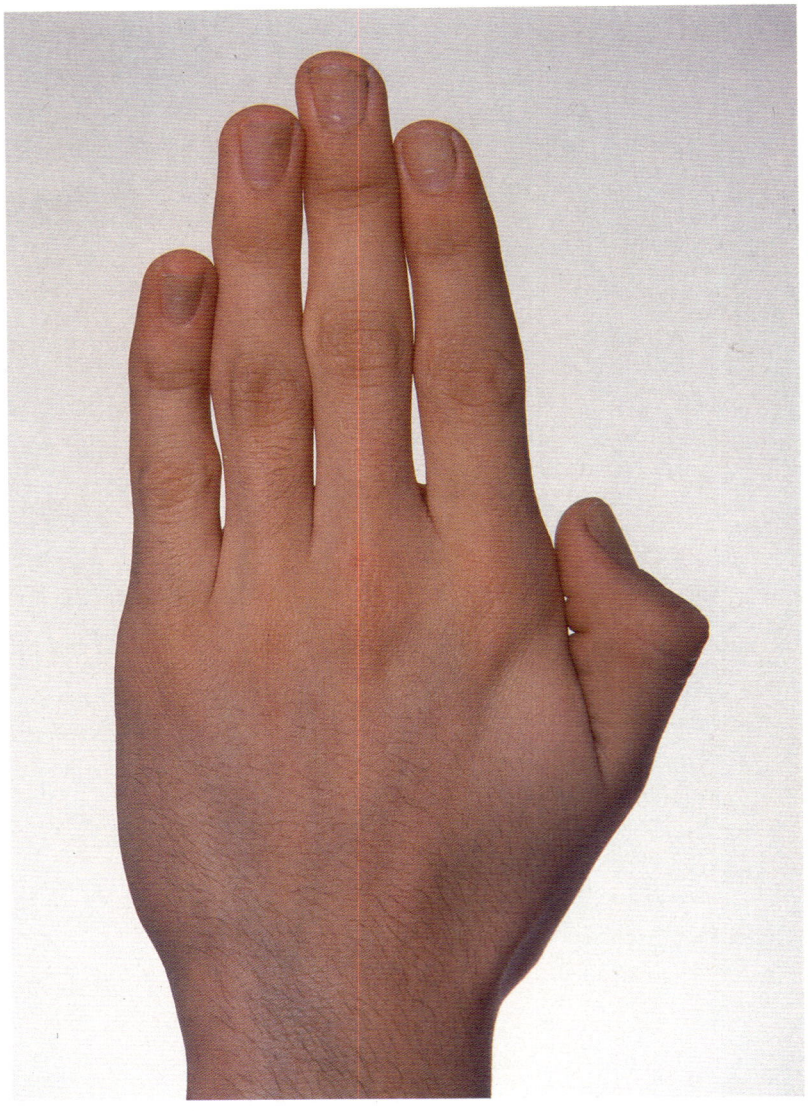
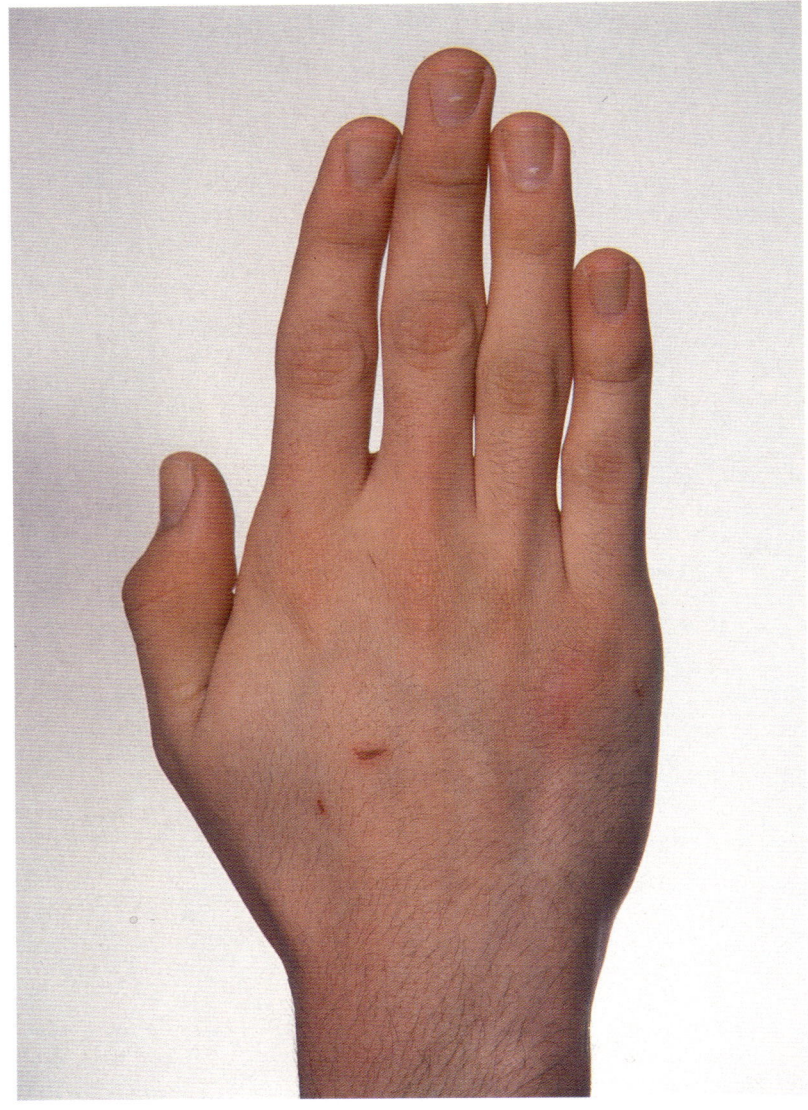

Männliche Außenhände: S. E.
Der Handeigner, 16 Jahre alt, absolviert eine Lehre als Kunst-
schreiner.

Die *Charakteristik* der Handform im Schema gibt ein Rechteck
zu erkennen. Sie ist knotig, spatelförmig mit konischem Handteller. Die innere Wesensart des Handeigners läßt auf einen von
Vernunft und Toleranz geführten Menschen schließen, der sich,
obwohl von Stimmungen beeinflußt, dennoch zuverlässig in seiner praktischen Lebensgestaltung verhält, wobei er von seinem
Ordnungssinn unterstützt wird.

Der linke lange Ringfinger ist länger als der Zeigefinger. Bis
zu seinem 28. Lebensjahr orientiert sich der Handeigner mehr
an seiner Umwelt. Die Länge des linken Ringfingers veranschaulicht Inspiration für seine künstlerische Tätigkeit. Nach dem
30. Lebensjahr – Zeige- und Ringfinger der rechten Hand sind
von fast gleicher Länge – wird der Handeigner selbständiger.

Die Daumen sind mittelhoch angesetzt, die zweiten Glieder
sind kräftiger als die ersten. Es fällt dem Handeigner nicht leicht,
Erkanntes durchzusetzen. Aus der deutlich angewinkelten Dau-
menhaltung geht hervor, daß die Persönlichkeit zeitweise scheu
und verschlossen ist und anderen nicht gerne Einblick gewährt.
Die oberen Daumengelenke springen hervor und deuten an,
daß es dem Handeigner noch an Gewandtheit fehlt.

Die feinen Handgelenke weisen auf das gute Niveau der Vorfahren.

Die *Konstitution* ist zäh, sensibel.

Die *Disposition* zu einer Stoffwechselbelastung der Nieren
wird durch die zarte, feine Haut ersichtlich. Der Handeigner
reagiert persönlich auf seine Umwelt leicht empfindlich.

Fast alle Finger sind etwas gebogen. Die Biegung der Zeigefinger läßt eine Anfälligkeit von Milz-Pankreas, links, und Leber-
Galle, rechts, erkennen, die Biegung der Ringfinger eine Tendenz zu Herz-Nieren-Insuffizienz und die Biegung der Kleinen
Finger eine Schwäche der Unterleibsorgane, die auch das Bindegewebe betrifft.

Die normal kräftige Maus enthält an dem oberen Teil eine
kleine Einziehung als Hinweis für eine leichte Schwäche der
Halswirbelsäule.

Die Form der Fingernägel ist vorwiegend dreieckig zugespitzt.
Daraus wird eine Anlage zu Rückgratleiden mit Herzbeschwerden ersichtlich. Die Wölbungen der Nägel beziehen sich auf
Nierenstörungen. Auf den rosafarbenen Fingernägeln befinden
sich vereinzelt weiße Flecken. Sie deuten auf Harnsäure, die
ausgeschieden wird sowie auf innere Nervosität. Die Nagelmonde reichen ohne Wölbung von Rand zu Rand und sind auf
schnell erregte Herznerven zurückzuführen.

An den oberen Nagelrändern bildeten sich die Belastungszeichen aus der Atmosphäre.

Männliche Innenhände: S. E.

Die Fingerglieder sind unterschiedlich in der Länge. Die dritten
Glieder der Kleinen Finger sind am kürzesten. Sie sagen aus,
daß der Handeigner dank seiner Gestaltungskraft seine erfinde-
rischen Ideen zwar gut und formschön in die Tat umsetzen kann,
sie aber weniger kommerziell zu nutzen versteht. Das dritte
ebenfalls kürzere Glied der Ringfinger bestätigt, daß die materiellen Interessen zurücktreten. Bei den Zeige- und Mittelfin-
gergliedern sind die Abweichungen in der Länge nicht so auffallend. Die Einziehung am unteren Gelenk der Ringfinger bezieht

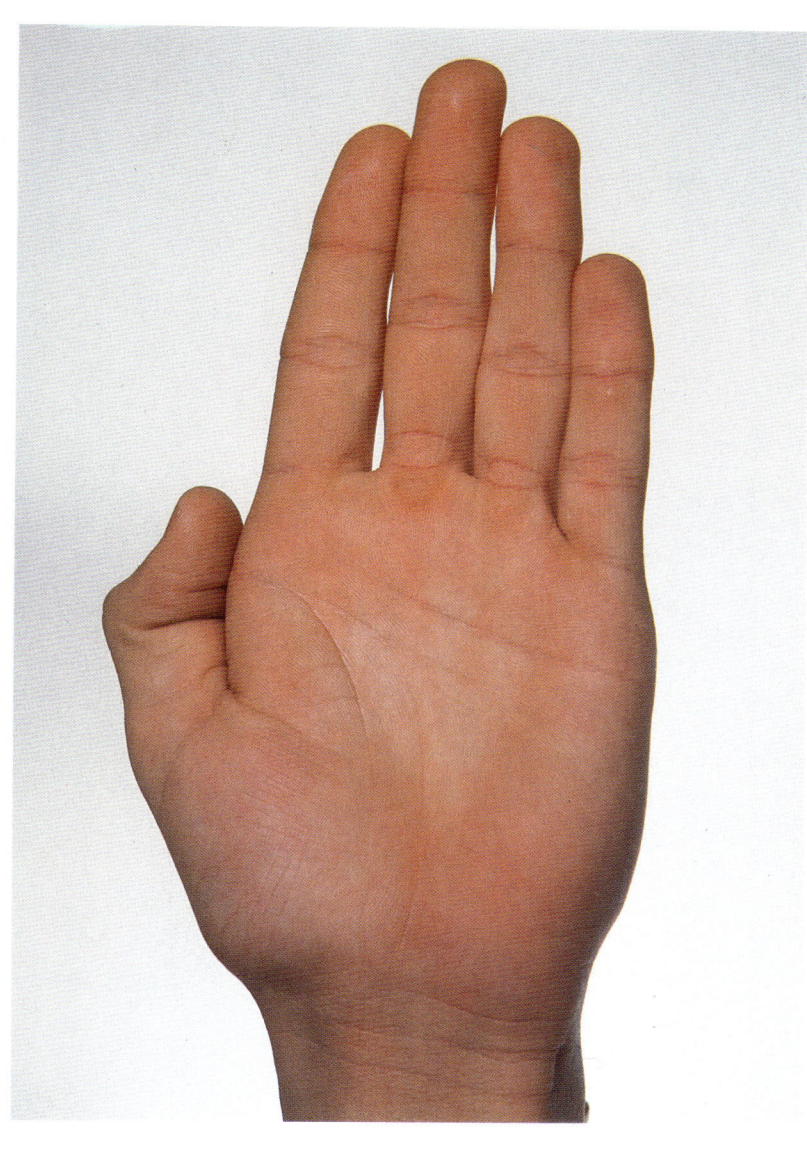
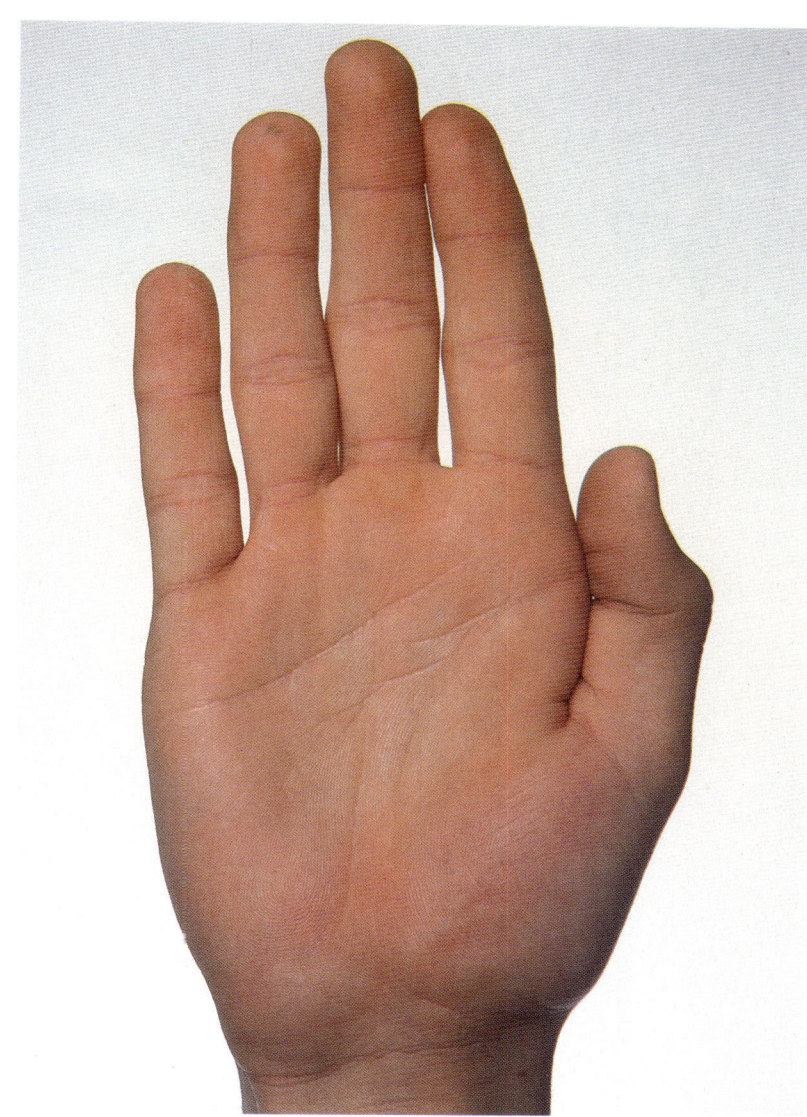

sich auf schwache Fußgelenke mit einer Tendenz zum Umknikken, die Einziehung am unteren Gelenk der Mittelfinger ist auf eine Schwäche des Skelettsystems zurückzuführen.

Die zum Teil kräftige Hauttextur veranschaulicht Widerstandsfähigkeit im Psychischen. Die Handtellermitte ist beidseitig vertieft und blaß. Der etwas labile Magen benötigt des öfteren kleine Mahlzeiten.

Die linke *Lebenslinie* ist doppelt vorhanden. Die erste am Anfang kräftige beginnt unterhalb des Zeigefingers. Die zweite am unteren Daumenballenberg endende Lebenslinie beginnt an der Kopflinie unterhalb des Mittelfingers. Die doppelte Lebenslinie bedeutet eine Verstärkung der Gesundheit.

Die rechte Lebenslinie beginnt knapp unterhalb der Kopflinie in Höhe zwischen Zeige- und Mittelfinger, ist bis zu ihrer Mitte kräftiger geprägt und läuft zart weiter um den Daumenballenberg. Der Handeigner sollte darauf bedacht sein, seine Lebensenergien in den späteren Jahren nicht übermäßig zu verausgaben. Eine kurze, von der Lebenslinie in den Zeigefingerberg aufsteigende Linie, die Streben nach Wohlergehen verkörpert, läßt durch die wellige Form erkennen, daß der Handeigner größere Anstrengungen unternehmen muß, um zu seinem Ziel zu gelangen, zumal außerdem eine Kopfverletzung vorlag.

Die linke *Kopflinie* ist mit einer Insel unterhalb des Zeigefingers (von mütterlicherseits vererbte Anlage zu Augenschwäche) normal mit der Lebenslinie verbunden. Eine Vertiefung in der linken Kopflinie unterhalb des Mittelfingers bezieht sich auf das Mittelohr. Die rechte Kopflinie ist unterhalb des Mittelfingers gebrochen, es klafft eine Lücke, die auf eine Kopfverletzung,

rechtsseitig, aufmerksam macht. Der Handeigner erlitt in der Kindheit eine Kopfverletzung (Loch im Kopf).

Zwei weitere kurze Teile der Kopflinie weisen darauf hin, daß auch in späteren Jahren eine Tendenz zu Kopfverletzungen besteht.

Die geraden, langen *Herzlinien* lassen das Sehnen des Handeigners nach Verständnis und Gutsein von seiten anderer erkennen sowie die ihm eigene Warmherzigkeit, die er nicht zur Schau stellt.

Die kleinen Unterbrechungen in der linken Herzlinie lassen Herzleiden vermuten. Die rechte Herzlinie weist mehrere bläulich schimmernde tiefere Punkte auf, die ebenfalls mit Herzstörungen zusammenhängen. Eine kleine Insel in der rechten Herzlinie unterhalb des Kleinen Fingers besagt eine von väterlicher Seite vererbte Anlage zu Herzbeschwerden.

In der rechten Hand beginnt die *Schicksalslinie* am inneren Teil des unteren Handrandberges und steigt bis in die Herzlinie auf. Nach dem 30. Lebensjahr ist der Handeigner aufgeschlossen für die von außen kommenden Anstöße, die er zu seiner inneren Bereicherung benötigt, um daraus größeres Verständnis für andere zu entwickeln.

Eine *Sonnenlinie* auf dem rechten Ringfingerberg spricht für Kunstbegabung.

Die dreifach vorhandenen mittelkräftigen *Raszettlinien* an der linken Handwurzel sind nicht ganz durchgezogen. Die ebenfalls mittelkräftigen Raszettlinien an der rechten Handwurzel sind zweifach vorhanden. Die Vitalität der Vorfahren war zäh und sensibel, zumal kleine Inseln in den Raszetten in Erscheinung treten.

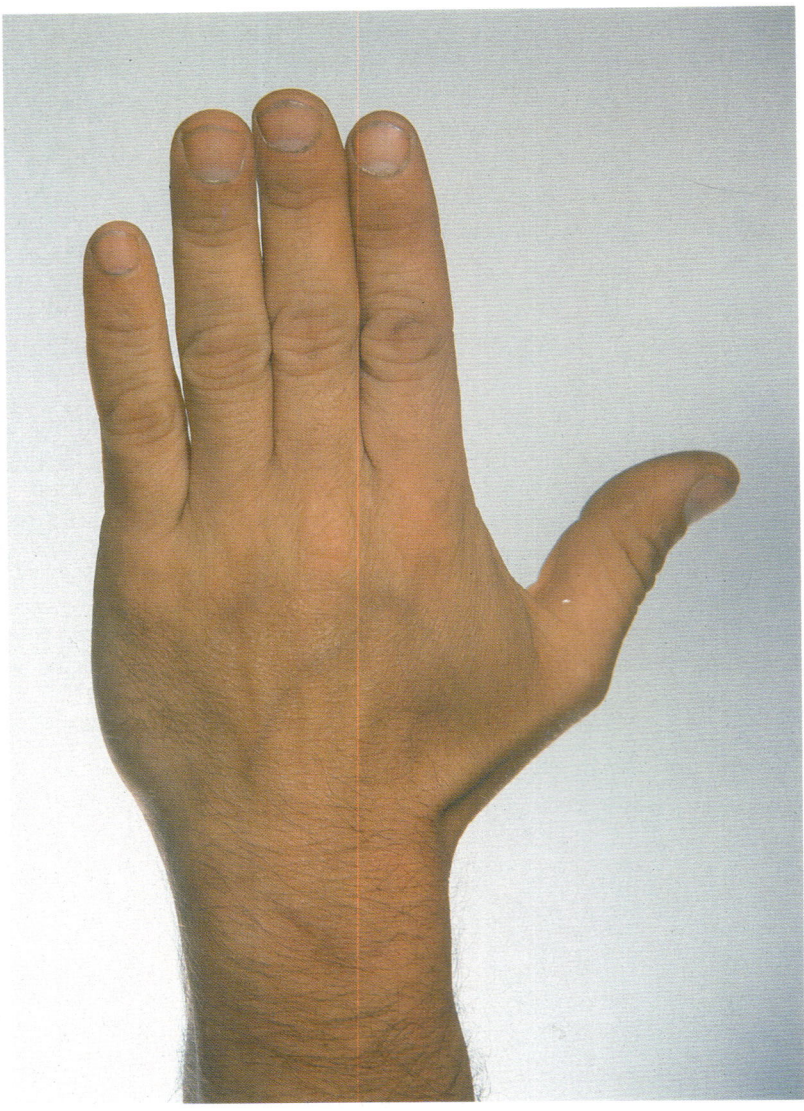
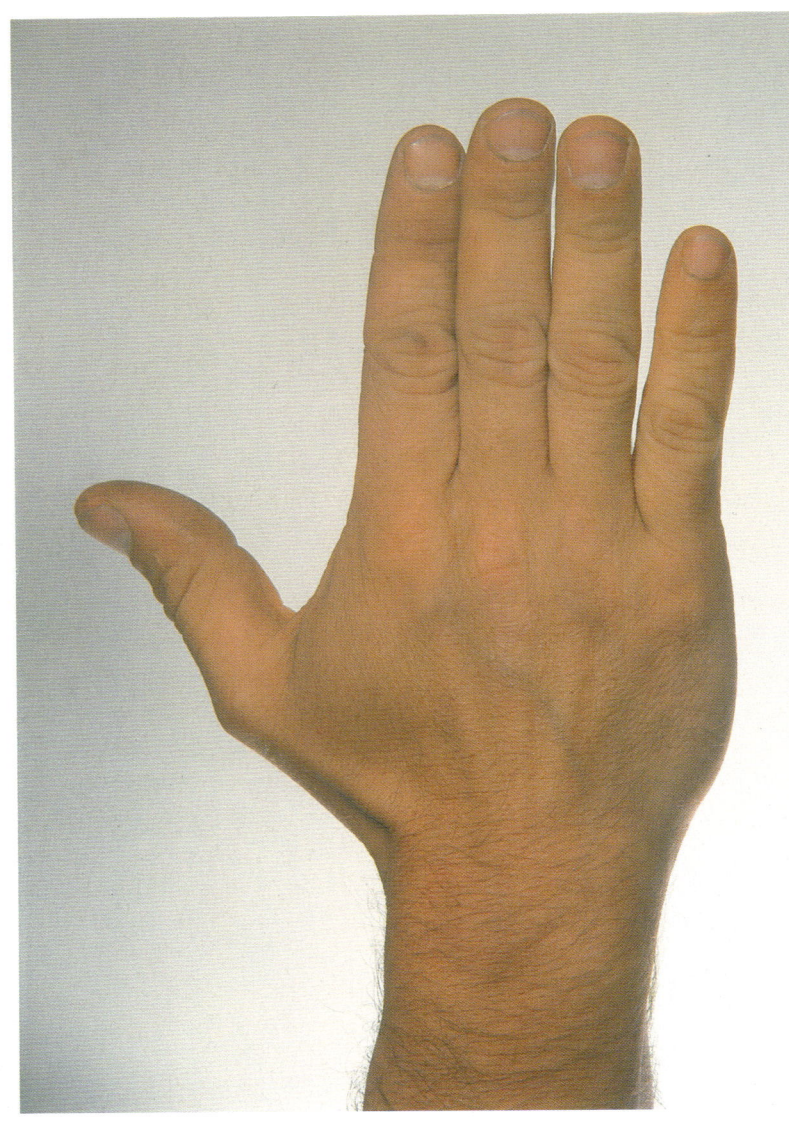

Männliche Außerhände: E. T.
Der Handeigner, 38 Jahre alt, ist Fotograf.

Die *Charakteristik* der Handform im Schema ist konisch mit eckigem Einschlag. Die Zeige- und Kleinen Finger sind konisch, die Mittel- und Ringfinger sind eckig. Bei einem künstlerisch veranlagten Menschen, der seine Empfindungswelt zu einer schöpferischen Tätigkeit nutzt, findet sich oftmals diese Handform. Der Handeigner ist fähig, methodisch und gewissenhaft seine Aufgaben zu bewältigen.

Die Zeige- und Ringfinger sind im Verhältnis zu den Mittelfingern auffallend lang. Die Persönlichkeit versteht zu führen und ihre Aufgaben für die eigenen Belange zu nutzen. Die Ringfinger sind länger als die Zeigefinger. Der Umwelt wird stets größere Aufmerksamkeit gezollt. Der Handeigner ist dafür begabt, andere Personen künstlerisch gut darstellen zu können. Die Daumen sind lang und gebogen. Der höfliche Handeigner ist anpassungsfähig und bewahrt dennoch seine eigene Zielsetzung. Die kantigen zweiten Daumengelenke sprechen für mathematisches Verständnis.

Die zarten Handgelenke weisen auf ein gutes Niveau der Vorfahren hin.

Die *Konstitution* ist stabil, zäh, sensibel.

Die *Disposition* zu Verschlackung läßt sich von der gespannten festeren Haut der zweiten Fingerglieder ableiten. Die leicht gebogenen Zeigefinger deuten auf eine Anlage zu Organstörungen von Milz-Pankreas, links, und Leber-Galle, rechts.

Die Maus ist beidseitig gut ausgeprägt, bis auf eine Einziehung am unteren Teil, die sich auf schwache Füße bezieht. Die Vitalität und Lungenkraft sind von guter Widerstandsfähigkeit.

Die eher breiter als langen Fingernägel sind in Form und Größe verschieden. Bei übergroßen Belastungen wird das Herz beeinträchtigt. Ein runder Milznagel ist an den Zeigefingern sichtbar. Die rötliche Nagelfarbe gibt eine Infektionsanfälligkeit zu erkennen. Die Nagelmonde sind verschieden in Form und Größe. Die Herznerven sind schnell erregbar.

Die Einflußzeichen atmosphärischer Störungen sind an den oberen Nagelrändern vorhanden.

Männliche Innenhände: E. T.

Die dritten Fingerglieder sind auffallend kurz, besonders an der linken Hand. Die materielle Ebene steht weniger im Vordergrund. Die Fähigkeiten des Handeigners werden kaum vom Motiv der äußeren Bereicherung berührt. Die Linien beider Hände sind tief, breit und klar gezeichnet. Der Handeigner ist seelisch reifer und arbeitet an sich selbst. Die Hauttextur ist kräftig, Stoffwechselstörungen rheumatischer Art sind mitgege-

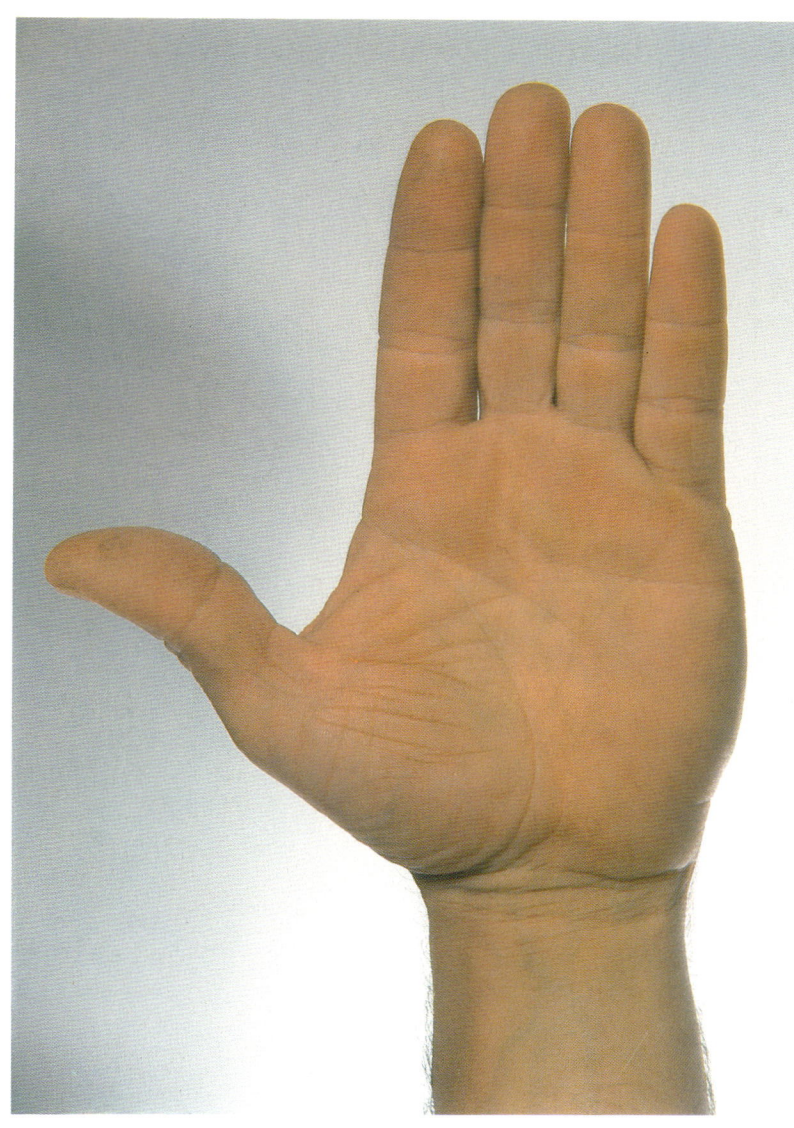
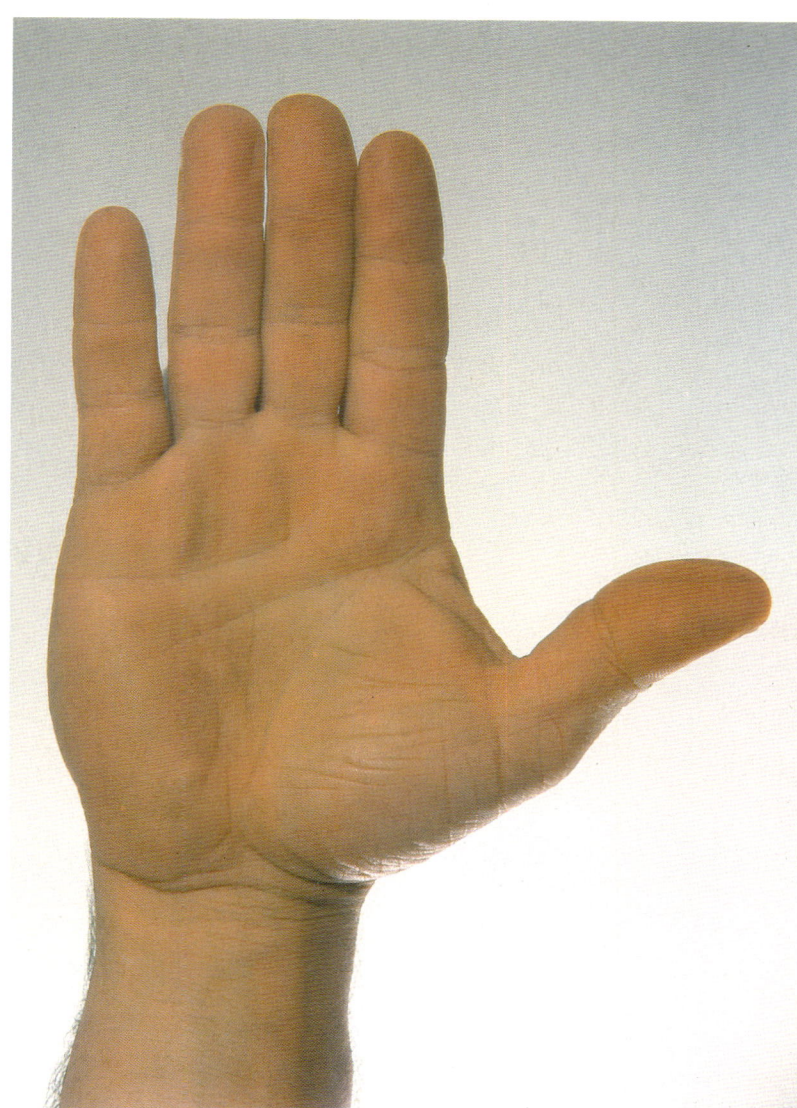

ben. Eine lacto-vegetabile Kost sollte bevorzugt werden, zumal die unteren Handrand- und Daumenballenberge recht kräftig sind.

Die *Lebenslinien* umfassen die Daumenballenberge verhältnismäßig weit ausholend und zeigen Stabilität und Kraftreserven an. Beidseitig beginnt die Lebenslinie als kurzer Teil im Daumenballenberg und findet einen zweiten Ansatz linksseitig an der Kopflinie und rechtsseitig im Zeigefingerberg. Dieses Bild erklärt sowohl eine Krise als auch eine Kraftverstärkung der Gesundheitsverhältnisse in früher Kindheit.

Die linke *Kopflinie* ist normal an der Lebenslinie angesetzt. Sie enthält einen Punkt unterhalb des Ringfingers. Hier wird eine Störung an der Zunge ausgedrückt, die den Geschmacksinn verändern kann. Die rechte Kopflinie wird von der Lebenslinie geschnitten. Punkte in der rechten Kopflinie geben überforderte Kopfnerven zu erkennen, die Müdigkeit zur Folge haben. Die Verlaufsrichtung der linken Kopflinie zum mittleren Handrandberg weist auf Kreativität. Die rechte eher gerade verlaufende Kopflinie stellt ein verstandesbezogenes Denken dar.

Die normal langen *Herzlinien* enthalten keine Belastungszeichen, was auf ein widerstandsfähiges Herz schließen läßt.

Der Verlauf der beidseitig vorhandenen *Schicksalslinien* ist durch die unzureichende Bildqualität für den Betrachter nicht nachvollziehbar. Für den Handeigner sind die Schicksalslinien Bewußtseinsstufen seiner geistigen Entwicklung.

Eine *Magenlinie*, rechtsseitig, beginnt an einer hochgezogenen Raszette. Sie weist darauf hin, daß aus der väterlichen Generation physische Kraft vererbt wurde, die das Vegetativum des Handeigners in seiner Funktion unterstützt.

Auf dem rechten Ringfingerberg sind zwei *Sonnenlinien* eingezeichnet. Nach dem 30. Lebensjahr vertiefen sich die Empfindungen für alles Musische. Im Hinblick auf das etwas verstandesgemäße Denken des Handeigners entsteht dadurch eine innere Spannung, die durch eine geistige Einstellung behoben werden kann.

Die Daumenballenberge zeigen mehrfache tiefere vom Daumengelenk ausgehende Einkerbungen, die auf stärkere physische Energien der Sexualkräfte hinweisen. Sie sind bedeutsam als Energieträger für Nerven und Gehirn und fördern das geistige Denken.

Aus der Mitte der linken oberen Raszette ist eine zart dargestellte *Weisheitslinie* zu sehen, die eine von den Vorfahren, mütterlicherseits, vererbte Lebensklugheit offenbart.

Die *Raszetten*, beidseitig, sind uneinheitlich in der Linienführung. Sie stellen eine offene Insel und ein hochgezogenes Dreieck dar. Abzuleiten davon sind Bindegewebeschwäche sowie zähe und sensible Naturen bei den Vorfahren.

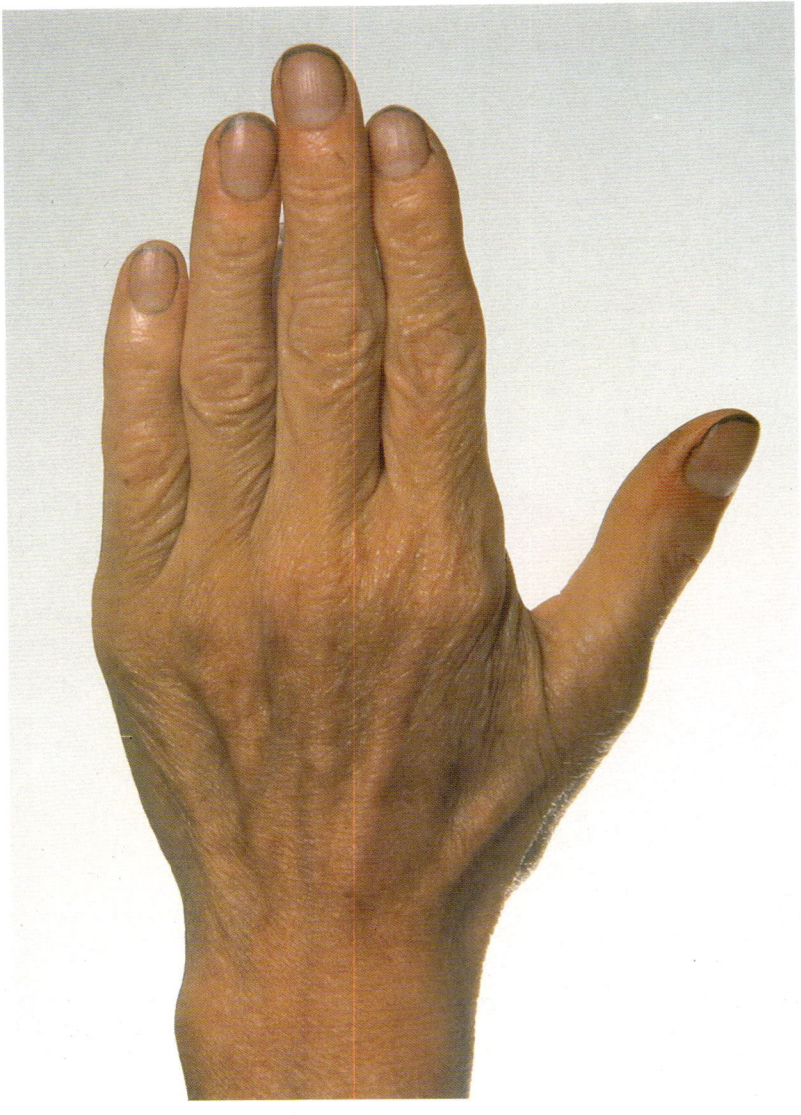 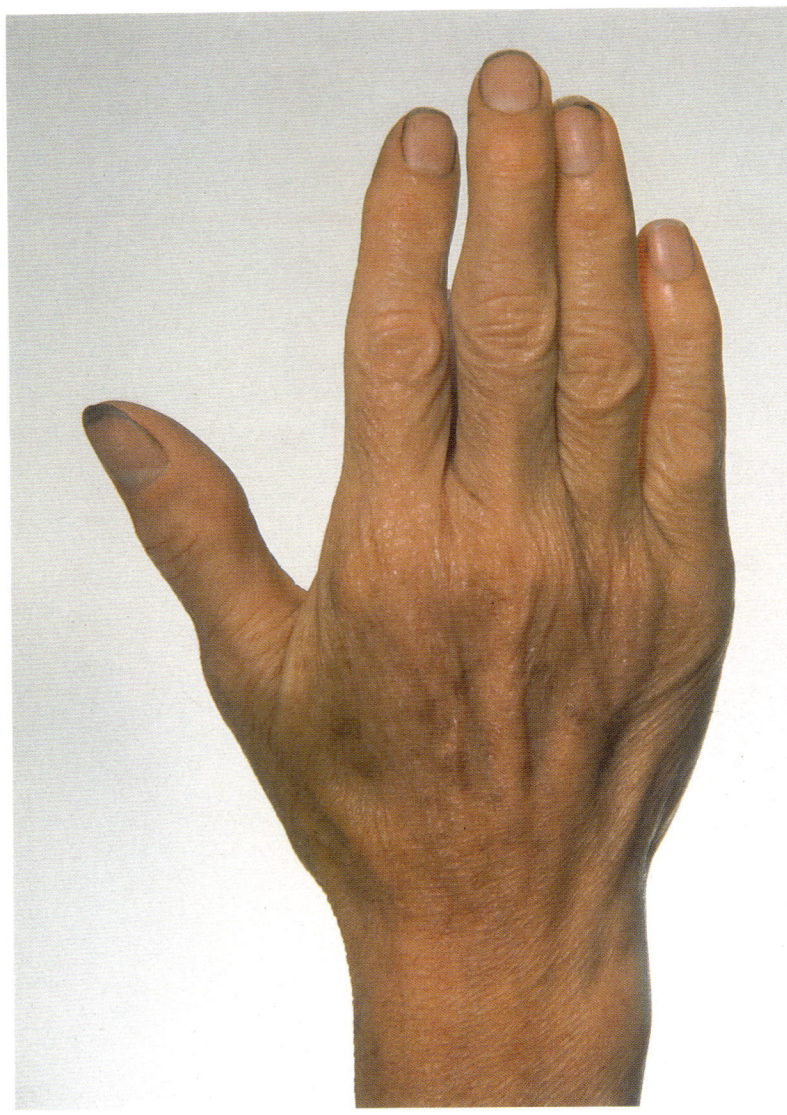

Weibliche Außenhände: A. E.
Die Handeignerin, 77 Jahre alt, war Geschäftsfrau in der Schmuckbranche.

Die *Charakteristik* der Handform zeigt im Schema ein schmaleres Rechteck. Sie ist knotig. Stets innerlich aufgeschlossen, strebt die Handeignerin danach, geistige Erkenntnisse zu erlangen.

Linksseitig haben Zeige- und Ringfinger eine fast gleiche Länge, während rechtsseitig der Ringfinger etwas länger ist als der Zeigefinger. Die Handeignerin orientiert sich in reiferen Jahren mehr nach ihrer Umwelt.

Die geraden, mittelhoch angesetzten Daumen sind auffallend lang. Als ausgeprägte Persönlichkeit bewahrt sie in den verschiedenen Lebenslagen ihren eigenen Standpunkt, auf dem sie zeitweise auch etwas eigensinnig beharren kann. Die nicht biegsamen, geraden Daumen veranschaulichen geringe Anpassungsfähigkeit. Das erste und zweite Daumenglied sind von gleicher Länge. Einsicht und Tatkraft stimmen überein. Die zugespitzten Daumenkuppen lassen wissen, daß die Handeignerin sich mit dem, was sie interessiert, bis ins Detail befassen kann. Im weiteren sollte sie darauf bedacht sein, die persönlichen Belange nicht überspitzt zu betrachten.

Die Handgelenke sind feingliedrig. Die Konstitution der Vorfahren war verfeinert.

Die *Konstitution* ist zäh, sensibel.

Die *Disposition* zu einer Verschlackung zeigt sich an der gespannten leicht geröteten Haut der ersten Fingerglieder sowie an den zweiten einseitig stärker verdickten Gelenken der Mittelfinger. Leberflecken sind geringfügig vorhanden.

Die gebogenen Zeigefinger machen auf Störungen oder Schwäche von Milz-Pakreas, links, sowie Leber-Galle, rechts aufmerksam. Bindegewebeschwäche im Urogenitalbereich äußert sich an den gebogenen Kleinen Fingern, besonders rechtsseitig.

Die Maus ist beidseitig flach. Die Vitalkräfte sowie die Widerstandsfähigkeit der Lungen sind reduziert. In der allgemeinen Verfassung der Handeignerin dominiert die Zähigkeit.

Die etwas unterschiedlichen Formen der Fingernägel weisen auf Funktionsstörungen im Zusammenspiel der den Fingern zugeordneten Organe hin. Die bläuliche Tönung der Fingernägel zeigt Sauerstoffbedürfnis an. Rillen auf den Fingernägeln beziehen sich auf Darmerschlaffung und Ausscheiden von Schlacken. Die eher großen Nagelmonde geben leicht erregbare Herznerven zu erkennen. Die Handeignerin war vor der Aufnahme mit Gartenarbeiten beschäftigt.

Die Einflußzeichen atmosphärischer Störungen sind an den oberen Nagelrändern vorhanden.

Weibliche Innenhände: A. E.

Die Fingerglieder sind nicht ganz einheitlich in der Länge. Nimmt die Handeignerin Abstand von ihrem »Ich«, das sich an der Form der Daumen darstellt, erwirbt sie sich den Einklang der drei Ebenen. Die Fingerglieder sind von Längslinien durchzogen, positiv an den zweiten und dritten zu werten, da diese besonders auf wohlwollendes Gutsein anderen gegenüber hinweisen. Längslinien an den ersten Fingergliedern bedeuten Überanstrengung und Verausgabung.

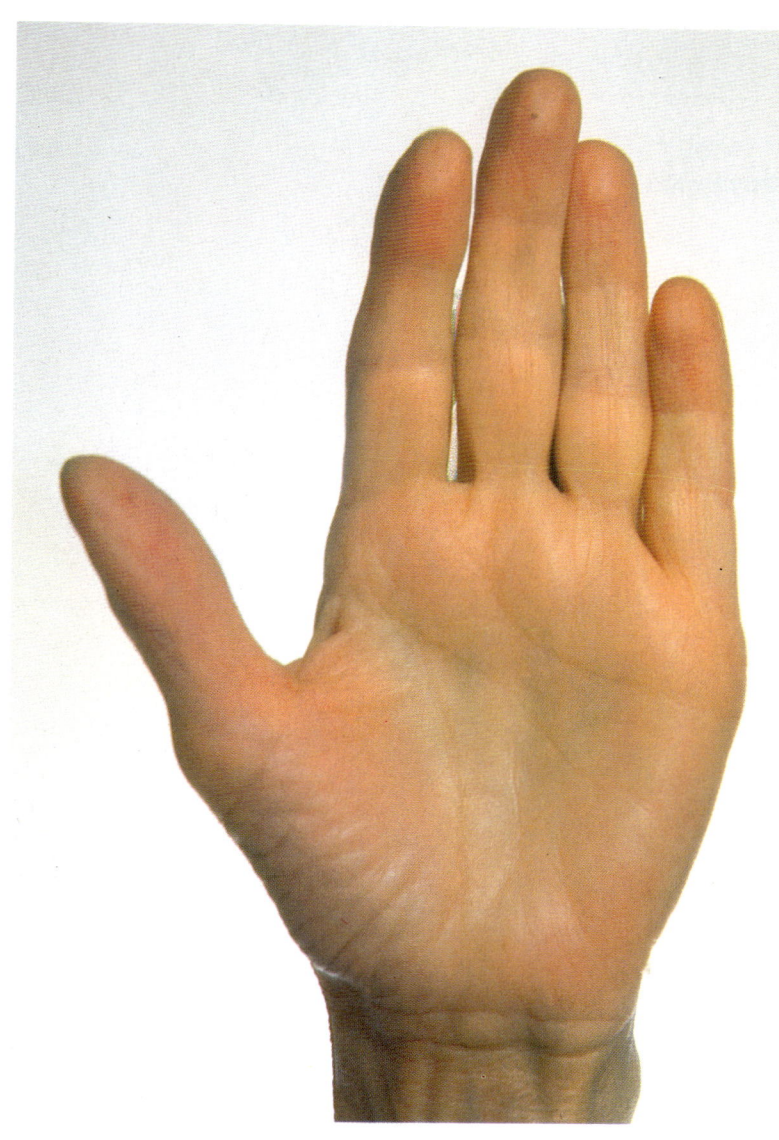
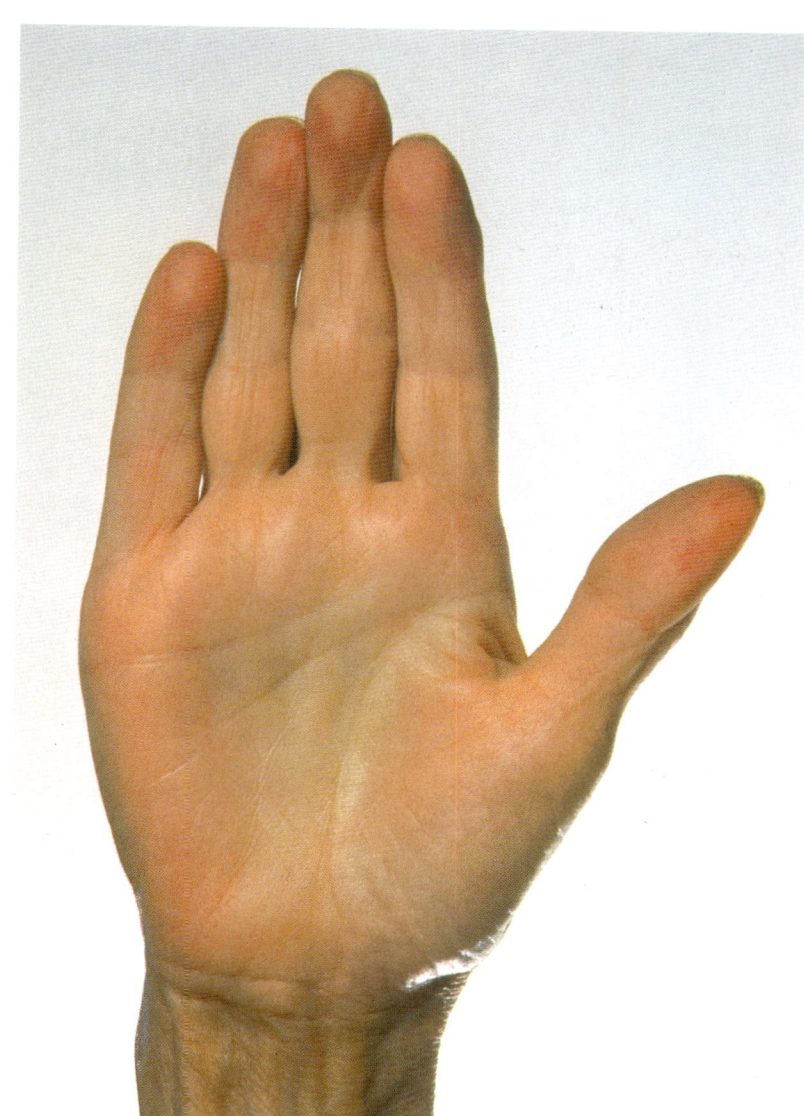

Beide Innenhände haben insgesamt einen seidigen Glanz. Die Struktur hat sich eindeutig verfeinert, sensibilisiert. Die Innenhandflächen sind vertieft, der Magenstoffwechsel ist funktionsgehemmt. Die Hände sind linienreich und beziehen sich auf eine tiefere Erlebnisfähigkeit. Deutlich zu erkennen ist in beiden Händen das große »M«, es zeigt stets Aufgeschlossenheit für neue Wissensgebiete.

Die beiden die Daumenballenberge verkleinernden *Lebenslinien* verringern die Stabilität der Handeignerin. Das Umfeld der Lebenslinien ist blaß und ein Hinweis für Durchblutungsstörungen. Die Abzweigung am unteren Viertel der rechten Lebenslinie steht mit Durchblutungsstörungen des rechten Beines in Verbindung.

Die *Kopflinien*, beidseitig, sind lang und in ihrem Verlauf etwas bogig. Die Handeignerin ist diplomatisch. Durch ihr geistiges Streben werden die Kräfte des Denkens stets aktiviert. Beidseitig sind die Kopflinien an den Lebenslinien bis zu dem Ende der Zeigefingerberge angeschlossen und beweisen dadurch verzögerte Entschlußfähigkeit.

Die linke *Herzlinie* mündet in einem Rhombus zwischen Zeige- und Mittelfinger. Im Bereich des Uterus können Störungen auftreten. Die rechte lange kettige Herzlinie endet gespalten und gibt damit sowohl Gutherzigkeit als auch empfindliche Kopfnerven zu erkennen. Die längliche Insel in der rechten Herzlinie unterhalb des Kleinen Fingers beruht auf einer von väterlicherseits vererbten Anlage zu einer Myocardinsuffizienz.

Die linke *Schicksalslinie* steigt oberhalb der Handwurzel auf und reicht an der Kopf- sowie Herzlinie versetzt zart in den Mittelfingerberg. Von dieser Linienführung läßt sich ableiten, daß die Handeignerin über wahre Religiosität geistiges Bewußtsein entwickelt (knotiger Handtyp). Dadurch ist sie fähig, auch schwere Lebensaufgaben zu lösen. Die rechte Schicksalslinie beginnt an dem unteren Handrandberg und läuft zerrissen bis in die Kopflinie. Einerseits kommt damit eine Labilität der Nerven und des Stoffwechsels zum Ausdruck, andererseits mehr an der Oberfläche verbleibende Empfindungen. In späteren Jahren richtet sich das Bewußtsein auf Vertiefung, da auf dem rechten Mittelfingerberg zwei Schicksalslinien vorhanden sind.

In beiden Händen sind Teile einer *Magenlinie* sichtbar, die auf Störungen im Vegetativum sowie im Magen-Darmtrakt zurückzuführen sind.

In der linken Hand wird am unteren Teil des Handrandberges eine *Intuitionslinie* wahrnehmbar, die als »Antenne« des Innenwissens dient.

Zwei *Raszettlinien* an der linken Handwurzel sind kräftig und gut durchgezogen. Aus der mütterlichen Generation wurde die Grundlage zu Zähigkeit vererbt. An der rechten Handwurzel befinden sich ebenfalls zwei kräftige Raszettlinien, die an der Daumenseite zusammentreffen und somit eine offene Insel darstellen. Auch die väterlichen Vorfahren besaßen eine kräftige Natur. Etwaige Schwächen (Insel) waren bei ihnen nicht augenfällig, machten sich aber bei der Handeignerin im Alter durch eine plötzlich auftretende Arthrose bemerkbar.

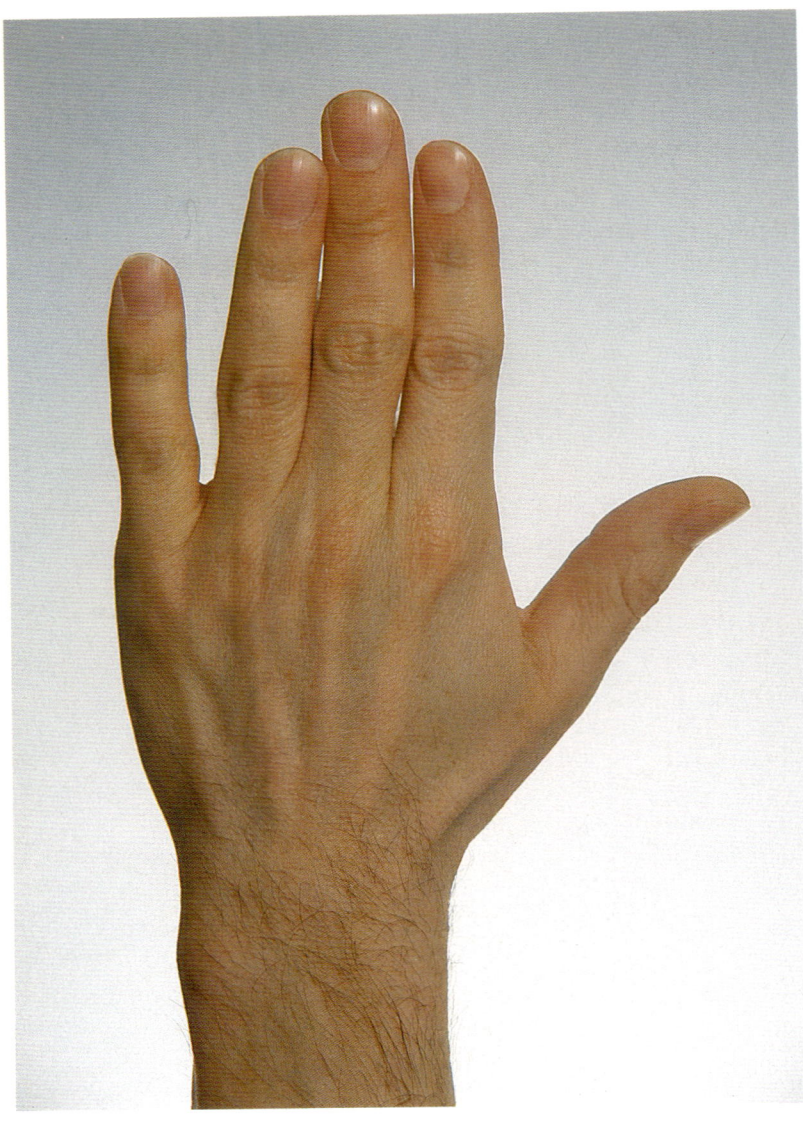
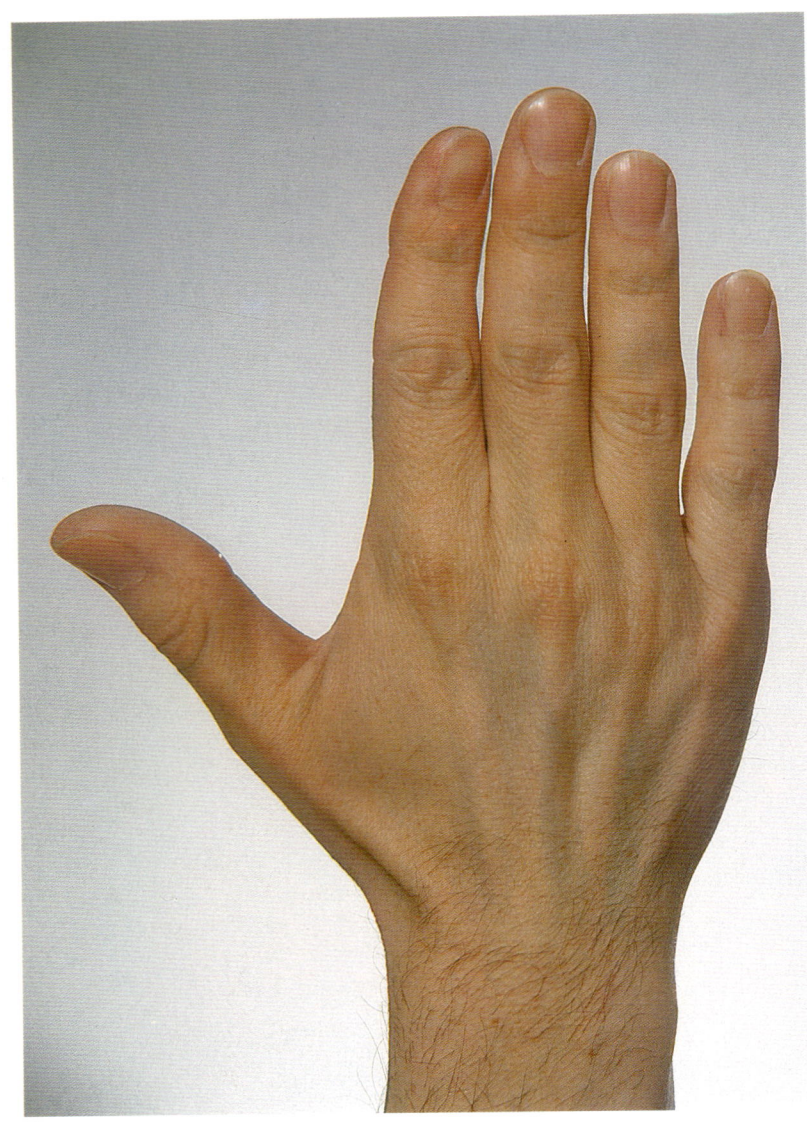

Männliche Außenhände: H. H.
Der Handeigner, 39 Jahre alt, ist Zahnarzt.

Die *Charakteristik* der Handform im Schema ist konisch, knotig. Der Handeigner ist ein tief empfindsamer Mensch, der eine geistige Bewußtseinserweiterung anstrebt.

Beidseitig sind die Zeigefinger länger als die Ringfinger, was auf einen strebsamen, selbstbewußten Menschen schließen läßt. Die Daumen sind mittelhoch angesetzt. Die Persönlichkeit des Handeigners übt sich auf der materiellen und seelischen Ebene, um diese ordnend geistig zu bewältigen.

Die zarten und feinen Handgelenke weisen auf ein gutes Niveau der Vorfahren.

Die *Konstitution* ist zäh, sensibel.

Die *Disposition* zu leichten Nierenfunktionsstörungen ergibt sich aus der zarten Hautbeschaffenheit.

Der rechte, am ersten Glied wie eingedreht wirkende Zeigefinger verdeutlicht eine Anfälligkeit der Leber. Die gebogenen Mittelfinger geben eine Tendenz zu Blinddarmreizungen zu erkennen. Der Blinddarm wurde bereits entfernt. Die gebogenen Kleinen Finger beziehen sich auf Bindegewebeschwäche, besonders im Urogenitalbereich.

An der Maus, beidseitig, sind oben und unten Einziehungen vorhanden, die auf eine Schwäche der Halswirbelsäule und der Füße aufmerksam machen.

Die Fingernägel sind von normaler Größe. Die Organe sind allgemein widerstandsfähig. Leichte Rillen, die an den Ringfingernägeln sowie an dem linken Mittelfingernagel sichtbar sind, lassen das Ausscheiden von Schlacken aus Nieren und Darm erkennen. Von der Aufhellung an dem rechten Zeigefingernagel läßt sich eine Stauung im Leberbereich ableiten. Die Nagelmonde reichen fast ohne Wölbung von Rand zu Rand. Es verdeutlicht schnelle innere Erregbarkeit sowie eine Schwäche der Herznerven.

An den oberen Nagelrändern befinden sich die Einflußzeichen atmosphärischer Störungen.

Männliche Innenhände: H. H.

Die Fingerglieder weichen in ihrer Länge geringfügig voneinander ab. Durch geistige Aktivität kann der Handeigner die drei Ebenen harmonisch aufeinander abstimmen. An den zweiten und dritten Gelenken der Kleinen Finger sind treppenartige kurze Linien zu sehen, die eine allgemeine Nervenüberreizung bestätigen.

In der linken Hand ist das »Große M« gedrungen dargestellt. Obwohl sich hiervon eine gute Voraussetzung zu Studien und Forschungen ableiten läßt, wird bei einem intensiven Lebenseinsatz das Herz organisch belastet, was an der zweiten verkürzten »M«-Spitze deutlich wird. Die Handtellermitte, die mit dem Magen sowie Solar plexus korrespondiert, ist, besonders rechtsseitig, blaß und vertieft. Der Handeigner ist persönlich schnell beeindruckt und reagiert zeitweise leicht gereizt, was sich im Magen niederschlägt.

Die *Lebenslinien* sind sowohl links- als auch rechtsseitig doppelt vorhanden. Daraus resultiert einerseits Zähigkeit, andererseits besteht das Bedürfnis nach rechtzeitiger Regeneration. Die Lebenslinien, linksseitig, sind bis zu einem Viertel ihrer Länge vorwiegend kettig. Lymphatische Drüsenstörungen stehen damit in Verbindung, die zu Mandelentzündungen führten, so daß die Mandeln schließlich entfernt werden mußten. Die gesundheitliche Labilität des Handeigners ließ ihn sich meistens unpäßlich fühlen. In der rechten Hand beginnen die Lebenslinien auch etwas kettig und umrunden, verhalten in ihrem Schwung, den Daumenballenberg. Die Vitalkräfte bewegen sich etwas beharrlicher in den ihnen gemäßen Bahnen.

Beide *Kopflinien* sind mit der Lebenslinie ungewöhnlich lang verbunden. Die Entschlüsse des Handeigners werden oftmals durch übermäßig lang anhaltende Bedenken verzögert. Die linke

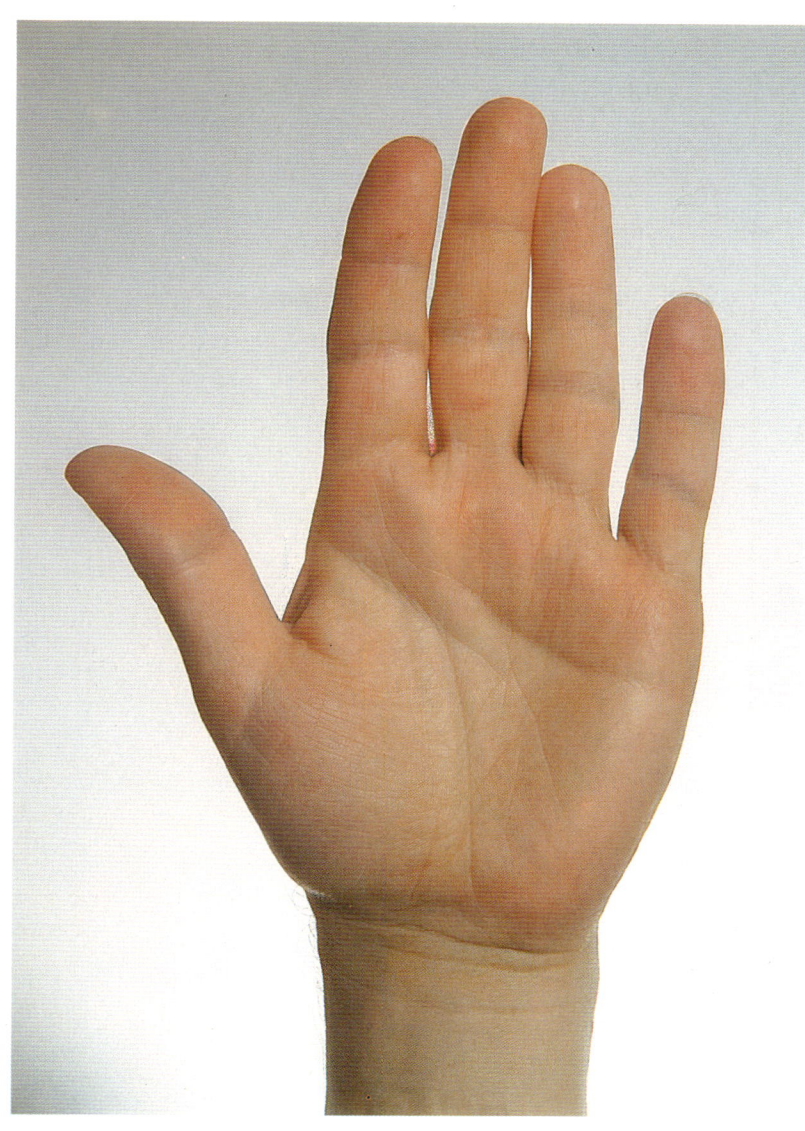

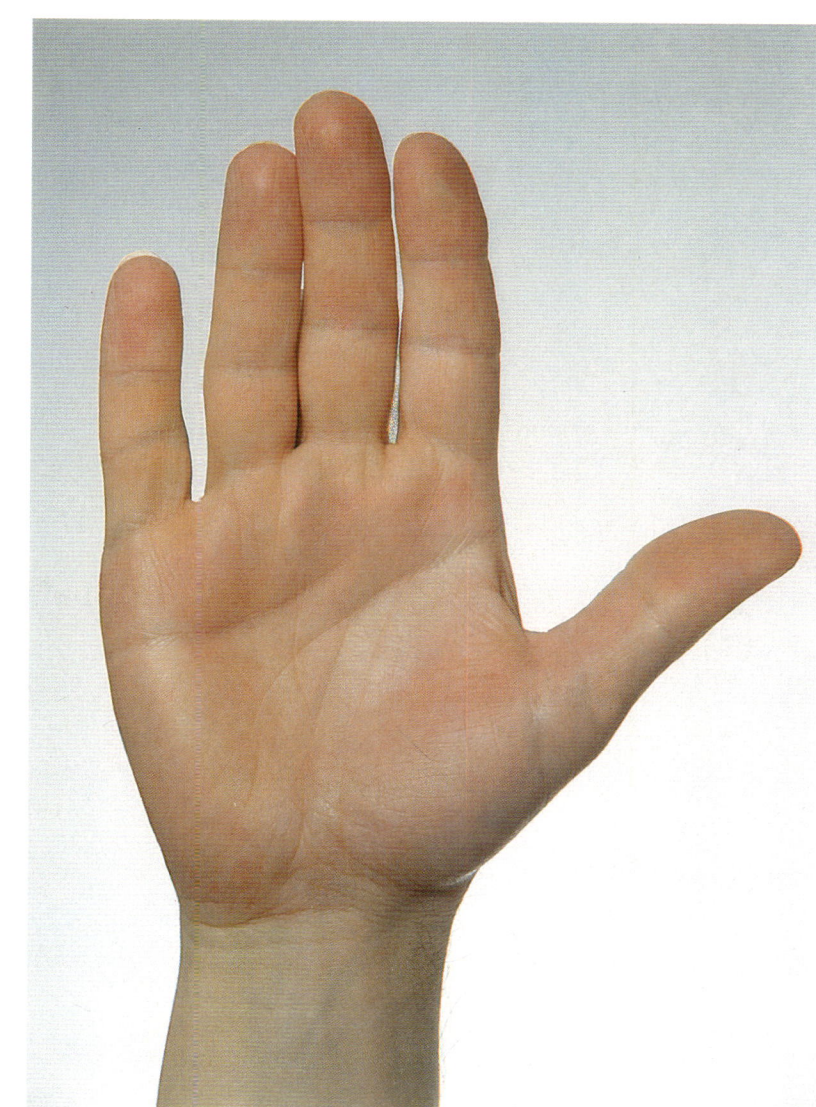

Kopflinie grenzt in Ringfingerhöhe an eine Schicksalslinie. Denken und Bewußtsein bilden eine Einheit. Das Erleben erweitert das Bewußtsein des Handeigners aus der seelisch-schöpferischen Ebene, die wiederum sein Denken beeinflußt. Die rechte Kopflinie reicht bis zum Ende des mittleren Handrandberges, eine Tendenz zu Melancholie andeutend. Die rechte Kopflinie macht an ihrem Anfang einen etwas zerrissenen Eindruck. Möglicherweise ist diese Zeichnung auf eine vom Kleinhirn ausgehende Tonusstörung zurückzuführen. Ein an der rechten Kopflinie in Höhe des Mittelfingers angelegtes Viereck besagt Schutz bei Kopfverletzungen. Punkte in der linken Kopflinie deuten auf Kopfnervenschwäche.

Die linke *Herzlinie* läuft in einer Spaltung aus, die eine Empfindlichkeit der Kopfnerven bestätigt. Die rechte kurze kettige, teilweise zart verästelte Herzlinie läßt auf eine Herznervenschwäche schließen. Die Vertiefung in der rechten Herzlinie zwischen Ring- und Kleinem Finger ist ein Hinweis auf eine Disposition zu organischer Herzschwäche. Der Zwischenraum von den Herz- zu den Kopflinien in beiden Händen ist relativ eng und zeigt an, daß der Handeigner seelisch größeren Spielraum benötigt. Beide Herzlinien, besonders linksseitig, enthalten Punkte, die sich in Höhe des Kleinen Fingers auf Blasengrieß, in Höhe des Ringfingers auf Nierengrieß und unterhalb des Mittelfingers auf eine Schädigung des Kiefers und der Zähne beziehen.

Die erste *Schicksalslinie* der linken Hand beginnt im mittleren Handrandberg und endet kurz vor der Herzlinie. Aus dieser Linienführung geht hervor, daß das Streben des Handeigners auf geistige Erweiterung (Reisen, Erfindungen, Forschen) gerichtet ist. Weitere Schicksalslinien bestätigen seine vielfältigen Interessen.

Auf dem rechten Mittelfingerberg sind mehrere Schicksalslinien vorhanden, die an den Lebenslinien und an der Kopflinie ansetzen. Nach dem 30. Lebensjahr ist der Handeigner bemüht, sich geistige Freiheit zu erarbeiten.

Teile mehrerer *Sonnenlinien* in der linken Hand verlaufen unregelmäßig. Es besteht eine Animosität disharmonischen Menschen gegenüber. In der rechten Hand sind die Sonnenlinien auf dem Ringfingerberg klarer dargestellt. Er ist ein ästhetischer, musischer Mensch.

In beiden Händen ist ein zerrissener, ausgezogener *Venusgürtel* sichtbar, ein Merkmal für Rückenschwäche.

Die senkrechten Linien auf den Zeigefingerbergen geben eine Tendenz zu katarrhalischen Infekten zu erkennen. Unterhalb des linken Kleinen Fingers zeigen mehrfache kurze, kleine Linien Verspannungen im Arm- und Schultergürtel-Bereich an, die sich auch als Rheuma auswirken können. Mehrere längere senkrechte Linien auf dem Berg des rechten Kleinen Fingers bekunden Sprachsinn und Redegewandtheit.

In beiden Händen reicht eine *Magenlinie* bis in die Herzlinie. Sie bedeuten für den Handeigner einen Ausgleich seines empfindlichen Vegetativums.

Eine bogenförmige *Intuitionslinie* auf dem rechten unteren Handrandberg weist auf sensitives Wahrnehmungsvermögen und wirkt inspirierend auf die Empfindungswelt des Handeigners.

An der linken Handwurzel befinden sich drei *Raszettlinien*, von denen die erste und zweite etwas kettig sind. Die mütterliche Generation bestand sowohl aus kräftigen als auch sensiblen Naturen. An der rechten Handwurzel zeigen sich drei Raszettlinien deutlich und kettig, die zweite Raszette kräftig und etwas kettig, nicht ganz durchgezogen sowie weitere zarte, leicht angedeutete Raszettlinien. Bei den väterlichen Vorfahren war Bindegewebeschwäche veranlagt.

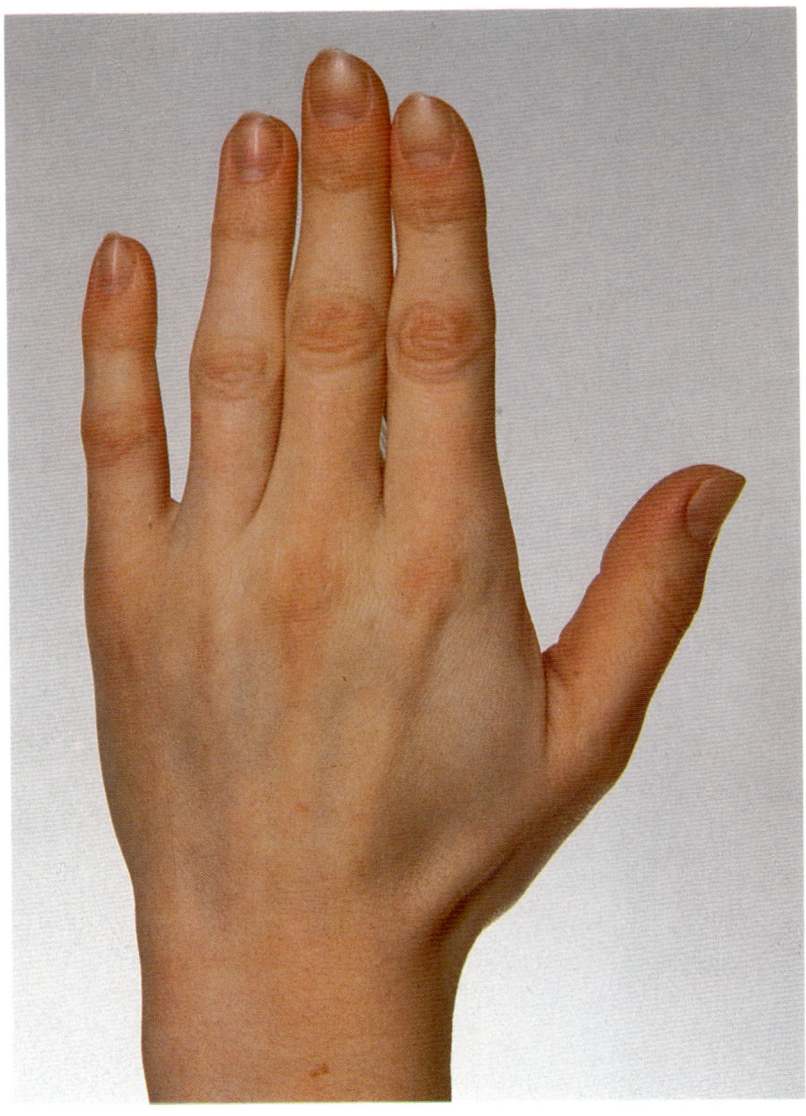
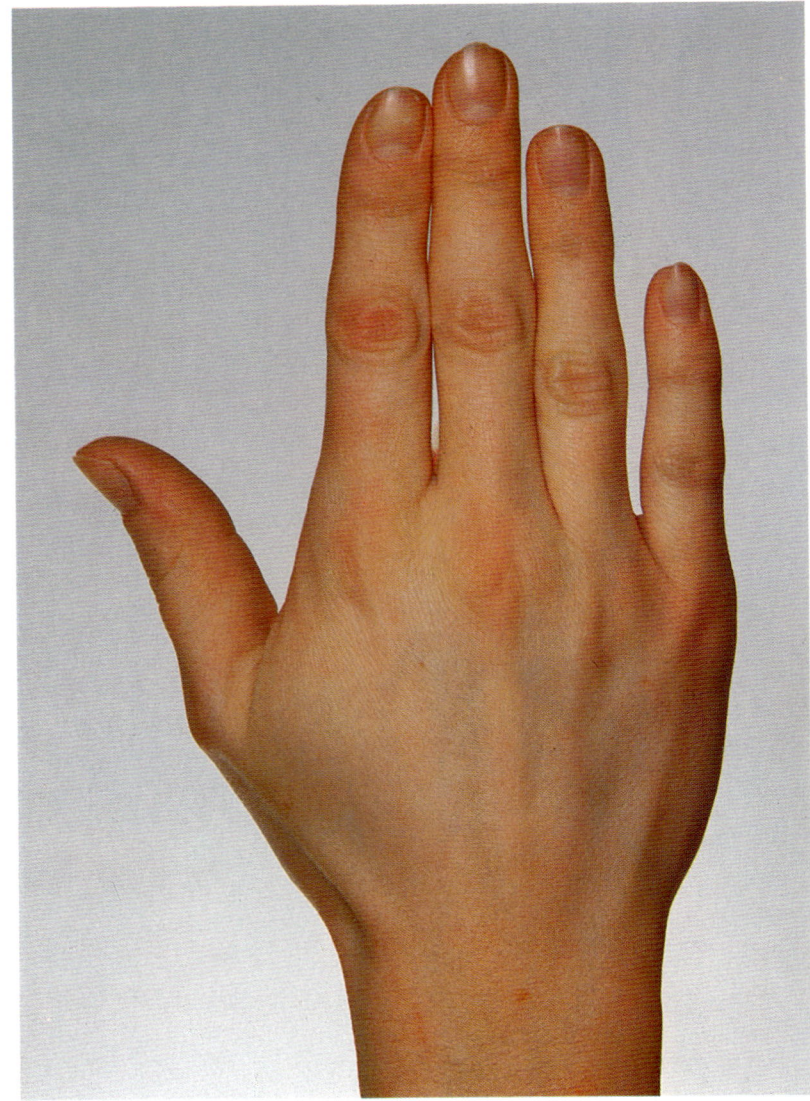

Weibliche Außenhände: A. H.
Die Handeignerin, 29 Jahre alt, ist Diplomingenieur für Architektur.

Die *Charakteristik* der Handform im Schema ist konisch, knotig mit eckigem Einschlag. Die empfindungsstarke Persönlichkeit ist korrekt, empfindsam und empfindlich. Sie strebt nach geistigen Zielen. Da sie eine perfekte Ordnung liebt, überfordert sie sich selbst und damit nervlich. Im Prinzip der kosmischen Ordnung kann sie den Ausgleich finden.

Die Zeigefinger sind länger als die Ringfinger, besonders an der rechten Hand. Die Handeignerin ist selbständig und weiß sich, besonders nach dem 30. Lebensjahr, in ihrer Umwelt zu behaupten. Die Daumen sind mittelhoch angesetzt, ein Merkmal für gute Unterscheidungsgabe, die für das seelische und materielle Prinzip dienlich ist. Die normal langen Daumen bestätigen, daß die Handeignerin unbeirrbar ist und ihre Lebensaufgaben höflich und bestimmt erfüllt.

Die feiner gestalteten Handgelenke zeugen von Zähigkeit und einem guten Niveau der Vorfahren.

Die *Konstitution* ist sensibel, labil, zäh.

Die *Disposition* zu Nierenstörungen, ebenso zu einer langen Jugendlichkeit, ergibt sich aus der feinen, zarten Hautbeschaffenheit. Die an dem oberen Gelenk abgewinkelten Kleinen Finger deuten auf eine Bindegewebeschwäche und die Tendenz zu Gebärmuttersenkung. Die Knöchelgelenke der Zeige-und Mittelfinger sind gerötet und nehmen Bezug auf Unstimmigkeiten im Blutsystem sowie auf eine gestörte Darmflora.

Die Maus ist an beiden Händen erhaben und kräftig. Damit verbunden sind eine gute Vitalität und widerstandsfähige Lungen.

Die Nägel sind etwas länger als breit und stehen mit den Bronchien in Zusammenhang. Die Nagelfarbe ist rötlich-bläulich, ein Merkmal für Entzündungstendenzen und zuviel Kohlensäure im Blut. An beiden Zeigefingernägeln werden durch Aufhellungen Stauungen sichtbar, die sich links auf Milz-Pankreas und rechts auf Leber-Galle beziehen. Auch an den Mittelfingernägeln lassen sich Stauungen feststellen, die mit dem Darmstoffwechsel korrespondieren. Die Ringfingernägel sind röhrenförmig gewölbt und geben eine Nierenfunktionsschwäche zu erkennen. Die röhrenförmig gewölbten schmalen Nägel der Kleinen Finger hängen mit einer Disposition zu einem Spinalleiden zusammen. Die in Form und Größe unterschiedlichen Nagelmonde haben einen bläulichen Rand. Die Herznerven arbeiten nicht immer synchron. Der bläuliche Rand macht auf Sauerstoffbedürfnis der Herznerven aufmerksam.

Die obere Nagelrandfarbe ist bräunlich-rötlich und weist auf die Belastungen aus der Atmosphäre hin.

Weibliche Innenhände: A. H.

Die Fingerglieder weichen in ihrer Länge etwas voneinander ab. Die Handeignerin ist bemüht, die inneren und äußeren Werte aufeinander abzustimmen. An fast allen ersten Fingergliedern stellen sich kleine Längs- und Querlinien dar. Sie bedeuten eine Überreizung der Gehirnnerven. Längslinien an den zweiten und dritten Fingergliedern sprechen für Warmherzigkeit und ein entgegenkommendes verbindliches Wesen. An den zweiten und dritten Gelenken der Kleinen Finger liegen mehrfache kurze Linien wie geschichtet übereinander, die bestätigen, daß die Nerven der Handeignerin außerordentlich labil sind.

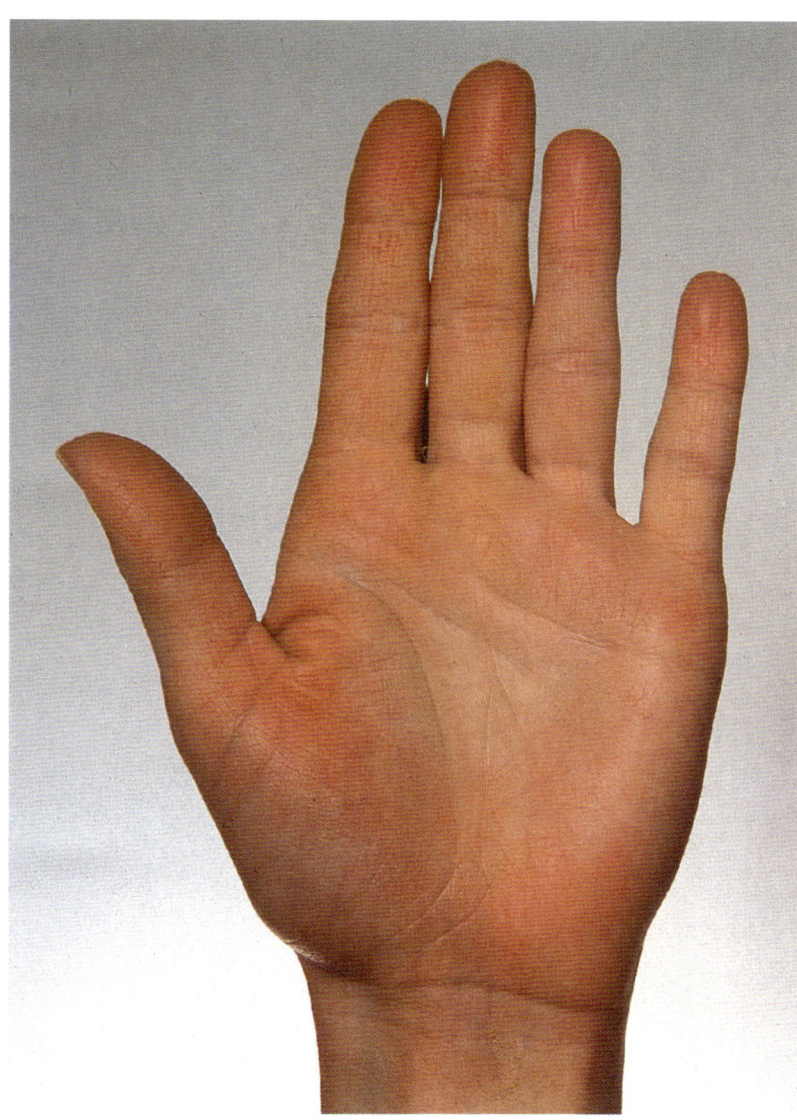
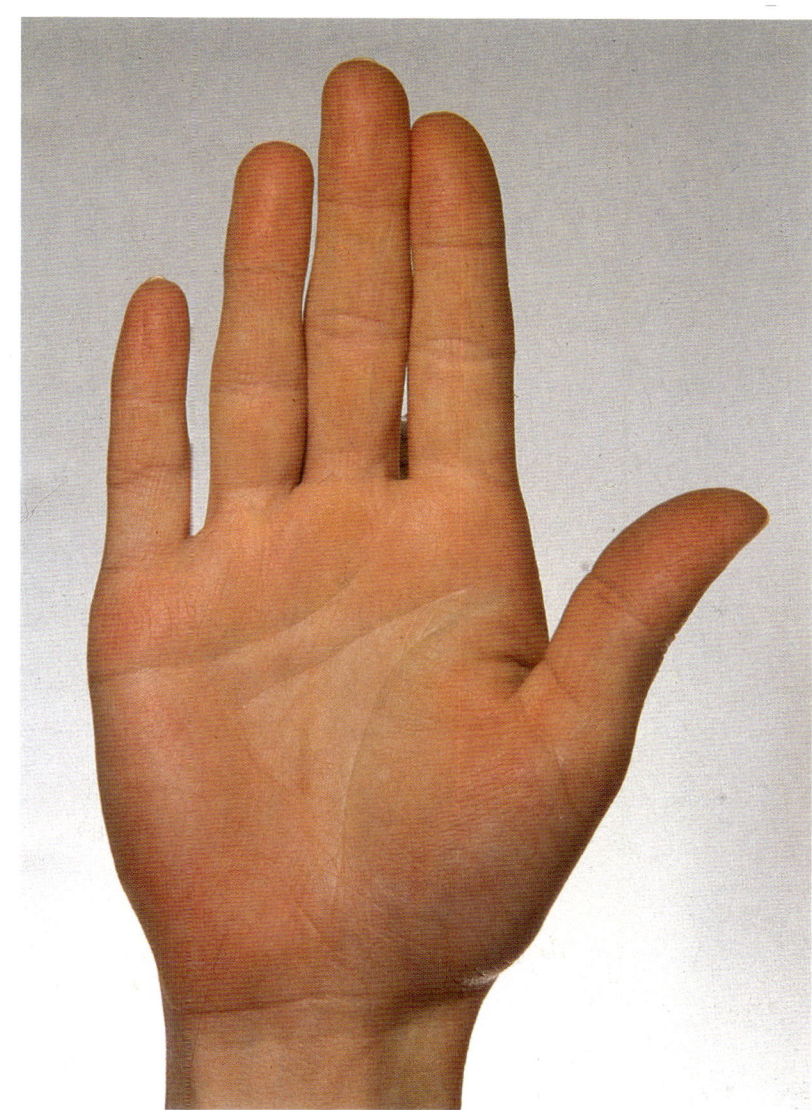

Die zarte, feine Hauttextur gibt Sensibilität zum Ausdruck. Die Handtellermitte ist in beiden Händen etwas vertieft und blaß. Der Magen benötigt für seinen Stoffwechsel eine sorgfältig ausgewogene Ernährung. Die Finger und alle Handberge sind stärker gerötet und beziehen sich auf eine Herzschwäche. Die Handrandberge, beidseitig, sind kräftig und erhaben. Mut, Tatkraft und Phantasie sind gegeben.

In der rechten Hand sind die drei Hauptlinien, Lebens-, Kopf- und Herzlinie, blaß. Der derzeitige Gesundheitszustand ist herabgesetzt, was sich in Kreislauf- und Durchblutungsstörungen äußert. Abhilfe ist dringend anzuraten.

In beiden Händen bilden die vier Hauptlinien ein »Großes M«. Ein denkender Mensch, der sein Leben bewußt gestalten will, wird hier erkennbar.

Beide *Kopflinien* sind unverbunden mit den Lebenslinien. Den schnellen Reaktionen der Handeignerin sollte Bedachtsamkeit vorausgehen. Die rechte Kopflinie ist an der gedachten senkrechten Mittellinie zwischen Zeige- und Ringfinger gespalten und deutet auf Vielseitigkeit. Daraus lassen sich sowohl Verstand als auch Kreativität ableiten, aber auch eine übergroße Empfindlichkeit der Kopfnerven.

Beide *Herzlinien* münden zwischen den Zeige- und Mittelfingern. In der Partnerschaft wird ihr ein voller Einsatz abverlangt, der ihr zu innerer Reife verhilft. Beide Herzlinien bilden zu den Kopflinien einen verhältnismäßig schmalen Zwischenraum. Dieses Bild steht in Zusammenhang mit Asthma aber auch mit Platzangst. Die Handeignerin wehrt sich gegen seelische Einengung. Auf der linken Herzlinie befindet sich im Zwischenraum

von Ring- und Kleinem Finger ein rötlich-bräunlicher Punkt, der ebenfalls eine Herzschwäche bekundet.

In der linken Hand sind zwei *Schicksalslinien* erkennbar, die unterhalb der Kopflinie zusammentreffen. Sie verlaufen weiter in die Herzlinie. Auch noch auf dem Mittelfingerberg sind beide Schicksalslinien zart vorhanden. Innere sowie äußere Antriebe dienen dem Bewußtseinsimpuls der Handeignerin zu ihrer eigenen Förderung.

Die rechte Schicksalslinie, die anfänglich zart von dem unteren Teil der Lebenslinie aufsteigt, mündet nach der Herzlinie etwas versetzt, in den Mittelfingerberg. Nach dem 30. Lebensjahr wächst das geistige Bewußtsein. Eine gerötete, rundgeformte Stelle in der Schicksalslinie, in etwa halber Höhe der Lebenslinie – das Gewebe darüber erscheint erhaben – weist auf eine tiefer um sich greifende Entzündung der Unterleibsorgane.

Auf dem linken Ringfingerberg deuten die vielen kleinen zerrissenen Linien auf eine große Empfindlichkeit den die Handeignerin umgebenden Menschen gegenüber. In beiden Händen befinden sich viele feine, zarte, kurze Linien, die Störungen psychischer Art zu erkennen geben.

Mehrfache zerrissene, dünne *Magenlinien* in der linken Hand sind eine Folge von Leber- und Darmstörungen. Auch in der rechten Hand deutet die zersplitterte Magenlinie auf nervöse Störungen im Leber- und Darmbereich hin, wobei die rechte Niere mitbetroffen ist.

Beidseitig zeigen sich zwei durchgezogene *Raszettlinien*. Die oberen stellen sich kräftiger, aber auch kettig, dar. Das physische Erbgut ist begrenzt, so daß die Handeignerin bewußt für ihre Gesunderhaltung Sorge tragen muß.

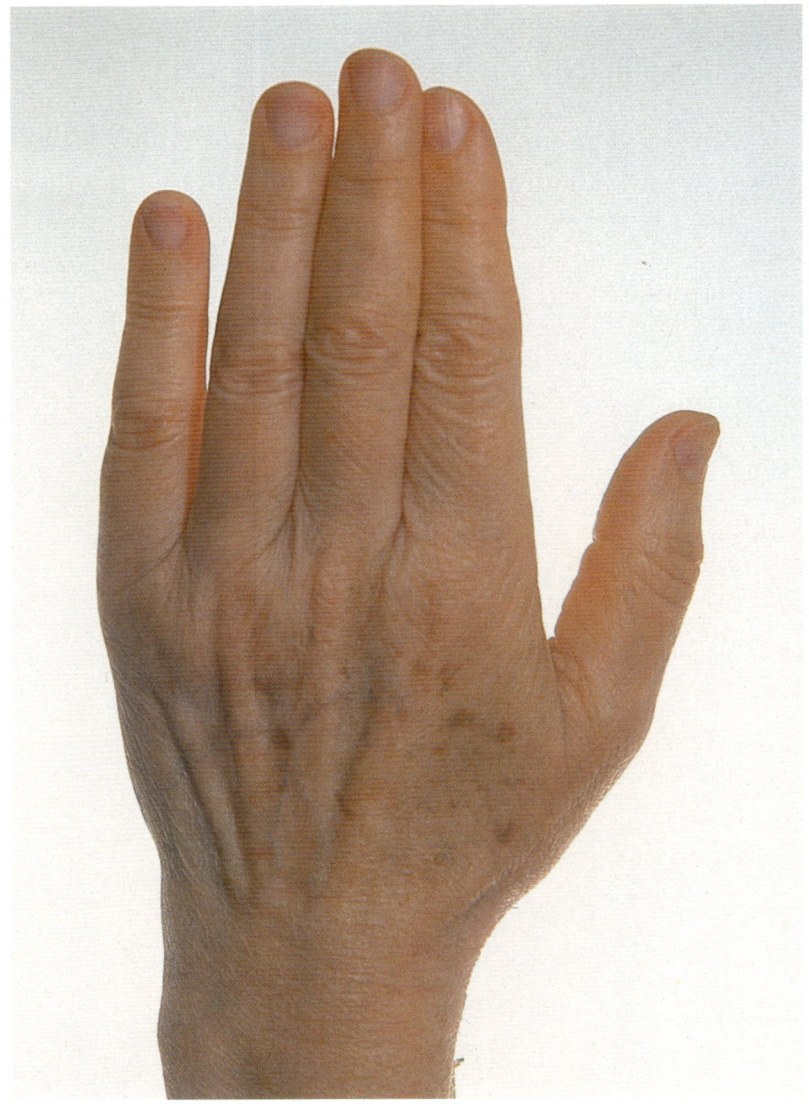 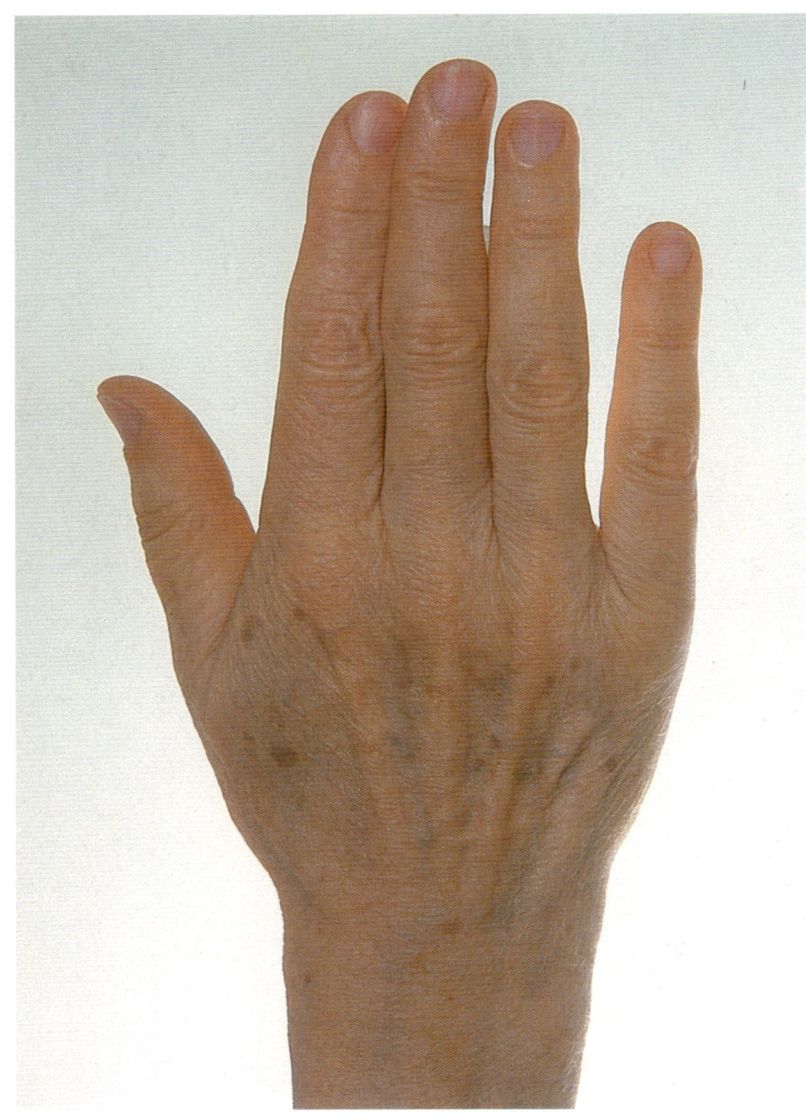

Weibliche Außenhände: A. H.
Die Handeignerin, 71 Jahre alt, ist Musikpädagogin und war außerdem Verwaltungsangestellte.

Die *Charakteristik* der Handform im Schema ist spatelförmig, konisch, eckig gemischt. Die intelligente, vielseitig interessierte Handeignerin vermag ihre theoretischen Kenntnisse auch praktisch anzuwenden. Aus der Kombination der verschiedenen Fingerformen zeigt sich eine Neigung für die bildenden Künste.

Die fast gleich langen Zeige- und Ringfinger bedeuten, daß sich das ideelle und materielle Prinzip die Waage halten. Die Zeige- und Ringfinger sind im Verhältnis zu den Mittelfingern sehr lang. Die selbstsichere Handeignerin ist bestrebt, sich in jeder Richtung abzusichern. Die Kleinen Finger sind besonders lang; es besagt, daß die Handeignerin über eine gute Rednergabe verfügt und einen systematischen Unterricht gestalten kann. Die hoch angesetzten Daumen zeigen Aufgeschlossenheit für ein menschlich auch materiell sinnvolles Leben.

Die Handgelenke sind eher zart als kräftig. Die Vorfahren waren differenzierter in ihrem Wesen.

Die *Konstitution* ist zäh und sensibel.

Die *Disposition* zu Stoffwechselstörungen ergibt sich aus der zarten Haut und dem Vorhandensein von Leberflecken. Die Zeigefinger sind beidseitig gebogen und eingedreht. Es besteht eine Organschwäche von Milz-Pankreas, links, und Leber-Galle, rechts. Das gebogene obere Glied des rechten Mittelfingers bezieht sich auf den Blinddarm. Der Blinddarm wurde entfernt.

Die rechte Maus ist gewölbter als die linke. Die linke Lunge ist weniger widerstandsfähig als die rechte.

Die sehr kurzen Fingernägel weisen auf eine angeborene organische Myokardinsuffizienz (Herzmuskelschwäche) hin. Die bläulich getönten Nägel lassen Sauerstoffmangel erkennen. Die Nagelmonde fehlen. Das deutet auf eine Herznervenschwäche.

An den oberen Nagelrändern sind durch die rötlich-bräunliche Farbe die Belastungen aus der Atmosphäre ersichtlich.

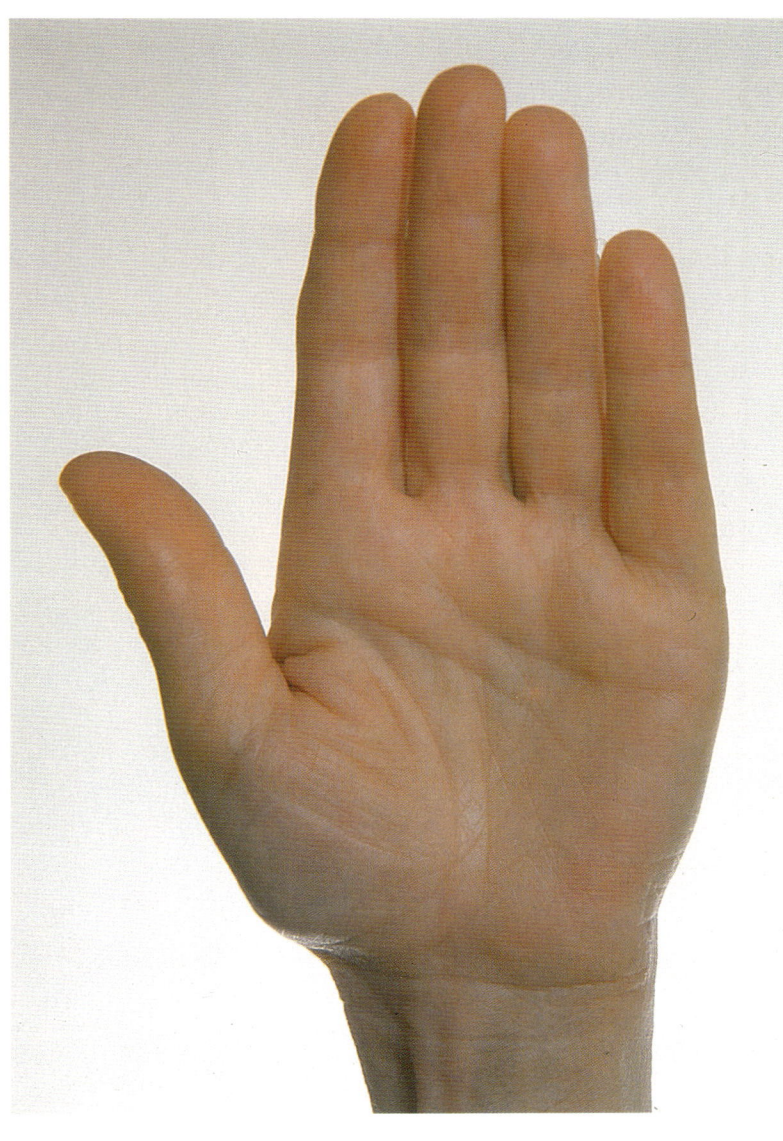 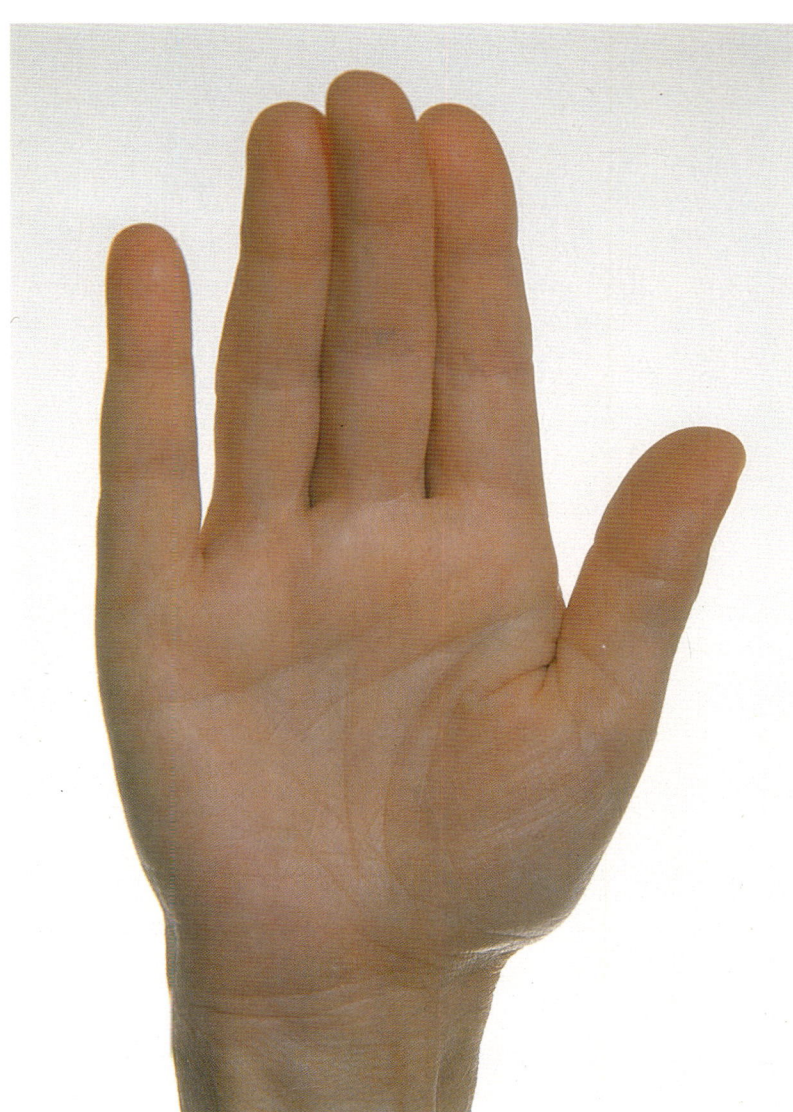

Weibliche Innenhände: A. H.

Die Fingerglieder sind etwas unterschiedlich in der Länge. Die Handeignerin kann durch ihr geistiges Bewußtsein die Wesensharmonie anstreben. Das linke untere Glied des Kleinen Fingers ist kräftiger. Es zeigt an, daß bis zum 30. Lebensjahr der bequemere Weg geschätzt wurde. Die feine Hauttextur spricht für einen sehr sensiblen Menschen.

Die beidseitig vertiefte und blasse Innenhandfläche macht auf Sekretionsstörungen im Magenbereich aufmerksam. Die Berge der Mittel- und Ringfinger sind beidseitig etwas verschoben. Ein ausgesprochenes Kunstverständnis ist gegeben.

Alle Hauptlinien in beiden Händen sind kräftig gezeichnet. Sie bilden ein deutliches »Großes M«. Es läßt auf gute Intelligenz, schnelle Auffassungsgabe und theoretischen Sinn schließen.

Die *Lebenslinien* in beiden Händen sind verdoppelt. Es zeigt einerseits eine Krafteinschränkung, andererseits eine Kraftreserve an. Auf das rechte Maß von Aufnahme und Abgabe der Lebensenergien ist hier zu achten.

Der Beginn beider *Kopflinien*, die normal an den Lebenslinien angesetzt sind, verdeutlicht ausgewogene Entschlußfähigkeit. Die linke lange Kopflinie läßt durch ihren Verlauf im mittleren Handrandberg die Einstellung der Handeignerin zum Idealen erkennen. Die rechte Kopflinie zeigt unterhalb des Ringfingers eine größere Insel, die mit Kopfschmerzen zusammenhängt. Die Verlaufsrichtung der rechten Kopflinie zum oberen Handrandberg gibt eine mehr intellektuelle Denkweise zum Ausdruck.

Die linke *Herzlinie* mündet kurz vor dem Zeigefingerberg und offenbart Herzlichkeit. Die rechte Herzlinie endet in einer großen Spaltung, die auf eine Kälteempfindlichkeit der Kopfnerven schließen läßt. Dunkle Vertiefungen in der rechten Herzlinie sind ein Zeichen für Herzleiden.

Die *Schicksalslinien*, beidseitig, beginnen freistehend in der unteren Handmitte und münden knapp über den Herzlinien. Die selbständige Handeignerin nutzt ihre Erfahrungen zu ihrem Fortschritt, was ihr nicht immer leicht fällt, dargestellt durch die Inseln in den Schicksalslinien.

Eine Insel in der Mitte der linken Schicksalslinie verweist auf Erkrankungen im Leber-Darm-Bereich. Ein Dreieck an der Lebenslinie läßt erkennen, daß diesen Störungen aufmerksam begegnet werden muß, da bereits bei den mütterlichen Vorfahren Zelldegenerationen vorhanden waren. Eine Insel in der rechten Schicksalslinie unterhalb der Kopflinie beruht auf einer Leber- und Darmbelastung.

Die *Magenlinien* in beiden Händen sind zum Teil verdoppelt und nicht gleichmäßig klar geprägt. Das Vegetativum ist labil.

Die beidseitig vorhandenen *Sonnenlinien* bestätigen, daß die Handeignerin allem Ethischen und Ästhetischen, wie Kunst, Musik und Literatur, stark verbunden ist.

Eine *Raszette*, linksseitig, ist gut durchgezogen, zwei weitere schwächer dargestellt. Rechtsseitig sind zwei parallellaufende, in einem hochgezogenen Bogen endende Raszettlinien sichtbar, woraus sich Bindegewebeschwäche ableiten läßt. Die Konstitution beider Vorfahren war weniger stabil.

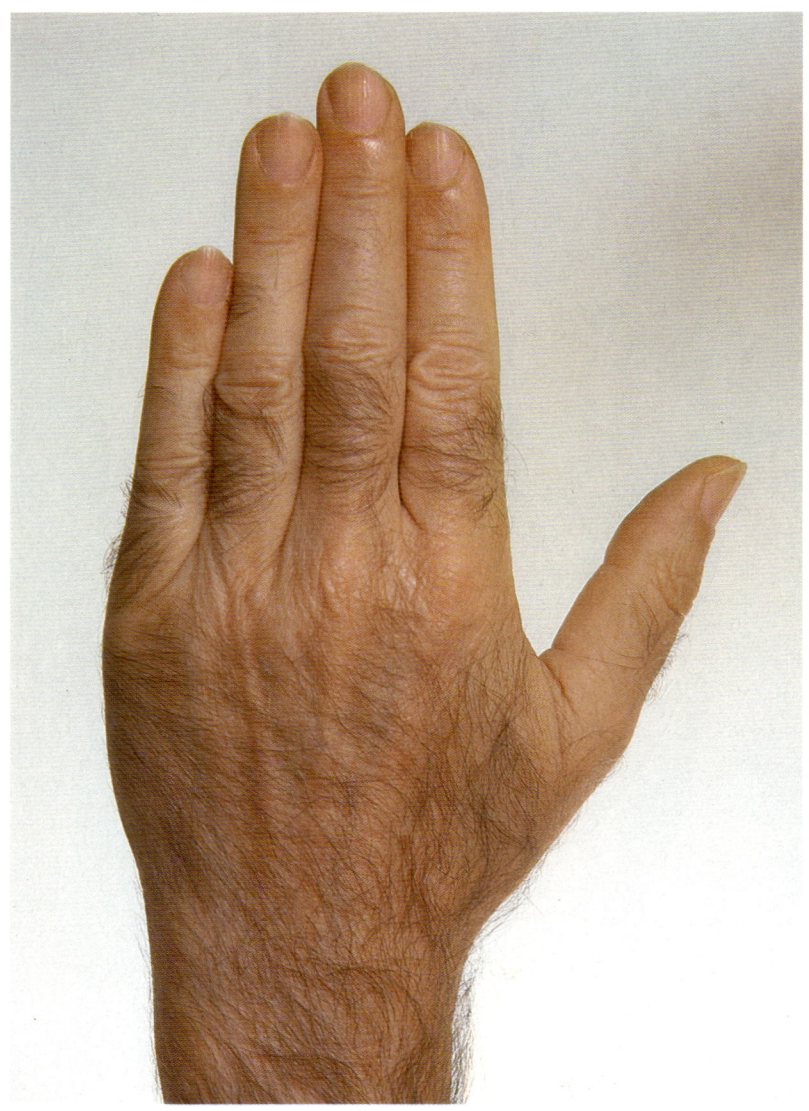 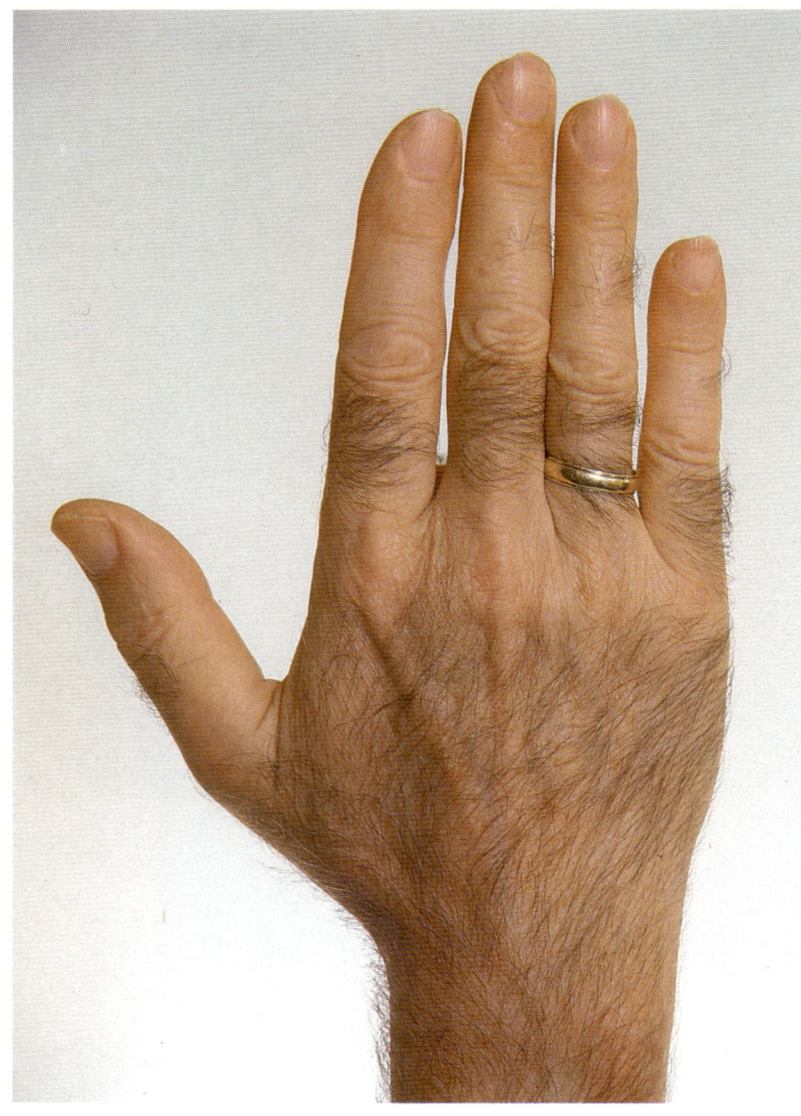

Männliche Außenhände: R. H.
Der Handeigner, 67 Jahre alt, ist Ingenieur.

Die *Charakteristik* der Handform zeigt im Schema ein etwas breiteres Rechteck. Die Finger sind eckig mit zart konischem Einschlag. Der Handeigner ist ein wissenschaftlich denkender Mensch, der tieferer Empfindungen fähig ist und sich durch Selbstbeherrschung auszeichnet.

Beide Ringfinger sind etwas länger als die Zeigefinger. Das bedeutet, daß der Handeigner zugunsten der Umwelt seine eigenen Wünsche zurückzustellen vermag. Die Kleinen Finger sind verhältnismäßig kurz und lassen eine Drüsenschwäche vermuten. Die Daumen sind lang und oben zugespitzt. Der Handeigner ist findig und weiß seine Kenntnisse praktisch einzusetzen. Die Außenhände sind behaart. Durch Disziplin vermag der Handeigner seine Emotionen zu beherrschen.

Die feinen und zarten Handgelenke bekunden das gute Niveau seiner Vorfahren.

Die *Konstitution* ist zäh, sensibel.

Die *Disposition* zu Stoffwechselstörungen und Verschlackungen zeigt sich an der festeren Hautbeschaffenheit und an der gespannten Haut der zweiten Fingerglieder.

Die beidseitig etwas gebogenen Zeigefinger beziehen sich auf eine Anlage zu Funktionsstörungen von Milz-Pankreas, links, und Leber-Galle, rechts. Der rechte, leicht eingedrehte Mittelfinger, der im zweiten Glied eine kleine Verdickung aufweist, gibt Darmstörungen zu erkennen.

Die Maus, beidseitig, ist wenig gewölbt und kaum gespannt, was eine geschwächte Lebensenergie und verminderte Lungenkraft verdeutlicht.

Die eher kleinen und dreieckig geformten Fingernägel beziehen sich auf eine erbliche Belastung zu Herzstörungen sowie auf eine Disposition zu Spinalleiden. Die blaß-bläuliche Farbe beruht auf Sauerstoffmangel. Mehrere senkrechte Rillen auf den Nägeln sind eine Folge von Darmerschlaffung und Stoffwechselbelastungen. Die verdickten Rillen veranschaulichen das Ausscheiden von Schlacken. Die kaum sichtbaren Nagelmonde stehen mit einer Herznervenschwäche in Zusammenhang.

Die Belastungszeichen aus der Atmosphäre sind an den oberen Nagelrändern zu sehen.

Männliche Innenhände: R. H.

Die unterschiedlich langen Fingerglieder weisen darauf hin, daß der Handeigner bewußt die Harmonie des allumfassenden Prinzipes suchen sollte. Das Geschehen in seiner Umwelt war der Anlaß, daß der Handeigner seelisch überfordert und geistig überbeansprucht wurde, was durch die Längslinien der rechten ersten Ring- und Mittelfingerglieder sichtbar wird.

Die Handtellermitte in beiden Händen ist etwas vertieft und aufgehellt. Der Solar plexus reagiert empfindlich, wenn der Handeigner persönlich überbelastet wird. In beiden Handtellern zeigen sich unregelmäßig auftretende Rötungen, die auf allgemeine Durchblutungsstörungen schließen lassen. Die beidseitig

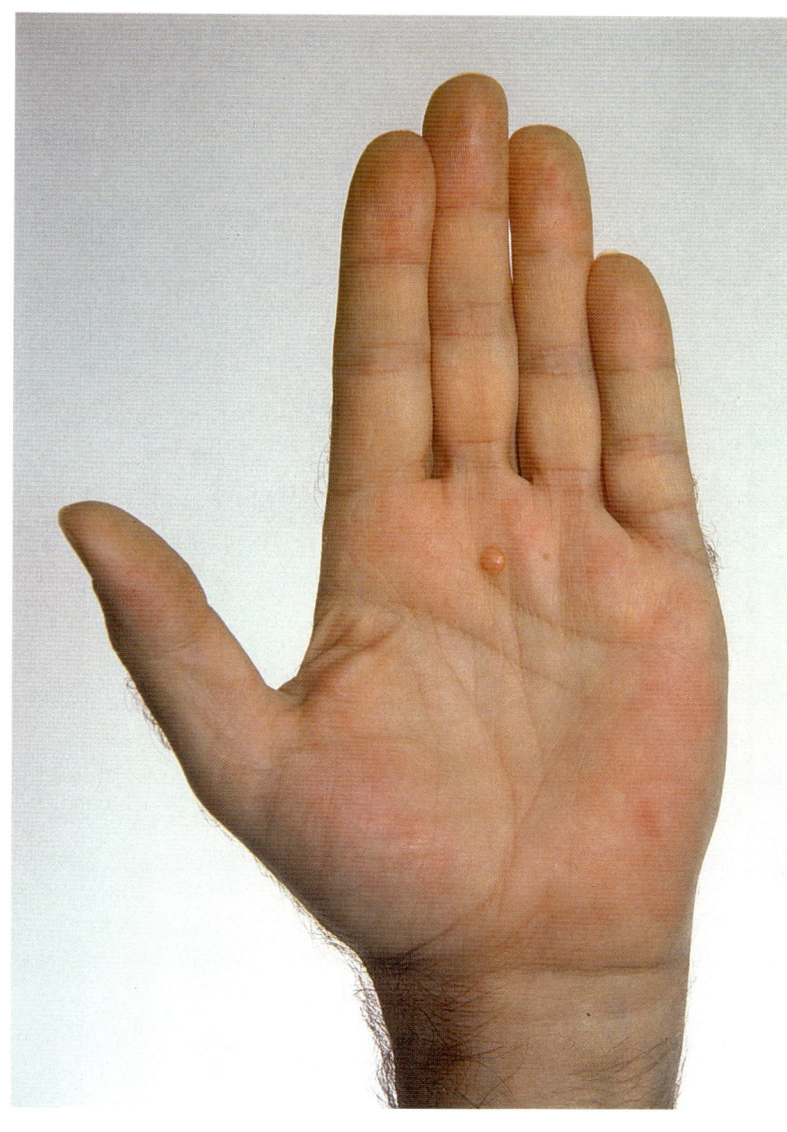
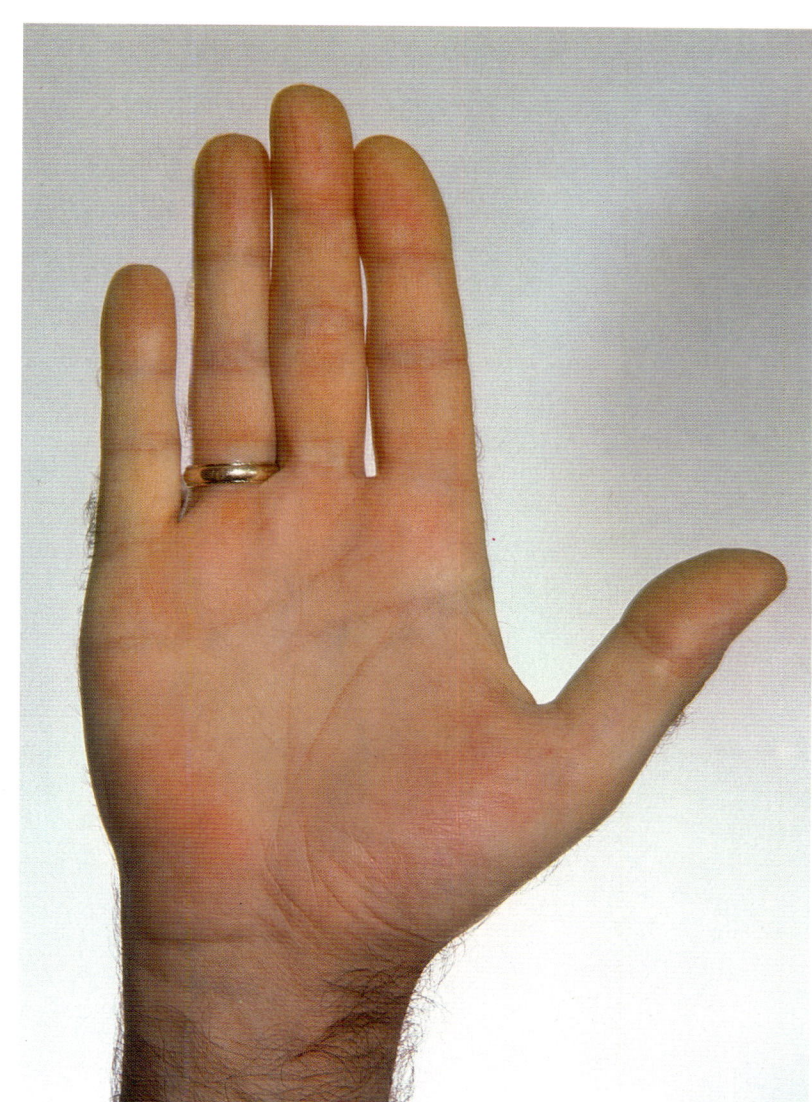

gut ausgeprägten Handrandberge zwischen Lebenslinie und Handwurzel verdeutlichen einerseits Mut, starke Gefühle und Empfindungen, andererseits eine Stoffwechselbelastung, die zu Rheuma führen kann.

Am rechten unteren Daumenballenberg befinden sich mehrfache Einkerbungen, die darauf hinweisen, daß die verhaltenen Vitalkräfte in späteren Lebensjahren Reserven bereithalten. Alle Linien sind kräftig eingezeichnet. Die vier Hauptlinien in beiden Händen bilden ein deutliches »Großes M«, ein Zeichen für ein sich stetig weiter entwickelndes Bewußtsein.

Beide *Lebenslinien* umrunden die Daumenballenberge ausladend geschwungen. Der Handeigner bringt ein großes Maß an Zähigkeit und Kraftreserven mit.

Beide *Kopflinien* sind an den Lebenslinien normal angeschlossen. Denken und Handeln stimmen harmonisch überein. Punkte in den Kopflinien sprechen für Überforderung der Gehirnkräfte, die Müdigkeit zur Folge hat.

Am Beginn der linken *Herzlinie* bildeten sich tannenzapfenförmige Zeichen, die auf Herzensjugend und Humor deuten. Nahe oberhalb der Herzlinie auf dem Mittelfingerberg befindet sich eine Warze. Symbolisch betrachtet läßt sich davon ableiten, daß dem Handeigner schicksalhaft Prüfungen aus seinen Beziehungen zu Nahestehenden erwachsen. Punkte unter dem Ring- und Mittelfinger stehen mit Nierengrieß und Karies in Verbindung. Am Anfang der rechten Herzlinie befindet sich eine Insel, die sich auf eine von väterlicher Seite vererbte Anlage zu einem Herzleiden bezieht. Diese Herzlinie gabelt sich an ihrem Ende.

Die Kopfnerven sind kälteempfindlich und zeigen eine Bereitschaft zu Meningitis (Hirnhautentzündung).

Eine linksseitig aus der Mitte des unteren Handtellers aufsteigende *Schicksalslinie* verkörpert unterstützende Energien mütterlicherseits. Eine rechte Schicksalslinie steigt nahe am unteren Drittel der Lebenslinie auf und zieht bis in den Mittelfingerberg. Indem der Handeigner bewußter seine Aufgaben durchdenkt, gewinnt er Einsicht und Erkenntnis, wodurch er selbstsicherer sein Leben gestalten lernt.

Linksseitig deuten mehrere *Sonnenlinien* auf die vertiefte Empfindsamkeit und das Geöffnetsein für alles Schöngeistige. Rechtsseitig zeigt eine kurze Sonnenlinie musische Aufgeschlossenheit an. Ein kleiner Ring unterhalb des Eheringes bedeutet, daß die ethischen und ästhetischen Regungen oftmals unterdrückt werden.

In beiden Händen sind kurze kräftige und zarte Teile einer *Magenlinie* vorhanden. Das Vegetativum ist labil.

Die linke obere kräftige, kettige, deutlich durchgezogene *Raszette* kennzeichnet stabilere und sensible Naturen bei den mütterlichen Vorfahren. An der rechten Hand ist nur eine halbe Raszettlinie, ebenso kräftig und kettig, sichtbar. Die väterlichen Vorfahren waren kräftig und sensibel bei begrenzter Lebenserwartung.

Bei dem Handeigner zeigen sich an der Handwurzel zusätzliche aufsteigende Linien, die mit der Lebenslinie parallellaufen. Daraus werden ihm für seine eigene Lebenserwartung unterstützende Energien zuteil.

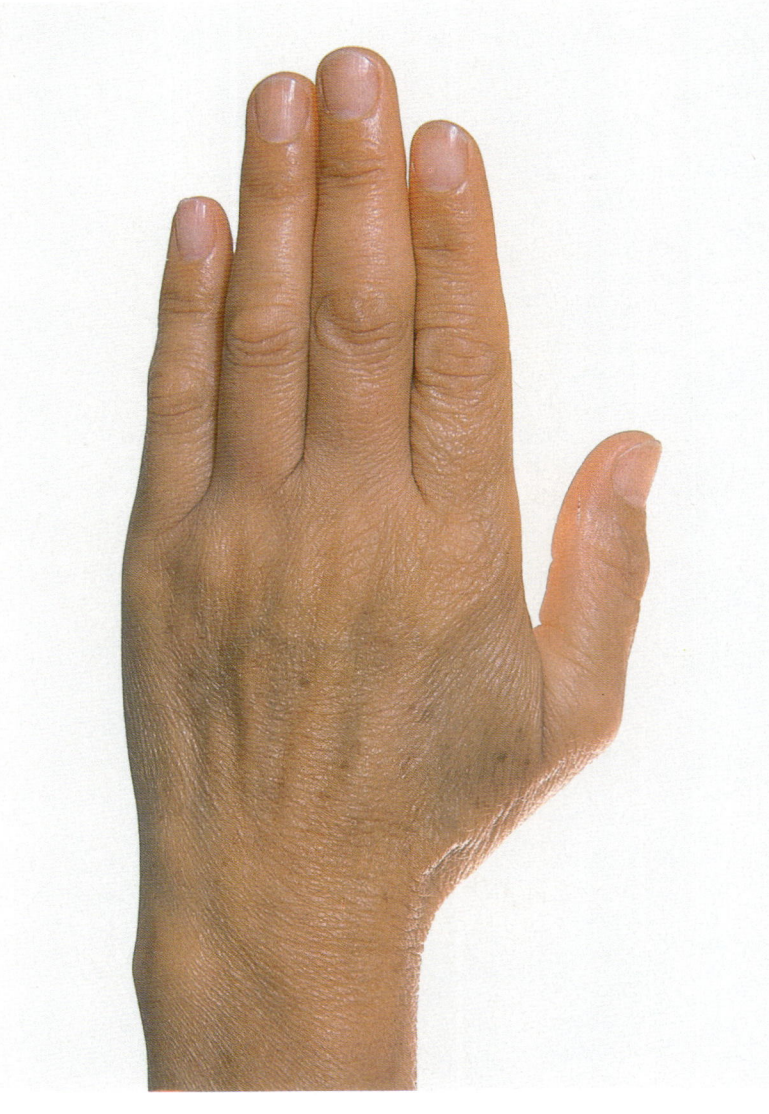 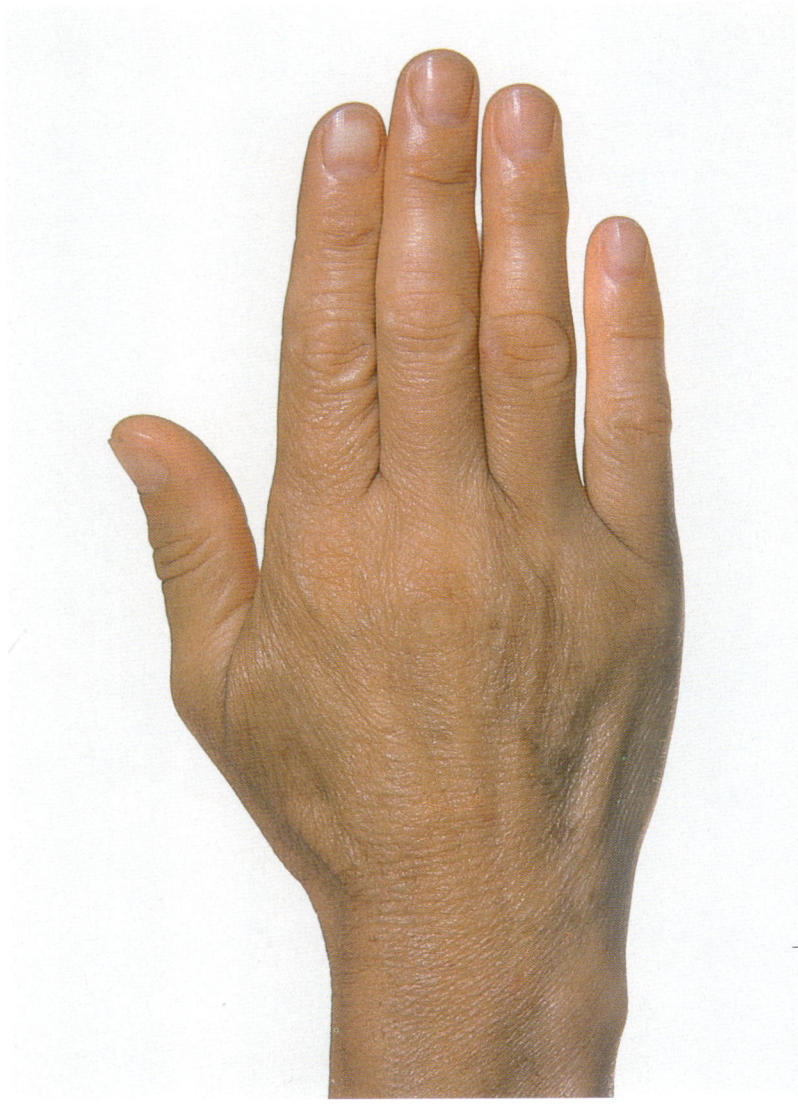

Weibliche Außenhände: A. Th.
Die Handeignerin, 68 Jahre alt, war Sekretärin.

Die *Charakteristik* der Handform im Schema ist eckig, konisch mit leicht spatelförmigem Einschlag. Die Handeignerin ist überwiegend ein Verstandesmensch, der dennoch von seinen Empfindungen intensiv bewegt wird. Sie vermag Theorie und Praxis miteinander zu verbinden.

Die Ringfinger, besonders der linke, fallen durch ihre Länge auf. Die Abhängigkeit von der Umwelt projiziert die Handeignerin auf ihre Persönlichkeit, besonders in der Jugend, zumal der linke Zeigefinger wesentlich kürzer ist als der rechte. Gedanklich läßt sie anderen wenig Freiraum für deren eigene Entfaltung. Beide Kleinen Finger sind relativ lang. Die Handeignerin ist in der Lage, ihre eigenen Interessen zu vertreten. Das rechte dritte Glied des Kleinen Fingers ist kräftiger und zeigt einen Hang zur Bequemlichkeit. Die tief bis mittelhoch angesetzten Daumen sind eher kräftig. Sie sind biegsam, wie es die Haltung des rechten Daumens zum Ausdruck bringt. Daraus erklärt sich die höfliche Art der Handeignerin. Die zweiten kantigen Daumengelenke geben mathematisches Verständnis zu erkennen.

Die schmalen Handgelenke lassen auf ein gutes Niveau der Vorfahren schließen.

Die *Konstitution* ist sensibel, zäh.

Die *Disposition* zu Stoffwechselstörungen äußert sich an der helleren gespannten festeren Haut der zweiten Mittel- und Ringfingerglieder.

Die etwas gebogenen und eingedrehten Zeigefinger bestätigen eine Stoffwechselinsuffizienz von Milz-Pankreas, links, und Leber-Galle, rechts. Die eingedrehten Mittelfinger beruhen auf einer Darmbelastung. Unterhalb des rechten Mittelfingers auf dem Knöchelgelenk befindet sich eine kreisrunde Rötung, die mit dem rechten Kniegelenk korrespondiert und durch Entzündungen hervorgerufen wurde.

Die beidseitig normal gewölbte Maus spricht für eine gute Vitalkraft und widerstandsfähige Lungen.

Die etwas unterschiedlich großen Fingernägel zeigen ein kräftiges Rosa. Die Aufhellung auf dem rechten Zeigefingernagel macht auf eine Leberstauung aufmerksam. Die in Form und Größe unterschiedlichen Nagelmonde weisen auf Funktionsstörungen der Herznerven hin.

Die Belastungszeichen aus der Atmosphäre treten an den oberen Nagelrändern in Erscheinung.

143

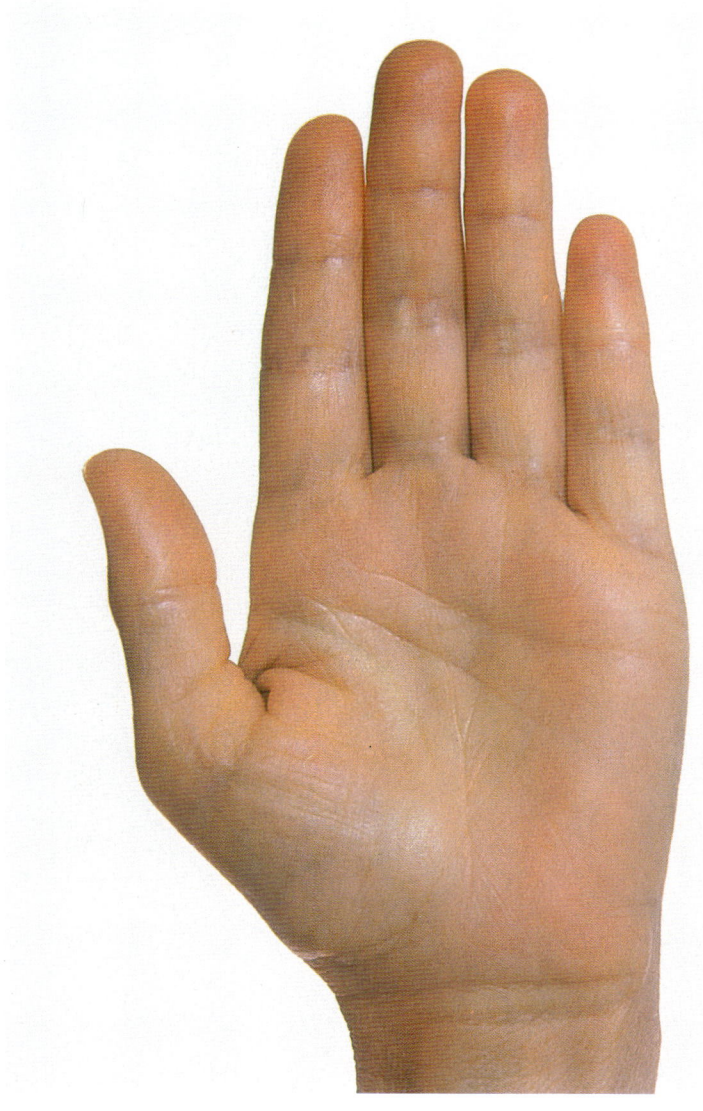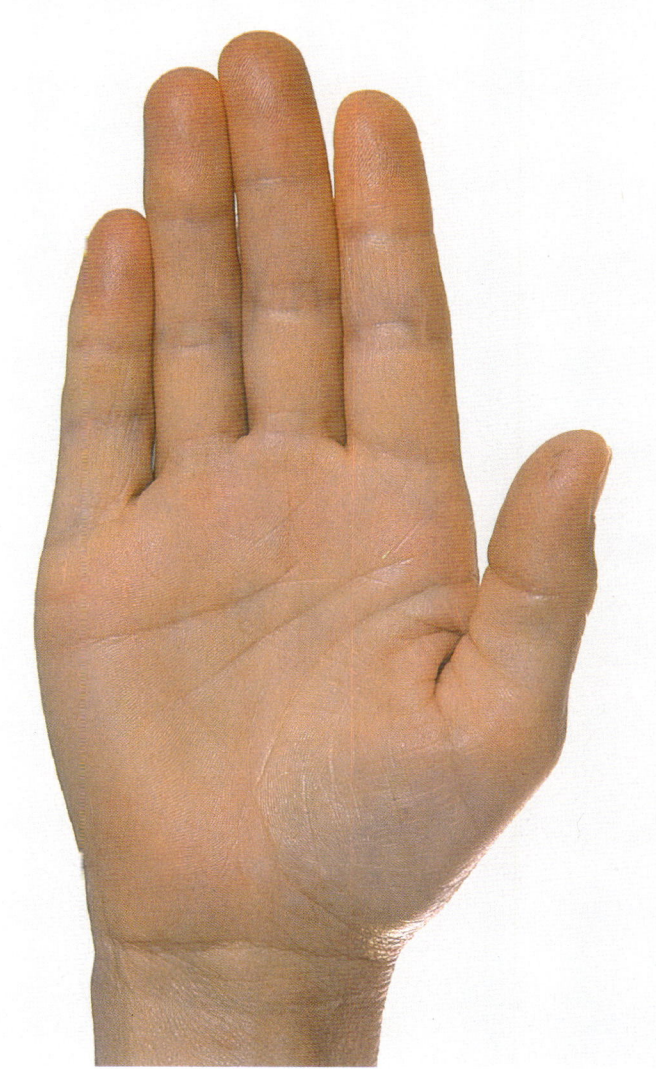

Weibliche Innenhände: A. Th.

Die Fingerglieder weichen in ihrer Länge etwas voneinander ab. Durch Persönlichkeitsüberwindung erlangt die Handeignerin geistiges Bewußtsein und größere Ausgewogenheit. Die ekkig geformten Fingerkuppen der Mittel- und Kleinen Finger veranschaulichen, daß das geistige Streben durch den Verstand gehemmt werden kann. Eine das linke Zeigefingergelenk schneidende Linie ist ein Merkmal für eine Fehlgeburt.

Die unterschiedlich kräftige Hauttextur zeigt sowohl Widerstandsfähigkeit als auch Sensibilität. Die linke Innenhandfläche ist in der Mitte etwas vertieft, der Magen reagiert empfindlich.

Das »Große M« in beiden Händen gibt zum Ausdruck, daß die selbständige, strebsame Handeignerin sich mit dem Leben auseinanderzusetzen weiß und diesem die besten Seiten abzugewinnen versteht.

Die linke schwach sichtbare *Lebenslinie* umrundet, wie die kräftige rechte, den Daumenballenberg. Am unteren Drittel der rechten Lebenslinie besagt eine Abzweigung, daß mit einer Durchblutungsstörung des rechten Beines gerechnet werden kann. Die auf dem rechten Daumenballenberg befindliche zweite Lebenslinie verkörpert gute Reserven der Vitalkräfte.

Beide *Kopflinien* beginnen freistehend und hoch angesetzt. Die positiv eingestellte Handeignerin reagiert offen und zeitweise vorschnell. Die normal langen Kopflinien deuten auf eine soziale Einstellung. Punkte in den Kopflinien lassen überforderte Kopfnerven sowie Müdigkeit erkennen.

Die linke *Herzlinie* mündet in der Mitte des Zeigefingerberges. Die Handeignerin hegt ihrer Umwelt gegenüber große Erwartungen. Sie ersehnt mehr Aufmerksamkeit. Die rechte kurze kräftige Herzlinie endet unterhalb des Mittelfingers. Eine Insel in der rechten Herzlinie unterhalb des Kleinen Fingers ist ein Merkmal für eine von väterlicherseits vererbte Anlage zu Herzleiden.

Von den *Schicksalslinien* in beiden Händen zweigt unterhalb der Kopflinien jeweils eine *Sonnenlinie* ab. Die Handeignerin kann zu ihrer Bewußtseinsentfaltung das schöpferische Prinzip über ihre Empfindungswelt zum Ausdruck bringen.

Rechtsseitig deutet ein Teil des *Venusgürtels* auf eine Schwäche im Bereich der Lendenwirbelsäule.

Die linke zum Teil zweifach eingezeichnete *Magenlinie* spricht für ein gutes Vegetativum. In der rechten Hand setzt die Magenlinie an der Lebenslinie an und zieht in den Berg des Kleinen Fingers.

Die linken *Raszetten* sind klar durchgezogen und kettig, ebenso die obere Raszette an der rechten Handwurzel. Der Handeignerin wurde von den Vorfahren Zähigkeit und Sensibilität vererbt.

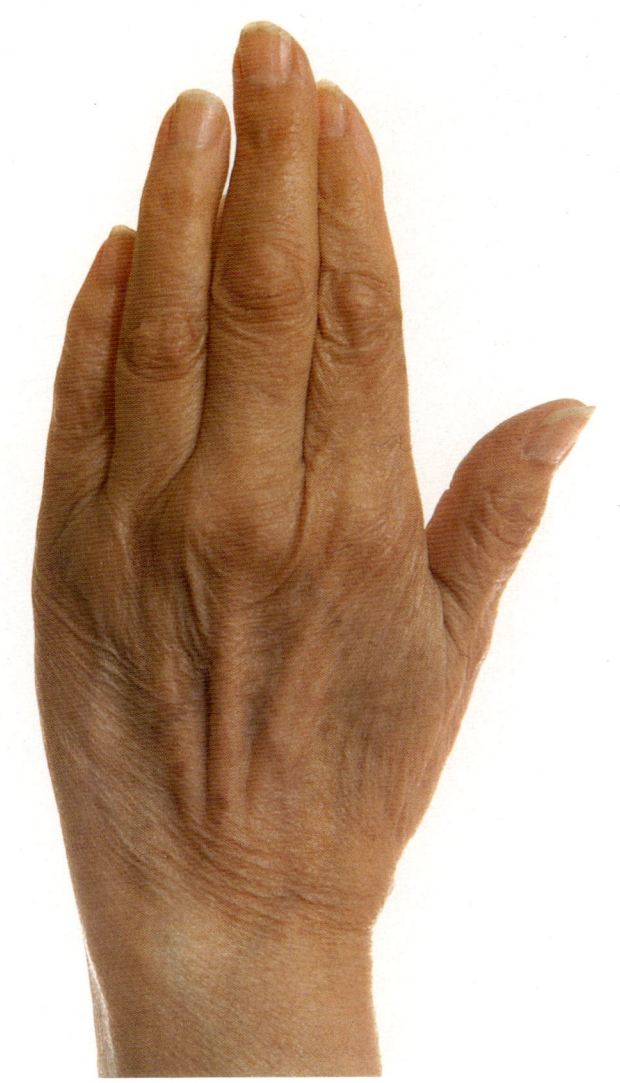
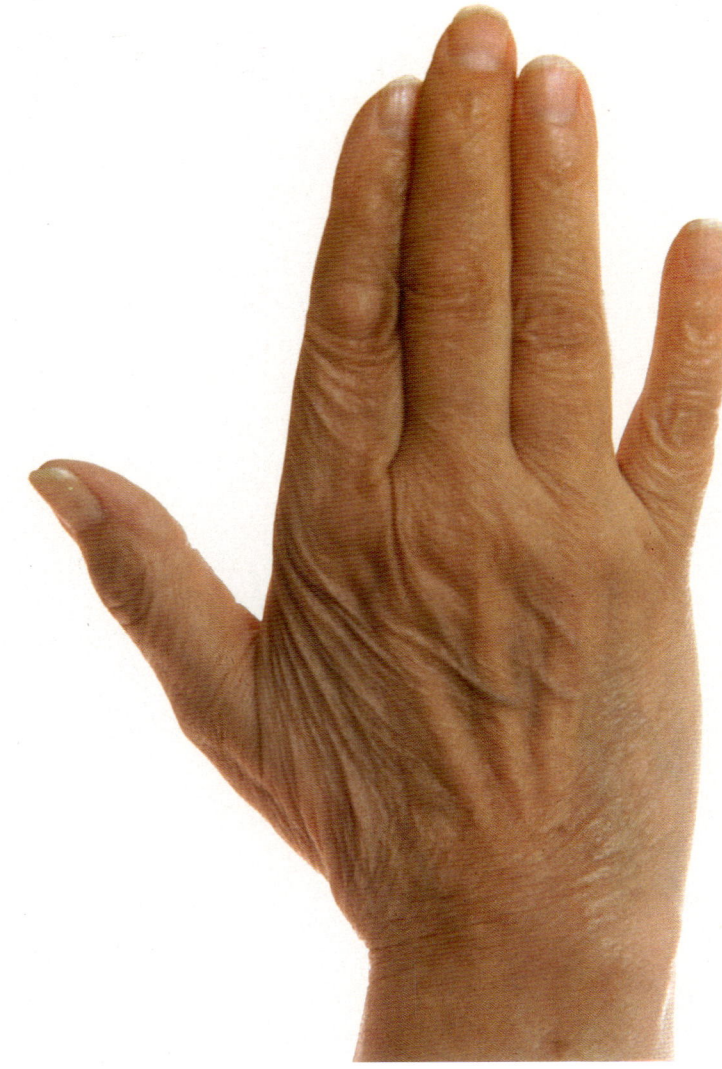

Weibliche Außenhände: E. E.
Die Handeignerin, 78 Jahre alt, war Leiterin eines Reformhauses.

Die *Charakteristik* der Handform stellt im Schema ein Rechteck dar. Die Fingerform ist eckig, konisch. Das Denkprinzip der Handeignerin beruht auf einer konservativen Grundlage, woraus sich ihre Ordnungsliebe, Gewissenhaftigkeit, Pflichttreue und Zuverlässigkeit erklärt. Aus der konischen Form geht hervor, daß die Handeignerin allem Schönen aufgeschlossen, aber auch leicht von ihren Stimmungen abhängig ist. Sie ist bemüht, ihre Gemütsbewegungen und Ängste zu beherrschen. Sie suchte Anlehnung – dargestellt durch die Hinwendung der Zeigefinger an die Mittelfinger – und fand sie in Gottverbundenheit.

Der rechte Ringfinger ist länger als der Zeigefinger. Nach dem 30. Lebensjahr beachtet sie die Resonanz aus ihrer Umwelt stärker als zuvor. Die Daumen sind lang und mittelhoch angesetzt. Die Handeignerin vermag ihre beruflichen Aufgaben überzeugend und nutzbringend auszuführen.

Die etwas schmalen und sehnigen Handgelenke weisen auf zähere Naturen der Vorfahren hin.

Die *Konstitution* ist sensibel und zäh.

Die *Disposition* zu Gefäßschwäche läßt sich an den hervortretenden Venen erkennen; ferner wird eine Stoffwechselbelastung beziehungsweise Verschlackung deutlich, die sich, besonders an den Mittelfingern, durch die Spannung der Haut feststellen läßt sowie Bindegewebeschwäche, die an der bogenförmigen Faltung der Haut augenscheinlich wird. Das etwas arthritische Knöchelgelenk des linken Mittelfingers bezieht sich auch auf eine Arthrose in dem rechten Kniegelenk. Die beidseitig gebogenen Zeigefinger beziehen sich auf eine Anlage zu einer Insuffizienz von Milz-Pankreas, links, und Leber-Galle, rechts.

Der linke gebogene, am ersten Glied abgewinkelte Mittelfinger gibt Darmstörungen und Blinddarmreizungen zu erkennen. Die Biegung und Krümmung des rechten Mittelfingers sind eine Folge von Verdauungsstörungen und Verhärtungsprozessen. Die gebogenen Kleinen Finger zeigen Senkungsbeschwerden und Bindegewebeschwäche im Urogenitalbereich an.

Die linke Maus ist im unteren Bereich vertieft und weist auf eine Schwäche des linken Fußes hin. Die rechte Maus zeigt keine Spannung, die Vitalkräfte sind stark reduziert. Es ist darauf zu achten, daß keine Lungenentzündung auftritt, da auch die Lungenkraft eingeschränkt ist.

Die mittelgroßen Fingernägel sind bläulich getönt, Kohlensäure im Blut ist vermehrt vorhanden. Die gewölbten Fingernägel weisen auf eine leichte Niereninsuffizienz, wobei an dem rechten Mittelfingernagel eine krallenartige Wölbung hinzukommt und beginnende Degenerationsprozesse im Darmbereich vermuten lassen. Längsrillen auf fast allen Fingernägeln lassen auf Darmerschlaffung und Verschlackung schließen. Die unterschiedlich großen Nagelmonde deuten auf eine Labilität der Herznerven.

Die Einflußzeichen aus der Atmosphäre sind an den oberen Nagelrändern sichtbar.

Weibliche Innenhände: E. E.

Die Fingerglieder nehmen von unten nach oben in ihrer Länge ab. Entsprechend staffeln sich die drei Bewußtseinsebenen, die nur durch große Anstrengungen zu einem harmonischen Zusammenspiel gebracht werden können. Viele Längslinien auf den dritten und zweiten Fingergliedern beziehen sich auf die Ausstrahlungsfähigkeit der Handeignerin, an den ersten Fingergliedern jedoch weisen sie auf Überanstrengung hin. Die Hauttextur ist etwas seidig, Sensibilität verdeutlichend. Besonders die linke Handtellermitte ist vertieft und beweist einen empfindlichen Magenstoffwechsel. Von den leicht verschobenen Handbergen lassen sich Lebensfreude und frohe Genußfähigkeit ableiten. Auf dem linken Zeigefingerberg bezieht sich eine längere, auf die Herzlinie gerichtete Schräglinie auf Katarrh der Unter-

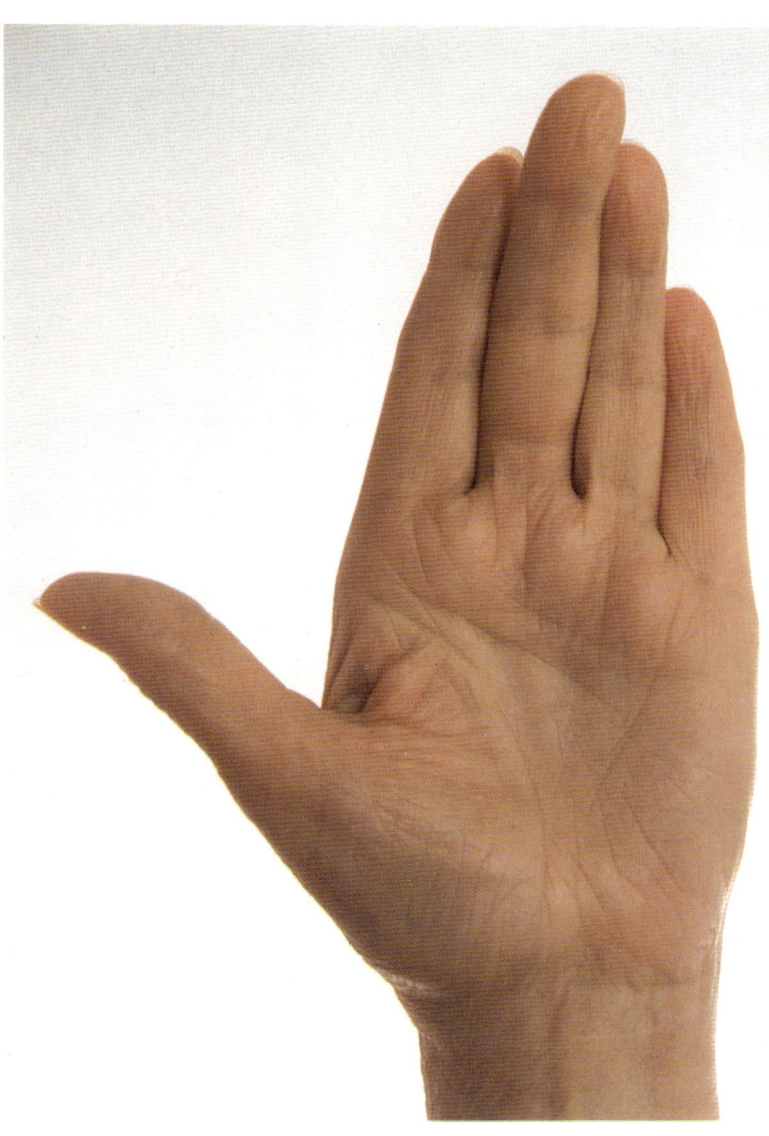
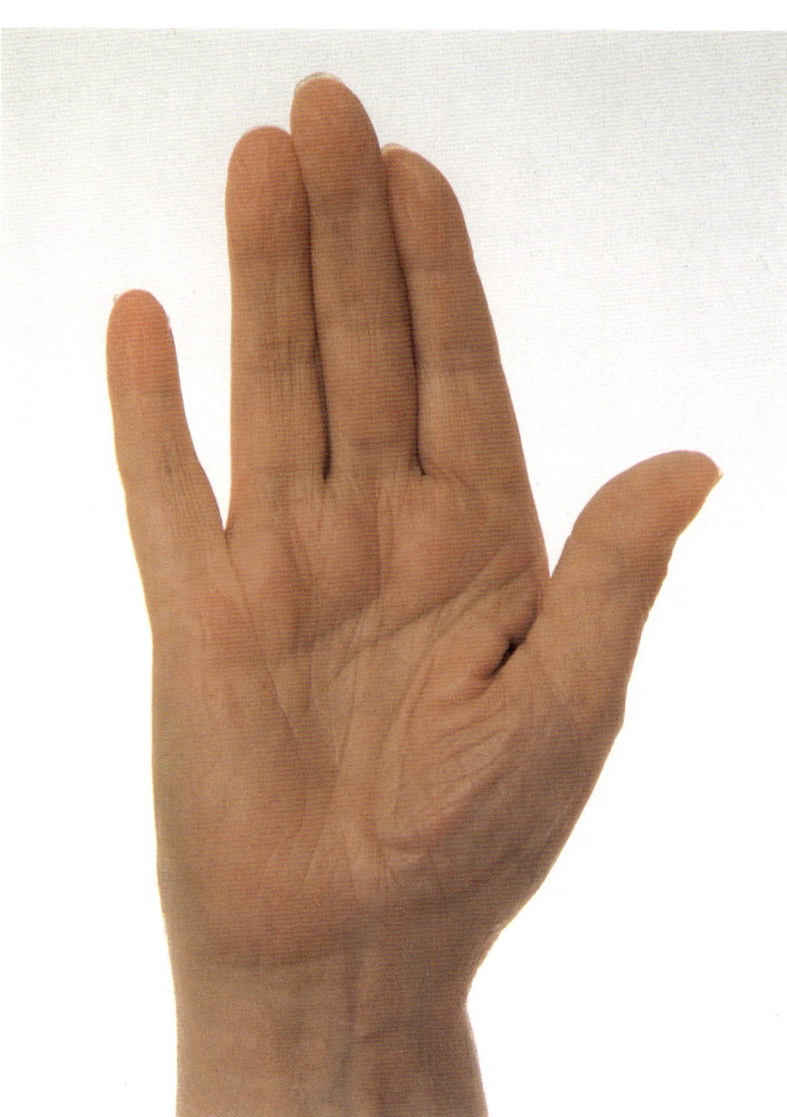

leibsorgane, eine zweite kurze, von dem Zeigefingergelenk kommende Schräglinie, die auf den Daumen gerichtet ist, auf eine Fehlgeburt. Die Hände sind allgemein sehr linienreich und sprechen für eine stärker aktivierte Seele. Das »Große M« in beiden Händen, besonders in der rechten Hand, läßt den geistig strebenden, intelligenten Menschen erkennen.

Beide *Lebenslinien* sind lang und ziehen einen engeren Bogen um den Daumenballenberg. Die Spannkraft ist bei einem kleineren Daumenballenberg geringer, so daß auf rechtzeitige Regeneration geachtet werden muß.

Beide *Kopflinien* sind sehr hoch angesetzt und freistehend. Auf Denkanstöße und Impulse reagiert die Handeignerin enthusiastisch. Die linke Kopflinie zeigt eine mehr intellektuelle Richtung, die rechte eine mehr ideale. Unterhalb des linken Ringfingers beginnt ein Teil einer zweiten Kopflinie, der zum oberen Handrandberg zieht. Daraus resultiert eine unterschiedliche Wesenshaltung aufgrund von Alkoholismus bei den Vorfahren. Der Zwischenraum von den Kopf- zu den Herzlinien bringt seelische Beengung beziehungsweise Platzangst mit sich. Punkte auf beiden Kopflinien lassen auf eine Kopfnervenbelastung und schnelle Ermüdbarkeit schließen.

Die kürzeren *Herzlinien* geben Verhaltenheit in den Empfindungen zum Ausdruck. Sie weisen viele kräftige Punkte auf, die sich einerseits auf eine Herzmuskelstörung, andererseits auf den Stoffwechsel von Niere und Galle sowie auf die Zähne beziehen. Ein Ast am Ende der rechten Herzlinie, der zarter werdend in die Lebenslinie zieht, macht auf eine Tendenz zu Lähmungen aufmerksam.

Linksseitig steigen zwei *Schicksalslinien* auf, eine von der Handwurzelmitte kommend, eine zweite vom unteren Handrandberg, die am Anfang mit einer Insel versehen ist. Beide treffen unterhalb der Kopflinie zusammen. Einerseits strebt die Handeignerin nach Selbständigkeit, andererseits greift sie die

Anstöße von außen und innen auf, wozu auch Wahrträume und Sensitivität gehören. Oberhalb der Kopflinie reicht eine Schicksalslinie bis über die Herzlinie, eine zweite wird oberhalb der Herzlinie kräftiger und läuft bis in das untere Gelenk des Mittelfingers. Eine kleine Insel oberhalb der Herzlinie in der linken Schicksalslinie weist auf Gicht in der mütterlichen Generation.

Die rechte Schicksalslinie entstammt dem unteren inneren Handrandberg und zieht bis über die Herzlinie. Daraus geht hervor, daß die Handeignerin nach dem 30. Lebensjahr ihre Pläne nicht immer festzulegen vermag, da die Schicksalsaufgaben von außen auf sie zukommen. Zwei weitere kräftige Schicksalslinien setzen unterhalb der Kopflinie an und reichen in das Mittelfingergelenk. In reiferen Jahren hält die Handeignerin das Steuer ihres Lebens fest in der Hand.

Von einer *Sonnenlinie* in der linken Hand, die von der Schicksalslinie abzweigt und mit einer Insel abschließt, läßt sich übergroße Feinnervigkeit, die sich durch einen empfindlichen Solarplexus ausbreiten konnte, ableiten. Drei Sonnenlinien, rechtsseitig, – eine davon aus der Kopflinie kommend – durchziehen den Ringfingerberg und lassen Ethik und Ästhetik der Handeignerin erkennen.

Die linke unterbrochene, teilweise mit Inseln versehene *Magenlinie* zeigt ein nervöses Vegetativum und Verdauungsstörungen an. Die rechte Magenlinie beginnt oberhalb der Handwurzel und enthält Inseln, die ein überfeines Nervenleben sowie einen nervösen Magen widerspiegeln. Die Magenlinie mündet im Zwischenraum von Ring- und Kleinem Finger. In der rechten Hand verbindet sich eine auf dem Handrandberg sichtbare *Intuitionslinie* mit der Magenlinie. Sie beginnt mit einer Insel und läßt wissen, daß die Intuitionsfähigkeit vererbt wurde.

Die *Raszettlinien* sind an beiden Handwurzeln nicht klar durchgezogen. Aus der Erbsubstanz stehen der Handeignerin weniger Kraftreserven zur Verfügung.

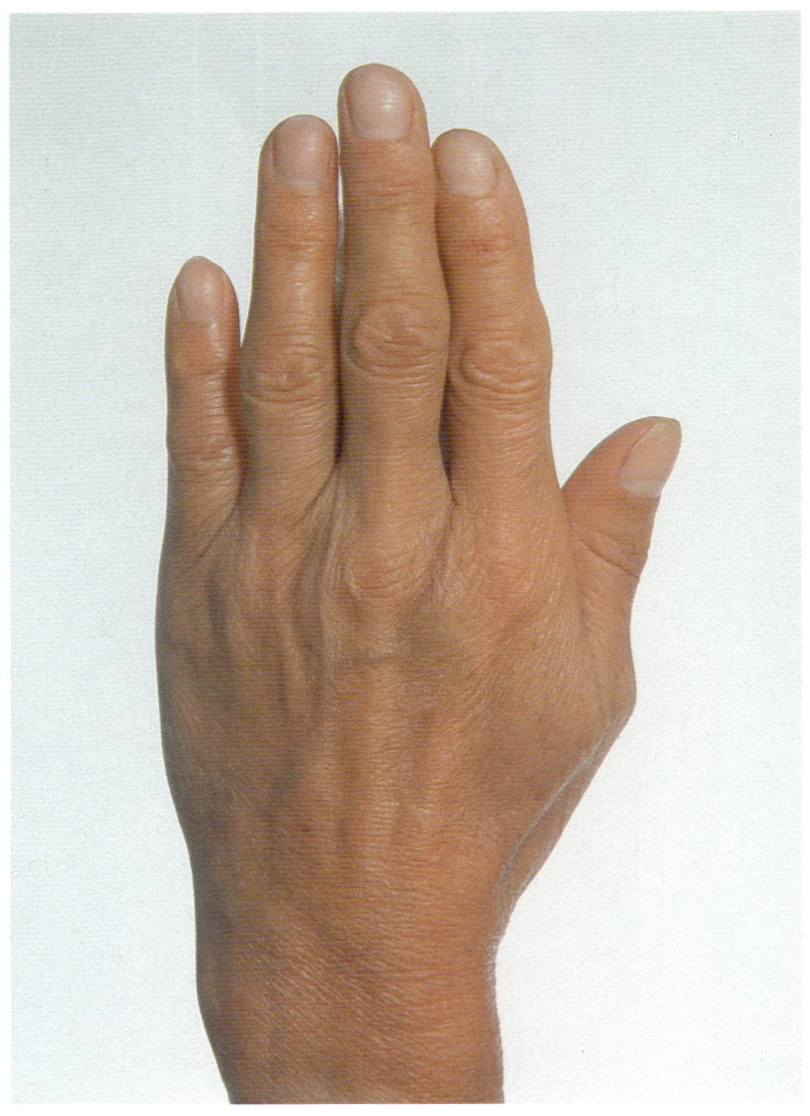 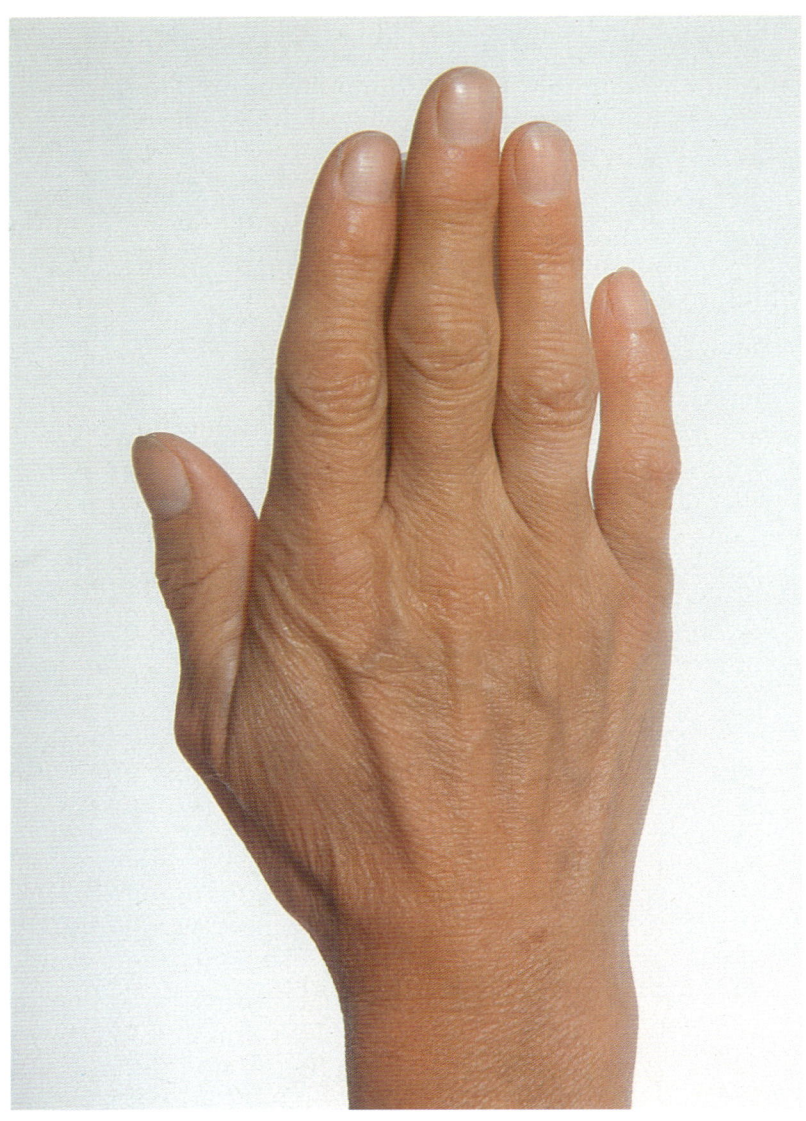

Weibliche Außenhände: E. E.
Die Handeignerin, 61 Jahre alt, ist Fotografin und Hausfrau.

Die *Charakteristik* der Handform im Schema ist konisch, knotig. Die Handeignerin ist ein tief empfindender Mensch, der einer praktischen Lebenskunst zugänglich ist.

Die Ringfinger sind länger als die Zeigefinger. Die Handeignerin reagiert ihrer Umwelt gegenüber einfühlsam und empfindlich. Sie paßt sich ihrer Umwelt an, leidet jedoch darunter, wenn diese ihrem inneren Niveau nicht entspricht. Die Daumen sind hoch angesetzt. Die Handeignerin ist zäh und widerstandsfähig, materielle Belange werden nicht außer acht gelassen. Die zweiten kantigen Daumengelenke zeigen mathematisches Verständnis.

Die zarten Handgelenke weisen auf eine gute Herkunft.

Die *Konstitution* ist zäh, stabil und sensibel.

Die *Disposition* zu Nierenstörungen zeigt sich an der zarten Hautbeschaffenheit. An beiden Händen ist Gefäßschwäche durch die erhabenen Venen zu erkennen. Die gebogenen Zeigefinger beziehen sich auf Stoffwechselstörungen, die auf einer Organschwäche, links Milz-Pankreas, rechts Leber-Galle, beruhen. Der rechte Kleine Finger ist im ersten Glied abgeknickt, im zweiten Glied gebogen und stellt ein Merkmal für die Anlage zu Gebärmuttersenkung dar sowie Erkrankungen der Blase.

Die beidseitig gut gewölbte Maus läßt gute Widerstandsfähigkeit und Lungenkraft erkennen.

Die Fingernägel sind groß. Sie haben teilweise eine Uhrglasform und weisen auf die Lungen und chronische Bronchitis. Die rosa Farbe der Nägel gilt als Zeichen einer allgemein guten Verfassung. Eine Tendenz zu Herzschlag läßt sich von den Nagelmonden ableiten, die fast ohne Wölbung von Rand zu Rand reichen. Eine anhaltende Übererregbarkeit der Herznerven ist die Ursache.

Die Einflußzeichen aus der Atmosphäre sind an den oberen Nagelrändern sichtbar.

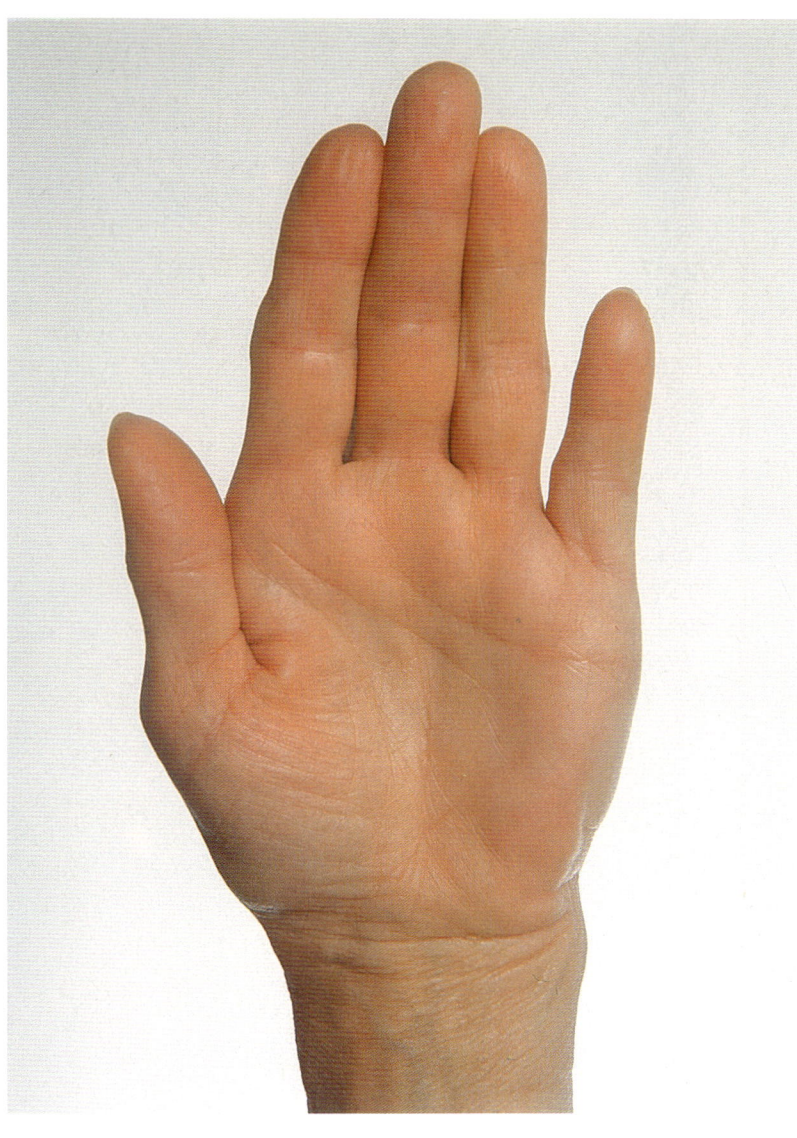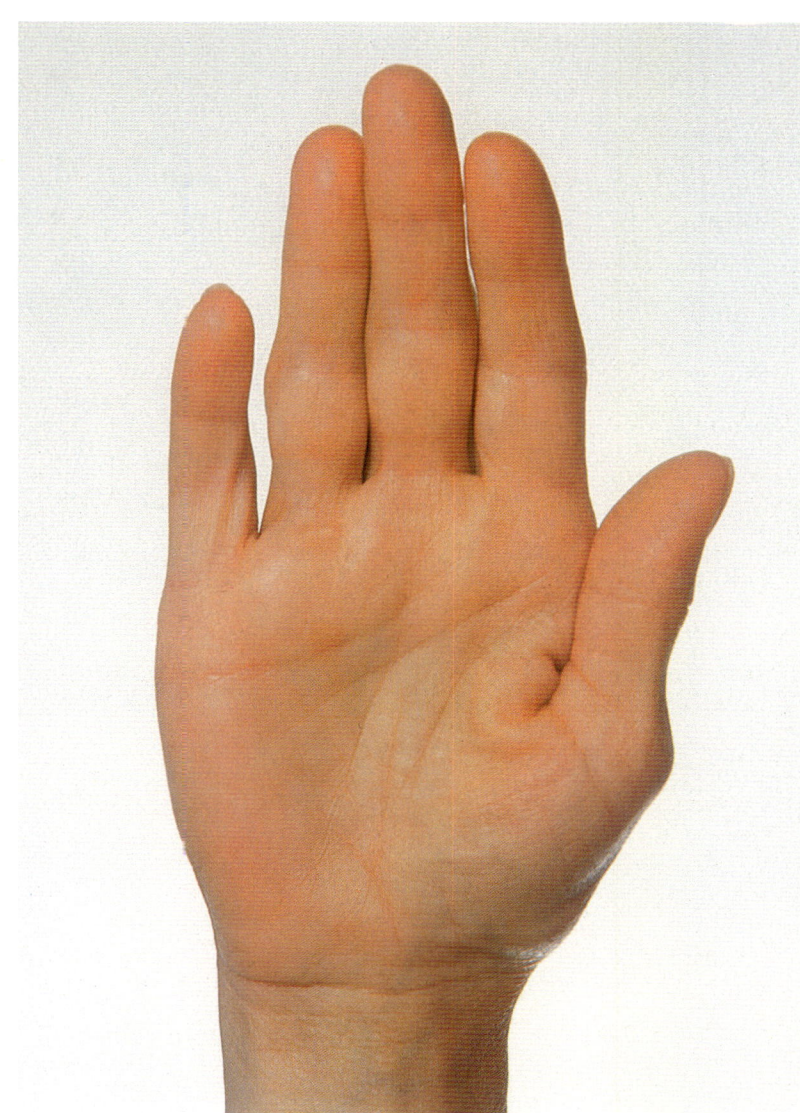

Weibliche Innenhände: E. E.

Die mittleren Fingerglieder sind die kürzesten. Das seelische Kraftfeld der Handeignerin bleibt in ihrem Erleben mehr im Hintergrund. An den mittleren Gelenken der Zeige- und Ringfinger bildeten sich einseitig verschobene arthritische Knoten, die auch Unentschlossenheit im Denken darstellen. Längslinien an den ersten Fingergliedern bringen eine Überforderung der Gehirnnerven zum Ausdruck. Längslinien an den zweiten und dritten Fingergliedern lassen auf Entgegenkommen und Wohlwollen schließen. Die feine Hauttextur und der seidige Glanz in beiden Händen sind ein Zeichen für die Sensibilität der Handeignerin.

Die Berge in der linken Hand sind etwas erhabener als in der rechten. Bis zu ihrem 30. Lebensjahr war die Handeignerin mehr an ihre Stimmungen und Empfindungen gebunden. Die Handtellermitte, beidseitig, ist blaß und vertieft und gibt einen gestörten Magenstoffwechsel zu erkennen. Das »Große M« in beiden Händen offenbart einen bewußt strebenden Menschen, der bemüht ist, seine Aufgaben zu lösen.

Die *Lebenslinien* in beiden Händen bilden einen engeren Viertelkreis um die Daumenballenberge. Diese Lebenslinien schränken die Lebensenergien etwas ein, die Handeignerin benötigt längere und öftere Pausen, um sich regenerieren zu können. Die rechte Lebenslinie endet in der Mitte des Daumenballenberges. Eine zweite Lebenslinie beginnt unterhalb der Kopflinie und bildet eine Verstärkung der Lebenskraft.

Die hoch angesetzten *Kopflinien* sind lang und nicht verbunden mit den Lebenslinien. Die positive Lebenseinstellung der Handeignerin sowie eine Tendenz zu vorschnellen Reaktionen sind daraus ersichtlich. Beide Kopflinien zeigen durch ihren Verlauf eine vorwiegend intellektuelle Gedankeneinstellung, die im Widerspruch zum knotig-philosophischen Wesenstyp steht.

Die linke *Herzlinie* ist von mittlerer Länge. Sie ist teilweise kettig und zeigt unterhalb des Kleinen Fingers eine Insel, die sich auf Herzleiden bei den mütterlichen Vorfahren bezieht. Die unterhalb des Mittelfingers zersplittert dargestellte linke Herzlinie hängt mit kolikartigen Beschwerden im Bereich des Nabels zusammen. Die rechte lange Herzlinie mündet unterhalb des Zeigefingers und veranschaulicht Herzlichkeit. Eine Insel unterhalb des Kleinen Fingers deutet auf Herzleiden bei den väterlichen Vorfahren. Beide Herz- und Kopflinien stehen sehr nahe beieinander und sind ein Merkmal für Platzangst und seelische Beengung. Die Handeignerin benötigt größeren persönlichen Spielraum.

Die *Schicksalslinie* in der linken Hand beginnt nahe der Handwurzel und verläuft in dem Mittelfingerberg. In dem mittleren Teil befindet sich eine langgestreckte Insel, die sich auf Leber- und Darmstörungen bezieht. Die rechte Schicksalslinie beginnt zerrissen im unteren Drittel des Handrandberges. In halber Höhe der Lebenslinie wird die Schicksalslinie kräftig und endet in der Mitte des Mittelfingerberges. Der zerrissene Beginn der Schicksalslinie ist ein Zeichen für nervliche Überreizung. Weitere kleine, seitlich versetzte Linien steigen aus dem Mittelfingerberg auf. In reiferen Jahren wird Konzentration und Duldsamkeit zum Nutzen der eigenen Kräfte bewußter geübt.

In der linken Hand gestaltet sich eine noch nicht klar sichtbare *Sonnenlinie*, die ein Geöffnetsein für das Musische erkennen läßt.

An der linken Handwurzel sind zwei *Raszettlinien* durchgezogen vorhanden. An der rechten Handwurzel ist nur eine durchgezogene Raszettlinie sichtbar. Die mütterlichen Vorfahren besaßen eine zähere Konstitution als die väterlichen.

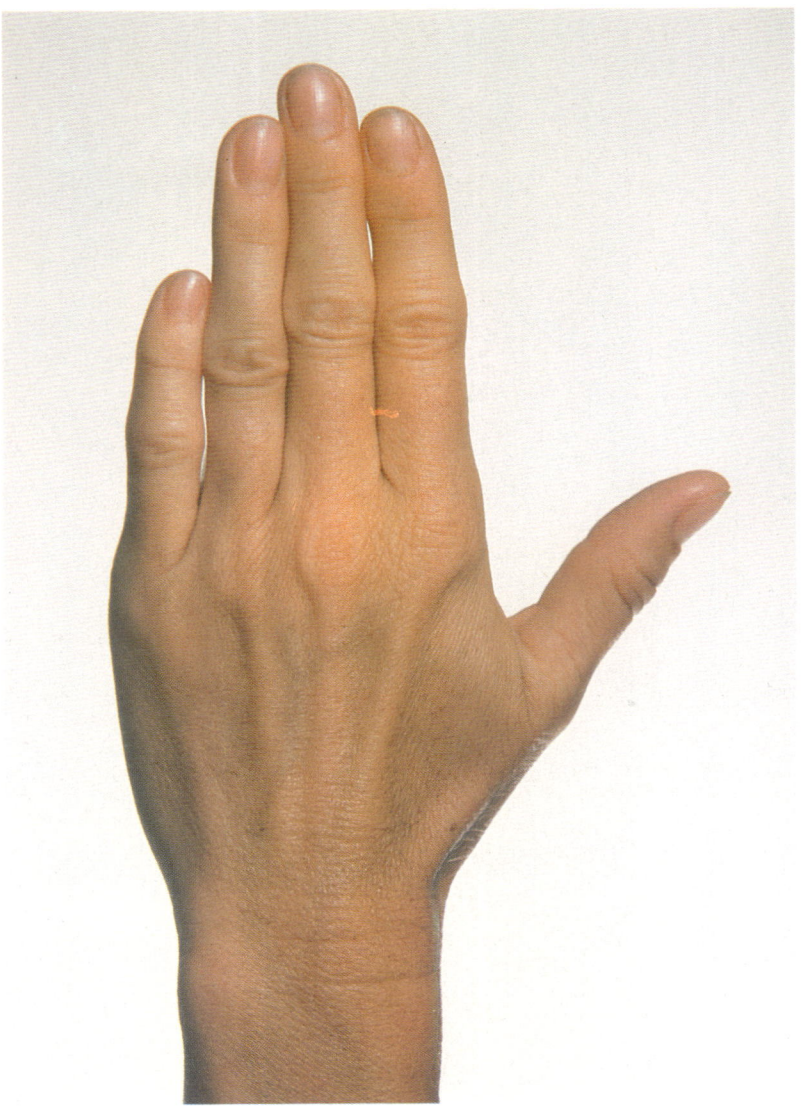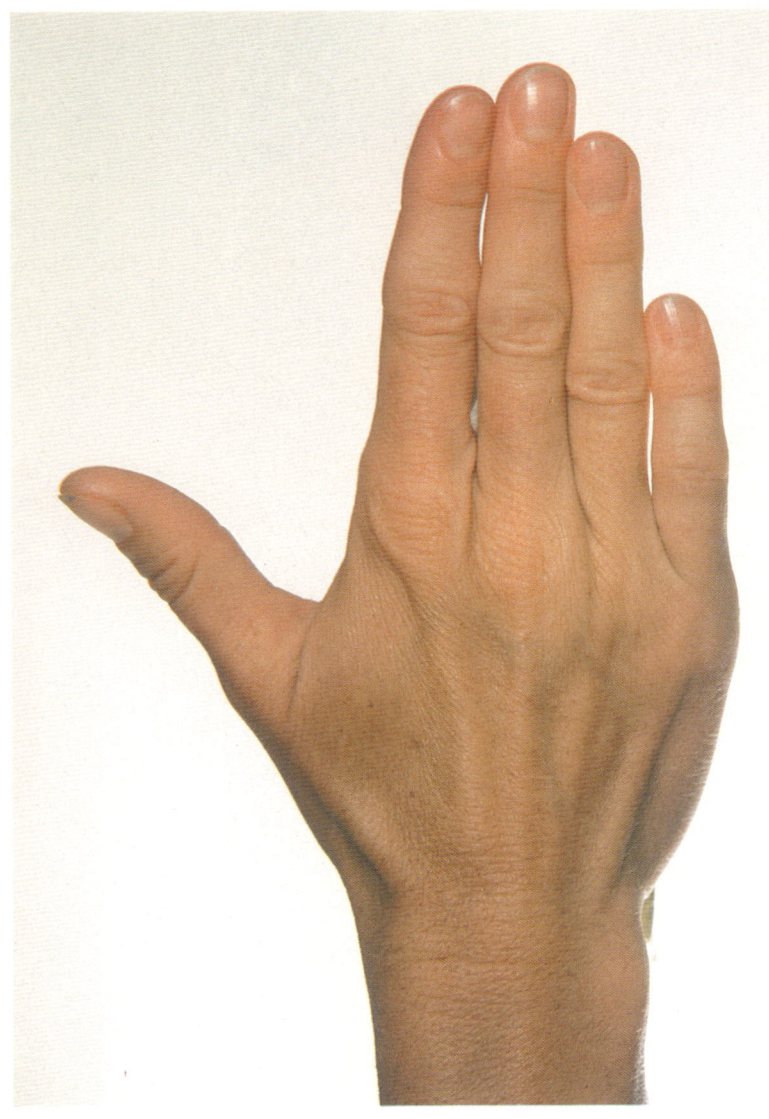

Weibliche Außenhände: K. D.
Die Handeignerin, 40 Jahre alt, ist Hotelkauffrau und Hausfrau.

Die *Charakteristik* der Handform im Schema ist knotig mit eckigem und spatelförmigem Einschlag. Die ordnungsliebende Handeignerin zeigt Durchhaltungsvermögen bei sinnvollen und nützlichen Aufgaben. Wissen und Erkennen spielen in dem Aufgabenkreis der Handeignerin neben ihrer Vorliebe für das Ethische und Ästhetische eine wesentliche Rolle.

Beide Zeigefinger sind länger als die Ringfinger, wobei der rechte Zeigefinger am längsten ist. Es macht deutlich, daß die wahrheitsliebende Handeignerin auf ihre eigene Würde bedacht ist. Die auffallend kurzen Kleinen Finger besagen, daß die Handeignerin eine neutrale Einstellung zur Umwelt hat und es gerne vermeidet aufzufallen. Die langen mittelhoch angesetzten Daumen lassen darauf schließen, daß die Persönlichkeit empfindlich reagiert, wenn die selbstaufgestellten Regeln von anderen nicht beachtet werden. Die Handeignerin kann sich anpassen, wenn es ihr richtig erscheint.

Die feiner gestalteten Handgelenke lassen ein gutes Niveau der Vorfahren erkennen.

Die *Konstitution* ist zäh, sensibel.

Die *Disposition* zu Nierenfunktionsstörungen äußert sich an der zarten Hautbeschaffenheit. An den leicht erhabenen Venen wird eine Gefäßschwäche sichtbar. Die etwas gebogenen und eingedrehten Zeigefinger nehmen Bezug auf eine Schwäche der Stoffwechselorgane, links Milz-Pankreas, rechts Leber-Galle. Von den gebogenen und etwas abgeknickten Kleinen Fingern lassen sich Bindegewebeschwäche und Senkungsbeschwerden im Urogenitalbereich ableiten. Die scheibenförmige Hautfaltung an den Knöchelgelenken der Mittelfinger bezieht sich auf eine Schwäche der Kniegelenke.

Die Maus zeigt beidseitig starke Einziehungen im oberen und unteren Teil, was auf eine Schwäche im Kopf- und Fußbereich hinweist sowie auf verminderte Vital- und Lungenkraft.

Die mandelförmig gewölbten Fingernägel machen auf Stoffwechselstörungen sowie auf eine Anlage zu Diabetes aufmerksam. Die rötlich wirkenden Fingernägel hängen mit Entzündungen zusammen. Die etwas unterschiedlich großen und gewölbten Nagelmonde lassen einen Rückschluß auf leichte Schwankungen der Herznervenfunktion zu.

Die Einflußzeichen atmosphärischer Störungen sind an den oberen Nagelrändern vorhanden.

Weibliche Innenhände: K. D.

Die Fingerglieder sind in ihrer Länge unterschiedlich. Wenn sich die Persönlichkeit bewußt nach den geistigen Gesetzen orientiert, wird sie die Prinzipien der drei Ebenen verbinden lernen.

Feine Längslinien auf den zweiten und dritten Fingergliedern deuten auf zarte magnetische Anziehungskraft. Querlinien am zweiten und dritten Glied des linken Mittelfingers besagen, daß Medizinal- und Lebensmittelgifte den Darmtrakt belasten. Eine kleine Insel im linken unteren Gelenk des Zeigefingers steht in Verbindung mit einer Empfindlichkeit von Milz und Bauchspeicheldrüse. Die Einziehung am unteren Gelenk der Mittelfinger gibt Aufschluß über ein schwaches Skelettsystem.

Die eher zarte Hauttextur veranschaulicht einen empfindsamen Menschen. Die leicht vertieften Innenhandflächen sind die Folge von Durchblutungsstörungen im Magenbereich. Die kräftigen Handrandberge hängen einerseits mit Impulsivität, Stimmungen und Phantasie, andererseits mit einer Anfälligkeit zu Infektionen, Stoffwechselstörungen und Rheuma zusammen. Das »Große M« ist linksseitig kaum wahrzunehmen, rechtsseitig nicht ganz durchgezeichnet. Die Energien, die zu innerer Vertiefung führen, wurden erst nach dem 30. Lebensjahr abgerufen.

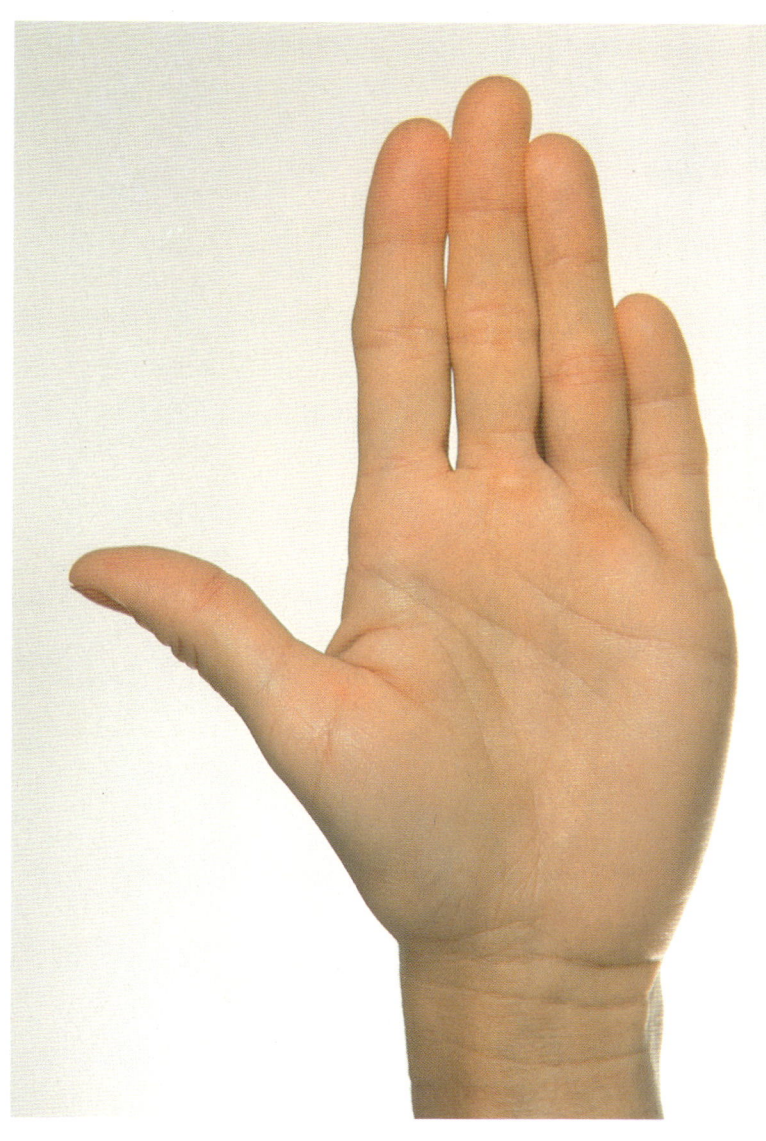

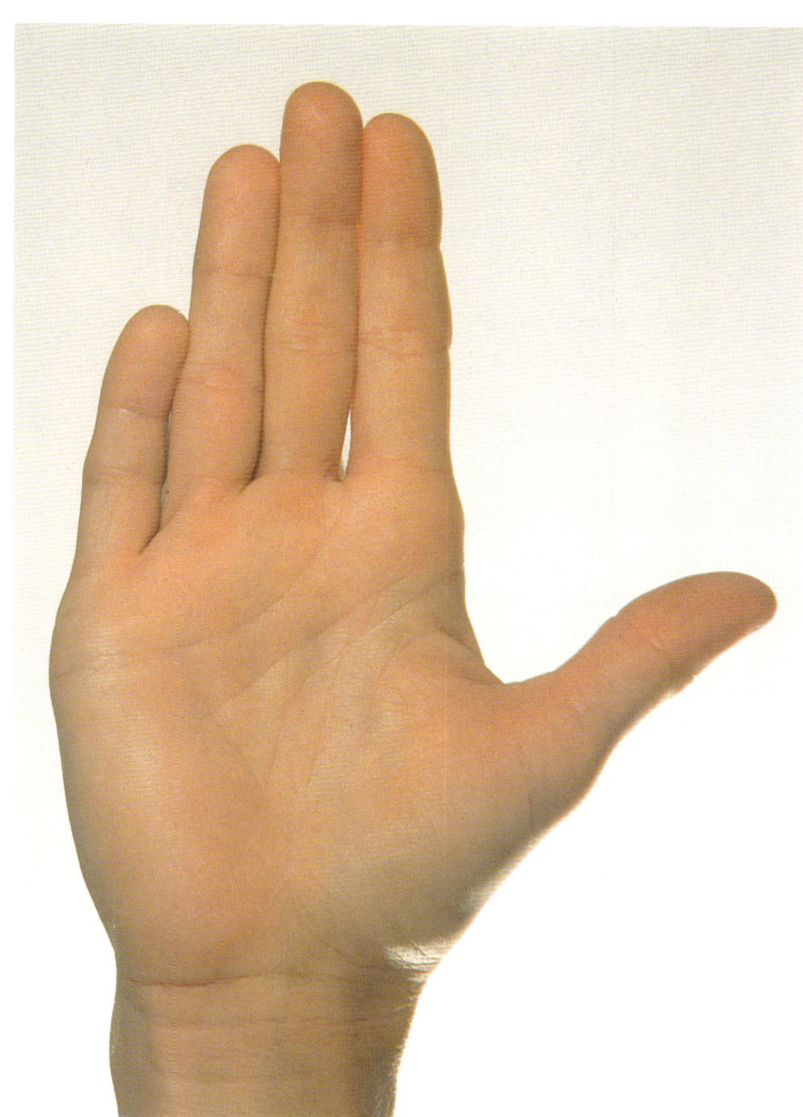

Der hohe Ansatz der linken kräftigen *Lebenslinie* ist ein Zeichen für eine verstärkte Lebenskraft. Eine zweite kräftige Lebenslinie bestätigt die gute Widerstandsfähigkeit, zwingt aber in Zeiten der Überforderung zu rechtzeitiger Regeneration. Die kurzen Verästelungen am Ende der zweiten linken Lebenslinie geben ein stärkeres Nachlassen der Lebenskraft der mütterlichen Vorfahren zu erkennen. Die von der linken Lebenslinie zum Zeigefingerberg aufsteigende Linie bedeutet fördernde Energien für das gesamte Wohlbefinden der Handeignerin.

Eine rechte anfänglich kräftig geprägte Lebenslinie beginnt an der Kopflinie unterhalb des Zwischenraumes von Zeige- und Mittelfinger. Im zweiten Drittel ihrer Länge wird sie unklar im Bild, zum Teil silbrig glänzend, und läuft weiter um den Daumenballenberg, diesen verkleinernd. Die Vitalkräfte der Handeignerin sind in späteren Jahren vermutlich durch Einnahme von Medizinalgiften reduziert. Eine zweite kürzere, kräftige, im Daumenballenberg sichtbare Lebenslinie wirkt energieverstärkend.

Die normal lange, hoch angesetzte linke *Kopflinie* ist mit der Lebenslinie unverbunden. Die aufgeschlossene und positiv eingestellte Handeignerin weiß ihre Gedanken über den Verstand zu kontrollieren. Ein zwischen Kopf- und Lebenslinie in Höhe des Zwischenraumes von Zeige-und Mittelfinger befindliches Kreuz ist ein Merkmal für Störungen im Hals- und Kehlkopf-Bereich.

In der rechten Hand stellen sich zwei Kopflinien dar. Die obere Kopflinie ist hoch angesetzt, verläuft in Richtung des oberen Handrandberges und bringt Offenheit und Idealismus zum Ausdruck. Die zweite untere, in die Schicksalslinie reichende Kopflinie, rechtsseitig, weist auf Alkoholismus bei den väterlichen Vorfahren. Zweierlei Wesenszüge, die die Handeignerin je nach Verfassung wahrnimmt, offenbaren sich hier. Verschieden große Punkte in der rechten Kopflinie stehen in Zusammenhang mit Kopfnervenschwäche und Kopfverletzungen.

Die linke kürzere *Herzlinie* endet unterhalb des Mittelfingers. Die Handeignerin ist verhalten in ihrer Herzlichkeit. Herzmuskelschwäche läßt sich aus den Inselbildungen unterhalb des Kleinen Fingers und des Ringfingers ersehen. Ein stärkerer Punkt in der linken Herzlinie dient als weiteres Merkmal für Herzleiden.

Die rechte, anfangs breite, mit einer Insel beginnenden Herzlinie zieht in den Zwischenraum von Zeige- und Mittelfinger, wo sie in einer Insel endet. Eine von väterlicher Seite vererbte Anlage zu Herzmuskelschwäche zeichnet sich ab, ebenso eine Anlage zu Unterleibsbeschwerden. Aus der Linienführung läßt sich außerdem ableiten, daß die Empfindungswelt der Handeignerin durch Lebensprüfungen geläutert wird. Dunkle Punkte in der rechten Herzlinie deuten auf Stoffwechselstörungen und Herzbelastung.

Die rechte *Schicksalslinie* beginnt am inneren Rand des mittleren Handrandberges; sie reicht bis knapp über die Herzlinie. Alles, was der Handeignerin durch äußere Einflüsse angetragen wird, sollte sie bedachtsam prüfen, damit sich ihr Unterscheidungsvermögen weiter entwickeln kann.

Rechtsseitig ist eine *Magenlinie* zwischen Lebens- und Herzlinie vorhanden. Das Vegetativum wirkt sich stabilisierend auf die Gesundheit aus.

Beidseitig sind *Sonnenlinien* angedeutet und weisen auf ein tieferes Empfindungsleben.

Teile des *Venusgürtels*, linksseitig, veranschaulichen Rückenschwäche.

Die an beiden Handwurzeln dreifach vorhandenen, gut durchgezogenen *Raszettlinien* lassen auf Zähigkeit bei den Vorfahren schließen.

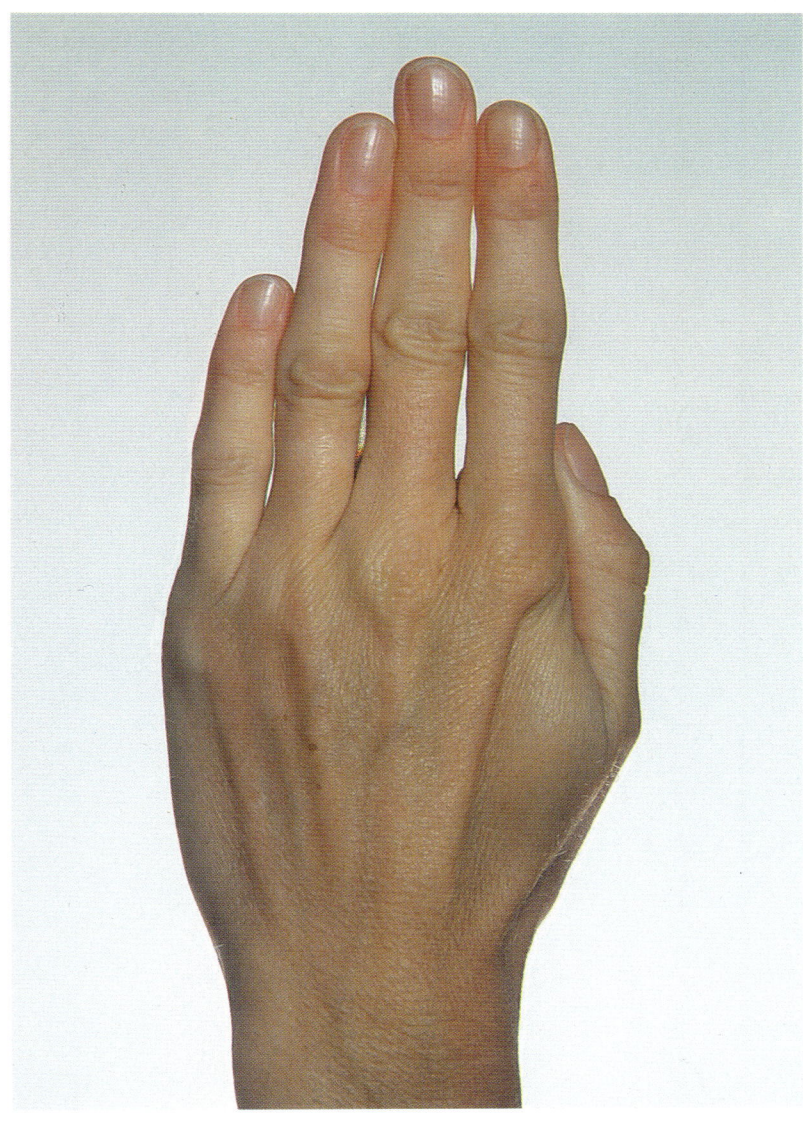 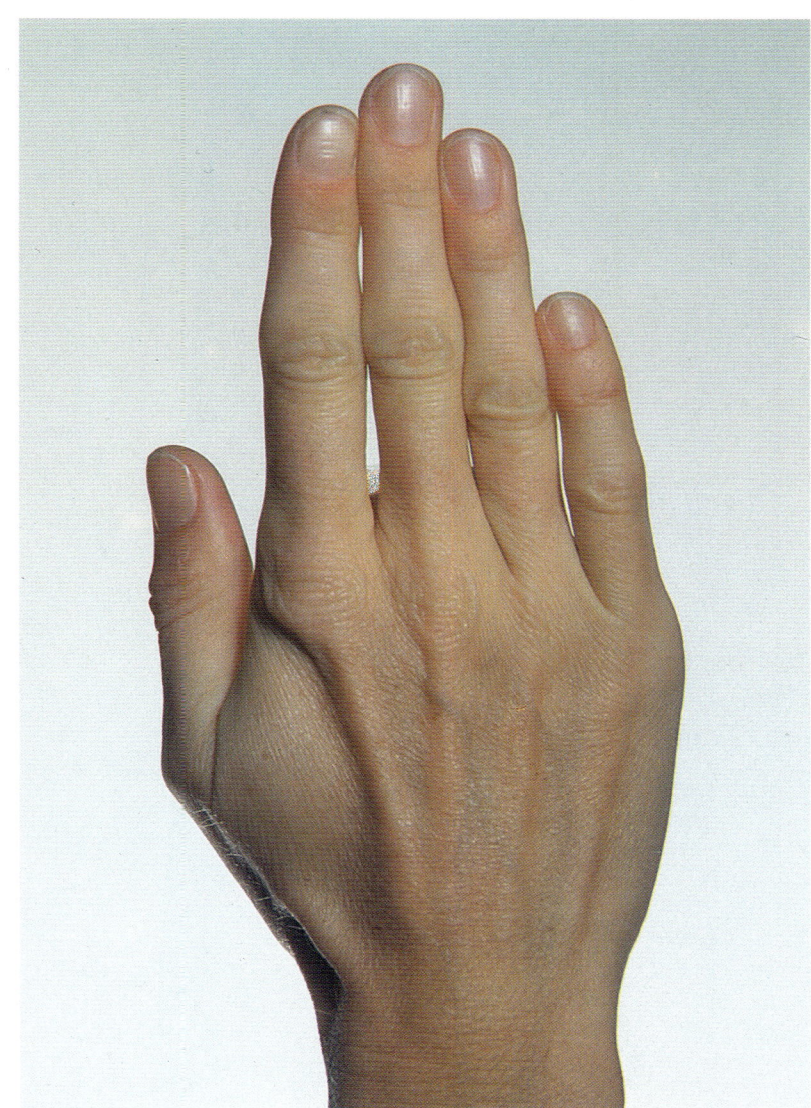

Weibliche Außenhände: E. R.
Die Handeignerin, 40 Jahre alt, ist Sekretärin und Hausfrau.

Die *Charakteristik* der Handform im Schema ist knotig, eckig gemischt. Die gewissenhafte, pflichtgetreue Handeignerin zeigt Unabhängigkeit im Denken und Tun. Streben nach Disziplin und Vervollkommnung zeichnet sie aus.

Die Zeigefinger sind beidseitig länger als die Ringfinger. Die Handeignerin ist bereit, sich für ideale und höher gerichtete Ziele einzusetzen. Die ausgesprochen kurzen Kleinen Finger deuten auf ein mehr nach Innen- als nach Außengerichtetsein der Gedanken und Verhaltensweise der Handeignerin. Die mittelhoch angesetzten, normal langen Daumen sind fest und gerade und zeigen, daß die Handeignerin ihr Temperament durch den Willen zu zügeln vermag. Der linke, an den Zeigefinger angelegte Daumen spricht für große Reserviertheit und leichte Voreingenommenheit. Der rechte gerade stehende Daumen gibt Aufschluß darüber, daß die Handeignerin weniger anpassungswillig ist. Die zweiten kantigen Daumengelenke drücken mathematisches Verständnis aus.

Die feiner gestalteten Handgelenke lassen ein gutes Niveau der Vorfahren erkennen.

Die *Konstitution* ist zäh, sensibel.

Die *Disposition* zu Gefäßschwäche wird an den bläulich durchscheinenden Venen augenscheinlich. Die beidseitig leicht gebogenen Zeigefinger lassen auf eine Organschwäche von links, Milz-Pankreas und rechts, Leber-Galle schließen. Die gebogenen Ringfinger weisen auf eine Tendenz zu Nierenstörungen, die Einziehung am zweiten Glied der Ringfinger hängt mit einer Disposition zu Herzschwäche zusammen. Die gebogenen und

leicht abgeknickten Kleinen Finger sind auf Bindegewebeschwäche sowie Störungen im Urogenitalbereich zurückzuführen.

Die scheibenförmige Hautfaltung an den Knöchelgelenken der Zeigefinger bezeugt eine beginnende Schwäche der Hüftgelenke, die scheibenförmige Hautfaltung an den Knöchelgelenken der Mittelfinger eine zunehmende Schwäche der Kniegelenke.

Die Maus ist beidseitig gut gewölbt mit deutlichen Konturen. Einerseits zeigen sich eine gute Lungen- und Vitalkraft, andererseits ein schwaches Skelettsystem.

Die Fingernägel sind unterschiedlich in Form und Größe. Die den Fingern zugeordneten Organe arbeiten nicht immer synchron. Die rosa Farbe der Fingernägel spricht für ein allgemein gutes Befinden. Die Aufhellung auf dem rechten Zeigefingernagel ist die Folge einer Leber-Gallestörung. Querrillen auf den Zeigefingernägeln sowie auf dem linken Mittel- und Ringfingernagel beziehen sich auf eine überstandene Krankheit, die den Organismus nachhaltig belastete. Die Längsrillen auf den Mittelfingernägeln bekunden Störungen im Darmstoffwechsel. Die gewölbten Ringfingernägel sind ein Merkmal für aufkommende Nierenfunktionsstörungen. Die in Form und Größe unterschiedlichen Nagelmonde deuten darauf hin, daß die Herznerven Funktionsstörungen unterliegen.

Die Belastungszeichen aus der Atmosphäre sind an den oberen Nagelrändern vorhanden.

Weibliche Innenhände: E. R. siehe folgende Doppelseite.

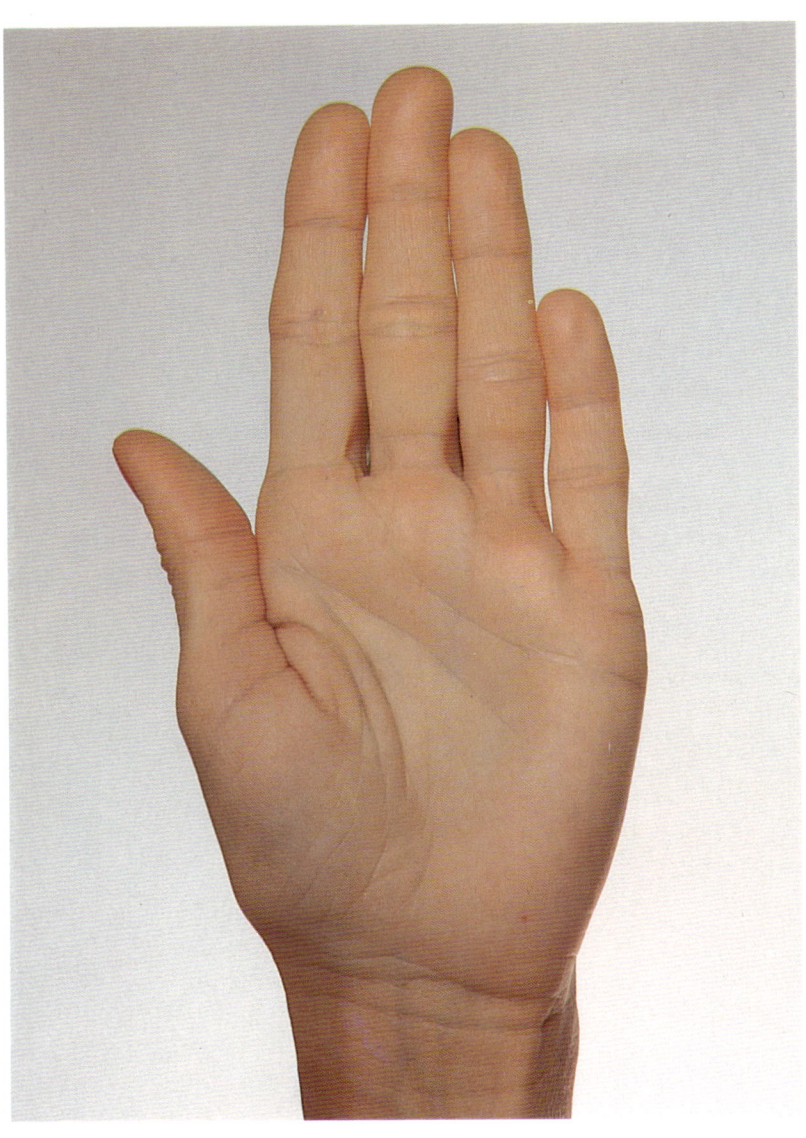

Weibliche Innenhände: E. R.
Die Handeignerin, 40 Jahre alt, ist Sekretärin und Hausfrau.

Die unteren Glieder der Zeige- und Mittelfinger sind am längsten und zeigen damit die Neigung der Handeignerin, sich auf der materiellen Ebene abzusichern und dahinter zu verschanzen. Erarbeitet sie sich das innere Gleichgewicht, wird sie begreifen, daß sich der wahre Schutz aus dem inneren Kraftfeld entwickelt.

Viele feine Längslinien auf den zweiten und dritten Fingergliedern lassen wissen, daß die Handeignerin für warmherziges Entgegenkommen empfänglich und zur Resonanz bereit ist. Die Einziehungen an den unteren Gelenken beider Mittel- und Ringfinger drücken jeweils eine Schwäche des Skelettsystems und der Füße aus.

Die zarte Hauttextur spiegelt einen sensiblen Menschen wider. An den blassen, ausgehöhlten Innenhandflächen, besonders linksseitig, lassen sich eine Mageninsuffizienz und Sekretionsstörungen feststellen. Die Handrandberge und die untere Hälfte der Daumenballenberge sind am kräftigsten. Reserven der Vitalkraft sowie Gemüt sind davon abzuleiten.

In beiden Händen ist das »Große M« gut ausgeprägt. Das Streben nach Selbsterkenntnis wird hier offensichtlich. Die Voraussetzungen dazu sind Kraft, klares Denken, Mitempfinden und geistige Wachsamkeit.

Die linke *Lebenslinie* beginnt höher angesetzt und spricht für größere Energien der Lebenskraft. Eine zweite kräftige linke Lebenslinie, die vom oberen Daumenballenberg kommt und fast in die Handwurzel reicht, stellt eine Unterstützung für die Vitalkräfte der Handeignerin dar.

Am Anfang der linken Lebenslinie steigt eine Linie in den Zeigefingerberg auf, die auf weitere gesundheitsverstärkende Energien deutet. Bringt die Handeignerin Verständnis für ihre Gesunderhaltung auf, werden ihr die guten Vitalkräfte lang zur Verfügung stehen. Auch die rechte Lebenslinie ist kräftig und beginnt hoch angesetzt. Sie wird in der Mitte zarter und läuft ab dem unteren Viertel wellenförmig (Krampfdiathese) in den Teil einer hochgezogenen Raszette. Eine zweite rechte Lebenslinie mündet unterhalb des Daumenballenberges.

Die linke *Kopflinie* ist mit der Lebenslinie normal verbunden und läuft in Richtung des oberen Handrandberges. Rechtzeitige Entschlußfähigkeit verbindet sich mit einem guten Verstand, der auch andere Menschen gelten läßt. Unterhalb des Mittelfingerberges ist die verbreiterte Kopflinie vertieft. Mittelohrentzündung und Gehörschwäche lassen sich davon ableiten. Mehrere Punkte sind eine Folge von Kopfnervenschwäche und Kopfverletzung.

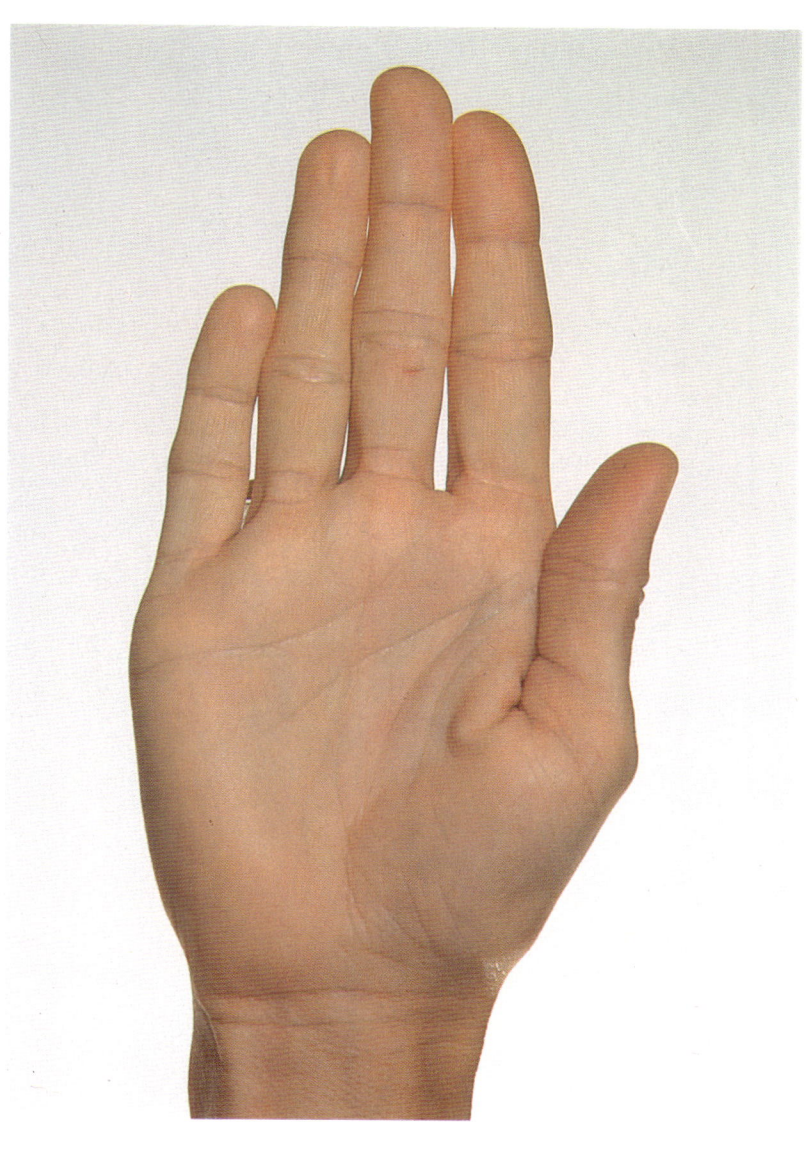

Die rechte Kopflinie ist unverbunden mit der Lebenslinie und reicht in den oberen Handrandberg. Nach dem 30. Lebensjahr reagiert die Handeignerin spontaner und zeigt sich für eine sozial-ideale Denkrichtung geöffnet. In der rechten Kopflinie sind unter dem Mittelfingerberg ebenfalls eine leichte Vertiefung und eine Verbreiterung zu sehen, die sich auf das Mittelohr und Gehörschwäche beziehen. Mehrfach vorhandene Punkte in der rechten Kopflinie sprechen für Ermüdungserscheinungen.

Die linke lange *Herzlinie* mündet zwischen Zeige- und Mittelfinger. Das Gemüt der Handeignerin wird duch tieferes Erleben bewegt, was das Verständnis für andere wachsen läßt. Punkte in der linken Herzlinie unterhalb des Mittelfingers lassen auf Nierengrieß und defekte Zähne schließen, ein dunkler Punkt unterhalb des Zwischenraumes von Mittel- und Ringfinger läßt eine Herzbelastung vermuten. Die lange, anfangs breite rechte Herzlinie mündet in eine kleine Inselkette zwischen Zeige- und Mittelfinger und ist auf eine von väterlicherseits vererbte Anlage zu Herz- und Unterleibsleiden zurückzuführen.

Die linke, nahe der Raszette beginnende *Schicksalslinie* mündet in den Mittelfingerberg und läßt den Selbständigkeitsdrang der Handeignerin erkennen, der ihr dazu verhilft, ihren Gesichtskreis zu erweitern und ihr Bewußtsein zu entwickeln. Die rechte, aus dem inneren mittleren Handrandberg kommende Schicksalslinie mündet unterhalb des Mittelfingergelenkes und zeigt an, daß die Handeignerin die Möglichkeiten ihres Lebensweges aufgreift und zu ihrer Bewußtwerdung nutzt.

Kurze Teile der linken *Magenlinie* deuten auf ein labiles Vegetativum.

Die auf dem linken Ringfingerberg vorhandenen kurzen *Sonnenlinien* weisen darauf hin, daß die Handeignerin dem Schöngeistigen zugeneigt ist.

Die erste linke *Raszettlinie* enthält eine große langgestreckte Insel und läuft kettig weiter. In der mütterlichen Generation kamen Zelldegenerationen vor, die die Konstitution anhaltend belasteten. Eine zweite kräftige, kettige Raszettlinie weist auf zähe und sensible Vorfahren mütterlicherseits. An der rechten Handwurzel besagt der Teil einer hochgezogenen Raszette, daß bei den Vorfahren väterlicherseits Bindegewebeschwäche veranlagt war. Zwei weitere gerade durchgezogene Raszettlinien rechtsseitig, lassen auf gute, von den väterlichen Vorfahren vererbte Vitalkräfte schließen.

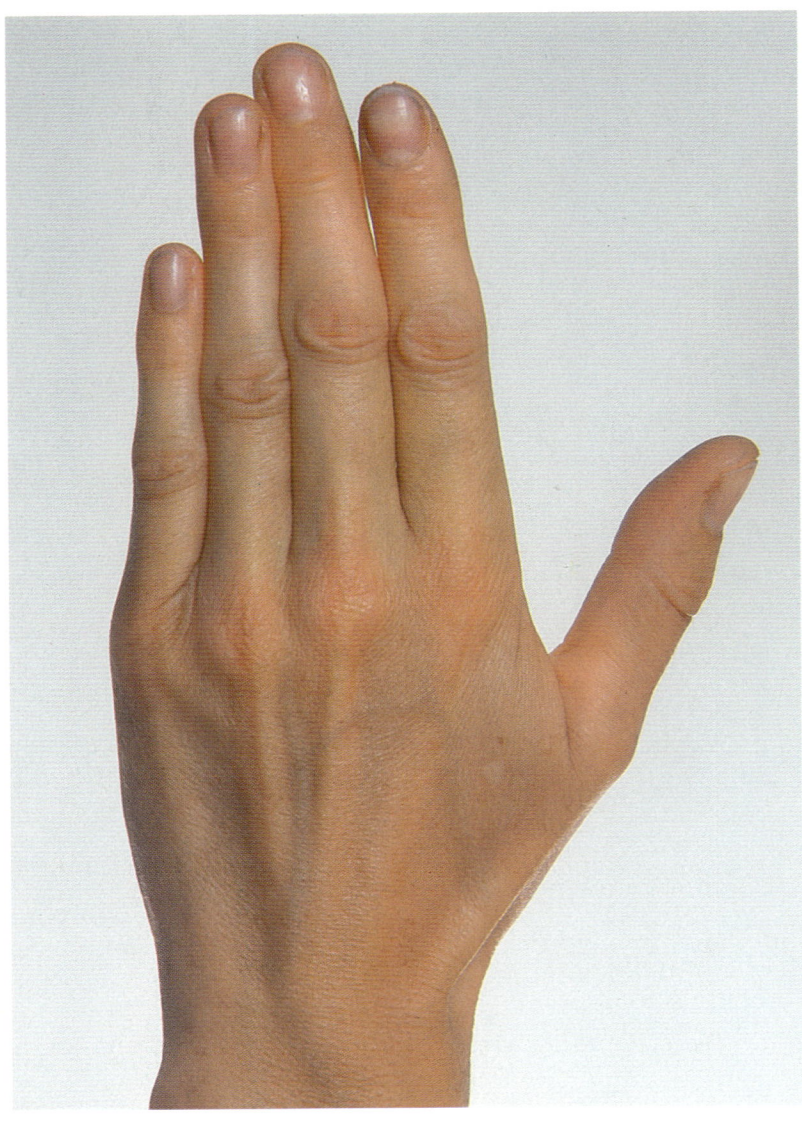 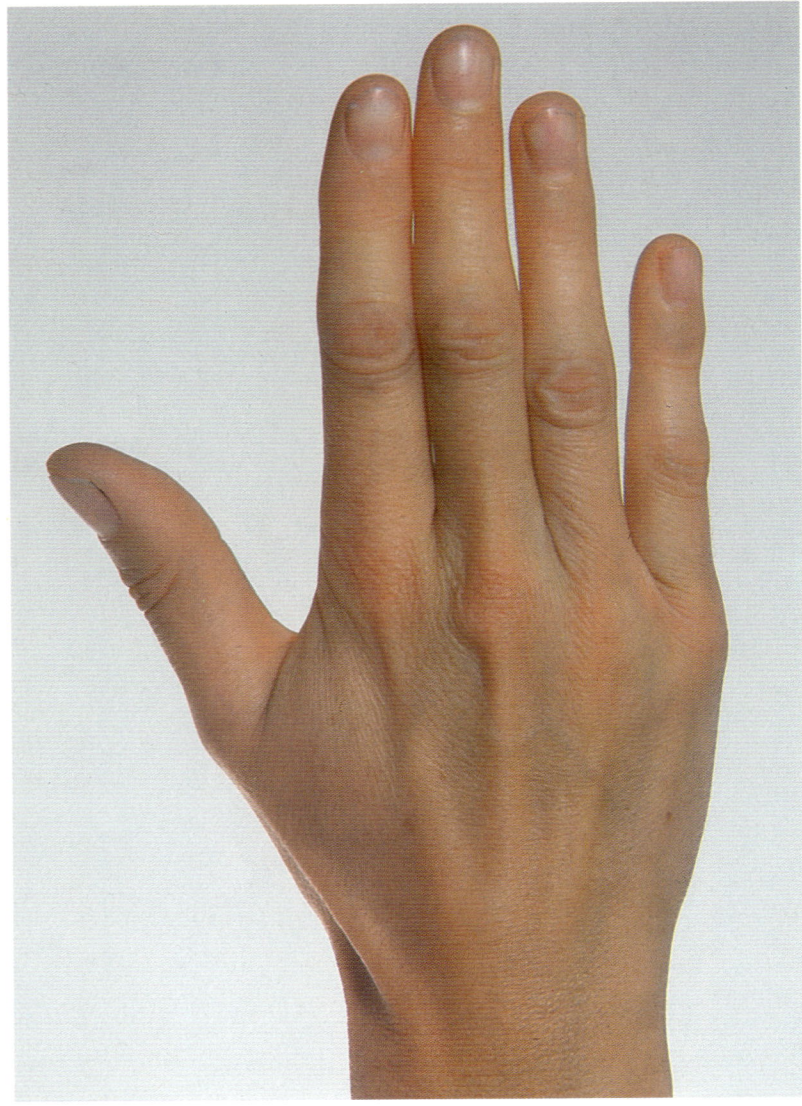

Weibliche Außenhände: A. S.
Die Handeignerin, 46 Jahre alt, ist Zahnärztin.

Die *Charakteristik* der Handform im Schema ist eckig, ideal mit zart knotigem Einschlag. Die sensible Handeignerin ist dem Geistigen geöffnet und allem abhold, was dem Schönen, Wahren, Guten nicht entspricht. Die höhere Vernunft ist ihr Leitgedanke, es fehlt ihr jedoch oftmals die Kraft, danach zu handeln.

Der linke Ringfinger ist länger als der Zeigefinger, an der rechten Hand ist es umgekehrt. Die geistige Strebsamkeit nimmt nach dem 30. Lebensjahr zu. Es fällt der Handeignerin leichter, den inneren Abstand zu der Umwelt zu bewahren. Aus der Haltung des rechten Kleinen Fingers deuten sich eigene Gedankenwege an. Die mittelhoch angesetzten langen Daumen veranschaulichen, daß die Handeignerin kraft ihrer Seele harten Bedingungen standzuhalten vermag. Der abgewinkelte linke Daumen ist bei der Innenhand an den Zeigefinger angelehnt und läßt wissen, daß die Handeignerin reserviert sein kann, nicht alles offenkundig machen will.

Die fein geformten Handgelenke weisen auf eine gute Herkunft.

Die *Konstitution* ist zäh, sensibel.

Die *Disposition* zu Nierenstörungen ergibt sich aus der zarten Hautbeschaffenheit, woraus sich auch eine Anlage zu langer Jugendlichkeit ableiten läßt.

Die gebogenen Mittelfinger sind auf Blinddarmreizungen und Störungen im Darmstoffwechsel zurückzuführen. Der Knoten am zweiten Gelenk des rechten Kleinen Fingers deutet auf eine Gebärmutterknickung.

Die beidseitig schmaler dargestellte Maus ist leicht gewölbt und gibt zu verstehen, daß die Zähigkeit größer ist als die Vitalkraft.

Die Fingernägel sind etwas unterschiedlich in Form und Größe und stehen mit den Atemwegen in Verbindung. Die Farbe der Nägel ist rötlich mit Aufhellungen auf den Zeigefingernägeln sowie auf dem rechten Mittelfingernagel, die auf Stauungen im Bereich von Milz-Pankreas, links, Leber-Galle, rechts, und im Darmtrakt beruhen. Die gewölbten Ringfingernägel lassen Nierenfunktionsstörungen erkennen. Zwei Punkte, wie mit der Nadel eingestochen, sind auf eine Milzbelastung zurückzuführen. Die in Form und Größe unterschiedlichen Nagelmonde weisen auf unregelmäßig arbeitende Herznerven hin.

Die Belastungszeichen atmosphärischer Störungen sind an den oberen Nagelrändern sichtbar.

Weibliche Innenhände: A. S.

Die Fingerglieder weichen in der Länge nicht auffällig voneinander ab. Es bedarf geistiger Konsequenz, um den inneren Mittelpunkt anzustreben und bewußt zu halten. Feine schwach sichtbare Längslinien auf den zweiten und dritten Fingergliedern lassen wissen, daß die Handeignerin über eine magnetische Ausstrahlungskraft verfügt, mit der sie sich bei anderen Menschen Sympathien verschafft. Kleine Linien mit Inselbildungen am linken Zeigefingergelenk deuten auf eine Empfindlichkeit von Milz-Pankreas, kleine Linien am rechten Zeigefinger auf eine Empfindlichkeit von Leber und Galle.

Die Linienbildung am unteren Gelenk des rechten Mittelfingers bezieht sich auf Beschwerden im Kopfbereich. Kleine Linien auf dem mittleren und unteren Gelenk des linken Kleinen Fingers und kurze Linien auf dem unteren Gelenk des rechten Kleinen Fingers stehen im Zusammenhang mit einer Nervenüberreizung. Die Zeichen am mittleren Gelenk besagen innere,

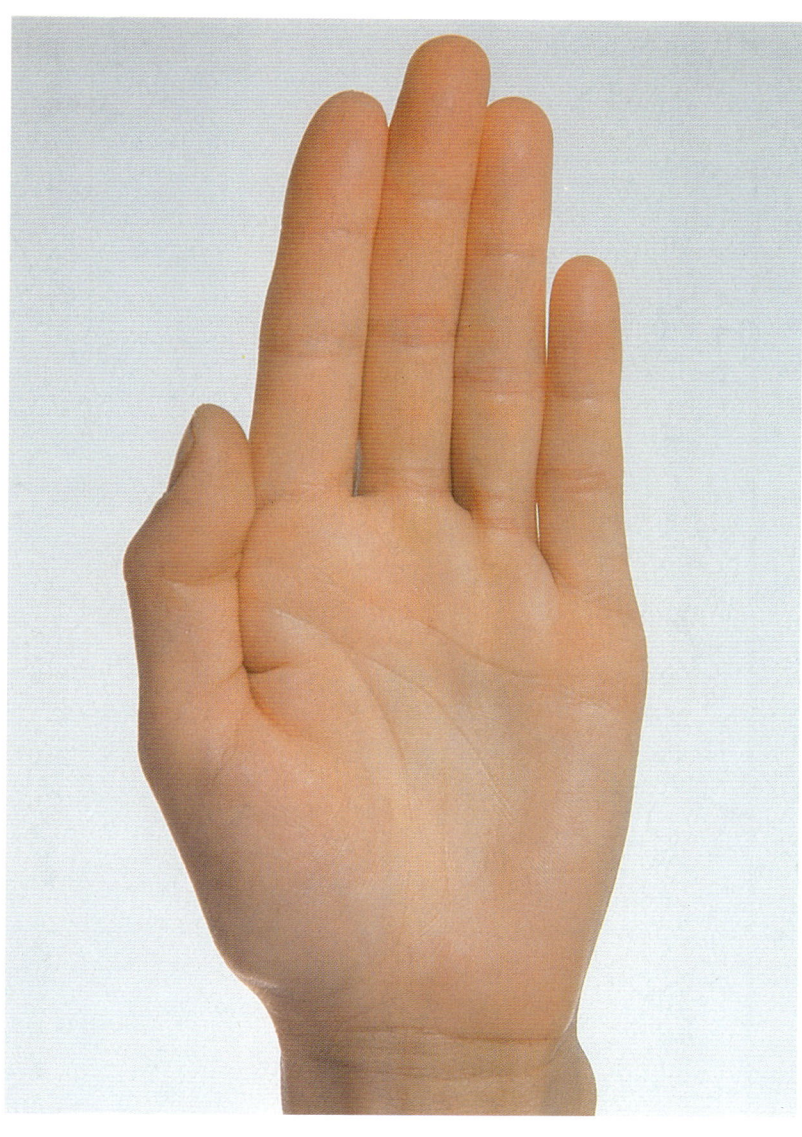
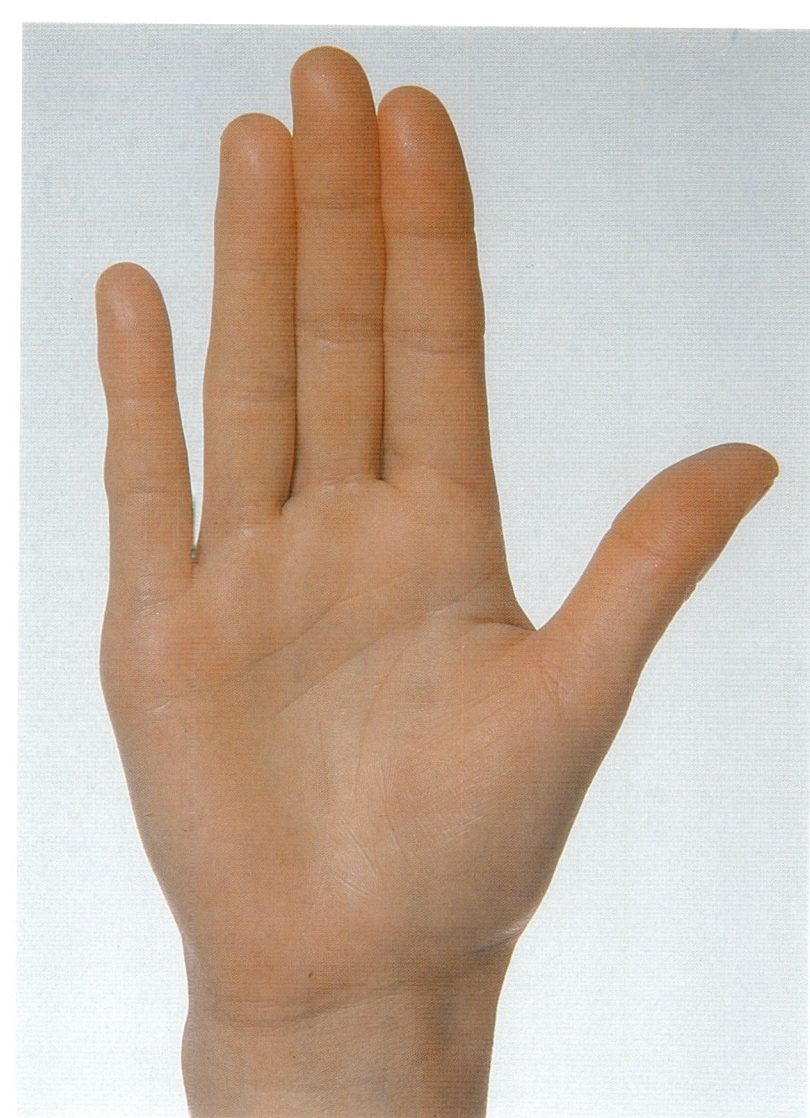

die Zeichen am unteren Gelenk äußere Nervosität. Die Einziehung an dem unteren Gelenk des linken Mittelfingers beruht auf einer bis zum 28. Lebensjahr auftretenden Schwäche des Skelettsystems, die Einziehung am unteren Ringfingergelenk auf einer Schwäche des linken Fußes.

Die Hauttextur ist zart bis mittelfein und seidig glänzend. Die zähe und sensible Handeignerin verfügt über ein verfeinertes Wahrnehmungsvermögen und kann ernsthaften Situationen gut begegnen. Die Mitte der Innenhandfläche ist beidseitig etwas blaß und vertieft, eine chronische Mageninsuffizienz bezeugend. Die beidseitig fein gewölbten Handberge deuten auf ein lebensfrohes Naturell und auf Freude an Edlem und Schönem. Das »Große M« ist in beiden Händen durch die sehr zarten Schicksalslinien nicht deutlich sichtbar. Die Bewußtseinskräfte müssen verstärkt werden.

Die linke anfangs kräftige *Lebenslinie* wird ab etwa der Hälfte zart und blaß. Nach den mittleren Lebensjahren sollte auf die Durchblutung geachtet werden. In der rechten Hand stellt sich die Lebenslinie in mehreren untereinander verbundenen Teilen dar. Der Kräftehaushalt unterliegt größeren Schwankungen.

Die linke längere *Kopflinie* verläuft bis zur Mitte gerade und neigt sich dann dem mittleren Handrandberg zu. Sie ist sehr lange mit der Lebenslinie verbunden. Der Anfang zeigt kleine Inseln, Vertiefungen und kleine Punkte, die auf unterbewußte Störungen schließen lassen und ursächlich für Kopfschmerzen sein können. Aus dem Verlauf der linken Kopflinie läßt sich ableiten, daß die zunächst auf den Verstand bezogene Denkweise eine ideale Richtung einschlägt. Der lange gemeinsame Verlauf der linken Lebens- und Kopflinie gibt langes Verharrungsvermögen zu erkennen. Die rechte kürzere gerade verlaufende Kopflinie ist mit der Lebenslinie länger verbunden. Der

Verstand hemmt die Entschlußfähigkeit, so daß die Handeignerin nach dem 30. Lebensjahr schwerer zu Entscheidungen, die einen guten Durchblick erfordern, gelangt.

Die linke lange *Herzlinie* beginnt kettig und mit einem Bruch. Infektionskrankheiten können das Herz nachhaltig schädigen. Eine tiefergreifende Störung geht aus dem Bruch der Herzlinie hervor. Eine rötliche Vertiefung unterhalb des Mittelfingers deutet auf eine Herzschädigung durch Toxine. Die Handeignerin benötigt, wie die lange Herzlinie besagt, liebevolles Entgegenkommen als Ermutigung für ihre eigene Herzlichkeit. Die rechte normal lange Herzlinie mündet in einer nicht geschlossenen Insel, die mit Lungenerkrankungen bei den väterlichen Vorfahren zusammenhängt und bei der Handeignerin selbst als schwache Disposition bestehen bleibt.

Am Anfang der rechten Herzlinie ist eine kleine Insel mit einer kleinen silbrig glänzenden Linie zu sehen, die auf eine Herzschwäche nach einer frühen Infektionskrankheit zurückzuführen ist.

==Die linke *Schicksalslinie* setzt oberhalb der Handwurzel an und spricht für Drang nach Selbständigkeit. Die rechte am unteren Handrandberg beginnende Schicksalslinie veranschaulicht die Empfänglichkeit für von außen kommende Impulse.==

In beiden Händen sind die *Magenlinien* nur kurz geprägt. Das Vegetativum zeigt geringe Widerstandsfähigkeit.

An der linken Handwurzel sind zwei, etwas kräftigere kettige Raszettlinien sowie eine dritte zarte Raszette vorhanden. Das mütterliche Erbgut weist auf sensible Naturen. Die rechte erste *Raszettlinie* ist nur halb ausgebildet und, wie die zweite, kettig. Eine dritte Raszettlinie ist sehr zart angedeutet. Das Erbgut der väterlichen Vorfahren ist weniger widerstandsfähig.

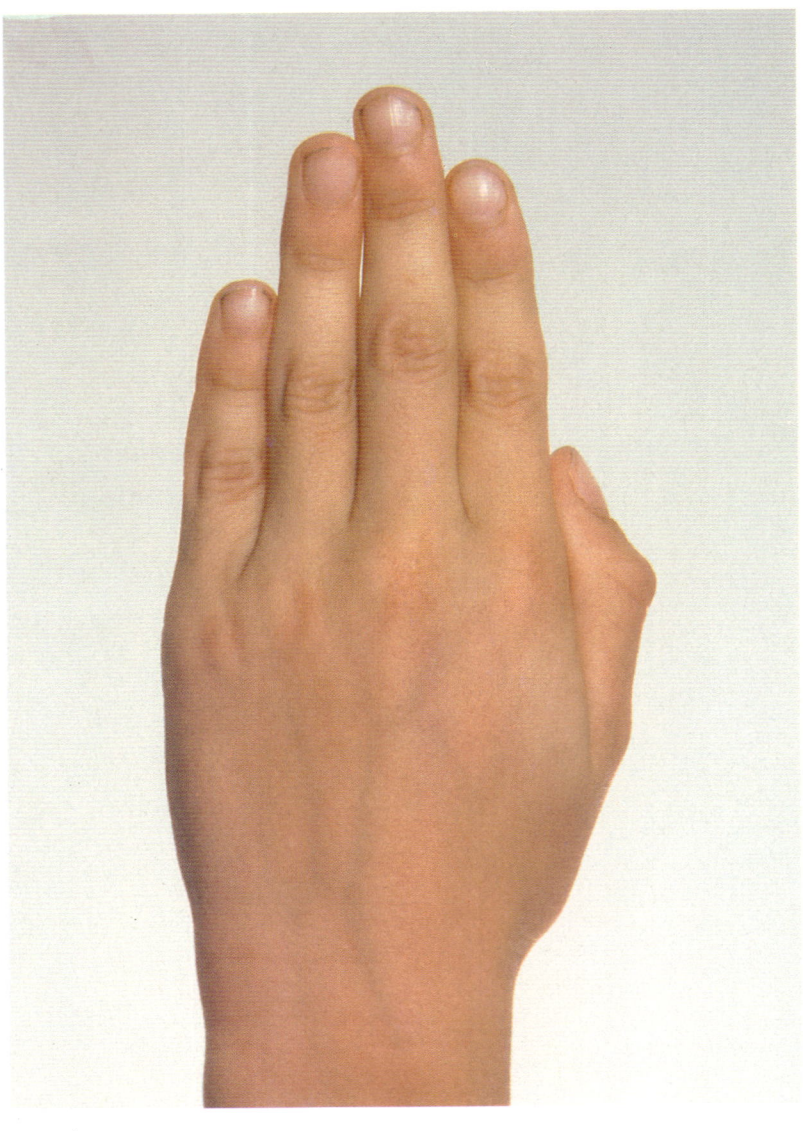 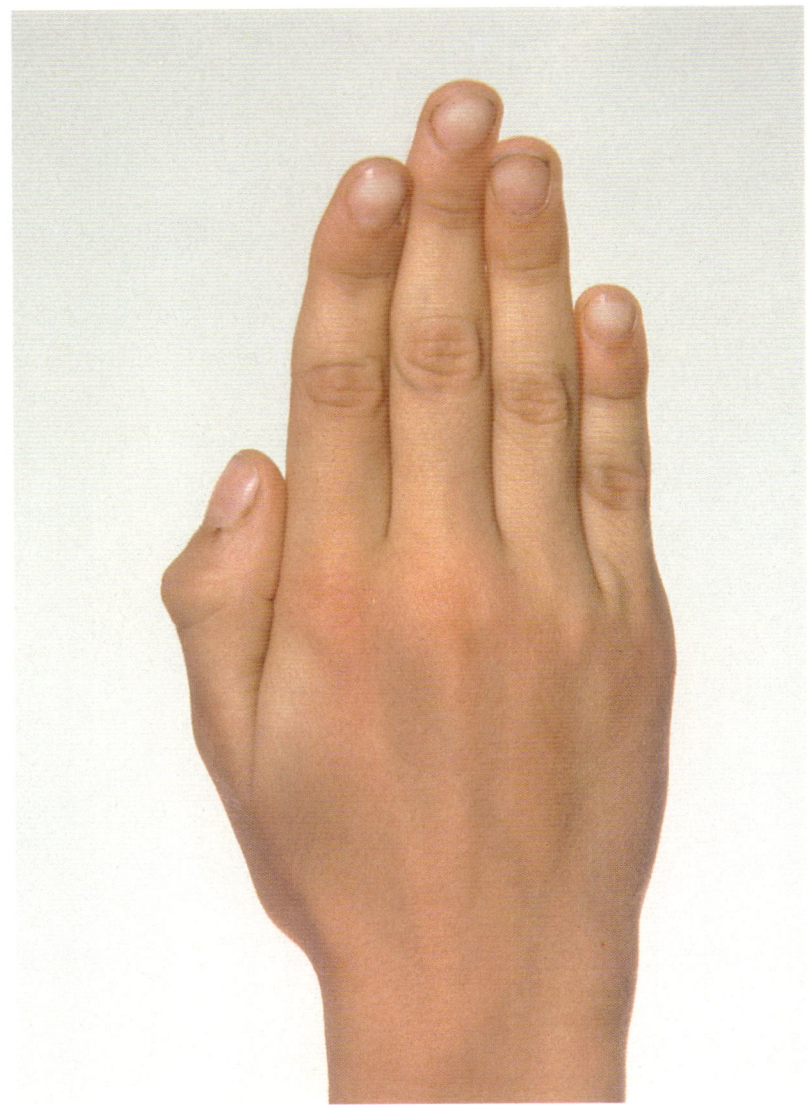

Männliche Außenhände: N. S.
Der Handeigner, 13 Jahre alt, ist Schüler.

Die *Charakteristik* der Handform im Schema ist eckig mit leicht konischem Einschlag. Die Verhaltensweise des Handeigners wird durch den Widerspruch seines Verstandes und seiner Empfindungen geprägt. Der oftmals von seinen Stimmungen bewegte Handeigner sucht seine Pläne mit Schlauheit und List auszuführen.

Die nach rückwärts gebogenen ersten Fingerglieder, besonders rechtsseitig, stellen einerseits Großzügigkeit für sich selbst (eckige Fingerkuppen), andererseits Neugierde und Wißbegierde dar. Die längeren Ringfinger deuten darauf, daß sich der Handeigner von seiner Umwelt abhängig macht, da er unbedingt beachtet werden will. Danach richtet sich seine Verhaltensweise. Die an beiden Händen auffallend einwärts gedrehten Daumen geben äußerste Vorsicht, Argwohn, große persönliche Reserviertheit, die auch mit Feigheit verbunden sein kann, zu verstehen.

An den kräftigen ersten Daumengelenken lassen sich große Unabhängigkeitsliebe sowie Zähigkeit in der Realisierung seiner Wunschvorstellungen erkennen. In seinem Charakterbild sind Unberechenbarkeit, Rechthaberei und Hartköpfigkeit enthalten.

Die mittelkräftigen Handgelenke lassen auf zähe Naturen bei den Vorfahren schließen.

Die *Konstitution* ist zäh, sensibel.

Die *Disposition* zu Nieren- und Stoffwechselstörungen läßt sich von der etwas porösen Hautbeschaffenheit und den bräunlich getönten ersten Fingergliedern ableiten.

Der linke gebogene Zeigefinger weist auf eine Anlage zu Milz-Pankreas-Schwäche, der noch stärker gebogene rechte Zeigefin-

ger zu einer Leber-Galle-Belastung. Die gebogenen Mittelfinger bestätigen eine Disposition zu Blinddarmreizungen. Die leicht gebogenen Ringfinger veranschaulichen eine Tendenz zu Nierenstörungen.

Die Maus ist beidseitig normal gewölbt, bis auf eine kaum wahrnehmbare Einziehung rechts oben. Die allgemeine Verfassung und Widerstandsfähigkeit der Lungen stehen in einem guten Verhältnis.

Die in Form und Größe unterschiedlichen Fingernägel geben Aufschluß darüber, daß die den Fingern zugeordneten Organe nicht immer harmonisch miteinander arbeiten. Die rötliche Farbe der Fingernägel bezieht sich auf Entzündungen, die Aufhellungen an fast allen Nägeln deuten auf Stauungen. Die kaum vorhandenen Nagelmonde stehen mit einer Herzneurose in Zusammenhang.

Die atmosphärischen Einflußzeichen sind an den oberen Nagelrändern zu sehen.

Männliche Innenhände: N. S.

Die Fingerglieder sind etwas unterschiedlich in ihrer Länge. Es bedarf geistiger Einsicht und Konsequenz des Handeigners, einen inneren Einklang zu erreichen.

Von den eckigen Fingerkuppen der Kleinen Finger läßt sich eine derbere Ausdrucksweise des Handeigners ableiten. Die kleinen Schräglinien am unteren Gelenk des linken Kleinen Fingers sowie am mittleren und unteren Gelenk des rechten Kleinen Fingers bezeugen innere Unruhe und äußere Nervosität.

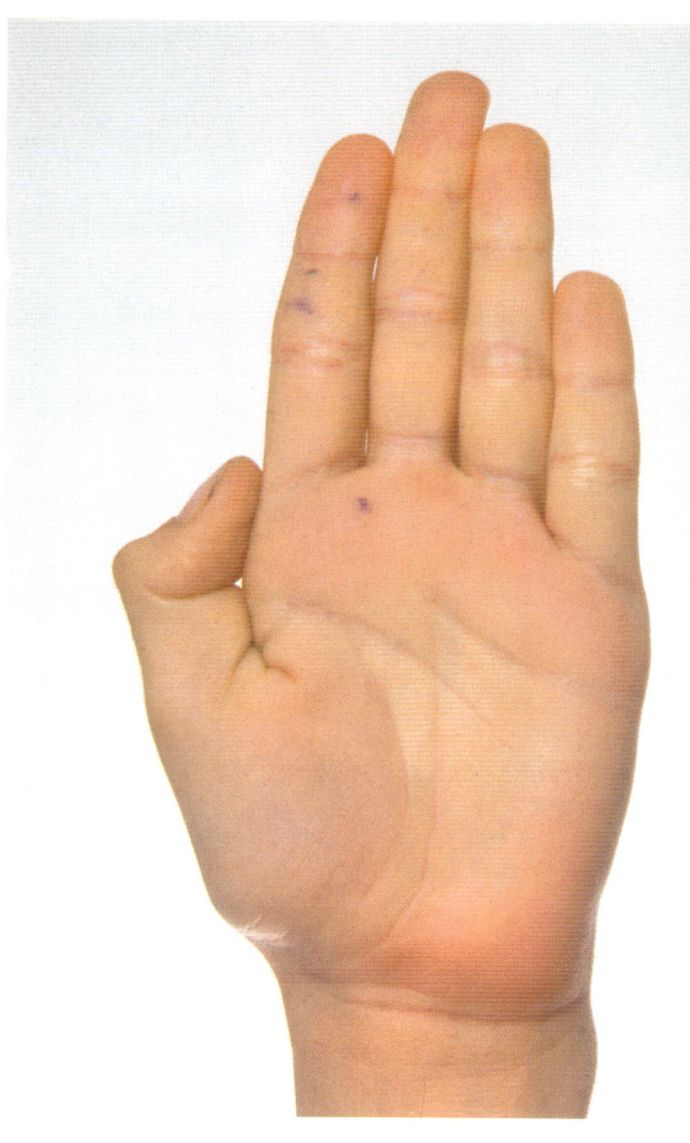
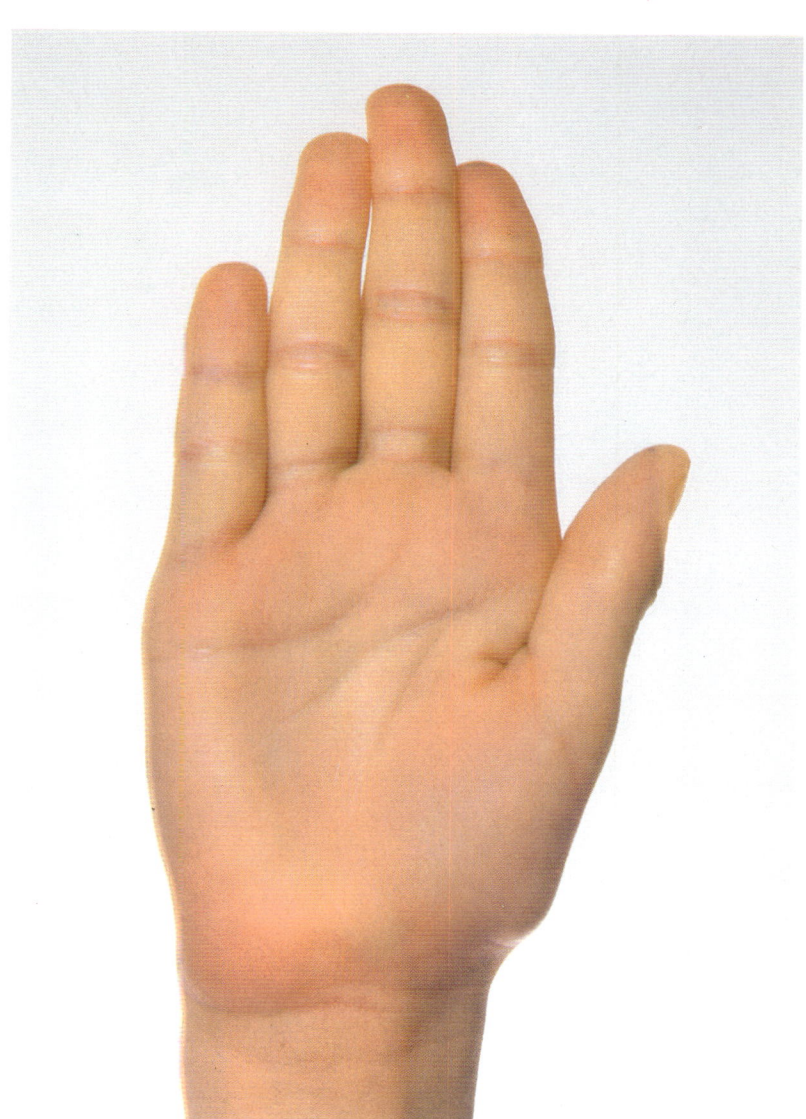

Kurze kleine Linien am unteren Gelenk des linken Zeigefingers sind eine Folge von Milz- und Pankreas-Störungen. Kleine Inselbildungen am rechten unteren Zeigefingergelenk dienen als Hinweis auf eine Leber-Galle-Schwäche.

Aus der zum Teil zarten und mittelfeinen Hauttextur kombinieren sich Sensibilität und Zähigkeit. Die Innenhandfläche, beidseitig, erweist sich als etwas vertieft und blaß und verdeutlicht Funktionsstörungen des Magens. Die Plastik der Daumenballen- und Handrandberge ist normal. Die übrigen Handberge sind kaum gewölbt. Die Gefühle des Handeigners sind mehr auf sich selbst gerichtet, seine Empfindungen für andere Menschen sind noch verhalten. Das »Große M« ist in der linken Hand deutlich sichtbar. Es ist ein Ausdruck für Intelligenz und zeigt die Voraussetzung für die Entwicklung eines tieferen Bewußtseins.

Die linke *Lebenslinie* umrundet kräftig geprägt fast den gesamten Daumenballenberg. Die rechte Lebenslinie ist bis zu ihrer Mitte kräftig gezeichnet und anschließend nur sehr zart vorhanden. Nach dem 30. Lebensjahr sollte der Handeigner weiterhin für gute Bedingungen seiner lebenserhaltenden Kräfte sorgen.

Beide *Kopflinien* sind mit den Lebenslinien länger verbunden. Ernsthafte Entschlüsse kann der Handeigner nach längerem Nachsinnen und Bedenken treffen. Der unklare, vorwiegend inselartige Beginn der Kopflinien kennzeichnet unterbewußte Störungen. Beide etwas bogig dargestellte Kopflinien

weisen in ihrer Verlaufsrichtung in den oberen Handrandberg. Die Gedanken schwanken in ihrer Zielsetzung und wenden sich letztendlich mehr dem Kreativen zu. Dunkle Punkte in der linken Kopflinie unterhalb des Mittelfingers weisen auf Kopfnerven- und Gehörschwäche, ein dunkler Punkt in der rechten Kopflinie unterhalb des Zeigefingers auf eine Kopfverletzung.

Die linke kurze, kettige, kräftig geprägte *Herzlinie* endet zart und blaß unterhalb des Mittelfingers. Die kettige Zeichnung drückt Herzneurose aus, die kurze Herzlinie bezieht sich auf Verhaltenheit des Wesens. Die rechte ebenfalls kurze Herzlinie enthält unterhalb des Kleinen Fingers eine Inselbildung, die mit einer von väterlicherseits vererbten Anlage zu einem Herzleiden zusammenhängt. Das plötzliche Ende läßt auf Herzschlag schließen.

Die linke *Schicksalslinie* setzt an der Lebenslinie an und endet knapp über der Herzlinie. Obwohl der Handeigner einen Drang nach Selbständigkeit hat, fällt es ihm schwer, sich von seiner Mutter zu lösen.

Eine *Sonnenlinie*, rechtsseitig, mit einer Insel im Ringfingerberg erklärt seelische Hemmungen. Von dem Vorhandensein weiterer kurzer Sonnenlinien lassen sich ein vielseitiges und exzentrisches Wesen ableiten.

Die ersten *Raszettlinien*, beidseitig, enthalten jeweils eine offene Insel. Eine weitere dünne Raszettlinie befindet sich an beiden Handwurzeln. Sowohl von den mütterlichen als auch von den väterlichen Vorfahren wurden dem Handeigner Zähigkeit und Feinnervigkeit vererbt.

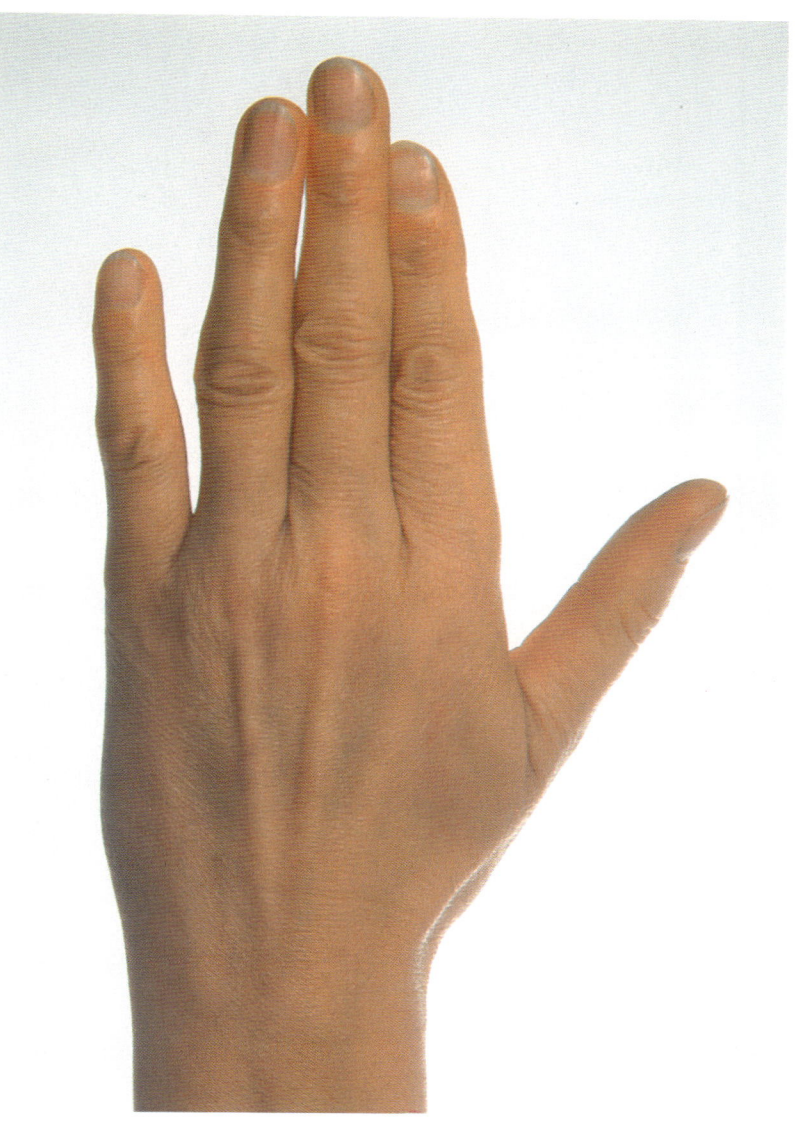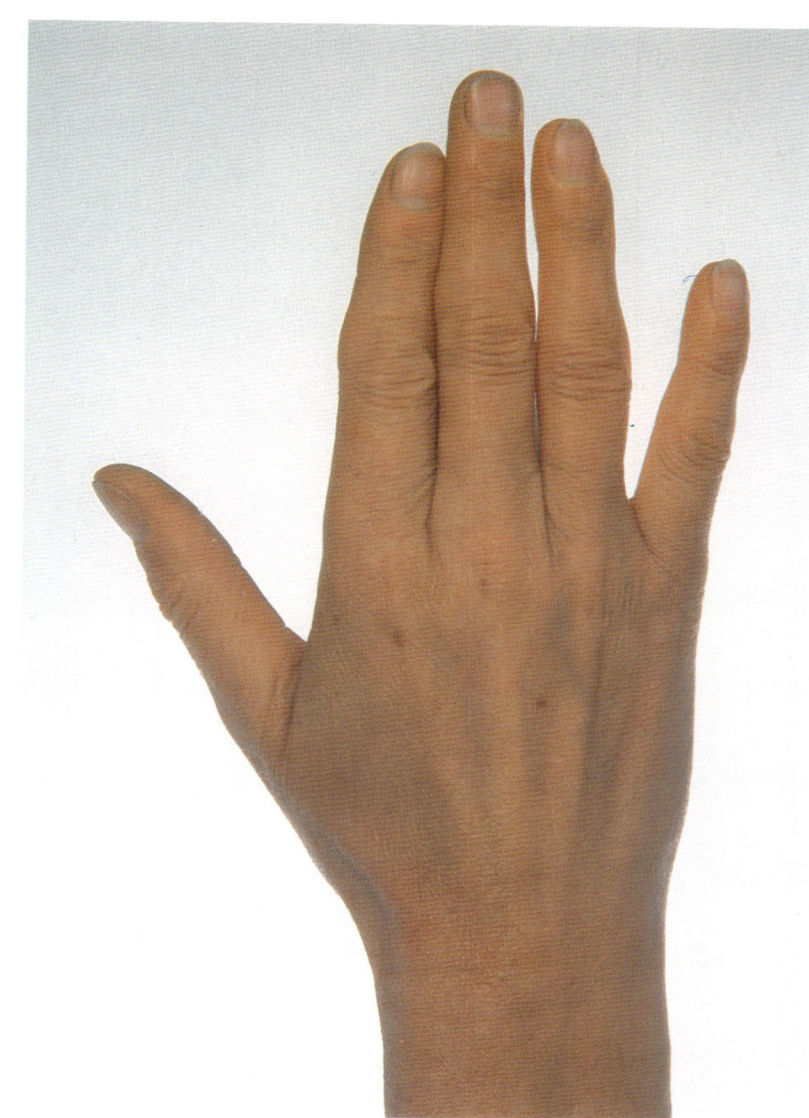

Weibliche Außenhände: A. T. N.
Die Handeignerin, 48 Jahre alt, ist Sozialbetreuerin.

Die *Charakteristik* der Handform im Schema bildet ein schmales Rechteck. Sie ist eckig, hat ideale Finger mit knotigem Einschlag. Die konservativ eingestellte Handeignerin vermag das Reale mit dem Idealen durch Vernunft harmonisch zu verbinden. Ihr angeborener Ordnungssinn kommt den sozialen Bestrebungen und erzieherischen Maßnahmen zugute.

Die Ringfinger sind wesentlich länger als die Zeigefinger (der rechte Ringfinger wurde verletzt). Hieraus wird deutlich, daß die Handeignerin den äußeren Einflüssen geöffnet ist, was sich besonders in den Jugendjahren bemerkbar machte. Mit zunehmender Reife festigt sich ihr Charakter, zumal die langen geraden Daumen bestätigen, daß sie nach Selbständigkeit und Unabhängigkeit strebt. Die abgespreizten Kleinen Finger dokumentieren eine individuelle eigenwillige Denkweise.

Die feinen Handgelenke lassen auf ein gutes Niveau der Vorfahren schließen.

Die *Konstitution* ist zäh, sensibel.

Die *Disposition* zu Stoffwechselstörungen im Nierenbereich ist an der zum Teil zarten Haut sowie an dem etwas faltigen stumpfen Gewebe der zweiten Fingerglieder ersichtlich.

Die beidseitig gebogenen Zeigefinger sind auf eine Anlage zu einer Organschwäche, links Milz-Pankreas, rechts Leber-Galle zurückzuführen. Die Einziehung am zweiten Glied der Ringfinger beweist eine Anlage zu Herzstörungen. Von dem ersten, zum Mittelfinger geneigten Glied der Ringfinger, beidseitig, läßt sich eine Nierenschwäche ableiten. Die gebogenen Kleinen Finger verdeutlichen Bindegewebeschwäche im Urogenitalsystem.

Die Maus ist an beiden Händen mittelkräftig. Die Lungen- und Vitalkräfte sind widerstandsfähig.

Die rosa-bläulichen Fingernägel sind verschieden in Form und Größe. Der linke gewölbte Ringfingernagel bezieht sich auf eine Nierenfunktionsstörung, die etwas krampenartig gewölbten Fingernägel hängen mit einer Disposition zu Lungenasthma zusammen. Die Anlage zu Lungenasthma wurde von väterlicher Seite übernommen und trat bei der Tochter der Handeignerin zeitweise in Erscheinung. Die Aufhellungen an den Zeigefingernägeln und an den Nägeln der Kleinen Finger weisen auf Stauungen im Bauchraum. Eine Längsrille auf dem linken Ringfingernagel entstand durch eine Nagelbettverletzung. Auf beiden Zeigefingernägeln sind mehrere Längsrillen sichtbar, die auf Blutunreinheiten schließen lassen. Die etwas flacher gewölbten Nagelmonde machen auf schneller erregbare Herznerven aufmerksam.

Die Einflußzeichen atmosphärischer Störungen sind an den oberen Nagelrändern zu erkennen.

Weibliche Innenhände: A. T. N. siehe folgende Doppelseite

160

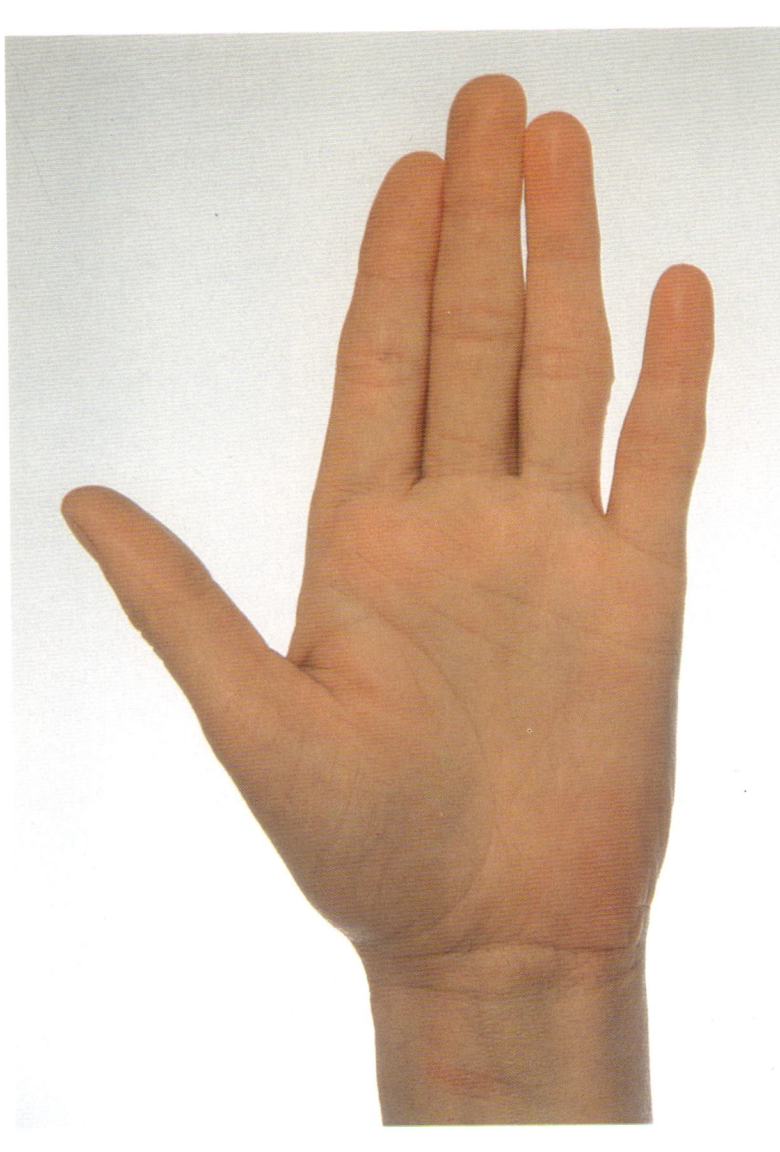

Weibliche Innenhände: A. T. N.
Die Handeignerin, 48 Jahre alt, ist Sozialbetreuerin.

Die Fingerglieder sind in ihrer Länge annähernd harmonisch aufeinander abgestimmt. Dadurch fällt es der Handeignerin leicht, bewußt das Prinzip der Ordnung bei einer logischen Denk- und Verhaltensweise zu nutzen. Längslinien auf den zweiten und dritten Fingergliedern stehen mit Warmherzigkeit und liebevollem Entgegenkommen dem Nächsten gegenüber in Verbindung. Das mittlere Gelenk des rechten Zeigefingers enthält zwei Schnittlinien, die auf Heftigkeiten im Seelischen beruhen. Die Zeichen mit Inselbildung am unteren Gelenk des linken Mittelfingers deuten auf eine mögliche, von mütterlicher Seite vererbte Kopfbelastung, die nicht genau zu diagnostizieren ist.

Die Querlinie auf dem unteren Glied des Mittelfingers deutet darauf, daß Hindernisse die Handeignerin auf ihrem Lebensweg zu einer inneren Stellungnahme auffordern, die für die Weiterentwicklung notwendig ist. Eine schräge kurze Linie am rechten unteren Zeigefingergelenk ist ein Merkmal für eine Fehlgeburt. Kleine Querlinien am unteren Gelenk des linken Ringfingers veranschaulichen Störungen in der Empfindungswelt, die mit Nervenüberreizungen verbunden sind. Über den ersten und zweiten Gelenken der Kleinen Finger sowie an dem linken unteren Gelenk befinden sich nervlich bedingte kurze Querlinien, deren Ursache im Sexualbereich zu suchen ist.

Die Hauttextur ist fein und stumpf. Der momentane Zustand der sensiblen Handeignerin weist auf Erschöpfung. Die geröteten unteren Handrandberge beziehen sich einerseits auf Entzündungen (lymphatisches System, Milz), andererseits auf Herz- und Kreislaufstörungen.

Die Daumenballenberge sowie die Handrandberge heben sich gegenüber den anderen Bergen hervor und deuten auf ein starkes Gefühlsleben und Leidenschaftlichkeit. Eine schräge, auf dem rechten Zeigefingerberg befindliche Linie hängt mit Unterleibsstörungen zusammen.

Die hoch angesetzten *Lebenslinien*, beidseitig, umrunden die Daumenballenberge kräftig gezeichnet. Die Vorfahren hatten eine hohe Lebenserwartung. Der hohe Ansatz der Lebenslinien ist ein Merkmal für Wohlergehen. Eine zweite zarte rechte Lebenslinie auf dem Daumenballenberg kennzeichnet verstärkte Lebenskraft und Zähigkeit. Eine Abzweigung am unteren Drittel beider Lebenslinien läßt auf eine Disposition zu Durchblutungsstörungen der Beine schließen.

Die beidseitig besonders hoch angesetzten *Kopflinien* verdeutlichen die positive Lebenseinstellung der Handeignerin. Aus dem sehr weiten Abstand der Kopf- zu den Lebenslinien läßt sich folgern, daß die im Wesen offene Handeignerin schneller Entschlüsse fähig und wagemutig ist. Beide Kopflinien verlaufen in gerader Richtung und enden in Höhe unterhalb der Kleinen Finger. Die Verlaufsrichtung gibt eine materiell-intellektuelle Denkweise zu erkennen.

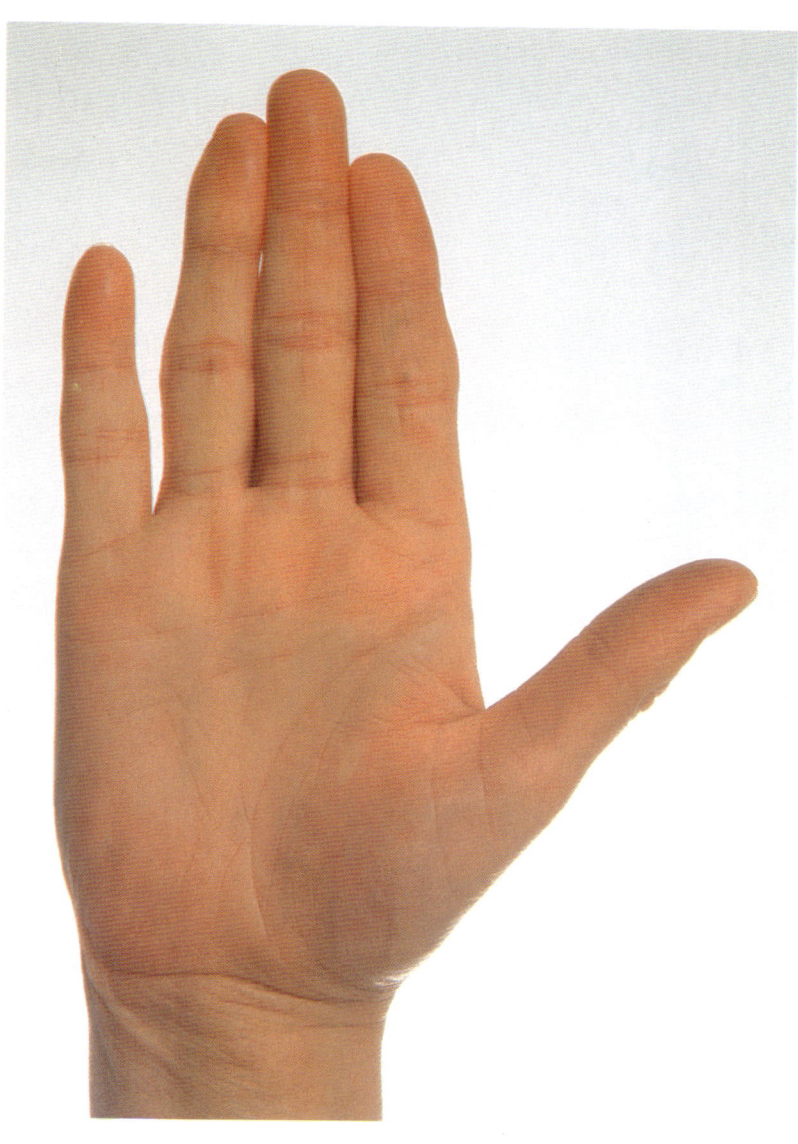

Die linke, in der Kopflinie mündende *Herzlinie* (schwach zu sehen) sagt aus, daß sich Herzempfindung und Gehirndenken ergänzen, unbewußt jedoch zu Dissonanzen führen können. Eine Insel am Anfang der linken Herzlinie erklärt eine Tendenz zu organischen Herzleiden. Helle Punkte in der linken Herzlinie unterhalb des Ringfingers weisen auf Nierengrieß hin.

Die rechte, ebenfalls in der Kopflinie mündende Herzlinie bestätigt, daß auch nach dem 30. Lebensjahr noch Spannungen zwischen Denken und Empfinden oder Übertriebenheit möglich sind.

Die linke *Schicksalslinie* beginnt in der Raszette und zieht bis in den Mittelfingerberg. Unterhalb der Kopflinie ist eine kleine Insel sichtbar, die sich auf den Enddarm, vermutlich auch auf Hämorrhoiden bezieht. Aus dem Ansatz der linken Schicksalslinie in der Raszette geht hervor, daß die Handeignerin Kraft aus dem Erbgut entnimmt. Sie ist darauf bedacht, ihre Freiheit und Selbständigkeit zu bewahren, wodurch ihr Bewußtsein entscheidend geprägt wird. Die rechte Schicksalslinie beginnt am unteren Handrandberg und reicht in die Kopflinie. Viele Anstöße von außen bleiben unbeachtet, da der geistige Durchblick vom Verstand gehemmt wird. Die rechte Schicksalslinie setzt erneut an der Herzlinie an und gibt zu verstehen, daß die Handeignerin

lernt, aus einem vertieften Herzempfinden gütiger, ruhiger und gelassener dem Leben gegenüberzustehen.

Die linke *Magenlinie* entspringt an der Lebenslinie, mündet im Berg des Kleinen Fingers verkörpert ein widerstandsfähiges Vegetativum. Die rechte, aus dem Daumenballenberg kommende Magenlinie zieht in Richtung des Kleinen Fingers. Obwohl eine Tendenz zu Infektionskrankheiten der Unterleibsorgane vorhanden ist, zeigt sich das Vegetativum widerstandsfähig, zumal eine zweite, von der Schicksalslinie abzweigende Magenlinie dazukommt.

Die beidseitig angelegten *Sonnenlinien* deuten auf das sensible Empfindungsleben und bestätigen die innere tiefe Beeindruckbarkeit der Handeignerin.

Beidseitig weisen Teile des *Venusgürtels* auf Rückenschwäche. Aus der Mitte der ersten linken Raszettlinie entspringt eine außergewöhnlich lange Weisheitslinie. Sie offenbart eine angeborene Lebensklugheit, Innigkeit und eine Neigung zu Beschaulichkeit.

Die ersten Raszettlinien sind beidseitig kräftig, kettig und etwas gebogen, die zweiten stellen sich zarter dar. Da die ererbte Konstitution weniger stabil ist, sollte die Handeignerin auf eine umsichtige Lebensführung bedacht sein.

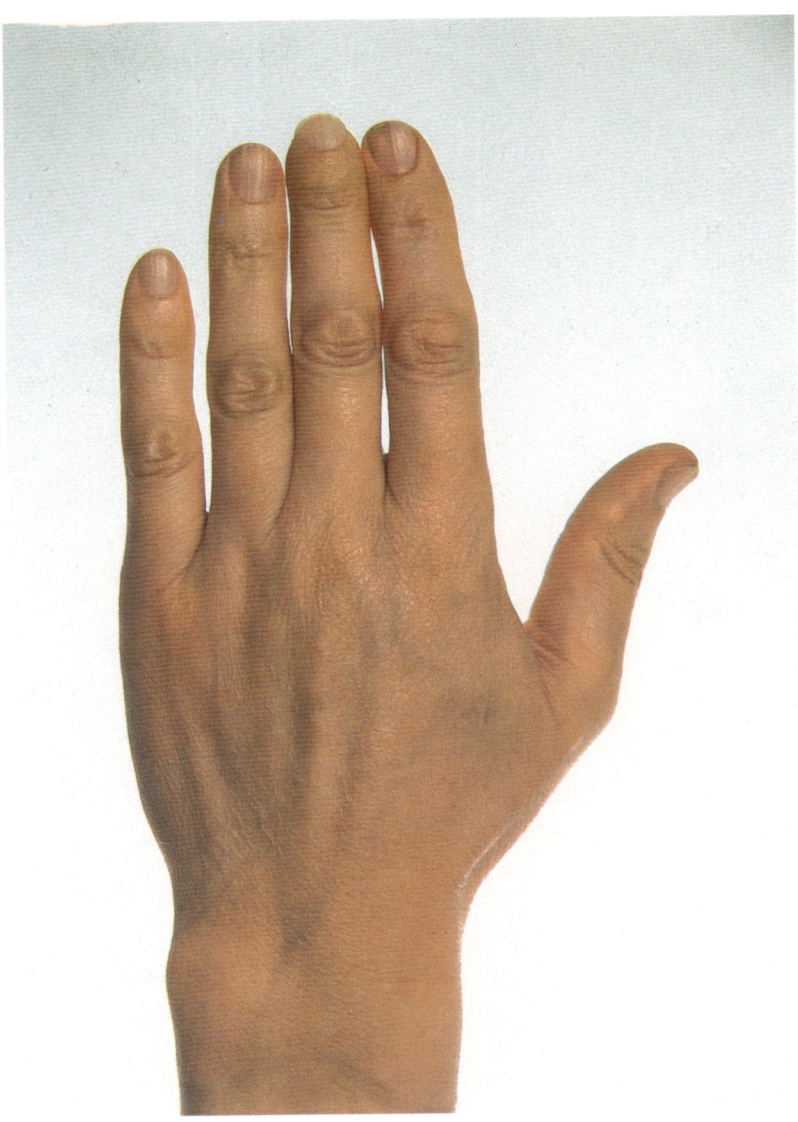 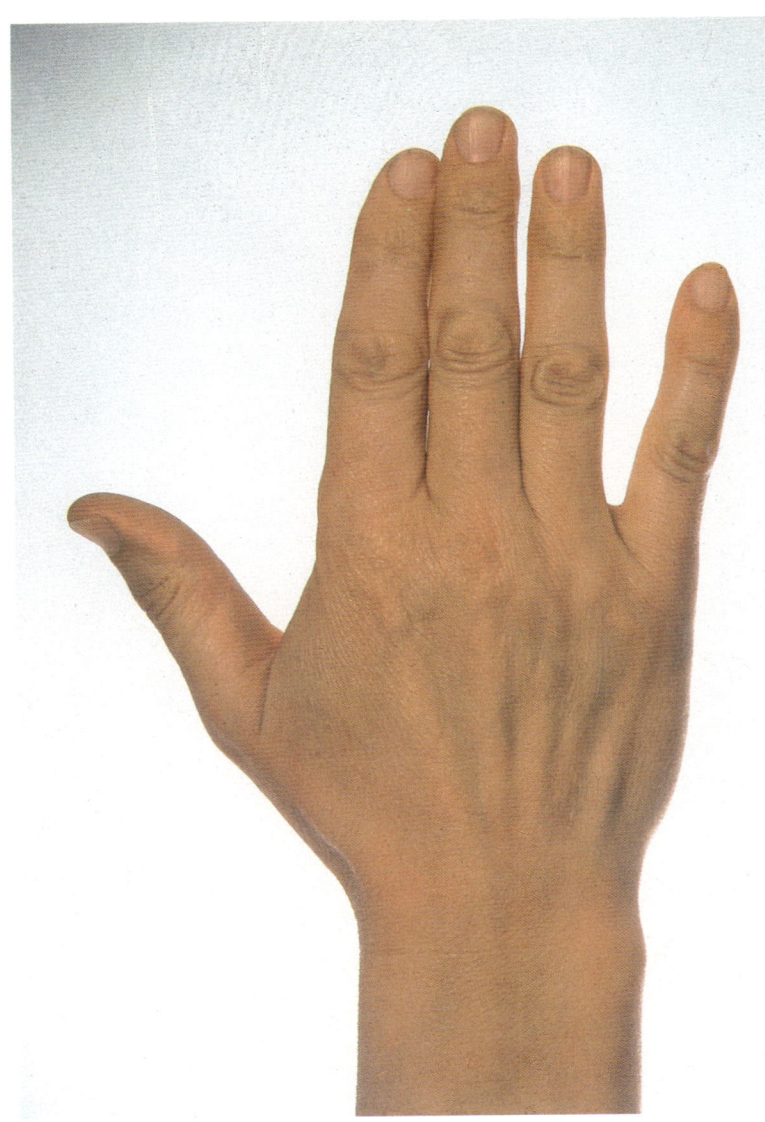

Männliche Außenhände: S. T.
Der Handeigner, 53 Jahre alt, ist Ingenieur.

Die *Charakteristik* der Handform im Schema ist spatelförmig, eckig, knotig. Der Handeigner ist ein Praktiker, der systematisch denkt, präzise und zuverlässig ist und danach trachtet, seinem Leben einen tieferen Sinn zu geben.

An der linken Hand ist der Zeigefinger etwas länger als der Ringfinger. An der rechten Hand ist es umgekehrt. Daraus erklärt sich, daß der Handeigner in der Jugend selbstbewußt war und nach dem 30. Lebensjahr mit seiner Umwelt Nachsicht übt. Die langen Kleinen Finger sprechen für gute Überlegung und Beredsamkeit. Die Daumen sind lang und kräftig. Der Handeigner besitzt Einfühlungsvermögen und kann sich persönlich durchzusetzen. Theoretisches Denken versteht er praktisch auszuwerten.

Die wohlgeformten Handgelenke weisen auf das gute Niveau seiner Vorfahren hin.

Die *Konstitution* ist zäh, labil, sensibel.

Die *Disposition* zu Nierenstörungen und Rheuma ist durch die kräftige Hautbeschaffenheit angezeigt.

Die Maus, beidseitig, ist, bis auf eine leichte Einziehung im unteren Drittel der linken Hand, von mittlerer Stärke. Die Widerstandsfähigkeit der linken Lunge im unteren Bereich ist etwas herabgesetzt.

Auf den Knöchelgelenken der Zeige- und Mittelfinger ist die Haut verändert und leicht gerötet. Damit eine ist gestörte Darmflora verbunden.

Die Fingernägel sind teilweise klein und stehen organisch mit dem Herzen in Zusammenhang. Es ist ein Zeichen dafür, daß der Handeigner für anhaltende körperliche Schwerarbeiten weniger geeignet ist. Rillen auf allen Fingernägeln – zum Teil wie geflochten scheinend – zeigen einerseits Darmschwäche an, andererseits Unreinigkeiten im Blut sowie Schlacken, die ausgeschieden werden. Eine Rille auf dem linken Zeigefingernagel entstand durch eine Nagelhautverletzung. Die kaum vorhandenen Nagelmonde weisen auf Überforderung der Herznerven hin.

Die Einflußzeichen atmosphärischer Störungen sind an den oberen Nagelrändern sichtbar.

Männliche Innenhände: S. T.

Die Fingerglieder sind in ihrer Länge nicht einheitlich. Da die mittleren Fingerglieder an beiden Händen am längsten sind, zeigt sich, daß bei dem Handeigner das seelische Prinzip, die Empfindungswelt dominiert. Von dieser Ebene her bemüht er sich, das Gleichgewicht zu sich und seiner Umwelt herzustellen.

Viele kleine Linien sind an den Fingerkuppen beider Hände eine Folge von Überanstrengungen. An dem unteren Gelenk der Kleinen Finger und der Ringfinger befinden sich viele kleine Linien. Sie zeigen nervliche Überreizungen an, die im Denk- und Empfindungsprinzip ihren Ursprung haben. Durch einen

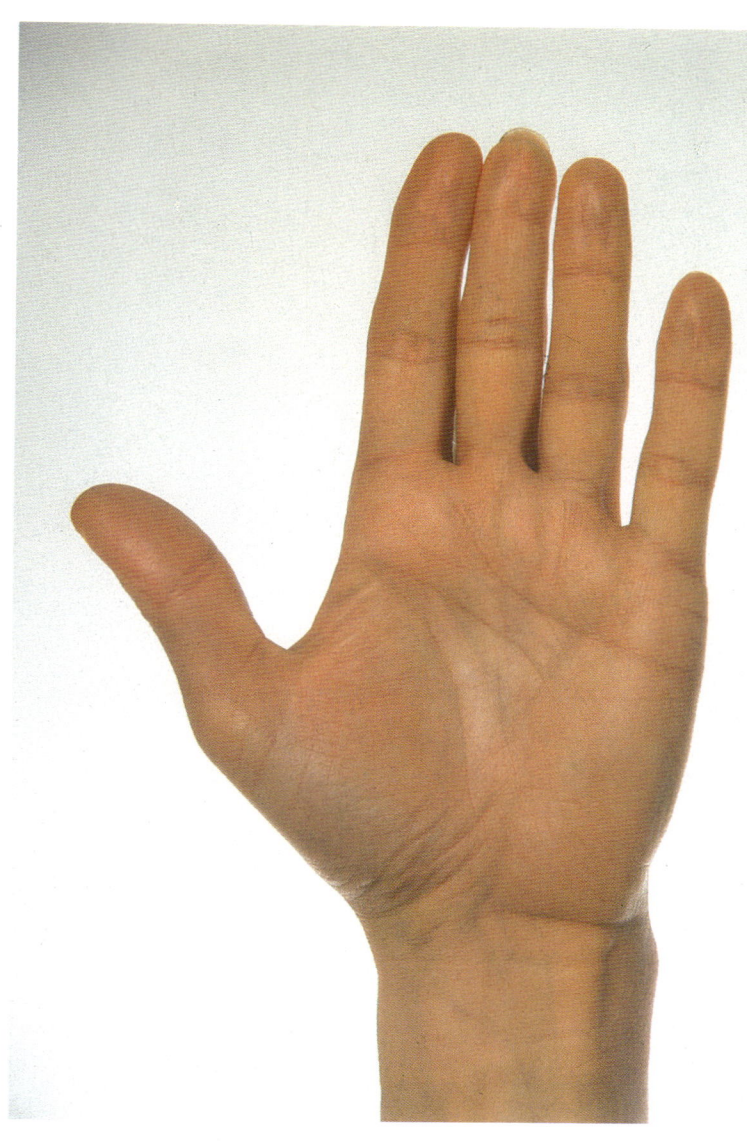
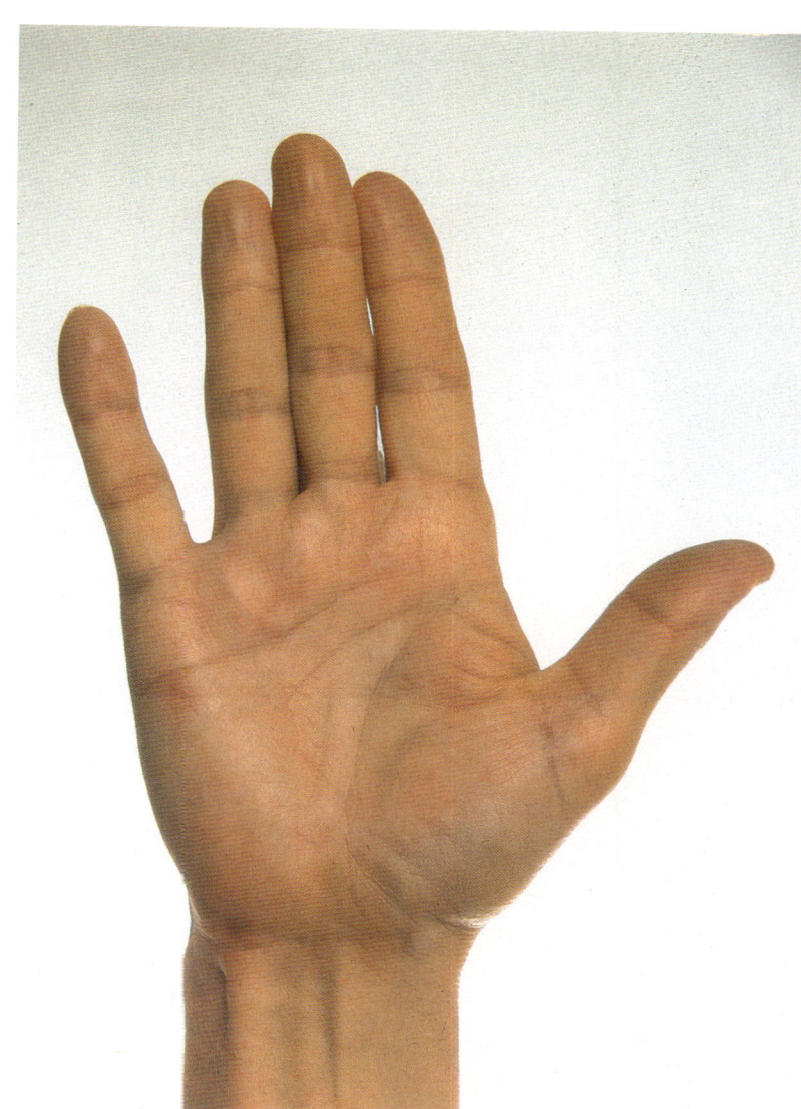

Unfall wurde das erste Glied des Mittelfingers an der linken Hand verkürzt. Die beidseitig vertiefte Handtellermitte deutet auf eine Magenempfindlichkeit.

Beide Hände sind linienreich. Sie geben einen gereiften Menschen zu erkennen. Die Hauptlinien sind markant. Sie bilden in der Gesamtbetrachtung ein »Großes M«. Es ist ein Zeichen von Intelligenz.

Die linke *Lebenslinie* mündet gespalten in einer der mehrfach aus dem Daumenballenberg aufsteigenden Linien. Die rechte zum Teil kettige Lebenslinie enthält am oberen Viertel eine kleine Insel (schwache Konstitution in der Jugend) und am unteren Drittel eine größere Insel, die auf eine Zelldegeneration bei den väterlichen Vorfahren aufmerksam macht. Anschließend teilt sich die Lebenslinie, wobei der eine Ast in zarter Verzweigung ausläuft. Es ist ein Zeichen für langsames Nachlassen der Lebenskräfte. Von dem blassen Umfeld der Lebenslinien in Richtung Handmitte lassen sich Durchblutungsstörungen ableiten.

Die linke *Kopflinie* verläuft in Richtung des mittleren Handrandberges. Die Gedankengänge des Handeigners richten sich auf das Praktisch-Kreative. Der Verlaufsrichtung der rechten kürzeren Kopflinie ist die ideale Gesinnung des Handeigners zu entnehmen. Am Anfang zwischen linker Kopf- und Lebenslinie gibt eine Insel Aufschluß über eine von mütterlicher Seite vererbte Sehschwäche. An der rechten Kopflinie zeigt sich an der gleichen Stelle ein ähnliches Bild, das ebenfalls auf einer vererbten Sehschwäche – hier von väterlicher Seite – beruht.

Beide *Herzlinien* sind lang. Der Handeigner erwartet liebevolle Resonanz auf seine große Warmherzigkeit und Güte. Eine große Insel bildet das Ende der linken Herzlinie. Tuberkulose bei den mütterlichen Vorfahren war die Ursache für die bei dem Handeigner vorhandene Lungenschwäche (siehe linke Maus). Die rechte Herzlinie schließt mit einer kleinen Insel ab, die auf ein organisches Herzleiden bei den väterlichen Vorfahren schließen läßt. Oberhalb dieser Insel auf dem Zeigefingerberg besagt ein Viereck Blasenschwäche.

Die *Schicksalslinien* sind in beiden Händen gut ausgeprägt. Durch Erkennen des geistigen Gesetzes lernt der Handeigner, seine Lebensprüfungen bewußt zu meistern.

Die *Magenlinien* sind beidseitig weder kräftig noch klar durchgezogen. Das Vegetativum ist labil. Das »Große Viereck«, linksseitig, gebildet aus Magen-, Herz-, Schicksals- und Kopflinie, repräsentiert die guten zwischenmenschlichen Beziehungen.

Ein Teil des *Venusgürtels*, der zwischen Zeige- und Mittelfinger der rechten Hand eine Insel bildet, weist auf eine Anlage zu Prostataleiden.

Die linke erste *Raszettlinie* läßt durch ihren Bogen darauf schließen, daß in der mütterlichen Generation Bindegewebeschwäche vorhanden war. Zwei rechte nahe beieinanderliegende Raszettlinien sind wellig und deuten an, daß die Konstitution der väterlichen Vorfahren nicht kontinuierlich kräftig war. Der Handeigner sollte umsichtig und fürsorglich mit seinen Lebenskräften haushalten.

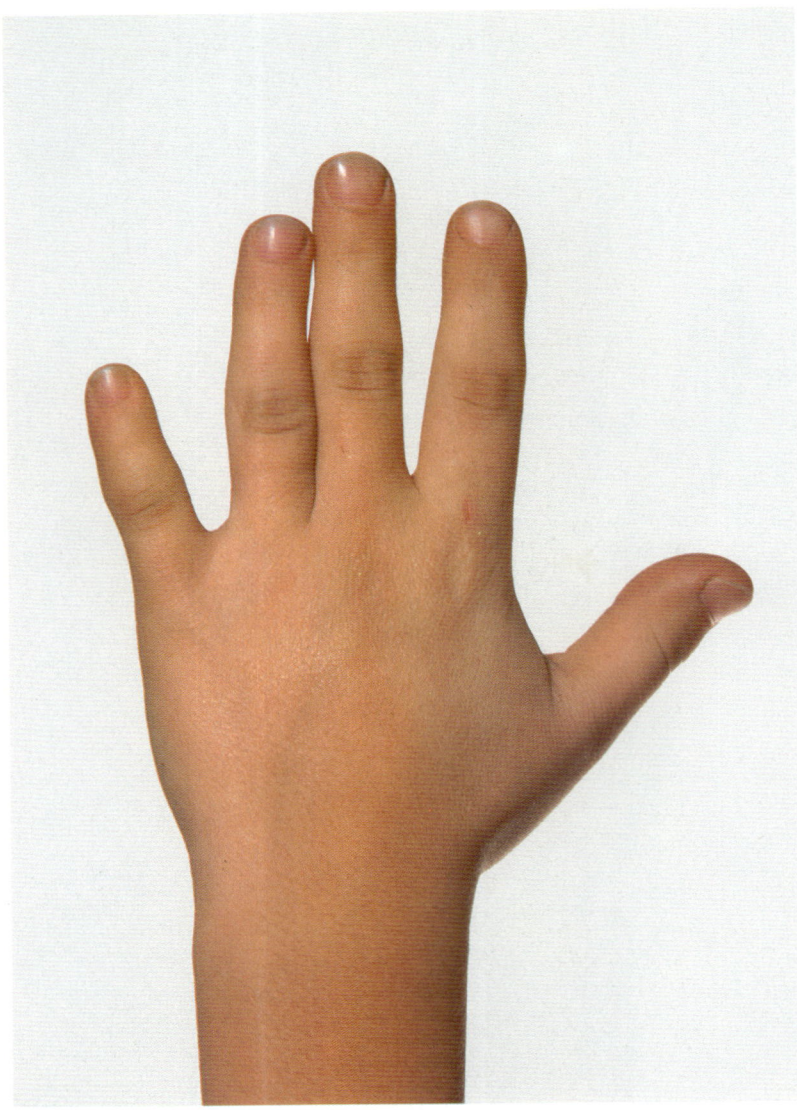 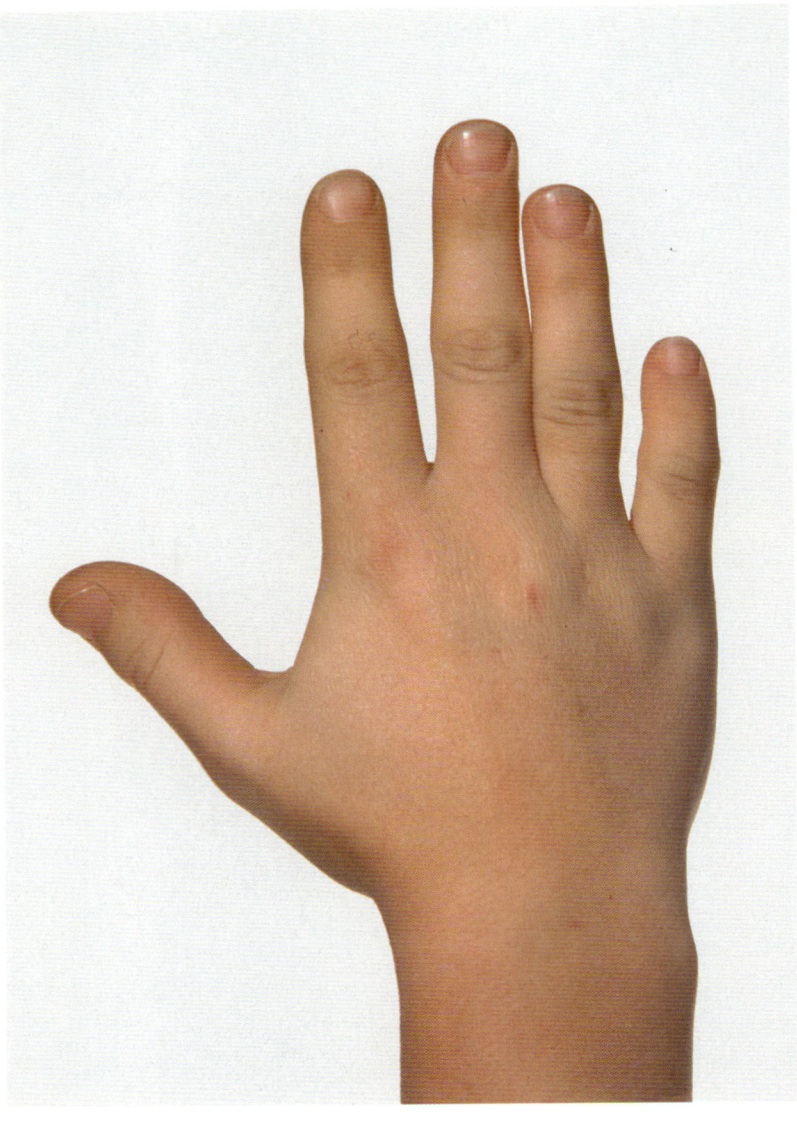

Weibliche Außenhände: A. G.
Die Handeignerin, 19 Jahre alt, ist Studentin.

Die *Charakteristik* der Handform im Schema ist eckig, spatelförmig mit knotigem Einschlag. Diese kleine Hand gibt zu verstehen, daß die Handeignerin gerne große Ideen entwickelt. Reales und Abstraktes nehmen in der Vorstellungswelt der Handeignerin eine Wechselbeziehung auf. Sie besteht darauf, ihr eigenes Leben frei und unabhängig zu führen. Die längeren Zeigefinger bestätigen die Liebe zu eigenem Freiraum. Die äußerst kurzen Kleinen Finger besagen, daß die Handeignerin es ablehnt, Gesprächsmittelpunkt zu sein. Die mittelhoch angesetzten kräftigen Keulendaumen geben zu erkennen, daß sich die Handeignerin gegebenenfalls mit Heftigkeit und Nachdruck durchzusetzen und zu wehren versteht.

Die mittelkräftigen Handgelenke deuten auf gute Vitalkräfte der Vorfahren.

Die *Konstitution* ist zäh, sensibel.

Die *Disposition* zu Stoffwechselstörungen, die Verschlackung nach sich ziehen können, ist an der stumpf wirkenden und fester gespannten Haut der Fingerglieder ersichtlich.

Die ersten gebogenen und zweiten eingezogenen Glieder der Ringfinger weisen auf die Tendenz zu Nieren- und Herzstörungen. Die gebogenen Kleinen Finger lassen auf Bindegewebeschwäche im Urogenitalbereich schließen. Auf dem Knöchelgelenk des rechten Zeigefingers zeigt sich eine Rötung, die sich auf das Blutsystem bezieht.

Die normal gewölbte Maus, beidseitig, deutet auf widerstandsfähige Vital- und Lungenkraft.

Die kurzen Fingernägel bilden ein Merkmal für eine vererbte Anlage zu Herzschwäche und Unterleibsstörungen. Die rötlichen Fingernägel beruhen auf Entzündungen beziehungsweise auf einer Infektanfälligkeit. Die Aufhellungen an den Zeigefingernägeln wurden durch Stauungen im mittleren Bauchraum (links, Milz-Pankreas, rechts Leber-Galle) verursacht. Die kaum vorhandenen Nagelmonde weisen auf eine Herzneurose.

Die Einflußzeichen atmosphärischer Störungen sind sehr deutlich an den oberen Nagelrändern wahrzunehmen.

Weibliche Innenhände: A. G.

Die Fingerglieder sind unterschiedlich in der Länge. Die ersten Glieder der Mittelfinger sind kürzer als die zweiten und dritten. Nur über inneres Wachsein vermag die Handeignerin ihr Bewußtsein zu entwickeln. Die ersten Glieder der Kleinen Finger sind am längsten und bekunden Vorliebe für Studien und Forschungen wissenschaftlicher Art (die Handeignerin beschäftigt sich mit Meeresforschung).

Am unteren Gelenk des linken Zeigefingers weist eine schräge Linie auf die erworbene Anlage zu einer Fehlgeburt. Ein am unteren Gelenk des linken Zeigefingers befindlicher »Tannenzweig« hängt mit Leberstörungen zusammen. Am unteren und mittleren Gelenk des linken Kleinen Fingers deuten kurze Querlinien auf nervliche Überreizungen. Die ersten Glieder der Keu-

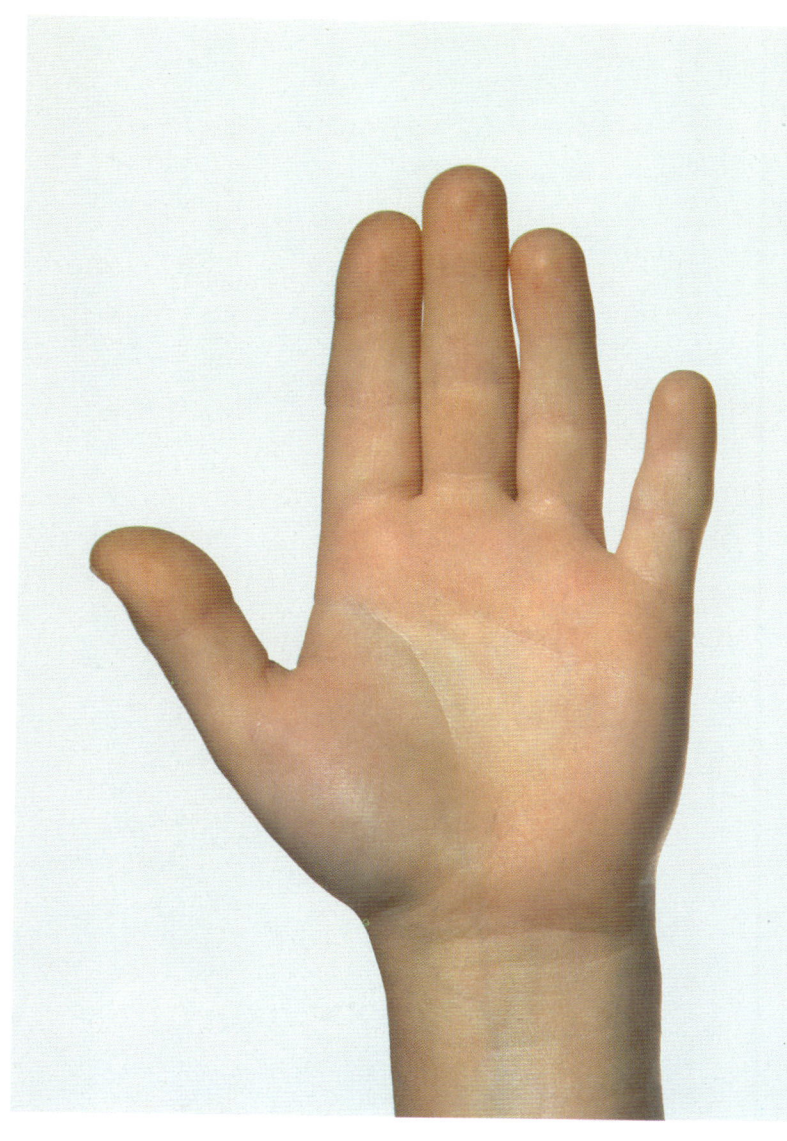
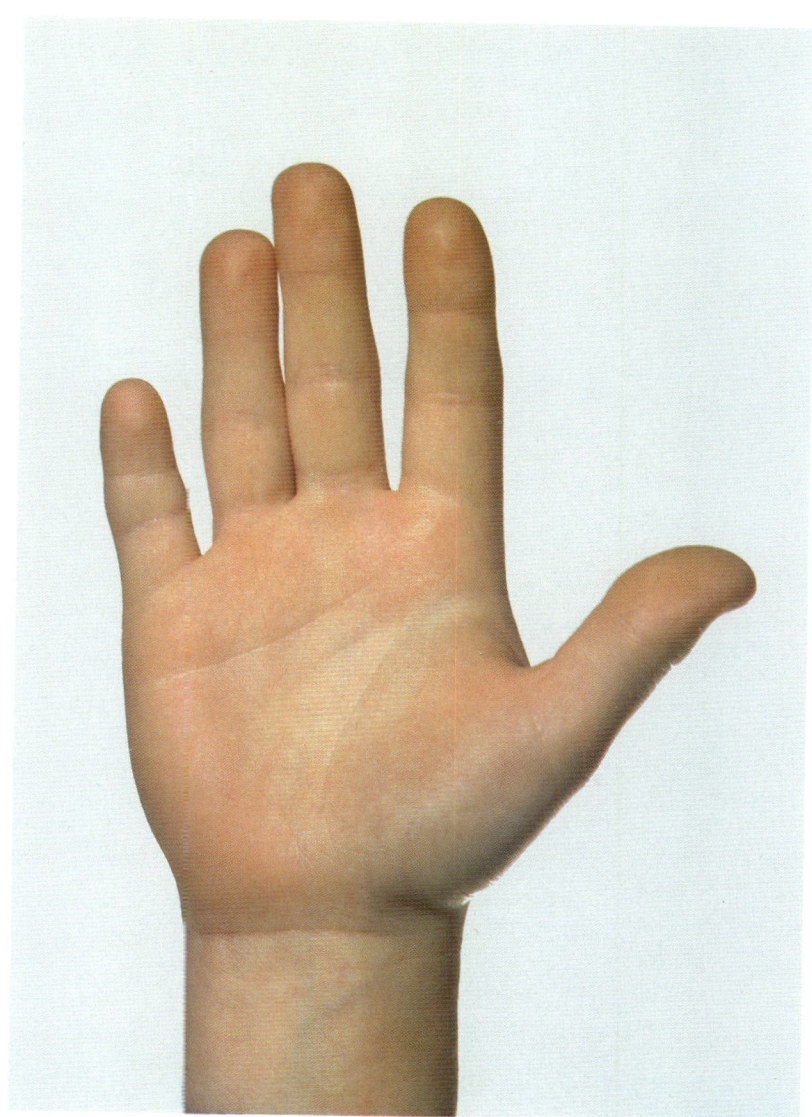

lendaumen sind kürzer als die zweiten. Die leichte Erregbarkeit der Handeignerin kann sich bis zum Jähzorn steigern. An fast allen ersten Fingergliedern befinden sich kleine Erhebungen, die auf angeborenen Qualitätssinn und seelisches Feinempfinden schließen lassen.

Die überwiegend feine Hauttextur deutet auf Sensibilität. Die beidseitig blasse Handtellermitte verdeutlicht einen durchblutungsgestörten Magen. Der rechte Zeigefingerberg ist von vielen kleinen Zeichen, zum Teil wie narbig aussehend, übersät, die auf das rote Blutsystem und die Leber Bezug nehmen, was mit Haarausfall verbunden sein kann. Die kräftigen Daumenballenberge und Handrandberge sprechen für gute Vitalität, Zähigkeit und Mut. Obgleich die Schicksalslinien zart und blaß dargestellt sind, ist das »Große M« in beiden Händen vorhanden. Es besagt, daß die Handeignerin aufgeschlossen und vielseitig interessiert ist, sie jedoch ihre Fähigkeiten durch innere Vertiefung bewußter einsetzen sollte.

Beide deutlich gezeichneten *Lebenslinien* umrunden die Daumenballenberge unterschiedlich getönt, teilweise silbrig glänzend und von vielen kleinen Linien belebt und durchzogen. In ihren vielfältigen Lebenssituationen ist die gesundheitliche Verfassung der Handeignerin häufigem Wechsel unterworfen. Das zum Teil blasse Umfeld der Lebenslinien gibt erneut Durchblutungsstörungen zu erkennen.

Die relativ kurze linke *Kopflinie* ist normal an der Lebenslinie angeschlossen. Die Gedankenrichtung neigt sich dem Phantasievollen, Idealen zu. Die rechte, am Anfang kettige und durch feine Linien gestörte Kopflinie ist länger als die linke und in

ihrer Verlaufsrichtung gerader. Nach dem 30. Lebensjahr ist die Handeignerin mehr intellektuell eingestellt und in ihrer Entschlußfähigkeit gehemmter, was aus dem längeren Anschluß der Kopf- an die Lebenslinie hervorgeht. Eine kleine Insel in der rechten Kopflinie in Höhe des Mittelfingers ist eine Folge einer von väterlicher Seite vererbten Gehörschwäche. Die an ihrem Beginn kettig dargestellte rechte Kopflinie steht mit Müdigkeit der Handeignerin infolge geschwächter Kopfnerven in Zusammenhang.

Die beidseitig normal langen *Herzlinien* enden plötzlich. Ein plötzliches Aussetzen des Herzens ist wahrscheinlich. Der silbrige Glanz der Herz- wie auch der Lebenslinien ist durch Medizinalgifte oder Narkotika verursacht worden, die nachhaltig auf den Organismus einwirken. In den Herzlinien sind mehrfache Punkte unter den Ringfingern vorhanden, die auf Nierengrieß zurückzuführen sind.

Die *Schicksalslinien* sind beidseitig sehr zart und hell geprägt. Die Handeignerin trägt unterstützende Energien in sich, die sie ausbauen und mit tieferer Bedachtsamkeit durch ihre Lebenserfahrungen entwickeln kann.

Die beidseitig nur angedeutet und zerrissen eingezeichneten *Magenlinien* lassen ein nervöses Vegetativum erkennen.

Die ersten *Raszettlinien* sind beidseitig kräftig aber kettig. Die zweiten Raszettlinien sind zart und ebenfalls kettig. Die Konstitution der Vorfahren war zäh und sensibel. Die Handeignerin selbst sollte mit ihren Vitalkräften schonend umgehen und jede widernatürliche Belastung (Nikotin, Alkohol etc.) meiden.

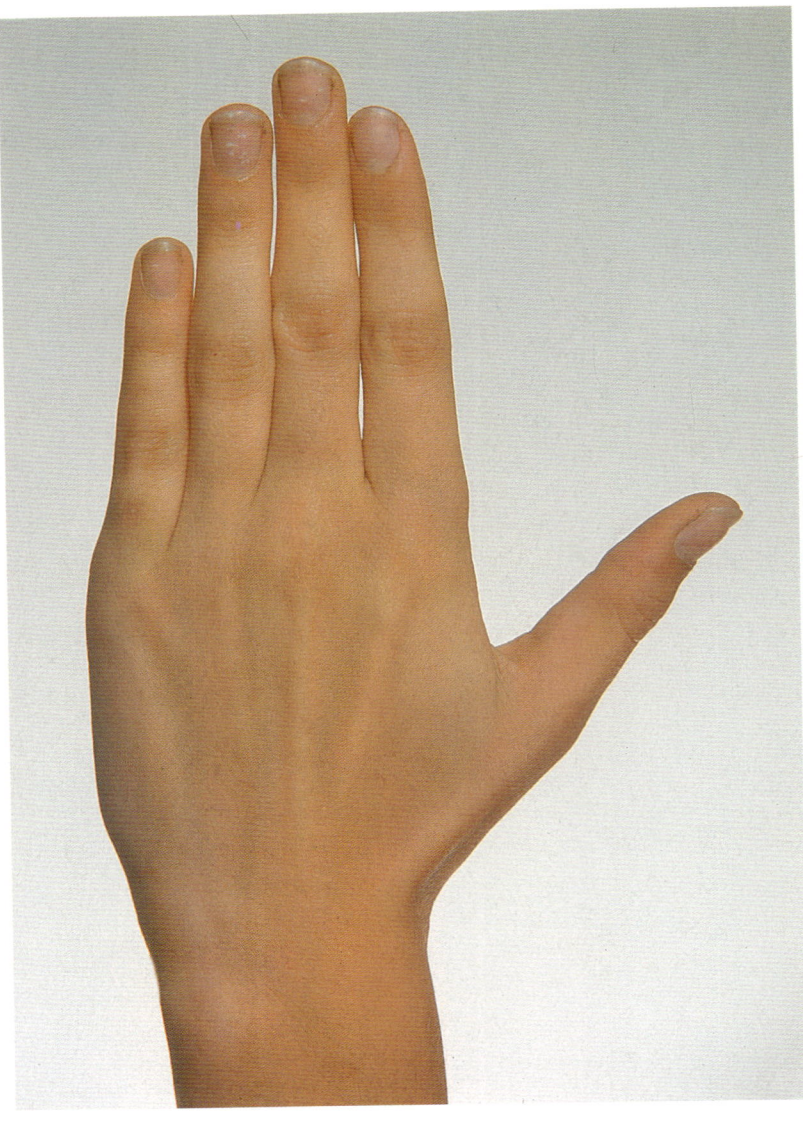 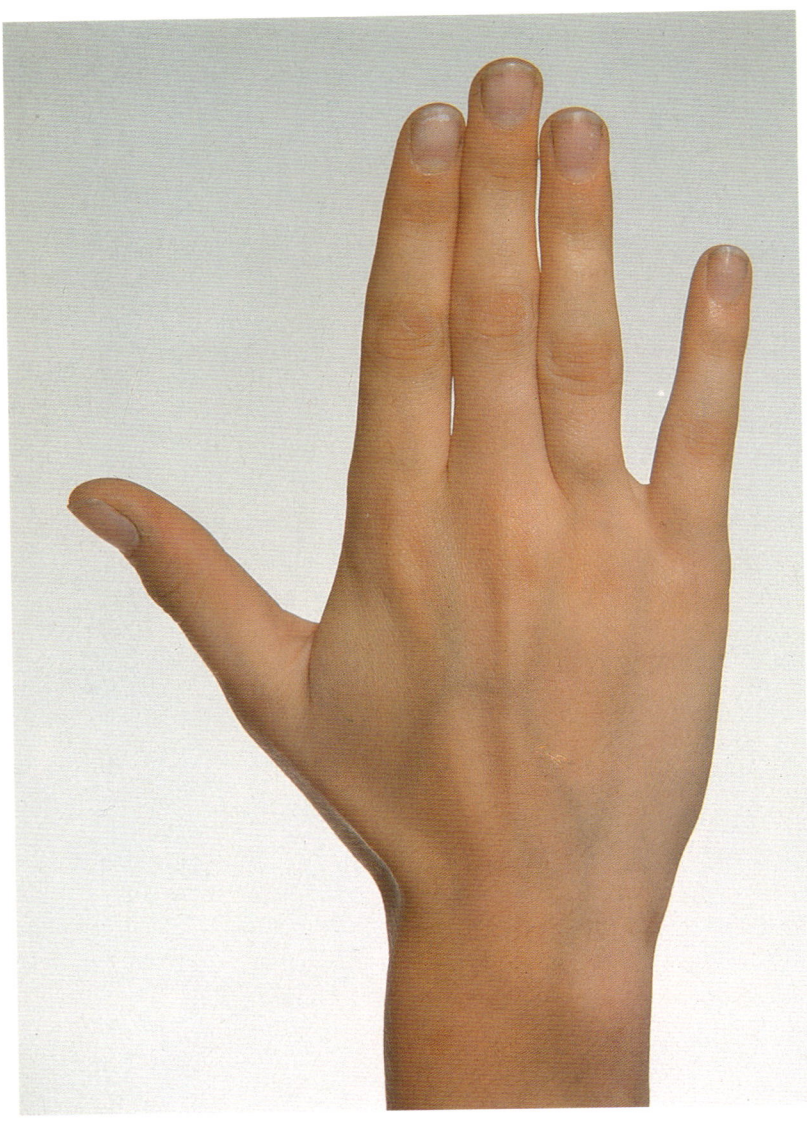

Weibliche Außenhände: A. T.
Die Handeignerin, 19 Lahre alt, ist Schülerin.

Die *Charakteristik* der Handform im Schema ist konisch-ideal mit knotigem Einschlag. Die nach geistigen Erkenntnissen strebende Handeignerin ist phantasievoll und liebt alles Große und Schöne. Der knotige Einschlag läßt Kraft im Geistigen sowie Kombinationstalent erkennen. Außerdem wird in der Knotenbildung Konzentrationsvermögen deutlich. Ebenso findet sich die Handeignerin auf der materiellen Ebene zurecht, was an der gleichen Länge der Zeige- und Ringfinger ersichtlich wird. Die abgespreizte Haltung des rechten Kleinen Fingers ist mit einer sehr individuellen Denkweise verbunden. Die langen Daumen betonen das Persönlichkeitsbewußtsein der Handeignerin. Sie ist in der Lage, ihr Temperament mit Willenskraft zu zügeln. Die feinen Handgelenke lassen auf eine gute Herkunft schließen.

Die *Konstitution* ist sensibel, zäh.

Die *Disposition* zu Nierenstörungen läßt sich von der feinen Hautbeschaffenheit ableiten. Lange Jugendlichkeit, die sich die Handeignerin durch ein heiteres Naturell bewahren kann, ist ebenfalls an der zarten Hautstruktur erkennbar. Die durchlässig scheinende Haut läßt die Gefäße hervortreten. Eine allgemeine Venenschwäche kann sich in späteren Jahren bemerkbar machen. Eine Stoffwechselschwäche äußert sich an den etwas hellen und gespannten Fingergliedern sowie an den rötlich-bräunlichen Gelenken. Auf Dauer gesehen würde eine lacto-vegetabile Ernährung die gestörten Stoffwechselvorgänge regulieren.

Die Maus ist beidseitig von mittlerer Stärke und bezieht sich auf die Lungen- und Lebenskraft.

Die längeren Fingernägel deuten auf die Lungen, die mehr Sauerstoff benötigen, da die bläuliche Farbe der Nägel auf zuviel Kohlensäure im Blut schließen läßt. Die an fast allen Fingernägeln vorhandenen Aufhellungen sind auf Stauungen der Organe im mittleren Bauchraum zurückzuführen. Die kleinen weißen Flecken, besonders angehäuft linksseitig, sind eine Folge von Harnsäure, die ausgeschieden wird sowie von Nervosität. Die Nagelmonde sind in Form und Größe verschieden, ein Anzeichen für zeitweise erregte Herznerven.

Die Einflußzeichen atmosphärischer Störungen sind an den oberen Nagelrändern deutlich sichtbar.

Weibliche Innenhände: A. T.

Die Fingerglieder sind, obwohl unterschiedlich in der Länge, harmonisch aufeinander abgestimmt. Die Handeignerin orientiert sich an dem geistigen Prinzip und strebt danach, die drei Ebenen Geist, Seele, Körper in Einklang zu bringen. An dem rechten unteren Zeigefingergelenk deuten mehrere kleine tannenzapfenförmige Linien auf eine vorhandene Leberinsuffizienz. Die zarte Hauttextur gibt die Sensibilität der Handeignerin zu erkennen. Die sehr zarte und durchscheinende Haut der Handtellermitte, beidseitig, die die Gefäße sichtbar werden läßt, korrespondiert mit einem empfindlichen Solar plexus, der darauf hinweist, daß die Handeignerin schnell und tief beeindruckbar ist. Eine Stoffwechselinsuffizienz des Magens äußert sich an der blassen Farbe der Handtellermitte, beidseitig. In der linken Hand sprechen die Handrandberge zwischen Handwurzel und Herzlinie für Tatendrang und Phantasie aber auch für Infektionen sowie Rheuma. In der rechten Hand ist der Zeigefingerberg besonders erhaben, was einerseits auf Lebensfreude, andererseits auf Geltungsdrang hinweist. In organischer Hinsicht betrifft es Durchblutungsstörungen im Bereich der Lunge und des Kopfes, Haarausfall, aber auch Blasenschwäche.

Beide *Lebenslinien* umrunden den Daumenballenberg, der sich im ersten Drittel flacher zeigt und zunehmend kräftiger wird. Die Lebenskraft und Lebenserwartung der Vorfahren sind

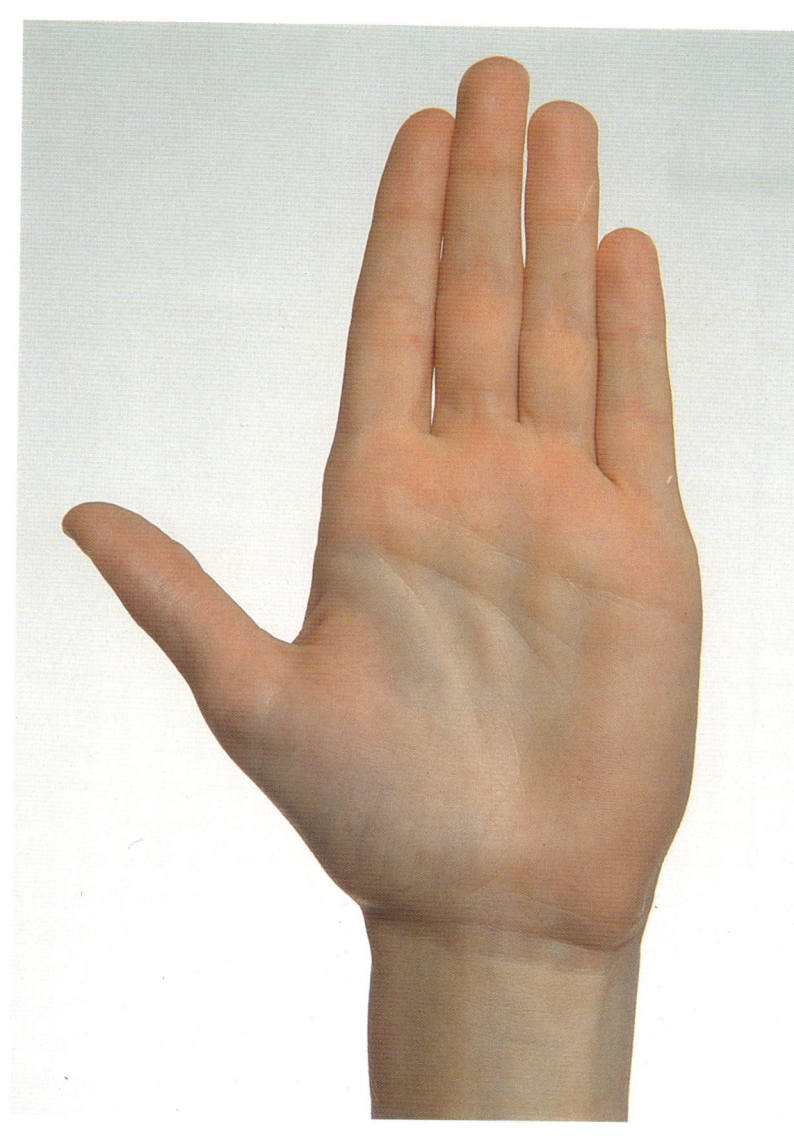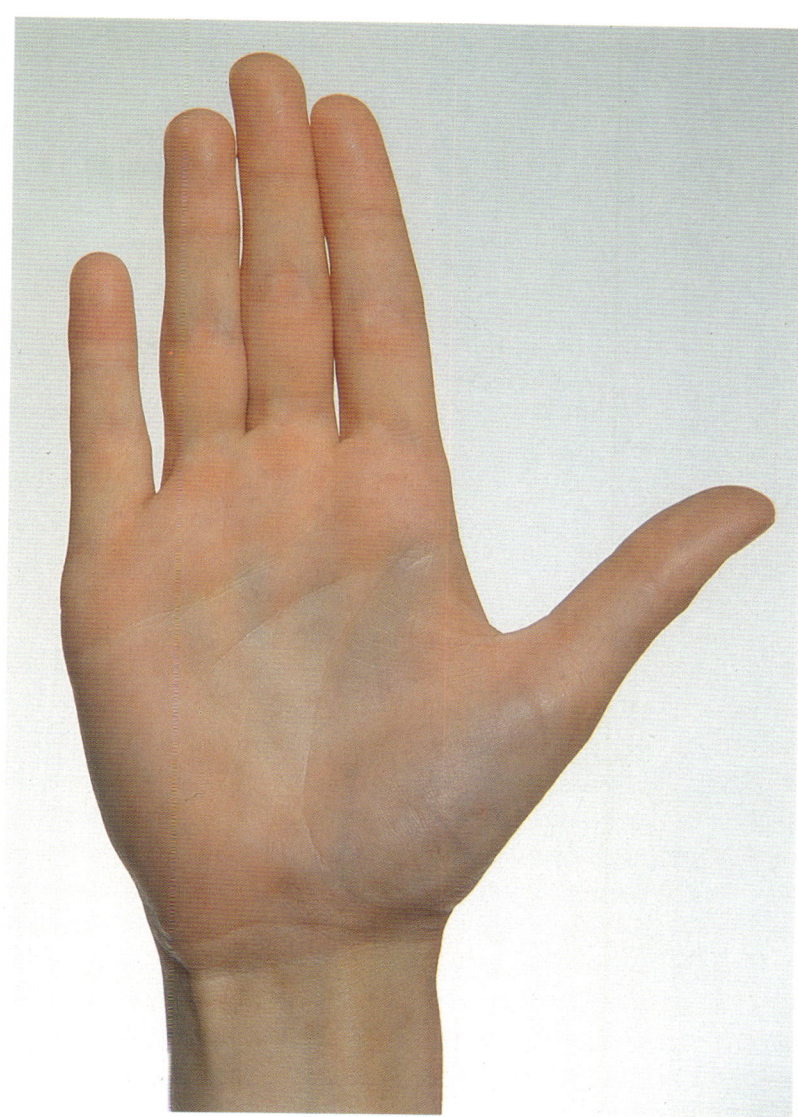

für die Handeignerin nach dem ersten Lebensdrittel maßgebend. In der Jugendzeit verfügt sie über weniger Widerstandsfähigkeit, zumal das blasse Umfeld der Lebenslinien mangelnde Durchblutung zu erkennen gibt. Punkte in beiden Lebenslinien weisen auf schwankende Gesundheitsverhältnisse in den entsprechenden Lebensjahren hin.

Die *Kopflinien* sind mit den Lebenslinien normal verbunden. Da sich die Handeignerin schnell in eine Situation hineinversetzen kann, ist sie in der Lage, rechtzeitige Entscheidungen zu treffen. Die Verlaufsrichtung der linken Kopflinie zum mittleren Handrandberg läßt auf schöpferische Fähigkeiten und auf Beziehung zum Sozialen schließen. Eine zweite kürzere Kopflinie, linksseitig, überlagert nach der Mittellinie die erste. Der bei den mütterlichen Vorfahren vorhandene Alkoholismus ergibt bei der Handeignerin eine Bereitschaft zu verschiedenen Wesenshaltungen. Das bedeutet bei ihr, daß ihre Empfindungswelt zeitweise vom Verstand bekämpft wird.

In der rechten Hand neigt sich die Kopflinie dem oberen Handrandberg zu, was für ein von Verstand geprägtes Denken spricht. Ein dunkler Punkt in der rechten Kopflinie in Mittelfingerhöhe bezieht sich auf Gehörschwäche. Die sich am Anfang beider Kopflinien befindenden Inseln deuten auf von beiden Elternteilen vererbte Sehschwäche. (Die Handeignerin ist Brillenträgerin.)

Die beidseitig aufgefaserten kettigen *Herzlinien* schimmern silbrig, wie auch der Beginn der rechten Lebenslinie. Dieses Bild bietet sich oft nach Einnahme von Arsen und Quecksilber und läßt Entzündungen sowie Durchblutungsstörungen vermuten. Am Ende der linken Herzlinie veranschaulicht eine offene Insel eine von mütterlicherseits vererbte Anlage zu Lungenerkrankungen. Die Spaltung am Ende der rechten Herzlinie weist darauf hin, daß auch auf die Kopfdurchblutung geachtet werden

sollte. Die aufgefaserten kettigen Herzlinien machen auf einen weniger stabilen Herzmuskel aufmerksam.

Die in der linken Hand zu einem kurzen Teil sichtbare *Schicksalslinie* gibt zu erkennen, daß die Handeignerin in den Jugendjahren nur geringfügig herausgefordert wird, sich dem Lebenskampfe zu stellen. Die rechte, vom Handrandberg kommende Schicksalslinie ist sehr schwach und nur zu einem Teil sichtbar. Es bedeutet, daß das Bewußtsein der Handeignerin nach dem 30. Lebensjahr mehr durch äußere Einflüsse gefördert wird. Bedingungen, die zu einschneidenden Erfahrungen führen und ihre Unterscheidungsgabe schulen, sind noch nicht gegeben. Die Zeitspanne vom 28. bis zum 30. Lebensjahr bildet für jeden Menschen einen fließenden Übergang von der linken zur rechten Hand als Überbrückung von Jugend und Reife.

Die sehr zarten, doppelt vorhandenen *Sonnenlinien* in der rechten Hand weisen auf musische Neigungen. Die von der Lebenslinie aufsteigende *Magenlinie*, linksseitig, verläuft schwach sichtbar in der Handtellermitte und kennzeichnet damit ein nervöses Vegetativum. Die rechtsseitig an der Lebenslinie beginnende Magenlinie reicht bis in die Herzlinie. Sie bildet gemeinsam mit der Kopf- und Lebenslinie das »Große Dreieck«, daß sich begünstigend auf die Gesundheitsverhältnisse auswirkt.

Die linke erste *Raszette* verläuft oberhalb der Handwurzel. Aus den weiteren Raszetten, linksseitig, teils kräftig, teils zart kettig, ist ersichtlich, daß die Konstitution der mütterlichen Vorfahren eine Kombination aus Zähigkeit und Sensibilität aufwies. An der rechten Handwurzel ist die erste leicht kettige Raszette hochgezogen und die zweite kettige zarter. Die Verfassung der väterlichen Vorfahren war ebenfalls feinnervig, aber nicht anhaltend stabil, zumal Bindegewebeschwäche dazukommt. Die Handeignerin sollte bewußt ihre physischen Kräfte stabilisieren.

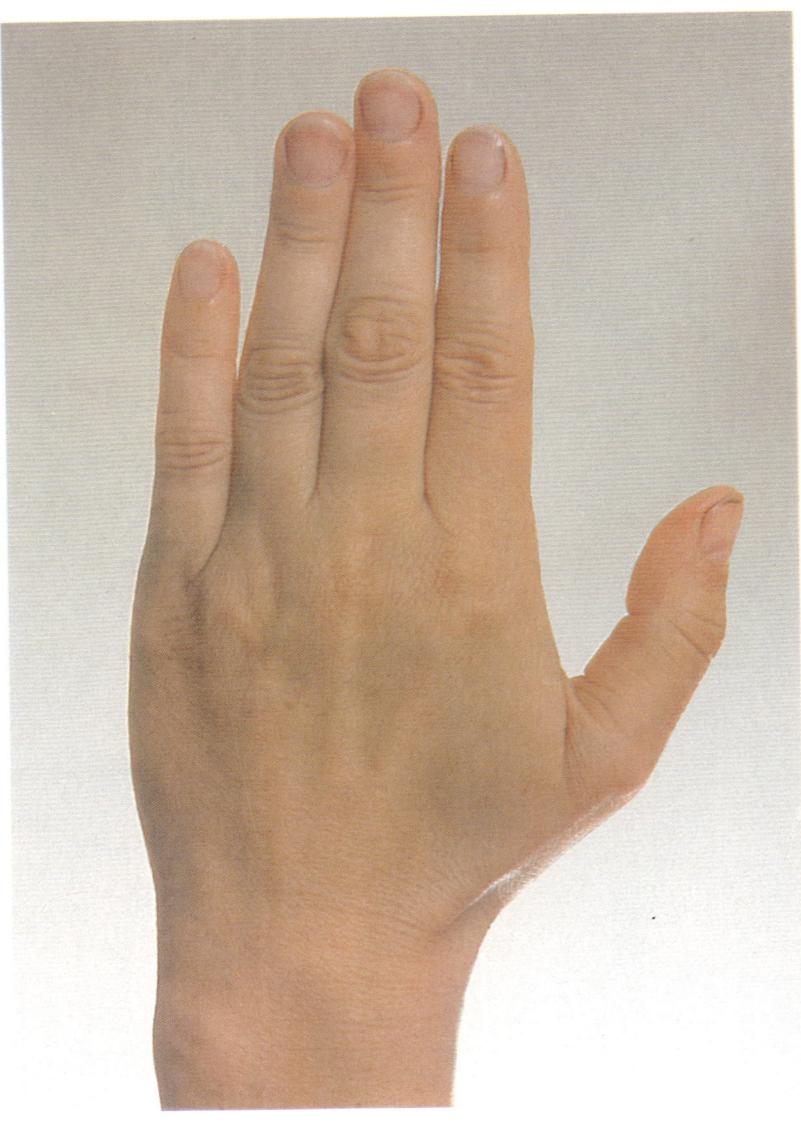 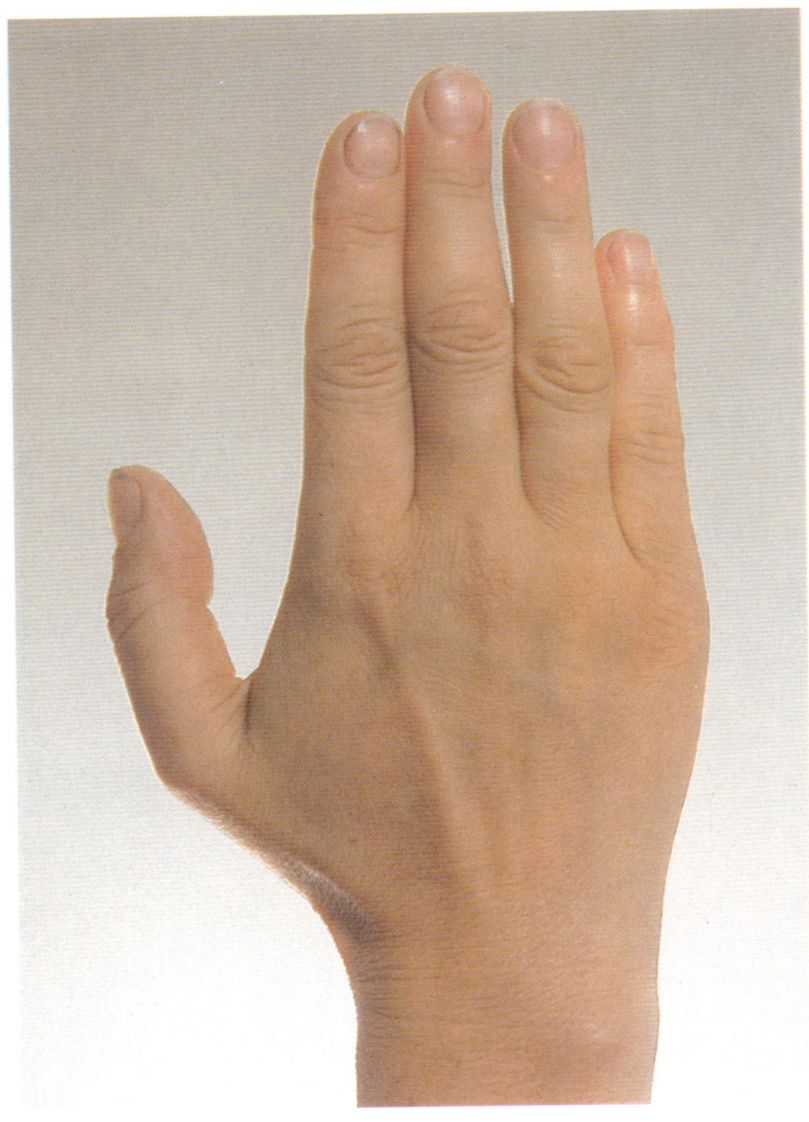

Weibliche Außenhände: A. D.
Die Handeignerin, 42 Jahre alt, ist Kosmetikerin, Buchhalterin und Hausfrau.

Die *Charakteristik* der Handform im Schema ist konisch, spatelförmig gemischt und drückt Vielseitigkeit aus. Die Handeignerin strebt danach, das Erlernte praktisch zu verwerten. Die ständige Aktivität in verschiedenen Aufgabenbereichen dient ihrer geistigen Entfaltung.

Die Ringfinger sind etwas länger als die Zeigefinger und machen darauf aufmerksam, daß die anpassungswillige empfindsame Handeignerin ihre Umwelt in ihren eigenen Ideen und Plänen berücksichtigt. Die tief angesetzten langen Daumen verkörpern einen selbstbewußten, energischen Menschen, der reserviert und vorsichtig sein kann und einen stabilen Charakter hat.

Die feinen und zarten Handgelenke spiegeln ein gutes Niveau der Vorfahren wider.

Die *Konstitution* ist zäh, sensibel.

Die *Disposition* zu Nierenstörungen sowie zu langer Jugendlichkeit ist an der feinen Hautbeschaffenheit ersichtlich.

Die leicht eingedrehten, etwas abgewinkelten Mittelfinger hängen mit Darmstörungen und Blinddarmreizungen zusammen, die Biegung des rechten Ringfingers mit Störungen der rechten Niere, die Verdickung des zweiten Gelenkes des linken Kleinen Fingers mit Gebärmutterknickung und die Biegung des ersten Gliedes des rechten Kleinen Fingers mit Gebärmuttersenkung. Das Knöchelgelenk des linken Ringfingers bezieht sich auf eine Schwäche des linken Fußes, die Vertiefung am Knöchelgelenk des linken Kleinen Fingers auf eine Schwäche der Arm- und Handknochen, linksseitig.

Die beidseitig normal gewölbte Maus läßt auf gute Vital- und Lungenkraft schließen.

Die etwas unterschiedlich großen Fingernägel sind vorwiegend rund sowie blaß-bläulich; dies sind Anzeichen für Darmstörungen in Verbindung mit der Milz sowie Durchblutungsstörungen aufgrund von Sauerstoffmangel. Der gewölbte etwas eckige Nagel des rechten Kleinen Fingers steht im Zusammenhang mit einer leichten Störung im Urogenitalbereich. Die links weniger und rechts mehr vorhandenen Nagelmonde beruhen auf unterschiedlichen Reaktionen der Herznerven.

Die Einflußzeichen atmosphärischer Störungen sind an den oberen Nagelrändern vorhanden.

Weibliche Innenhände: A. D.

Die Fingerglieder weichen in ihrer Länge geringfügig voneinander ab, die ersten Glieder der Mittelfinger sind am kürzesten. Für den Einklang der drei Ebenen sind Besinnung und Konzentration notwendig.

Sehr zarte feine Längslinien auf den zweiten und dritten Fingergliedern geben ein ansprechendes, liebenswertes Wesen zu erkennen. Die auf fast allen unteren Fingergelenken befindlichen kleinen Linien stellen im ganzen betrachtet ein Merkmal für verausgabte Lebenskräfte dar, die sich an den Nerven und Organen auswirkten. Die mittelfeine bis feine Hauttextur bestätigt die Empfindsamkeit der Handeignerin.

Die den Fingern zugeordneten Handberge heben sich kaum voneinander ab. Wohl ist die Handeignerin für alles Schöne aufgeschlossen, legt sich jedoch im einzelnen nicht fest. Die gewölbte Partie am oberen Drittel beider Daumenballenberge

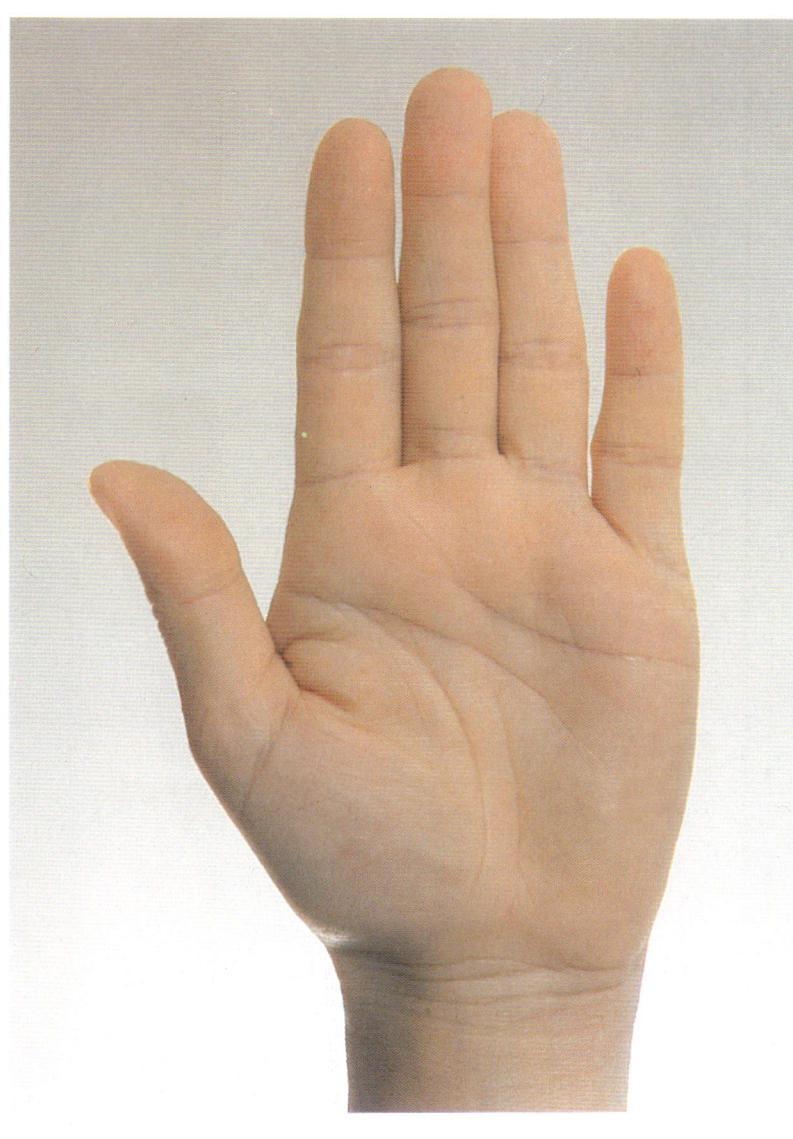

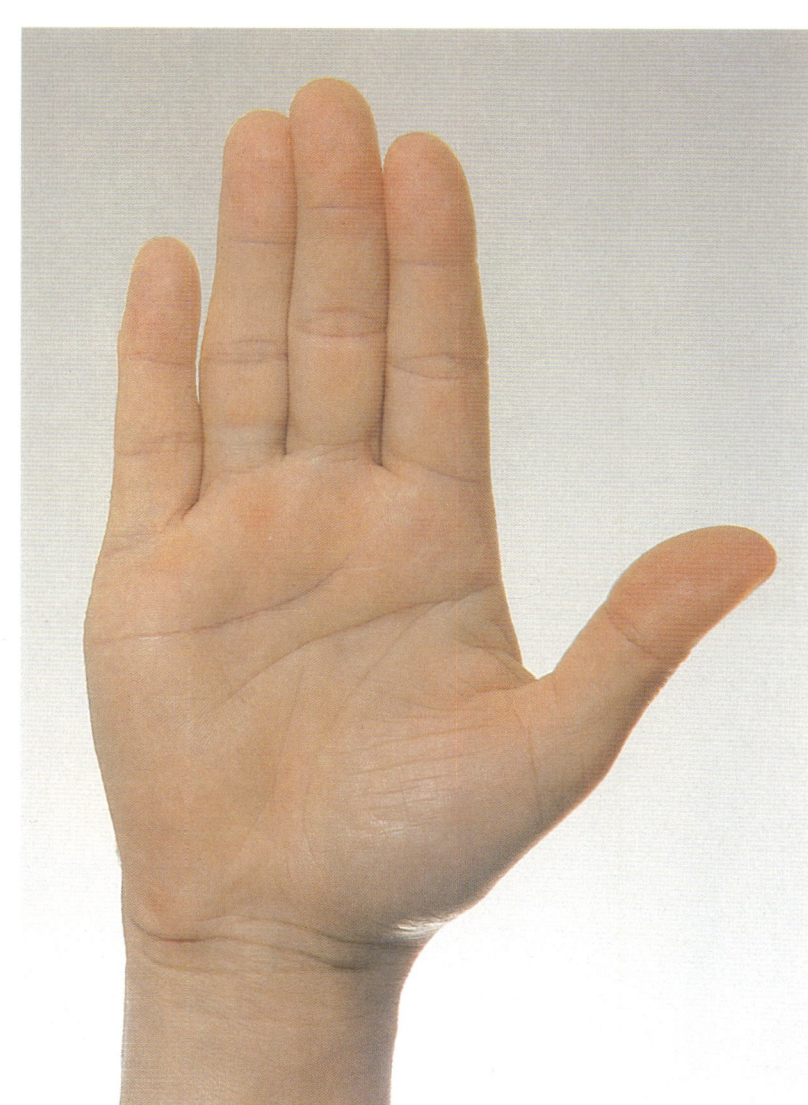

verdeutlicht Tatendrang, Mut und Kampfsinn, was auch die Wölbung zwischen Kopf- und Herzlinie unterhalb des Zeigefingers veranschaulicht.

Das »Große M« ist beidseitig bis auf den Teil zwischen Kopf- und Herzlinie sichtbar. Betrachtet die Handeignerin das Leben intensiver nach Ursache und Wirkung, verhält sie sich neutraler und gewinnt einen größeren Überblick.

Beide *Lebenslinien* umrunden die Daumenballenberge in einem harmonischen Viertelkreis. Die Vorfahren besaßen eine gute Vitalität. An dem oberen Teil beider Lebenslinien läßt jeweils eine kleine Insel auf eine schwache Konstitution in der Jugend schließen. Die Linien, die aus den oberen Daumenballenbergen kommen und die Lebenslinien schneiden, beziehen sich auf fieberhafte Erkrankungen oder Eingriffe.

Die *Kopflinien* sind in beiden Händen mit den Lebenslinien verbunden. Die Handeignerin vermag ihr Denken und Handeln mit Disziplin zu steuern.

Die *Kopflinien* sind leicht gewellt und ziehen in Richtung der mittleren Handrandberge. Der auf das Ideale gerichtete Sinn der Handeignerin gibt Gestaltungskraft, Phantasie und Naturerleben zu erkennen. Jeweils eine kleine Insel in beiden Kopflinien unterhalb des Zeigefingers weist auf eine von sowohl mütterlicher als auch väterlicher Seite vererbte Anlage zu Augenschwäche. Die leicht welligen Kopflinien beruhen auf einer Krampfdiathese, die sich in Kopfschmerzen äußern kann. Auch psychische Verkrampfungen können damit in Verbindung stehen. Punkte in beiden Kopflinien hängen mit einer Kopfnervenbelastung zusammen.

Die beidseitig kräftigen, bläulich getönten und in einer großen Spaltung endenden *Herzlinien* sprechen für einen aufgeschlossenen, großherzigen Menschen. Die lila-bläuliche Farbe ist auf Unterleibsstörungen zurückzuführen. Die etwas enger dargestellte Spaltung der linken Herzlinie läßt es empfehlenswert erscheinen, die Kopfnerven vor extremen Temperaturen zu schützen.

Aus der Spaltung der rechten Herzlinie läßt sich feststellen, daß sich die Handeignerin offensichtlich nach Resonanz ihrer Gefühle und Empfindungen sehnt. Der untere Ast der Spaltung wird durch eine schräge Linie begrenzt, die auf Weißfluß deutet. Der Zwischenraum von Kopf- und Herzlinie ist linksseitig etwas schmaler als rechtsseitig. Die Tendenz zu seelischer Beengung und Asthma nimmt nach dem 30. Lebensjahr ab.

Die linke *Schicksalslinie* beginnt oberhalb der ersten hochgezogenen Raszette und bleibt vor der Kopflinie stehen. Der Selbständigkeitsdrang der Handeignerin wurde durch Hemmungen über den Verstand aufgehalten. Die rechte Schicksalslinie endet ebenfalls in der Kopflinie (verstandliche Hemmungen) und beginnt neu in der Herzlinie. Die positive Bereitschaft zu vertieftem geistigen Erleben gibt der Handeignerin Halt und Standfestigkeit.

Die rechte *Magenlinie* setzt an der Schicksalslinie an und zieht sehr zart in den Berg des Kleinen Fingers.

Kurze *Sonnenlinien*, linksseitig, veranschaulichen die Aufgeschlossenheit für das Schöngeistige.

An den ersten hochgezogenen *Raszettlinien*, beidseitig, läßt sich feststellen, daß Bindegewebeschwäche bei den mütterlichen und väterlichen Vorfahren veranlagt war. Die weiteren Raszettlinien an beiden Handwurzeln dokumentieren gute Vitalkräfte und Zähigkeit.

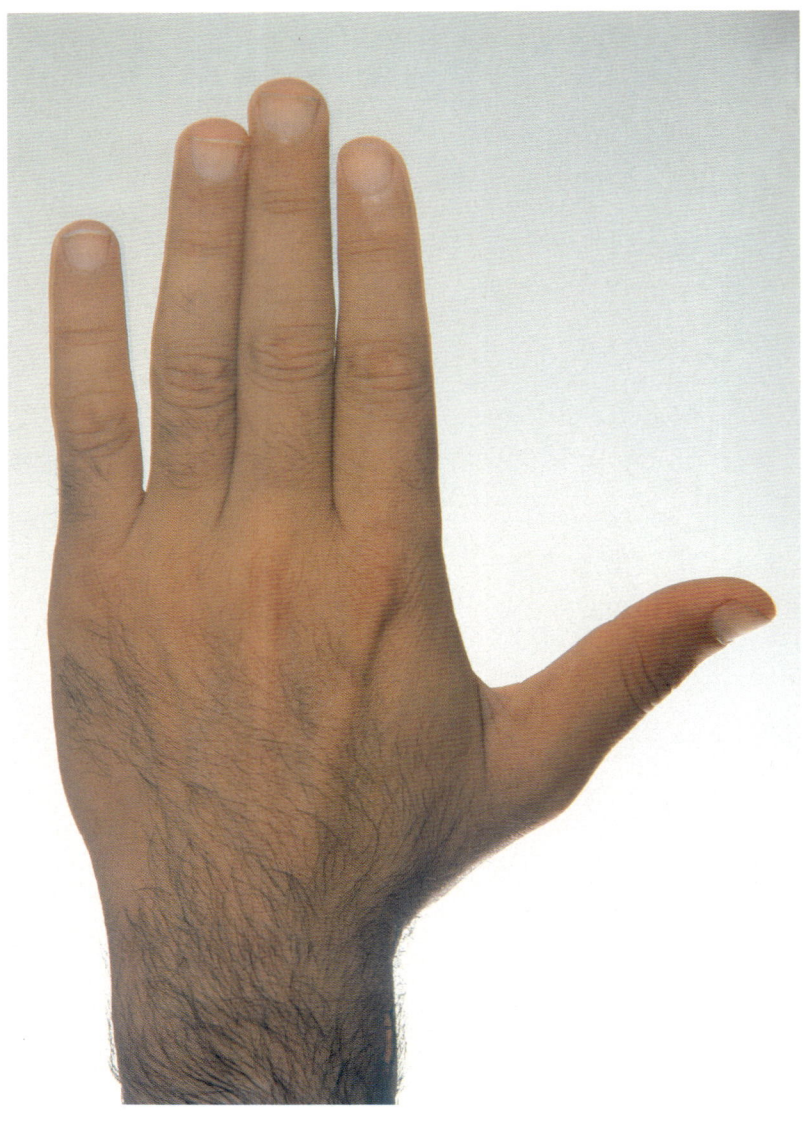 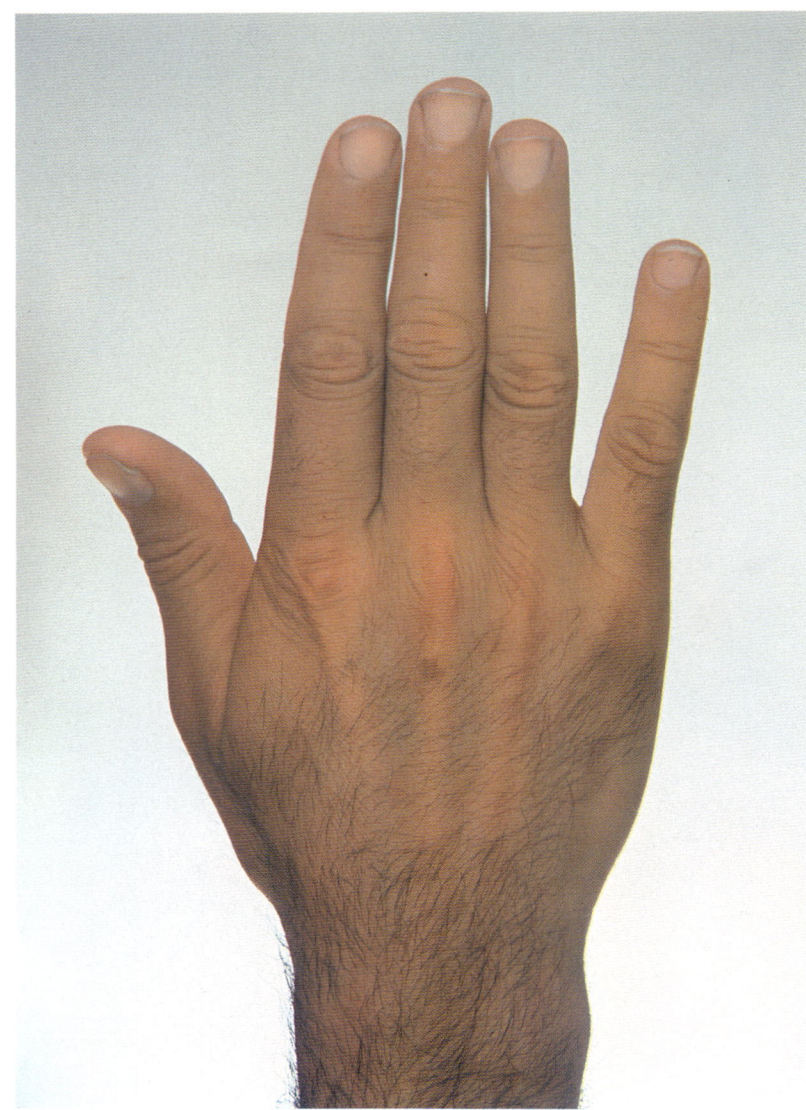

Männliche Außenhände: S. D.
Der Handeigner, 42 Jahre alt, ist Diplomingenieur.

Die *Charakteristik* der Handform im Schema ist spatelförmig, eckig, konisch gemischt. Die praktischen und theoretischen Fähigkeiten sind harmonisch aufeinander abgestimmt.

Der linke Ringfinger ist länger als der Zeigefinger. In den Jugendjahren machte sich der Handeigner von seiner Umwelt abhängiger. Rechtsseitig sind Ring- und Zeigefinger von gleicher Länge. Sowohl Anpassungsfähigkeit als auch Eigenständigkeit stehen im rechten Verhältnis. Die Daumen sind lang, das heißt, die Persönlichkeit besitzt Durchsetzungsvermögen. Lang sind auch die Kleinen Finger, was für Beredsamkeit und gutes Darstellungsvermögen spricht.

Der Handrumpf ist behaart. Das ist ein Zeichen für Heftigkeit und Temperament.

Die feinen Handgelenke sprechen für einen differenzierten Menschen.

Die *Konstitution* ist stabil, zäh, sensibel.

Die *Disposition* zu Eisenmangel und eine Anlage zu einer Leberzirrhose wird durch die blasse Farbe der Fingernägel erkennbar. Die gebogenen Zeigefinger weisen auf eine Tendenz zu Stoffwechselstörungen, links Milz-Pankreas, rechts Leber-Galle.

Die Maus ist an beiden Händen gut geprägt, bis auf die Kontur im oberen Teil, die auf eine Schwäche der Halswirbelsäule aufmerksam macht.

Die breiter als langen Fingernägel veranschaulichen eine Disposition zu organischen Herzstörungen. Da die Nagelmonde fehlen, besteht eine Herznervenschwäche.

An den oberen Nagelrändern befinden sich die Zeichen für Belastungen aus der Atmosphäre.

Männliche Innenhände: S. D.

Die Fingerglieder sind etwas unterschiedlich in der Länge. Der Handeigner ist bemüht, die relativ ausgewogene physisch-psychische Komponente über sein Denkprinzip (längeres erstes Glied des linken Kleinen Fingers) mit dem Spirituellen zu verbinden. Die Hauttextur ist verfeinert und kräftig zugleich. Sie deutet auf Empfindungsfähigkeit und die Tendenz zu Rheuma. Die Handteller zeigen eine gefestigte Elastizität. Sie geben einen praktischen und zuverlässigen Menschen zu erkennen.

Ein verschobener Berg zwischen Mittel- und Ringfinger an der linken Hand bezieht sich auf den Sinn des Handeigners für die Gesetzmäßigkeit der Formen. Ein verschobener Berg zwischen Ring- und Kleinem Finger läßt auf Gestaltungsfähigkeit schließen.

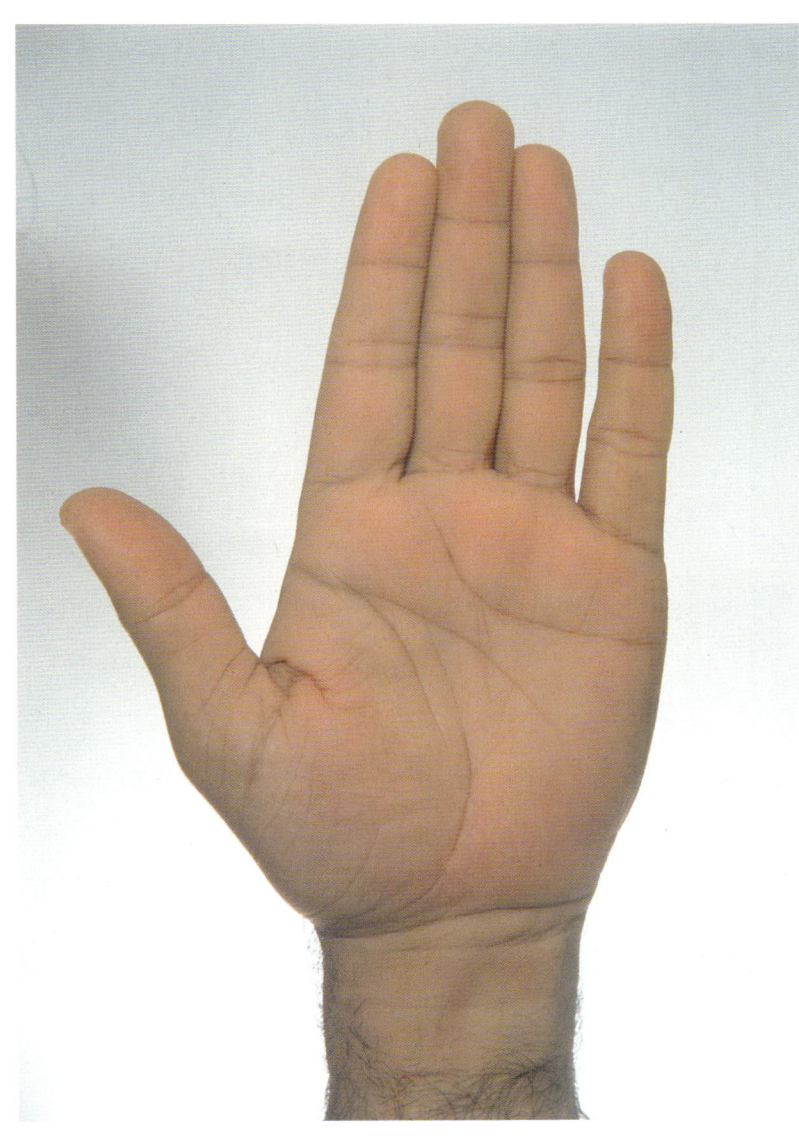
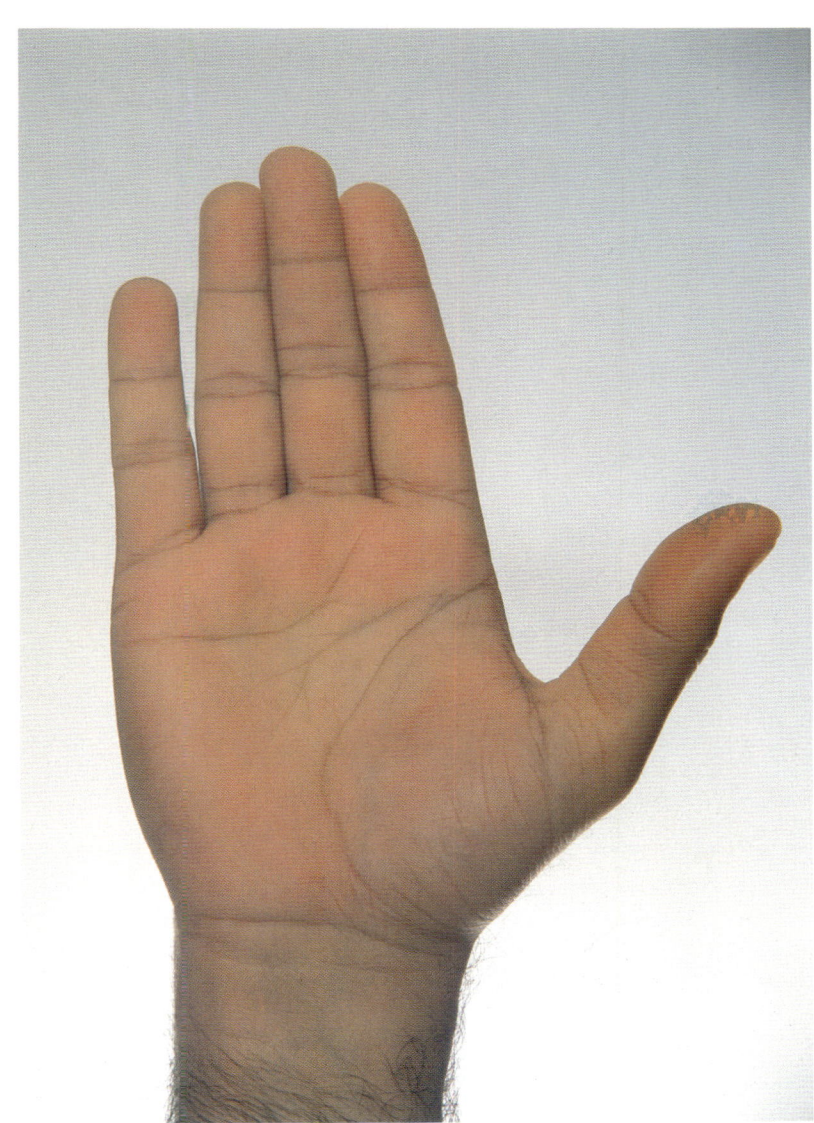

Das »Große M« ist in beiden Händen nicht vollständig ausgebildet. Es bedarf eigener großer Anstrengungen, Wesentliches in sich zu festigen. Die Hauptlinien sind kräftig geprägt. Die Farbtönung der Linien ist gelblich-bräunlich und weist auf eine Anfälligkeit des Stoffwechsels, speziell der Leber, hin.

Eine *Lebenslinie*, linksseitig, umrundet den Daumenballenberg gut gezeichnet, während eine zweite kräftige bis zu ihrer Mitte verläuft. Es bedeutet Zähigkeit und Stabilität, zumal die innere Lebenslinie hoch angesetzt ist. Die rechte noch höher angesetzte Lebenslinie verkörpert außergewöhnlich gute Vitalität, Zähigkeit und Widerstandsfähigkeit. Die schwach sichtbaren kurzen Schnittlinien am unteren Viertel des Daumenballenberges stellen Krisenzeiten im Leben des Handeigners dar. Die linke Kopflinie ist mit der ersten Lebenslinie normal verbunden und besagt rechtzeitige Entschlußfähigkeit. Der Anschluß der Kopflinie an die zweite Lebenslinie unterhalb des Mittelfingers gibt zeitweise Verschlossenheit zum Ausdruck.

Die *Kopflinie* der linken Hand ist geschwungen, sie mündet im oberen Handrandberg. Der Handeigner verfügt über Einfühlungsvermögen und kreatives Denken. Die Kopflinie der rechten Hand ist mit der Lebenslinie normal verbunden. Der Handeigner reagiert nach dem 30. Lebensjahr im Denken und Tun konzentrierter und bewußter.

Die leicht wellige rechte Kopflinie spiegelt Flexibilität der Gedanken, die mehr auf den Verstand bezogen sind, wider.

Beide *Herzlinien* sind schwungvoll, bogenförmig und etwas durchhängend (leichte Melancholie) dargestellt. Sie münden in Richtung des Zwischenraumes von Mittel- und Zeigefinger. Hiervon läßt sich ableiten, daß die Kraft der Empfindungsfähigkeit intensiv beansprucht wird.

Linksseitig steigt unterhalb der Kopflinie eine *Schicksalslinie* auf, die sich nach der Kopflinie verdoppelt. Der Handeigner bemüht sich bewußt um Selbständigkeit und Fortschritt, auch in beruflicher Hinsicht. Rechtsseitig beginnt eine Schicksalslinie schräg verlaufend in der Mitte des Handtellers. Sie läuft oberhalb der Kopflinie sehr zart in den Mittelfingerberg. Der Handeigner kann unvorhersehbare und unberechenbare Möglichkeiten für seine geistige Erweiterung nutzen.

In der linken Hand erstreckt sich eine zarte *Magenlinie* bis wenig über die Kopflinie und bildet zusammen mit Kopf- und Lebenslinie das »Große Dreieck«, das die körperliche Stabilität des Handeigners betont.

Die ersten *Raszettlinien* an beiden Handwurzeln sind kräftig und gut durchgezogen, die zweiten sind zarter und kettig. Die Konstitution der Vorfahren war stabil und sensibel.

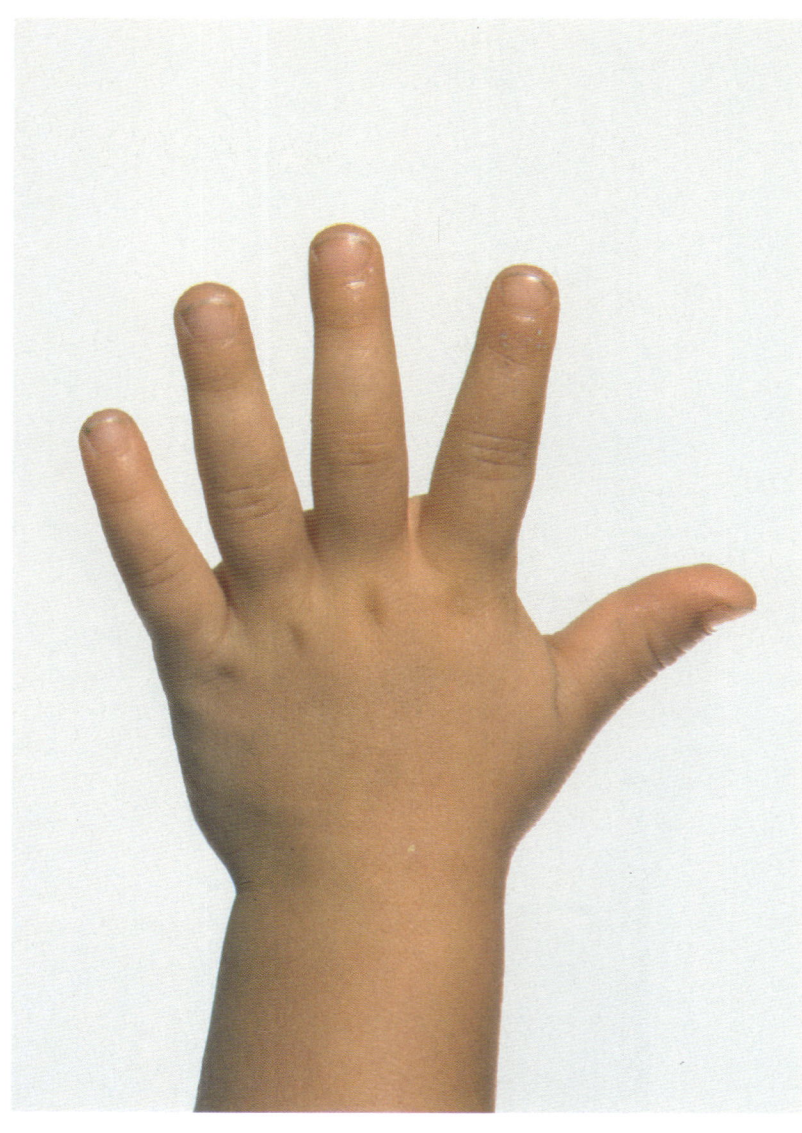 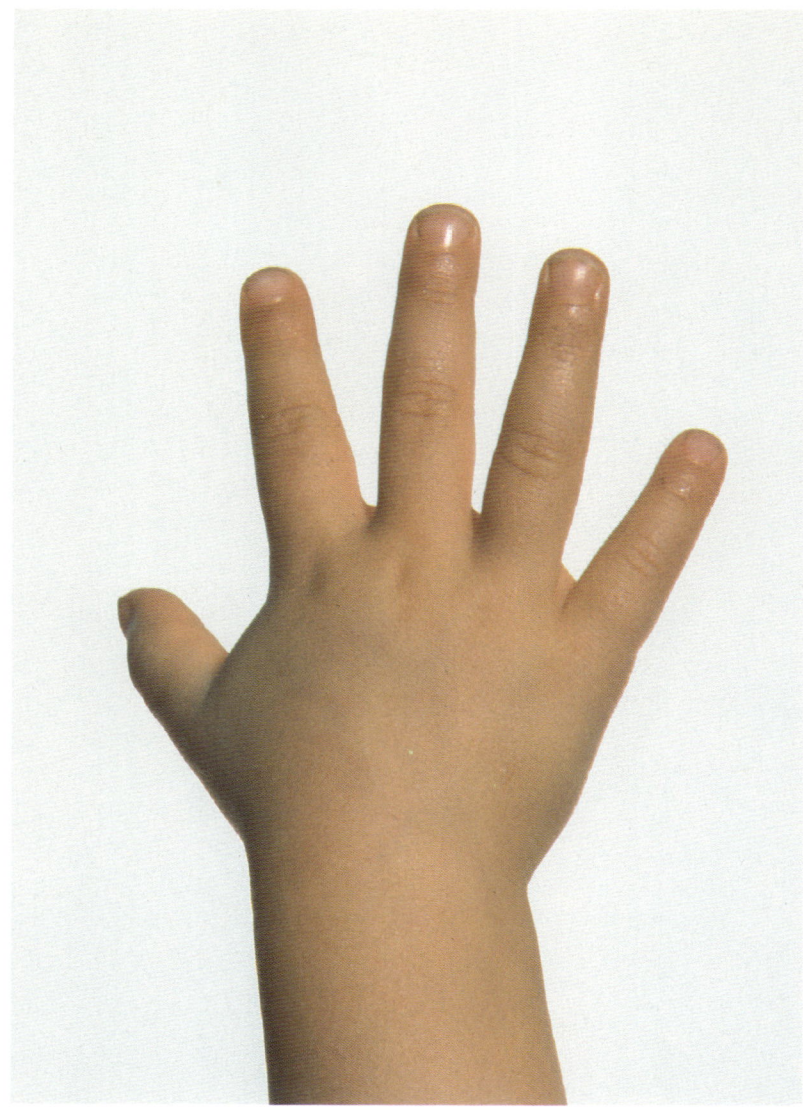

Weibliche Außenhände: N. B.
Die Handeignerin ist 2 Jahre alt.

Die *Charakteristik* der Handform im Schema ist konisch mit spatelförmigem Einschlag. Obwohl sie stark von Stimmungen und Empfindungen bewegt wird, vermag die zweijährige Handeignerin schon recht geschickt zuzupacken.

Die Zeige- und Ringfinger sind von gleicher Länge. Die Strebsamkeit im Praktischen und das ideale Prinzip sind harmonisch aufeinander abgestimmt. Die kräftigen, mittelhoch angesetzten Daumen bestätigen, daß die Persönlichkeit sich zu behaupten weiß und dominieren will. Die ersten Glieder sind kürzer als die zweiten. Die Vernunft ist größer als die Willenskraft.

Die mittelkräftigen Handgelenke weisen auf widerstandsfähige Vorfahren hin.

Die *Konstitution* ist stabil, zäh, sensibel.

Die *Disposition* zu Stoffwechselstörungen ergibt sich aus dem Eindruck der Haut, die an den Fingergliedern etwas kräftiger und gespannter wirkt. Auf eine gute Funktionsfähigkeit von Nie-ren und Darm ist zu achten. Das erste Glied der Kleinen Finger ist leicht abgewinkelt und weist auf Bindegewebeschwäche der Unterleibsorgane hin. Zärtlichkeitsgrübchen sind an allen Knöchelgelenken deutlich sichtbar. Die Handeignerin benötigt liebevolle Zuwendung und Zärtlichkeit.Die Maus an beiden Händen weist weder Konturen noch Einziehungen auf. Die Widerstandsfähigkeit und Lungenkraft sind gut.

Die in Form und Größe etwas unterschiedlichen Fingernägel besagen, daß die Organe nicht immer synchron arbeiten. Die glänzenden und rosafarbenen Nägel enthalten Aufhellungen, die auf Stauungen im Bereich von Milz-Pankreas, Leber-Galle, Darm und Nieren zurückzuführen sind. Die in Form und Größe unterschiedlichen Nagelmonde stehen mit leichter Herznervenschwäche in Verbindung.

Die Einflußzeichen atmosphärischer Störungen sind bereits bei diesem Kleinkind an den oberen Nagelrändern sichtbar.

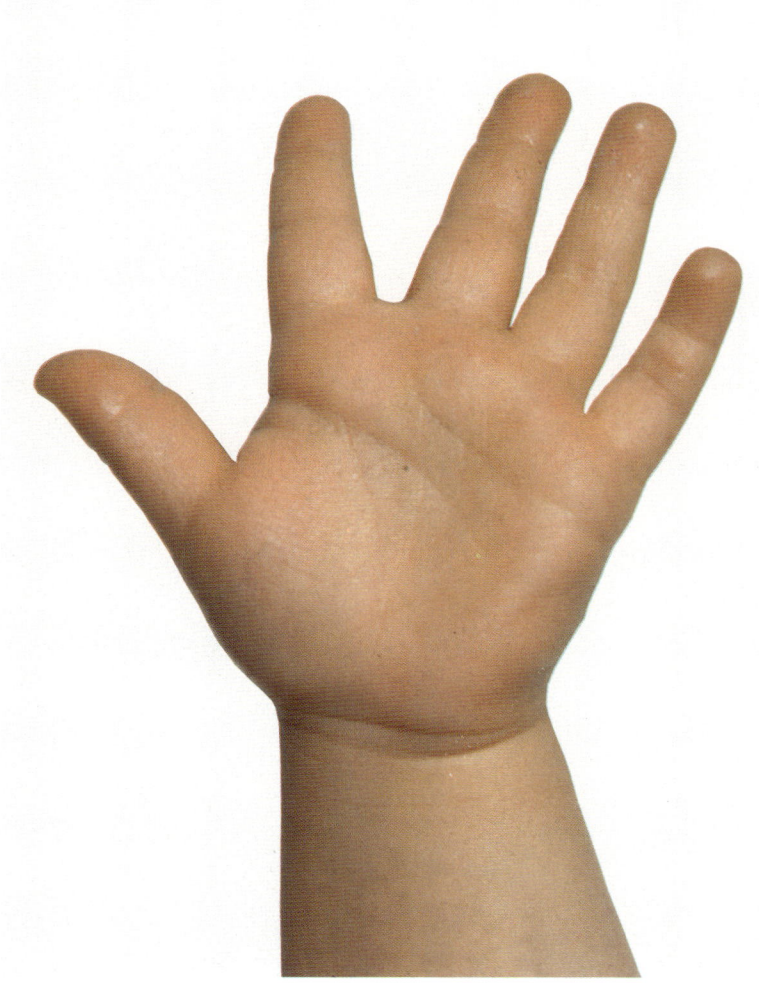
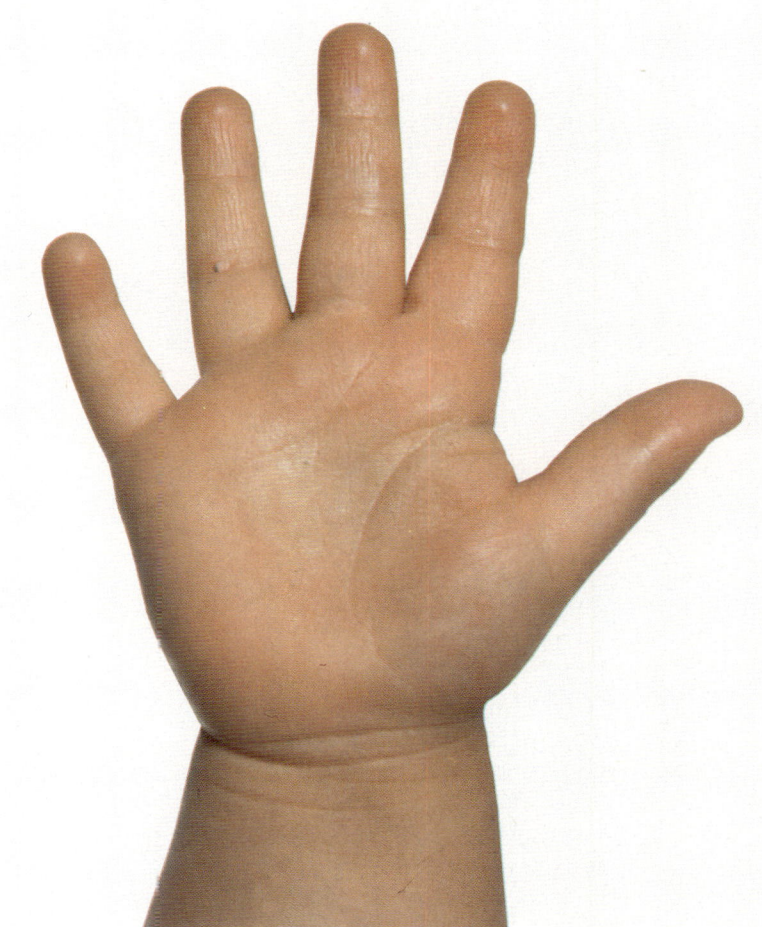

Weibliche Innenhände: N. B.

Die Fingerglieder sind unterschiedlich lang. Die Harmonie der drei Ebenen, Geist, Seele, Körper, muß bewußt erarbeitet werden. Viele feine Längslinien an den zweiten und dritten Fingergliedern sprechen für Warmherzigkeit und Anziehungskraft. Die Längslinien an den ersten Fingergliedern geben eine Überreizung der Gehirnnerven (Fernsehen) zu erkennen. An den Fingerkuppen zeigen sich kleine Erhebungen, die auf Tast- und Qualitätssinn schließen lassen. Die Innenhandflächen sind in der Mitte vertiefter. Es besteht eine Tendenz zu Sekretionsstörungen des Magens. Die Linien sind für ein Kleinkind bereits gut ausgebildet. Besonders in der linken Hand ist das »Große M« vorhanden. Die Handeignerin ist intelligent und bringt die Voraussetzung mit, verantwortungsbewußt handeln zu können.

Die *Lebenslinien* sind in beiden Händen kräftig eingezeichnet, wobei die rechte durch ihre Länge auffällt. Die Lebenserwartung der väterlichen Vorfahren war größer. An dem linken unteren Daumenballenberg befindet sich eine *Vorgeburtslinie*. Die Mutter war während der Schwangerschaft seelisch belastet. Für die Handeignerin bedeutet es, daß sie während ihrer Kindkeit und Jugend ernst im Gemüt aber auch scheu und gehemmt im Wesen sein kann.

Die linke *Kopflinie* ist mit der Lebenslinie länger verbunden. Die Gedankenhaltung ist abwartend, die Entschlußfähigkeit verzögert. Die linke Kopflinie reicht bis in den mittleren Handrandberg und läßt eine sozial-ideale Einstellung, verbunden mit Kreativität, erkennen. Die rechte Kopflinie ist mit der Lebenslinie unverbunden, ein Merkmal für Spontaneität und ein offenes Wesen. Die Richtung der rechten Kopflinie offenbart ein eigenständiges und schöpferisches Denkvermögen.

Beide *Herzlinien* sind lang. Die Handeignerin erwartet liebevolles Entgegenkommen und fürsorgliche Aufmerksamkeit aus ihrer Umwelt. Punkte für Karies sind in den Herzlinien unterhalb der Mittelfinger vorhanden (Süßigkeiten).

Aus den gut dargestellten *Schicksalslinien* läßt sich ableiten, daß die Handeignerin geistige Kraft für ihre Bewußtseinsentwicklung erhält und somit ihr Leben meistern lernt. In der rechten Hand ist eine *Magenlinie* zwischen Lebens- und Herzlinie zu erkennen, die in Richtung des Kleinen Fingers zieht. Sie stellt ein widerstandsfähiges Vegetativum dar.

Die zwei oberen *Raszetten*, beidseitig, sind kräftig und klar durchgezeichnet. Weitere sind zart vorhanden. Das Erbgut bietet der Handeignerin ein gutes Fundament für ihre Konstitution.

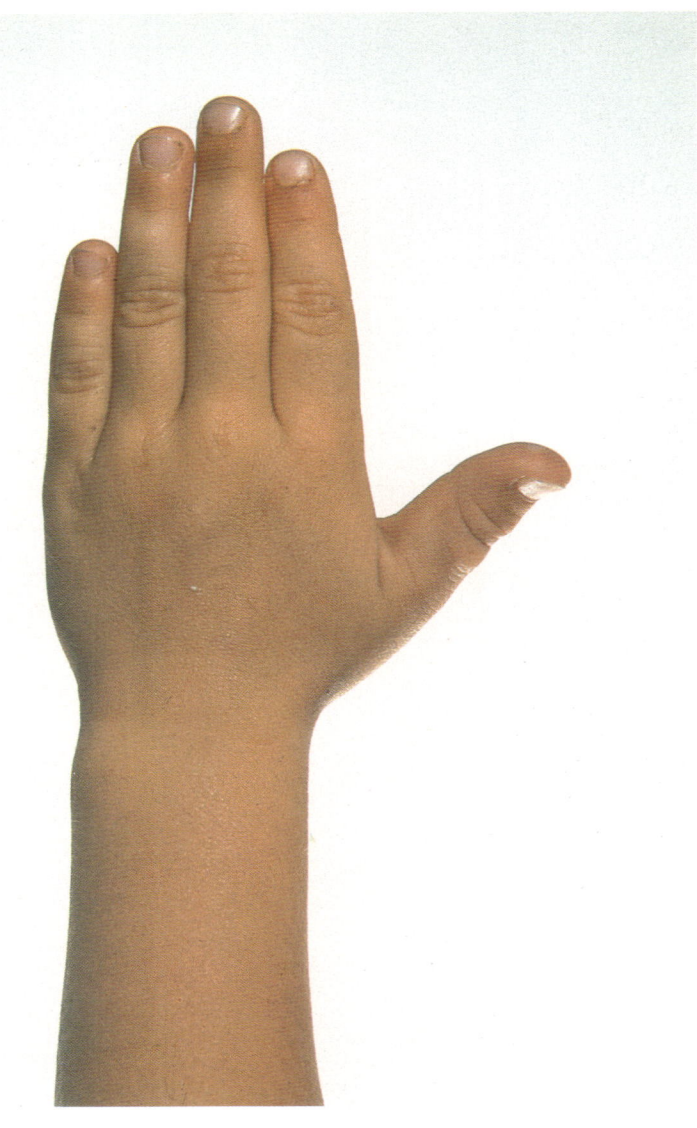 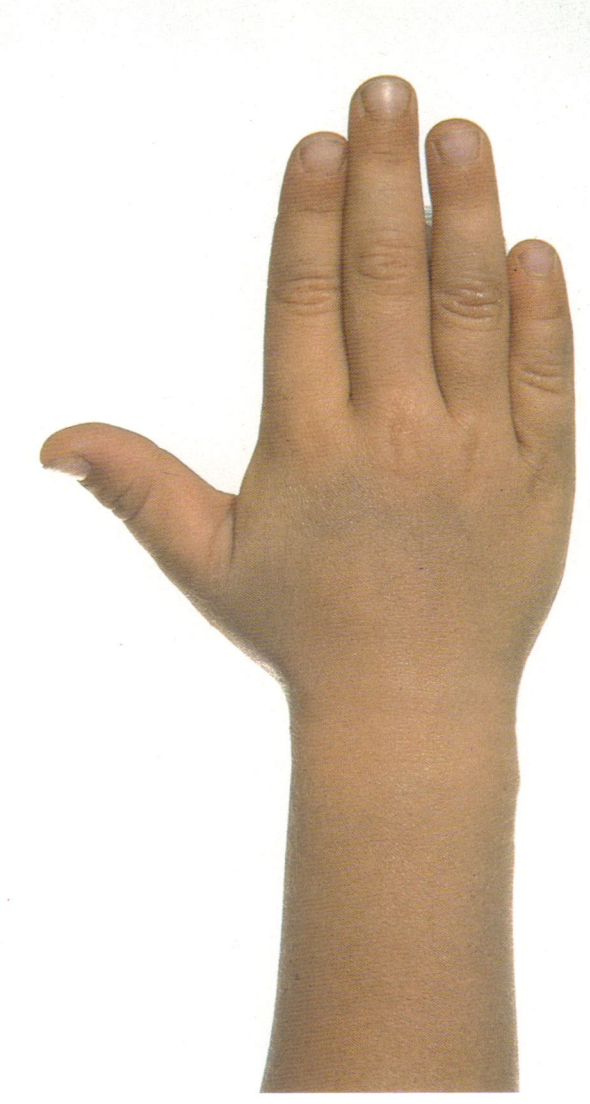

Weibliche Außenhände: A. B.,
Die Handeignerin, 6 Jahre alt, ist Vorschülerin.

Die *Charakteristik* der Handform im Schema ist konisch mit Spateleinschlag. Die Handeignerin ist tiefer Empfindungen fähig und von ihren Stimmungen abhängig, die sie in der praktischen Betätigung abfangen kann.

Die Ringfinger sind länger als die Zeigefinger. Die Handeignerin orientiert sich an ihrer Umwelt. Durch die Resonanz fällt ihr die Selbsterkenntnis leichter. Die Daumen sind kräftig und lang. Die Handeignerin weiß sich Geltung zu verschaffen und ist bemüht sich durchzusetzen, was ihr nicht immer leicht gelingt, da das erste Daumenglied kürzer ist als das zweite.

Die mittelkräftigen Handgelenke sind verfeinert dargestellt. Die Erbsubstanz war verfeinert und zäh.

Die *Konstitution* ist labil, zäh.

Die *Disposition* zu Stoffwechselstörungen ist durch die weniger feine Hautbeschaffenheit angezeigt. Stoffwechselstörungen und Verschlackungen machen sich auch an der hellen und gespannten Haut der Fingerglieder bemerkbar.

Beide Zeigefinger sind gebogen und beziehen sich auf eine Tendenz zu Organschwäche von Milz-Pankreas, links, und Leber-Galle, rechts. Der rechte gebogene Mittelfinger läßt eine Tendenz zu Darmstörungen erkennen. Die gebogenen Ringfinger weisen auf Nierenstörungen hin, die Einschnürung am zweiten Fingerglied auf eine Anlage zu Herzschwäche. Die Kleinen Finger, besonders rechtsseitig, sind auch gebogen und deuten auf Bindegewebeschwäche im Urogenitalbereich. Zärtlichkeitsgrübchen an den Knöchelgelenken beider Hände hängen mit Zärtlichkeitsbedürfnis und Sehnen nach Nestwärme zusammen.

Die Maus, beidseitig, hebt sich weder mit Konturen ab noch enthält sie Einziehungen. Die Widerstandsfähigkeit und Lungenkraft sind gut.

Die kurzen Fingernägel sind in der Form unterschiedlich. Sie sind auf ein weniger belastbares Herz zurückzuführen. Der linke runde Zeigefingernagel läßt auf eine lymphatische Diathese sowie auf Schwäche der Milz schließen. Die blassen Fingernägel sind eine Folge von Anämie. Ein Punkt, wie mit der Nadel gestochen, auf dem linken Mittelfingernagel ist ein Zeichen für eine Aktivierung der Milz (nach Infekt). Das Fehlen der Nagelmonde bezieht sich auf Herzneurose.

Die Einflußzeichen atmosphärischer Störungen sind an den oberen Nagelrändern sichtbar.

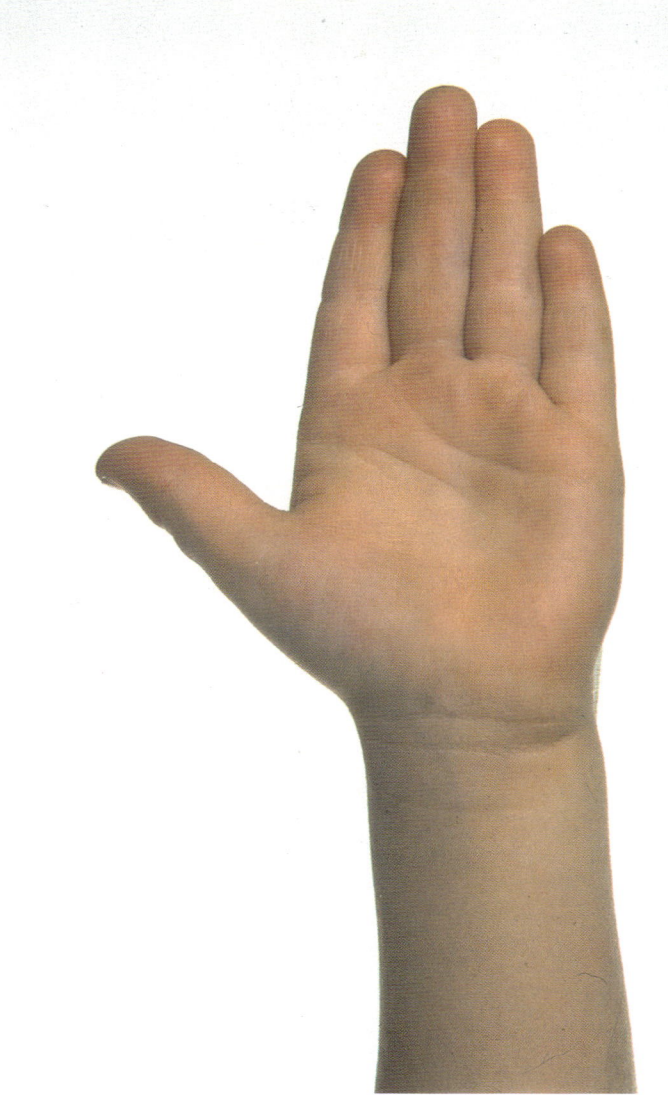 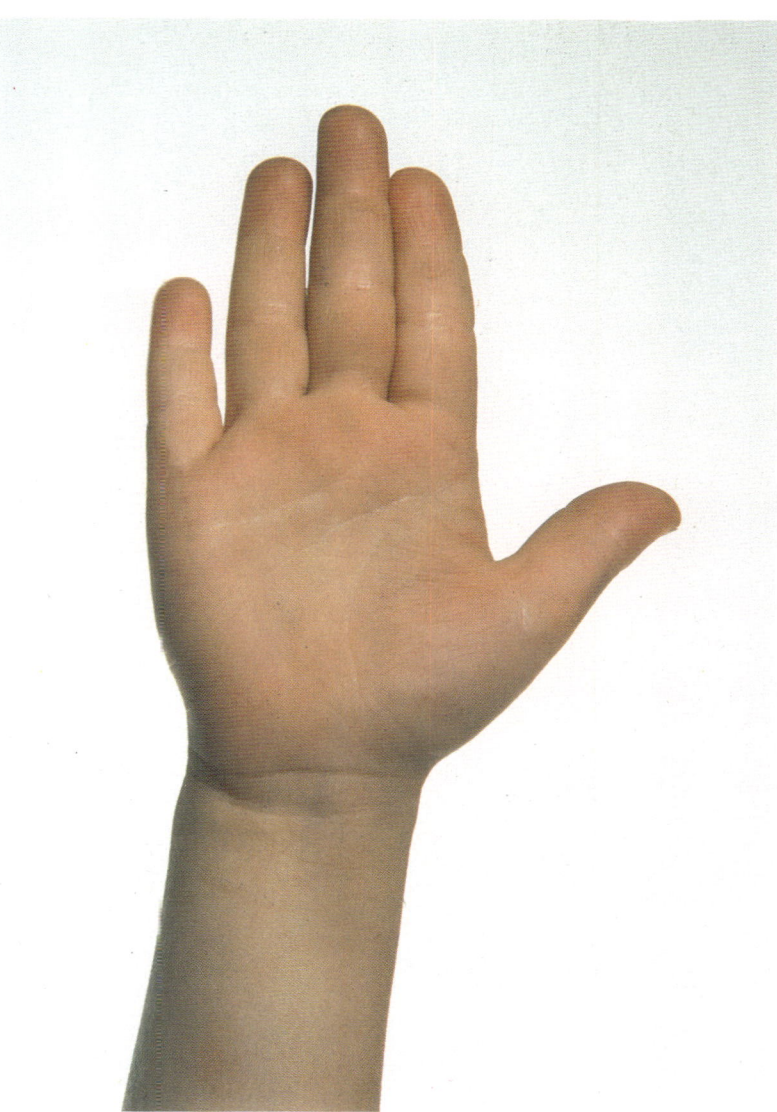

Weibliche Innenhände: A. B.

Die Fingerglieder sind unterschiedlich in ihrer Länge. Die drei Ebenen, Geist, Seele, Körper, müssen bewußt harmonisch aufeinander abgestimmt werden. Längslinien auf dem rechten ersten Zeigefingerglied weisen auf Überforderung der Gehirnnerven (zuviel Fernsehen). Die an den zweiten und dritten Fingergliedern befindlichen Längslinien deuten auf Ausstrahlungskraft und Kontaktfähigkeit. An einigen Fingerkuppen sind kleine Erhebungen erkennbar, die für Tast- und Qualitätssinn sprechen. Die kräftige Hauttextur läßt auf eine Anlage zu Rheuma schließen.

Die Handtellermitte, beidseitig, ist ausgehöhlt und blaß und weist auf eine Mageninsuffizienz hin. Aufnahme zu kalter oder zu heißer Speisen und Getränke kann Gastritis verursachen. Genußfähigkeit und Sinn am Schönen äußern sich besonders an den unteren, stärker gewölbten Handbergen.

Die linke *Lebenslinie* ist kurz und verläuft unterschwellig weiter. Die Vitalkräfte der mütterlichen Vorfahren waren anfangs widerstandsfähiger. Die rechte kräftige aber blasse Lebenslinie umrundet den gesamten Daumenballenberg und verdeutlicht Durchblutungsstörungen. Die Lebenserwartungen der väterlichen Vorfahren waren größer, was auch für die Handeignerin zutrifft.

Die linke *Kopflinie* ist mit der Lebenslinie durch eine Insel verbunden. Die Handeignerin kann durch rechtzeitige Bedachtsamkeit ihre Reaktionen steuern. Die Insel weist auf eine Disposition zu einer von mütterlicherseits vererbten Augenschwäche.

Die linke Kopflinie neigt sich dem mittleren Handrandberg zu. Phantasie, Kreativität und Naturliebe kommen damit zum Ausdruck. Die rechte Kopflinie ist bis zu ihrer Mitte blaß und bezieht sich auf Durchblutungsstörungen. Nach der Mitte verläuft sie zarter in dem oberen Handrandberg. Die Handeignerin ist verstandesbezogen zugänglich und zeigt sich dem Realen aufgeschlossen.

Die linke *Herzlinie* reicht in den Zwischenraum von Zeige- und Mittelfinger. Die Handeignerin hat sich mit ihren auf Partnerschaften gerichteten Vorstellungen nachhaltig auseinanderzusetzen. Das Umfeld dieser Herzlinie ist größtenteils blaß, was ein weiteres Merkmal für Durchblutungsstörungen darstellt.

Auch die rechte Herzlinie ist blaß. Sie enthält unterhalb des Ringfingers Punkte, die auf Nierengrieß beruhen. Die Spaltung am Ende der rechten Herzlinie besagt, daß die Durchblutung des Kopfes bei Kälteeinwirkung gestört werden kann.

Von den drei linken *Raszettlinien* ist die obere Linie kräftiger und ebenso kettig wie die anderen zarten. An der rechten Handwurzel ist die obere Raszette kräftig und kettig. In größerem Abstand von dieser sind zwei parallellaufende zarte, kettige Linien vorhanden. Die Konstitution der Vorfahren war zäh und verfeinert. Die Handeignerin muß selbst durch eine vernünftige Lebensweise dazu beitragen, ihre Lebenskräfte zu stabilisieren.

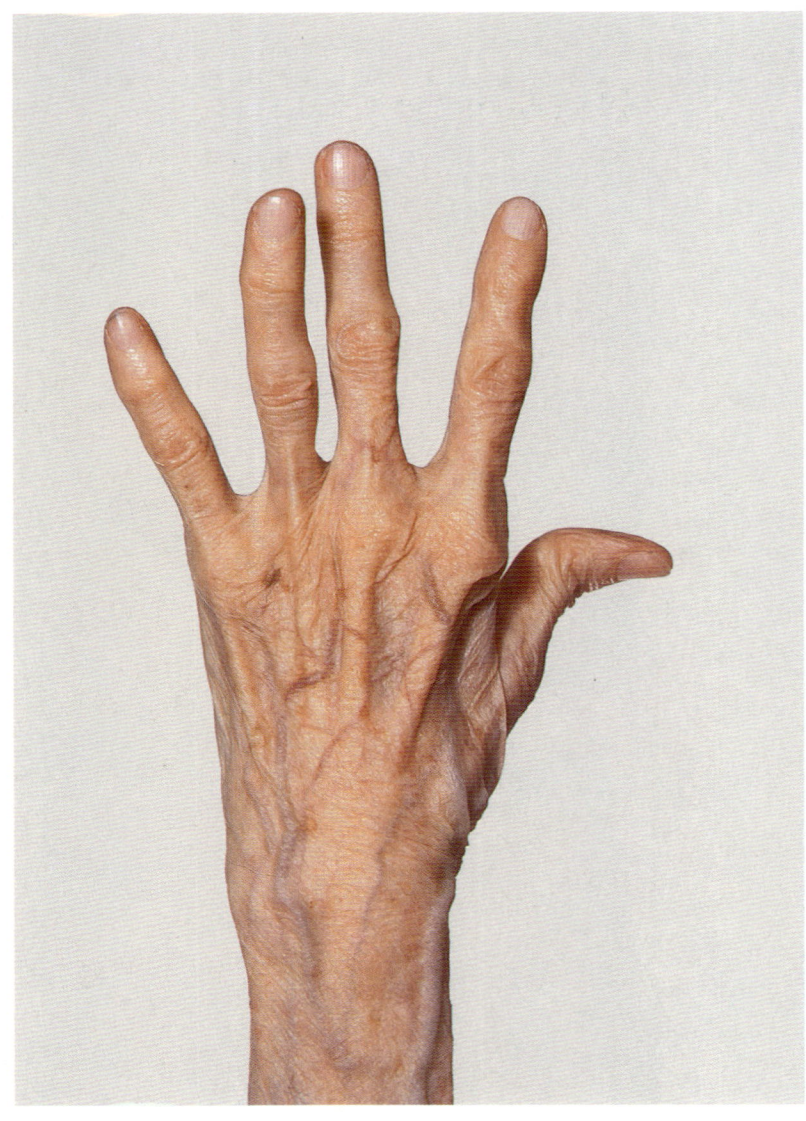
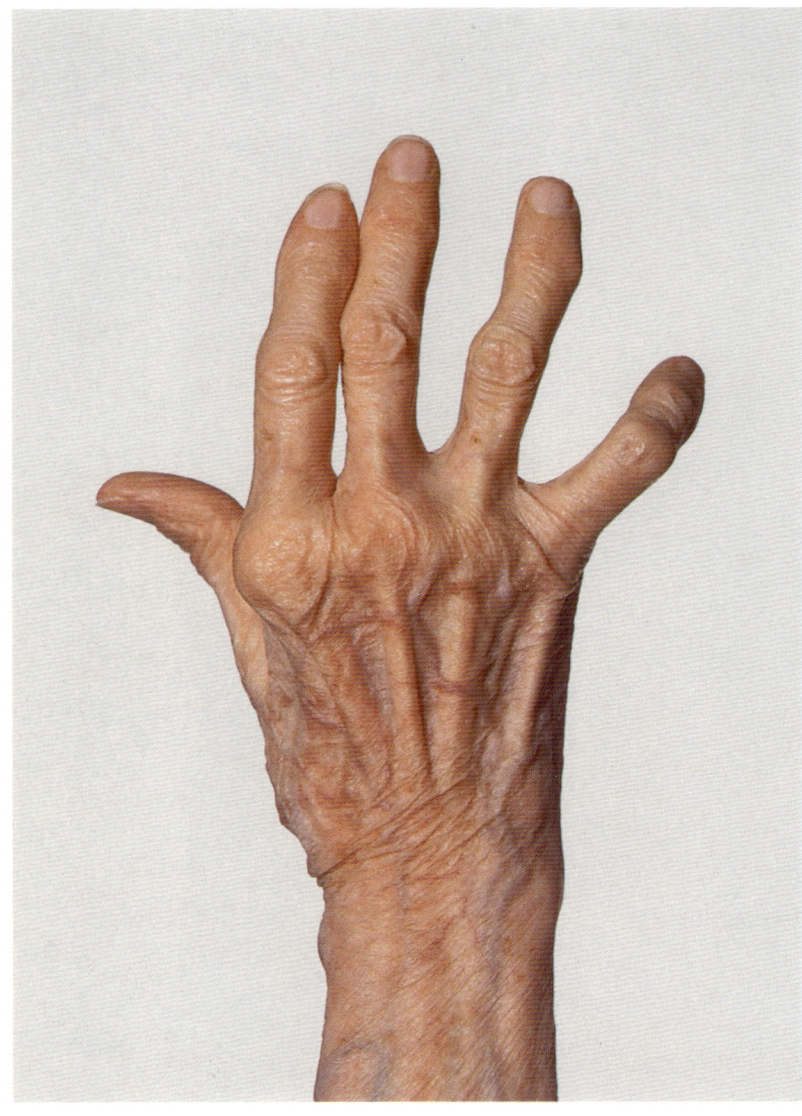

Weibliche Außenhände: Th. R.
Die Handeignerin, 102 Jahre alt, war schriftstellerisch tätig.

Die *Charakteristik* der Handform im Schema ist eckig, knotig mit teilweise idealen Fingerspitzen. Die geistig strebende Persönlichkeit suchte bewußt über ihre Naturverbundenheit den Kontakt der drei Ebenen Geist, Seele, Körper untereinander herzustellen, um zu höheren Erkenntnissen zu gelangen.

Die Finger sind lang. In Verbindung mit den Knoten zeigen sie an, daß die Handeignerin die Unabhängigkeit liebt und sich freihält von der Meinung anderer. Im sozialen und religiösen Bereich setzt sich die Handeignerin für geistige Höherentwicklung und Vervollkommnung ein. Die kräftigen, mittelhoch angesetzten Daumen sind biegsam, was an den ersten Daumengliedern deutlich sichtbar ist. Der eigene Wille hat sich dem höheren Prinzip unterstellt.

Die mittelkräftigen Handgelenke weisen auf die von den Vorfahren vererbte Zähigkeit.

Die *Konstitution* ist zäh, sensibel.

Die *Disposition* zu Stoffwechselstörungen ist, gemessen am Alter der Handeignerin, verhältnismäßig gering. (Sie ist seit ihrem 25. Lebensjahr Vegetarierin.) Die Haut der Fingerglieder ist kaum gespannt, zum Teil seidig glänzend und macht einen jugendlichen Eindruck. Die Gichtknoten, besonders an Ringfingern und Kleinen Fingern, sind ein Merkmal für Ablagerungen. Die Biegung am ersten Glied der Ringfinger bezieht sich auf die Anlage zu einer Nierenschwäche. Besonders an der rechten Hand ist das Knöchelgelenk des Zeigefingers arthritisch.

Aus der Haltung der linken Hand läßt sich die Maus beurteilen. Der äußere Rand der Maus ist stark eingezogen. Der innere Teil zeigt sich noch leicht gewölbt. Es bedeutet einerseits, daß eine große Schwäche im Skelettsystem vorhanden ist, was sich an der stark gebückten Haltung der Handeignerin, die sich selbststützend fortbewegt, bemerkbar macht, andererseits, daß

die Lunge zum Teil noch widerstandsfähig ist. (Die Handeignerin pflegt ihre täglichen Atemübungen.)

Die normal großen Fingernägel sind blaß-rosa und lassen auf leichte Anämie schließen. Zarte dünne Längsrillen finden sich auf den Fingernägeln und bestätigen, daß Belastungsstoffe ausgeschieden werden. Von den teilweise sichtbaren Nagelmonden lassen sich noch gut funktionsfähige Herznerven ableiten.

Die Einflußzeichen aus der Atmosphäre äußern sich an dem rötlich-bräunlichen oberen Rand der Fingernägel.

Weibliche Innenhände: Th. R.

Die unteren Fingerglieder scheinen am längsten zu sein, wenn man die auseinandergezogene Gelenkunterteilung außer acht läßt. Das Loslösen von der Weite der verlorengegangenen Heimat bedeutete für die konservative Handeignerin, über den äußeren Verlust geistige Erkenntnisse zu gewinnen, was im Laufe ihres Lebens zu einer inneren Harmonisierung führte. Die Längslinien auf den ersten Fingergliedern sind Belastungszeichen des Gemütes und des Gehirnes. Die Längslinien auf den zweiten und dritten Fingergliedern dokumentieren inneres Wohlwollen anderen Menschen gegenüber.

Die Hauttextur ist zart und seidig glänzend und gibt einen sensiblen Menschen zu erkennen. Die blassen Innenhandflächen besagen, daß die Magensekretion angeregt werden müßte. Der rechte Handrandberg erscheint gut gewölbt, woraus sich eine Anlage zu Rheuma und Gicht ableiten läßt.

Die linke zweifach vorhandene *Lebenslinie* läßt auf zähe Naturen bei den mütterlichen Vorfahren schließen. Die hoch angesetzte rechte, sehr gut ausgeprägte Lebenslinie umrundet den gesamten Daumenballenberg. Der hohe Beginn der rechten

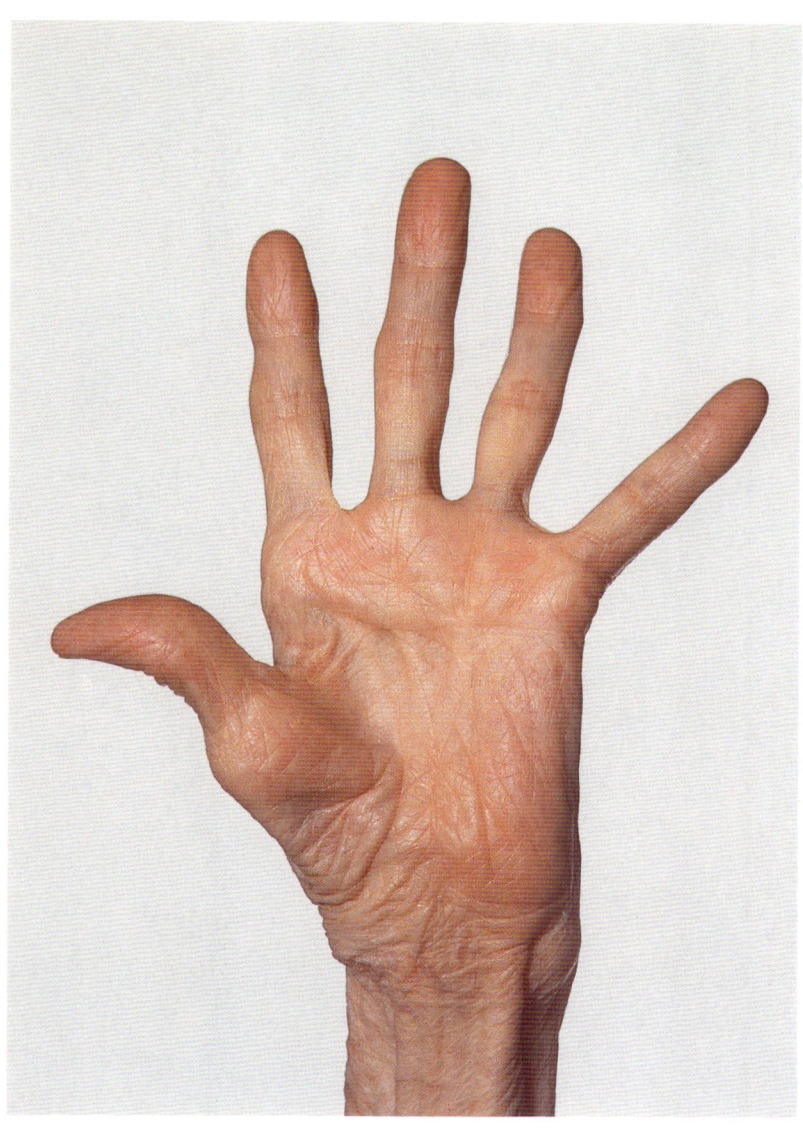 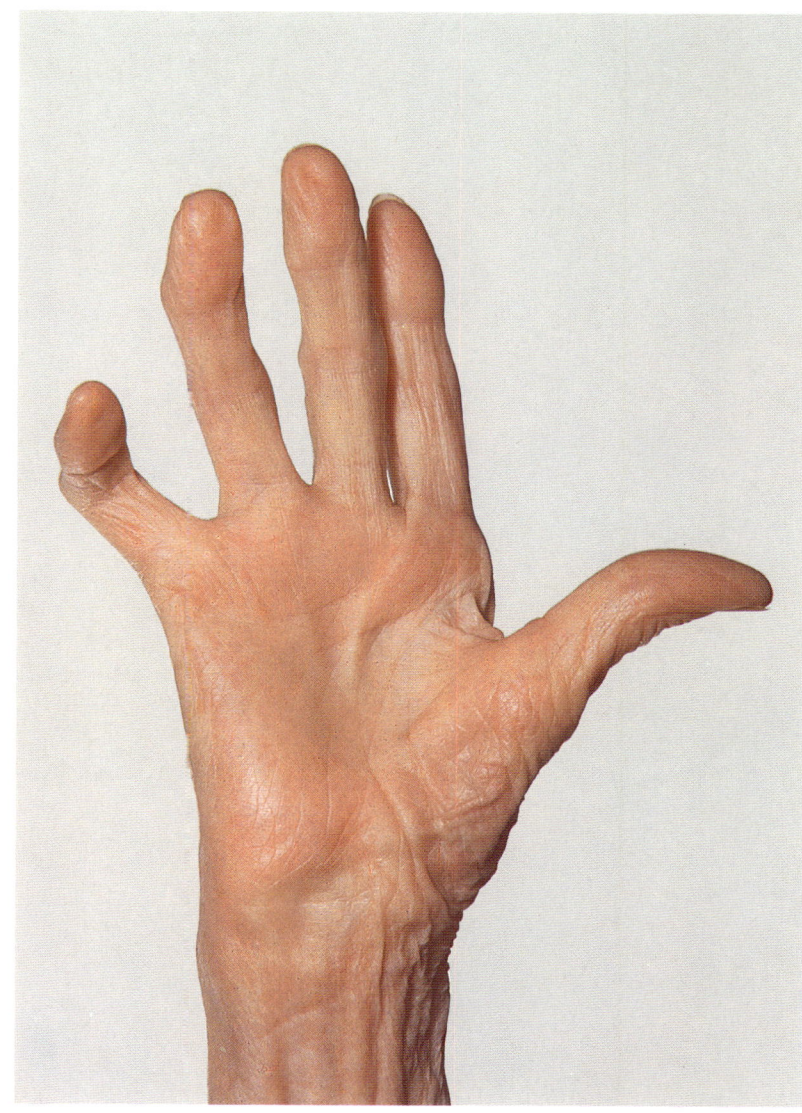

Lebenslinie veranschaulicht gute Voraussetzungen für ein langes Wohlergehen der Handeignerin. Eine Abzweigung am unteren Drittel der rechten Lebenslinie läßt Durchblutungsstörungen des rechten Beines vermuten. Das Umfeld der linken und rechten Lebenslinien ist teilweise blaß und weist ebenfalls auf Durchblutungsstörungen.

Die linke mit der Lebenslinie lang verbundene *Kopflinie* bringt Verschlossenheit zum Ausdruck. Die in Höhe des Mittelfingers gespaltene linke Kopflinie reicht als lange Gabellinie in den unteren Handrandberg und offenbart eine Veranlagung zu großem Phantasiereichtum, Melancholie sowie einem Hang zum Mystischen. Die Spaltung der linken Kopflinie ist ein Hinweis darauf, daß bei den mütterlichen Vorfahren Irrsinn vorhanden war. Die Krankheit hätte sich bei der Handeignerin, da dieses Merkmal in ihrer linken Hand erscheint, nur dann auslösen können, wenn die Disposition dazu gefördert worden wäre. Unterhalb des Mittelfingers zeigt sich eine Insel, die auf Gehörschwäche zurückzuführen ist.

Das Bild der rechten Kopflinie läßt den Eindruck entstehen, daß ein Teil normal am Daumenballenberg beginnt, ein zweiter Teil von dem Zeigefingerberg kommt und unverbunden mit dem ersten ist. Aus dieser Lücke geht hervor, daß die Handeignerin zu Kopfverletzungen neigt und bereits mehrfach solche erlitt. Die rechte kürzere Kopflinie läßt durch ihren geraden Verlauf eine intellektuelle Gedankenrichtung erkennen, im Gegensatz zu der linken Kopflinie.

Die linke, normal lange *Herzlinie* wird von zwei aus dem oberen Daumenballenberg kommenden Linien geschnitten, die Mut und Kampfsinn in Wort und Schrift bekunden und das Gemüt der Handeignerin intensiv bewegen. Die rechte, ebenfalls normal lange Herzlinie mündet in einer Insel, die auf einer von väterlicher Seite vererbten Anlage zu Lungenschwäche beruht.

Zwei *Schicksalslinien*, linksseitig, eine von nahe der Handwurzel kommend, eine zweite vom unteren Handrandberg, münden in die Kopflinie. Viele Anregungen kommen auf die Handeignerin von außen zu, die sie intuitiv nutzen kann, wenn sie sich nicht durch ihren eigenen Verstand mit übergroßen Bedenken hemmen läßt. Weitere Schicksalslinien, linksseitig, beginnen an der Lebenslinie sowie unterhalb der Herzlinie und laufen, mehrfach durchkreuzt, bis in das untere Gelenk des Mittelfingers. Das Bewußtsein der Handeignerin wächst am Widerstand.

In der rechten Hand steigt eine Schicksalslinie von nahe der Handwurzel auf und reicht in die Kopflinie. Sie setzt erneut an der Herzlinie an und zieht bis in den Mittelfinger. Die Handeignerin lernt durch Einschränkung, ihr Bewußtsein zu ergänzen. In beiden Händen sind die Magenlinien nur in Teilen vorhanden und stehen mit einem empfindlichen Vegetativum in Verbindung.

Zwei von den Schicksalslinien aufsteigende *Sonnenlinien*, linksseitig, und eine von der Schicksalslinie aufsteigende Sonnenlinie, rechtsseitig, lassen folgern, daß die Handeignerin bewußt ihre künstlerischen Fähigkeiten einsetzt.

In der linken Hand sind Teile eines *Venusgürtels* sichtbar, die mit einem schwachen Rücken zusammenhängen.

An den Handrandbergen, beidseitig, ist jeweils eine sogenannte »Asketenlinie« wahrnehmbar, die Lebensernst verkörpert. Mehrere Inseln, Sterne und Kreuze über die Handteller verteilt, weisen auf die übergroße Feinnervigkeit und ein phantasiereiches Erleben der Handeignerin.

Die linken *Raszettlinien* sind hochgezogen und geben Bindegewebeschwäche zum Ausdruck. Weitere zarte Raszettlinien sind nicht klar definierbar, ebenso wenig auf der rechten Seite. Drei gerade verlaufende Raszettlinien, rechtsseitig, lassen zähe und sensible Vorfahren vermuten.

178

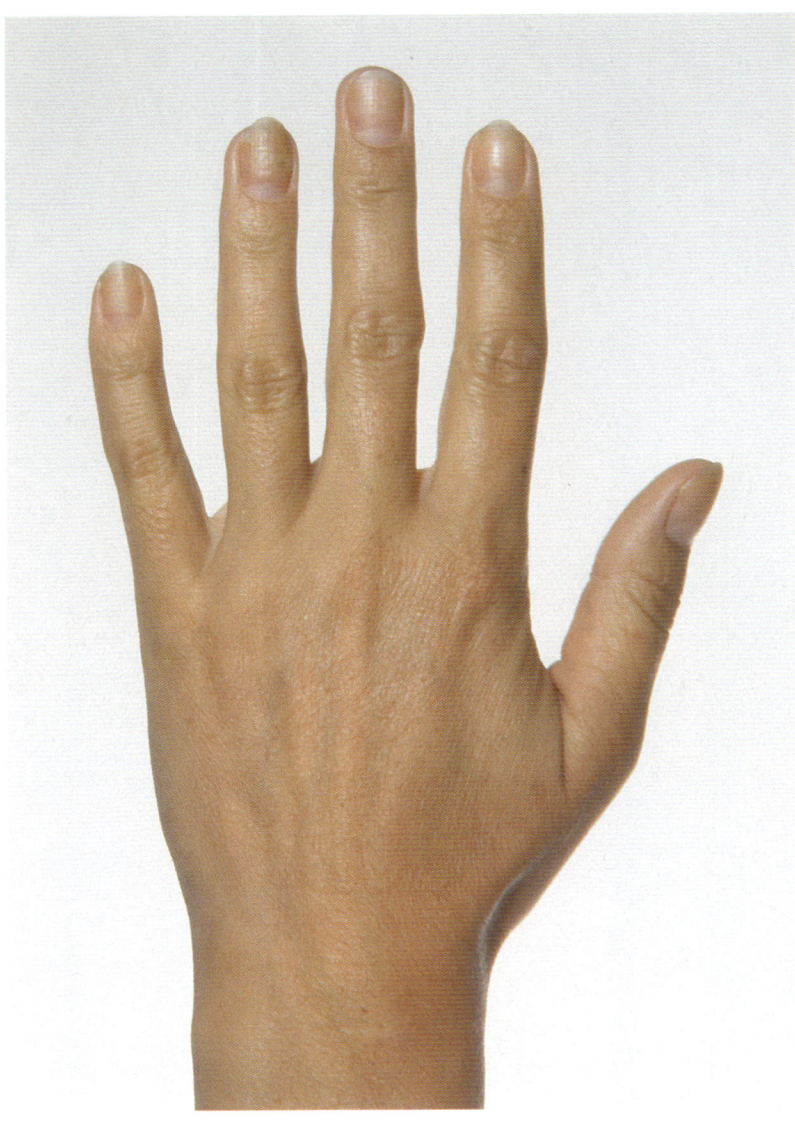 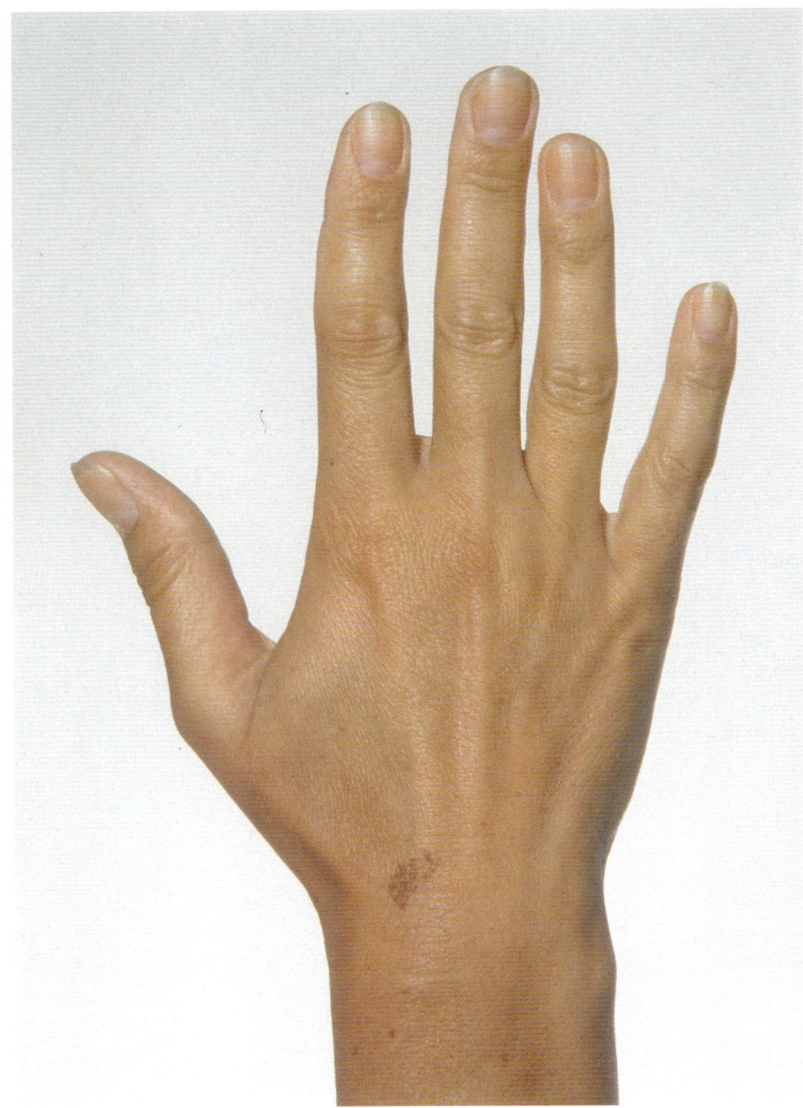

Weibliche Außenhände: N. R.
Die Handeignerin, 40 Jahre alt, ist Arzthelferin und Hausfrau.

Die *Charakteristik* der Handform im Schema ist eckig, konisch mit knotigem Einschlag. Die Wesensart der Handeignerin gibt Vielseitigkeit zum Ausdruck, wobei ihre Empfindungswelt die führende Rolle übernimmt.

Der rechte Zeigefinger ist etwas länger als der Ringfinger, an der linken Hand sind sie von fast gleicher Länge. Nach dem 30. Lebensjahr ist die Handeignerin in ihrem Streben selbstbewußter. Die tief angesetzten Daumen geben seelisch-geistige Empfänglichkeit zum Ausdruck. Sie sind lang und kräftig. Aus der Biegsamkeit des rechten Daumens läßt sich ableiten, daß die Anpassungsfähigkeit nach dem 30. Lebensjahr größer ist als zuvor. An den zweiten eckigen Daumengelenken, besonders rechtsseitig, wird mathematisches Verständnis deutlich.

Die feinen Handgelenke lassen auf das gute Niveau der Vorfahren schließen.

Die *Konstitution* ist zäh, sensibel, stabil.

Die *Disposition* zu Nierenfunktionsstörungen äußert sich an der zarten Hautbeschaffenheit. An den hellen Fingergliedern und der etwas gespannten Haut sind Ablagerungen ersichtlich.

Die gebogenen Zeigefinger weisen auf eine Organschwäche von Milz-Pankreas, links, und Leber-Galle, rechts, hin. An dem linken zweiten Glied des Mittelfingers zeigt die Biegung eine Darmfunktionsstörung an. Die Biegung des rechten ersten Mittelfingergliedes bezieht sich auf Blinddarmreizungen. Die Biegung des rechten Ringfingers beruht auf einer Anlage zu einer Organschwäche von Herz und Niere.

Die abgeflachte Maus an beiden Händen zeigt, besonders linksseitig, Einziehungen an der oberen sowie unteren Partie, die auf Lungenschwäche bei herabgesetzter Vitalität zurückzuführen sind. Die Konturen, beidseitig, weisen auf eine Rückenschwäche.

Die Fingernägel sind länger als breit und beziehen sich auf die Atmungsorgane. Die blaß-rosa Farbe deutet auf eine Anlage zu Durchblutungsstörungen und Anämie. Am linken Ringfingernagel ist eine Mykose zu erkennen. Die leichtgewölbten Fingernägel beruhen auf Nierenfunktionsstörungen. Aus den unterschiedlich geformten großen Nagelmonden geht hervor, daß die schnell erregbaren Herznerven unregelmäßig arbeiten.

Die Einflußzeichen aus der Atmosphäre sind an den oberen Nagelrändern sichtbar.

Weibliche Innenhände: N. R.

Die Fingerglieder sind an beiden Händen unterschiedlich lang. Die mittleren Glieder sind am längsten. Die empfindungsstarke Handeignerin kann sich auf der materiellen Ebene gut zurechtfinden und sich auch den Zugang zur geistigen Ebene erarbeiten. Tast- und Qualitätssinn äußern sich an den kleinen Erhebungen der Fingerkuppen.

Die Hauttextur ist mittelfein bis fein. Die Persönlichkeit ist von sensibler Natur. Die Handtellermitte ist in beiden Händen etwas vertieft und weist auf eine, vermutlich durch Fermentstörungen hervorgerufene Magenschwäche hin.

Beide *Lebenslinien* umrunden die Daumenballenberge gut gezeichnet. Die zweite, kräftiger gewölbte Hälfte des Daumenballenberges deutet darauf hin, daß auch in reiferen Lebensjahren die Lebenskräfte stabil bleiben.

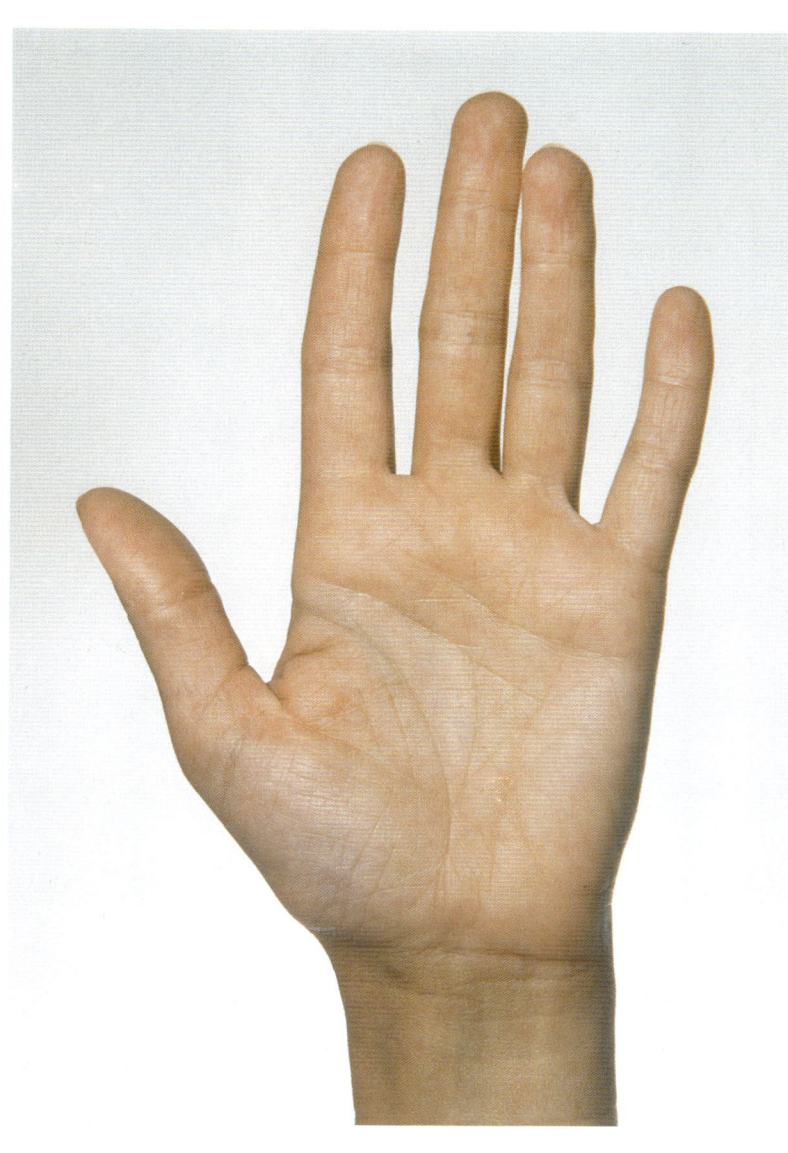 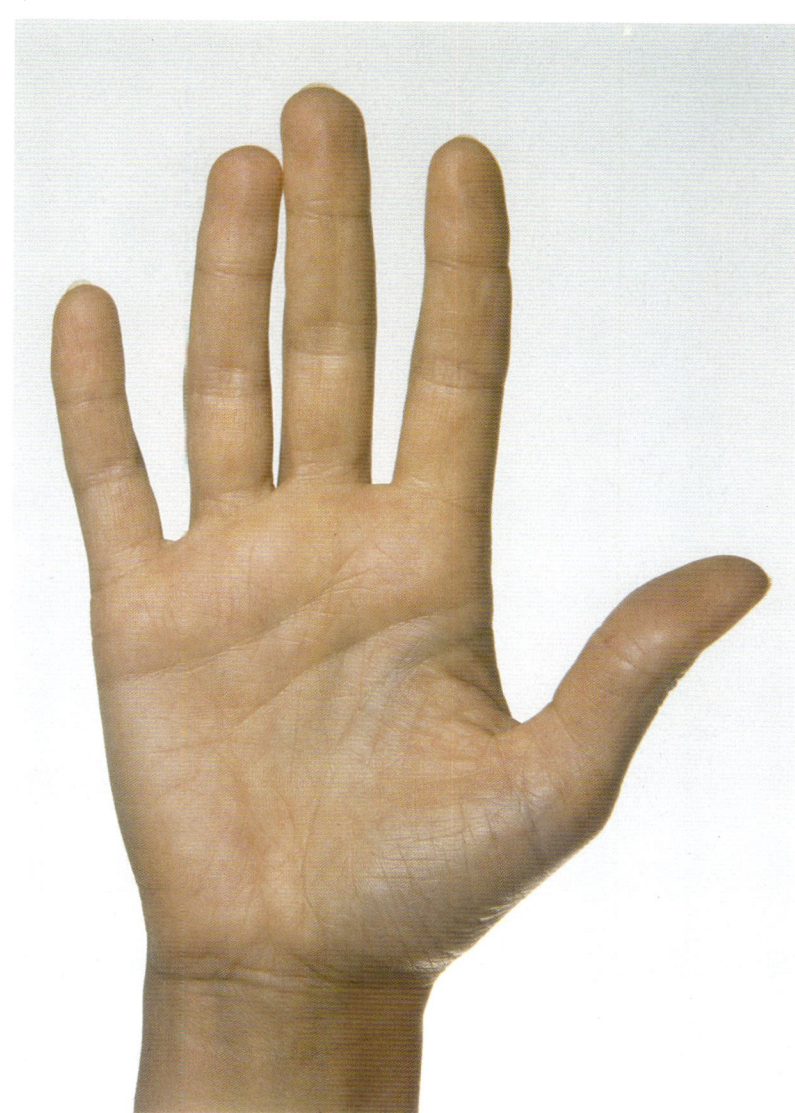

Beide *Kopflinien* sind mit der Lebenslinie nicht verbunden. Die schnelle Impulsfähigkeit sollte bewußt und konsequent gesteuert werden. Die sehr offene Handeignerin kann sich jedoch durch größere Bedachtsamkeit vor Ausnutzung anderer schützen. Die langen Kopflinien reichen bis in den oberen Handrandberg und lassen einen selbständig denkenden und sozial bewußten Menschen erkennen. Kleinere Wellen in der rechten Kopflinie enthalten eine Tendenz zu krampfartigen Durchblutungsstörungen, die Kopfschmerzen verursachen können. Kleine Punkte deuten auf eine Überlastung der Kopfnerven. Die rechte Kopflinie wird am Ende von zwei Querlinien geschnitten. Daraus läßt sich eine Tendenz zu Kopfverletzungen ableiten.

Die langen *Herzlinien* kennzeichnen ein großherziges Wesen. Beide Herzlinien laufen in den oberen Zeigefingerberg. Die Handeignerin sucht die innere Ergänzung. Beide Herzlinien enthalten Inseln, die mit Herzleiden bei den Vorfahren zusammenhängen. Helle Punkte auf den Herzlinien beziehen sich unterhalb des Ringfingers auf Nierengrieß, unterhalb des Mittelfingers auf Karies.

Die linke *Schicksalslinie* steigt von der Lebenslinie auf und trifft mit einer zweiten, vom Handrandberg kommenden Schicksalslinie in der Mitte zwischen Handwurzel und Kopflinie zusammen. Die Persönlichkeit ist ebenso familiengebunden wie selbständig. Diese Linie zieht an der Herzlinie versetzt in den Mittelfingerberg. Ausdauer und Zähigkeit fördern das geistige Bewußtsein.

In der rechten Hand sind drei zarte Schicksalslinien eingezeichnet. Zwei beginnen an der Lebenslinie, eine an der Magenlinie. Die Loslösung vom Elternhaus war erschwert. Da die

Schicksalslinien mehrfach versetzt in den Mittelfingerberg reichen, läßt sich daraus folgern, daß die Handeignerin Kraft und unterstützende Hilfen zu ihrer Bewußtseinsschulung erhält.

In der linken Hand stellen sich eine kurze und eine lange *Magenlinie* dar, die kurz unterhalb der Kopflinie zusammentreffen und gemeinsam in den Berg des Kleinen Fingers ziehen. Das »Kleine Dreieck« entsteht aus der Verbindung Magen-, Kopf- und Schicksalslinie. Die Handeignerin ist zu pädagogischen Unterweisungen befähigt und auch begabt, etwas gut darstellen zu können. In der rechten Hand reichen zwei Magenlinien bis knapp über die Kopflinie und münden in ein Viereck, das als Schutzzeichen bei Kopfverletzungen anzusehen ist. Vegetative Widerstandsfähigkeit, die zu einem Heilberuf benötigt wird, ist vorhanden.

In beiden Händen zeichnen sich mehrere kürzere *Sonnenlinien* ab. Aufgeschlossenheit zu musischen Ausdrucksformen ist gegeben. Die Handeignerin findet im seelischen Bereich hierdurch Entspannung und Stimulierung.

In beiden Händen weisen kurze *Giftlinien* auf eine Stoffwechselbelastung durch Toxine.

Die erste, etwas kettige *Raszette* in der linken Hand ist gerade durchgezogen. Teile drei weiterer Raszettlinien schließen sich an. Die Konstitution der mütterlichen Vorfahren war unterschiedlich kräftig. An der rechten Handwurzel befinden sich zwei nahe nebeneinanderlaufende Raszettlinien, ebenfalls etwas kettig dargestellt. Auch aus dem Erbgut der väterlichen Vorfahren stehen der Handeignerin nicht soviel Energien zur Verfügung, wie sie für eine anhaltende Stabilität benötigt. Sie muß aus der eigenen Lebensweise Reserven sammeln.

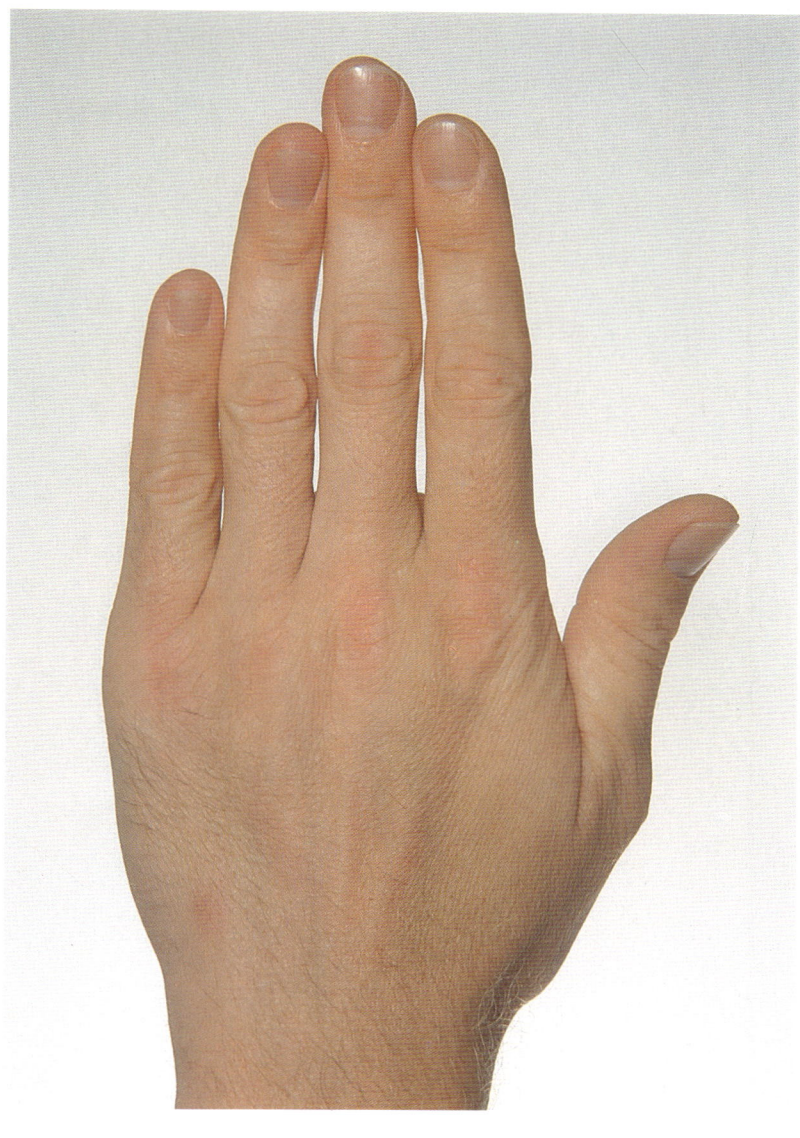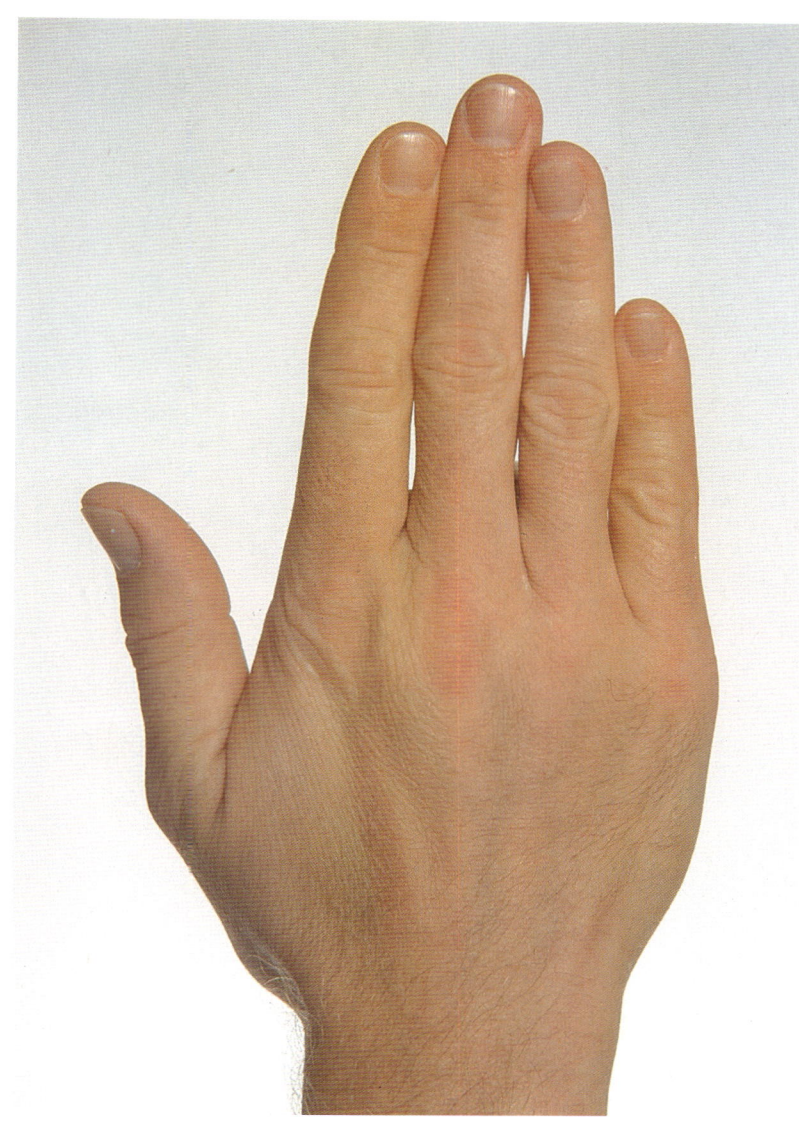

Männliche Außenhände: G. R.
Der Handeigner, 39 Jahre alt, ist leitender Angestellter.

Die *Charakteristik* der Handform ist im Schema spatelförmig, knotig gemischt mit leicht eckigem Einschlag. Der Handeigner ist sowohl ein Praktiker als auch ein Theoretiker, der genügend Spielraum für die Eigenheiten anderer läßt.

Die Zeige- und Ringfinger sind von fast gleicher Länge. Der Handeigner vermag nach seiner eigenen Gesinnung zu leben ohne sich von seiner Umwelt abhängig zu machen oder diese zu beeinflussen. Die normal langen, tief angesetzten Daumen besagen, daß die geistige Komponente das Fundament der Persönlichkeit bildet.

Die Biegung des linken Daumens läßt bis zum 28. Lebensjahr eine größere persönliche Anpassungsfähigkeit erkennen, während der Handeigner nach dem 30. Lebensjahr die geistige Übereinstimmung sucht. Die Daumenkuppen sind normal gewölbt. Der Handeigner besitzt ein konsequentes Durchsetzungsvermögen bei einem höflichen, entgegenkommenden Wesen. Die kantigen zweiten Daumenglieder drücken mathematisches Verständnis aus. Die leichte Behaarung weist auf Temperament hin.

Die feineren Handgelenke veranschaulichen Zähigkeit und Sensibilität.

Die *Konstitution* ist zäh, stabil, sensibel.

Die *Disposition* zu Nierenfunktionsstörungen ergibt sich aus der zarten Hautbeschaffenheit, aus der sich auch eine lange Jugendlichkeit ableiten läßt, die sich der Handeigner durch sein heiteres Gemüt erhalten kann.

Beide gebogenen Zeigefinger beziehen sich auf eine Anlage zu einer Organschwäche, verbunden mit Stoffwechselstörungen, von links, Milz-Pankreas, rechts, Leber-Galle. Die Ringfinger sind im ersten und zweiten Glied gebogen und außerdem im zweiten Glied verschmälert. Sie lassen auf eine Anlage zu Störungen im Nieren- und Herz-Bereich schließen.

Die kurzen Kleinen Finger sind gebogen und geben Aufschluß über eine Anlage zu Drüsenschwäche im Urogenitalbereich sowie Bindegewebeschwäche. Die unteren Mittelfingerglieder, besonders rechtsseitig, sind eingezogen und verdeutlichen ein weniger belastbares Skelettsystem sowie empfindliche Kniegelenke. Die unteren Glieder der Ringfinger sind ebenfalls eingezogen und machen auf zarte Fußgelenke aufmerksam, die leicht zum Umknicken neigen. Die geröteten Knöchelgelenke der Zeige- und Mittelfinger weisen auf Fermentstörungen im Darmbereich hin, wobei das Blutsystem mitbetroffen ist (Eisenmangel).

Die Maus ist an beiden Händen gut gewölbt, bis auf eine zarte Einziehung am rechten unteren Teil, die eine leichte Schwäche des rechten Fußes anzeigt. Der Handeigner verfügt über widerstandsfähige Lungen sowie eine gute Vitalität.

Die mittelgroßen Fingernägel haben eine rötlich-bläuliche Farbtönung, die durch Sauerstoffmangel verursacht wurde. Die verhältnismäßig kleinen Nagelmonde verlaufen vorwiegend quer von Rand zu Rand. Die Herznerven sind leicht erregbar.

Die Einflußzeichen atmosphärischer Belastungen sind an den oberen Nagelrändern zu sehen.

Männliche Innenhände: G. R. siehe folgende Doppelseite

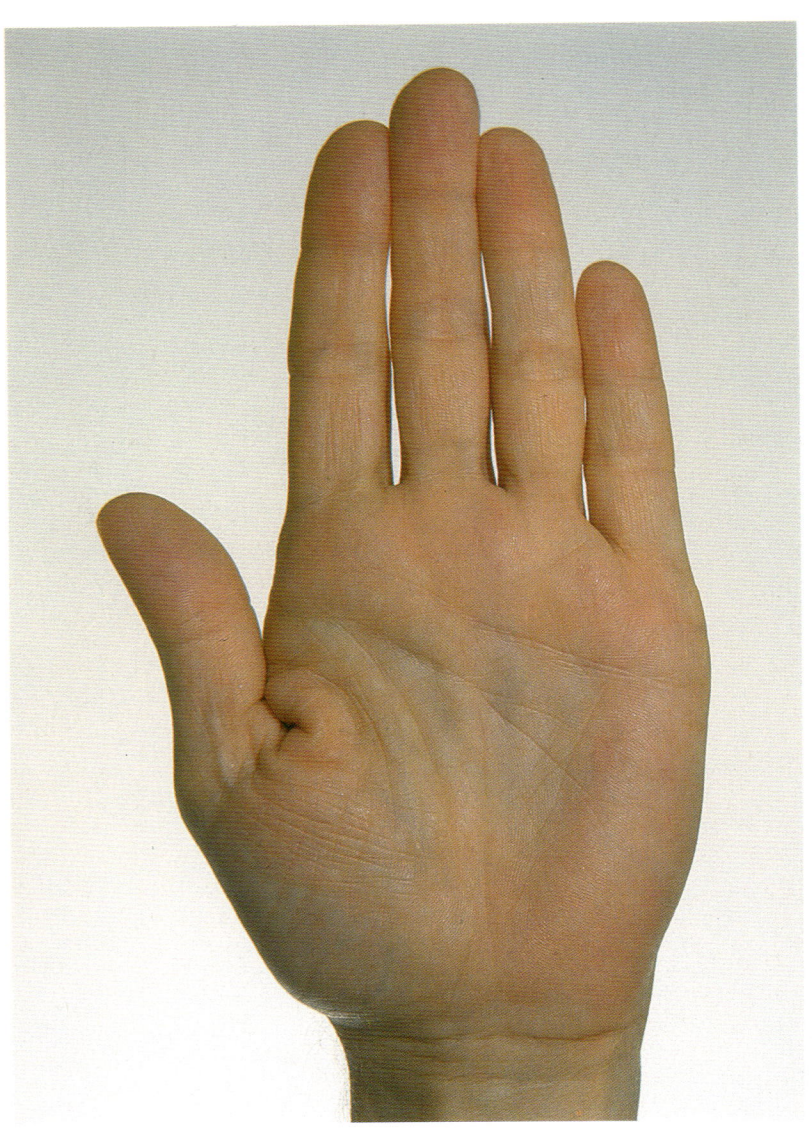

Männliche Innenhände: G. R.
Der Handeigner, 39 Jahre alt, ist leitender Angestellter.

Die Fingerglieder sind in ihrer Länge nicht einheitlich. Die ersten Glieder sind bis auf das erste Glied des Kleinen Fingers am kürzesten. Da durch den knotigen Einschlag ein leichter Zugang zum geistigen Bewußtsein besteht, vermag sich der Handeigner wissend werdend innerhalb seiner Persönlichkeit zu stimulieren. An fast allen ersten Fingergliedern sind Längslinien als Merkmale für Überarbeitung vorhanden. Längslinien an den mittleren und unteren Fingergliedern weisen auf magnetische Ausstrahlung und Warmherzigkeit der Persönlichkeit.

Die ersten und zweiten Daumenglieder – Wille und Vernunft darstellend – sind in ihrer Länge harmonisch aufeinander abgestimmt. Die zum Teil zarte, zum Teil mittelkräftige Hauttextur läßt auf einen sensiblen und widerstandsfähigen Menschen schließen. Die weiß-rötlich gefleckte Hautfarbe bezieht sich auf Nierenstauungen und Kreislaufstörungen. Die blasse Handtellermitte ist in beiden Händen etwas vertieft und kennzeichnet eine Empfindlichkeit des Magens, die mit Sekretionsstörungen zusammenhängt. Das »Große M« ist besonders deutlich in der linken Hand zu erkennen. Das bewußte Streben nach den tieferen Zusammenhängen des Lebens wird auch den noch zu ergänzenden Abschnitt in der rechten Hand formen und klarer hervortreten lassen.

Die linke, bis zur Hälfte kräftig geprägte *Lebenslinie* verläuft dann zarter, mit einer schwach sichtbaren Insel am unteren Vier-

tel des Daumenballenberges versehen, zum unteren Rand. Von den mütterlichen Vorfahren wurde eine Anlage zu Zelldegenerationen vererbt, die sich bei einer harmonischen Lebensführung nicht auswirkt. Eine aus dem oberen Kraftfeld des Daumenballenberges kommende zweite kräftige Lebenslinie zieht bis zur Mitte und bedeutet eine Verstärkung der Vitalkräfte. Die rechte Lebenslinie umrundet den Daumenballenberg markanter. Die von väterlicher Seite übernommene Konstitution ist anhaltend stabil.

Schwankungen im Befinden des Handeigners werden an den Farbschattierungen der rechten Lebenslinie deutlich. Am oberen Viertel der rechten Lebenslinie ist eine dunkle Vertiefung mit einer Insel zu erkennen, die einen Leistenbruch vermuten läßt oder eine andere Verletzung, die sich auf den Bauchraum bezieht.

Die linke, normal an der Lebenslinie angesetzte *Kopflinie* spaltet sich in der Mitte kurz neben der Schicksalslinie und bringt die vielseitigen Interessen des Handeigners zum Ausdruck. Der obere, schwächer geprägte und unterbrochene Teil weist auf eine Kopfverletzung. Die sich in der Spaltung der linken Kopflinie befindende Insel deutet auf eine von mütterlicherseits vererbte Anlage zu Kopfschmerzen. Aus der gespaltenen Kopflinie geht hervor, daß die Gedanken des Handeigners eine sowohl intellektuelle als auch ideale Richtung einschlagen können.

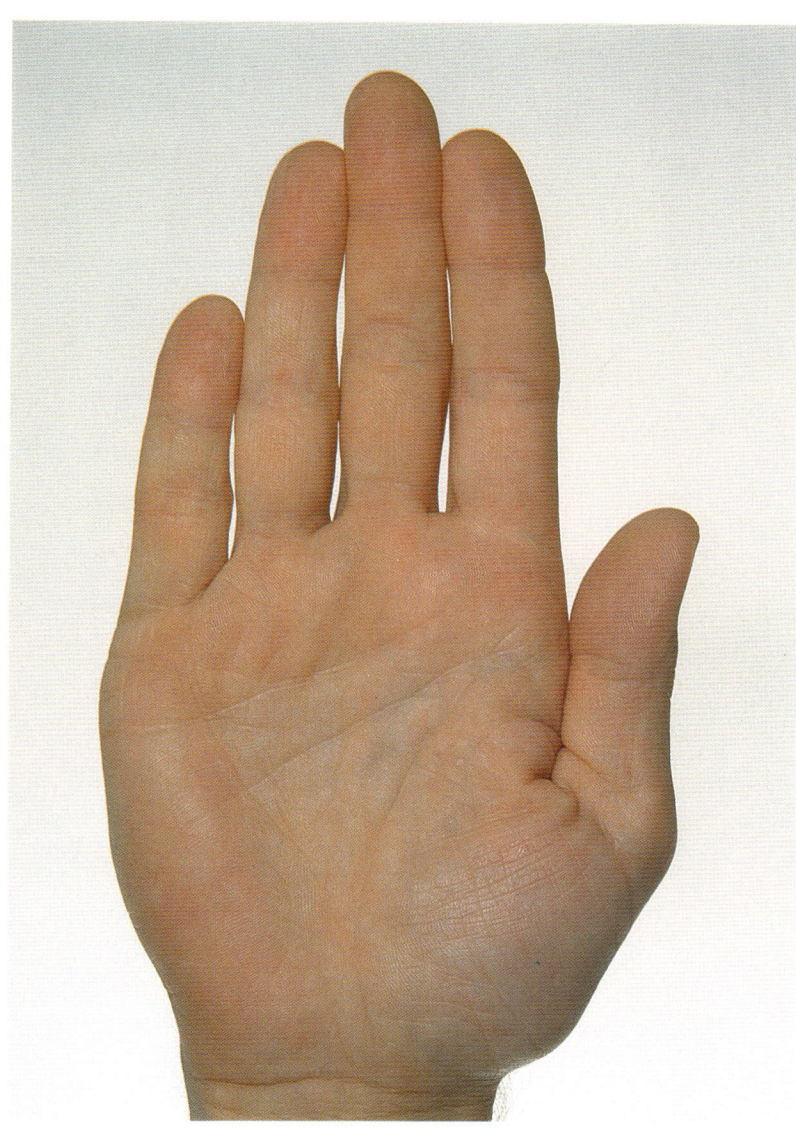

Die rechte, mit der Lebenslinie nicht verbundene Kopflinie beweist, daß der offene Handeigner schneller Entschlüsse fähig ist. Die Kopflinie reicht in den oberen Handrandberg und bezieht sich auf ein verstandesbezogenes Denken. Zwei ineinander übergehende Inseln am Anfang der rechten Kopflinie bilden einen Hinweis für empfindliche Kopfnerven, die, von väterlicherseits vererbt, Kopfschmerzen verursachen können.

Die beidseitig langen *Herzlinien* lassen Warmherzigkeit des Handeigners erkennen, aber auch inneres Erwarten liebevoller Resonanz. Zeichen für Herzmuskelvergrößerung, auch Herzklappenfehler – dargestellt durch kurze, die Herzlinie verbreiternde nebeneinander laufende Linien – befinden sich in der linken Herzlinie unterhalb des Ringfingers.

Eine linke *Schicksalslinie* steigt aus der Mitte der ersten Raszettlinie auf und endet knapp vor der Herzlinie. Der Handeigner ist ein selbständig strebender Mensch, der seine Persönlichkeit zu disziplinieren lernt. Eine zweite, aus dem Zwischenraum von Kopf- und Herzlinie kommende linke Schicksalslinie läuft bis schräg in den Mittelfingerberg. Der Handeigner vermag durch Mut und eigene Kraft, seine Ziele zu erreichen. Die rechte Schicksalslinie setzt an der Handwurzel an und reicht ebenfalls in den Mittelfingerberg. Strebsam, zielgerichtet und seiner Aufgaben bewußt, erarbeitet sich der Handeigner die Voraussetzung zu geistigem Dienen.

Eine aus dem linken oberen Daumenballenberg kommende Linie erstreckt sich bis zum Beginn des Kleinen Fingers. Eine zweite schwach sichtbare Linie reicht bis in den Zwischenraum von Kopf- und Herzlinie. Eine gesteigerte Willenskraft und Wachsamkeit im Denken, die sich in Wort und Schrift erfüllen, stehen damit in Verbindung.

Die linke *Magenlinie* beginnt an der Schicksalslinie und zieht bis über die Herzlinie in den Berg des Kleinen Fingers. Das Vegetativum ist widerstandsfähig. Inselbildungen durch Teile weiterer Magenlinien sprechen für eine Organschwäche von Leber und Galle. Die rechte Magenlinie beginnt an dem unteren Teil der Lebenslinie und reicht in den Berg des Kleinen Fingers. Die vegetative Kraft ist nach dem 30. Lebensjahr widerstandsfähiger, kann jedoch durch die Inselbildung unterhalb der Kopflinie, die sich auf eine Gallenfunktionsstörung bezieht, gehemmt werden.

In der rechten Hand bilden Magen-, Kopf- und Lebenslinie das »Große Dreieck«, das auf gesundheitsverstärkende Energien deutet.

Eine kräftige, kettige und eine weniger kräftige, kettige *Raszettlinie*, linksseitig, weisen auf eine von mütterlicher Seite vererbte zähe sowie sensible Konstitution. Die erste kräftige und kettige Raszettlinie, rechtsseitig, verläuft bogenförmig, was auf einer von väterlicherseits vererbten Anlage zu Bindegewebeschwäche beruht. Die zweite, zarte, ebenfalls kettige Raszettlinie verläuft in gerader Linie. Zähigkeit sowie Feinnervigkeit wurden auch von den väterlichen Vorfahren vererbt.

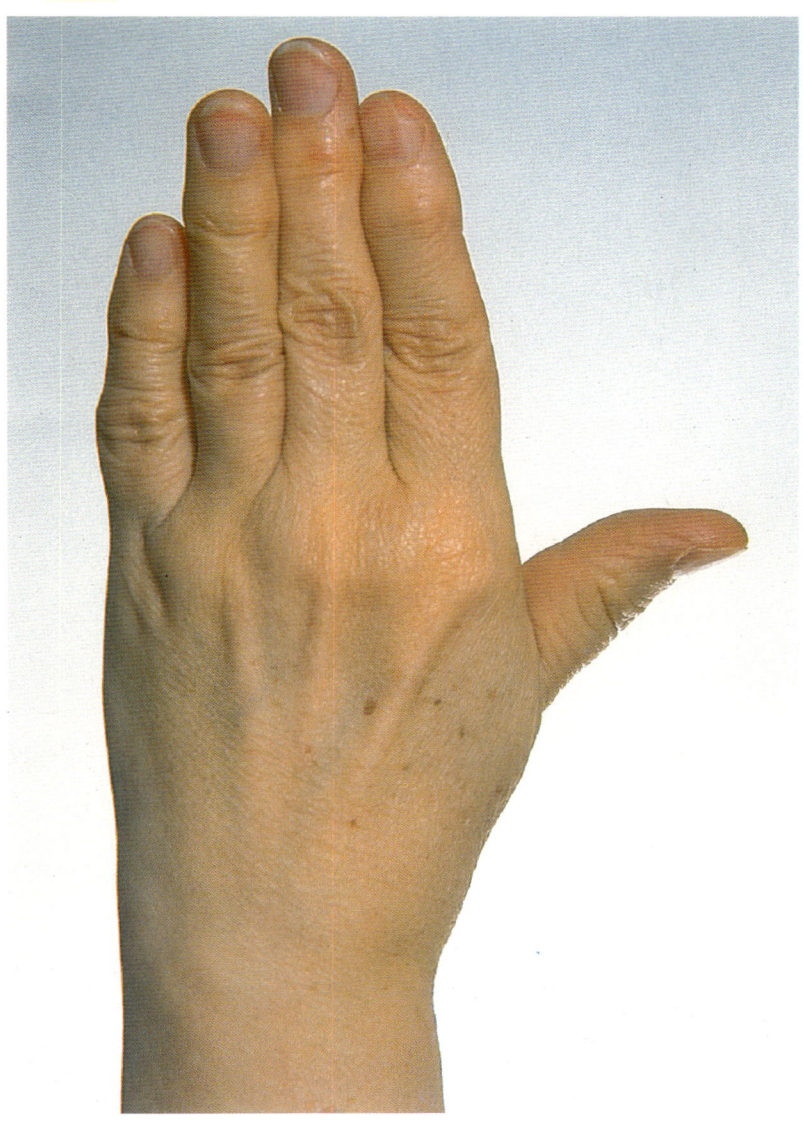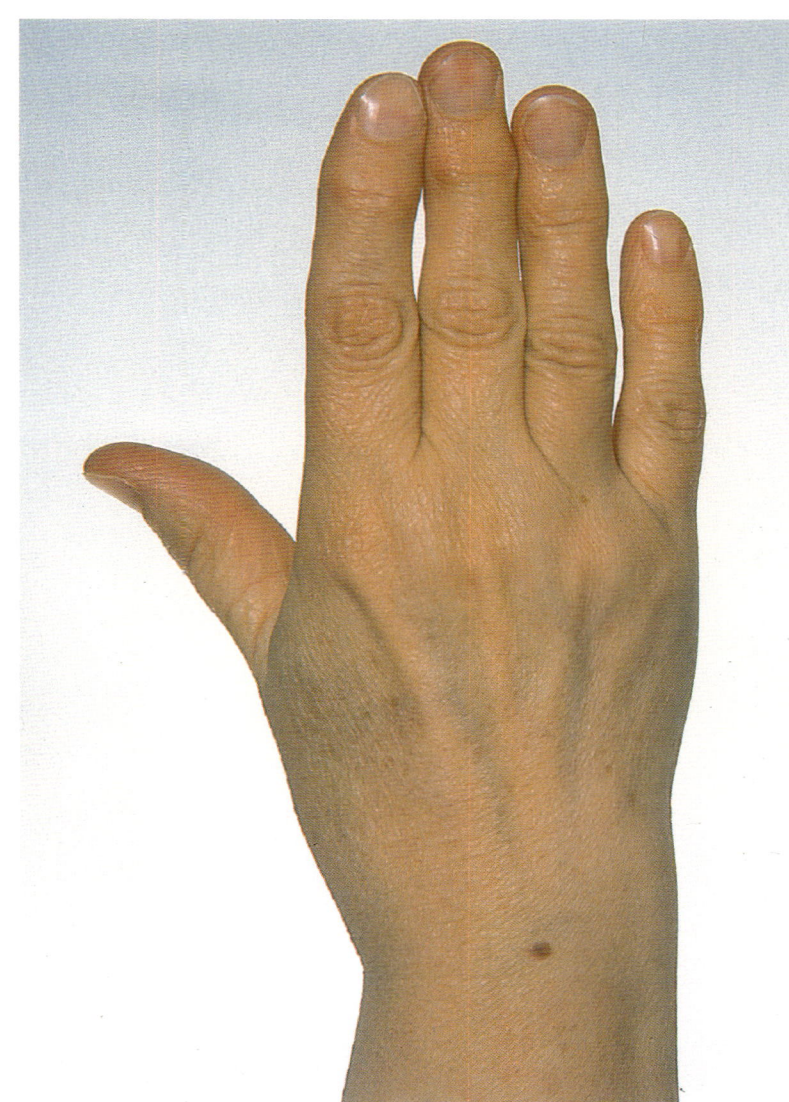

Weibliche Außenhände: E. S.
Die Handeignerin, 68 Jahre alt, war Büroangestellte und ist jetzt Rentnerin.

Die *Charakteristik* der Handform im Schema ist eckig, knotig. Die Hände sind klein. Handeigner kleiner Hände entwickeln gerne große Ideen, haben aber selten die Kraft sie zu verwirklichen. Die gewissenhafte, pflichttreue Handeignerin stand in der Jugendzeit den politisch-sozialen Interessen nahe, später den geistigen Wissensgebieten. Sie versuchte, Wesentliches vom Verstand her zu betrachten, stieß dabei an die intellektuellen Grenzen, um zu erkennen, daß sich diese erst durch eine aus dem tieferen Empfinden kommende geistige Einstellung überwinden lassen.

Zeige- und Ringfinger sind von fast gleicher Länge. Die Handeignerin ist darauf bedacht, Sinnvolles und Nützliches miteinander zu verbinden. Aus der Haltung der Hand, besonders der Daumen, lassen sich innere Verkrampfungen ableiten. Die mittelhoch angesetzten Daumen sind biegsam und an den ersten Gliedern abgeflacht. Die höfliche, anpassungsfähige Handeignerin ist unbeirrbar, wenn sie sich mit einer Aufgabe befaßt.

Die kräftigen Handgelenke lassen auf widerstandsfähige Naturen bei den Vorfahren schließen.

Die *Konstitution* ist sehr zäh, sensibel.

Die *Disposition* zu Stoffwechselstörungen zeigt sich an den leicht geröteten Verdickungen auf den ersten Fingergliedern sowie an den Schwellungen neben den Knöchelgelenken. Die gebogenen Zeigefinger lassen eine Organschwäche von links, Milz-Pankreas und rechts, Leber-Galle erkennen, die gebogenen Kleinen Finger Bindegewebeschwäche und Senkungsbeschwerden der Unterleibsorgane.

Die beidseitig gut gewölbte Maus deutet auf noch gute Vital- und Lungenkraft.

Die vorwiegend runden und gewölbten Fingernägel beziehen sich auf eine Milzbelastung verbunden mit Stoffwechselstörungen. Die rötlichen Fingernägel weisen auf noch nicht ausgeheilte Entzündungen. Die kaum sichtbaren Nagelmonde bestätigen eine Herznervenschwäche.

Die Einflußzeichen atmosphärischer Störungen sind an den oberen Nagelrändern deutlich zu erkennen.

Weibliche Innenhände: E. S. siehe folgende Doppelseite.

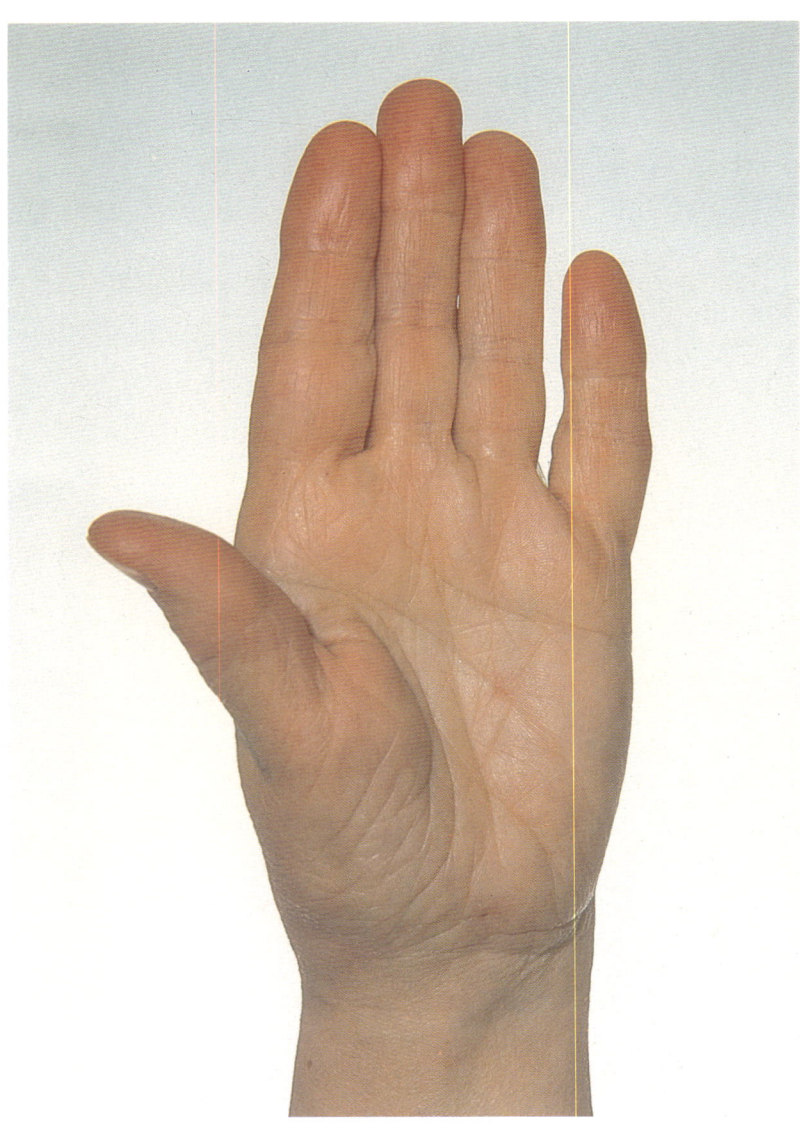

Weibliche Innenhände: E. S.
Die Handeignerin, 68 Jahre alt, war Büroangestellte und ist jetzt
Rentnerin.

Die Glieder der Mittel- und Ringfinger sind von gleicher Länge.
Die Handeignerin bemüht sich um Erkenntnis geistiger Gesetze
und Realisierung ihrer Empfindungen. Das dritte Glied des linken Zeigefingers ist kräftig und lang und erklärt, daß die Handeignerin Freiheit und materielle Sicherheit suchte. Das erste
längere rechte Zeigefingerglied bekundet Aufgeschlossenheit für
soziale Belange. Die zweiten Glieder der Kleinen Finger sind
am kürzesten und besagen, daß die Handeignerin für sich nichts
zu fordern wagt.

Linien auf allen ersten Fingergliedern weisen auf nervliche
Belastungen durch negative Gedanken. Längslinien auf allen
zweiten und dritten Fingergliedern bringen die warmherzige
Fürsorge anderen gegenüber zum Ausdruck. Kurze am unteren
Gelenk des linken Zeigefingers befindliche Linien beziehen sich
auf eine Pankreasinsuffizienz. Eine kleine Insel im unteren
Gelenk des rechten Zeigefingers ist ein Merkmal für eine Leber-
Gallen-Insuffizienz.

Die mittelkräftige und seidig glänzende Hauttextur bezeugt
einen zähen und empfindlichen Menschen. Die etwas blassen
Innenhandflächen sind auf Sekretionsstörungen des Magens
zurückzuführen. Obwohl durch die angepreßten Daumen die
Handberge nicht eindeutig zu erkennen sind, wird dennoch
deutlich, daß die Handeignerin die verfeinerten Lebensgenüsse
schätzt. Die Muskulatur ist fest und elastisch und bestätigt einen
zuverlässigen, kameradschaftlichen Menschen. Das »Große M«
ist besonders in der linken Hand gut ausgebildet. Ein strebender Mensch, der über den Rahmen der Gegebenheiten hinaus-
wachsen will, spiegelt sich hier wider.

Die linke markante, lange *Lebenslinie* ist zweifach geprägt
und veranschaulicht Zähigkeit bei den mütterlichen Vorfahren.
Eine kräftige Linie, die von der Mitte der linken Lebenslinie
abzweigt und in dem unteren Handrandberg in einer großen,
der Raszette angeschlossenen Insel endet, läßt ein von mütterlicherseits vererbtes Ovarienleiden vermuten, das zu Entartungen

führen kann. Die rechte kräftige Lebenslinie veranschaulicht
gute Lebenserwartungen der väterlichen Vorfahren. Auch hier
ist eine Abzweigung von der Mitte der Lebenslinie wahrnehmbar, die auf Ovarienleiden Bezug nimmt.

Die linke *Kopflinie* nimmt ihren Anfang mit einer kleinen
Spaltung im Zeigefingerberg und verläuft tief in dem unteren
Handrandberg. Der Beginn der linken Kopflinie weist auf die
positive Lebenseinstellung als Ausgleich für das Ende der Kopflinie, das eine Veranlagung zu Schwermut erkennen läßt. Die
kleine Spaltung am Anfang der linken Kopflinie zeigt eine Disposition zu Schwindel und Ohnmacht in den Jugendjahren, die
große Neigung der Kopflinie in den unteren Handrandberg deutet auf Schwindel und Fall in späteren Lebensjahren.

Sind die Fingernägel gerötet, ist die Ursache für Schwindel in
einem Blutandrang im Kopf zu suchen, sind die Fingernägel
blaß, sind Durchblutungsstörungen (Mangeldurchblutung) dafür
verantwortlich.

Eine kleine Insel am Ende der linken Kopflinie steht in Verbindung mit einer erblichen Belastung mütterlicherseits für eine
Kopfbelastung, vermutlich Gedächtnisstörung. Kleine dunkle
Punkte in der linken Kopflinie wurden durch eine Kopfnerven-
überbelastung hervorgerufen. Eine Rötung in Ringfingerhöhe
warnt vor Augenschaden.

Die rechte Kopflinie beginnt mit einer kleinen Spaltung. Sie
ist mit der Lebenslinie unverbunden und verläuft tief in dem
unteren Handrandberg. Die offene Handeignerin zeigt eine Tendenz zu schweren Depressionen, die in der väterlichen Generation immer wieder auftauchten und bei diesen zu einem freiwil-
ligen Lebensende führten. Auch die Handeignerin selbst faßte
nach dem 30. Lebensjahr mehrmals diesen Entschluß, konnte
aber vor Endgültigem immer bewahrt werden. Die kräftige, von
dem Handrandberg kommende, bogige, die Kopflinie durchzie-
hende Intuitionslinie bedeutet den Selbstschutz.

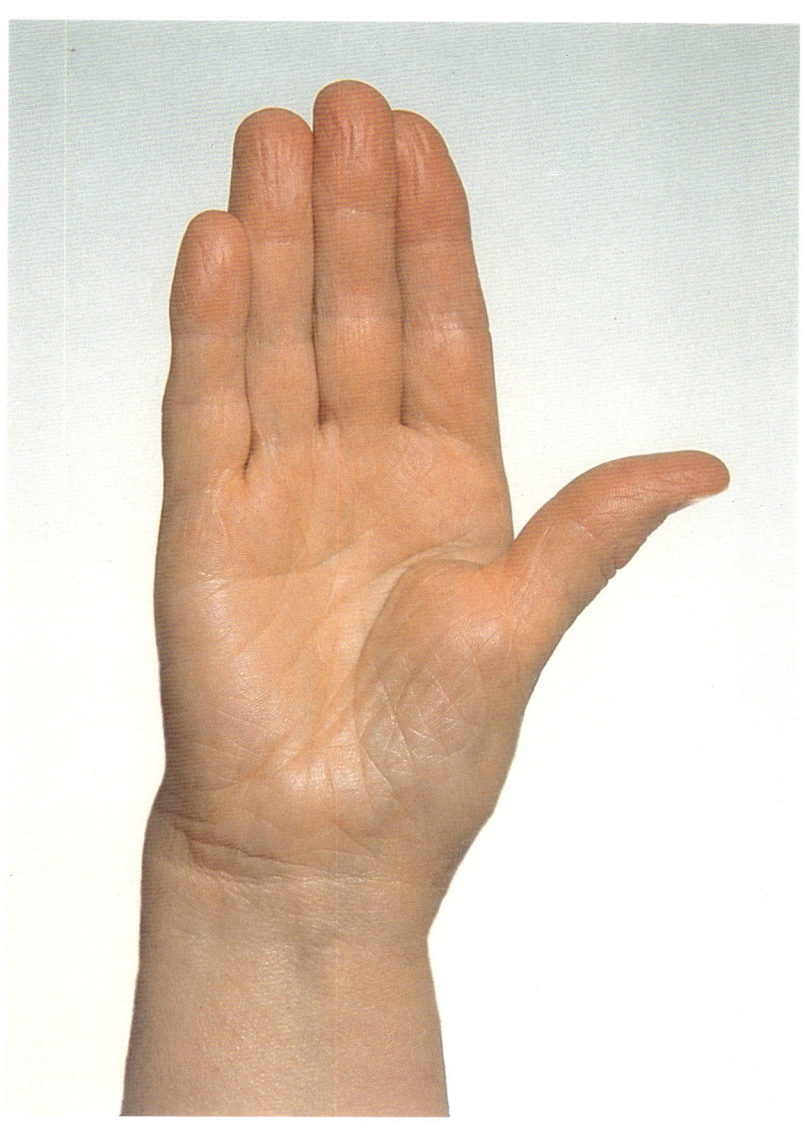

Eine Insel am Anfang der rechten Kopflinie bezieht sich auf eine von väterlicherseits vererbte Augenschwäche. Eine Insel zwischen Kopf- und Lebenslinie unterhalb des Zwischenraumes von Zeige- und Mittelfinger ist auf eine Anfälligkeit im lymphatischen Rachenraum zurückzuführen.

Die beidseitig langen *Herzlinien* münden knapp unterhalb des Zeigefingergelenkes und veranschaulichen große Warmherzigkeit. Punkte auf beiden Herzlinien unterhalb der Ringfinger weisen auf Ablagerungen in den Nieren, Punkte unterhalb der Mittelfinger auf defekte Zähne, die eine Prothese erforderlich machten.

Die nahe der Handwurzel beginnende linke *Schicksalslinie* steigt in den Mittelfingerberg auf. Eine Insel in der linken Schicksalslinie unterhalb der Kopflinie ist ein Hinweis auf eine Disposition zu Verhärtungsprozessen im Enddarmbereich, eine Insel oberhalb der Kopflinie gibt eine Zelldegeneration im Halsbereich, wo bereits dreimal an der linken Halsseite Krebsknoten operativ entfernt wurden, zu erkennen. Von einer Insel in der linken Schicksalslinie unterhalb der Herzlinie läßt sich eine Tendenz zu Zelldegenerationen im Magenbereich ableiten. Eine Insel oberhalb der Herzlinie verdeutlicht eine Anlage zu Stoffwechselstörungen, die sich bei den Vorfahren in Gicht äußerte.

Zwei weitere von der linken Lebenslinie abzweigende Schicksalslinien reichen in den Mittelfingerberg. Die Schicksalslinien bedeuten für die Handeignerin seelische Kraft und geistiges Bewußtsein, das heißt, sie kann mit ihren verschiedenen Anlagen zurechtkommen, sie bejaht das geistige Gesetz. Die rechte Schicksalslinie beginnt ebenfalls nahe der Handwurzel und spaltet sich unterhalb der Kopflinie, was ein Merkmal für Würmer darstellt. Hemmungen durch eigene Gedanken werden an der in der Kopflinie verbleibenden Schicksalslinie offenkundig. Die rechte Schicksalslinie läuft ab der Kopflinie versetzt weiter und reicht bis in das Mittelfingergelenk.

Eine kleine schmale Insel an der rechten Schicksalslinie oberhalb der Herzlinie gibt Aufschluß darüber, daß auch die väterlichen Vorfahren an Stoffwechselstörungen beziehungsweise Gicht litten. Die erste Schicksalslinie, rechtsseitig, und eine weitere, die an der Lebenslinie ansetzt, besagen, daß sich die Handeignerin um Erkenntnis bemüht und daraus Kraft gewinnt, ihr Leben zu meistern.

Die *Magenlinie* ist in der linken Hand gut dargestellt. Das stabile Vegetativum wirkt sich begünstigend auf die Konstitution aus.

Inseln in den längeren *Sonnenlinien*, beidseitig, hängen mit seelischen Hemmungen zusammen, die durch bewußtes Hinwenden zum Musischen gelöst werden können.

Ein Teil des *Venusgürtels*, rechtsseitig, steht mit einer Rückgratschwäche in Verbindung.

Mehrere *Giftlinien* lassen sich auf dem rechten unteren Handrandberg feststellen, sie sind eine Folge von Arzneimittelgiften. Von verschiedenen Schräglinien auf dem rechten unteren Daumenballenberg schneiden zwei die Lebenslinie, die mit einschneidenden Begebenheiten (Operationen) zusammenhängen.

Eine von der linken ersten *Raszette* senkrecht aufsteigende Linie, die in eine Insel mündet, gibt zu verstehen, daß bei den mütterlichen Vorfahren Zelldegenerationen vorlagen, die sich auch bei der Handeignerin bemerkbar machten.

Die hochgezogene erste Raszettlinie, linksseitig, bezieht sich auf Bindegewebeschwäche. Die Raszette stellt sich als eine große kettige Insel dar und ist ein Hinweis darauf, daß die Konstitution der mütterlichen Vorfahren beeinträchtigt war. Eine dünne kettige Raszettlinie, rechtsseitig, und darüber eine schräg zur Außenhand mehrfach unterbrochene kräftige Raszettlinie zeigen sensible Naturen bei den väterlichen Vorfahren an sowie stabilere, die jedoch, wie durch die Unterbrechungen angedeutet ist, ihr Leben abgebrochen haben.

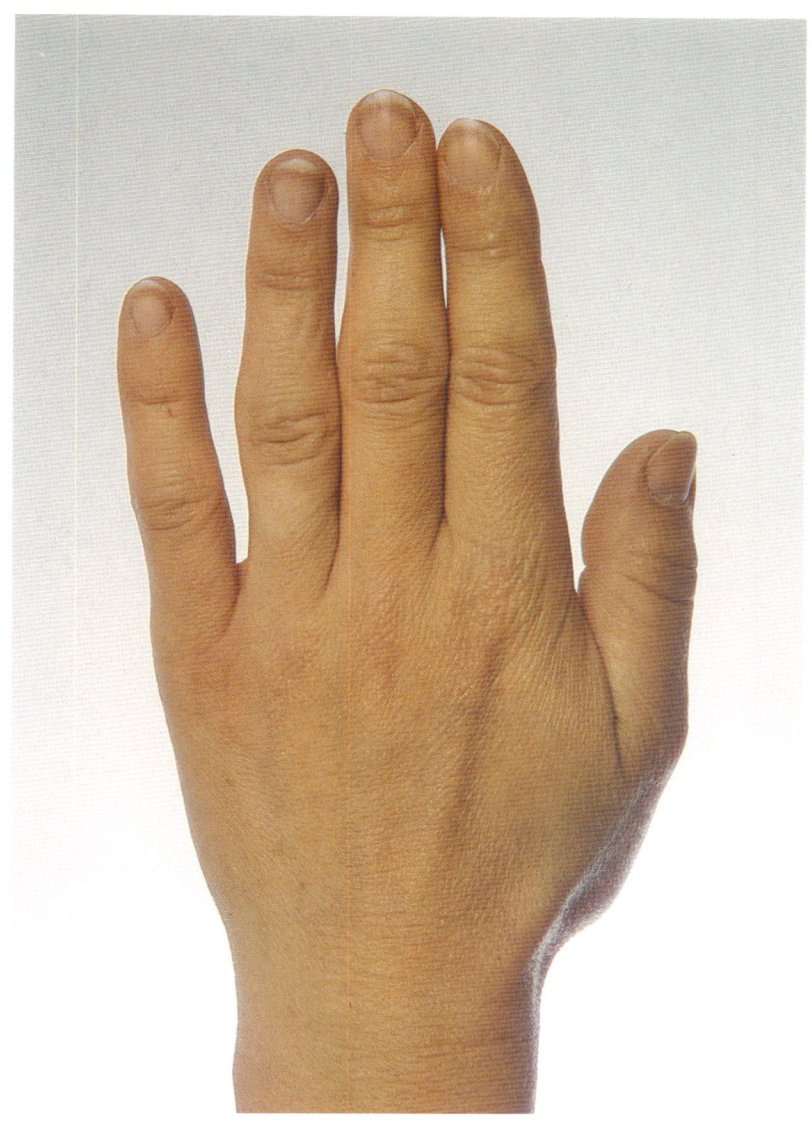 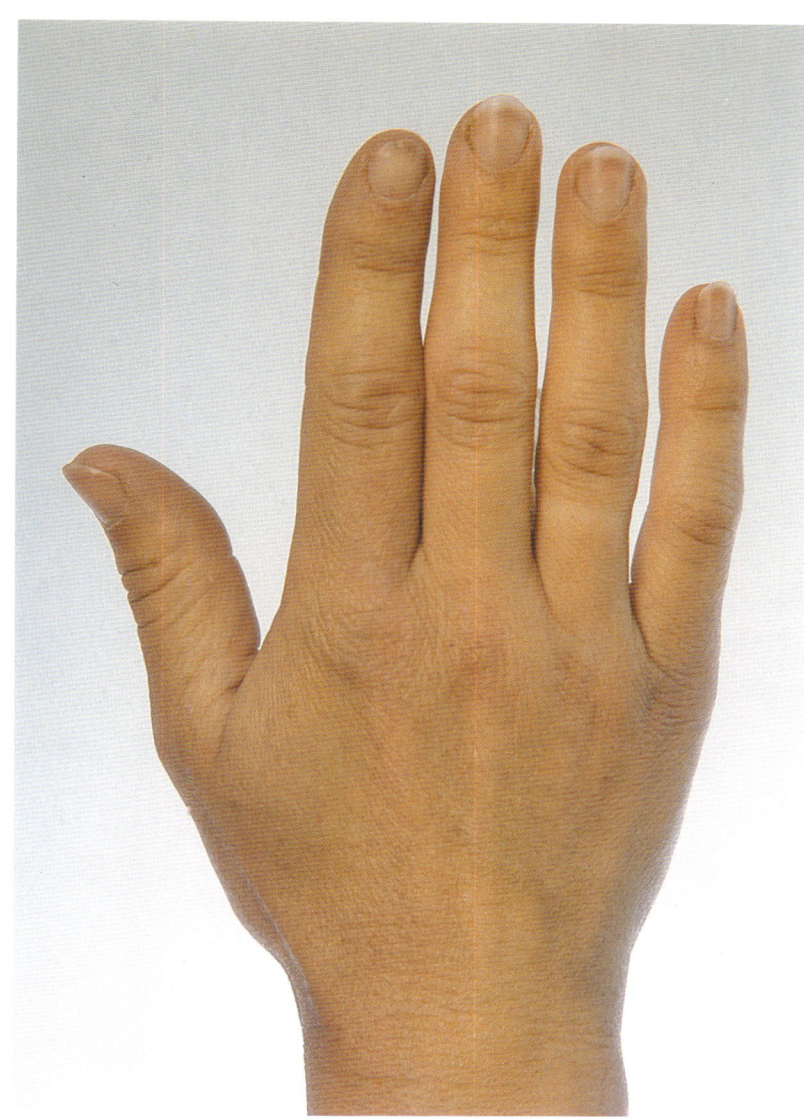

Weibliche Außenhände: A. R.
Die Handeignerin, 40 Jahre alt, ist Hausfrau.

Die *Charakteristik* der Handform im Schema ist knotig, spatelförmig mit konischem Einschlag. Die bewußter denkende Handeignerin setzt ihre Überlegungen im praktischen Leben ein. Sie kann ihre Stimmungen durch Vernunft beherrschen und steuern. Die Freude am Äußeren ist ebenso gegeben wie die Aufgeschlossenheit für alles Sinnvolle. Die Zeigefinger und der rechte Ringfinger sind im Verhältnis zu den Mittelfingern besonders lang. Streben, Empfinden und praktische Gestaltung bestätigen die Aussage der Charakteristik.

Die mittelhoch angesetzten Daumen sind kräftig. Der gerade, senkrecht gehaltene Daumen bringt Eigenprägung und Geschlossenheit im Wesen zum Ausdruck. Die Biegung des rechten Daumens gibt Anpassungsfähigkeit und Höflichkeit zu erkennen.

Die feiner gestalteten Handgelenke lassen auf ein gutes Niveau der Vorfahren schließen.

Die *Konstitution* ist zäh, stabil, sensibel.

Die *Disposition* zu Stoffwechselstörungen zeigt sich an den gebogenen und etwas eingedrehten Zeigefingern. Der linke Zeigefinger läßt eine Anlage zu einer Milz-Pankreasschwäche, der rechte Zeigefinger zu einer Leber-Galle-Belastung ersehen.

Die am ersten Glied leicht gebogenen Ringfinger deuten auf eine Disposition zu Nierenstörungen, die gebogenen und geknickten Kleinen Finger auf eine Anlage zu Senkung und Knickung der Gebärmutter, die auf Bindegewebeschwäche beruht. Von den leicht geröteten Knöchelgelenken der Zeige- und Mittelfinger lassen sich Entzündungstendenzen ableiten, die sich im Verdauungstrakt bemerkbar machen.

Die beidseitig normal gewölbte Maus gibt Aufschluß über gute Lungen- und Vitalkraft.

Die verhältnismäßig kleinen Fingernägel sind zum Teil etwas dreieckig geformt und weisen auf eine erbliche Belastung zu Herzstörungen, gegebenenfalls auch zu Spinalleiden. Die eher blassen Fingernägel lassen Eisenmangel vermuten. Die leicht gewölbten Ringfingernägel sind eine Folge von Nierenfunktionsstörungen. Die fehlenden Nagelmonde bezeugen Herzneurose.

Die rot/braunen Streifen an den oberen Nagelrändern sind als unmittelbare Reaktion atmosphärischer Störungen besonders deutlich sichtbar.

Weibliche Innenbände: A. R. siehe folgende Doppelseite

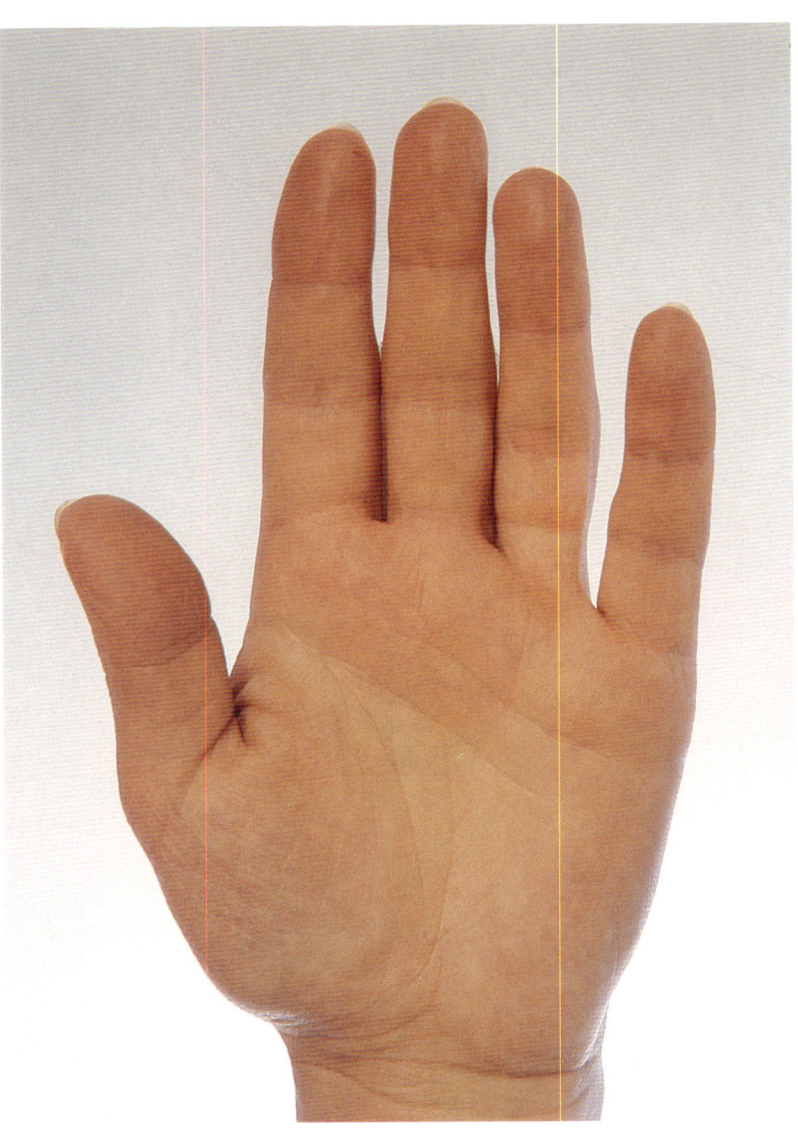

Weibliche Innenhände: A. R.
Die Handeignerin, 40 Jahre alt, ist Hausfrau.

Die Fingerglieder zeigen längenmäßig keine großen Abweichungen. Lediglich die ersten Glieder der Kleinen Finger heben sich durch ihre Länge hervor. Intuitiv beflügelt kann sich die Handeignerin mit geistigen Studien befassen. Auffallend ist auch das besonders kurze mittlere Glied des rechten Kleinen Fingers, das zu erkennen gibt, daß die Handeignerin für sich selbst bescheiden ist. Die Einziehung an den unteren Gliedern der Ringfinger deutet auf eine Anlage zu Fußschwäche.

Die senkrechten Linien auf allen zweiten und dritten Fingergliedern bekunden ein offenherziges und anziehendes Wesen.

Die mittelkräftige Hauttextur spricht für Widerstandskraft. Die vertieften Innenhandflächen beruhen auf Störungen im Magenstoffwechsel.

Die gut gewölbten Handberge veranschaulichen, daß die Handeignerin allem zugeneigt ist, was die Lebensfreude erhöht. An den Daumenballenbergen bestätigt sich eine seelenvolle, sympathische Natur. In beiden Händen ist das »Große M« nicht durchgehend geprägt. Aus den Lebensprüfungen erwirbt sich die Handeignerin ein tieferes Bewußtsein.

Die *Lebenslinien* bilden einen Viertelkreis um die Daumenballenberge. Eine aus dem linken Daumenballenberg kommende, die Lebenslinie schneidende Linie weist auf vorgeburt-

liche Störungen, die sich bei der Handeignerin in den Jugendjahren als Hemmungen bemerkbar machten.

Die linke Lebenslinie wird von vielen zarten Linien durchzogen, ein Zeichen für wechselnde Gesundheitsverhältnisse. Die rechte Lebenslinie ist bis zur Mitte des Daumenballenberges zweifach angelegt und dient als Verstärkung der Lebensenergien.

Die linke *Kopflinie* ist mit der Lebenslinie verbunden. Eine Insel unterhalb des Mittelfingers bezieht sich auf eine von mütterlicherseits vererbte Anlage zu Gehörschwäche.

Die gerade verlaufende linke Kopflinie zeigt mehr verstandesbezogenes Denken. Punkte in der linken Kopflinie hängen mit Kopfnervenschwäche zusammen.

Die rechte mit der Lebenslinie länger verbundene Kopflinie gibt zeitweise Verschlossenheit zum Ausdruck sowie übergroße Bedachtsamkeit. Die kleine Insel unterhalb des Zeigefingers beruht auf einer von väterlicher Seite vererbten Anlage zu Sehschwäche.

Die rechte Kopflinie verläuft in Richtung des mittleren Handrandberges. Davon läßt sich eine Befähigung zu guter Gestaltungskraft und sozial-idealer Einstellung ableiten.

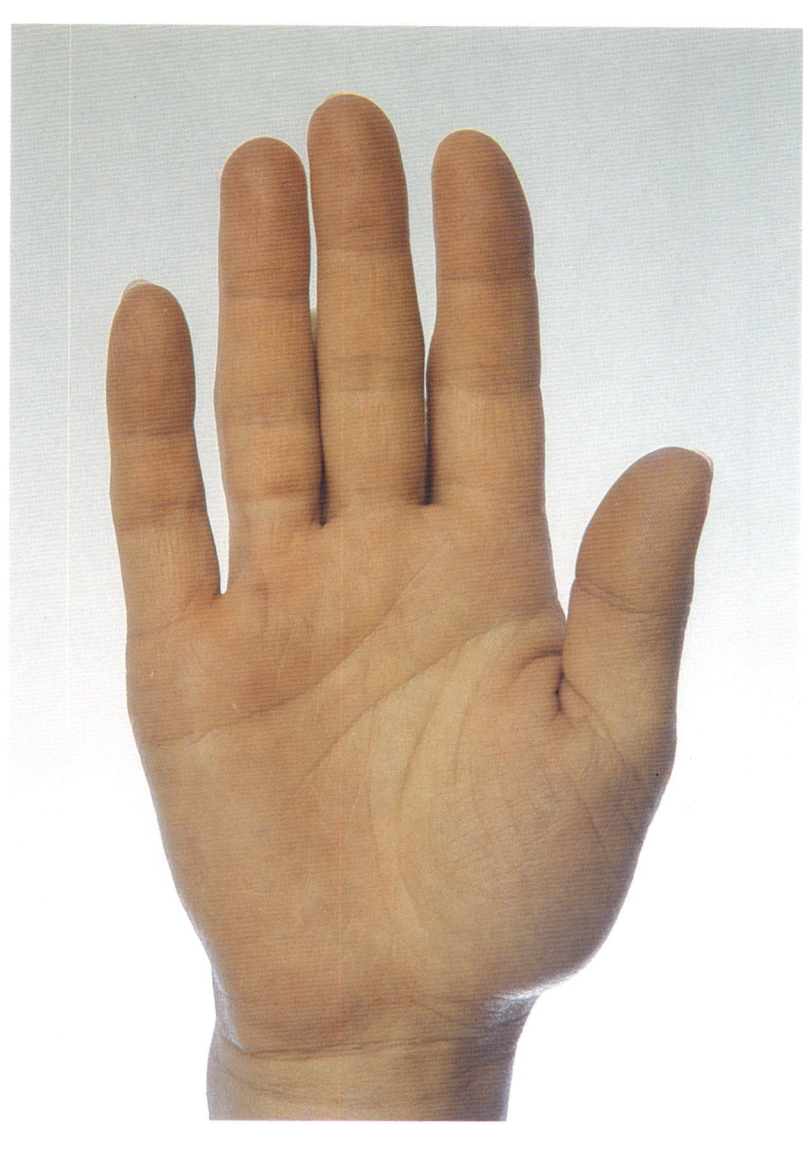

Die linke *Herzlinie* mündet in eine Insel, die auf Lungenleiden bei den mütterlichen Vorfahren deutet und bei der Handeignerin nur noch latent vorhanden ist. Eine schmale Insel in der linken Herzlinie unter dem Zwischenraum von Ring- und Kleinem Finger ist ein Merkmal für Herzleiden bei den mütterlichen Vorfahren. Gallengrieß äußert sich an den bräunlichen, dunklen Punkten in der linken Herzlinie unterhalb des Ringfingers. Die rechte kräftige Herzlinie ist bis in Höhe des Mittelfingers mit einem roten Umfeld umgeben. Daraus resultiert eine Herzmuskelbelastung, die eine Herzschwäche zur Folge hat. Die Länge der Herzlinie spricht für Warmherzigkeit, Wahrheitsliebe und Zuverlässigkeit.

Die linke *Schicksalslinie* beginnt mit einer Insel (überfeinertes Nervenleben) am unteren Teil des Daumenballenberges und zieht bis über die Herzlinie, wo sie eine Insel bildet, die sich auf Gicht bei den Vorfahren bezieht. Der Beginn im Daumenballenberg kennzeichnet Mitgefühl und Lebensbejahung. Die linke Schicksalslinie wird in ihrer gesamten Länge von vielen Linien geschnitten. Die Flexibilität der Handeignerin wird durch viele Gelegenheiten in Wandlungsprozessen geschult.

Die rechte Schicksalslinie beginnt an der Lebenslinie und bildet unterhalb der Kopflinie bis kurz vor der Herzlinie eine große Insel (Stoffwechselstörungen der Organe Darm, Leber, Magen).

Ein kurzes Teil einer rechten Schicksalslinie trifft auf eine kleine Insel (Leberbelastung), die sich in der ersten Schicksalslinie befindet.

Die *Magenlinien*, beidseitig, sind nur zum Teil und zart gezeichnet vorhanden. Das Vegetativum ist Schwankungen unterworfen.

Eine linke *Sonnenlinie* zweigt von der Schicksalslinie ab und reicht mehrfach versetzt und zerrissen in den Ringfingerberg. Daraus läßt sich eine Zersplitterung in der Empfindungswelt ableiten. Eine in dem rechten Handrandberg beginnende Sonnenlinie (phantasievolle Intuition) zieht in den Ringfingerberg. Eine zweite, von der Schicksalslinie kommende Sonnenlinie (bewußtes Dienen) sowie eine dritte, aus dem Zwischenraum von Kopf- und Herzlinie unterhalb des Kleinen Fingers stammende (Fleiß und Energie) ziehen ebenfalls in den Ringfingerberg. Vielfältige Ambitionen sollten geistig geordnet werden, um eine Zersplitterung zu vermeiden, die sich ungünstig auf den Solar plexus auswirken würde.

Die erste linke hochgezogene *Raszettlinie* bringt Bindegewebeschwäche bei den mütterlichen Vorfahren zum Ausdruck, verbunden mit einer Anlage zu erschwerten Geburten. Zwei weitere leicht kettige Raszettlinien verkörpern zähe und sensible Naturen bei den mütterlichen Vorfahren. Ein ähnliches Bild bieten die rechten Raszettlinien, wobei die zweite Raszette noch breiter und kettiger ist.

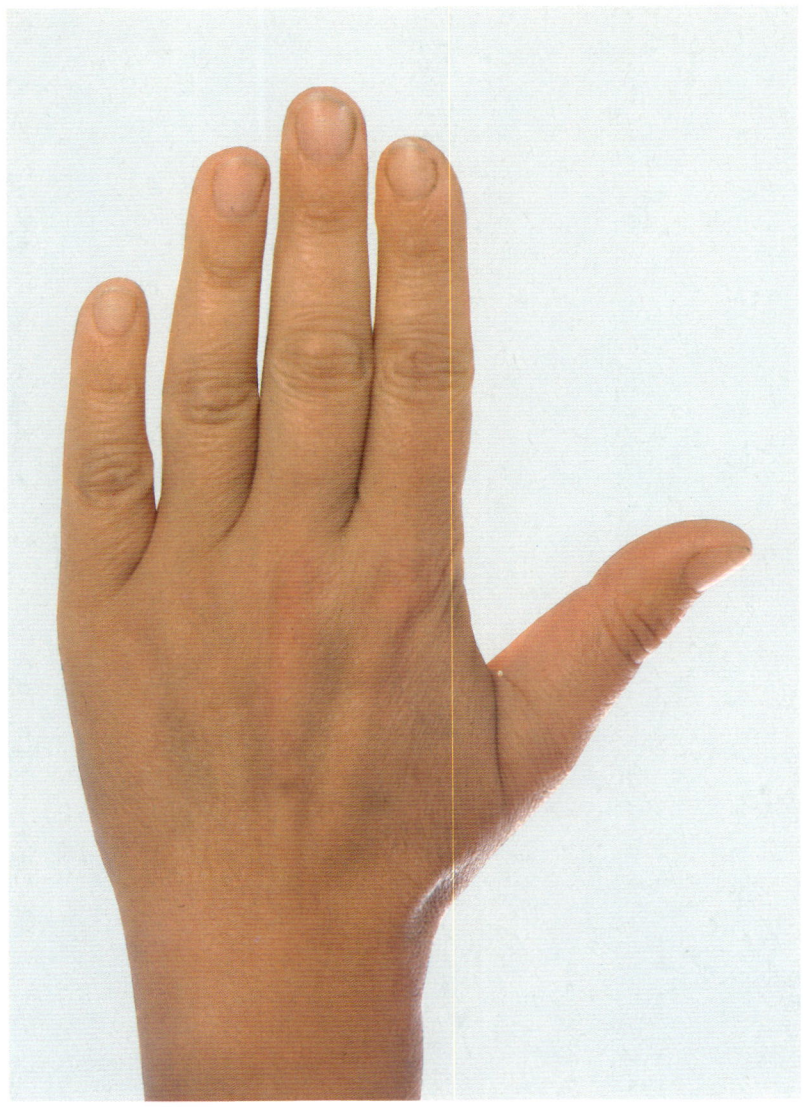 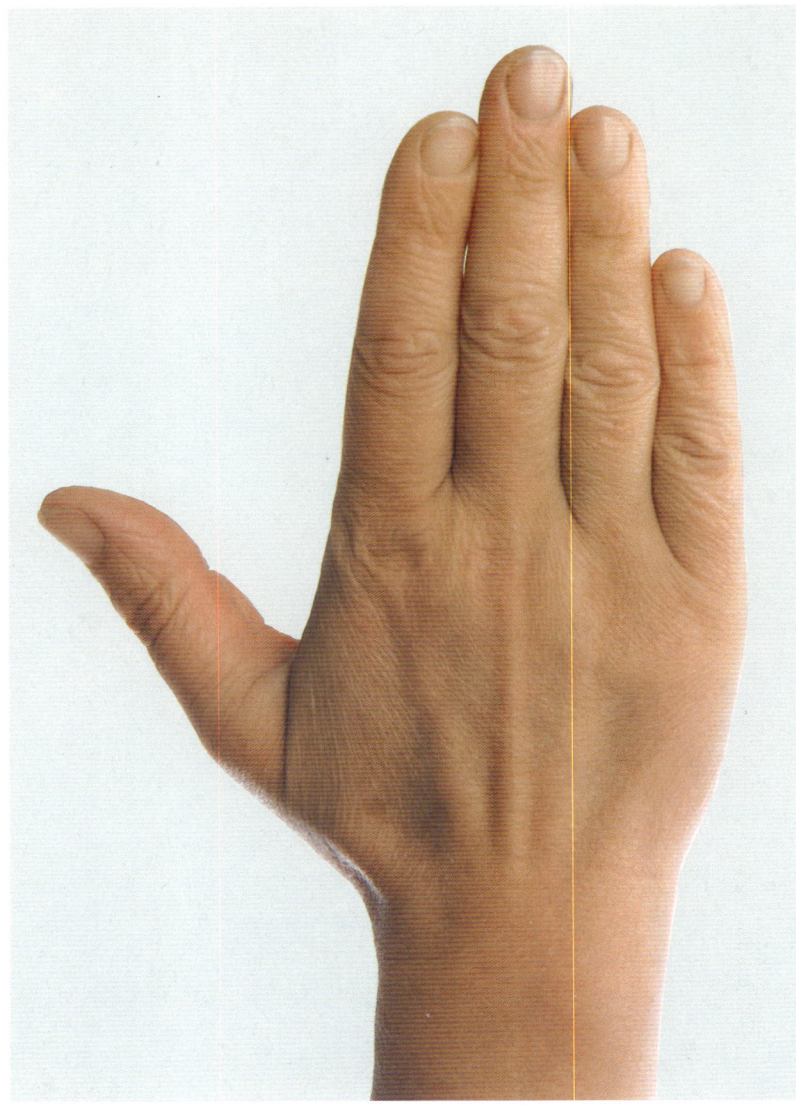

Männliche Außenhände: R. R.
Der Handeigner, 45 Jahre alt, ist Wirtschaftsprüfer.

Die *Charakteristik* der Handform im Schema ist eckig, konisch. Der klardenkende, genaue und empfindungsstarke Handeigner besitzt Unterscheidungsvermögen. Er vermag Berufs- und Privatleben auseinanderzuhalten. In beruflicher Hinsicht ist ihm Ordnung oberstes Prinzip, im privaten Bereich ist es ihm angenehmer, wenn andere dafür sorgen. Er wahrt die Form und ist großzügig, wenn es ihm passend erscheint.

Zeige- und Ringfinger sind beidseitig von gleicher Länge. Der Handeigner stimmt seine Interessen mit denen der Umwelt ab. Die eher tief angesetzten kräftigen Daumen veranschaulichen einen selbständigen, strebsamen Menschen, der seine Ziele erkennt und danach handelt. Die ersten feiner gestalteten Daumenglieder deuten auf tiefere geistige Kontaktfähigkeit.

Die feinen Handgelenke weisen auf ein gutes Niveau der Vorfahren.

Die *Konstitution* ist stabil, zäh.

Die *Disposition* zu Stoffwechselstörungen läßt sich von den bräunlich getönten ersten Fingergliedern ableiten, die Anlage zu Bindegewebeschwäche an der faltigen Haut der Finger. Eine Anlage zu Stoffwechselstörungen bestätigt sich an den gebogenen Zeigefingern (links, Milz-Pankreas, rechts, Leber-Galle). Bindegewebeschwäche im Urogenitalbereich äußert sich an den gebogenen Kleinen Fingern.

Die geröteten Knöchelgelenke des linken Zeige- und Mittelfingers beziehen sich auf Störungen der Darmflora. Eine kreisförmige Vertiefung auf den Knöchelgelenken der Zeigefinger, besonders rechtsseitig, ist auf empfindliche Hüftgelenke zurückzuführen.

Die beidseitig gut gewölbte Maus ist bis auf eine Einziehung am unteren Teil, die schwache Füße vermuten läßt, ein Zeichen für gute Lungenkraft und Vitalität.

Die in Form und Größe unterschiedlichen Fingernägel weisen darauf hin, daß die Organe nicht immer synchron arbeiten.

Eine anämische Tendenz und Stauungen äußern sich an den blassen Fingernägeln.

Die Einflußzeichen atmosphärischer Störungen sind an den oberen Nagelrändern zu erkennen.

Männliche Innenhände: R. R.

Die Fingerglieder sind unterschiedlich in der Länge. Als bewußt strebender Mensch ist der Handeigner in der Lage, einen Ausgleich der drei Ebenen zu erwirken.

Die Längslinien an den ersten Fingergliedern sind ein Zeichen für nervliche Belastungen durch Überarbeitung. Die Längslinien an den zweiten und dritten Fingergliedern veranschaulichen ein gewinnendes Wesen durch magnetische Ausstrahlungskraft.

Die an den mittleren und unteren Fingergliedern der Kleinen Finger befindlichen kleinen Schräglinien bestätigen innere Unruhe und Nervosität. Kleine Schräglinien am unteren Gelenk des linken Zeigefingers beziehen sich auf eine Pankreasinsuffizienz, die kleinen Schräglinien am unteren Gelenk des rechten Zeigefingers auf Leber-Galle-Störungen.

Die feinere Hauttextur verkörpert einen sensiblen Handeigner. Die rot/weiß-gefleckten Innenhandflächen sind ein Merkmal für Durchblutungsstörungen und Harnstauungen. Die fein gewölbten Handberge lassen auf Lebensfrohsinn schließen. Das »Große M« ist in beiden Händen sehr gut geprägt. Hier offenbart sich eine aufgeschlossene, bewußt lebende, reife Seele.

Die linke mit einer Spaltung beginnende *Lebenslinie* umrundet den Daumenballenberg in einem gut geschwungenen Viertelkreis. Nach anfänglichen Schwankungen der Lebenskraft in der Säuglingszeit festigten sich die anhaltend guten, von mütterlicherseits vererbten Vitalkräfte. Eine zweite linke Lebenslinie wirkt lebenskraftverstärkend. Die Abzweigung am unteren Drittel der linken Lebenslinie zieht in Richtung des unteren Hand-

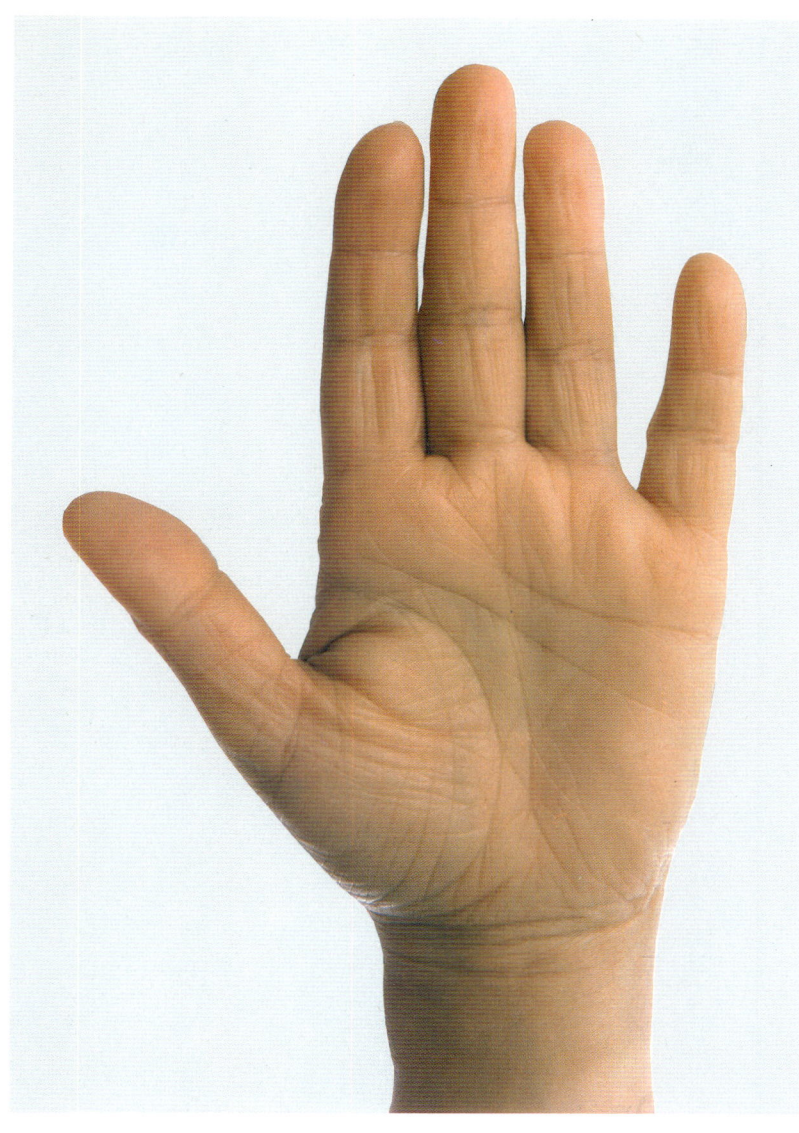 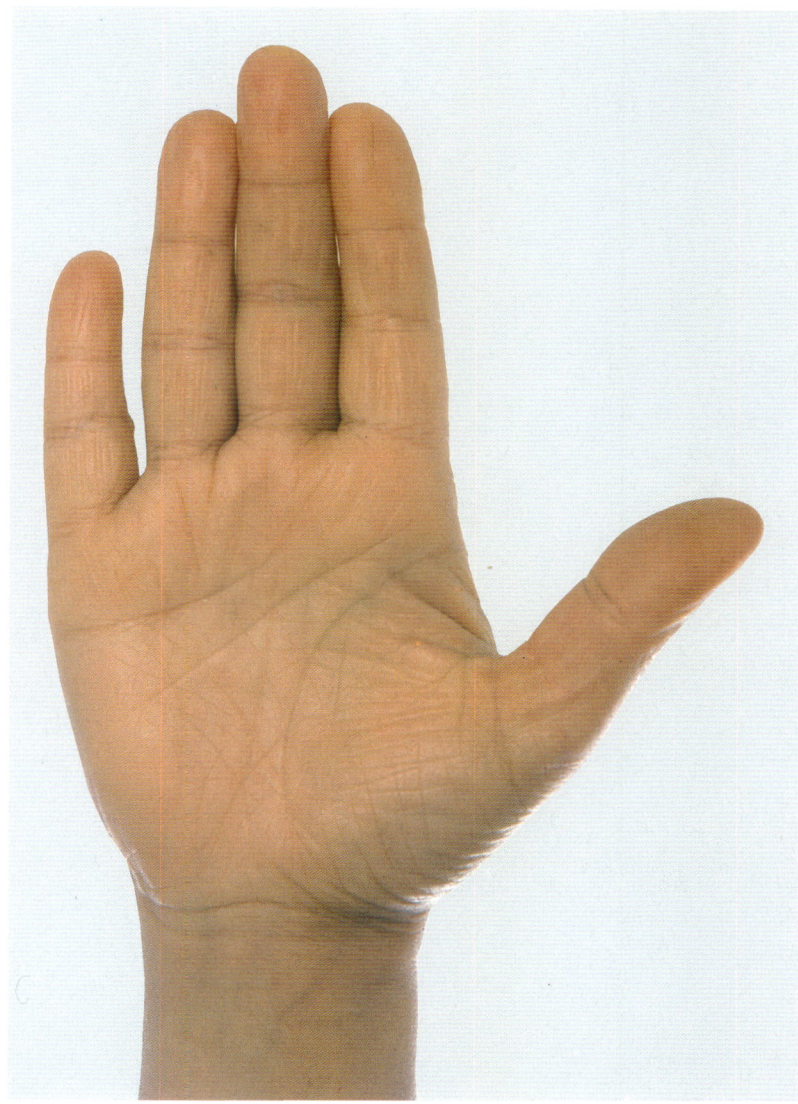

randberges und läßt eine Anlage zu Hodenleiden erkennen. Eine aus dem oberen Viertel des linken Daumenballenberges kommende Linie verläuft bis in den unteren Handrandberg und dient einerseits als Warnung vor Fall, andererseits weist sie auf eine Neigung zu Depressionen.

Die rechte höher angesetzte Lebenslinie umrundet ebenfalls den Daumenballenberg gut geschwungen. Die aus dem väterlichen Erbgut übernommenen Vitalkräfte vermitteln dem Handeigner Widerstandsfähigkeit und Zähigkeit, die ihm in Zeiten gesundheitlicher Schwäche, wie aus den bläulichen Punkten in der Lebenslinie hervorgeht, zugutekommen. Auch rechtsseitig ist die Linie für Hodenleiden vorhanden.

Beide langen und kräftigen *Kopflinien* sind hoch angesetzt und mit den Lebenslinien unverbunden. Der impulsive, zu schnellen Entschlüssen fähige Handeigner nimmt bei wohlwollender Gesinnung von anderen nicht gerne ungefragten Rat an. Seine Gedanken bewegen sich mehr im intellektuellen Bereich.

Das kleine pfeilartige Zeichen vor dem Ende der linken Kopflinie hängt mit einer Augenverletzung zusammen. Ein dunkler Punkt unterhalb des Ringfingers warnt vor Kopfnervenfieber. Punkte in der rechten Kopflinie verdeutlichen überlastete Gehirnnerven.

Beide *Herzlinien* sind kräftig und lang und zeigen am Ende eine Spaltung, die sich auf eine Anfälligkeit der Kopfnerven bezieht (Zugluft, Kälte). Die am Ende der Herzlinien zwischen Zeige- und Mittelfinger dargestellten rhombusförmigen Inseln lassen auf eine Anlage zu Prostatabeschwerden schließen. Kleine Inseln in den Herzlinien sind auf Herzbeschwerden zurückzuführen. Mehrere dunkle Vertiefungen in den Herzlinien (im Original bläulich) sind ein Hinweis auf Herzmuskelkrampf.

Aus dem linken unteren Handrandberg kommen mehrere Teile von *Schicksalslinien*, die in einer kräftigen durch die Handmitte laufenden Schicksalslinie münden. Die linke Schicksalslinie reicht in die Kopflinie und setzt unterhalb der Kopflinie neu an, um im Mittelfingergelenk zu enden. Zwei von unterhalb der

Herzlinie kommende Schicksalslinien ziehen durch den Mittelfingerberg. Die Bewußtseinsrichtung des Handeigners basiert auf Vielfältigkeit, die er als verschiedene Aspekte einer Ganzheit seiner eigenen klaren Denkweise einzuordnen weiß.

Die kräftige rechte Schicksalslinie beginnt in der Handtellermitte und läuft in der Herzlinie versetzt bis in das untere Gelenk des Mittelfingers. Durch den Selbständigkeitsdrang des Handeigners formt sich eine Persönlichkeit, die aus ihrem Streben heraus erfolgreich im Leben steht.

Die in der linken Hand zweifach vorhandene *Magenlinie* ist ein Zeichen für ein gutes Vegetativum. Zwei Magenlinien, rechtsseitig, setzen in der Mitte der Lebenslinie an und ziehen in den Berg des Kleinen Fingers. Zwei weitere Magenlinien beginnen am unteren Viertel der Lebenslinie und reichen ebenfalls in den Berg des Kleinen Fingers. Der Handeigner verfügt über ein Vegetativum, das für mehrere Berufe geeignet macht.

In beiden Händen sind oberhalb der Herzlinien mehrere *Sonnenlinien* zu sehen. Der Handeigner kann Ausgleich und Entspannung im Schöngeistigen finden. In der rechten Hand setzt außerdem eine Sonnenlinie an der Lebenslinie an, die veranschaulicht, daß der Handeigner durch eigene Bemühungen zu Erfolg gelangt.

Das »Kleine Dreieck«, links- und rechtsseitig, macht deutlich, daß der Handeigner für geistige Studien und Betätigungen geeignet ist, das »Große Viereck«, beidseitig, daß er sich in bezug auf seine Umwelt klug und tolerant verhält. Eine vom unteren Handrandberg in die Magenlinie laufende *Intuitionslinie*, rechtsseitig, bezeugt Selbsterkenntnis und Erfindungsreichtum.

Die erste linke kräftige *Raszettlinie* zeigt eine Unterbrechung, zwei weitere Raszettlinien sind etwas kettig durchgezogen. Rechtsseitig ist die erste kräftige, kettige Raszettlinie etwas hochgezogen (Bindegewebeschwäche), eine weitere ist ebenfalls kettig. Das Erbgut der mütterlichen und väterlichen Vorfahren gibt sowohl Stabilität als auch Feinnervigkeit zu erkennen, die bei dem Handeigner zum Ausdruck kommen.

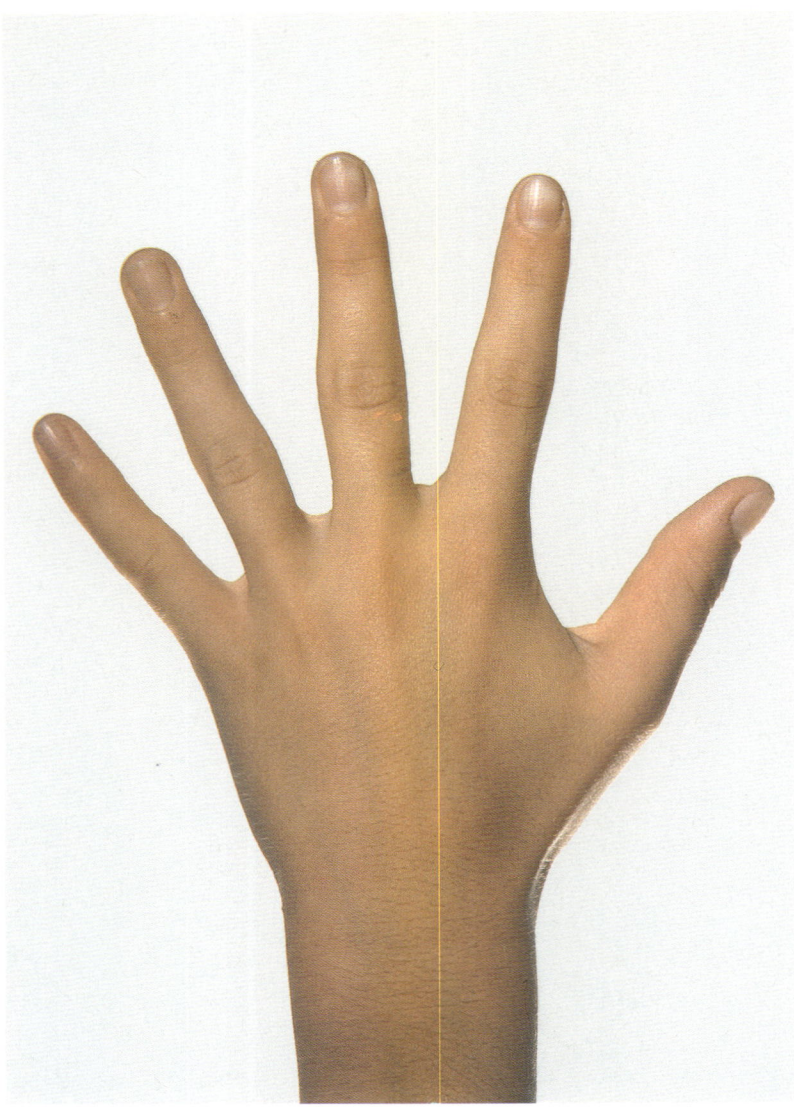 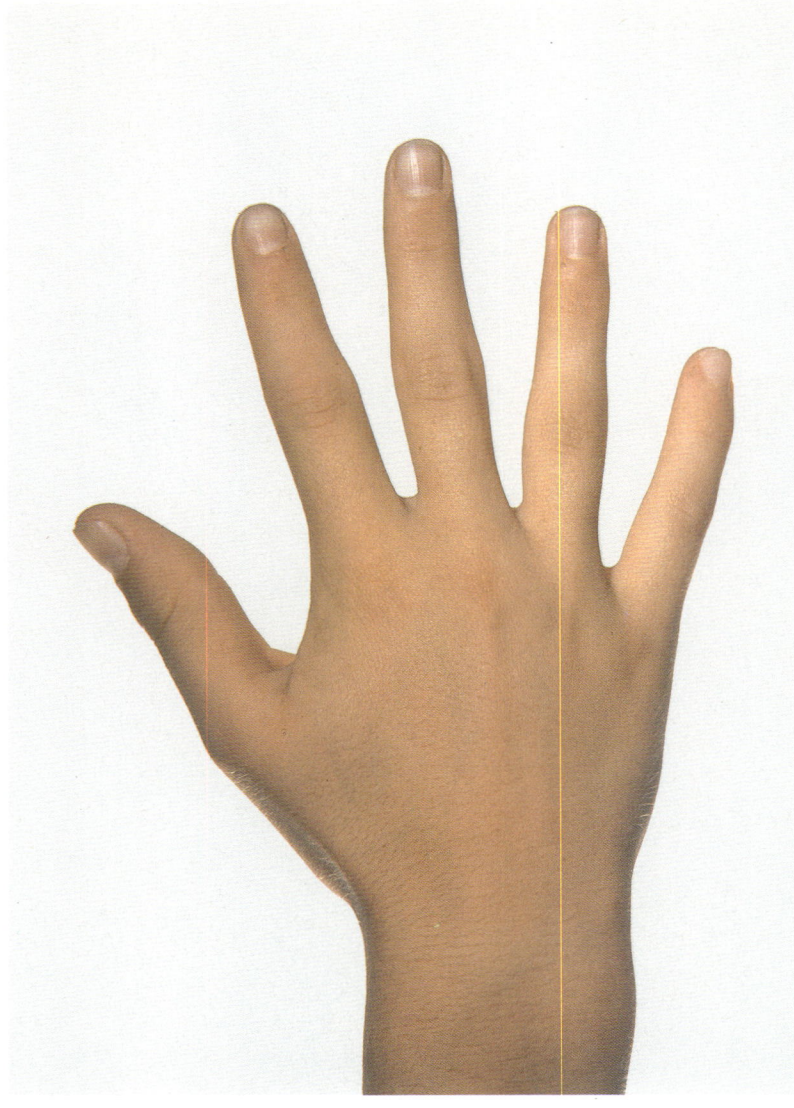

Weibliche Außenhände: E. R.
Die Handeignerin, 15 Jahre alt, ist Schülerin.

Die *Charakteristik* der Handform im Schema ist ideal, knotig, eckig gemischt. Die phantasievolle Handeignerin zeigt exzentrische Züge und hegt zuweilen Zweifel am Idealen, was einen Eindruck von Unzuverlässigkeit entstehen läßt. Nimmt die Handeignerin das Prinzip der geistigen Ordnung wahr, wird sie inneren Halt gewinnen und konsequenter denken und handeln lernen.

Die Zeigefinger sind länger als die Ringfinger. Die Handeignerin strebt nach innerer Freiheit und sucht den Kontakt zu Edlem und Schönem. Die mittelhoch angesetzten und zum Teil kräftigen Daumen geben darüber Aufschluß, daß die seelische und persönliche Seite größerer Übereinstimmung bedürfen, zumal die ersten Daumenglieder kürzer sind als die zweiten. Von den abgeflachten Daumenkuppen läßt sich ableiten, daß die Willenskraft verhalten ist. Die Handeignerin sollte bemüht sein, Aufgaben, die sie begonnen hat, auch zu beenden. Die ersten kräftigen Daumengelenke deuten sowohl auf Intelligenz und Unabhängigkeitsliebe als auch auf eine Anlage zu Unberechenbarkeit und Starrsinn.

Die mittelkräftigen Handgelenke zeigen, daß eine gute Widerstandsfähigkeit bei den Vorfahren vorhanden war.

Die *Konstitution* ist sensibel, zäh.

Die *Disposition* zu Nierenstörungen ist an der zarten aber großporigen Haut ersichtlich. Der rechte etwas gebogene Mittelfinger verdeutlicht Verdauungsstörungen. Die am ersten Glied abgewinkelten Kleinen Finger weisen auf Bindgewebeschwäche im Urogenitalsystem.

Die beidseitig normal gewölbte Maus gibt eine gute Vital- und Lungenkraft zu erkennen.

Die vorwiegend mandelförmigen Fingernägel stehen mit Stoffwechselstörungen und einer Disposition zu Diabetes in Verbindung. Der kurze kleine Nagel des rechten Kleinen Fingers bezieht sich auf ein organisches Herzleiden sowie auf Belastungen des Spinalnervensystems der väterlichen Vorfahren.

Die bläuliche Farbe der Fingernägel ist auf Kohlensäure im Blut zurückzuführen, die Aufhellungen an den Zeige- und Mittelfingernägeln auf Stauungen der Organe im mittleren Bauchraum. Die zuerst an den Ringfingernägeln auftretenden Wölbungen sind auch an den Nägeln der Mittelfinger und der Kleinen Finger vorhanden, sie beruhen auf Nierenfunktionsstörungen. Die auf fast allen Fingernägeln befindlichen und teilweise verdickten Längsrillen lassen auf Unreinigkeiten im Blut schließen. Die in Form und Größe verschiedenen Nagelmonde geben eine Herznervenschwäche zu erkennen, die bläulichen Nagelmondränder deuten auf Durchblutungsstörungen der Herzkranzgefäße.

Die Einflußzeichen atmosphärischer Störungen sind an den oberen Nagelrändern zu sehen.

Weibliche Innenhände: E. R.

Die Fingerglieder sind etwas unterschiedlich in der Länge. Die Förderung geistigen Bewußtseins führt zu dem Einklang der drei Ebenen Geist, Seele, Körper. An fast allen Fingergelenken sind kleine schräge Linien zu sehen. Sie sind ein Ausdruck innerer Unstetigkeit und Unruhe sowie Nervosität. Die Nervosität kann die Funktionen von Milz-Pankreas (linker Zeigefinger), Leber-Galle (rechter Zeigefinger), Darm (Mittelfinger), Nieren (Ringfinger) und der Sexualorgane (Kleine Finger) beeinträchtigen. Die Hauttextur ist zum Teil fein, zum Teil kräftig. Die Handeignerin ist sowohl sensibel als auch robust in ihren Empfindungen.

Die vertieften und blassen Innenhandflächen stehen mit mangelnder Auswertung der Nahrung in Zusammenhang. Die rot/weiß-gefleckte Haut bestätigt Stauungen in den Nieren und der Blase. Die Berge unter den Fingern stellen sich als ein Komplex dar, ebenso die Handrandberge, während sich die Daumenballenberge gut gewölbt zeigen. Eine positive Lebenseinstellung ist augenscheinlich, die sich jedoch nicht differenziert ausdrückt. Lediglich die Daumenballenberge spiegeln Gefühlswärme und Sinnenfreude wider.

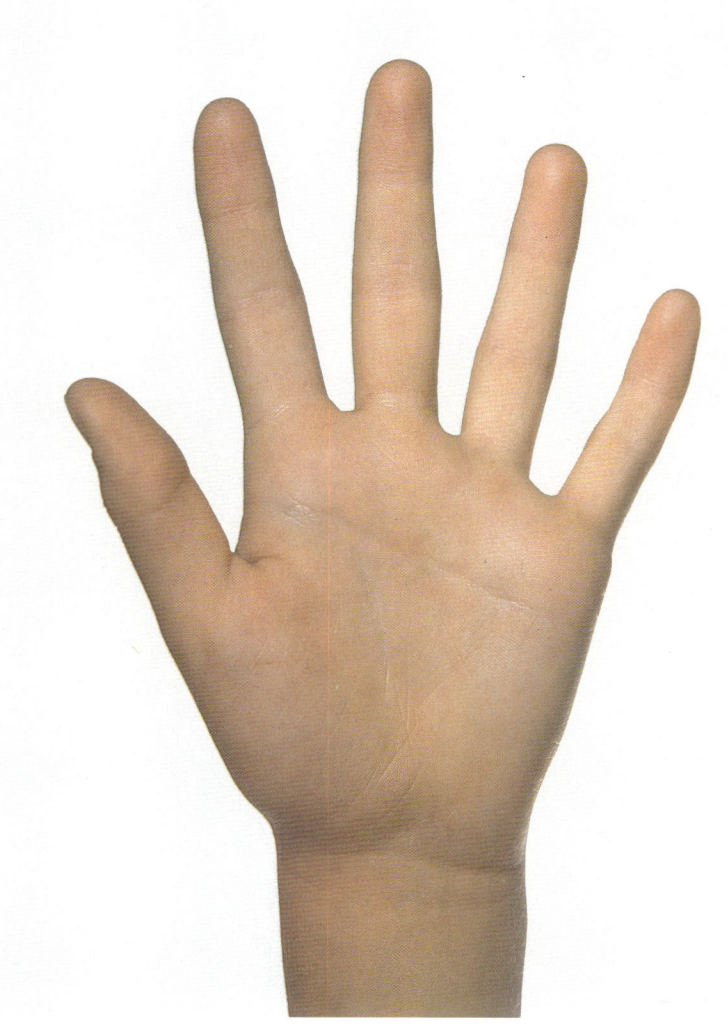
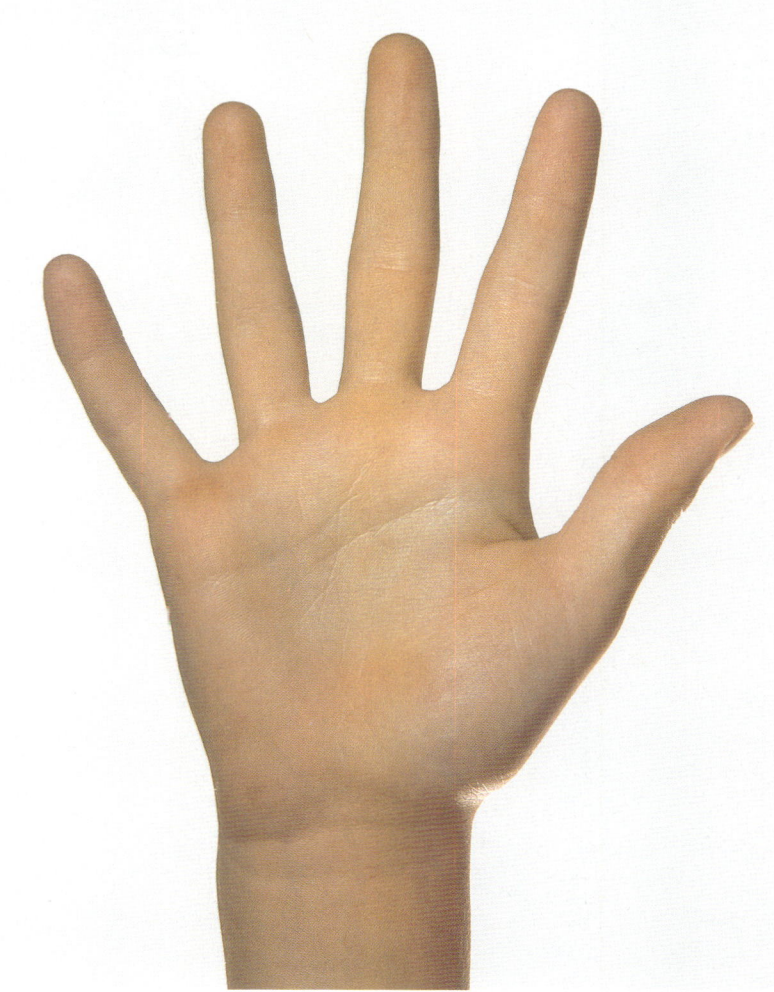

Die linke zarte kettige *Lebenslinie* läßt auf wenig widerstandsfähige Vitalkräfte schließen. Die Gesundheit ist vielen Schwankungen unterworfen. Die rechte lange, zarte und blasse Lebenslinie weist auf eine schwache Konstitution und Durchblutungsstörungen sowie auf Blutarmut. Eine Abzweigung am unteren Drittel der rechten Lebenslinie bezieht sich auf eine Tendenz zu Durchblutungsstörungen des rechten Beines. Am unteren Drittel beider Lebenslinien befindet sich jeweils ein Dreieck (rechtsseitig schwach sichtbar), ein Zeichen dafür, daß bei den Vorfahren mütterlicher- und väterlicherseits Zelldegenerationen vorkamen. Für die Handeignerin bedeutet es, daß sie eine gesunde Lebensweise anstreben sollte.

Kopf- und *Herzlinie*, linksseitig, verlaufen in e i n e r Linie. Diese Liniendarstellung läßt die sogenannte »gesperrte Hand« erkennen. Denken und Empfinden zusammengefaßt führen zu inneren Spannungen, die sehr viel Ruhe und Gelassenheit erfordern, um in der zu engen Wechselbeziehung keine Kurzschlußreaktionen aufkommen zu lassen, die zu unberechenbaren, nicht vorausschaubaren Handlungen führen können. Auch die Anlage zu Lähmungen ist damit verbunden.

Inseln am Anfang zwischen der kombinierten Kopf-/Herzlinie deuten auf eine Anfälligkeit des lymphatischen Rachenringes. Punkte unterhalb des Mittelfingers sprechen für Gehirnnervenschwäche, die links daneben liegende Insel ist Ausdruck einer von mütterlicher Seite vererbten Disposition zu Gehörschwäche. Inseln unterhalb des Kleinen Fingers und des Ringfingers geben Aufschluß über Herzschwäche. Nach dem 30. Lebensjahr verliert die »gesperrte Hand«, entsprechend der Reife der Handeignerin, langsam an Wirkung.

Die rechte Kopflinie ist mit der Lebenslinie kettig verbunden, ein Merkmal für eine schwache Konstitution in der Jugendzeit. Der weitere kettige Verlauf der Kopflinie hängt mit Durchblutungsstörungen zusammen, die erschwerte Lernfähigkeit mit

sich bringen. Eine kleine Insel unterhalb des Mittelfingers bezieht sich auf eine von väterlicherseits vererbte Anlage zu Gehörschwäche. Die verhältnismäßig kurze rechte Kopflinie ist der Herzlinie sehr nahegerückt, es bedeutet eine Tendenz zu Asthma psychischer und physischer Art. Ein Punkt in der rechten Kopflinie unterhalb des Zeigefingers steht in Verbindung mit einer Kopfverletzung.

Die rechte kettige *Herzlinie* beginnt kräftig und mündet schwach gezeichnet in den Zwischenraum von Zeige- und Mittelfinger.

In der linken Hand steigt eine *Schicksalslinie* von nahe der Lebenslinie auf und bleibt in der Mitte des Handtellers stehen. Eine zweite vom mittleren inneren Handrandberg kommende Schicksalslinie reicht in die Kopf-/Herzlinie. Einerseits hemmt sich die Handeignerin durch mangelndes Selbstvertrauen, andererseits greift sie gerne die von außen auf sie zukommenden Möglichkeiten für ihre Bewußtseinserweiterung auf.

Die rechte Schicksalslinie setzt sich aus drei Teilen, die aus verschiedenen Richtungen kommen und sich kreuzen, zusammen. Die Handeignerin neigt dazu, sich in Gedanken und Taten zu zersplittern. Sie möchte gerne vieles erreichen, es fehlt ihr jedoch noch an Ausdauer. Ein kleines Dreieck unterhalb der rechten Kopflinie ist ein Hinweis für Wurmbefall.

Von der zuerst größer, dann kleiner, zersplittert dargestellten linken *Magenlinie* läßt sich eine Schwäche der Nieren und Bauchspeicheldrüse ableiten.

Auf dem rechten Ringfingerberg befinden sich Teile von *Sonnenlinien*, die zu verstehen geben, daß die Handeignerin dem Musischen geöffnet ist.

An beiden Handwurzeln sind die ersten *Raszettlinien* hochgezogen. Die Vorfahren vererbten Bindegewebeschwäche. Die weiteren Raszettlinien, die etwas kräftiger aber kettig sind, bringen übergroße Feinnervigkeit und Labilität zum Ausdruck.

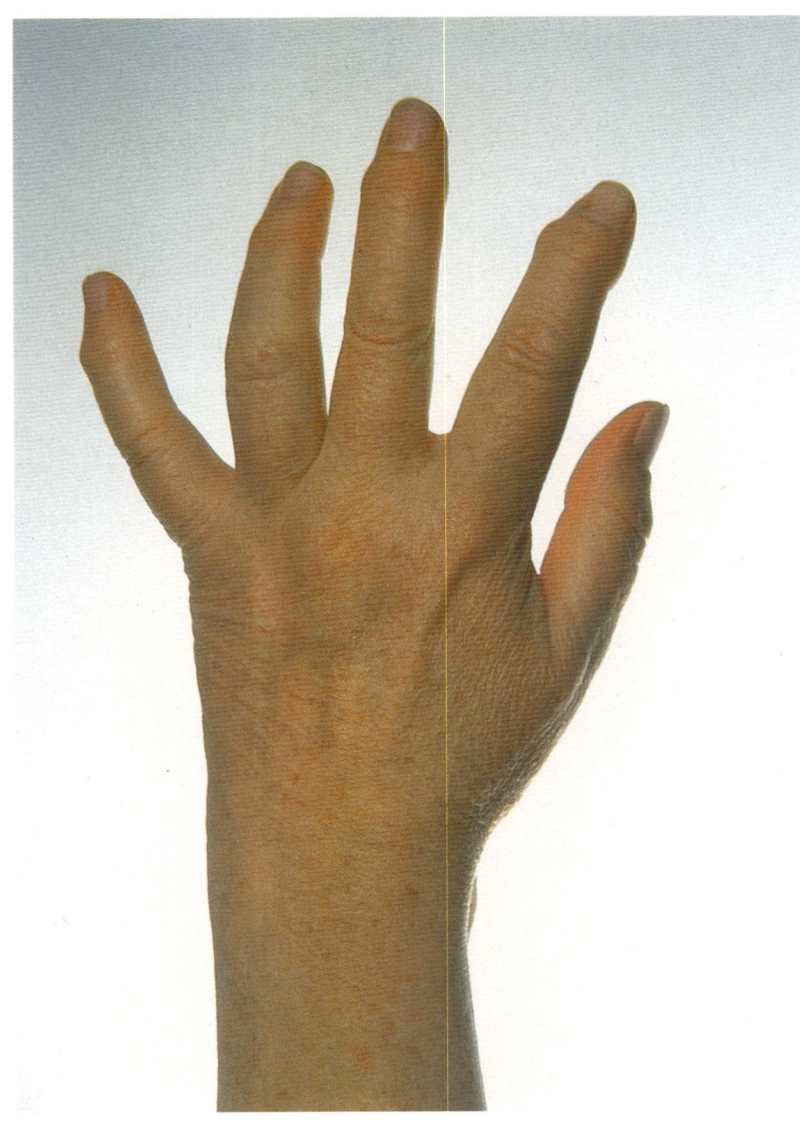
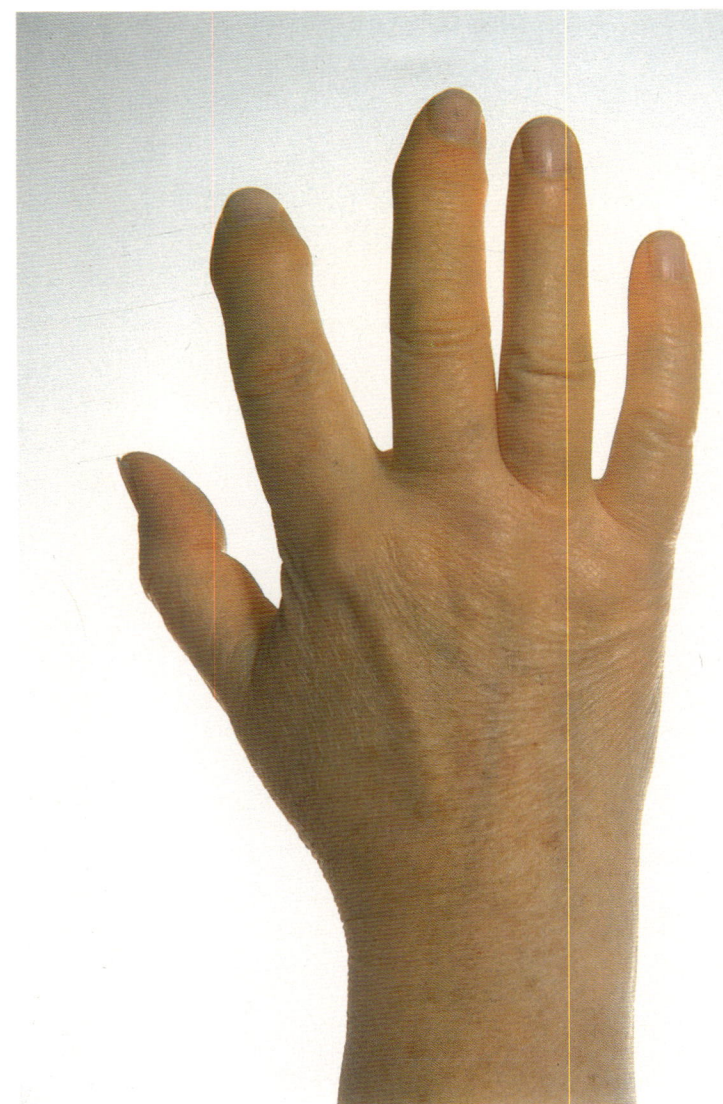

Weibliche Außenhände: E. Y.
Die Handeignerin, 74 Jahre alt, ist Sprachlehrerin.

Die *Charakteristik* der Handform im Schema ist eckig, die Finger sind konisch. Bei der Handeignerin ist im praktischen Bereich das konkrete Denkprinzip vorrangig. Ihre Empfindungswelt unterliegt ihren Stimmungen.

Die Kleinen Finger fallen durch ihre Länge auf, was sich für den Sprachunterricht als sehr günstig erweist. Die hoch angesetzten langen Daumen zeigen an, daß sich die Handeignerin individuell zu behaupten weiß. Ihre materielle Einstellung ist vordergründig. Die zweiten Daumenglieder sind länger als die ersten. Es besagt, daß der Verstand größer ist als der eigene Wille. Der Handeignerin fällt es schwer, Erkanntes in die Tat umzusetzen. Die Daumenkuppen sind etwas abgeflacht. Die Handeignerin kann sich in das, woran sie interessiert ist, gut hineinversetzen.

Die Handgelenke sind stabiler. Chronische Belastungen lassen sich leichter ertragen.

Die *Konstitution* ist zäh, labil.

Die *Disposition* tendiert zu Rheuma, was sich aus der gespannten festeren Hautbeschaffenheit ablesen läßt. Dazu fällt ein seidiger Glanz auf, der auf eine Sensibilität deutet. Die wenig elastischen Finger verdeutlichen die geringe Flexibilität der Handeignerin. Die Finger zeigen mehrere Gichtknoten und lassen sich nicht mehr ausstrecken. Die arthritisch verdickten Fingerglieder geben einen übermäßigen Verschlackungsprozeß zu erkennen.

Die Maus ist mittelkräftig und gleichbedeutend mit der Stärke der Vitalität und Lungenkraft der Handeignerin. Die Kontur am oberen Teil der linken Maus bezieht sich auf eine Schwäche der Hals- und Brustwirbelsäule.

Die Fingernägel sind seitlich von Rand zu Rand gebogen, zum Teil auch vom Nagelbett bis zu dem oberen Nagelrand, das heißt, das allgemeine Stoffwechselgeschehen befindet sich bereits in einem kritischen Stadium. Die zyanotische Nagelfarbe zeigt Sauerstoffmangel an. Die Durchblutung des Herzmuskels wird dadurch beeinträchtigt. Die wenig sichtbaren Nagelmonde laufen quer von Rand zu Rand und sprechen für schwache und schnell erregbare Herznerven.

Die Einflußzeichen aus der Atmosphäre befinden sich an den oberen Nagelrändern.

Weibliche Innenhände: E. Y.

Die oberen Fingerglieder sind kürzer als die zweiten und dritten. Die Fingerkuppen sind auffallend zugespitzt. Wohl findet die Handeignerin einen schnellen Zugang zu den geistigen Gesetzmäßigkeiten, vermag sich jedoch gedanklich nicht weiter in sie zu vertiefen. Die Längslinien auf den Fingergliedern lassen darauf schließen, daß die Handeignerin Kontaktfähigkeit besitzt und warmherzig sein kein.

Beide Handteller sind in der Mitte wie ausgehöhlt, sie weisen auf einen reduzierten Magenstoffwechsel hin. Von ihren Stimmungen abhängig, kann sich die Handeignerin schwerlich emotionell beherrschen. Als Folge davon ist der Solar plexus in seiner Ordnung gestört. Die fein gewölbten Handberge lassen wissen, daß die Handeignerin die Genüsse des Lebens zu schätzen weiß. Auf beiden unteren Handrandbergen beziehen sich mehrere kurze Linien auf das Lymphsystem als Merkmal für

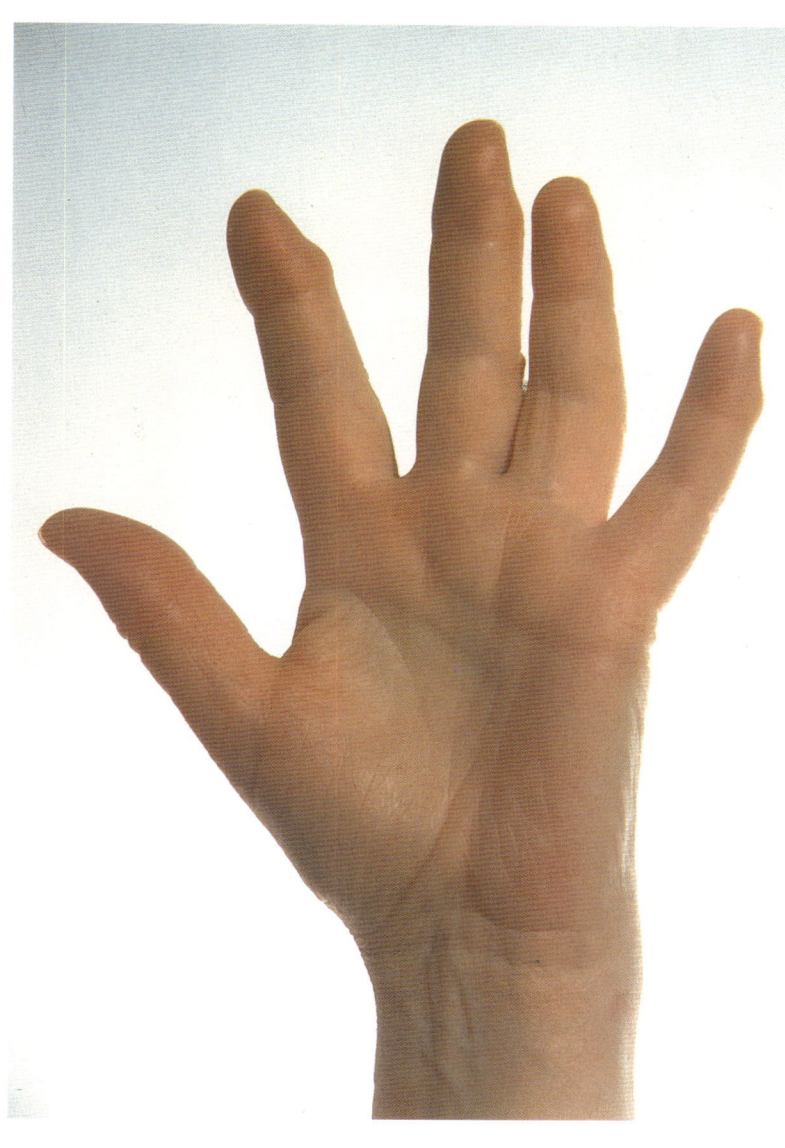
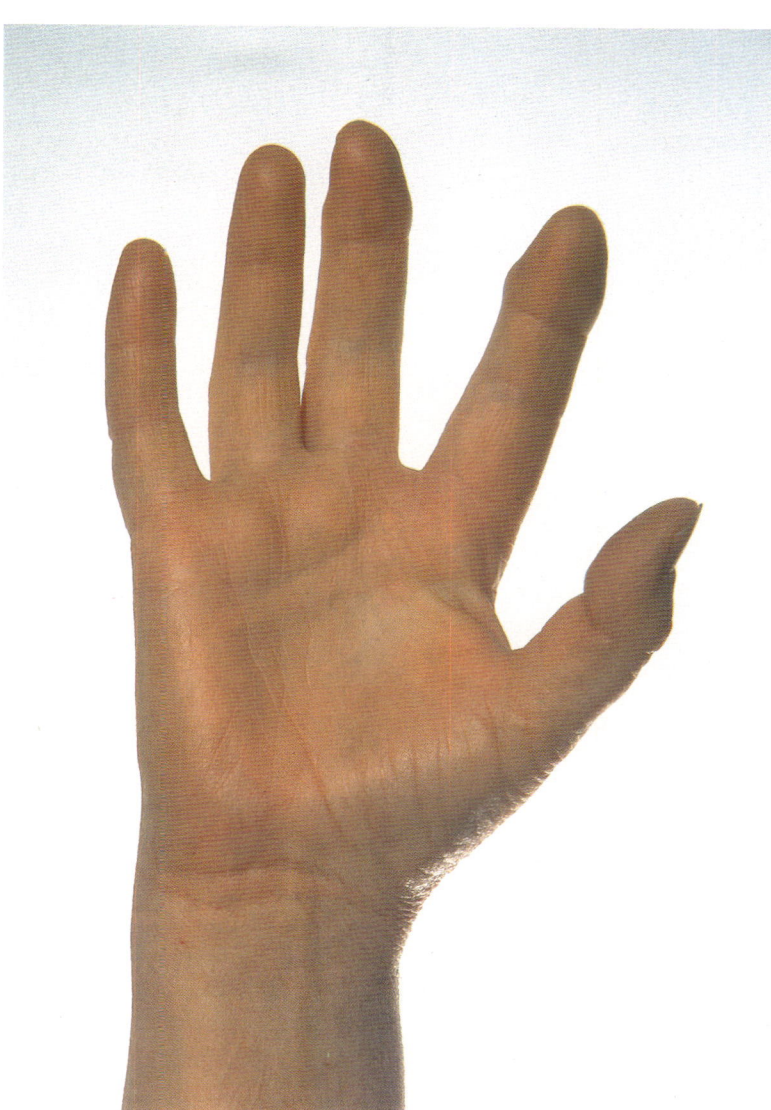

eine Milzbelastung nervöser Art. Die Daumenballenberge sind in dem unteren Bereich kräftig und sprechen für mehr Stabilität in reiferen Jahren. Das »Große M« ist in beiden Händen zwar vorhanden, aber nur schwach sichtbar. Verbunden damit ist die Befähigung zu Studien.

Beide *Lebenslinien* sind im unteren Drittel ihres Verlaufes stärker geprägt. Die Handeignerin kann in reiferen Jahren ihre Lebenskräfte besser bewahren. Im oberen Drittel der Lebenslinien zeigt das blasse Umfeld Durchblutungsstörungen an. Die rechte Lebenslinie konnte – fototechnisch bedingt – nicht deutlich wiedergegeben werden.

Beide *Kopflinien* sind mit der jeweiligen Lebenslinie normal verbunden, nämlich an dem Punkt, der sich an der Kopflinie bildet, wenn eine gedachte senkrechte Linie, den Zeigefinger teilend, auf die Kopflinie trifft. Demzufolge versteht die Handeignerin, ihre Entschlüsse rechtzeitig zu treffen. Die Kopflinie der linken Hand erstreckt sich bis tief in den unteren Handrandberg mit der von mütterlicherseits vererbten Tendenz zu Schwermut und Grübelei. Die Kopflinie der rechten Hand verläuft eher waagerecht und kürzer bis in Ringfingerhöhe. Die Denkrichtung der Handeignerin ist nach dem 30. Lebensjahr vorwiegend verstandesbezogen. Aus dem unterschiedlichen Verlauf der Kopflinien, links- und rechtsseitig kann man entnehmen, daß eine Dissonanz im Denkprozeß besteht.

Die etwas breiter gezeichneten *Herzlinien* münden zwischen Zeige- und Mittelfinger und deuten auf die Anlage zu einer Herzmuskelschwäche, die durch seelische Kümmernisse ausgelöst wurde.

Die *Schicksalslinie* in der linken Hand, von der Lebenslinie aufsteigend, erstreckt sich bis in die Herzlinie. Die Handeignerin ist seelisch gehemmt. Sie scheut sich vor einer Stellung-

nahme ihrer Umwelt gegenüber. In der rechten Hand befinden sich mehrere Schicksalslinien. Eine Schicksalslinie steigt in der Handtellermitte auf und läuft in der Kopflinie versetzt mit weiteren Schicksalslinien in den Mittelfingerberg. Das Lebensgesetz fordert die Handeignerin auf, nach den Beweggründen von Auswirkungen zu forschen.

Die linke *Magenlinie* beginnt am unteren Drittel der Lebenslinie und reicht bis in die Kopflinie. Eine zweite linke Magenlinie entspringt im unteren Handrandberg und mündet im Berg des Kleinen Fingers. Der Ansatz der Magenlinie im unteren Handrandberg bezieht sich auf die Milz. Die englische Bezeichnung für Milz ist spleen = sonderbare Gedankengänge. In der rechten Hand beginnt die Magenlinie kräftig am unteren Drittel der Lebenslinie und läuft versetzt und wellig vor der Kopflinie bis zur Herzlinie in den Berg des Kleinen Fingers. Im Magen-Darmtrakt können nach dem 30. Lebensjahr vegetativ bedingte Spasmen auftreten. Magen-, Kopf- und Lebenslinie bilden das »Große Dreieck«, das ein Merkmal für stabilisierte Vitalkräfte der Handeignerin darstellt. Magen-, Kopf- und Schicksalslinie bilden das »Kleine Dreieck«, das auf die Eignung zu pädagogischen Fähigkeiten hinweist. In beiden Händen sind mehrere *Sonnenlinien* vorhanden, die ein verfeinertes Empfinden und Kunstsinn zum Ausdruck bringen. Die Aufgeschlossenheit der Handeignerin für das Schöngeistige wirkt mildernd auf die Verstandeskräfte.

Eine *Intuitionslinie* auf dem rechten Handrandberg läuft in die Magenlinie und spricht für sensitive Fähigkeiten.

An beiden Handwurzeln sind jeweils zwei auffallend gebogene *Raszetten* vorhanden, die bei den Vorfahren Bindegewebeschwäche sowie ein Auf und Ab der Lebenskräfte verdeutlichen.

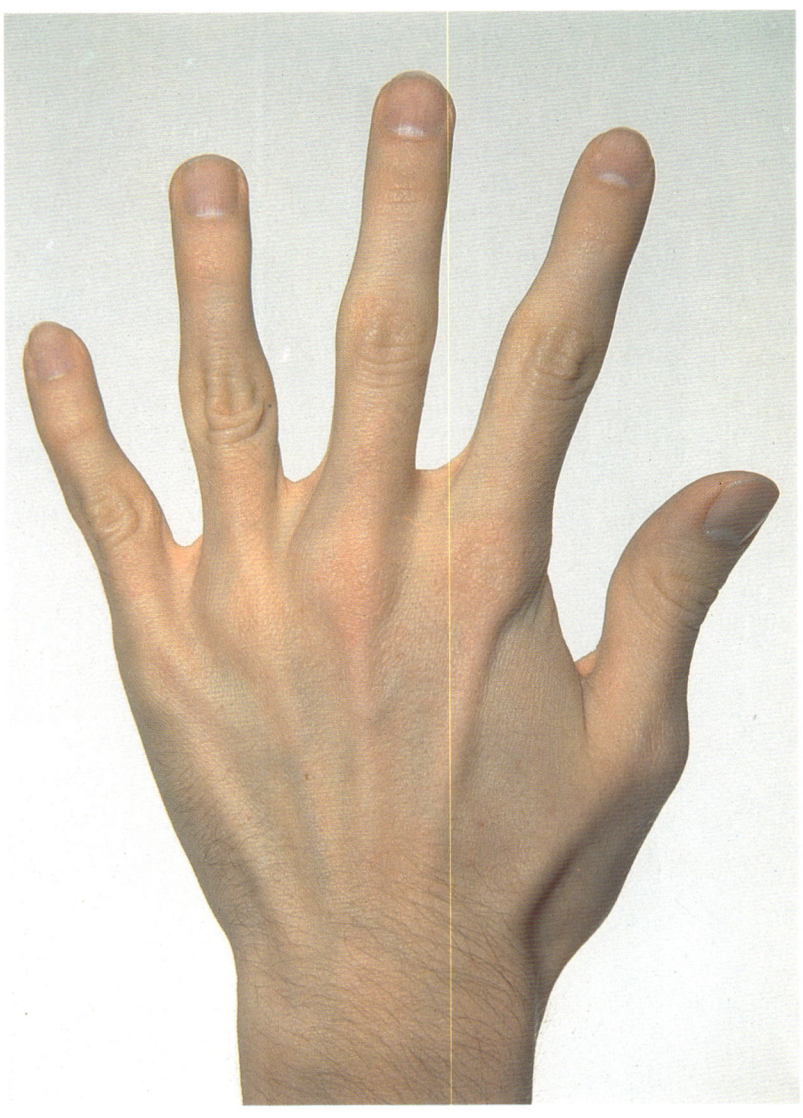 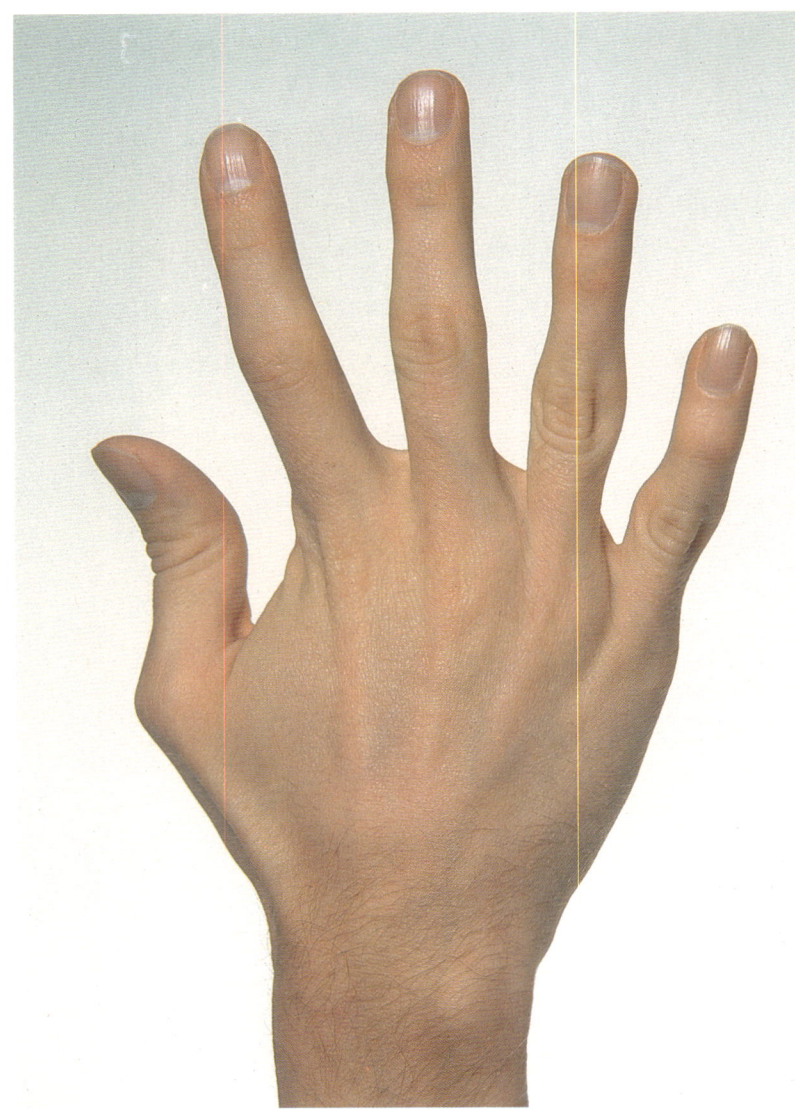

Männliche Außenhände: S. N. T.
Der Handeigner, 30 Jahre alt, ist Bäcker und Bankkaufmann.

Die *Charakteristik* der Handform im Schema ist eckig, spatelförmig, knotig. Die Handhaltung widerspricht der normal gestalteten Hand des Handeigners. Der Widerspruch von Materie und Geist zeigt sich auch in seinem Wesen und Verhalten. Er gibt sich offen und wirkt gespreizt. Findet er zu der inneren Ordnung, erübrigt sich ein sich innerliches Drehen und Wenden.

Die Zeigefinger sind bedeutend länger als die Ringfinger. Der Handeigner strebt über sich hinaus und sucht Anerkennung. Die sehr gebogenen, mittelhoch angesetzten Daumen verdeutlichen eine übermäßige Anpassungsfähigkeit und Großzügigkeit. Die sehr biegsamen Daumen und die langen Zeigefinger verkörpern die zweierlei Wesensseiten des Handeigners. Die kantigen zweiten Daumengelenke veranschaulichen sein mathematisches Verständnis.

Die etwas behaarte Hand läßt auf Temperament schließen.

Die feiner gestalteten Handgelenke weisen auf ein gutes Niveau der Vorfahren.

Die *Konstitution* ist sensibel, zäh.

Die *Disposition* zu Nierenfunktionsstörungen wird an der zarten Hautbeschaffenheit ersichtlich. Die Hautfaltung an fast allen zweiten Fingergelenken hängt mit Bindegewebeschwäche zusammen. Die Einziehung an den zweiten Ringfingergliedern deutet auf organische Herzstörungen. Die gebogenen und geknickten Kleinen Finger bestätigen Bindegewebeschwäche, speziell im Urogenitalsystem.

Die normal gewölbte Maus, beidseitig, zeigt schärfere Konturen, die auf einer Rückenschwäche beruhen. Die allgemeine Vitalität und Lungenkraft sind widerstandsfähig.

Die großen langen Fingernägel sind etwas bläulich und geben Sauerstoffmangel zu erkennen. Die an fast allen Fingernägeln befindlichen Längsrillen besagen, daß Stoffwechselschlacken ausgeschieden werden. Die sehr weißen und unterschiedlich gewölbten Nagelmonde lassen eine Überlastung der Herzkranzgefäße vermuten.

Die Einflußzeichen atmosphärischer Störungen sind an den oberen Nagelrändern zu erkennen.

Männliche Innenhände: S. N. T.

Die Fingerglieder sind unterschiedlich in der Länge. Die ungleich langen Fingerglieder in Verbindung mit der Fingerhaltung lassen den Schluß zu, daß das seelische Gleichgewicht erarbeitet werden muß, zumal die ersten Fingerglieder von vielen feinen Längslinien durchzogen sind, die auf eine Überreizung der Gehirnnerven hinweisen. Der linke Zeigefinger wurde bei der Ausübung des Bäckerberufes verletzt.

Die vielen feinen Längslinien an allen zweiten und dritten Fingergliedern sind ein Zeichen für die Ausstrahlungsfähigkeit und Kontaktfreude des Handeigners. Kleine Schräglinien an fast allen mittleren, zum Teil auch an den unteren Fingergliedern geben Aufschluß über innere Unruhe und äußere Nervosität. Die zarte feine Hauttextur ist spinnennetzartig dargestellt und offenbart ein äußerst überreiztes Nervensystem. Dem Handeigner fällt es dadurch schwer, den Einwirkungen aus der Umwelt standzuhalten. Die Innenhandflächen sind vertieft, blaß und netzartig geprägt, woran ein nervöser Magen zu erkennen ist. Die teilweise gut gewölbten Handberge bedeuten für den Handeigner eine Bestärkung seiner Lebenskräfte. Von dem betonten rechten Zeigefingerberg lassen sich psychisch Naturliebe und Lebensfreude ableiten.

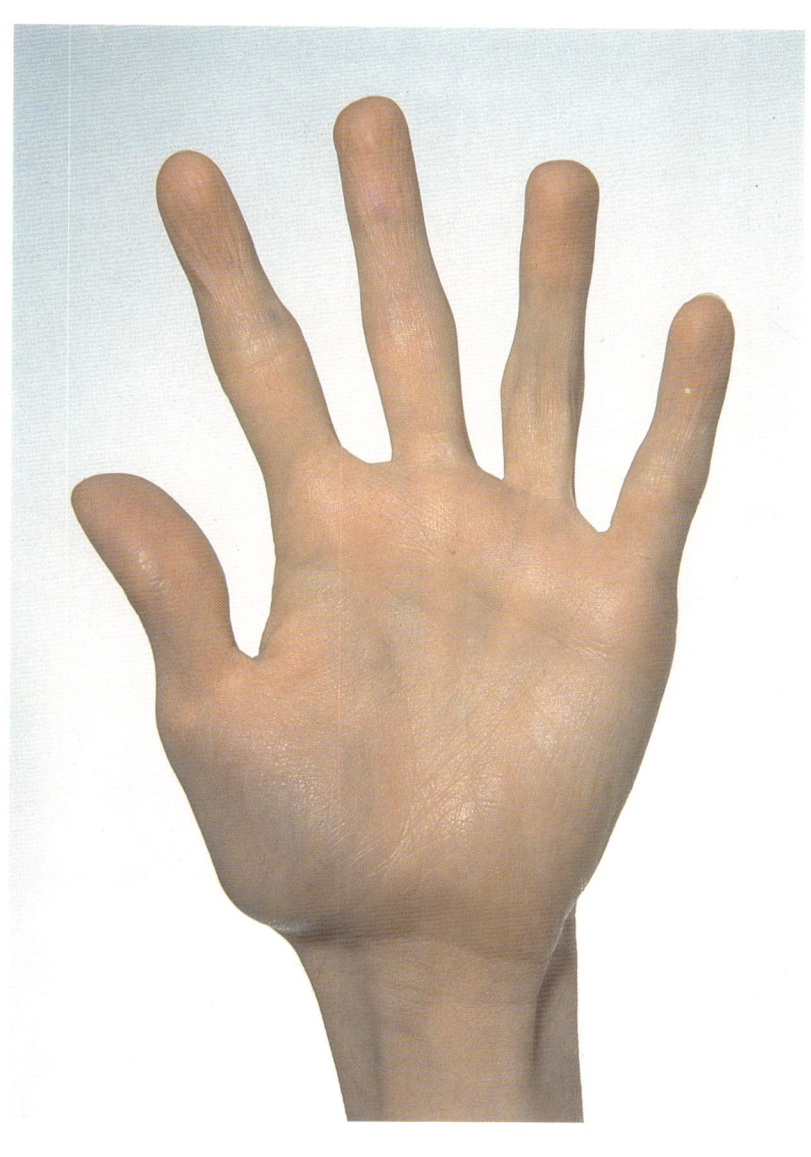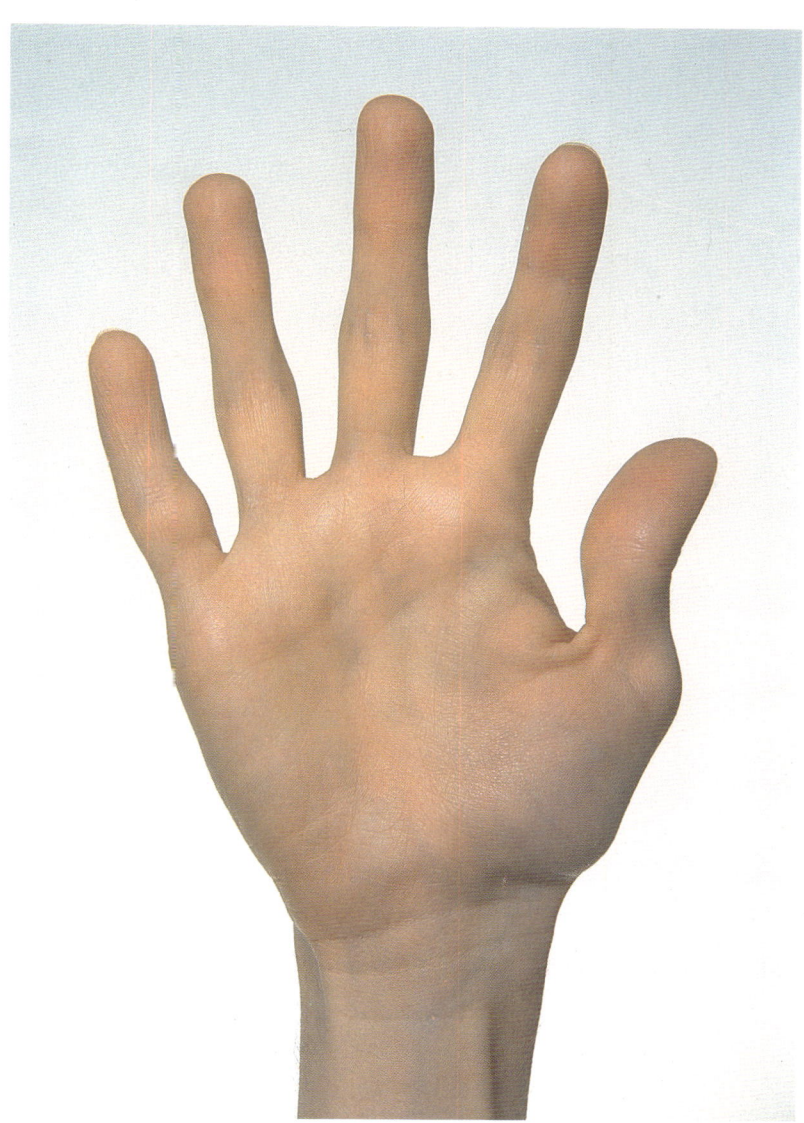

Das »Große M«, besonders linksseitig vorhanden, ist ein Anzeichen für das Sehnen des Handeigners nach innerem Geordnetsein. Alle Linien sind blaß, die Durchblutung ist gestört.

Die von vielen Zeichen und Abzweigungen belebte linke *Lebenslinie* umrundet den Daumenballenberg und läßt auf ein bewegtes ereignisreiches Leben schließen. Eine kürzere, normal angesetzte rechte Lebenslinie verbindet sich mit einer zweiten an der Kopflinie angesetzten Lebenslinie, die den Daumenballenberg umrundet. Von der väterlichen Seite wurde etwas mehr Stabilität übernommen, obgleich die Abzweigungen an der Lebenslinie anzeigen, daß dem Handeigner große Flexibilität und Widerstandsfähigkeit abverlangt werden, die er durch mangelnde Nervenkraft kaum aufzubringen vermag.

Die linke normal angesetzte *Kopflinie* ist vor der gedachten Mittellinie, die die »Ich«- und »Du«-Seite verbindet, gespalten, was unterbewußte Störungen zum Ausdruck bringt. Die rechte Kopflinie ist anfangs mit der Lebenslinie unverbunden, später jedoch einer zweiten angeschlossen. Das Wesen des Handeigners zeigt sowohl schnellere als auch verzögerte Reaktionen. Die rechte Kopflinie verläuft kräftiger bis zum Ringfinger und dann zarter bis zum oberen Handrand. Eine kleine Insel unterhalb des Ringfingers bezieht sich auf Kopfschmerzen, deren Ursache Durchblutungsstörungen sind. Eine Vertiefung in der rechten Kopflinie unterhalb des Zeigefingers weist auf Kopfverletzung.

Die linke verbreiterte kettige *Herzlinie* läuft büschelförmig aus und läßt auf Herzmuskelschwäche und Gallenleiden schließen. Die nahe beieinanderliegende Herz- und Kopflinie kennzeichnen seelische Beengung und Platzangst. Auch die rechte Herzlinie stellt sich am Ende büschelförmig dar. Drei zum Teil

etwas bläuliche Vertiefungen in der rechten Herzlinie geben eine Disposition zu Herzleiden und Herzkrampf zum Ausdruck. Eine am Ende der rechten Herzlinie abzweigende Linie wölbt sich dem Anfang der Kopflinie zu. Empfinden und Denken stehen in Wechselbeziehung.

Die linke *Schicksalslinie* kommt vom unteren Handrandberg und zieht bis unterhalb des Mittelfingergelenkes. Bei aller veranlagten Feinfühligkeit sollte sich der Handeigner auf das Wesentliche konzentrieren, um innere Stabilität zu erlangen. Die rechte Hand enthält mehrere zarte Schicksalslinien, die das Bemühen des Handeigners veranschaulichen, seine innere Zersplitterung zu überwinden.

Die linke *Magenlinie* ist mehrfach in kürzeren und längeren Teilen vorhanden. Das Vegetativum ist sehr labil. Magen- und Gallenstörungen werden durch Inseln in der linken Magenlinie angezeigt. In der rechten Hand wird die Magenlinie durch viele feine Haarlinien dargestellt, die auf vegetative Störungen zurückzuführen sind.

Teile eines ausgezogenen zerrissenen *Venusgürtels* in der linken Hand bestätigen Rückenschwäche und Überreizung der Nerven. Zwei kürzere *Giftlinien* auf dem rechten unteren Handrandberg wurden wahrscheinlich durch Medizinalgifte hervorgerufen. Zwei auf dem mittleren Handrandberg aneinandergelagerte Inseln stehen im Zusammenhang mit Traumerleben und Phantasie. Der Handeigner sollte sich jedoch nicht davon abhängig machen.

Zwei linke, etwas kettige *Raszettlinien* sind Ausdruck einer Veranlagung zu Sensibilität aus der mütterlichen Generation. Drei zum Teil etwas kettige Raszettlinien, rechtsseitig, lassen auf stärkere Lebenskräfte der väterlichen Vorfahren schließen.

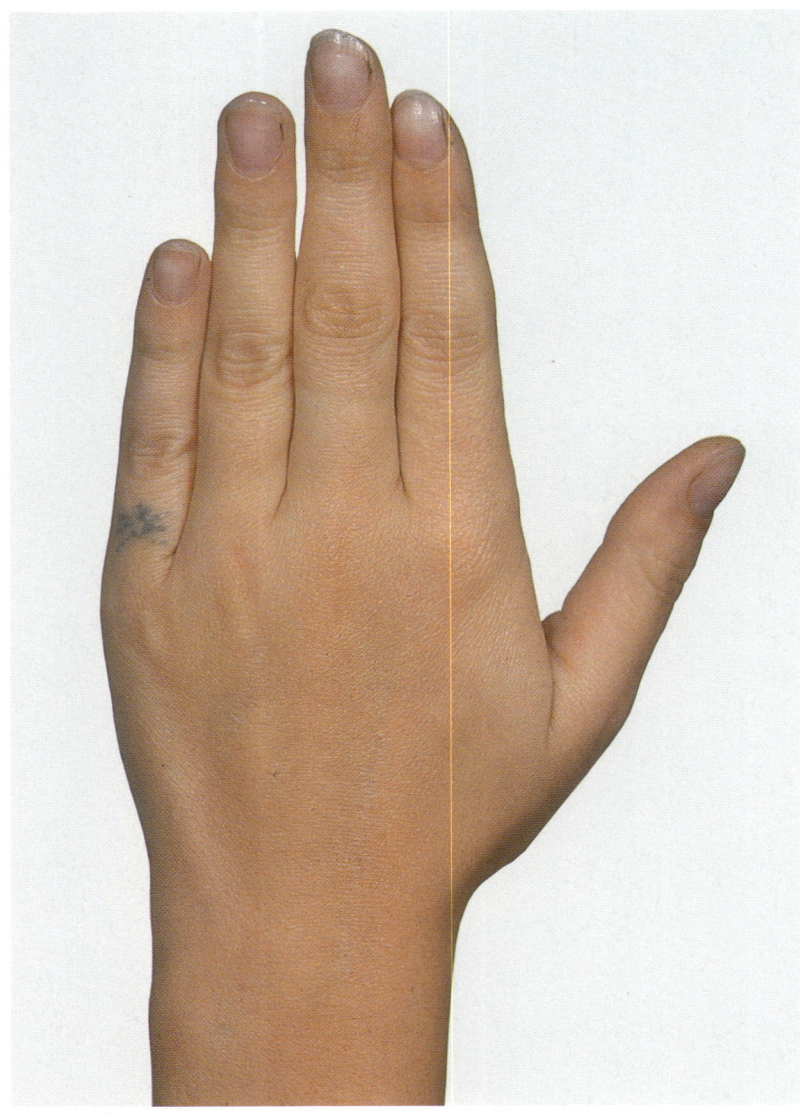 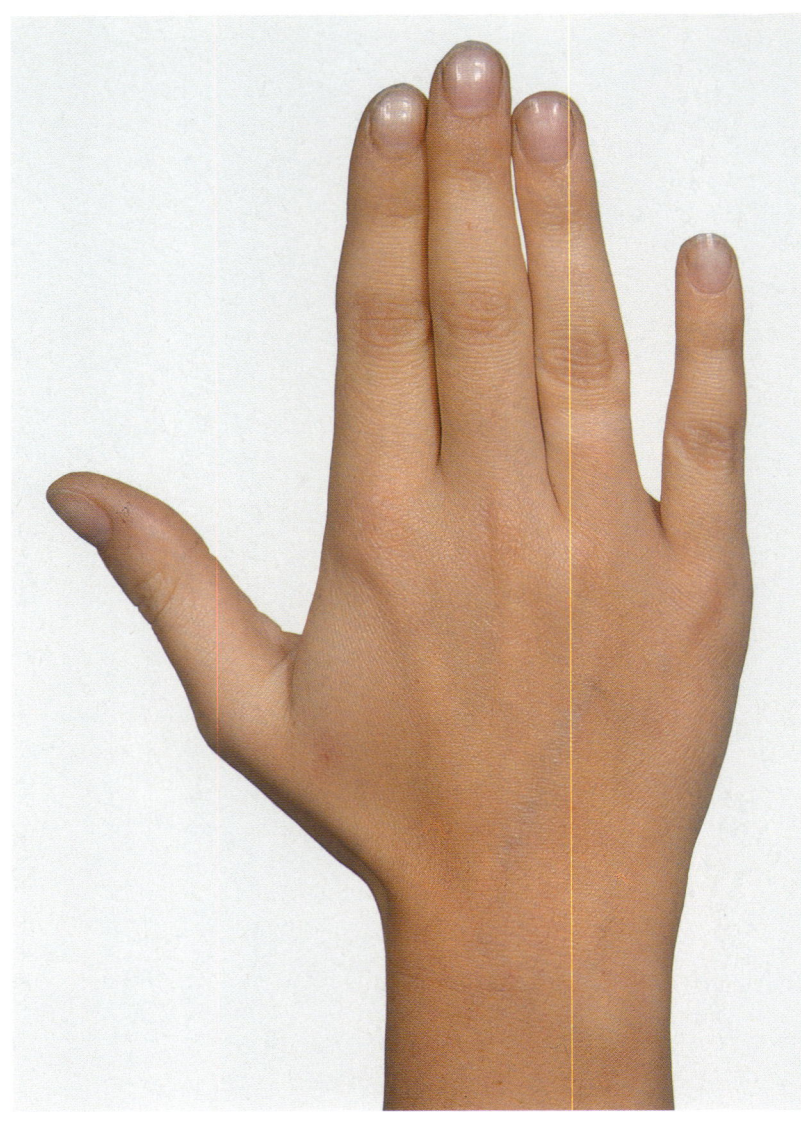

Weibliche Außenhände: E. H.
Die Handeignerin, 25 Jahre alt, ist Hausfrau und Mutter.

Die *Charakteristik* der Handform im Schema ist konisch. Die Handeignerin ist vorwiegend ein Stimmungs- und Empfindungsmensch, der sich bemühen muß, seine innere geistige Mitte zu finden.

Zeige- und Ringfinger sind von fast gleicher Länge. Die Handeignerin ist bestrebt, mit ihrer Umwelt in Einklang zu leben. Die langen Daumen sind tief bis mittelhoch angesetzt. Die Handeignerin verfügt über einen ausgeprägten eigenen Sinn, der ihr die Kraft vermittelt, auch Negatives gut zu überwinden.

Die feiner gestalteten Handgelenke weisen auf von den Vorfahren vererbte Feinnervigkeit hin.

Die *Konstitution* ist sensibel, labil, zäh.

Die *Disposition* zu Nierenstörungen zeigt sich an der sehr zarten Haut, die gleichzeitig große Empfindsamkeit der Persönlichkeit erkennen läßt. An den oberen Fingergliedern sind Ablagerungen im Gewebe feststellbar, die auf Verschlackungen zurückzuführen sind. Die leicht gebogenen Zeigefinger beruhen auf einer Anlage zu einer Organschwäche von links, Milz-Pankreas, und rechts, Leber-Galle. Die etwas gebogenen Kleinen Finger lassen auf eine Anlage zu Bindegewebeschwäche der Unterleibsorgane schließen. Die Maus ist beidseitig von mittlerer Stärke und bezieht sich auf die Vital- und Lungenkraft. Die Kontur der rechten Maus macht eine Schwäche des Skelettsystems deutlich. Die Fingernägel zeigen eine leicht voneinander abweichende Form und Größe. Eine Nierenfunktionsstörung macht sich an den etwas gewölbten Ringfingernägeln bemerkbar. An allen Nägeln, besonders an den Zeigefingernägeln, sind helle Stauungszeichen zu erkennen.

Linksseitig sind die Nagelmonde kaum sichtbar, rechtsseitig deutlicher, jedoch waagerecht von Rand zu Rand verlaufend. Sie sind auf eine Herzschwäche, aber auch auf zeitweise übererregte Herznerven zurückzuführen.

Die Belastungszeichen atmosphärischer Störungen sind an den oberen Nagelrändern vorhanden.

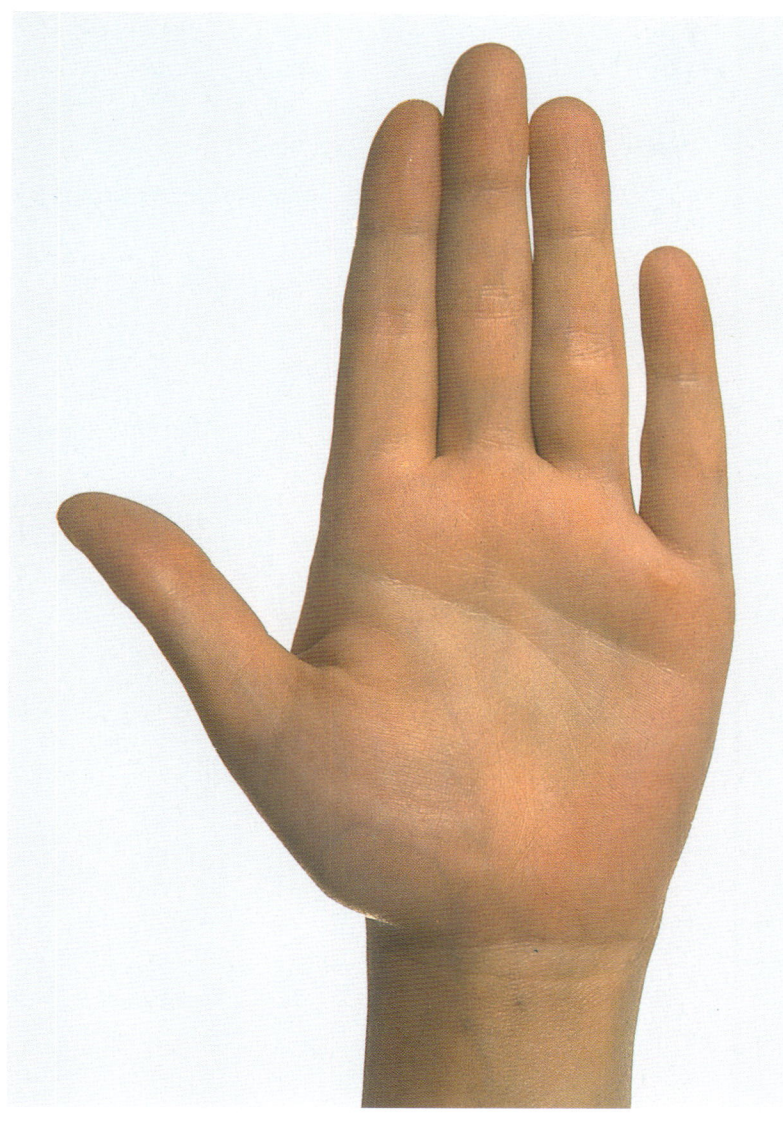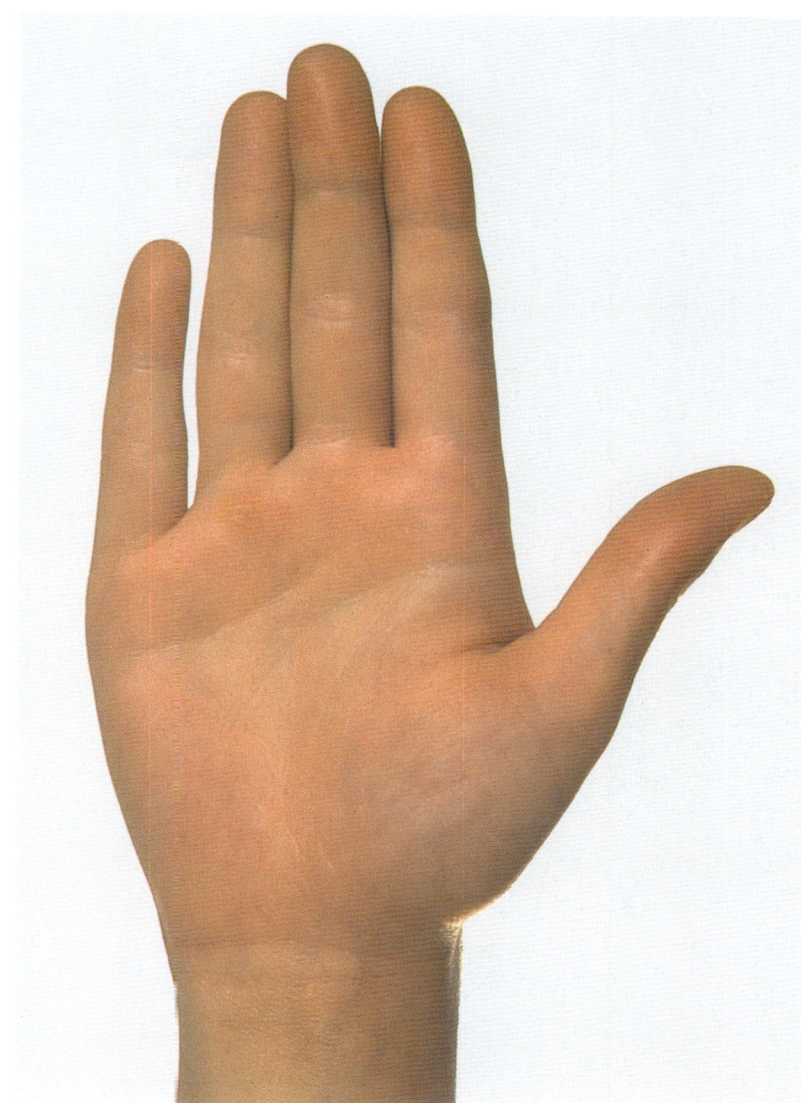

Weibliche Innenhände: E. H.

Die Fingerglieder sind unterschiedlich in der Länge. Die unteren Glieder von Zeige- und Mittelfinger sind am längsten; dies bedeutet, daß die materiellen Interessen führen. Die mittleren Zeigefingerglieder sind kürzer als die ersten. Die Handeignerin sollte in ihrem Streben die seelische Vertiefung nicht außer acht lassen.

Die Hauttextur ist zart und fein, ebenso alle Linien. Die Handeignerin ist zart empfindend, persönlich auch verletzlich und empfindlich. Die Handteller in beiden Händen sind, besonders linksseitig, etwas vertieft und blaß und zeigen eine Magenschwäche an.

Die *Lebenslinien* sind beidseitig zart und farblos. Die körperliche Widerstandsfähigkeit ist gering. Mit den Lebenskräften sollte bewußt pfleglich umgegangen werden.

Beide *Kopflinien* verlaufen in den mittleren Handrandbergen. Die Gedankenrichtung der Handeignerin ist dem Phantasievollen zugeneigt. Die linke Kopflinie verläuft bis in Höhe des Ringfingers zart kettig und deutet auf Durchblutungsstörungen im Kleinhirnbereich sowie Störungen im Unterbewußtsein. Die Insel in der rechten Kopflinie unterhalb des Mittelfingers beruht auf einer von väterlicher Seite vererbten Anlage zu Gehörschwäche.

Beide Kopflinien sind am Anfang silbrig glänzend. Dieses Erscheinungsbild ergibt sich oftmals bei Einnahme von Arsen und anderen Medizinalgiften.

Die linke *Herzlinie* ist bis in Höhe des Mittelfingers deutlich gezeichnet und läuft in einer zerrissenen Spaltung aus, die sich bis zum Zeigefinger ausdehnt. Daraus geht eine Disposition zu Hirnhautentzündung hervor. Die Büschelbildung unterhalb des Mittelfingers hängt mit dem Stoffwechsel, besonders mit Gallenstörungen zusammen. Die rechte verbreiterte aufgefaserte Herzlinie bezieht sich auf eine Disposition zu einer Herzmuskelschwäche.

Die *Schicksalslinie* in der linken Hand ist außerordentlich schwach, beginnt oberhalb der Handwurzel und reicht an der Kopflinie versetzt bis über die Herzlinie. In der rechten Hand ist die Schicksalslinie bis zur Kopflinie sichtbar. Die Handeignerin hemmt sich durch den eigenen Verstand. Ihr fällt es nicht leicht zu erkennen, daß jede Erfahrung eine Förderung ihrer geistigen Bewußtseinsentwicklung bedeutet. Drei Inselbildungen in der rechten Schicksalslinie beziehen sich auf eine von väterlicherseits vererbte Disposition zu Unterleibserkrankungen sowie zu Leber- und Darmstörungen.

Die in beiden Händen zersplitterte und mit Inseln versehene *Magenlinie* weist auf schwache Verdauungsorgane und ein labiles Vegetativum.

In der linken Hand befindet sich eine von der Lebenslinie kommende waagerechte *Giftlinie*. Sie bestätigt, daß Gifte den Organismus nachhaltig belasten.

Die *Raszetilinien* sind linksseitig dreifach durchgezogen sichtbar, rechtsseitig zweifach. Die von den Vorfahren vererbten Vitalkräfte wirken bei der Handeignerin lebensenergieunterstützend.

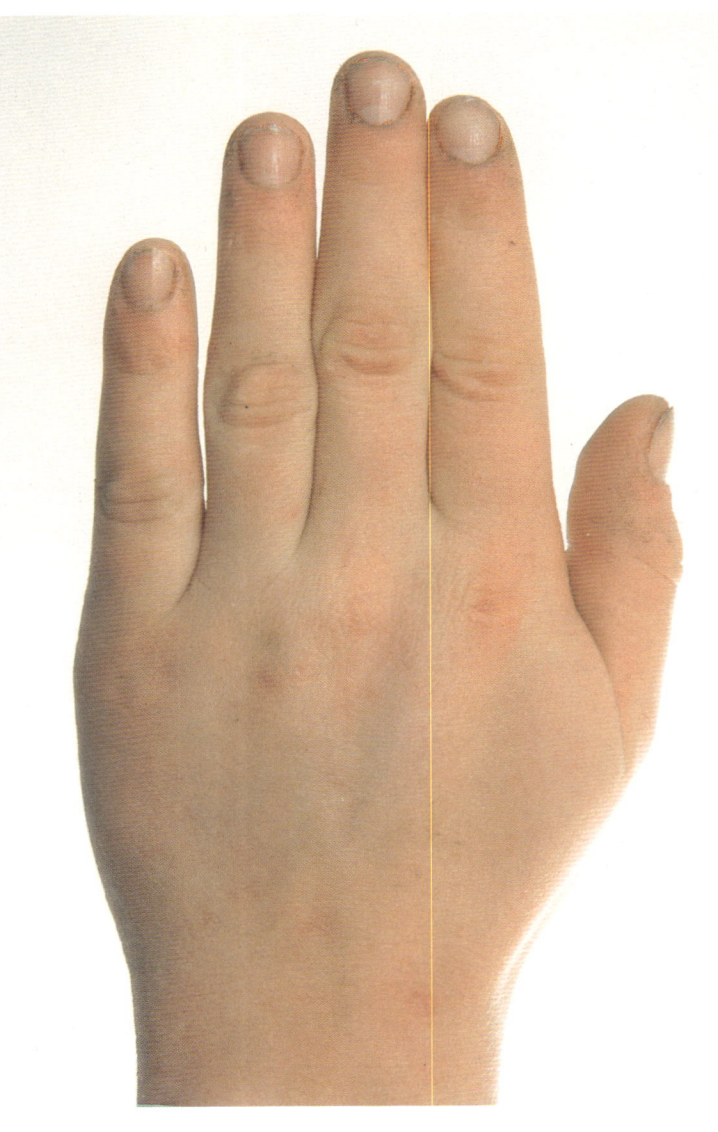
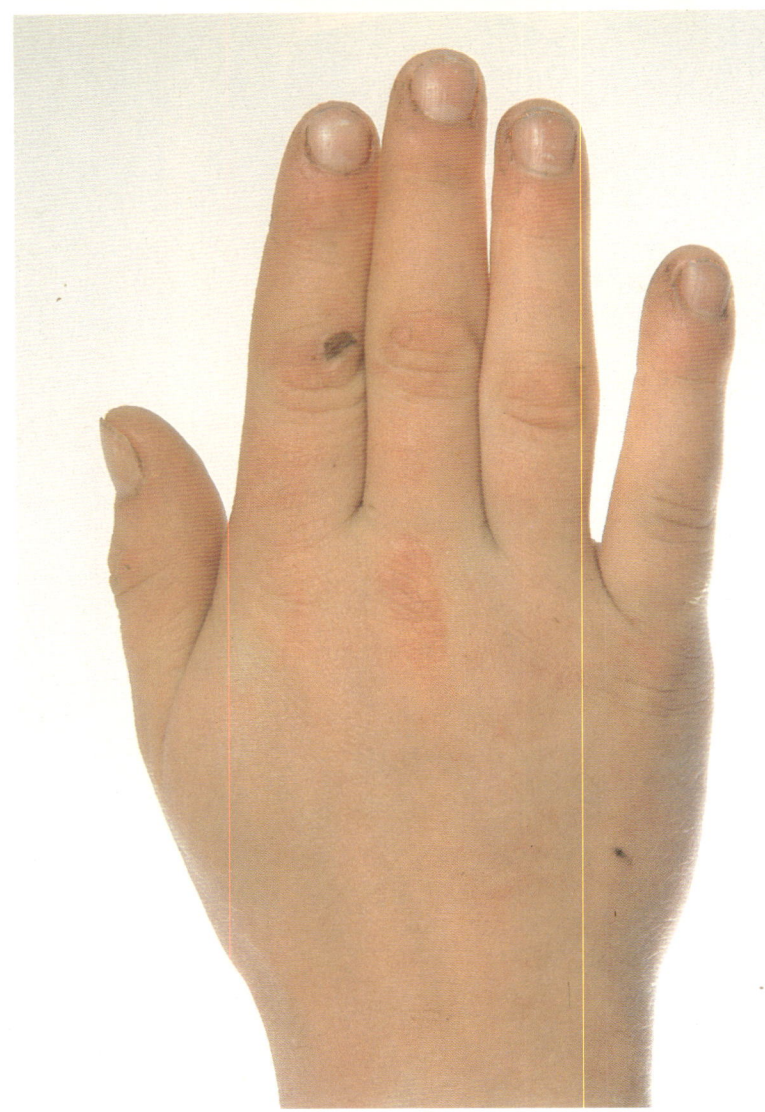

Männliche Außenhände: G. N. N.
Der Handeigner, 18 Jahre alt, ist Pferdepfleger.

Die *Charakteristik* der Handform im Schema ist konisch mit zart knotigem Einschlag an Mittel- und Ringfingern. Die Hände sind groß. Der beeindruckbare Handeigner ist von seinen Stimmungen abhängig. In seiner Wesensart ist er lebensfreudig, impulsiv, zeitweise träge und bequem. Er läßt sich gerne mitziehen, möchte jedoch nicht angetrieben werden. Der Hang zum Genießen sowie Gutmütigkeit neben einer Begabung zum Imitieren heben sich auf der Skala seiner Empfindungswelt hervor.

Die Zeige- und Ringfinger sind linksseitig von fast gleicher Länge, rechts ist der Ringfinger länger. Der Handeigner läßt seine persönlichen Vorteile in der Anpassung an seine Umwelt nicht außer acht. Die Haltung der Kleinen Finger, besonders rechtsseitig, gibt zu erkennen, daß der Handeigner sein eigenes Gedankenleben für sich bewahrt. Die mittelkräftigen hoch angesetzten Daumen beweisen nicht nur sein Interesse an der materiellen Erscheinungswelt, sondern auch sein Vermögen, sich darin gut zurechtfinden zu können.

Die Handgelenke sind kräftig. Die Konstitution seiner Vorfahren war stabil.

Die *Konstitution* ist zäh, stabil, sensibel.

Die *Disposition* zu Stoffwechselstörungen ist an der etwas kräftigen Hautbeschaffenheit sowie an den stumpfer wirkenden und zum Teil geröteten Fingergliedern ersichtlich. Die Knöchelgelenke, besonders der Zeige- und Mittelfinger, sind gerötet und machen darauf aufmerksam, daß eine Regulierung des Blutsystems sowie der Darmflora erfolgen sollte.

Die Hände sind durch die berufliche Tätigkeit sehr mitgenommen.

Die kräftige und gut gewölbte Maus beider Hände weist auf widerstandsfähige Lungen und auf eine sehr gute Vitalkraft.

Die mittelgroßen Fingernägel lassen durch ihre runde und etwas gewölbte Form erkennen, daß eine Anlage zu Milz-und Nierenstörungen vorhanden ist. Stauungen im oberen Bauchraum äußern sich an den aufgehellten Zeigefingernägeln. Die anderen rötlich getönten Nägel lassen auf Entzündungen im Organismus schließen. Die weißen Flecken auf den Fingernägeln deuten einerseits auf Harnsäure im Organismus, andererseits auf Nervosität. An dem rechten Zeige-. Mittel- und Ringfingernagel weisen kleine Vertiefungen, die wie mit der Nadel eingestochen aussehen, auf Milzstörungen. Diese Vertiefungen können auch bei Nierenstörungen oder Niereninfektionen auftreten. Von den normal großen Nagelmonden lassen sich gesunde Herznerven ableiten.

Die Einflußzeichen atmosphärischer Störungen sind an den oberen Nagelrändern erkennbar.

Männliche Innenhände: G. N. N.

Die Fingerglieder zeigen in sich, trotz einiger Abweichungen, ein harmonisches Bild. Die kleinen Erhebungen an den Fingerkuppen deuten auf körperliche Feinfühligkeit.

Das untere Glied der Zeigefinger ist am kräftigsten und läßt Bequemlichkeit und Genußliebe wissen sowie Empfänglichkeit für Ideen, die der Handeigner im täglichen Dasein verwirklichen möchte. Die an den unteren Gelenken der Kleinen Finger

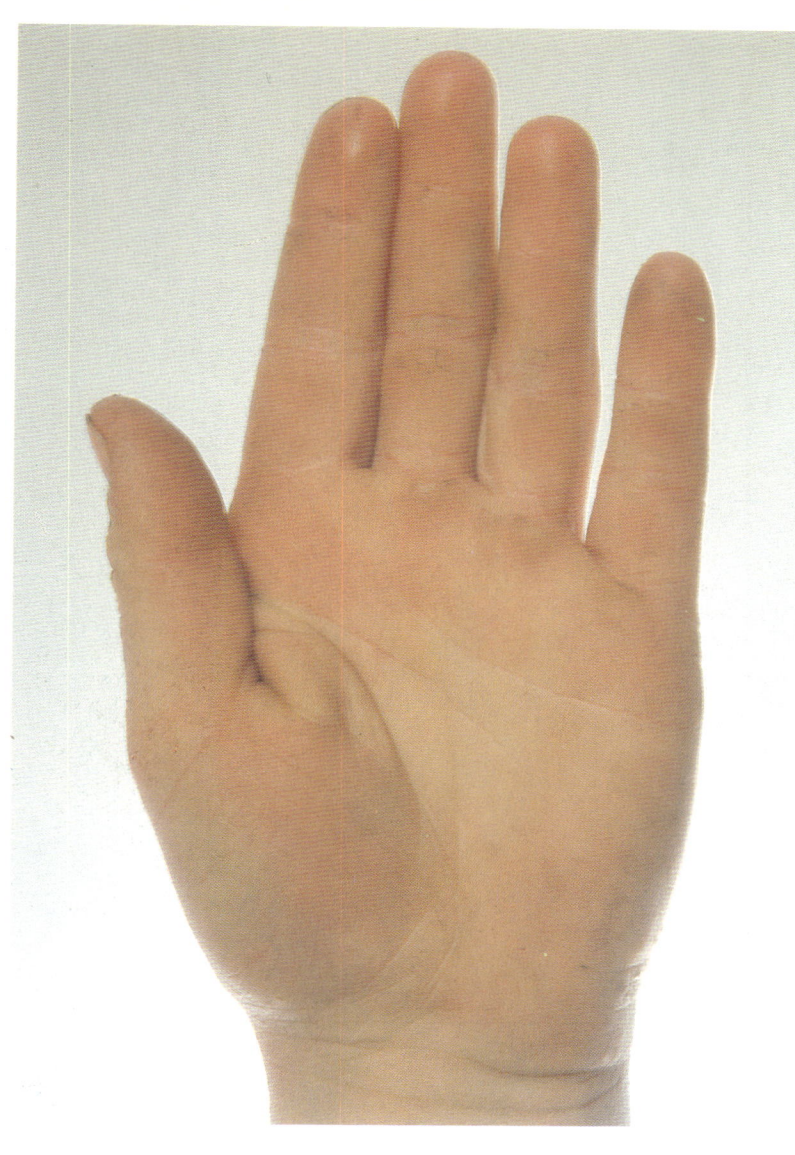 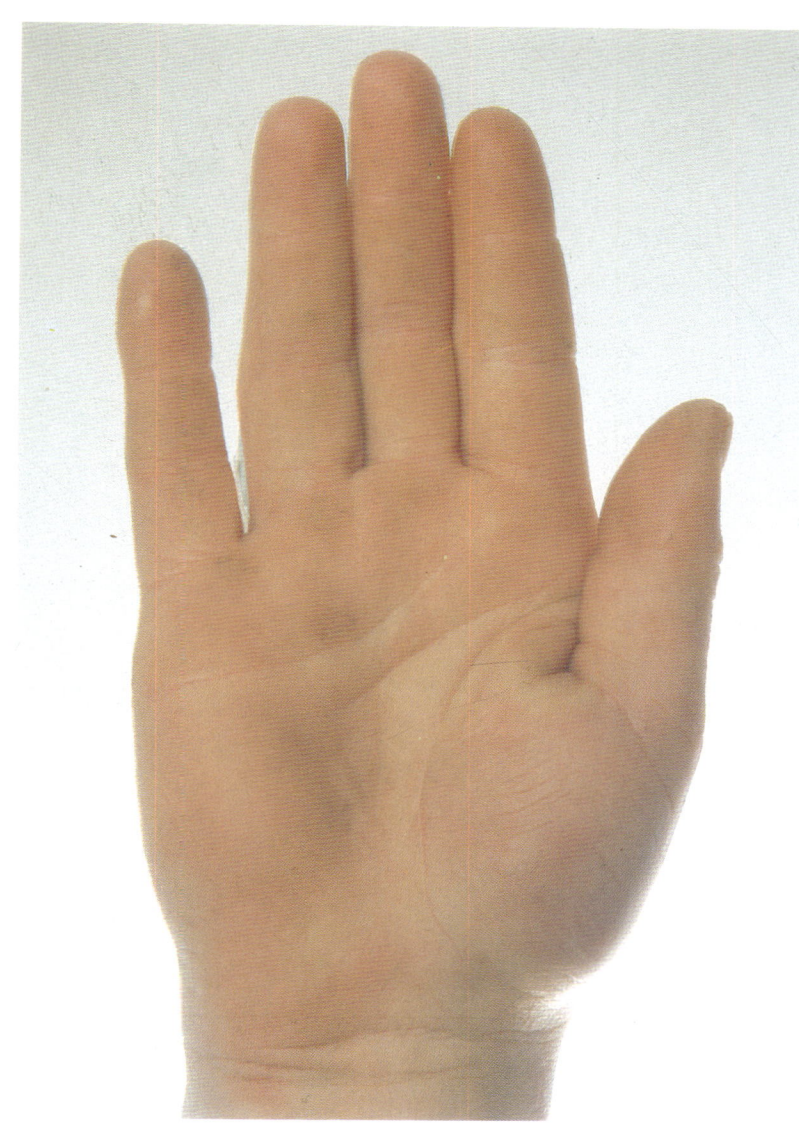

sichtbaren kurzen Schräglinien weisen auf Nervosität. Die Haut-textur ist mittelkräftig und verdeutlicht gute physische und psy-chische Widerstandsfähigkeit.

Die Innenhandflächen sind etwas ausgehöhlt und blaß. Durch Nikotingenuß sind die Magenschleimhäute gereizt. Die kräftig gewölbten Handrandberge stehen in Beziehung zu einer lympha-tisch-rheumatischen Diathese, die kräftig gewölbten Daumen-ballenberge zu Lebensgenuß und Temperament. Das »Große M« ist in beiden Händen vorhanden. Der Stimmungsmensch weiß sich zu sammeln, nachzudenken und Erfahrenes bewußt zu machen.

Die linke *Lebenslinie* ist lang und kräftig. Eine Abzweigung ist in halber Höhe der Lebenslinie zu erkennen, die auf eine Anlage zu Beinleiden, verbunden mit Durchblutungsstörungen (Rau-cherbein), aufmerksam macht. Die rechte Lebenslinie umrun-det den Daumenballenberg. In der Mitte der Lebenslinie ist eine langgestreckte inselartige Verdoppelung wahrnehmbar, die mit einer Verstärkung der Lebensenergien zusammenhängt.

Die linke *Kopflinie* ist mit der Lebenslinie normal verbunden und verläuft schräg zum oberen Handrandberg, woraus sich eine Tendenz zum Idealen und Träumerischen sowie Gestaltungsfä-higkeit ableiten läßt. In Höhe des Mittelfingers ist die linke Kopflinie vertieft, was auf eine Empfindlichkeit des linken Ohres hinweist (der Handeigner hatte Mittelohrentzündung). Die rechte kürzere Kopflinie ist mit der Lebenslinie unverbunden und endet unterhalb des Ringfingers. Die Gedankenrichtung des Handeigners ist noch nicht festgelegt. Unterhalb des Mittel-fingers ist die rechte Kopflinie ebenfalls vertieft und nimmt Bezug auf eine Empfindlichkeit des rechten Ohres. Die mit der Lebenslinie unverbundene Kopflinie, rechtsseitig, besagt, daß der Handeigner nach dem 30. Lebensjahr offen, voreilig und spontaner in seinen Entschlüssen ist.

Die linke den Fingerwurzeln verhältnismäßig nahestehende *Herzlinie* endet unterhalb des Mittelfingers. Obwohl der Hand-eigner ein sonniges, glückliches Naturell besitzt, ist er in seinen Zuneigungen verhalten. Die rechte längere Herzlinie endet plötzlich, was Herzschlag vermuten läßt.

Die linke *Schicksalslinie* beginnt nahe der Raszette und steigt bis in die Herzlinie auf. Der selbständig strebende Handeigner hemmt sich leicht durch seine Gutmütigkeit.

Die rechte Schicksalslinie beginnt in der Handtellermitte und zieht in den Mittelfingerberg. Nach dem 30. Lebensjahr stellt der Handeigner höhere Anforderungen an sich, was seiner eige-nen Erkenntnis zugute kommt.

An der linken Handwurzel ist eine von mütterlicher Seite übernommene *Weisheitslinie* sichtbar, die besagt, daß der Hand-eigner angeborene Lebensklugheit nutzen kann.

Die linke erste kettige *Raszettlinie* ist leicht hochgezogen, ebenso die rechte erste. Die mütterlichen wie auch die väterli-chen Vorfahren vererbten dem Handeigner die Anlage zu Bin-degewebeschwäche. Die zweiten Raszettlinien sind an beiden Handwurzeln gerade durchgezogen, wobei die rechte mit einer Insel beginnt. Die Vorfahren waren zäh, stabil, sensibel.

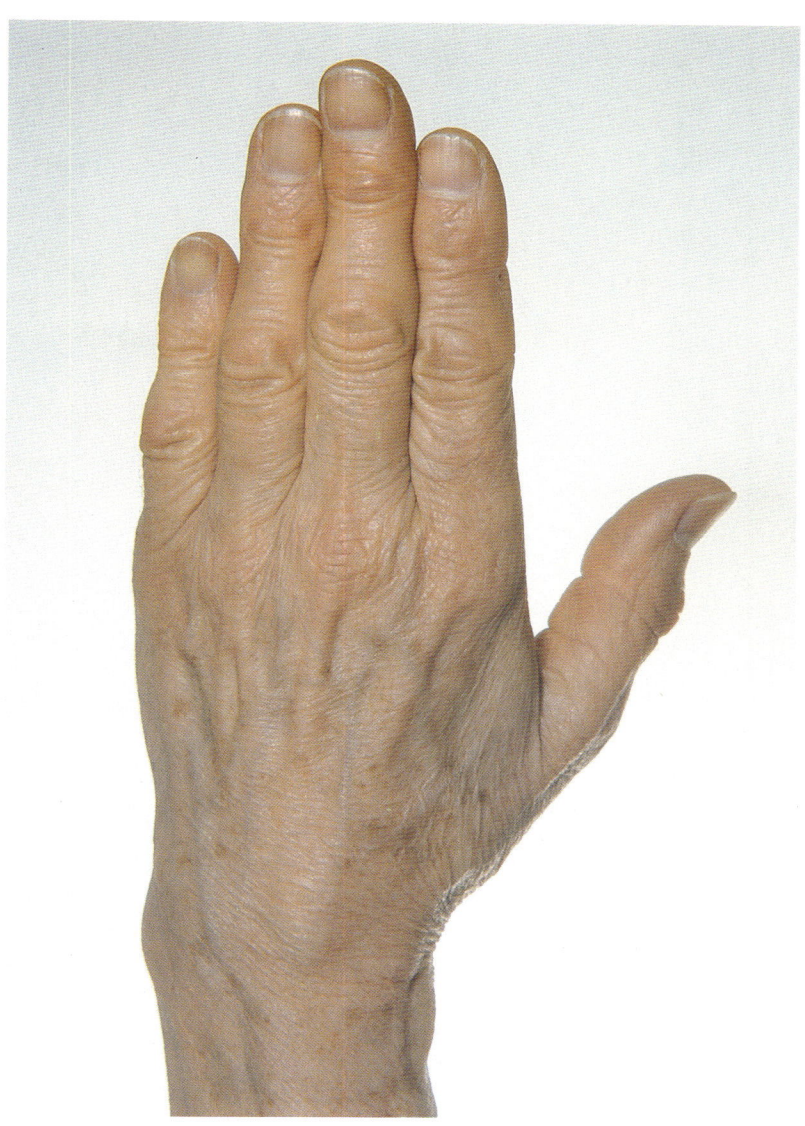 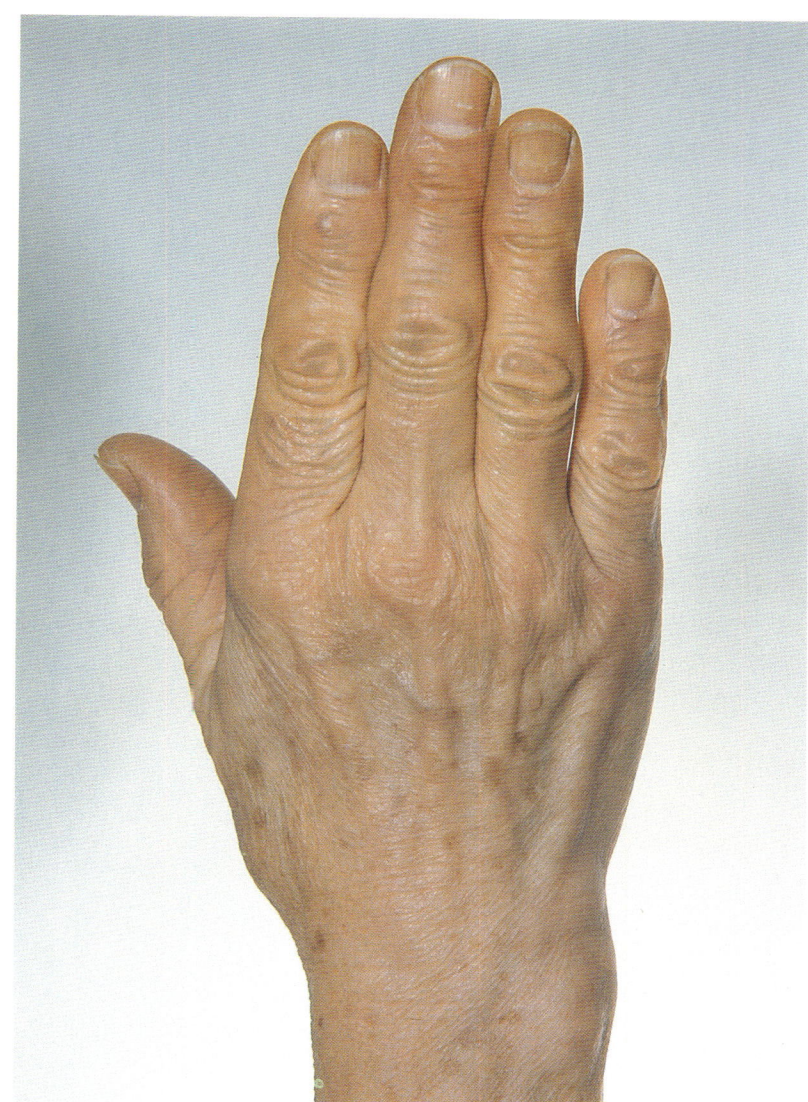

Weibliche Außenhände: Th. R.
Die Handeignerin, 68 Jahre alt, war Angestellte im Öffentlichen
Dienst und Wirtschafterin; jetzt ist sie Fachkosmetikerin.

Die *Charakteristik* der Handform im Schema ist knotig mit spatelförmigem und eckigem Einschlag. Die aufgeschlossene Handeignerin läßt sich von ihrer Vernunft leiten und liebt Unabhängigkeit im Denken und Tun. Sie ist gründlich und denkt über
Ursache und Wirkung nach. Aus der Kombination Empfinden
und Denken gelangt sie zu Analyse und Synthese.

Die Ringfinger sind länger als die Zeigefinger. Daraus erklärt
sich, daß die Handeignerin sehr viel Rücksicht auf die Umwelt
nimmt und dadurch ihre Unabhängigkeitsliebe einschränkt. Die
eher tief angesetzten kräftigen Daumen drücken Disziplin und
Selbstbeherrschung aus. Das abgewinkelte erste Daumenglied,
beidseitig, läßt auf geistige Anpassungsfähigkeit schließen und
das Vermögen, Ganzes auch im Detail erfassen zu können. Die
kräftigen ersten Daumengelenke lassen erkennen, daß die intelligente Persönlichkeit unabhängig sein will und ihre Pläne mit
Zähigkeit ausführt.

Das linke Handgelenk war gebrochen. Die feiner gestalteten
Handgelenke deuten auf bewußter lebende Vorfahren.

Die *Konstitution* ist zäh, sensibel.

Die *Disposition* zu einer leichten Stoffwechselinsuffizienz ist
an den Leberflecken ersichtlich. Bindegewebeschwäche läßt sich
von der stärker gefalteten Haut, besonders an den zweiten Fingergelenken, ableiten. Das erste gebogene Glied des linken Mittelfingers ist ein Merkmal für Blinddarmreizungen. Die leichten
Rötungen an den Knöchelgelenken, vorwiegend der Mittelfinger, weisen auf eine Fermentstörung im Verdauungstrakt.

Die Maus zeigt an beiden Händen Vertiefungen, die auf eine
reduzierte Vital- und Lungenkraft schließen lassen. Die Konturen der Maus, beidseitig, beziehen sich auf eine Rückenschwäche.

Die normal großen Fingernägel sind etwas bläulich getönt
und enthalten Aufhellungen. Es besagt, daß Sauerstoffmangel
und Stauungen im Organismus vorhanden sind. Ein weißer
Fleck auf dem rechten Mittelfingernagel steht mit einer Nervenschwäche in Verbindung sowie mit Ausscheiden von Harnsäure.
Der linke Zeigefingernagel blättert am oberen Rand schieferar-
tig ab. Erscheint dieses Merkmal an mehreren Nägeln, kann
man auf Würmer im Darmtrakt schließen. Die Längsrillen an
allen Fingernägeln sind die Folge von Darmerschlaffung. Die
stärkeren Rillen beruhen auf Ausscheiden von Schlacken. Die
unterschiedlich großen Nagelmonde laufen quer von Rand zu
Rand und sind auf erregte Herznerven mit einer Disposition zu
Herzschlag zurückzuführen.

Die Einflußzeichen atmosphärischer Störungen sind an den
oberen Nagelrändern sichtbar.

Weibliche Innenhände: Th. R. siehe folgende Doppelseite

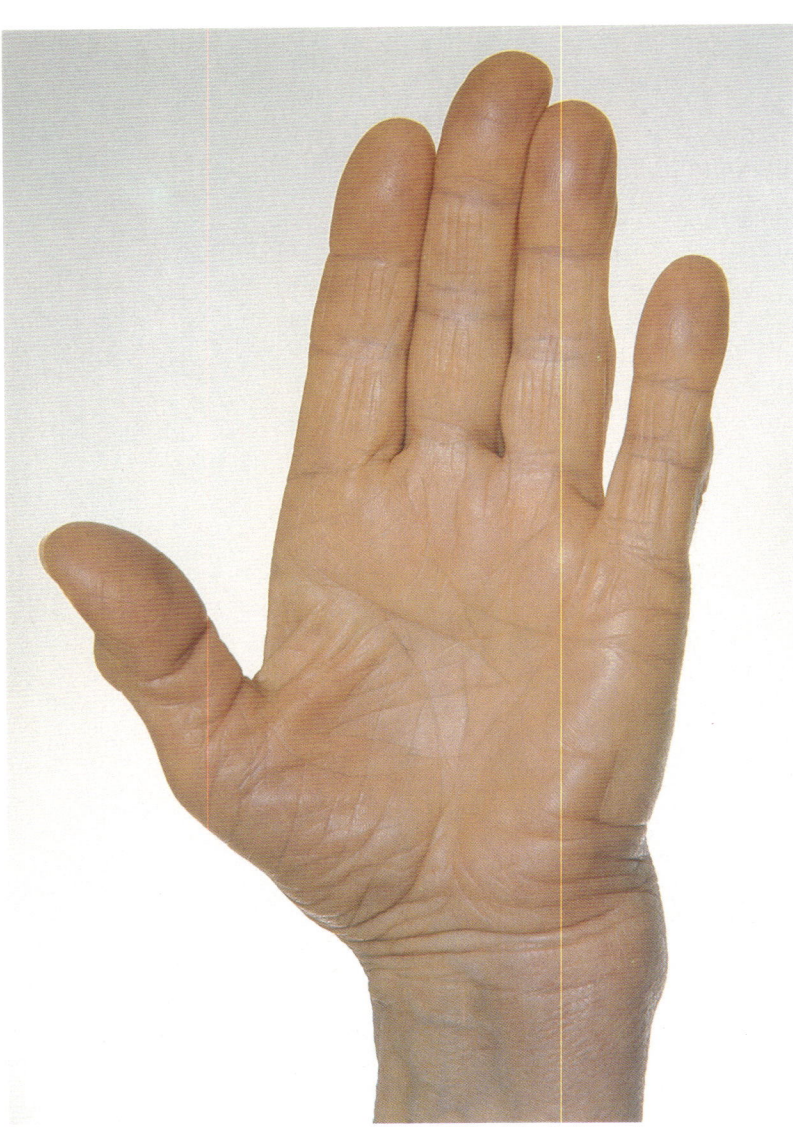

Weibliche Innenhände: Th. R.
Die Handeignerin, 68 Jahre alt, war Angestellte im Öffentlichen
Dienst und Wirtschafterin; jetzt ist sie Fachkosmetikerin.

Die mittleren Fingerglieder sind am kürzesten. Die Handeignerin sollte ihrer seelischen Ebene mehr Spielraum geben. Die
kräftigen Längslinien an den zweiten und dritten Fingergliedern veranschaulichen ein entgegenkommendes Wesen beziehungsweise magnetische Ausstrahlungskraft. Kleine Schräglinien am unteren Gelenk der Kleinen Finger stehen mit äußerer
Nervosität in Zusammenhang. Die zarte und seidig glänzende
Hauttextur offenbart einen sensiblen Menschen.

Die vertieften und etwas blassen Innenhandflächen lassen Störungen im Magenstoffwechsel erkennen. Die gewölbten Handberge wirken als seelische Energieträger. Die Handrandberge
ragen neben den unteren Abschnitten der Daumenballenberge
am meisten heraus und bringen Phantasie und Abenteuerlust
zum Ausdruck. Es werden große Pläne geschmiedet, die nicht
immer ausgeführt werden, was zu Schwankungen im Charakter
führt und den Eindruck von Unzuverlässigkeit entstehen läßt.
Obwohl alle Linien kräftig geprägt sind, was auf einen bewußter
strebenden Menschen schließen läßt, ist das »Große M« durch
die Unterbrechungen in der Schicksalslinie nicht harmonisch
ausgebildet. Das seelische Prinzip benötigt größere Aufmerksamkeit, um das innere Gleichgewicht herstellen zu können.

Die *Lebenslinien* umrunden die Daumenballenberge und enthalten jeweils am unteren Drittel ein Dreieck, das auf Zelldegenerationen bei den mütterlichen und väterlichen Vorfahren
zurückzuführen ist. Das bis zum unteren Drittel blasse Umfeld
beider Lebenslinien verdeutlicht Durchblutungsstörungen. Die
Abzweigung am unteren Drittel der rechten Lebenslinie bezieht
sich auf das rechte Bein, das von Durchblutungsstörungen betroffen werden kann.

Die linke *Kopflinie* ist mit der Lebenslinie länger verbunden
und enthält unterhalb des Zeigefingers eine Insel (von mütterlicherseits vererbte Augenschwäche). Die Kopflinie mündet am
Ende des mittleren Handrandberges. Gestaltungskraft und
Phantasiereichtum sowie die Neigung zu Poesie sind für die
Gedankenwelt der Handeignerin richtungweisend. Die rechte
gerade verlaufende kürzere Kopflinie ist mit der Lebenslinie
noch länger verbunden. Nach dem 30. Lebensjahr treten die
Verstandeskräfte stärker in den Vordergrund, und die Entschlußfähigkeit sowie das Reaktionsvermögen sind verlangsamt. Von
der Insel in der rechten Kopflinie unterhalb des Zeigefingers
läßt sich eine von väterlicherseits vererbte Anlage zu Augenschwäche ableiten. Mehrere kleine Punkte in der rechten Kopflinie wurden durch Kopfnervenschwäche hervorgerufen.

Die linke »durchhängende« kurze *Herzlinie* mündet in die
Schicksalslinie, ein Zeichen für Herzschlag bei den mütterlichen
Vorfahren. Eine Tendenz zu Melancholie äußert sich an der
nach unten gesenkten Herzlinie. Die an der linken Herzlinie an
beiden Seiten nach rückwärts laufenden kleinen kurzen Linien
deuten auf Herzensjugend und Warmherzigkeit. Die rechte normal lange und gerade verlaufende Herzlinie läuft in einer breiten Spaltung aus. Der kleine Ring an der Spaltung warnt vor
Medizinalgiften. Der obere Teil der Herzlinie wird von einer
Insel, die mit Unterleibsstörungen zusammenhängt, begrenzt.

Eine schräge Linie, die durch das rechte Zeigefingergelenk
zieht, weist auf eine Fehlgeburt hin. Kleine helle und dunkle
Punkte in der rechten Herzlinie unterhalb des Ringfingers beziehen sich auf Konkremente der Niere und Galle.

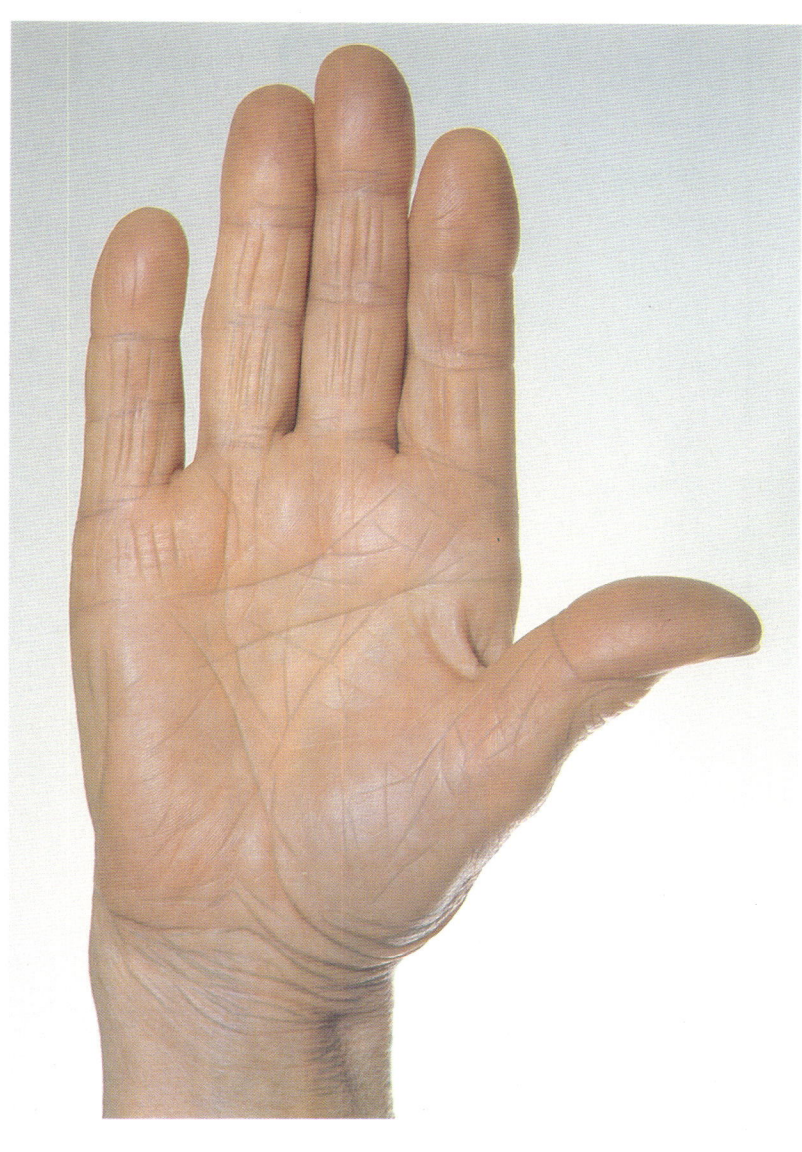

Der Ansatz der linken *Schicksalslinie* weist auf eine starke Beziehung der Handeignerin zu der mütterlichen Generation, da ein mehrfacher Zustrom aus hochgezogenen Raszettlinien sichtbar ist. Daraus entwickelte sich ein ausgeprägter Selbständigkeitsdrang und das Bemühen um Selbstbewußtsein. Unterhalb der Kopflinie spaltet sich die Schicksalslinie und läßt auf eine Bereitschaft zu Würmern schließen. Zwei weitere Schicksalslinien, linksseitig, ziehen durch den Mittelfingerberg. Sie deuten auf Bemühungen der Handeignerin, sich auch in späteren Jahren weiter auszubilden. Die rechte Schicksalslinie steigt von der Mitte der Lebenslinie bis durch die Herzlinie auf.

Zwei weitere Schicksalslinien kommen von unterhalb der Herzlinie und durchziehen den Mittelfingerberg. Mit dem Loslösen von der väterlichen Seite wurde der Handeignerin eine Aufgabe gestellt, die große Selbstüberwindung kostete. Sie intensiviert ihr Streben nach innerer Freiheit in den reiferen Jahren.

Die linke *Magenlinie* bildet unterhalb der Kopflinie eine Insel, die sich auf die Galle bezieht. Die rechte kräftige Magenlinie zieht bis in die Herzlinie und veranschaulicht ein gutes Vegetativum. Sie formt mit Kopf- und Lebenslinie das »Große Dreieck«, das ein Zeichen für stabile Gesundheit ist. Die rechte Magenlinie gibt in Verbindung mit Herz- und Sonnenlinie das »Hohe Dreieck« zu erkennen. Daraus läßt sich eine Eignung zu geisteswissenschaftlichen Studien ableiten.

Ein deutliches Gitter auf dem Berg des rechten Kleinen Fingers gibt Aufschluß darüber, daß die Handeignerin das geistige Prinzip eindeutig vertreten muß und auch gedanklich nicht von ihrem Weg abweichen darf. Ein Kreuz links von dem Gitter zeigt, daß gute Literatur die Handeignerin innerlich erheben

und bestärken kann. Zwei kräftigen aus dem linken Daumenballenberg kommenden Operationslinien ist jeweils am Ende eine Insel angelagert. Die obere Insel bezieht sich auf den Bauchraum, vermutlich Blinddarm, die zweite auf Galle und Niere.

Zwei kurze *Sonnenlinien* auf dem linken Ringfingerberg werden von einer schrägen Linie geschnitten. Die Empfindungswelt der Handeignerin wird von außen kommenden Heftigkeiten gestört. Zwei von der Lebenslinie aufsteigende Sonnenlinien in der rechten Hand geben zu verstehen, daß sich die Handeignerin die erfolgreiche Beziehung zum Schöngeistigen selbst erwirbt. Eine kleine Insel unter- und oberhalb der Herzlinie gibt Schüchternheit und Lampenfieber zum Ausdruck.

Eine schräge, die Sonnenlinien schneidende Linie bestätigt, daß die aus der Umwelt kommenden Aggressionen die Empfindungswelt der Handeignerin auch in späteren Jahren noch irritieren können. Mehrere kräftige Querlinien auf dem linken unteren Handrandberg bedeuten, daß die Handeignerin zu ihrer seelischen Erweiterung und Vertiefung auf Reisen bewußt neue Eindrücke sammelt. Die deutlich geprägte Asketen- oder Disziplinlinie ist kürzer am linken und länger am rechten Handrandberg zu sehen.

Zwei in der Mitte zugespitzt hochgezogene *Raszettlinien*, linksseitig, beziehen sich auf Bindegewebeschwäche und die Anlage zu erschwerten Geburten. Zwei weitere kräftige Raszettlinien bestätigen physische Kraft und Zähigkeit aus dem mütterlichen Erbgut. Zwei zum Teil spitz hochgezogene Raszettlinien, rechtsseitig, sowie eine lange, kettige, bogige Raszettlinie beziehen sich ebenfalls auf Bindegewebeschwäche und sensible väterliche Naturen, was sich auch an den weiteren zarten kettigen Raszetten bestätigt.

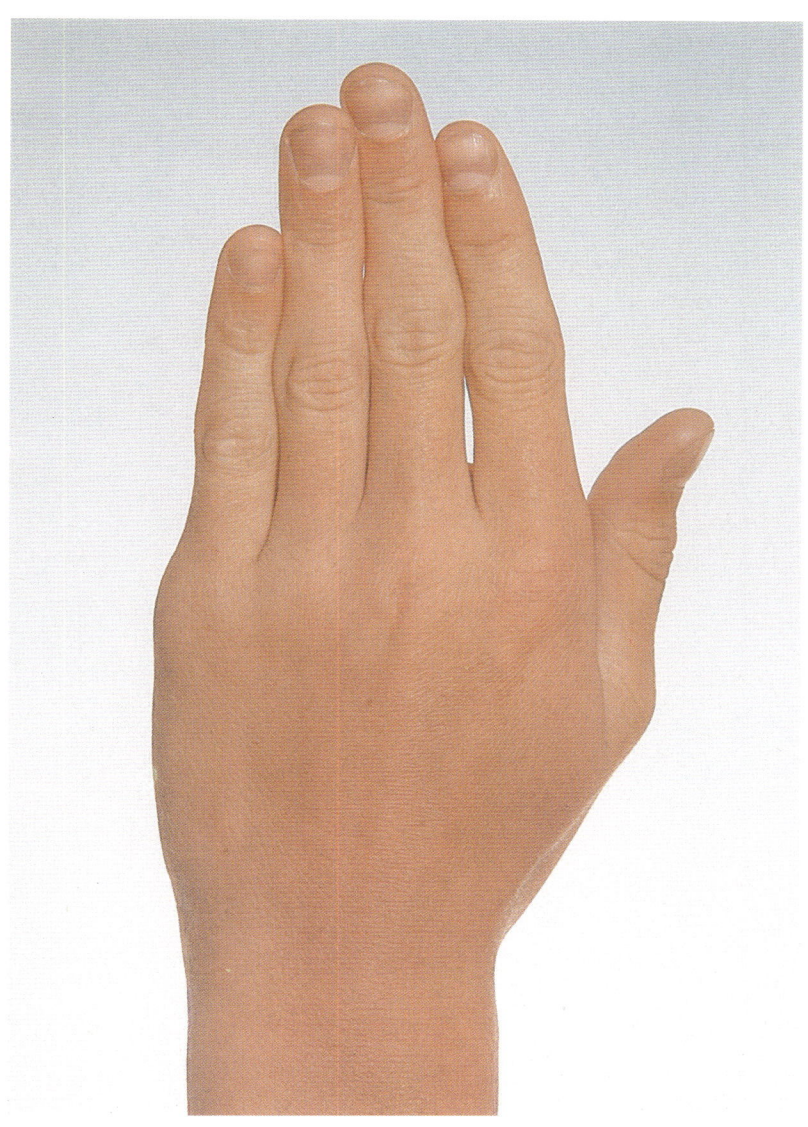
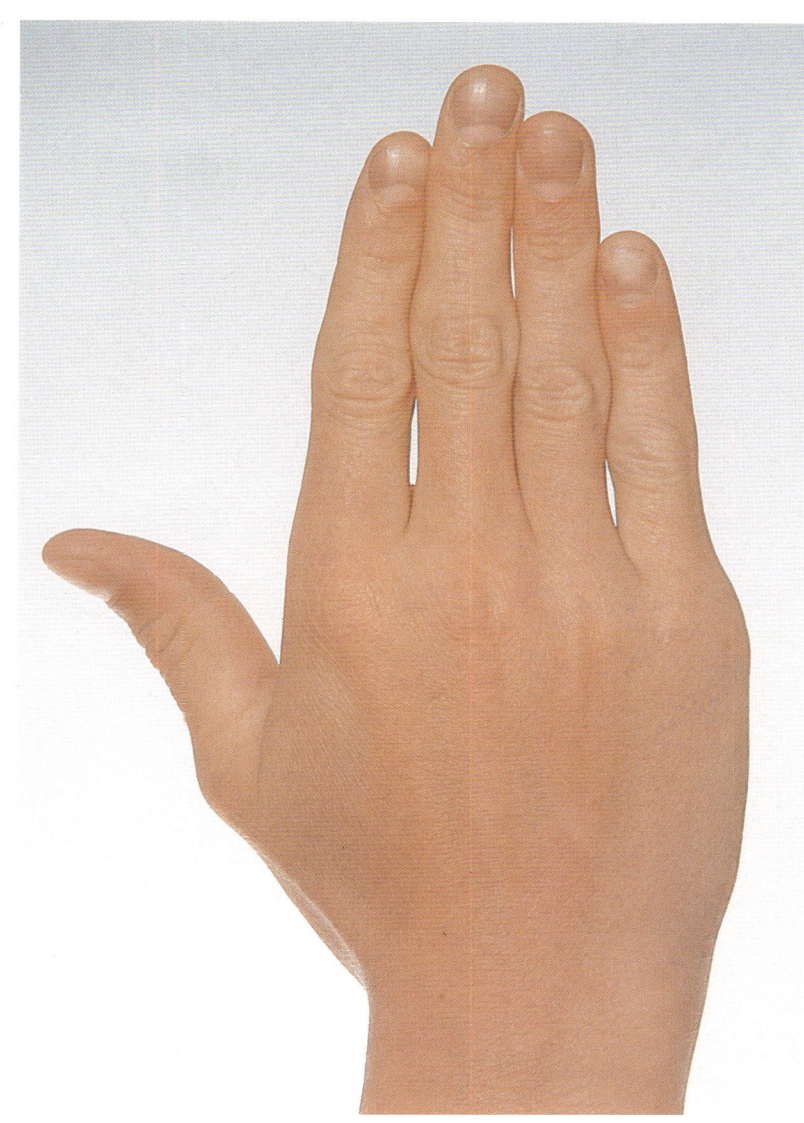

Männliche Außenhände: S. L.
Der Handeigner, 13 Jahre alt, ist Schüler.

Die *Charakteristik* der Handform im Schema ist knotig mit leicht eckigem Einschlag. Eindeutig sind die Knoten an den zweiten Fingergliedern, die allgemein für eine großzügige Einstellung sprechen. Der knotige Handtyp (zweite Fingerglieder) zeigt mehr Unabhängigkeit im Tun und Denken, während der eckige sich vom Verstand abhängig macht. Die Knoten lassen erkennen, daß der Handeigner, mehr nach innen gerichtet, sich mit dem Gesetz von Ursache und Wirkung als Grundlage der geistigen Ordnung befassen kann. Der eckige Einschlag gibt zu verstehen, daß der Handeigner auch Präzision und Genauigkeit schätzt.

Beide Ringfinger sind länger als die Zeigefinger. Der Handeigner macht sich von der Umwelt abhängiger. Beide Daumen sind mittelhoch angesetzt. Der Handeigner nimmt das materielle Prinzip als Ausgangspunkt für seine Konfrontation mit dem Leben. Die Biegung seiner Daumen zeigt Anpassungsfähigkeit. Das erste Daumenglied ist kürzer als das zweite. Der Handeigner hat Mühe, Erkanntes durchzusetzen, zumal die Daumenkuppe abgeflacht ist. Das mathematische Verständnis äußert sich an den kantigen zweiten Daumengelenken.

Die mittelkräftigen Handgelenke geben widerstandsfähige Naturen bei seinen Vorfahren zu erkennen.

Die *Konstitution* ist zäh, stabil und labil.

Die *Disposition* zu Verschlackungen zeigt sich an den Fingergliedern durch die etwas gespannte hellere Haut.

Die gebogenen Zeigefinger deuten auf eine Anlage zu Stoffwechselstörungen, ausgelöst von Milz-Pankreas, links, und Leber-Galle, rechts. Die gebogenen Mittelfinger stehen mit dem Darmtrakt, speziell Blinddarmreizungen, in Verbindung. Die beiden Kleinen Finger lassen durch die Biegung Bindegewebeschwäche sowie eine Tendenz zu Störungen im Urogenitalbereich erkennen.

Die Maus ist beidseitig von mittlerer Kraft. An den oberen Teilen sind minimale Einziehungen sichtbar, die eine Bereitschaft zu Lungenspitzenkatarrh zeigen.

Die Fingernägel sind unterschiedlich in Form und Größe. Die runden, kugeligen Zeige- und Mittelfingernägel weisen auf eine Empfindlichkeit der Bronchien. Die längeren, leicht gewölbten Ringfingernägel tendieren zu einer Nierenfunktionsstörung. Die Farbe der Fingernägel ist unterschiedlich. Rötungen für Entzündungen sind angezeigt, ebenso Stauungsmerkmale an den Zeige- und Mittelfingernägeln sowie an den Nägeln der Kleinen Finger durch Blässe. Die etwas größeren Nagelmonde sind, bis auf den Nagelmond des linken Kleinen Fingers, nicht gleichmäßig gewölbt. Die Herznerven sind leicht erregbar.

Die Belastungszeichen aus der Atmosphäre sind auch an diesen kurzen Nägeln sichtbar.

Männliche Innenhände: S. L. siehe folgende Doppelseite.

212

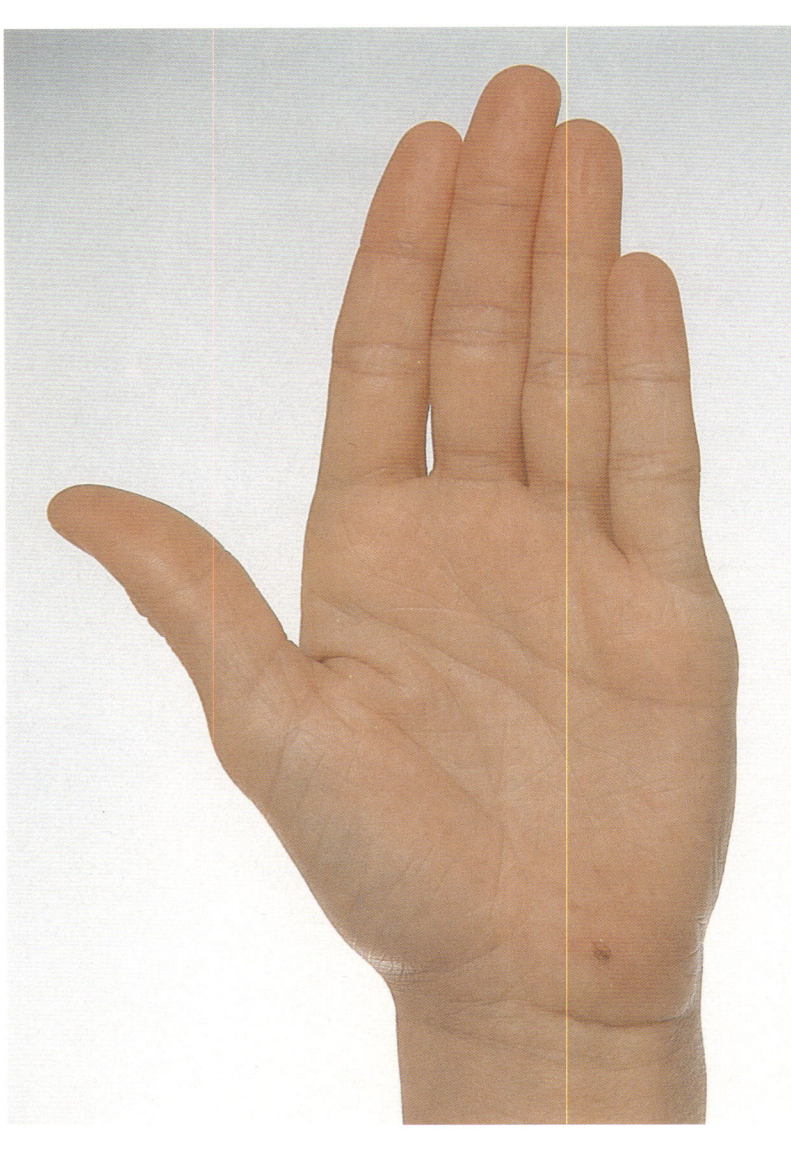

Männliche Innenhände: S. L.
Der Handeigner, 13 Jahre alt, ist Schüler.

Die Fingerglieder sind in ihrer Länge nicht einheitlich. Es fällt dem Handeigner nicht leicht, die geistig-seelische Ebene mit der materiellen harmonisch abzustimmen. Die kurzen übereinandergelagerten Linien an den zweiten und dritten Gelenken der Kleinen Finger, besonders linksseitig, veranschaulichen Nervosität und innere Unruhe des Handeigners.

Die mittelkräftige Hauttextur spricht für Widerstandsfähigkeit im Physischen sowie im Psychischen. Auffallend ist die unterschiedliche Struktur. Der zum Ringfingerberg verschobene Berg des linken Kleinen Fingers ist ein Zeichen dafür, daß das innere Erleben durch das verstandesmäßige Denken stark beeinflußt wird. Beide Daumenballenberge werden durch eine Linie in den oberen, aktiven, männlichen und den unteren, passiven, weiblichen Abschnitt unterteilt. Da die untere Partie der Daumenballenberge stärker hervortritt als die obere, ist die passive Sinnlichkeit des Handeigners stärker ausgeprägt als die aktive. Auf der den linken Daumenballenberg teilenden Linie baut sich ein großes Dreieck auf, das die Lebenslinie mit einschließt. Aufbauende Energien, die sowohl die Gesundheit als auch die Psyche betreffen, können dem Handeigner größeren inneren Auftrieb geben.

Das »Große M« ist in beiden Händen angelegt. Der Handeigner vermag durch tieferes Nachdenken bewußt im Leben zu stehen.

Beide *Lebenslinien* sind hoch angesetzt, wobei die rechte den Daumenballenberg umrundet. Der hohe Ansatz der Lebenslinien zeigt zusätzliche Kraftreserven. Von dem blassen Umfeld der rechten Lebenslinie lassen sich Durchblutungsstörungen ableiten. Das Dreieck an der unteren rechten Lebenslinie weist auf eine Zelldegeneration bei den mütterlichen Vorfahren. Der Handeigner sollte eine fleischlose Ernährung und Vollwertkost bevorzugen.

Der Beginn beider *Kopflinien* ist nicht eindeutig sichtbar und deshalb nicht genau zu bestimmen. Die wellige Form der linken Kopflinie bringt einerseits eine Disposition zu einer Krampfdiathese im Kopfbereich zum Ausdruck und andererseits nicht immer geradlinige Gedankengänge. Die rechte Kopflinie enthält unterhalb des Zeigefingers eine Insel, die ein Merkmal für eine von väterlicher Seite vererbte Anlage zu Augenschwäche darstellt. Die rechte Kopflinie neigt sich dem oberen Handrandberg zu. Die Gesinnung des Handeigners ist sozial-ideal.

In Höhe zwischen Ring- und Kleinem Finger bildet die linke Kopflinie zusammen mit der Magenlinie und einer aus dem Daumenballenberg kommenden Linie eine große Insel. Sie steht vermutlich mit Kopfschmerzen in Verbindung, die ihren Ursprung in Stoffwechselstörungen (Galle, Leber, Darm) haben.

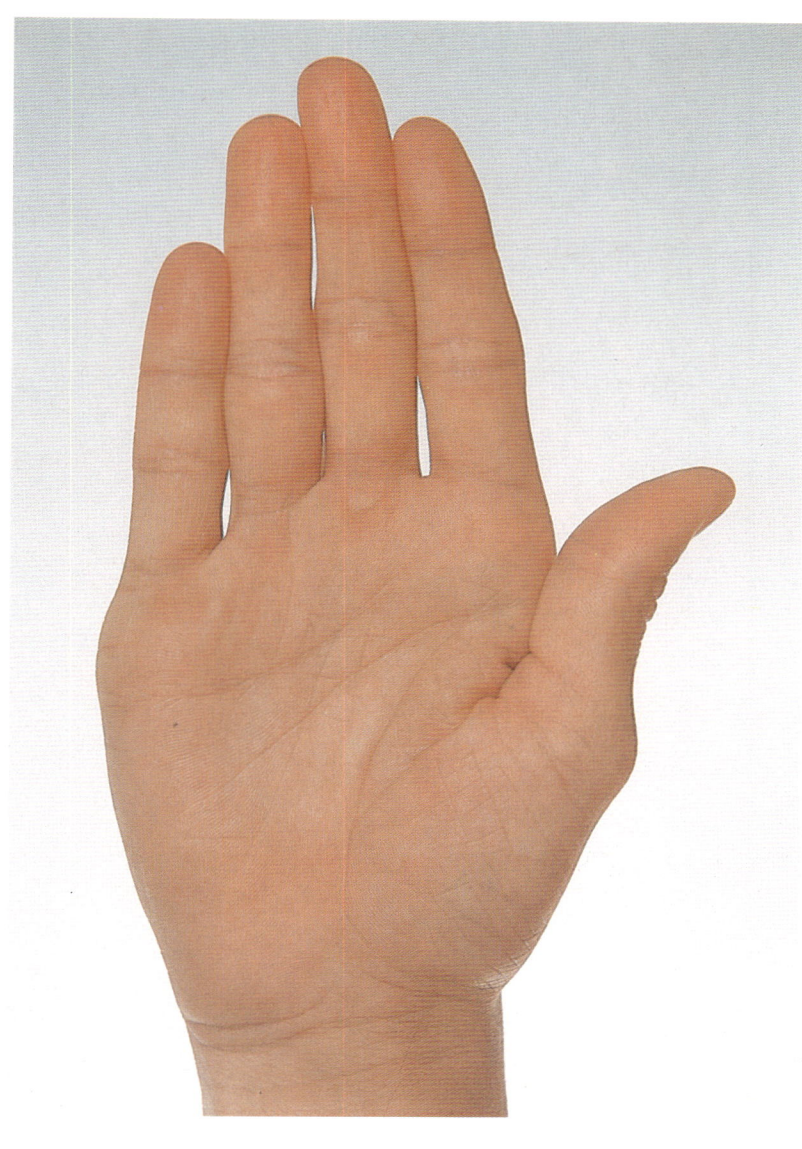

Die linke *Herzlinie* zeigt vor ihrem Ende zwei sie umgrenzende bis durch den Zeigefingerberg ziehende Linien. Die klammerartige Form bringt eine Tendenz zu Hirnhautentzündung zum Ausdruck. Zwei kleine Inseln in der linken Herzlinie unterhalb des Ringfingers sind ein Zeichen einer angeborenen Tendenz zu Herzschwäche. Die rechte Herzlinie läuft in Richtung des Zeigefingers in einer Inselbildung aus, eine Organschwäche andeutend.

Die Insel in der rechten Herzlinie in Höhe des Zwischenraumes von Ring- und Kleinem Finger bezieht sich auf eine von väterlicherseits vererbte Anlage zu einem Herzleiden. Die rechte Herz- und Kopflinie stehen nahe beieinander, was mit seelischer Beengung oder organisch mit Asthma zusammenhängt.

In der linken Hand ist eine *Schicksalslinie* sichtbar, die von dem mittleren Handrandberg aufsteigt und in der Kopflinie endet. Sie setzt neu in der Kopflinie an und zieht bis über die Herzlinie. Der Verlauf der Schicksalslinie besagt, daß die Impulse, die der Handeigner durch die Wechselbeziehung aus seiner Umwelt empfängt, von seinem Verstand passiv aufgenommen werden. Nach dem 20. Lebensjahr beginnt er selbständig Entscheidungen zu treffen.

Eine rechte Schicksalslinie beginnt im mittleren Handrandberg und reicht in die Herzlinie. Die Denkanstöße für seine Bewußtseinsentwicklung erhält der Handeigner aus der Umwelt. Teile einer zweiten rechten unter- und oberhalb der Kopflinie sichtbaren Schicksalslinie deuten auf das Streben des Handeigners nach Sammlung und Stabilisierung.

Die auf dem rechten Ringfingerberg vorhandene *Sonnenlinie* spricht für die Empfänglichkeit des Handeigners für das Schöngeistige.

Die linke gewellte *Magenlinie* zwischen Lebens- und Herzlinie macht auf Verkrampfungen und Stauungen im Verdauungstrakt aufmerksam.

Die linke erste *Raszettlinie* ist von unterschiedlicher Stärke. Ein kleines Dreieck ist ein Merkmal für lebenskluge mütterliche Vorfahren. Eine weitere zarte, kettige Raszettlinie deutet auf sensible und weniger widerstandsfähige Naturen bei den mütterlichen Vorfahren. Die rechte erste kräftige, kurze Raszettlinie endet in einem Dreieck. Am unteren Rand dieser Raszettlinie befinden sich mehrere kleine Dreiecke, die darauf schließen lassen, daß die väterlichen Vorfahren nach geistiger Bereicherung strebten. Zwei weitere rechte Raszettlinien sind zerrissen und inselartig dargestellt. Große Feinnervigkeit und mangelnde Zähigkeit der väterlichen Vorfahren gehen daraus hervor. Der Handeigner selbst hat die Aufgabe, sein Leben umsichtig zu gestalten.

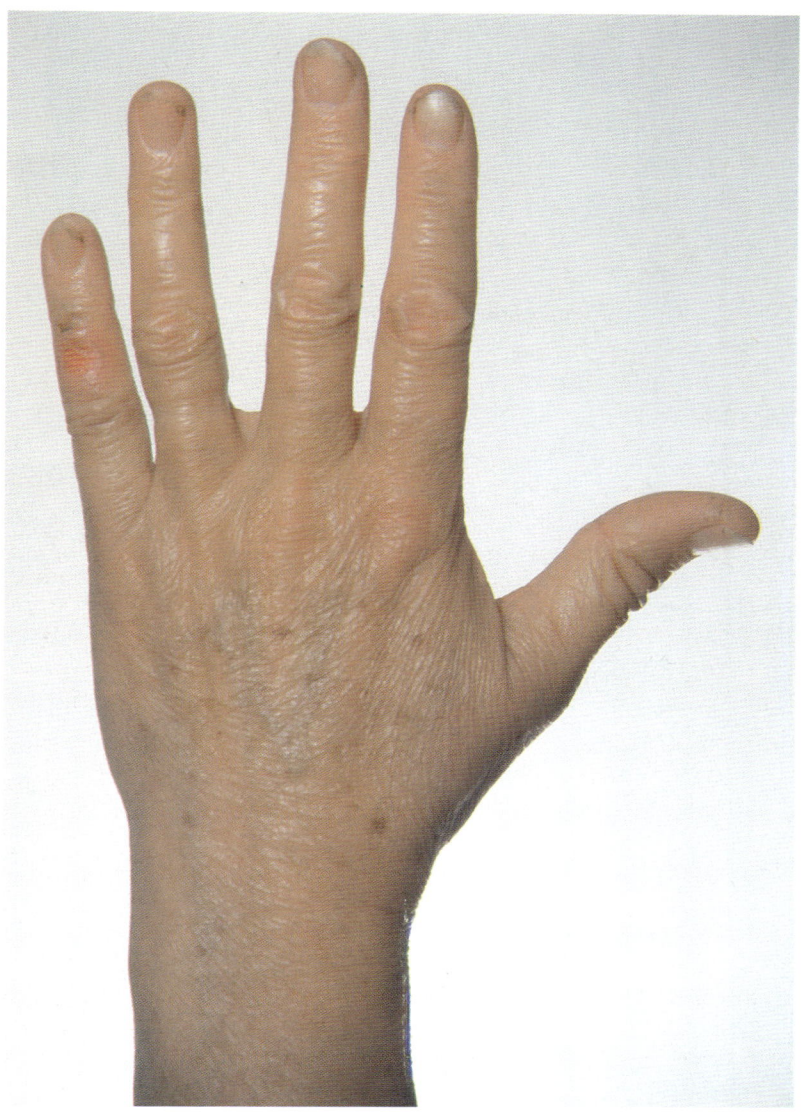
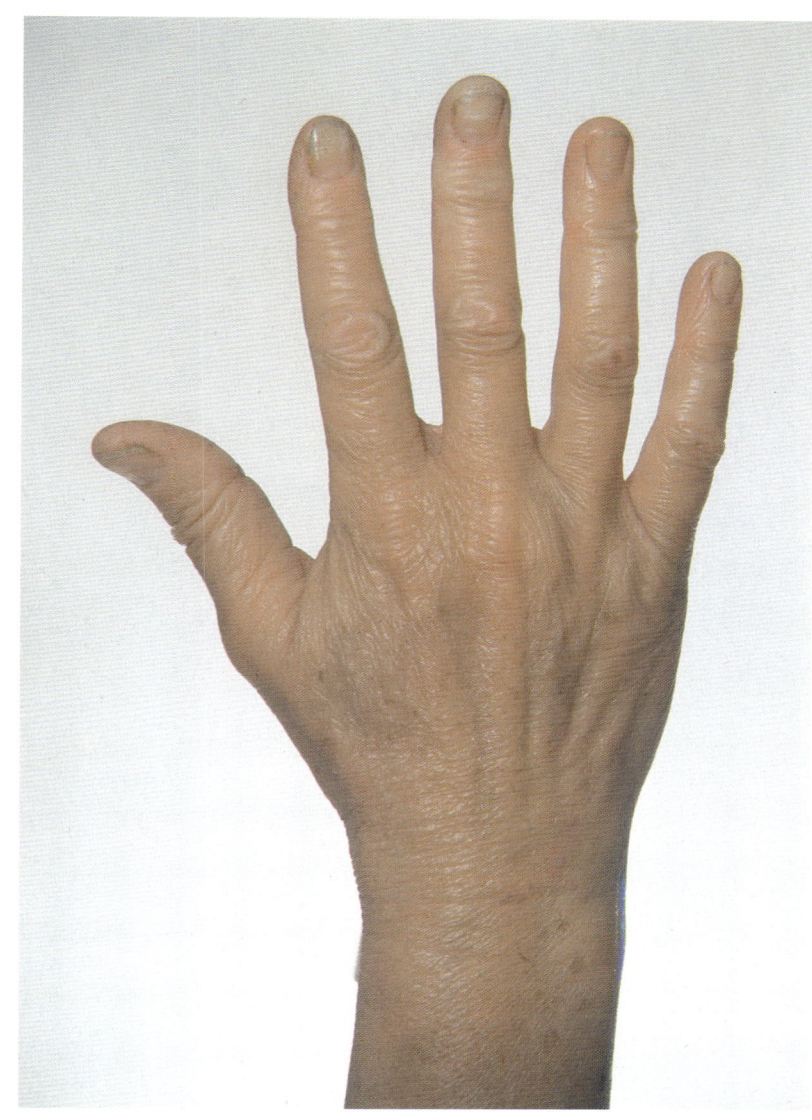

Weibliche Außenhände: A. P.
Die Handeignerin, 59 Jahre alt, war Bankangestellte und ist
jetzt Rentnerin.

Die *Charakteristik* der Handform im Schema ist eckig mit idealem Einschlag. Die Handeignerin ist einerseits geistig orientiert,
andererseits läßt sie sich vom Verstand führen. Innere Spannungen sind dadurch unvermeidlich.

Die Zeige- und Ringfinger sind von fast gleicher Länge. Das
Umweltverhalten der Handeignerin äußert sich darin, daß sie
auch unwissentlich andere nicht verletzt oder schädigt. Die langen, mittelhoch angesetzten Daumen sind im Verhältnis zu den
Fingern kräftig, was persönliches Durchsetzungsvermögen erkennen läßt, obwohl das erste, die Willenskraft darstellende
Daumenglied, kürzer ist als das zweite, das die Vernunft verkörpert. Erkanntes, was sie selbst betrifft, kann die Handeignerin
nur mit großem Nachdruck in die Tat umsetzen. Die ersten
biegsamen Daumenglieder geben geistige Anpassung zum Ausdruck.

Die mittelkräftigen Handgelenke weisen auf zähe Vorfahren
hin.

Die *Konstitution* ist zäh, sensibel.

Die *Disposition* zu Stoffwechselstörungen wird an der Hautstruktur (Faltung und Spannung) sowie an den Leberflecken
sichtbar. An den Knöchelgelenken der Zeige- und Mittelfinger

bildete sich eine leichte Rötung, die auf Fermentstörungen
schließen läßt.

Die Maus, beidseitig, ist deutlich abgegrenzt. Die Lungen-
und Vitalkraft dürften angeregt werden.

Die normal großen Fingernägel sind etwas gewölbt und beziehen sich auf Nierenfunktionsstörungen. Die kleingeformten
Nägel der Kleinen Finger besagen, daß bei den Vorfahren organische Herzleiden vorhanden waren. Der linke mandelförmige
Zeigefingernagel gibt außerdem eine Tendenz zu Diabetes zu
erkennen. Auf den Zeigefingernägeln sowie auf dem rechten
Mittelfingernagel ist auch eine Mykose wahrzunehmen. An den
Mittelfingernägeln sind mehrere weiße Flecken vorhanden, die
durch Harnsäure, die den Darm belastete und ausgeschieden
wird, entstanden sind. Verbunden damit ist innere Nervosität.
Von den nur zum Teil vorhandenen, quer von Rand zu Rand
verlaufenden Nagelmonden lassen sich wechselweise Schwäche
und Erregung der Herznerven ableiten.

Belastungszeichen atmosphärischer Einflüsse befinden sich an
den oberen Nagelrändern.

Weibliche Innenhände: A. P. siehe folgende Doppelseite

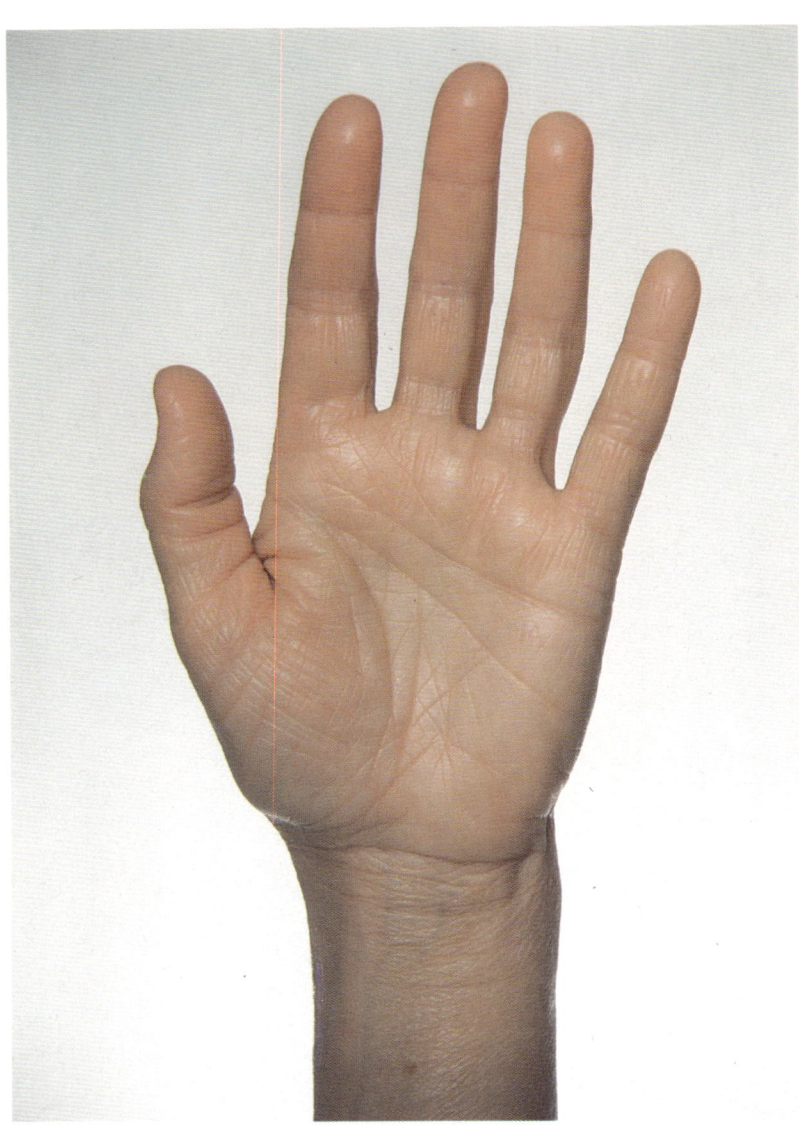

Weibliche Innenhände: A. P.
Die Handeignerin, 59 Jahre alt, war Bankangestellte und ist
jetzt Rentnerin.

Die Fingerglieder sind beidseitig nicht gleich lang. An den unteren Gliedern der Zeige-, Mittel- und Ringfinger bildete eine weitere Unterteilung. In der Gedankenwelt der Handeignerin bleibt die materielle Ebene im Hintergrund, während das seelisch-geistige Prinzip führend ist. Längslinien an allen zweiten und dritten Fingergliedern beziehen sich auf ein aufgeschlossenes, warmherziges Wesen. Längs- und Querlinien an den ersten Fingergliedern, einschließlich des Daumens, weisen auf nervliche Überreizung, was sich auch an den unteren Gelenken der Kleinen Finger durch mehrere kurze Querlinien bestätigt. Auffallend sind die mehrfachen Querlinien an den zweiten Daumengliedern. Das Ringen mit der eigenen Persönlichkeit wird hieran erkennbar.

Die Hauttextur ist zart und seidig glänzend, was auf Sensibilität zurückzuführen ist. Die Mitte der Handteller ist beidseitig vertieft, was mit einer Magenschwäche in Verbindung steht. Die Handberge bieten ein harmonisches Bild und veranschaulichen Frohsinn und Lebensfreude. Von den kräftigeren mittleren Handrandbergen lassen sich Mut und Kampfsinn ableiten. Viele senkrechte Linien durchziehen die Berge der Kleinen Finger und reichen zum Teil bis in die zweiten Fingerglieder. Die Fähigkeit zu Heilberufen kommt damit zum Ausdruck. Die auf dem Berg des rechten Kleinen Fingers sichtbare querliegende »Beziehungslinie« weist eine Spaltung auf. Eine »Beziehungslinie« gibt das Streben nach Kontakt zu einem »Du« zu erkennen. Die Spaltung am Ende der Linie bedeutet den Verlust der Empfindungen zueinander. In beiden Händen ist das »Große M« gut eingeprägt und zeigt den denkenden und handlungsbereiten Menschen an.

Beide *Lebenslinien* sind markant und teilweise zweifach sichtbar. Teile weiterer Lebenslinien, die an beiden unteren Daumenballenbergen mehrfach vorhanden sind, deuten darauf, daß die Vorfahren, obwohl sie eine hohe Lebenserwartung hatten, diese durch die bei ihnen auftretenden Zelldegenerationen, was aus den Dreiecken am unteren Drittel beider Lebenslinien hervorgeht, nicht nutzen konnten. Die beiden von der rechten Lebenslinie nach unten gehenden Abzweigungen, die später als eine Linie erscheinen und zum inneren unteren Handrandberg reichen, beziehen sich auf eine Anlage zu Durchblutungsstörungen der unteren Extremitäten.

Beide *Kopflinien* sind an den Lebenslinien normal angeschlossen, woraus sich rechtzeitige Entschlußfähigkeit ersehen läßt. Die höher, direkt am Zeigefingerberg beginnenden Kopflinien deuten auf angeborene gute Gesundheitsverhältnisse, zumal der Handeignerin weitere positive Kräfte zur Verfügung stehen, wie von der Lebenslinie kommende, zum Zeigefingerberg aufsteigende Linien zeigen. Die linke von Rand zu Rand reichende Kopflinie offenbart einen eigenständig denkenden Menschen.

Die linke kräftige *Herzlinie* ist übermäßig lang. Die warmherzige Handeignerin hegt große Erwartungen anderen gegenüber und lernt dabei, daß noch nicht jeder Mensch ein tieferes Herzdenken entwickelt hat. Die kürzere rechte Herzlinie mündet in eine Spaltung und läßt auf Kälteempfindlichkeit der Kopfnerven schließen. Eine rote Vertiefung in der rechten Herzlinie unterhalb des Kleinen Fingers läßt eine Entzündung am Herzmuskel vermuten.

Eine linke *Schicksalslinie* kommt aus dem Teil einer zweiten Magenlinie und mündet, wie eine zweite Schicksalslinie, die aus

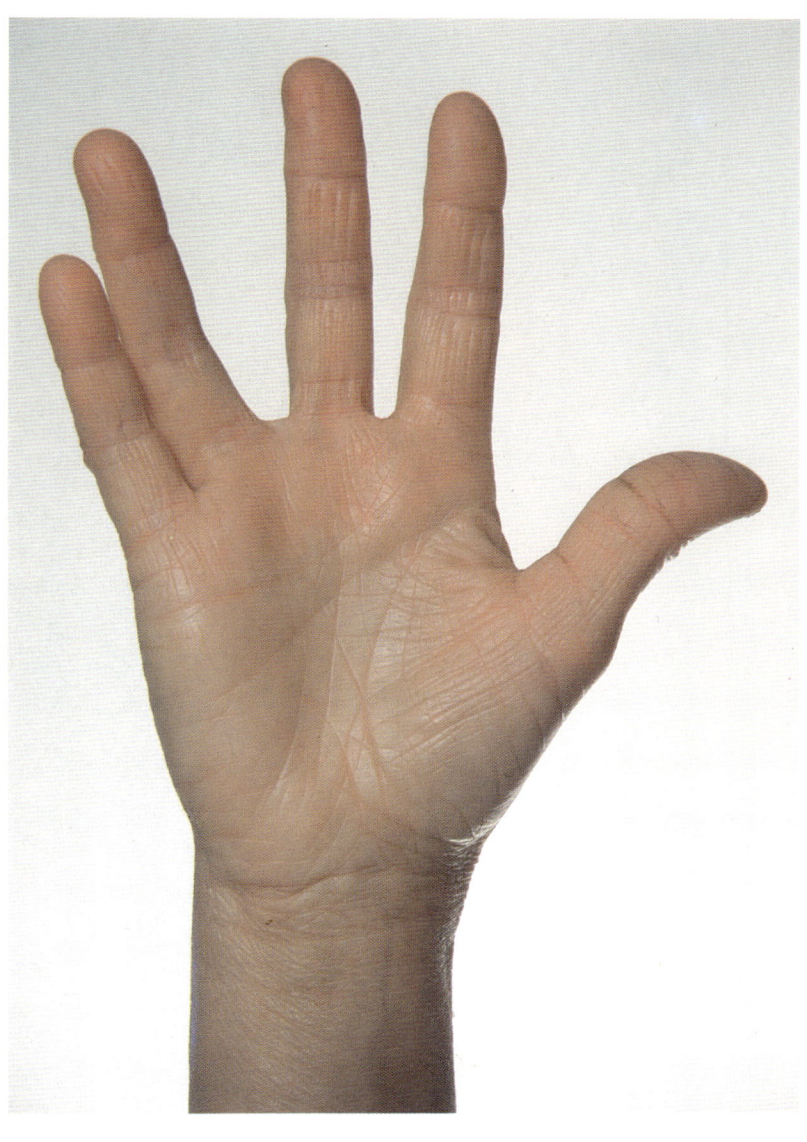

der inneren zweiten Lebenslinie aufsteigt, in den Mittelfinger-berg, wo Teile weiterer Schicksalslinien, die als Stabilisierungs-hilfen gelten, sichtbar sind. Die mütterlichen Vorfahren vermit-telten der Handeignerin ein Erbgut, das auch für die seelische Weiterentwicklung sehr gute Voraussetzungen enthält.

In der Mitte des linken unteren Handtellers weisen zwei der Schicksalslinie zustrebende Linien auf die vielfältigen vom Schicksal gestellten Aufgaben, mit denen die Handeignerin schon frühzeitig betraut wurde, und die sie durch Sammlung und Konzentration zu lösen lernte. Eine rechte Schicksalslinie beginnt freistehend am unteren inneren Handrandberg und zieht in den Mittelfingerberg. Eine zweite von der Mitte des unteren Handrandberges kommende rechte Schicksalslinie zieht bogen-förmig über die Herzlinie. Eine weitere im Daumenballenberg beginnende zarte rechte Schicksalslinie steigt in den Mittelfin-gerberg auf, wo sich mehrere kürzere Schicksalslinien befinden. Der Handeignerin wird sowohl aus dem väterlichen Erbgut als auch aus eigenpersönlichem Streben sowie von äußeren Einflüs-sen die geistige Bewußtseinsförderung zuteil, so daß sie Einblick in die tieferen Zusammenhänge des Lebens gewinnt. Unterhalb der linken Kopflinie befindet sich an der Schicksalslinie eine Abspaltung in Dreiecksform, die als Merkmal für Würmer gilt, die immer den Darmstoffwechsel nachhaltig belasten.

Die linke *Magenlinie* reicht bis in die Kopflinie und deutet auf ein gutes Vegetativum. Eine zweite, sehr kurz geprägte Magenli-nie bedeutet eine Unterstützung der Nervenkraft. Die rechte schwächere und gerötete Magenlinie beruht auf Entzündungen im Galle-Darm-Bereich. Das »Große Dreieck« in der linken Hand, gebildet von Magen-, Kopf- und Lebenslinie, besagt, daß die Handeignerin bis zu ihrem 28. Lebensjahr über größere gesundheitserhaltende Kräfte verfügt. Auch das »Kleine Dreieck« ist deutlich geprägt und deutet an, daß die Handeignerin ver-stand, die ungeschriebenen Gesetze der Seele gut weiterzurei-chen.

Von unterhalb der linken Kopflinie zieht eine *Sonnenlinie* in den Ringfingerberg, eine zweite, aus der Herzlinie kommende, gesellt sich dazu. Die Handeignerin erfaßt die schönen Seiten des Lebens zu ihrer inneren Erhebung. Die rechte Sonnenlinie nimmt ihren Anfang in der Lebenslinie und zieht in den Ring-fingerberg, wo weitere kürzere Sonnenlinien vorhanden sind. Aus eigenem Antrieb kann sie die Gestaltungskräfte zu ihrer seelischen Erbauung nutzen.

Der unterbrochene *Venusgürtel* in beiden Händen stellt eine passive Neigung zu Poesie und Literatur dar sowie Feinfühlig-keit, da diese Hand fest und elastisch ist.

Die auf dem rechten unteren Handrandberg befindlichen kur-zen Querlinien beziehen sich auf Ausweitung der Empfindun-gen, die oftmals mit Reisen verbunden sind.

Die linke erste *Raszettlinie* ist bogig und kettig. Weitere Ras-zettlinien sind zart und zum Teil auch etwas kettig. Die Konsti-tution der mütterlichen Vorfahren läßt Bindegewebeschwäche und Feinnervigkeit erkennen. Die rechte erste Raszettlinie wird von einer kleinen Linie geschnitten, die an beiden Enden Inseln zeigt. Die väterlichen Vorfahren wurden durch einschneidende Leiderfahrungen psychischer und organischer Art belastet. Das Bild unter der ersten Raszette gleicht einem Armband. Zwei sich kreuzende, schrägverlaufende Linien schneiden das »Arm-band«. Bei den früheren Vorfahren traten auch schon einschnei-dende Begebenheiten auf. Die Handeignerin selbst kann jedoch mit dieser Erbsubstanz zurechtkommen.

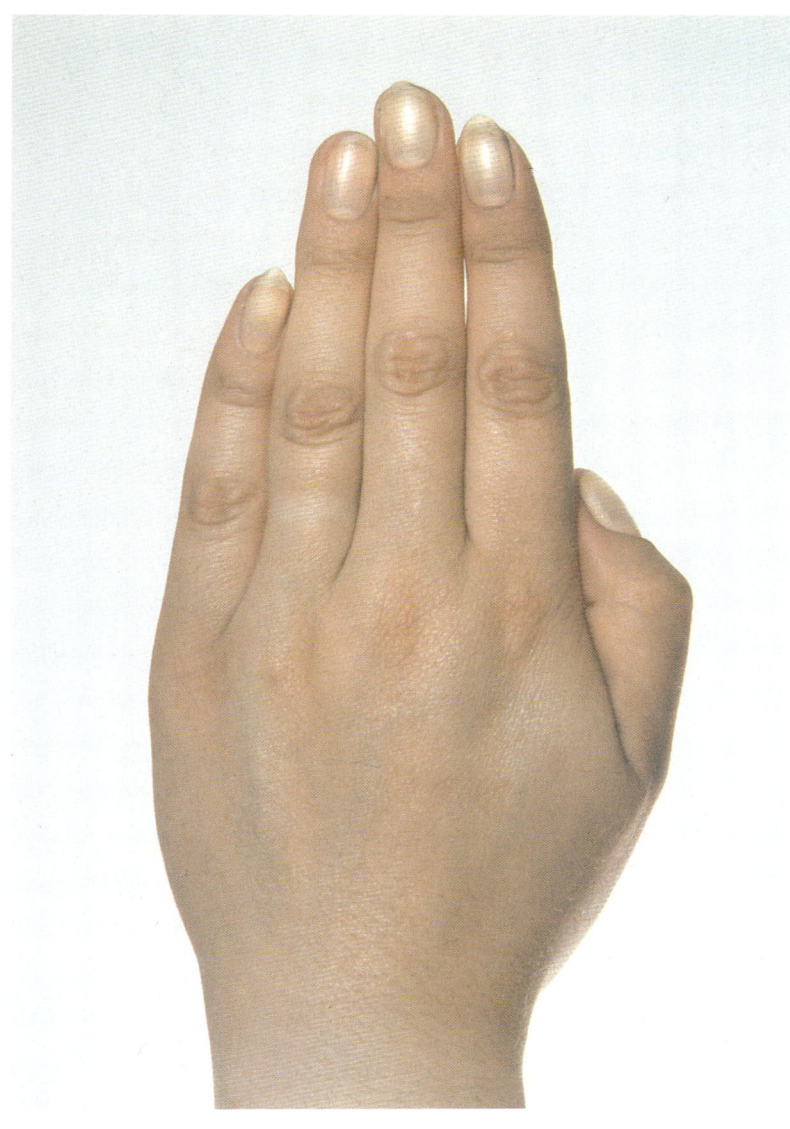 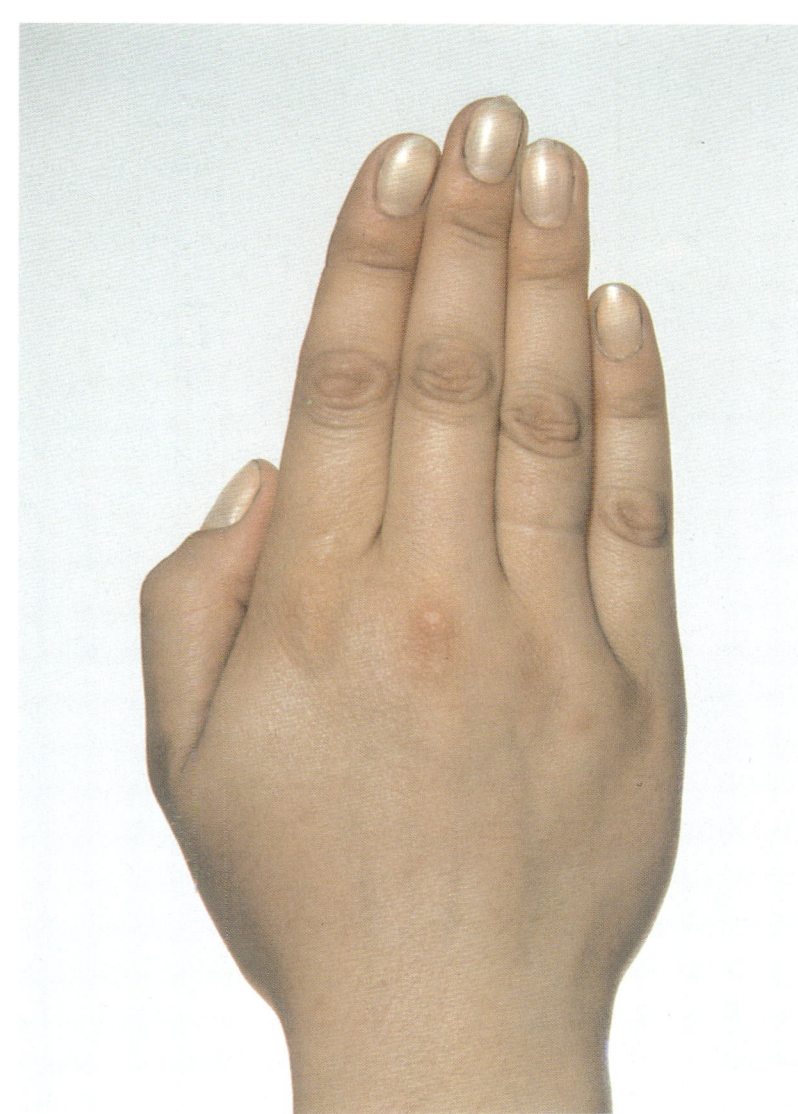

Weibliche Außenhände: E. L.
Die Handeignerin, 23 Jahre alt, ist kaufmännische Angestellte.

Die Charakteristik der Handform im Schema ist konisch. Die weniger feste, große Hand veranschaulicht, daß die Handeignerin ihr Ziel mit Selbstzufriedenheit zu erreichen trachtet. Sie ist romantisch, beeindruckbar, impulsiv, lebensfreudig und schnell begeistert. Den Stimmungen unterworfen, ist sie weniger für mechanische und physische Arbeiten geeignet. Ring- und Zeigefinger sind linksseitig von fast gleicher Länge, rechtsseitig ist der Ringfinger länger. Das materielle und ideelle Prinzip befinden sich in den Jugendjahren im Gleichgewicht, später ist die Empfindungswelt für sie maßgebend.

Die mittelhoch angesetzten angewinkelten Daumen sind an die Zeigefinger angelegt. Diese Haltung gibt zu verstehen, daß die Handeignerin im Wesen verschlossen und leicht mißtrauisch ist und sich sehr schnell auf sich selbst zurückzieht.

Die mittelkräftigen Handgelenke machen auf widerstandsfähige Naturen bei den Vorfahren aufmerksam.

Die *Konstitution* ist labil, zäh, sensibel.

Die Disposition zu Nierenstörungen läßt sich an der zarten Hautbeschaffenheit erkennen. Die gespannte Haut an den Fingergliedern deutet auf bereits vorhandene Verschlackung.

Die gebogenen Zeigefinger beruhen auf einer Schwäche von Milz-Pankreas, links, und Leber-Galle, rechts.

Die ersten gebogenen Glieder der Mittelfinger hängen mit Blinddarmreizungen zusammen.

Die Biegung der ersten Glieder der Kleinen Finger weist auf Bindegewebeschwäche im Urogenitalbereich.

Zärtlichkeitsgrübchen an den Knöchelgelenken sind an beiden Händen zu sehen.

Die leichten Rötungen an den Knöchelgelenken sind auf Störungen im Blutsystem zurückzuführen (Infektionsanfälligkeit).

Die gut gewölbte Maus, beidseitig, läßt auf widerstandsfähige Lungen sowie gute Vitalkraft schließen. Die Kontur an der linken Maus steht mit Rückenschwäche im Zusammenhang. Rechtsseitig zeigt nur der obere Teil eine Einziehung, die sich auf eine Schwäche der Halswirbelsäule bezieht.

Die längeren Fingernägel korrespondieren mit den Atemwegen, das heißt, daß diese bei schweren Infektionen zuerst betroffen werden.

Die rosa Farbe der Fingernägel spiegelt eine ausgeglichene physische Verfassung wider.

Die normal gewölbten Nagelmonde sprechen für eine gute Herznervenfunktion.

Die Einflußzeichen atmosphärischer Störungen sind an den oberen Nagelrändern sichtbar.

Weibliche Innenhände: E. L. siehe folgende Doppelseite.

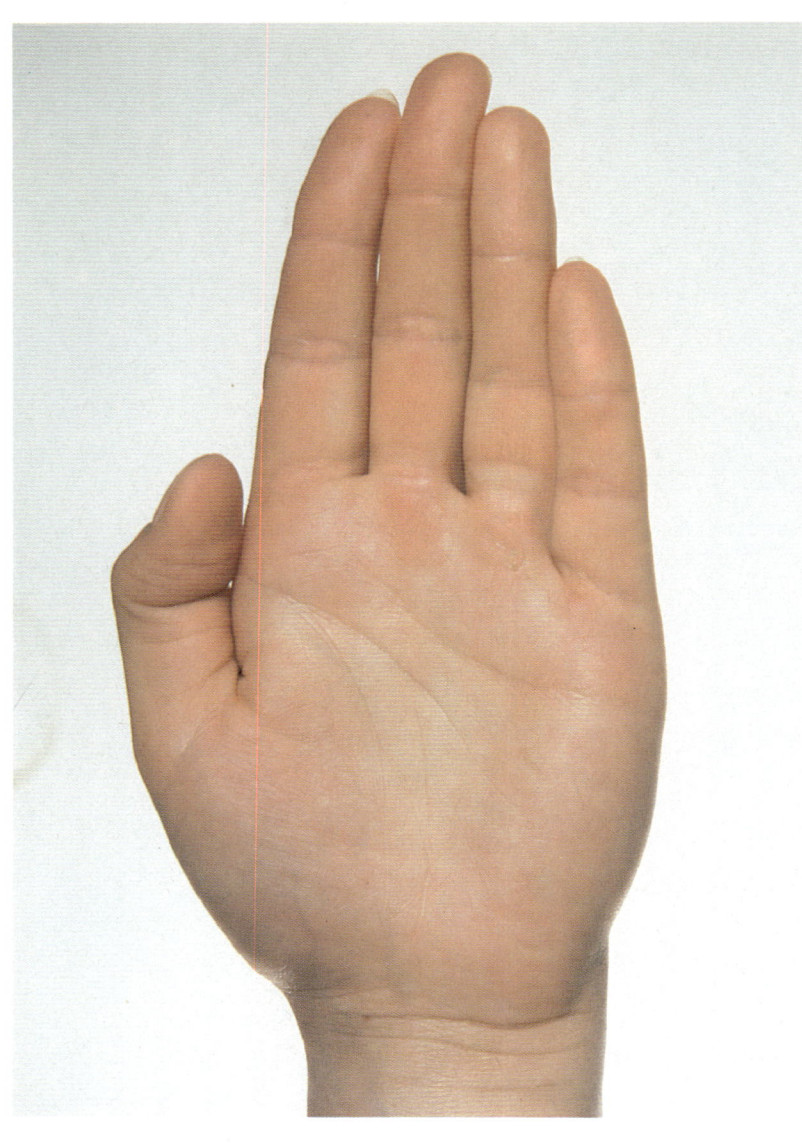

Weibliche Außenhände: E. L.
Die Handeignerin, 23 Jahre alt, ist kaufmännische Angestellte.

Die längeren ersten Glieder der Kleinen Finger geben zu verstehen, daß die Handeignerin an ihre praktischen Aufgaben mit Intuition herangeht. Im ganzen betrachtet sind die Fingerglieder in ihrer Länge verhältnismäßig ausgewogen, so daß die Stimmungen kontrolliert werden können.

Kurze und kettige Linien an den unteren Gelenken der Zeigefinger bestätigen eine Tendenz zu Störungen im Bereich von Milz-Pankreas, links, und Leber-Galle, rechts.

Am dritten Gelenk der Kleinen Finger sind Linien mit Inseln vorhanden, die eine Folge von Nervosität sind.

Die zarte feine Hauttextur ist ein Merkmal für einen sensiblen Menschen.

Beide Innenhandflächen sind vertieft und blaß. Die Funktion des Magenstoffwechsels ist reduziert und läßt eine Tendenz zu Gastritis erkennen.

Die kräftig gewölbten *Handrandberge* veranschaulichen Tatkraft, Mut, Phantasiereichtum sowie eine Anlage zu Rheuma.

Das »Große M« ist in der linken Hand durch die teilweise blasse Schicksalslinie nicht deutlich sichtbar. Innere Ruhe und Gelassenheit können das Bewußtsein der Handeignerin intensivieren.

Die linke zarte *Lebenslinie* umrundet den Daumenballenberg, diesen verkleinernd.

Eine Insel zwischen Lebens- und Kopflinie, linksseitig, bezieht sich auf den lymphatischen Rachenring mit der Tendenz zu Angina.

Am oberen Viertel der linken Lebenslinie zeigt sich eine Parallele, die einen Ausgleich für den kaum gewölbten Teil des oberen Daumenballenberges darstellt.

Die rechte anfänglich kräftige Lebenslinie wird nach dem oberen Viertel schwach und farblos und zieht einen kaum wahrnehmbaren Viertelkreis um den Daumenballenberg. Die Handeignerin kann durch eine vernünftige Lebensweise ihre Vitalkräfte steigern.

Die linke höher angesetzte *Kopflinie* ist der Lebenslinie normal angeschlossen. Die Entschlüsse werden bis zum 28. Lebensjahr rechtzeitig getroffen. Der Verlauf zeigt in Richtung des mittleren Handrandberges. Es bestätigen sich Phantasie und schöpferisches Denken, eine romantische Lebenseinstellung. Eine kleine Insel der linken Kopflinie unterhalb des Zeigefingers bezieht sich auf eine von mütterlicherseits vererbte Sehschwäche.

Kleine Punkte in der linken Kopflinie weisen auf Müdigkeit, die durch überforderte Gehirnnerven ausgelöst wurde.

Die rechte Kopflinie läuft länger mit der Lebenslinie gemeinsam in gerader Richtung bis in Höhe des Mittelfingers. Sie nimmt einen schrägen Verlauf zum mittleren Handrandberg. Es bringt zum Ausdruck, daß Verstand und Empfindung nach dem 30. Lebensjahr im Widerstreit stehen. Der Verstand hemmt die Entschlußfähigkeit der Handeignerin.

Eine Insel in der rechten Kopflinie unterhalb des Mittelfingers verdeutlicht eine von väterlicherseits vererbte Anlage zu Gehörschwäche.

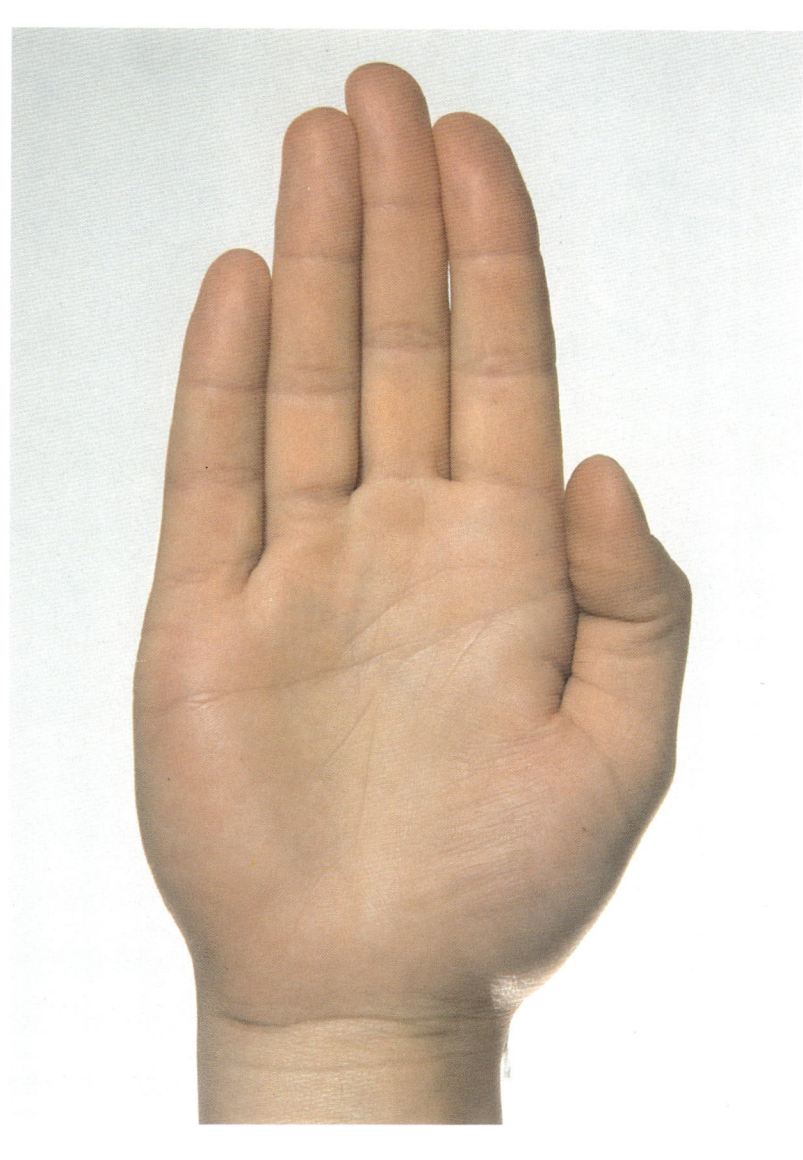

Die linke *Herzlinie* endet in Höhe des Zwischenraumes von Zeige- und Mittelfinger. Sie beginnt mit kleinen nach rückwärts gerichteten Linien, die ein Zeichen für Herzensjugend sind.

Eine Insel in der Herzlinie unterhalb des Kleinen Fingers gibt Aufschluß über eine von mütterlicher Seite vererbte Anlage zu organischen Herzerkrankungen.

Mehrere kleine Abzweigungen am Ende der linken Herzlinie lassen einerseits auf Herznervenschwäche schließen, andererseits auf eine Disposition zu Gallenleiden.

Eine schräge auf dem linken Zeigefingerberg befindliche Linie macht auf eine Anlage zu Unterleibsstörungen aufmerksam.

Der Verlauf der rechten Herzlinie ist ungewöhnlich. Ein Teil verbindet sich mit der Kopflinie und deutet auf Lähmungen bei den väterlichen Vorfahren. Für die Handeignerin besteht eine Anlage zu psychischen Lähmungen, die zu Kurzschlußhandlungen führen können. Der zweite Teil der Herzlinie reicht bis unter den Zeigefingerberg. Daran offenbart sich das herzliche Wesen der Handeignerin.

Die Inseln in der rechten Herzlinie unterhalb des Kleinen Fingers sowie des Ringfingers geben zu erkennen, daß auch bei den väterlichen Vorfahren organische Herzstörungen vorkamen. Die Unterbrechung in dem oberen Teil der rechten Herzlinie unterhalb des Mittelfingers bestätigt die Disposition zu einem organischen Herzleiden.

Die an der Lebenslinie ansetzende linke *Schicksalslinie* endet vor der Kopflinie. Die Bindung an das Elternhaus hemmt die Handeignerin in ihrer Selbständigkeit.

Die rechte Schicksalslinie beginnt nahe der Handwurzel und zieht mehrfach unterbrochen und versetzt in den Mittelfingerberg. Der Selbständigkeitsdrang der Handeignerin wird durch ihren Verstand gehemmt, was zu inneren Spannungen führt. Es fällt ihr schwer, die verschiedenen Interessen ihrer geistigen Aufgabe einzuordnen.

Die linke zum Teil zerrissene *Magenlinie* erstreckt sich bis in den Berg des Kleinen Fingers. Ein labiles Vegetativum ist hier angezeigt.

An der rechten sehr zarten nur zu einem Teil sichtbaren Magenlinie bestätigt sich das labile Vegetativum und besagt außerdem eine Schwäche der Verdauungsorgane.

Die auf dem rechten Ringfingerberg vorhandenen zarten kurzen *Sonnenlinien* bekunden eine Neigung zum Musischen.

Beidseitig beziehen sich Teile eines *Venusgürtels* auf eine Schwäche der Wirbelsäule.

Drei nicht ganz durchgezogene Raszettlinien, linksseitig, verkörpern Zähigkeit bei den mütterlichen Vorfahren.

Die rechte erste kräftige leicht wellige *Raszettlinie* ist durchgezogen, eine zweite ist kurz mit einer kleinen Insel versehen, und eine weitere ist gerade durchgezogen. Die Lebensrhythmen der väterlichen Vorfahren waren unterschiedlich lang. Bindegewebeschwäche, Zähigkeit und Feinnervigkeit waren veranlagt und machen sich auch bei der Handeignerin bemerkbar.

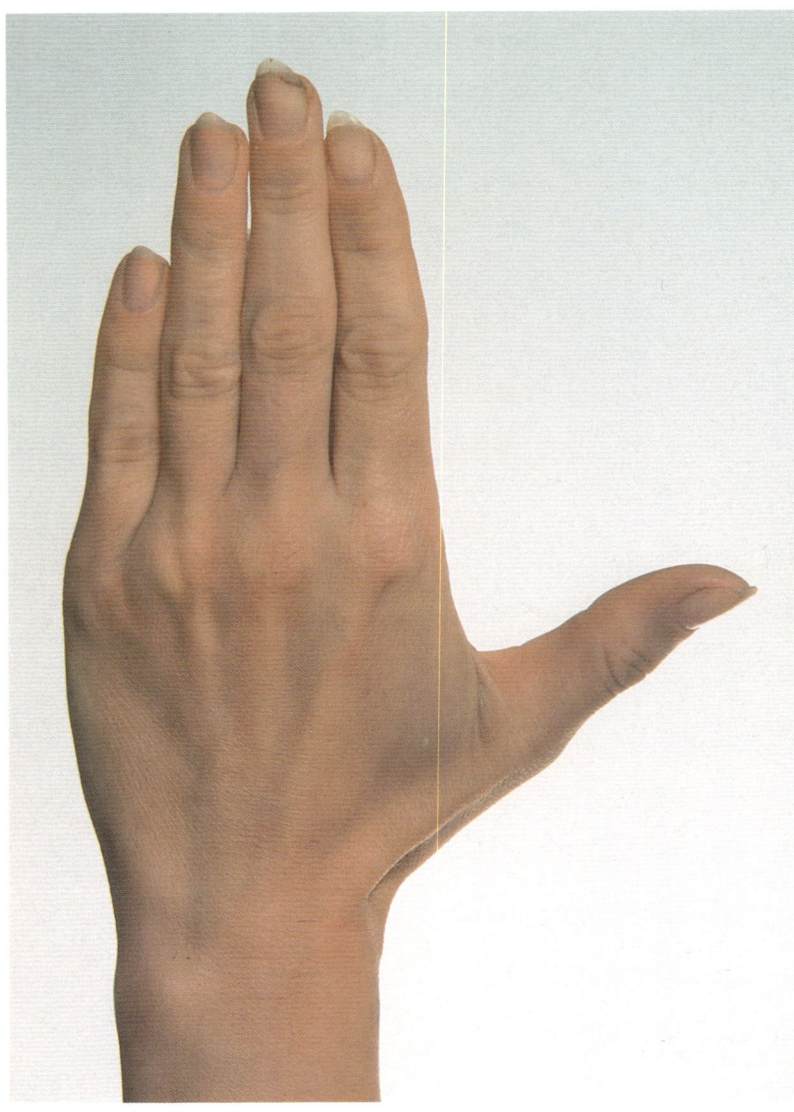 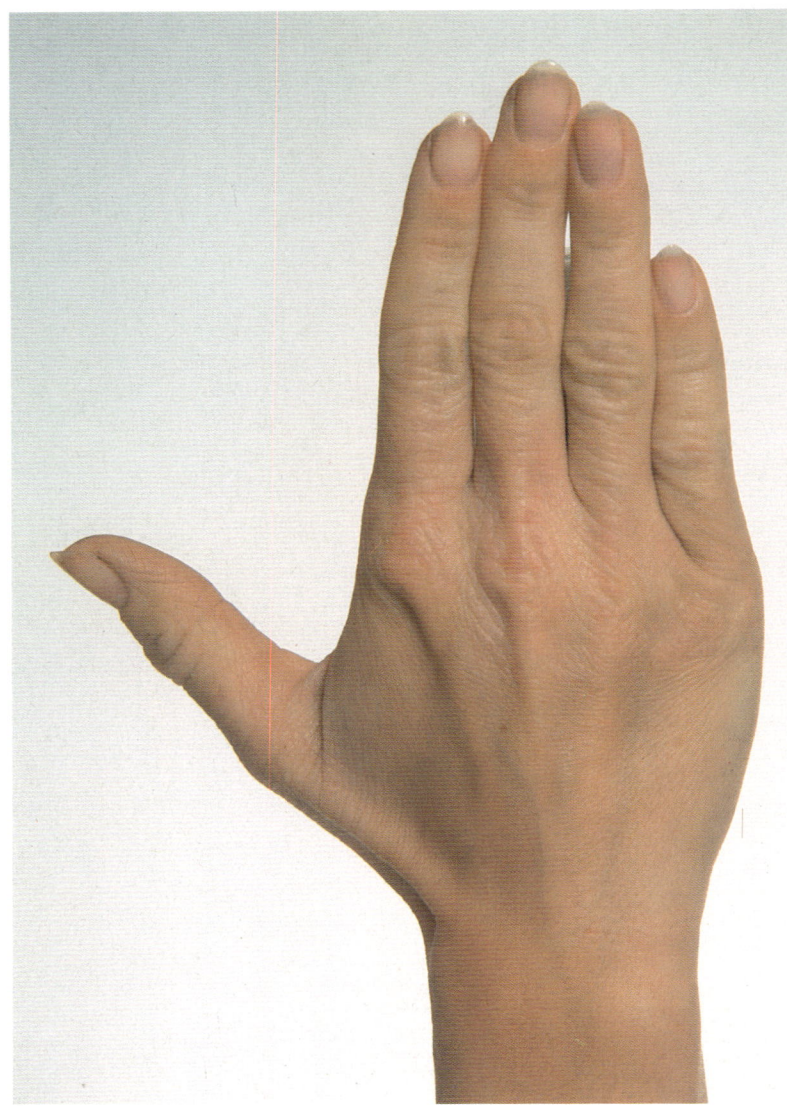

Weibliche Außenhände: A. E.
Die Handeignerin, 29 Jahre alt, ist Arzthelferin und Hausfrau.

Die Charakteristik der Handform im Schema ist knotig mit eckigem Einschlag. Die Handeignerin ist kosmisch aufgeschlossen, läßt sich jedoch durch ihren Intellekt leicht hemmen.

Die Ringfinger sind länger als die Zeigefinger. Die Handeignerin orientiert sich an ihrer Umwelt und ist bestrebt, mit dieser in Einklang zu stehen. Die tief angesetzten langen Daumen sind fein gestaltet. Die Handeignerin vermag ihre Individualität zu bewahren, da sie nach geistigen Zielen strebt. Sie ist findig und wird sich nach dem 30. Lebensjahr mehr durchsetzen.

Die Handgelenke sind zartgliedrig und lassen auf eine verfeinerte Erbsubstanz schließen.

Die *Konstitution* ist zäh, sensibel.

Die Disposition zu Nierenbelastungen zeigt sich an der feinen Hautbeschaffenheit. Ein psychisch ausgelöstes Exanthem ist an den Knöchelgelenken der rechten Hand zu erkennen. Beide stark gebogenen Zeigefinger beziehen sich auf Störungen der Organe, links, Milz-Pankreas, rechts, Leber-Galle. Der rechte gebogene Mittelfinger ist auf Darmstörungen und Blinddarmreizungen zurückzuführen. Der rechte gebogene Ringfinger weist auf eine Tendenz zu Nierenstörungen, die Einziehung am zweiten Glied des Ringfingers auf organische Herzstörungen hin. Die gebogenen Kleinen Finger deuten auf eine Anlage zu Bindegewebeschwäche und Senkungsbeschwerden im Urogenitalbereich.

Die an beiden Händen seitlich eingezogene Maus kennzeichnet eine Schwäche im Skelettsystem, Kopf, Nacken und Rücken. Linksseitig ist die Maus etwas kräftiger und stärker gewölbt. Die linke Lunge ist widerstandsfähiger als die rechte.

Die langen Fingernägel sind hellrosa und enthalten fast alle Aufhellungen, die durch Stauungen im mittleren Bauchraum verursacht wurden. Besonders die Fingernägel der linken Hand zeigen einen schief gewachsenen oberen Rand, der mit Störungen der den Fingern entsprechenden Organe verbunden ist. Die Wölbungen an den Nägeln der Ringfinger und der Kleinen Finger wurden durch Nierenfunktionsstörungen hervorgerufen, die

oftmals ihre Ursache in Spannungen in der Partnerschaft haben. Die kaum sichtbaren Nagelmonde deuten eine Herznervenschwäche an.

Die Einflußzeichen atmosphärischer Störungen sind an den oberen Nagelrändern sichtbar.

Weibliche Innenhände: A. E.

Die Fingerglieder sind, bis auf kleine Abweichungen, in ihrer Länge harmonisch aufeinander abgestimmt. Alle Fingerglieder werden von feinen Längslinien durchzogen, wobei die Linien auf den ersten Gliedern nervliche Überlastung bedeuten, während die Längslinien auf den zweiten und dritten Fingergliedern magnetische Ausstrahlungsfähigkeit veranschaulichen. Die Hauttextur ist zart, die Handeignerin ist sensibel. Von der beidseitig etwas vertieften und blassen Handtellermitte lassen sich Sekretionsstörungen des Magens ableiten. Die zart gewölbten Ringfingerberge geben die Beziehung zum Schöngeistigen zu erkennen. Zwei von dem linken Mittelfingerberg schräg in den Zeigefingerberg verlaufende Linien hängen mit Blasenschwäche und Unterleibsstörungen zusammen. Das »Große M« in beiden Händen läßt auf einen Menschen schließen, der sein Denkvermögen nutzt.

Die linke blasse *Lebenslinie* ist in ihrem Verlauf unterschiedlich in der Stärke. Auch das Umfeld ist sehr blaß und deutet auf Durchblutungsstörungen. Die von mütterlicher Seite vererbten Vitalkräfte sind mäßig. Die rechte Lebenslinie ist in mehreren Teilen dargestellt. Der obere und untere Teil bilden Abzweigungen, die in die Schicksalslinie reichen und als Überbrückung der Lücke dienen. Der dritte mittlere Teil der Lebenslinie läuft im Daumenballenberg parallel. Die väterlichen Vorfahren besaßen unterschiedlich lange Lebensrhythmen. Punkte im ersten Drittel der rechten Lebenslinie besagen gesundheitliche Anfälligkeiten und Energieverlust.

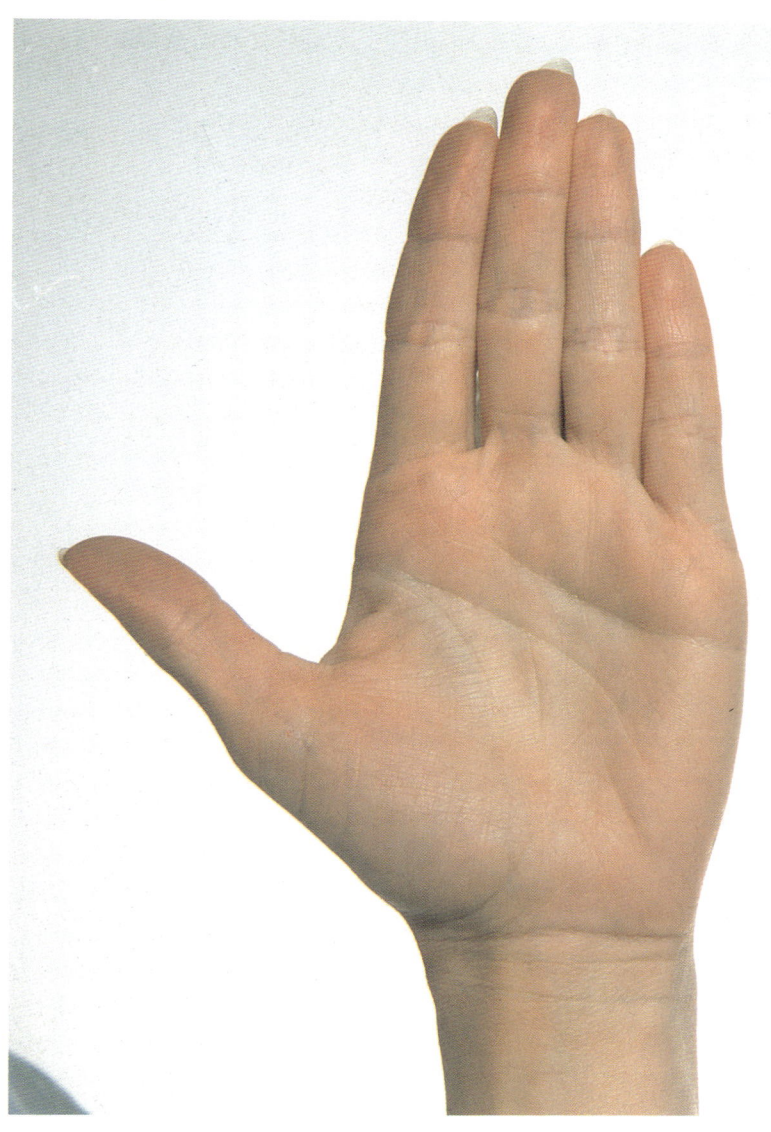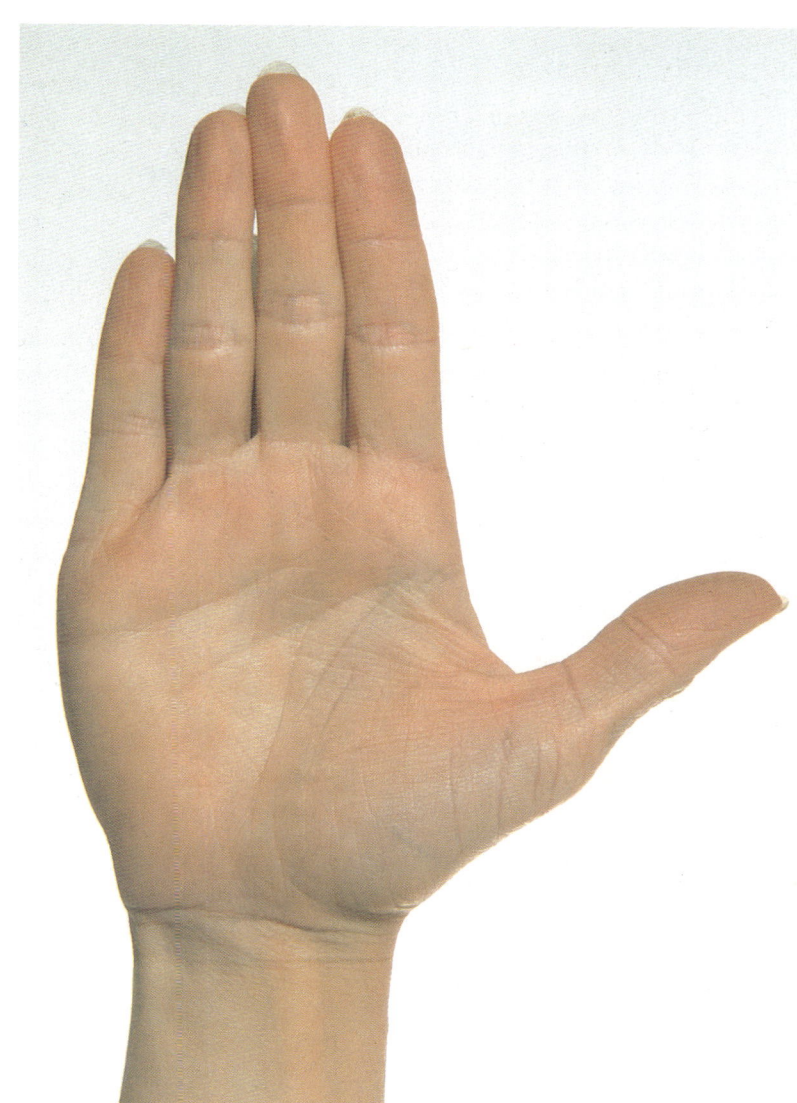

Die am Anfang normal mit der Lebenslinie verbundene *Kopflinie*, linksseitig, enthält eine Insel, die sich auf eine von mütterlicher Seite vererbte Sehschwäche bezieht. Die linke lange Kopflinie reicht bis zum Anfang des unteren Handrandberges. Dieser Linienverlauf macht darauf aufmerksam, daß sowohl Nachdenklichkeit als auch eine Neigung zu Grübelei und Melancholie bestehen. Wird sich die Handeignerin bewußt, daß Nachdenklichkeit Verstehen und Klarheit mit sich bringt, Grübelei dagegen Unverständnis und Verwirrung zur Folge haben, vermag sie sich positiv einzustellen. Punkte in der linken Kopflinie weisen auf Überforderung der Gehirnnerven. Eine Insel, linksseitig, die durch die Lebenslinie bis in die Kopflinie reicht, bezieht sich auf den lymphatischen Rachenring mit einer Bereitschaft zu Entzündungen. Die rechte Kopflinie ist der Lebenslinie normal angeschlossen, zeigt sich jedoch am Anfang kettig, auf eine frühzeitige Schwäche der Gesundheit, besonders des Kopfes, hindeutend. Auch hier ist eine Insel vorhanden, die durch die Lebenslinie bis in die Kopflinie zieht und eine Tendenz zu Mandelentzündungen enthält.

Die rechte, am Anfang gerade verlaufende Kopflinie reicht in den oberen Handrandberg und läßt ein verstandesbezogenes Denken erkennen. Die hier sichtbaren Punkte bestätigen überforderte Gehirnnerven. Eine Linie, die vom Anfang der Lebenslinie in den Mittelfingerberg führt, zeigt anhaltende Aufopferungsfähigkeit, Tatendrang im Dienen und Helfen an. Die dieser Linie angehängte kleine Insel verdeutlicht, daß die Handeignerin Befürchtungen hegt, ihren Lebensaufgaben nicht immer gewachsen zu sein.

Die linke lange kettige *Herzlinie* (Herznervenschwäche) bietet an ihrem Ende das Bild einer großen Insel, die jedoch nicht als solche zu werten ist. Die aus der Mitte des linken Zeigefingergelenkes schräg nach unten verlaufende Linie ist ein Merkmal für Weißfluß. Das dieser Linie angelagerte Viereck auf dem Zeigefingerberg bezieht sich auf Blasenschwäche. Aus der Länge der linken Herzlinie ist ersichtlich, daß der Handeignerin Warm-

herzigkeit angeboren ist. Die rechte Herzlinie zeigt unterhalb des Kleinen Fingers eine Insel, die auf Herzleiden bei den väterlichen Vorfahren zurückzuführen ist. Diese Herzlinie reicht bis zum Ende des Mittelfingers und bringt mehr Verhaltenheit im Herzempfinden mit sich. Eine Abzweigung der rechten Herzlinie unterhalb des Mittelfingers besagt vertiefte Gemütsbewegungen. Helle Punkte in beiden Herzlinien beziehen sich auf Nierengrieß (Ringfinger), auf Karies (Mittelfinger).

Die linke, von der Lebenslinie aufsteigende *Schicksalslinie* läuft kräftig in die Kopflinie, dann zarter bis unter den Mittelfinger. Da die Bindung an das Elternhaus intensiv ist, gelingt es der Handeignerin nur mit Konsequenz, selbständig im Leben zu stehen. Teile weiterer Schicksalslinien bekunden die Bemühungen der Handeignerin, sich einen eigenen Standpunkt zu erarbeiten.

Ein ähnliches Bild bietet sich durch eine von der Lebenslinie aufsteigende Schicksalslinie in der rechten Hand. Eine zweite rechte Schicksalslinie kommt aus dem unteren Handrandberg und zieht bis in den Mittelfingerberg. Die Einflüsse von außen beziehungsweise die Erlebnisse mit der Umwelt ermutigen die Handeignerin zu größerem Selbstvertrauen. Die beidseitig zart vorhandenen *Magenlinien* begrenzen das »Große Dreieck« mit Kopf- und Lebenslinie und bilden das »Kleine Dreieck« mit Kopf- und Schicksalslinie. Die teilweise guten vegetativen Kräfte wirken sich unterstützend auf die Gesundheitsverhältnisse sowie auf die psychische Widerstandsfähigkeit aus.

Die in beiden Händen teilweise zweifach sichtbaren *Sonnenlinien* geben Aufschluß darüber, daß die Handeignerin die ethischen Werte in ihren täglichen Aufgabenkreis miteinbezieht.

Die erste linke *Raszettlinie* ist kräftig, kettig und gerade durchgezogen. Zwei weitere Raszettlinien sind schwach eingezeichnet. Die rechte erste, ebenfalls kräftige und kettige Raszettlinie verläuft leicht wellenförmig. Eine zweite ist angedeutet, eine weitere sehr zart geprägt. Die von den Vorfahren vererbte Konstitution ist weniger stabil.

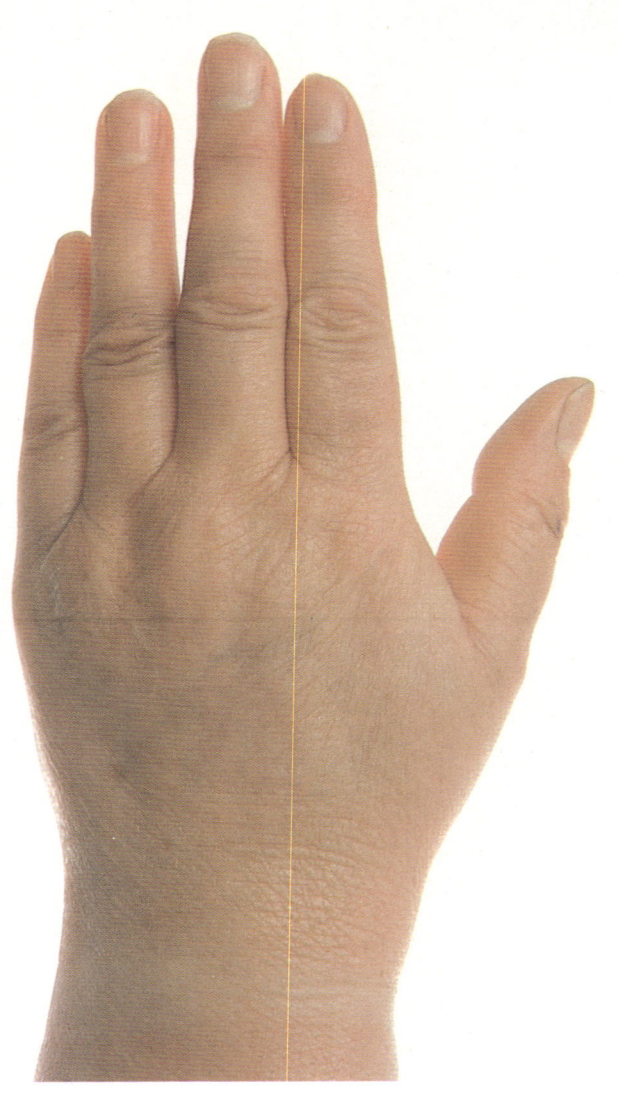
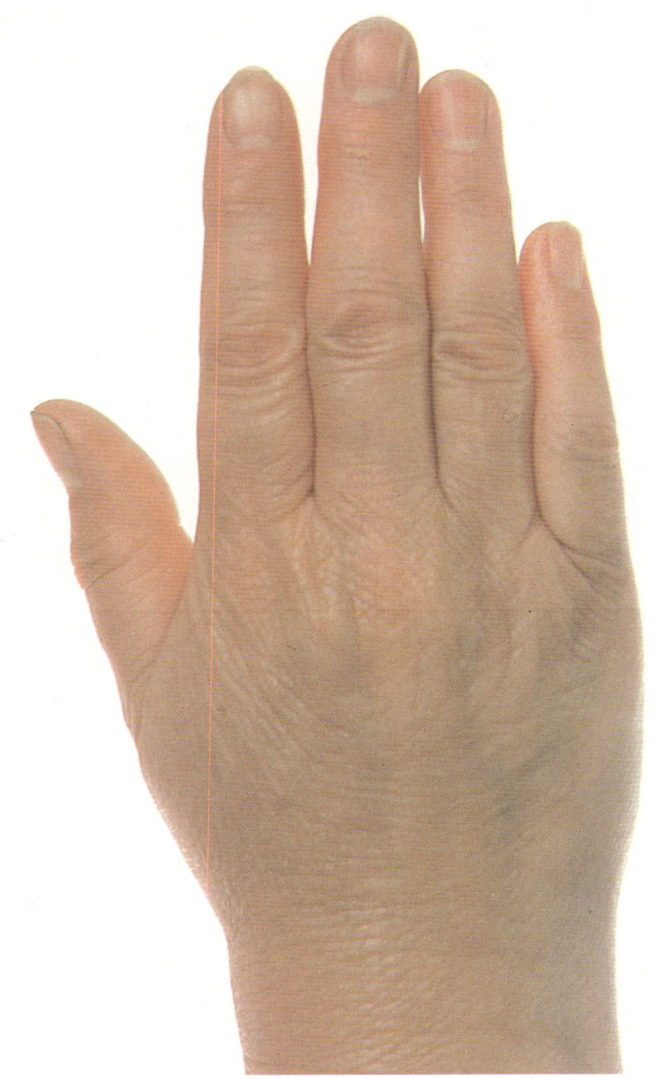

Weibliche Außenhände: F. B.
Die Handeignerin, 68 Jahre alt, ist landwirtschaftliche
Meisterin.

Die *Charakteristik* der Handform im Schema stellt sich als ein
breiteres Rechteck dar. Sie ist konisch mit spatelförmigem Handteller. Die praktische Handeignerin ist energisch, strebsam, aktiv,
und dennoch in ihrer Empfindungswelt von Stimmungen bewegt, die sie nicht gern nach außen dringen läßt.

Zeige- und Ringfinger sind von fast gleicher Länge. Die Handeignerin kann sich mit ihrer Umwelt gut abstimmen. Die hoch
angesetzten Daumen zeigen Verbundenheit mit der materiellen
Ebene, besonders mit der Natur. Das erste und zweite Daumenglied sind von gleicher Länge. Wille und Vernunft stehen
im rechten Verhältnis und unterstützen die Handeignerin in
ihrer Disziplin.

Die Handgelenke sind kräftig. Aus dem Erbgut steht der
Handeignerin Lebensstärke zur Verfügung.

Die *Konstitution* ist zäh, stabil, sensibel.

Die *Disposition* zu Stoffwechselstörungen, die sich bei der
Handeignerin als Rheuma auswirken, zeigt sich an der festeren
Hautbeschaffenheit sowie an den geschwollenen Knöchelgelenken. Die leicht gebogenen Mittelfinger geben Darmstörungen
zu erkennen, die gebogenen und verdrehten Kleinen Finger Bindegewebeschwäche im Urogenitalbereich sowie Rückenschwäche (Spinalnervensystem). Die halbkreisförmige Hautfaltung auf
der rechten Außenhand bezieht sich auf Bindegewebeschwäche.

Die beidseitig gut gewölbte Maus kennzeichnet widerstandsfähige Lungen und gute Vitalität.

Die wohlgeformten, eher großen als kleinen Fingernägel sind
rötlich-bläulich in der Farbe und lassen auf Kohlensäure im Blut
schließen. Stauungen in den Organen des mittleren Bauchraumes sind an den Zeigefingernägeln durch Aufhellungen sichtbar. Die Ring- und Mittelfingernägel sind gewölbt und deuten
auf eine Nierenbelastung. Die in Form und Größe verschiedenen Nagelmonde lassen Herzrhythmusstörungen vermuten.

Die atmosphärischen Einflußzeichen sind an den oberen
Nagelrändern vorhanden.

Weibliche Innenhände: F. B.

Vorwiegend sind die ersten Fingerglieder am längsten. Von den
dritten Fingergliedern sind einige kürzer als die zweiten. Die
Handeignerin sieht in ihrer Tätigkeit eine sinnvolle Aufgabe.
Sie ist bestrebt, auch anderen Menschen aus ihrer Erkenntnis
die geistigen Zusammenhänge zu übermitteln. Zarte Längslinien auf den zweiten und dritten Fingergliedern deuten auf das
warmherzige Wesen der Handeignerin. Kleine Schräglinien am
unteren sowie am mittleren Gelenk der Kleinen Finger wurden
durch Überreizung der Gehirn- und Rückennerven hervorgerufen. Übereinanderliegende kurze Querlinien am mittleren
Gelenk des linken Ringfingers weisen auf einen überreizten
Solar plexus und ein übersteigertes Empfindungsleben. Eine
am zweiten Glied des Mittelfingers befindliche kräftige Querlinie dient als Warnungszeichen vor Gift, zum Beispiel Lebens-
mittelvergiftung. Kleine kurze Schräglinien am unteren Gelenk
des rechten Zeigefingers stehen mit einer Leberinsuffizienz im
Zusammenhang.

Die feinere und seidig glänzende Haut offenbart die Sensibilität der Handeignerin. Die beidseitig ausgehöhlte und blasse
Innenhandfläche verdeutlicht eine leichte Mageninsuffizienz.

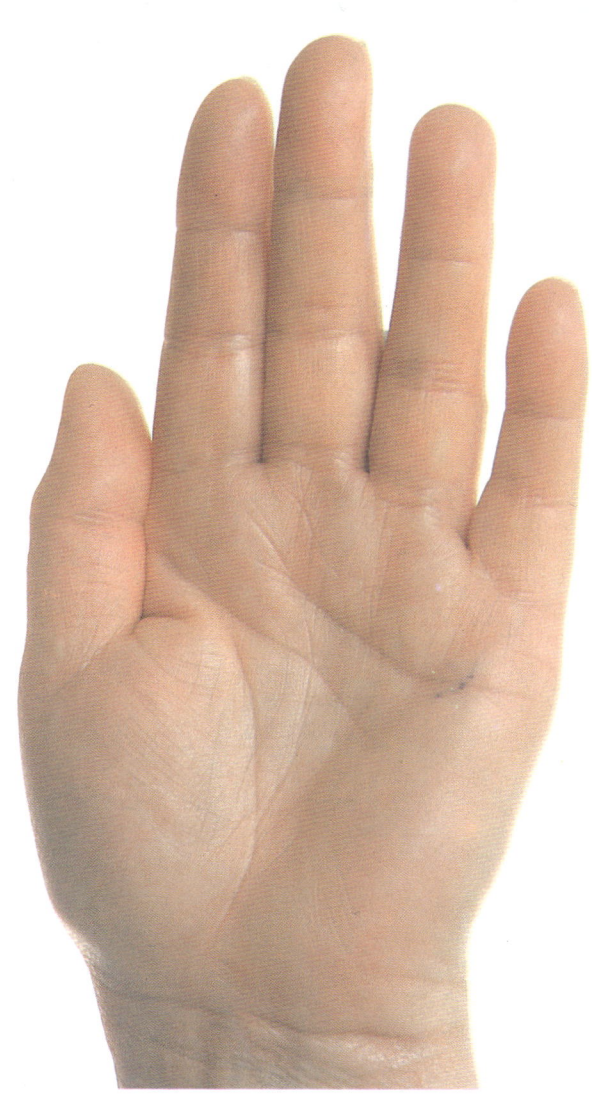
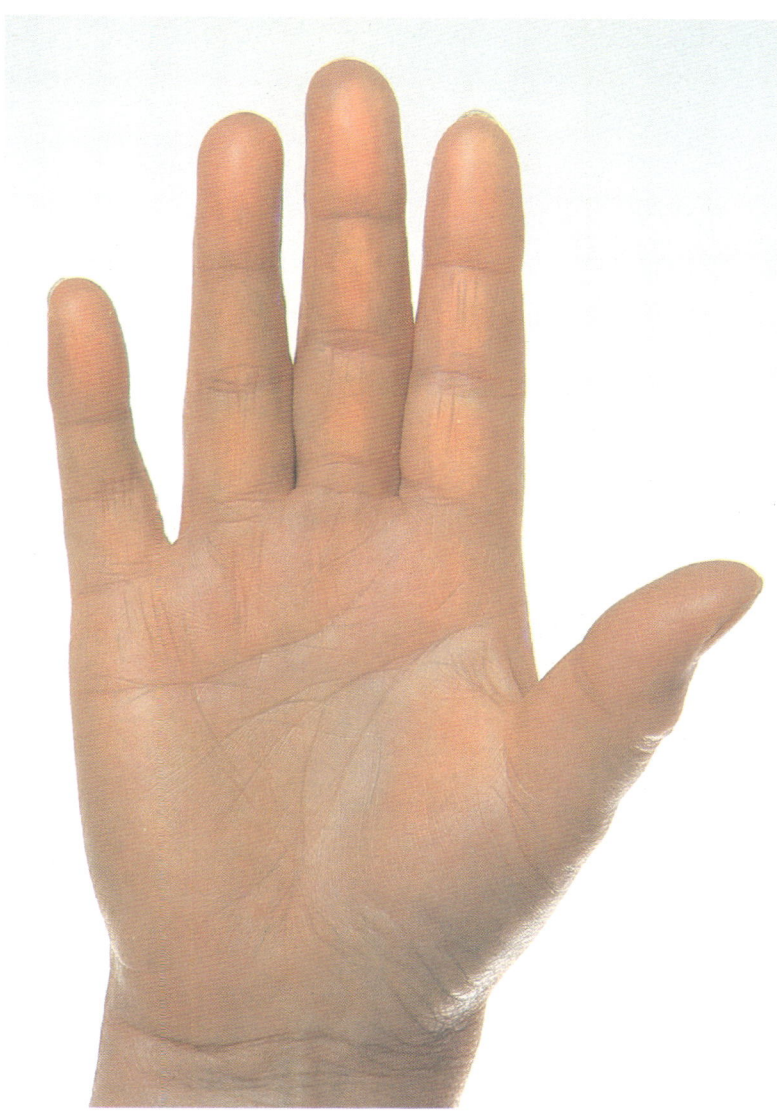

Die Handberge sind beidseitig gut gewölbt. Sie stehen mit Lebensfreude und Aufnahmebereitschaft für die positiven Einflüsse des Lebens in Verbindung. Mehrere kleine Linien auf den Bergen der Kleinen Finger geben über Rheuma im Arm- und Schulterbereich Aufschluß. Die unteren Berge lassen in ihrer Fülle Rheuma und Verschlackung erkennen. Eine lacto-vegetabile Kost sollte hier bevorzugt werden.

Das »Große M« ist in der linken Hand deutlicher geprägt als in der rechten und weist auf einen umsichtigen und strebsamen Menschen. Die Daumenballenberge in beiden Händen sind durch die Linienführung der Lebenslinien etwas verkleinert dargestellt. Die Handeignerin bedarf rechtzeitiger Erholung. (Ein großer, gut gewölbter Daumenballenberg deutet auf größere Reserven, ein kleiner Daumenballenberg auf geringere Reserven.) Das Umfeld besonders der rechten Lebenslinie ist blaß und nimmt Bezug auf Durchblutungsstörungen.

Beide *Kopflinien* sind mit den Lebenslinien länger verbunden. Die Handeignerin benötigt längere innere Sammlung für ihre Entschlüsse. Die Verlaufsrichtung der linken kurzen Kopflinie zeigt zunächst verstandesgemäßes Denken, später auch eine soziale Einstellung. Die Insel am Beginn der linken Kopflinie hängt mit einer von mütterlicherseits vererbten Anlage zu Augenschwäche zusammen. Die rechte längere Kopflinie bringt durch ihre Richtung zum mittleren Handrandberg eine ideale Gesinnung zum Ausdruck.

Eine zweite, kurze rechte Kopflinie, die unterhalb des Mittelfingers beginnt, ist oberhalb der ersten Kopflinie zu sehen. Sie besagt, daß in der väterlichen Generation Alkoholismus vorhanden war. Bei der Handeignerin verbleibt eine gelegentlich auftretende Dissonanz auf der Gedankenebene, die zu einem inneren Zwiespalt führen kann.

Die gut markierten langen *Herzlinien* bestätigen das herzliche Wesen der Handeignerin. Helle sowie dunkle Punkte in beiden Herzlinien unter den Ringfingern sind eine Folge von Nieren- und Gallengrieß. Punkte in beiden Herzlinien unter den Mittelfingern deuten auf schadhafte Zähne, wahrscheinlich auch auf Herzstörungen.

Eine linke *Schicksalslinie* setzt in der Mitte der Lebenslinie an und zieht bis in den Mittelfingerberg, wo sie eine Insel bildet, die eine Disposition zu Sklerose mit sich bringt. Durch das lange Verwurzeltsein mit dem Elternhaus mußte die Handeignerin größere Konsequenzen aufbieten, um selbständig zu werden, was zur Förderung ihrer Bewußtseinsschulung gereichte.

Eine rechte Schicksalslinie, die sehr zart oberhalb der Raszette beginnt und in den Mittelfingerberg zieht, läßt darauf schließen, daß die Handeignerin in späteren Jahren aus eigener Kraft ihre Lebensprüfungen meistert. Eine kurze Abzweigung der rechten Schicksalslinie unterhalb der Kopflinie ist ein Hinweis auf eine Disposition zu Würmern.

Außer den längeren, beidseitig vorhandenen *Sonnenlinien* sind weitere Sonnenlinien auf den Ringfingerbergen sichtbar. Für Kunst und Muse zugänglich, sucht die Handeignerin darin sowohl Entspannung als auch Stimulierung ihrer Empfindungswelt. Die beidseitig nicht voll ausgebildeten *Magenlinien* hängen mit vegetativen Störungen zusammen.

Die erste obere *Raszette*, linksseitig, enthält an der Handrandseite eine stärkere Vertiefung, die einen körperbehinderten Vorfahren mütterlicherseits vermuten läßt. Die obere Raszette an der rechten Handwurzel ist kräftiger als die zweite und leicht hochgezogen. Sie steht mit Bindegewebeschwäche in Verbindung. Die Konstitution der Handeignerin ist stabiler als die ihrer Vorfahren.

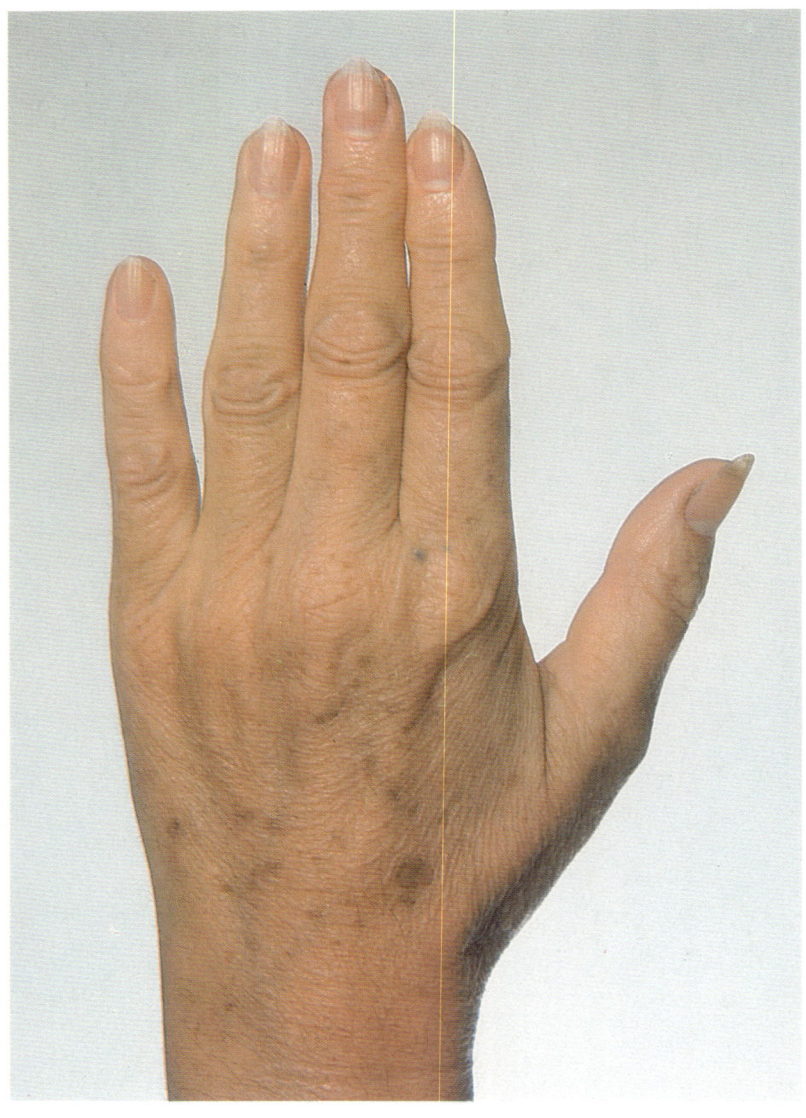
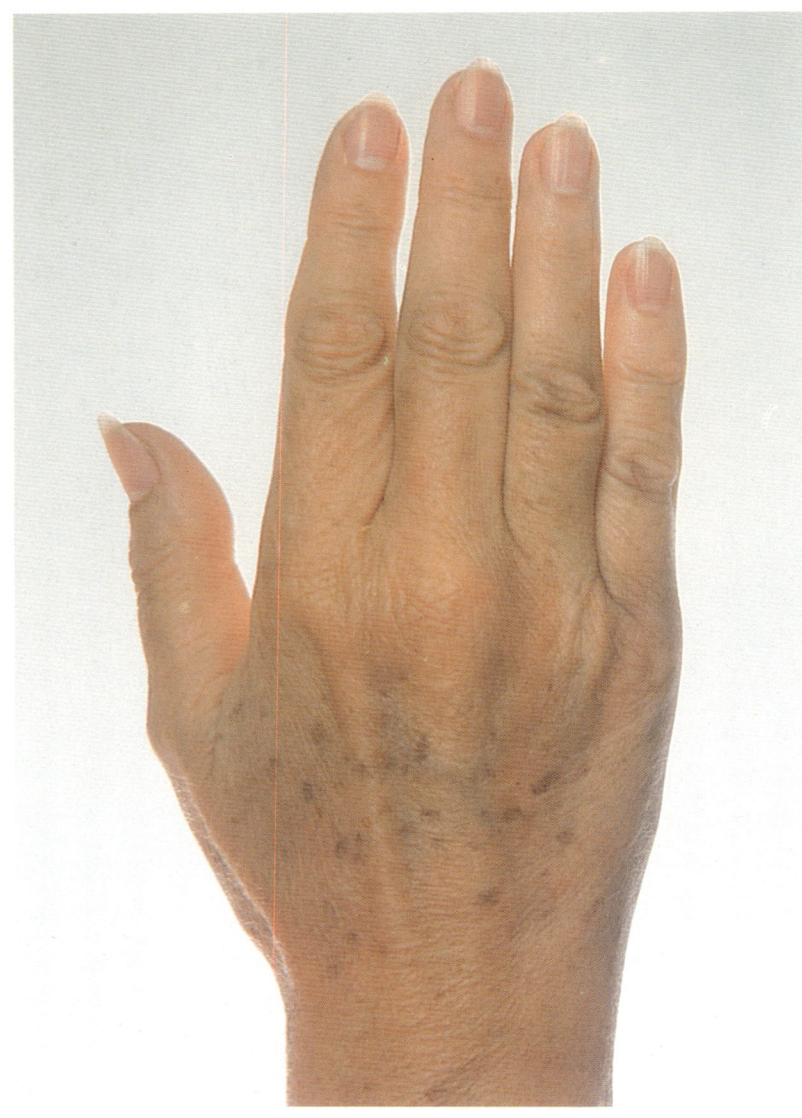

Weibliche Außenhände: I. R., 60 Jahre alt.
Die Handeignerin ist Geschäftsfrau und Hausfrau.

Die Charakteristik der Handform im Schema ist gemischt, ekkig, konisch, knotig. Hier zeichnet sich ein Verstandesmensch ab, der das Nützliche mit dem Schönen verbindet. Die Handeignerin übt sich in Disziplin, hat eine ideale Gesinnung und sucht Wahrheit und Gerechtigkeit.

Die Zeigefinger sind etwas länger als die Ringfinger. Die selbständige Handeignerin trachtet danach, ihre Idealvorstellungen zu verwirklichen. Die abgespreizte Haltung der Kleinen Finger gibt zu verstehen, daß sie ihre Gedanken aus sich selbst reifen läßt.

Die mittelhoch angesetzten langen Daumen weisen darauf hin, daß die empfindungsstarke Handeignerin zielstrebig ihre Pläne durchsetzt, wobei sie sich bemühen muß, ihre innere Mitte zu bewahren. Das erste kantige Gelenk zeigt Intelligenz und Eigenwillen, das zweite kantige Gelenk mathematisches Verständnis. Die Daumenglieder zeigen etwas bogige Konturen und lassen auf einen Menschen schließen, der sich aus Höflichkeit anpaßt.

Von den mittelkräftigen Handgelenken lassen sich zähe Naturen bei den Vorfahren ableiten.

Die *Konstitution* ist zäh, sensibel.

Die *Disposition* zu Stoffwechselstörungen wird an den Leberflecken deutlich, arthritische Beschwerden an dem Knöchelgelenk des rechten Mittelfingers und Bindegewebeschwäche an der bogenförmigen Hautfaltung. Die gebogenen Zeigefinger sind auf eine Organschwäche von Milz-Pankreas, links, und Leber-Galle, rechts, zurückzuführen. Die ersten Glieder der Kleinen Finger sind abgewinkelt, sie beruhen auf Bindegewebeschwäche im Urogenitalbereich.

Die Maus ist wenig ausgeprägt. Die Widerstandsfähigkeit und Lungenkraft sollten gestärkt werden. Die Konturen beziehen sich auf eine Rückenschwäche.

Die rosafarbenen Fingernägel sind etwas länger als breit. Die röhrenförmig gebogenen Fingernägel veranschaulichen Nieren-

funktionsstörungen, die zum Teil wie geflochten dargestellten Rillen deuten auf Schlacken, die ausgeschieden werden, und Darmerschlaffung. Die in Form und Größe unterschiedlichen Nagelmonde sind ein Zeichen für unregelmäßig arbeitende Herznerven.

Die Einflußzeichen atmosphärischer Störungen sind an den oberen Nagelrändern sichtbar.

Weibliche Innenhände I. R.

Die unteren Fingerglieder sind am längsten. Betätigungen auf der materiellen Ebene sind für die Handeignerin notwendige Übungen, um seelisch-geistig wachsen zu können. Die materiellen Interessen wandeln sich dann zugunsten der geistigen.

Die Längslinien auf den zweiten und dritten Fingergliedern sind ein Merkmal für Ausstrahlungsfähigkeit.

Zeichen einer Organschwäche von Milz-Pankreas und Leber-Galle sind auch am unteren Gelenk des linken und rechten Zeigefingers zu sehen. An den unteren Gelenken der Kleinen Finger sind kurze Linien und kleine Inseln vorhanden, die ein Zeichen für Nervosität darstellen.

Die feine bis mittelkräftige Hauttextur läßt auf einen sensiblen und zähen Menschen schließen. Die blassen und vertieften Innenhandflächen deuten Magenfunktionsstörungen an. Die gut gewölbten Handberge bestätigen, daß die Handeignerin die Genüsse und Freuden des Lebens schätzt.

Das »Große M« ist in beiden Händen angelegt, jedoch durch die teilweise versetzten Schicksalslinien unterbrochen. Die Bewußtseinsentwicklung erfolgt entsprechend den Anforderungen und Zielsetzungen.

Die linke hoch angesetzte *Lebenslinie* umrundet deutlich geprägt den Daumenballenberg. Aus der mütterlichen Generation wurde der Handeignerin eine gute Widerstandsfähigkeit mitge-

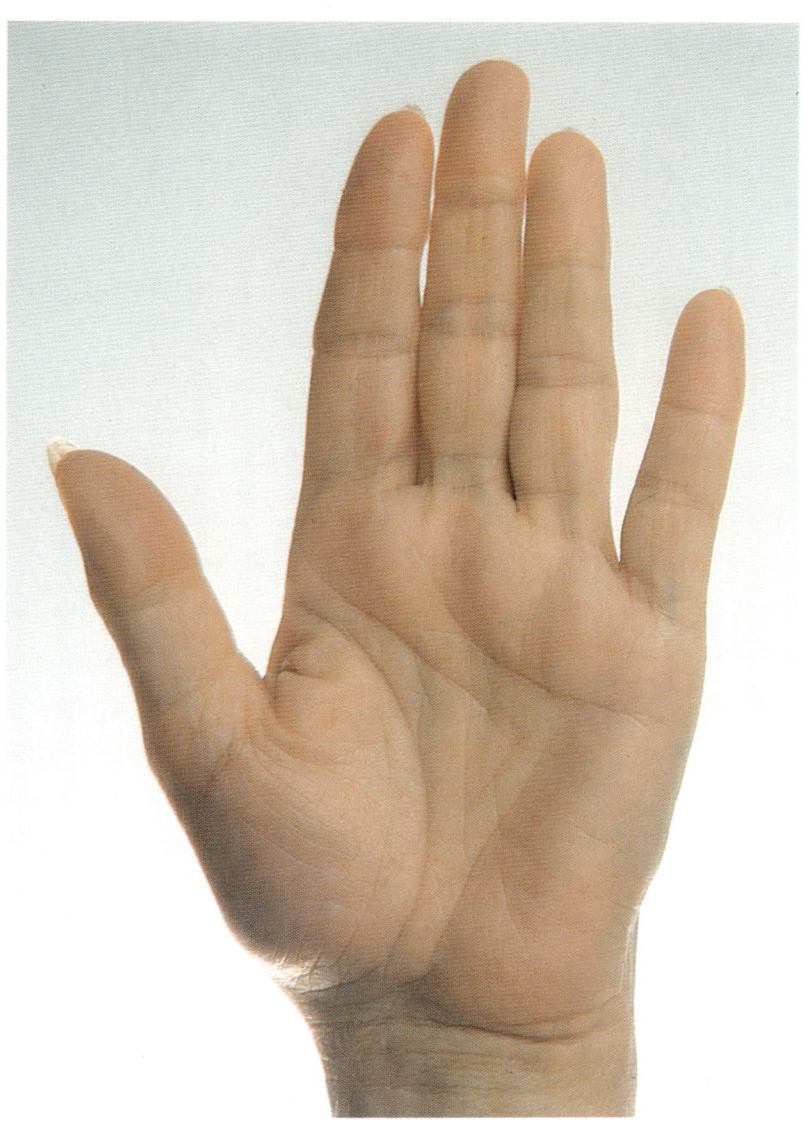
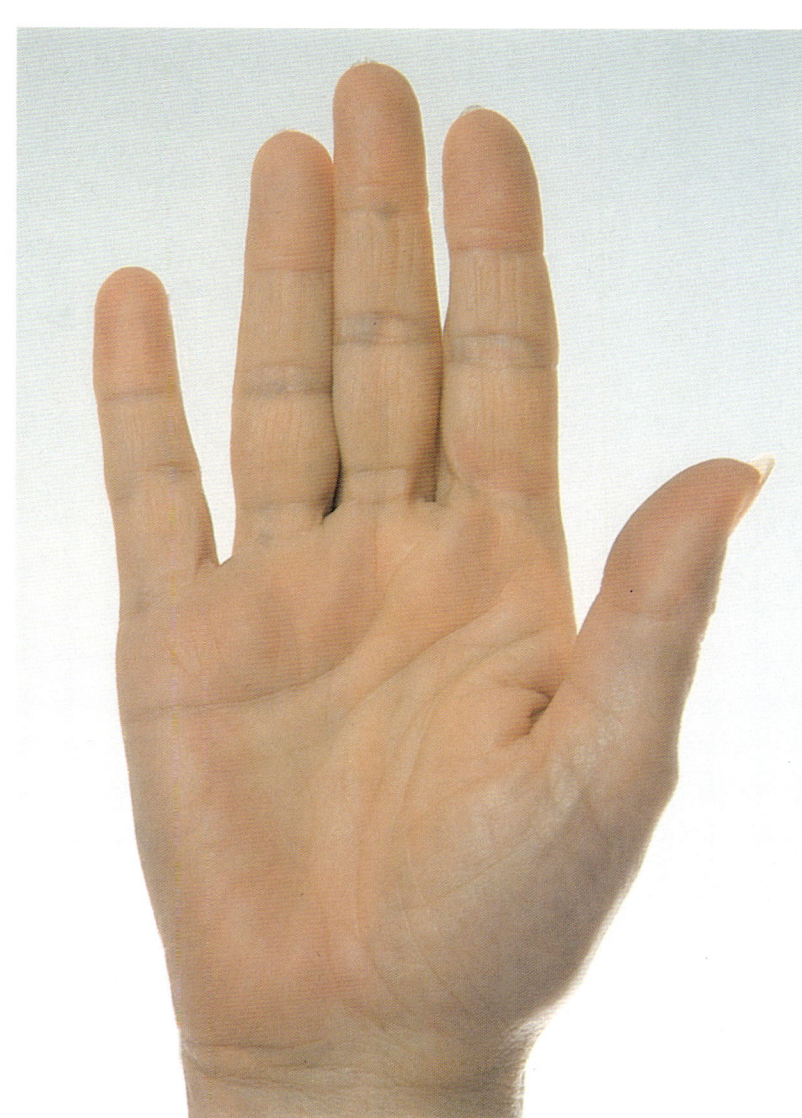

geben, obwohl das Dreieck am unteren Viertel der Lebenslinie auf Zelldegeneration bei den mütterlichen Vorfahren aufmerksam macht. Eine zweite linke Lebenslinie wirkt unterstützend auf die Zähigkeit der Handeignerin.

Auch die rechte hoch angesetzte Lebenslinie, die einen Viertelkreis um den Daumenballenberg bildet, ist kräftig und wird durch eine zweite Lebenslinie verstärkt. Auch hier ist ein kleines Dreieck sichtbar, das auf Zelldegenerationen bei den sonst stabilen väterlichen Vorfahren hinweist. (Die Handeignerin lebt, auch ernährungsmäßig, sehr naturbewußt).

Beide *Kopflinien* sind hoch angesetzt und mit den Lebenslinien unverbunden. Hieran ist die positive Lebenseinstellung der offenen Handeignerin zu ersehen, die sehr spontan reagieren kann. Die Gabel am Anfang der linken Kopflinie weist auf eine Disposition zu Ohnmacht und Schwindel in der Jugend. Die linke Kopflinie ist bis unterhalb Ringfingerhöhe kräftig und läuft nach einer Insel, die mit der Zunge, dem Geschmackssinn zusammenhängt, zart in den mittleren Handrandberg. Der Verlauf der Kopflinie bezieht sich auf das Ideale und Kreative.

Die rechte zuerst kräftige Kopflinie bildet unterhalb des Zwischenraumes von Mittel- und Ringfinger eine kleine Insel, die ebenfalls mit einer Störung des Geschmackssinnes in Verbindung steht. Im Anschluß an die Insel stellt sich eine große Insel dar, die eine Anlage zu Migräne, väterlicherseits vererbt, verdeutlicht.

Die linke teilweise kettig und doppelt wirkende *Herzlinie* beruht auf Herzneurose. Die linke lange Herzlinie spricht für die Herzlichkeit der Handeignerin. Punkte in der linken Herzlinie unterhalb des Mittelfingers sind eine Folge von schadhaften Zähnen. Die nahe beieinanderstehenden Herz- und Kopflinien, beidseitig, veranschaulichen Platzangst sowie die Tendenz zu Asthma.

Die rechte lange Herzlinie mündet kurz vor dem Zeigefinger und offenbart Anständigkeit und Aufrichtigkeit.

Punkte in der rechten Herzlinie unter dem Ringfinger besagen Nierengrieß, unter dem Mittelfinger Karies.

Zwei *Schicksalslinien*, linksseitig, kommen aus der Handmitte und vom Handrandberg. Die erste verdoppelt sich unter der Kopflinie, die zweite ist zwischen Magen- und Kopflinie unterbrochen. Beide münden in die Herzlinie, was Hemmungen durch Gutherzigkeit zum Ausdruck bringt.

Auf dem linken Mittelfingerberg sind kurze Teile von Schicksalslinien vorhanden, die das Bemühen der Handeignerin um geistige Ordnung zeigen.

Die rechte Schicksalslinie stellt sich in mehreren Teilen dar. Die weitere Bewußtseinsentwicklung erfolgt etappenweise.

Eine gut gezeichnete *Magenlinie*, linksseitig, kommt aus einer Raszette und verläuft bis unterhalb der Herzlinie. Zähigkeit und körperliche Widerstandsfähigkeit sind gegeben. Ein Teil einer zweiten linken Magenlinie läuft zwischen Schicksals- und Kopflinie parallel zur ersten.

Eine lange Magenlinie, rechtsseitig, setzt am unteren Teil der Lebenslinie an und reicht in den Berg des Kleinen Fingers. Sie ist weniger markant geprägt, woraus sich ein labiler Gesamtnervenzustand nach dem 30. Lebensjahr ableiten läßt.

An der linken Herzlinie beginnen mehrere *Sonnenlinien*, die in den Ringfingerberg ziehen. In der rechten Hand lassen sich zwei Sonnenlinien auf dem Ringfingerberg feststellen. Die Handeignerin nutzt ihren Kunstsinn beruflich in der Modebranche.

Das Bild der linken *Raszettlinien* deutet auf sowohl stabile als auch auf sehr feinnervige Vorfahen der mütterlichen Generation. Eine rechte Raszettlinie ist kräftig, eine zweite, die eine große Insel in der Mitte bildet, ist ebenfalls kräftig.

Die väterlichen Vorfahren vererbten der Handeignerin Zähigkeit. Die große Insel erklärt, daß in der Erbsubstanz auch Krankheiten enthalten sind, die durch nicht ins Bewußtsein gebrachte Gedanken und Empfindungen entstehen konnten.

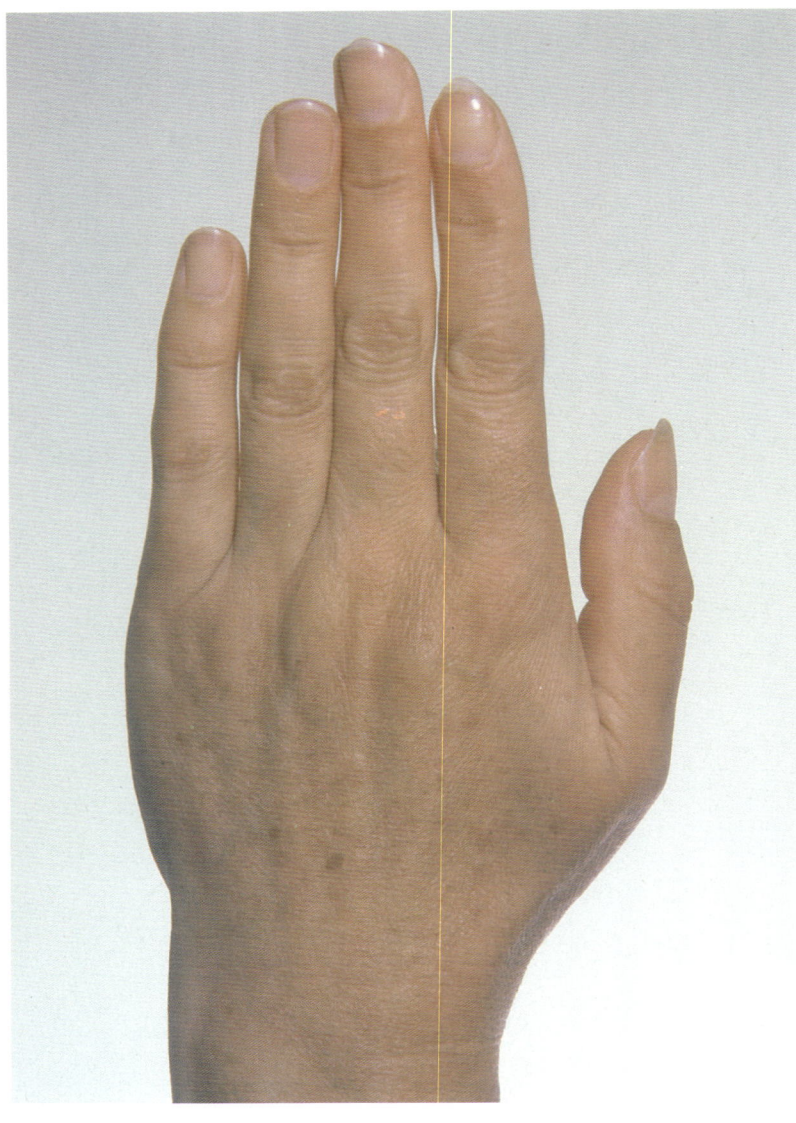 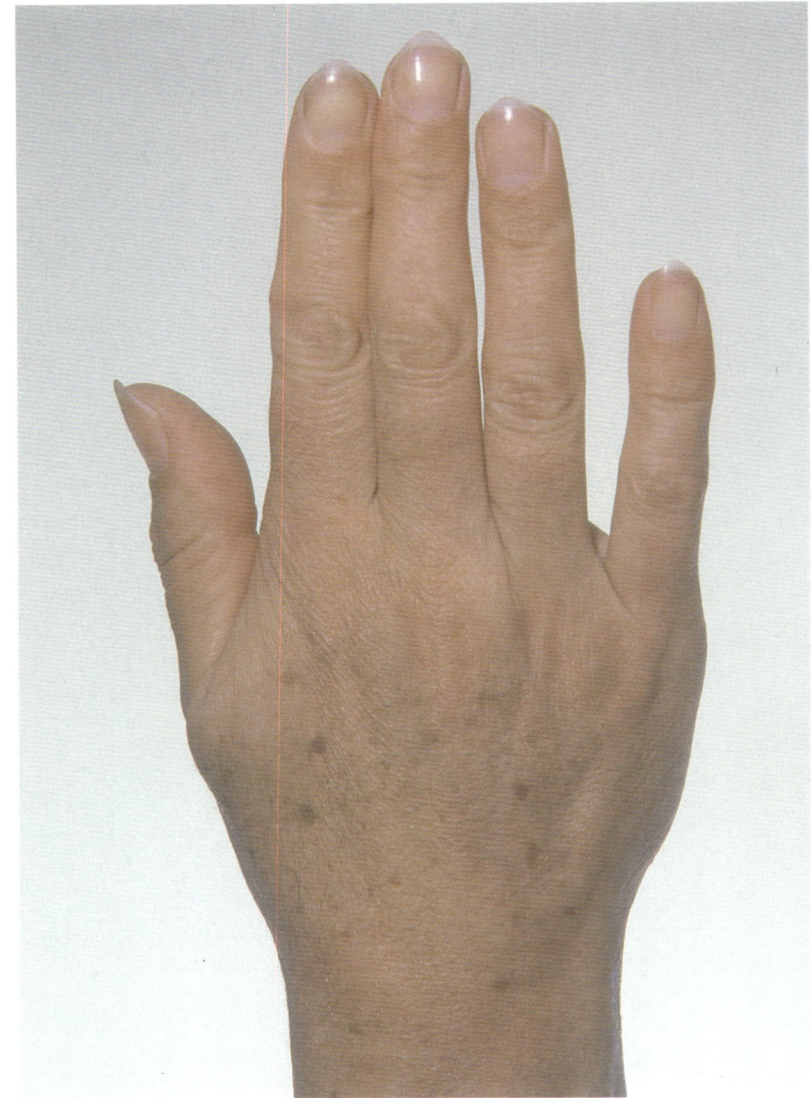

Weibliche Außenhände: E. T.
Die Handeignerin, 51 Jahre alt, ist gelernte Uhrmacherin, Arzthelferin und an der Rezeption einer Klinik tätig.

Die *Charakteristik* der Handform im Schema ist konisch, eckig.
Die Stimmungs- und Empfindungswelt wird vom Verstand kontrolliert. Die Zeigefinger sind länger als die Ringfinger und
geben einen innerlich freien und selbstbewußten Menschen zu
erkennen. Die hoch angesetzten Daumen sind lang und kräftig.
Das erste und zweite Daumenglied sind von gleicher Länge.
Wille und Vernunft befinden sich in Harmonie. Die abgeflachten Daumenkuppen zeigen Einfühlungsvermögen bis zur Über-
spitzung an.

Die Handgelenke sind kräftig, die Konstitution der Vorfahren
war stabil.

Die *Konstitution* ist zäh, sensibel, stabil, labil.

Die *Disposition* zu Nierenstörungen wird über die feine Hautbeschaffenheit dargestellt. Die gespannte Haut auf den Fingergliedern, besonders an der linken Hand, bietet das Bild einer
Verschlackung. Es sind Ablagerungen, die zu rheumatischen Pro-
zessen führen können. Hierdurch wird die sonst lange Jugendlichkeit beeinträchtigt. Die Grübchen unterhalb der Finger
neben den Knöchelgelenken beziehen sich auf das seelische Zärtlichkeitsbedürfnis der Handeignerin. Sie ersehnt die Aufmerksamkeit der Umwelt zu ihrer eigenen Selbstbestätigung.

Leberflecken sind auf Stoffwechselstörungen und Funktionsschwäche der Leber zurückzuführen. Die Durchblutung dürfte
hier angeregt werden. Das abgewinkelte obere Glied der Mittelfinger bezieht sich auf Blinddarmreizungen. Die Biegung und
Knickung der Kleinen Finger besagt eine Anlage zu Bindegewebeschwäche im Urogenitalbereich sowie Gebärmutterknickung.

Die Maus beider Außenhände zwischen Zeigefinger und Daumen ist leicht gestrafft und weist auf gute Widerstandsfähigkeit,
speziell der Lungen, hin.

Die Fingernägel sind länger als breit. Diese korrespondieren
mit den Lungen. Für gute Beatmung sollte gesorgt werden. Die

Farbe der Fingernägel ist verhältnismäßig blaß mit einer anämi-
schen Tendenz. Die Ringfingernägel zeigen eine leichte Wölbung, die auch schon an den anderen Nägeln sichtbar ist. Eine
Funktionsstörung der Nieren hat sich verstärkt. Stauungszeichen sind an den Zeige- und Mittelfingernägeln erkennbar. Die
Nagelmonde sind eher größer als kleiner. Sie sind verschieden
in der Wölbung, an den Ringfingernägeln geradlinig. Die Nieren werden durch die Erregung der Herznerven mitbetroffen.

Die Einflußzeichen aus der Atmosphäre sind an allen Nagelrändern vorhanden.

Weibliche Innenhände: E. T.

Insgesamt betrachtet sind die unteren Fingerglieder länger als
die zweiten und ersten. Die Handeignerin sucht die äußere
Sicherheit, um vor sich selbst bestehen zu können. An dem
rechten Kleinen Finger ist das obere Fingerglied am längsten.
Die Gedankenwelt im Ausdruck der Sprache wird von der Handeignerin bewußter gefördert. Die treppenartig geformten kurzen Linien, die etwas schräg über das zweite und dritte Gelenk
beider Kleinen Finger verlaufen, lassen eine geschwächte Ner-
venkonstitution erkennen. An dem unteren rechten Zeigefingergelenk zeigt sich eine deutlich gebildete zweite Einschnürung,
die in sich blaß ist und von kurzen Linien geschnitten wird. Es
ist ein Hinweis auf Stauungen im Leber-Galle-Bereich, hervorgerufen durch nicht erfüllte Lebensvorstellungen.

Die Hauttextur ist zart und seidig. Die Handeignerin ist sensibel und tieferer Empfindungen fähig. Besonders an der linken
Hand zeigen sich die Berge gut ausgeprägt, deutlich zu sehen an

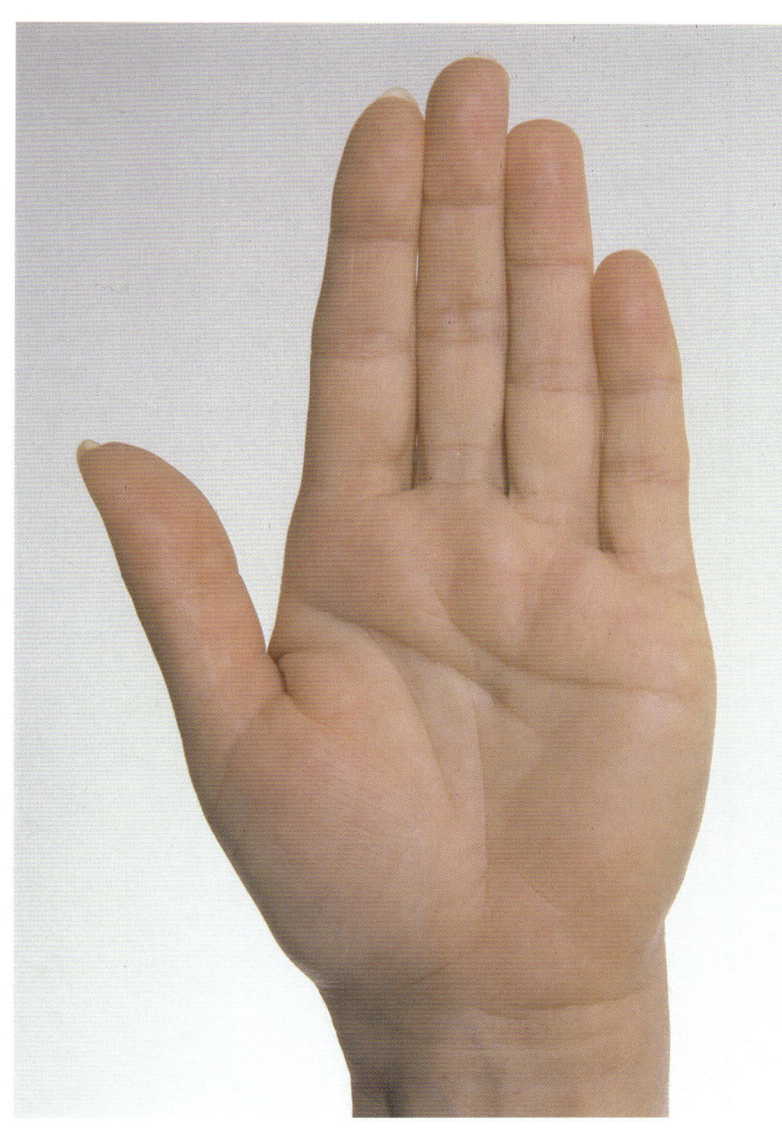 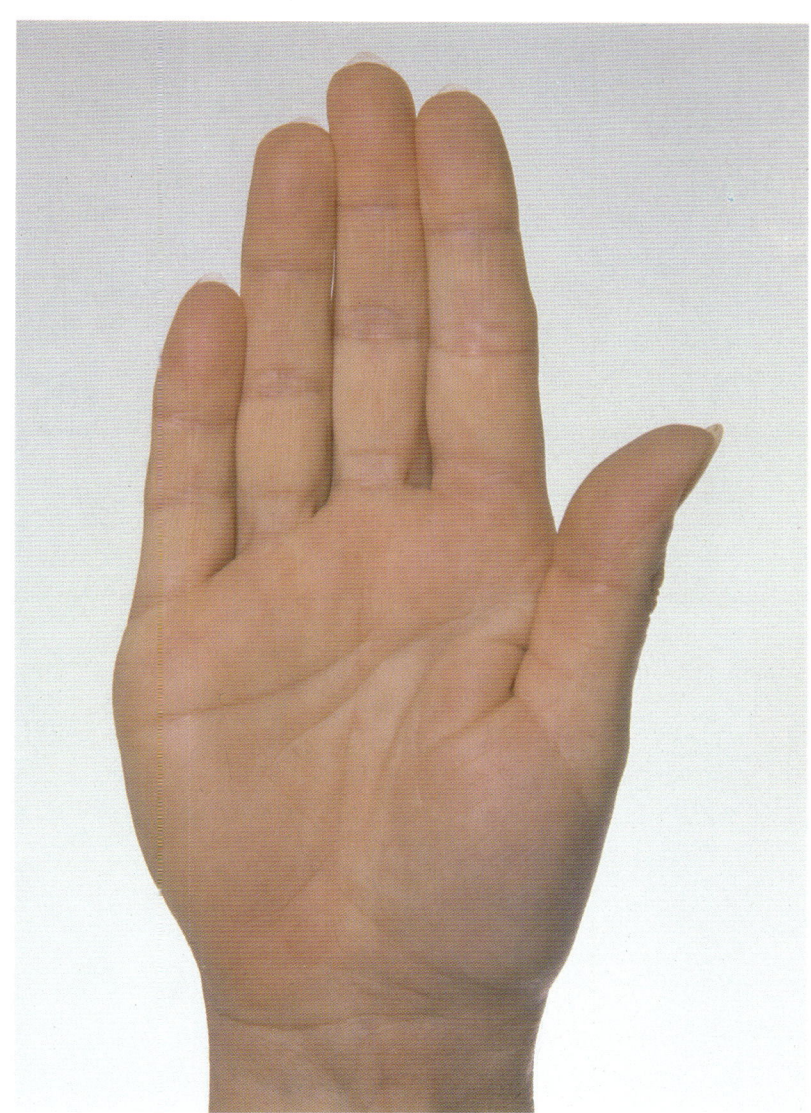

dem verschobenen Mittel-Ringfingerberg und an dem durchlaufend kräftigen Berg zwischen Herz-und Kopflinie, den Handrandberg bis zu dem unteren Drittel einschließend. Die Handeignerin sucht bewußt die schönen Gaben des Lebens. In ihrer phantasievollen Welt strebt sie die Wunscherfüllung an. In beiden Händen ist das durch die Hauptlinien gebildete »Große M« deutlich erkennbar. Folglich ist die Handeignerin ein Mensch, der innerlich und äußerlich Forderungen an sich und die Umwelt stellt.

Die linke *Lebenslinie* ist kräftig und reicht etwas über die Mitte des Daumenballenberges. Die mütterlichen Vorfahren erreichten ein mittleres Lebensalter. Die rechte Lebenslinie ist ebenfalls kräftig und länger geprägt. Sie ist mit einer weiteren am unteren Daumenballenberg befindlichen kräftigen Lebenslinie verbunden. Die Vorfahren väterlicherseits besaßen eine Konstitution, die hohes Alter erreichen ließ. Von dem Ende der linken Lebenslinie führt eine lange Linie in den unteren Handrandberg. Diese bezieht sich auf Ovarienleiden, linksseitig.

Die linke, dem oberen Handrandberg zugeneigte *Kopflinie* ist vorwiegend kräftig gezeichnet. Die ideale Denkrichtung ist hier ebenso betont wie die kreative Aufgeschlossenheit. Die Kopflinie ist mit der Lebenslinie länger verbunden. Bedachtsamkeit und auch Unentschlossenheit machen sich in den wesentlichen Gedankengängen und Handlungen der Handeignerin bemerkbar. Eine Vertiefung in der Mitte dieser Kopflinie bezieht sich auf eine Verletzung oder Durchblutungsstörung im Gehirnbereich. Die rechte wellige Kopflinie neigt sich dem mittleren Handrandberg zu. Die Zielsetzungen der Handeignerin sind sehr individuell aber nicht immer geradlinig.

Beide *Herzlinien* sind kräftig und gut durchblutet. Die rechte Herzlinie ist kürzer als die linke, sie endet plötzlich und drückt einen plötzlichen Übergang aus. Beide Herzlinien sind der Kopf-

linie auffallend nahegerückt und sprechen für eine Anlage zu Asthma. Die Handeignerin kann lernen, durch geistiges Bewußtsein seelische Beengung und Platzangst zu überwinden.

Die linke *Schicksalslinie* beginnt an dem unteren Teil der Lebenslinie. Sie mündet in die Kopflinie, was Hemmungen durch den eigenen Verstand besagt. Die Schicksalslinie beginnt neu, etwas versetzt an der Kopflinie und endet in der Herzlinie. Die Empfindungswelt wird gehemmt durch mangelnde Konsequenzen. Die Schicksalslinie beginnt, wiederum versetzt, in der Herzlinie und reicht bis zu dem oberen Drittel des Mittelfingerberges. Der geistig bewußte Mensch reift. In der rechten Hand beginnt die Schicksalslinie an einer hochgezogenen Raszettlinie und mündet deutlich durchgezogen in den oberen Mittelfingerberg. Nach dem 30. Lebensjahr ist die Handeignerin entschlossener und betrachtet ihre Erlebnisse wacher und tiefergehend, so daß sie auch schwere Lebenssituationen gut verarbeiten kann.

Die in beiden Händen etwas unklar gezeichneten *Magenlinien* weisen auf ein wenig stabiles Vegetativum hin.

Auf den unteren Handrandbergen befinden sich kurze, den Schicksalslinien zulaufende Linien, die sich auf Phantasiereichtum beziehen.

Die erste *Raszettlinie* in der linken Hand ist gebrochen und bestätigt, daß die Lebensdauer der mütterlichen Vorfahren begrenzt war. Zwei weitere Raszettlinien sind zart. Die zweite Raszettlinie enthält eine Insel. Die erste Raszettlinie in der rechten Hand ist hochgezogen und nimmt Bezug auf Bindegewebeschwäche der Unterleibsorgane. Eine weitere, etwas kräftigere Raszettlinie enthält eine Insel. Darunter befindet sich eine halb ausgebildete Raszette. Die Vorfahren väterlicherseits waren etwas kräftiger, aber auch nicht anhaltend stabil. Durch Zähigkeit erwirbt sich die Handeignerin neue Kraft, wobei ihr auch die stabile Form der Daumen zugute kommt.

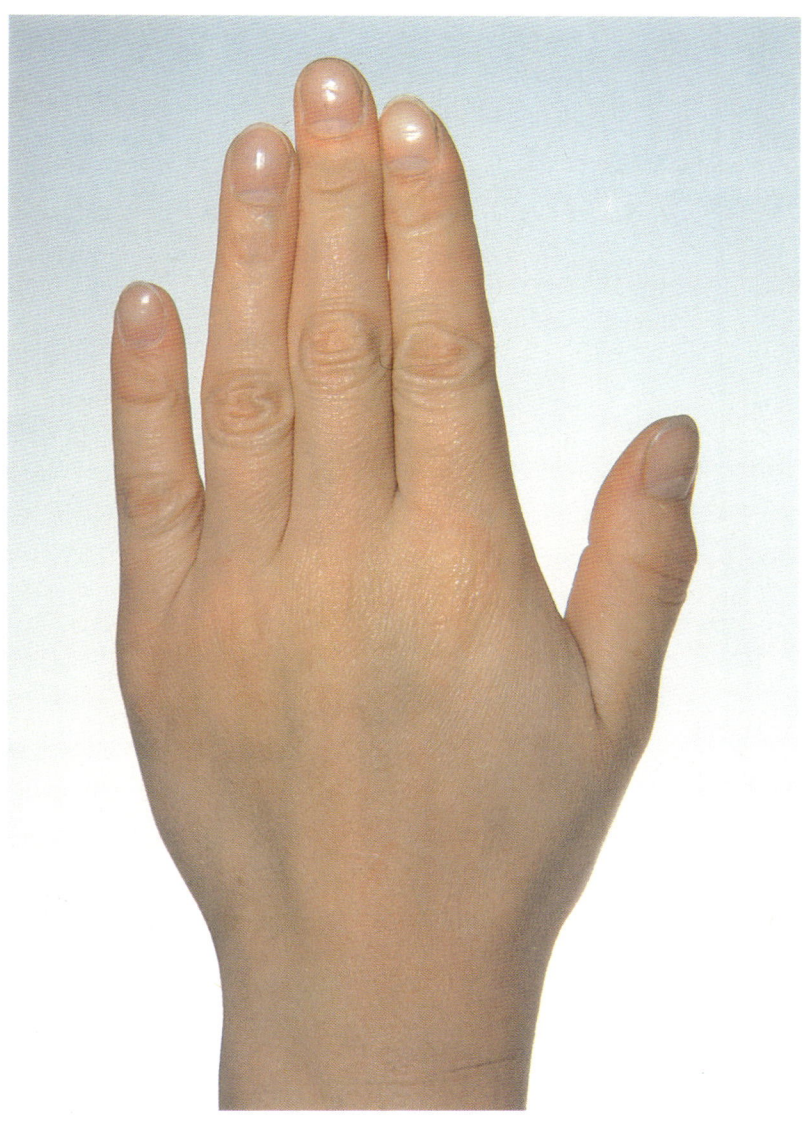 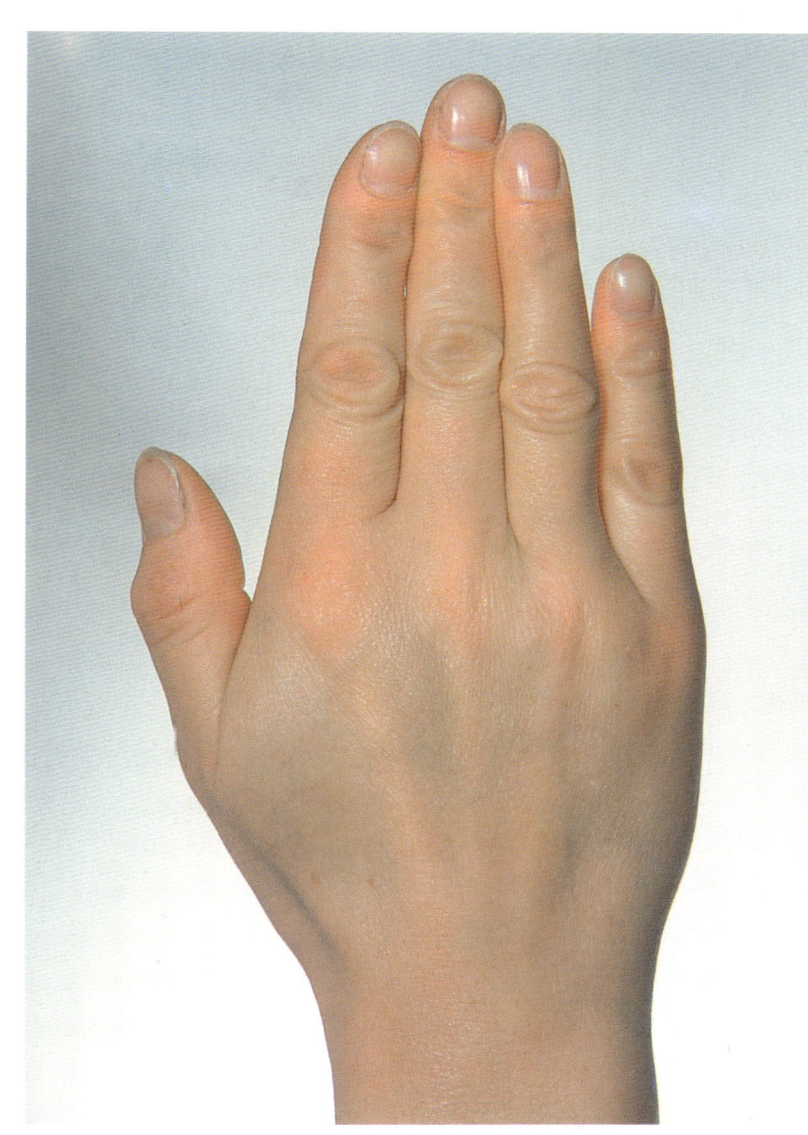

Weibliche Außenhände: D. C.
Die Handeignerin, 36 Jahre alt, ist Dekorateurin.

Die *Charakteristik* der Handform im Schema ist konisch. Die Hände sind groß. Die Persönlichkeit ist ein Stimmungs- und Empfindungsmensch. Da die Einflüsse der Umwelt auf die Handeignerin intensiv einwirken, vermag sie innerlich und äußerlich einen schnellen Kontakt zu anderen Personen herzustellen. Sie ist sich ihrer geistigen Kräfte noch nicht bewußt, so daß sie leicht irritiert werden kann und ihre persönliche Freiheit gefährdet sieht.

Zeige- und Mittelfinger sind an beiden Händen von fast gleicher Länge. Die Kommunikation erfolgt ohne Scheu und Befangenheit. Beide Daumen sind kräftig und mittelhoch angesetzt. Die ersten und zweiten Daumenglieder sind nicht von gleicher Länge. Es erfordert Anstrengung, Wille und Vernunft in ein Gleichgewicht zu bringen. Die ersten kantigen Daumengelenke deuten auf die Unabhängigkeitsliebe der Handeignerin.

Die mittelkräftigen Handgelenke weisen auf eine gute Erbsubstanz der Vorfahren.

Die *Konstitution* ist sensibel, labil.

Die *Disposition* zu einer Nierenstörung läßt sich aus der zarten feinen Hautbeschaffenheit erkennen. Lange Jugendlichkeit, die sich ebenfalls aus der zarten Hautbeschaffenheit erklärt, kann durch eine positive Lebenseinstellung bewahrt werden. Die etwas eingedrehten und leicht gebogenen Zeigefinger beruhen auf einer Organschwäche von links, Milz-Pankreas, und rechts, Leber-Galle.

Die Maus ist auf beiden Händen sehr gut ausgeprägt, eine gute allgemeine Widerstandsfähigkeit sowie Lungenkraft sind gegeben.

Die länger als breiten Fingernägel hängen mit den Atmungsorganen zusammen. Die zum Teil kugelige Wölbung bezieht sich auf die Bronchien. Die Nagelfarbe ist, bis auf die Aufhellungen an fast allen Fingernägeln, die mit Stauungen in Verbindung stehen, rosa. Das Glänzen der Nägel läßt auf das allgemeine gute Befinden schließen. Die mittelgroßen Nagelmonde sind nicht ganz einheitlich in ihrer Form. Die Herznerven arbeiten nicht immer synchron.

Unterhalb des oberen Nagelrandes sind Zeichen für atmosphärische Einflüsse sichtbar, die zeitweise das Allgemeinbefinden beeinträchtigen.

Weibliche Innenhände: D. C. siehe folgende Doppelseite

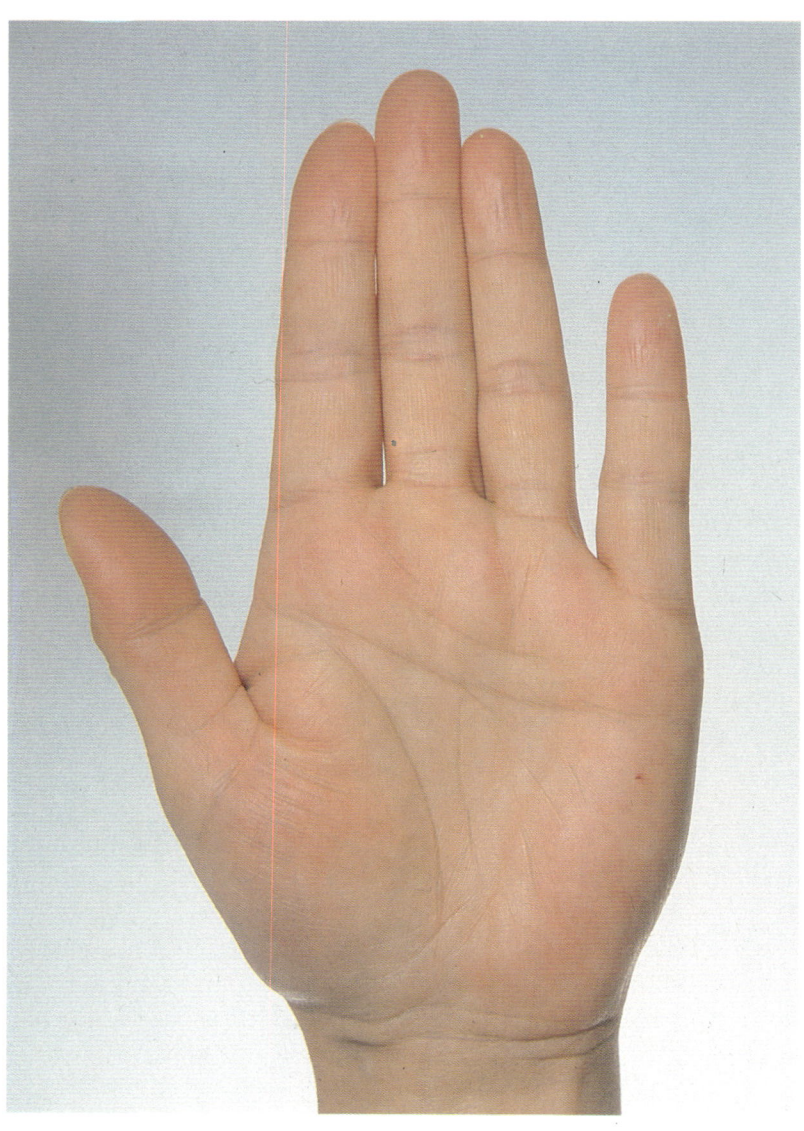

Weibliche Innenhände: D. C.
Die Handeignerin, 36 Jahre alt, ist Dekorateurin

Die Fingerglieder sind unterschiedlich in der Länge, wobei vorwiegend die zweiten am längsten sind. Die seelische Ebene ist die Ausgangsbasis für ihre Beziehung und Einstellung zum Leben. An fast allen ersten Fingergliedern befinden sich Längslinien, ein Zeichen für Überreizung der Nerven. Die Längslinien an den zweiten und dritten Fingergliedern zeigen einen aufgeschlossenen, warmherzigen Menschen. Querlinien am zweiten Gelenk des rechten Zeigefingers sind eine Folge von Hemmungen, die auf unterdrückte Impulse im seelischen Bereich zurückzuführen sind. Die dritten Gelenke der Kleinen Finger sind mit kleinen Inselbildungen versehen und beziehen sich auf eine Anlage zu Nervenüberreizungen. Die Handeignerin sollte sich bei ihrer Gedankenarbeit mehr von der Intuition als vom Intellekt leiten lassen.

Die zarte und feine Hauttextur offenbart einen sensiblen Menschen. Die Handteller sind leicht füllig. Aus den Bergen wird ersichtlich, daß die Handeignerin als Frohnatur Freude am Schönen hat und es zu genießen weiß.

Das »Große M« ist in beiden Händen nicht vollständig angelegt. Die Beziehungen zum »Du« sind immer Anlaß innerer Verspannungen. Durch geistige Wachsamkeit kann die Handeignerin in ihrer Entwicklung Wesensbrücken bauen.

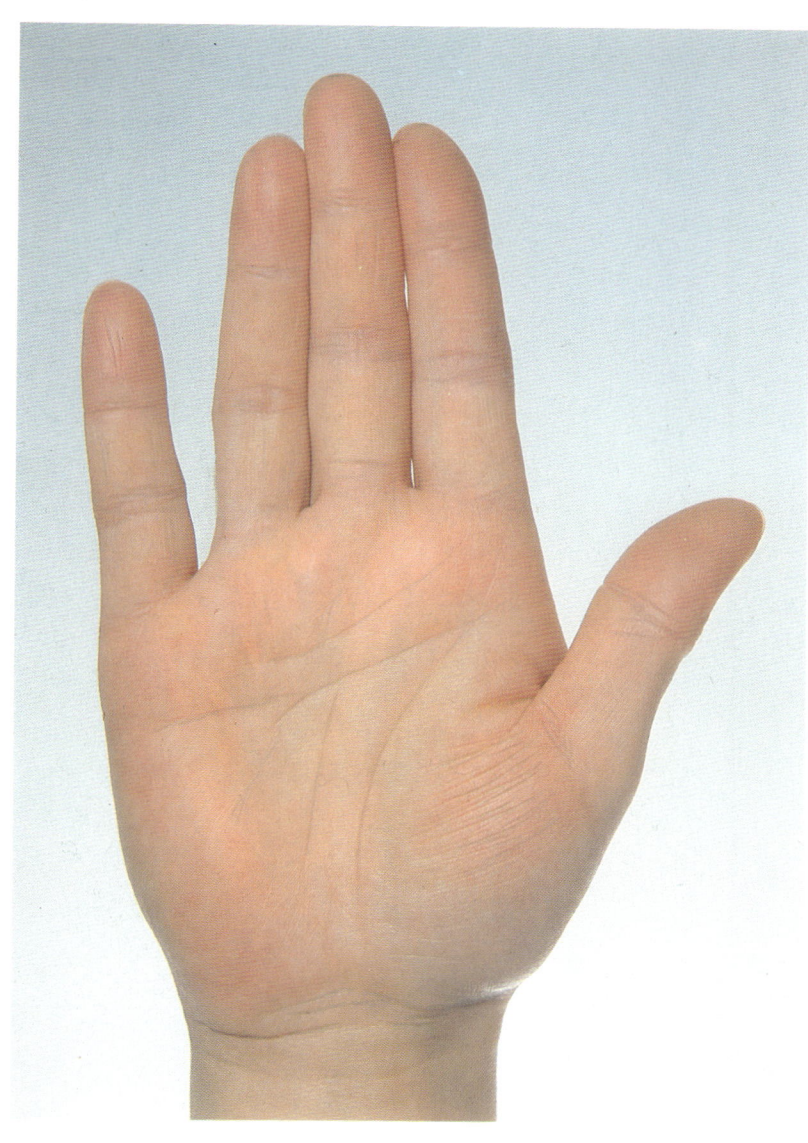

Beide *Lebenslinien* sind kräftig, umrunden jedoch nicht den gesamten Daumenballenberg. Eine aus dem unteren Teil des linken Daumenballenberges kommende *Vorgeburtslinie* schneidet die Lebenslinie und besagt, daß die Mutter während der Zeit der Schwangerschaft seelische Kümmernisse erlitt, die die Ursache für Scheu, Schüchternheit und Hemmungen der Handeignerin in der Jugendzeit waren.

Die linke *Kopflinie* ist mit der Lebenslinie nicht verbunden, während die rechte normal an der Lebenslinie angeschlossen ist. Nach dem 30. Lebensjahr gewinnt die Handeignerin mehr Sicherheit in ihrer Entschlußfähigkeit. Beide Kopflinien sind mit dem Teil einer gebrochenen Herzlinie verbunden. Denken und Empfinden sind zeitweise von Heftigkeiten bestimmt. Durch Selbstdisziplin ist es möglich, eine anhaltende Herzmuskelbelastung abzuwenden. Die Richtung beider Kopflinien kennzeichnet die ideale Einstellung der Handeignerin, Verbundenheit zum Schöpferischen und Phantasievollen.

Die Idealvorstellungen der Handeignerin sind hochgesteckt. Die außergewöhnliche Verbindung der gebrochenen *Herzlinien* mit den Kopflinien in beiden Händen, die das scheinbare Bild einer doppelten Herzlinie vermitteln, gibt zu verstehen, daß die Handeignerin größere Ergänzung in einem anderen Menschen sucht, was zwangsläufig zu einer Leiderfahrung führen muß, da das Prinzip des Göttlichen sich nicht in der äußeren Persönlichkeit eines anderen offenbart, sondern in der inneren Wesenheit. Gewinnt die Handeignerin jedoch die Erkenntnis, daß das geistige Prinzip im tiefsten Inneren als göttliche Wesenheit vorhanden ist, wird sich die gestellte Aufgabe, die das »gebrochene Herz« versinnbildlicht, lösen lassen. Der Beginn beider Herzlinien ist breit und aufgefasert und verdeutlicht eine Anlage zu einer Herzmuskelbelastung.

Die *Schicksalslinien*, beidseitig, münden in die Kopflinie. Der Verstand blockiert das Empfindungsleben der Handeignerin. Durch eine kurze, unterhalb der rechten Herzlinie ansetzende Schicksalslinie, die in den Mittelfingerberg zieht, eröffnet sich die Möglichkeit, den reinen Intellekt (nicht Intelligenz) durch geistige Einsicht und Konzentration zu überwinden.

Kurze *Sonnenlinien* auf den Ringfingerbergen sprechen für Feinempfinden und Kunstsinn.

Die beidseitig hochgezogenen oberen *Raszettlinien*, besonders auffällig an der rechten Handwurzel, geben Bindegewebeschwäche bei den Vorfahren zu erkennen. Zwei weitere Raszettlinien verlaufen, bis auf eine, gerade. Die Handeignerin kann auf Reserven, die sie zu eigener Stabilisierung umsichtig nutzen kann, zurückgreifen.

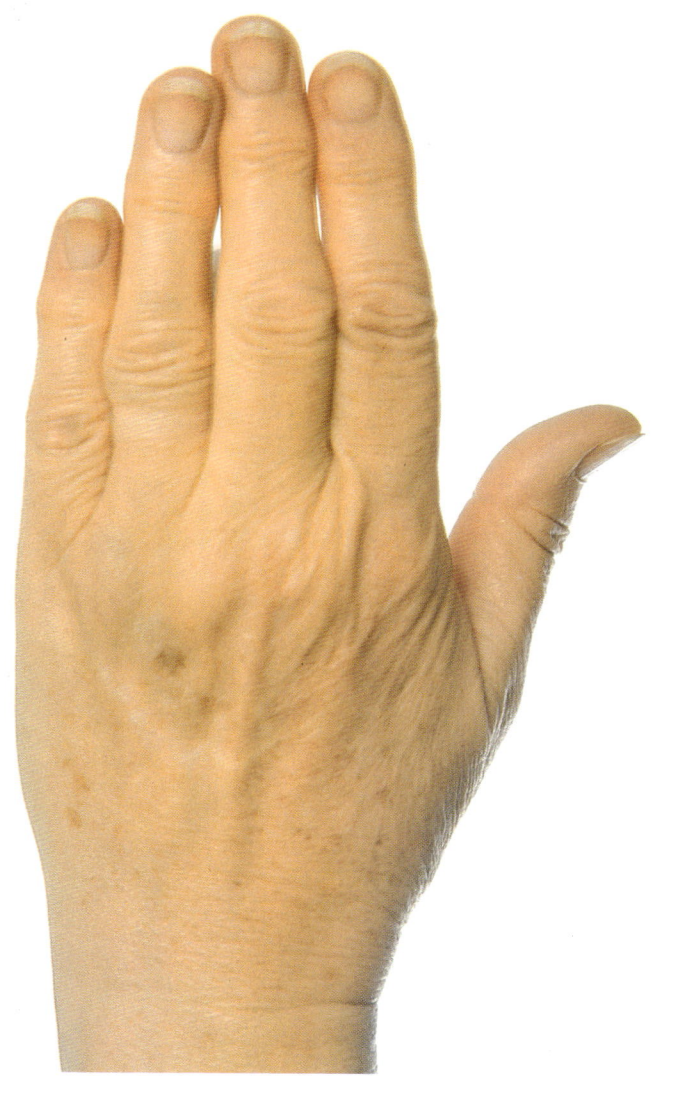 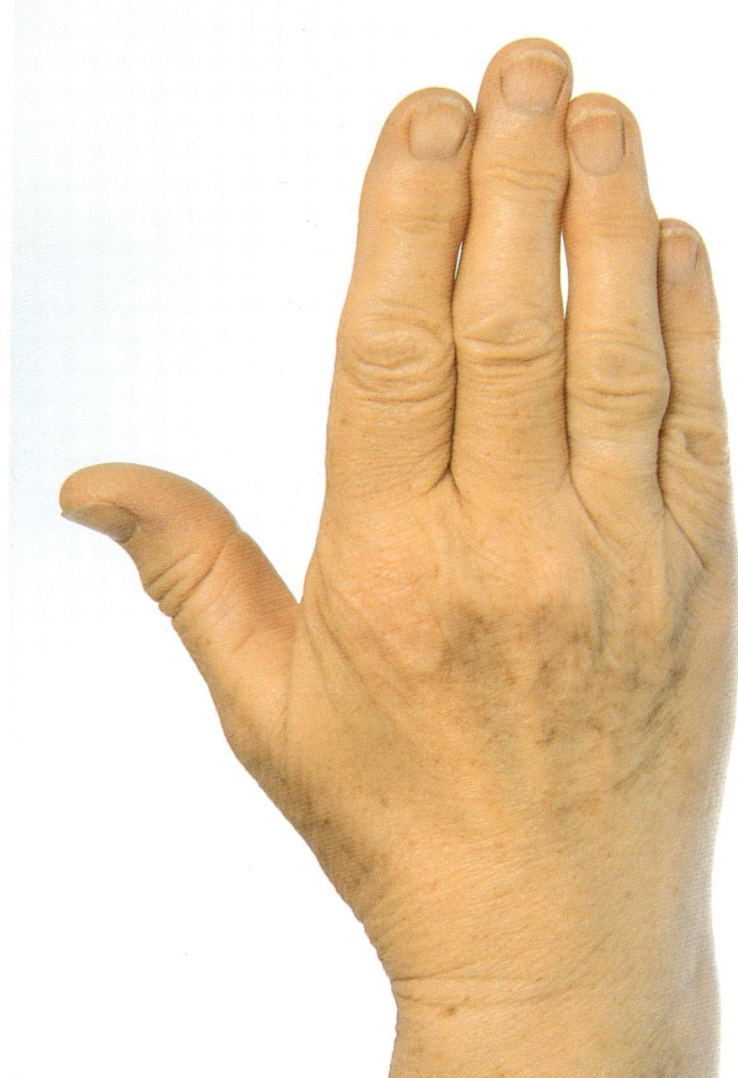

Weibliche Außenhände: Th. N. E.
Die Handeignerin, 74 Jahre alt, war Zahntechnikerin und ist
jetzt Hausfrau.

Die *Charakteristik* der Handform im Schema ist spatelförmig
mit knotigem Einschlag. Die aktive Handeignerin ist resolut,
selbstvertrauend, strebsam und unternehmungslustig. Sie liebt
die Unabhängigkeit und läßt sich bei der Durchführung ihrer
eigenen Pläne nicht behindern. In ihre praktischen Betätigungen wird auch das Technisch-Mechanische miteinbezogen.

Die Zeige- und Ringfinger sind von fast gleicher Länge. Die
ideale Einstellung der Handeignerin hält sich mit der materiellen die Waage. Die kräftigen, mittelhoch angesetzten langen
Daumen verkörpern den stabilen Charakter der zielbewußten
Handeignerin.

Die auswärts gebogenen Daumenspitzen deuten auf zähes
Wollen und geistige Anpassungsfähigkeit. Die kräftig ausgebildeten ersten Daumengelenke lassen neben Intelligenz auch zeitweise Hartköpfigkeit erkennen. Mathematischer Sinn äußert
sich an den zweiten kantigen Daumengelenken.

Die mittelkräftigen Handgelenke bezeugen die Widerstandsfähigkeit der Vorfahren.

Die *Konstitution* ist stabil, zäh, sensibel.

Die *Disposition* zu Stoffwechselstörungen wird sowohl an den
arthritischen Knoten der ersten Fingerglieder als auch an den
Schwellungen der Knöchelgelenke und an den Leberflecken ersichtlich. Eine Gefäßschwäche stellt sich an den erhabenen Venen dar.

Die gebogenen Zeigefinger beziehen sich auf eine Organschwäche von Milz-Pankreas, links, und Leber-Galle, rechts, die
gebogenen Mittelfinger auf Darmstörungen (auch Anlage zu
Blinddarmreizung). Die gebogenen ersten Ringfingerglieder
weisen auf eine Anlage zu Nierenstörungen, die Einziehung am
zweiten Glied der Ringfinger verdeutlicht eine Anlage zu einer
Herzinsuffizienz.

Die Maus, beidseitig, ist im mittleren und unteren Bereich
flacher. Die Widerstandsfähigkeit der Lungen- und Vitalkraft
sollte verbessert werden.

Die Fingernägel sind etwas unterschiedlich in der Form. Der
linke runde Zeigefingernagel ist ein typisches Merkmal für Milzstörungen. Die leicht gewölbten Ringfingernägel machen auf
eine beginnende Nierenfunktionsschwäche aufmerksam. Die auf
den Fingernägeln befindlichen Rillen beweisen, daß ein Verschlackungsprozeß im Organismus stattfindet. Von den fehlenden Nagelmonden läßt sich Herznervenschwäche ableiten.

Die Einflußzeichen atmosphärischer Störungen sind an den
oberen Nagelrändern sehr deutlich sichtbar.

Weibliche Innenhände: Th. N. E. siehe folgende Doppelseite

236

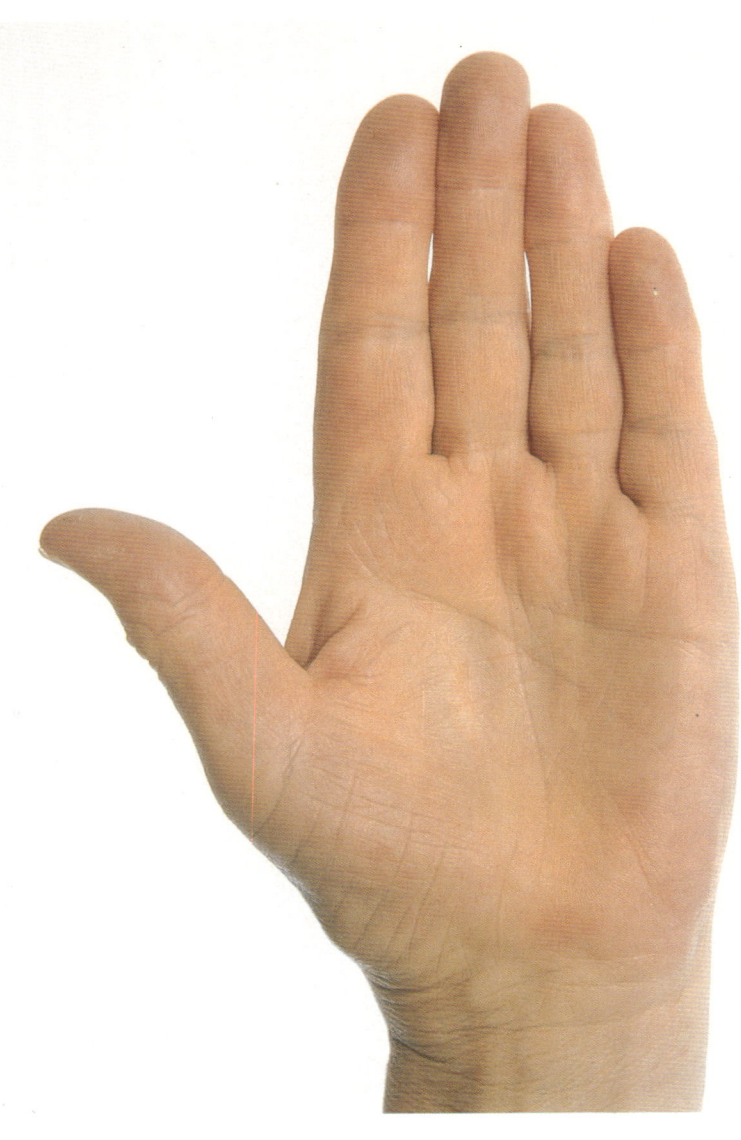

Weibliche Innenhände: Th. N. E.
Die Handeignerin, 74 Jahre alt, war Zahntechnikerin und ist
jetzt Hausfrau.

Die Fingerglieder weichen in ihrer Länge etwas voneinander
ab. Die Handeignerin sollte darauf bedacht sein, sich durch tiefere Einsicht den Ausgleich der drei Ebenen zu erarbeiten. Die
Längslinien an den zweiten und dritten Fingergliedern sind ein
Merkmal für Kontaktfreudigkeit und wohlwollendes Entgegenkommen.

Zwei kurze, schräge, das linke untere Zeigefingergelenk
schneidende Linien sind ein Merkmal für Fehlgeburten. Die
lange Schräglinie am unteren Zeigefingergelenk beruht auf
durch Geburten erschlafften Mutterbändern.

Eine kleine senkrechte, das untere rechte Ringfingerglied
schneidende Linie bezieht sich auf eine Bein- oder Fußverlet-
zung.

Die mittelkräftige Hauttextur veranschaulicht seelische Zähigkeit und Widerstandsfähigkeit. Die rot/weiß gefleckte Haut der
Innenhandflächen ist mit Durchblutungsstörungen verbunden.
Die vertiefte und blasse Handtellermitte, beidseitig, ist die Folge
einer Magenschwäche.

Die gut gewölbten Handberge lassen wissen, daß die Handeignerin alle Lebensgenüsse schätzt und Gemüt besitzt. Der
obere flache Teil des linken Daumenballenberges, der mit vielen feinen, die Lebenslinie schneidenden Linien durchzogen ist,
läßt darauf schließen, daß die Widerstandsfähigkeit der Handeignerin in der Jugendzeit gering war und eine große Infektan-

fälligkeit bestand. Eine Insel im unteren Teil des linken Daumenballenberges ist häufig ein Zeichen für eine Totaloperation.
Der linke Zeigefingerberg weist mehrere durch Unrast hervorgerufene Linien auf, die außerdem auf eine Tendenz zu Haarausfall aufmerksam machen.

Das »Große M« ist in der linken Hand deutlicher geprägt als
in der rechten. Die Handeignerin ist in der Lage, den inneren
Wert ihres Lebens zu ermessen.

Die linke hoch angesetzte *Lebenslinie* ist blaß und sehr zart.
Die rechte kräftigere Lebenslinie beginnt mit einem Teil im
Zeigefingerberg, was auf Strebsamkeit und lebensverstärkende
Energien hinweist. Ein zweiter Teil, der am oberen Rand des
Daumenballenberges beginnt, enthält eine Insel für körperliche
Schwäche. Von dieser Insel zieht eine Linie, die mit Infektionen
zusammenhängt, über die Kopflinie in die Herzlinie.

Die linke hoch angesetzte *Kopflinie* zieht in Richtung des mittleren Handrandberges. Die lebensbejahende Handeignerin ist
allem Sozialen geöffnet und naturliebend.

Ein kleines Kreuz am Anfang zwischen Kopf- und Lebenslinie, linksseitig, beruht auf einer Anlage zu Kehlkopfstörungen.
Eine Insel in der linken Kopflinie unterhalb des Zeigefingers
bezieht sich auf eine von mütterlicherseits vererbte Augenschwäche.

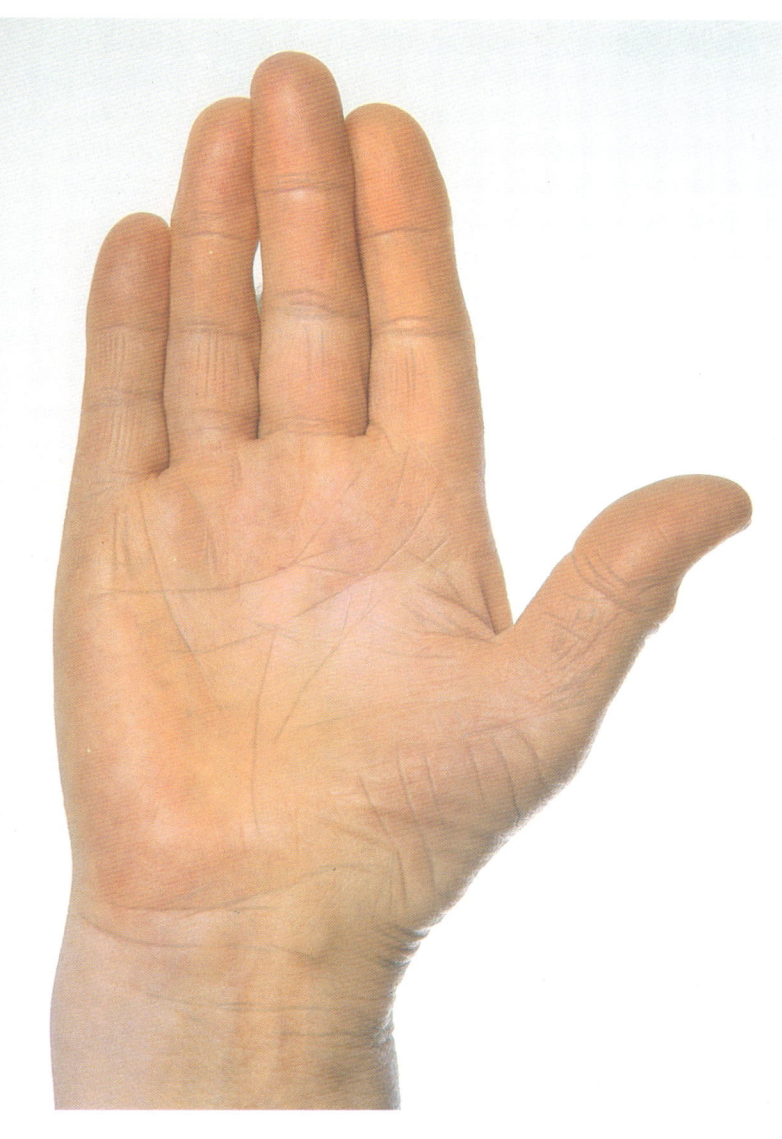

An den Punkten der linken Kopflinie äußern sich überforderte Gehirnnerven. Ein stärkerer dunkler Punkt unterhalb des Ringfingers warnt vor Kopfnervenfieber.

Die rechte Kopflinie beginnt im Zeigefingerberg. Sie ist unverbunden mit der Lebenslinie und gibt Offenheit, Impulsivität, Frohsinn, Heiterkeit und eine positive Lebenseinstellung zum Ausdruck. Aus dem Verlauf der rechten Kopflinie ist ein auf den Verstand bezogenes Denken zu entnehmen.

Die linke kurze *Herzlinie* beginnt mit kleinen, nach rückwärts gerichteten kurzen Linien, die für eine schnelle Zuneigung zu anderen Menschen sprechen. Die plötzlich endende linke Herzlinie erklärt Herzschlag bei den mütterlichen Vorfahren. Die rechte Herzlinie zeigt unterhalb des Mittelfingers eine Abzweigung, die kurz vor dem Zeigefingergelenk stehen bleibt, was für ein aufrichtiges, anständiges Wesen spricht. Die kurze Schnittlinie in der rechten Herzlinie unterhalb des Ringfingers wurde durch ein Herzleiden hervorgerufen, das oft durch schwere Geburten verursacht wird. Die teilweise nahe beieinanderliegenden Herz- und Kopflinien veranschaulichen ein seelisches Freiheitsbedürfnis. Innere Einengung kann sich als Asthma auswirken.

Die linke an der Raszette beginnende *Schicksalslinie* durchzieht den Handteller kräftig gezeichnet bis in das Mittelfingergelenk. Hier wird eine ausgesprochene Persönlichkeit offenbar. Eine weitere linke Schicksalslinie beginnt unterhalb der Kopflinie und mündet in den Mittelfingerberg. Die Handeignerin schult ihr Bewußtsein durch vielfältige Betätigungen, zumal sie von außen kommenden Impulsen dazu angeregt wird, was durch zwei vom unteren linken Handrandberg den Schicksalslinien zustrebenden Linien dargestellt wird.

Die rechte Schicksalslinie setzt oberhalb der Raszettlinie an, zieht kräftig bis in die Kopflinie und läuft unterschwellig weiter in den Mittelfingerberg. Es fällt der Handeignerin nicht leicht, ihr Bewußtsein anhaltend auf das geistige Prinzip zu richten.

Die linke sehr zarte und unterbrochene *Magenlinie* beginnt an der Schicksalslinie und mündet in den Berg des Kleinen Fingers. Die Handeignerin verfügt bis zu ihrem 30. Lebensjahr über kein sehr widerstandsfähiges Vegetativum. Die rechte kräftige, unterhalb der Kopflinie beginnende Magenlinie durchzieht den Berg des Kleinen Fingers. Das Vegetativum stabilisiert sich in den späteren Lebensjahren.

Die linke *Sonnenlinie* setzt an der Schicksalslinie an, verdoppelt sich an der Herzlinie, reicht in den Ringfingerberg und entspricht einem vertieften Empfindungsleben.

Aus der Zeichnung der Raszettlinien, linksseitig, geht eine weniger stabile Konstitution der mütterlichen Vorfahren hervor. Die halb ausgebildeten, unterbrochenen und schwächeren, zum Teil kettigen Raszettlinien geben vorwiegend sensible und labile väterliche Vorfahren zu erkennen.

237

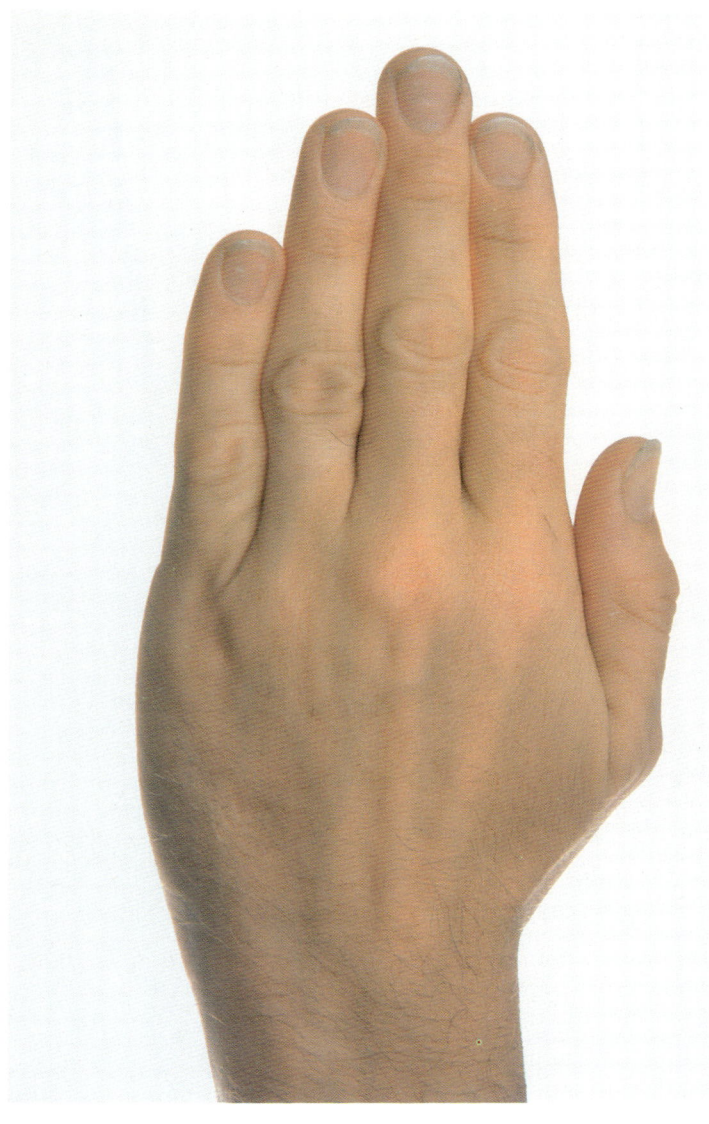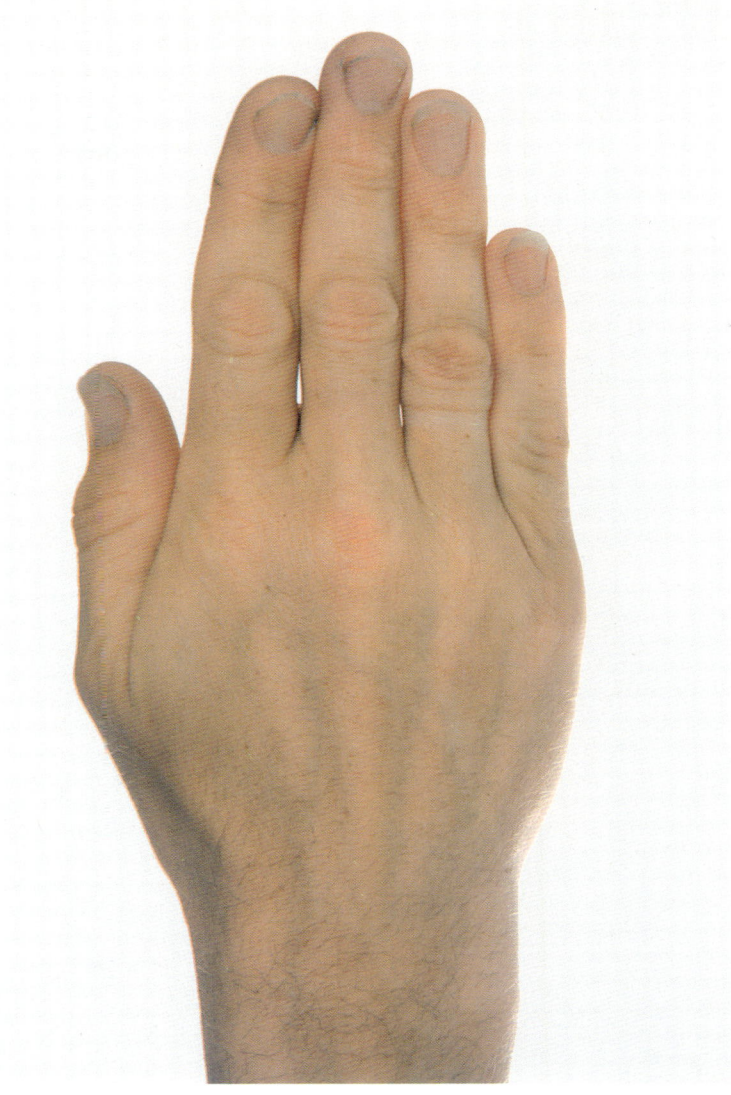

Männliche Außenhände: R. N. E.
Der Handeigner, 40 Jahre alt, ist selbständiger Kaufmann im Messebau und Raumgestaltung sowie Grafiker.

Die *Charakteristik* der Handform im Schema ist spatelförmig, knotig, eckig gemischt. Der flexible Handeigner ist fähig, seine Ideen in die Tat umzusetzen und ein praktisches Studium mit konstruktiven Künsten und Wissenschaften, wie Architektur und Geometrie, zu kombinieren.

Die Zeige- und Ringfinger sind in ihrer Länge ausgewogen. Der Handeigner berücksichtigt in seinem Verhalten seine unmittelbare Umwelt. Die nach rückwärts gebogenen ersten Fingerglieder weisen auf Großzügigkeit, Freigebigkeit und Wißbegierde.

Die mittelhoch angesetzten kräftigen Daumen sind angelegt, die ersten Daumenglieder sind ausgebuchtet. Der verhalten wirkende Handeigner ist energisch, eigensinnig im positiven Sinn, findig und zäh im Wollen bei geistiger Anpassungsfähigkeit. Die kräftigen ersten Daumengelenke treten hervor und deuten auf Intelligenz und Unabhängigkeitsliebe. Die zweiten kantigen Daumengelenke zeigen das Verständnis des Handeigners für Symmetrie, Mathematik und musikalisches Taktempfinden.

Die mittelkräftigen Handgelenke geben widerstandsfähige Naturen der Vorfahren zu erkennen.

Die *Konstitution* ist stabil, zäh.

Die *Disposition* zu Stoffwechselstörungen läßt sich von den kleinen Leberflecken sowie von der bräunlichen Hautfarbe der ersten Fingerglieder ableiten. Die gebogenen Kleinen Finger besagen eine Anlage zu Bindegewebeschwäche und Störungen im Urogenitalsystem. Die geröteten Knöchelgelenke der Mittelfinger beziehen sich auf eine gestörte Darmflora.

An der beidseitig gut gewölbten Maus läßt sich eine gute Vital- und Lungenkraft feststellen.

Die in Form und Größe etwas unterschiedlichen und zum Teil dreieckig dargestellten Fingernägel beruhen auf einer Disposition zu einem Rückenmarksleiden, oft auch in Verbindung mit Herzerkrankungen. Die konkaven Daumennägel geben Aufschluß darüber, daß es unter den Vorfahren Alkoholiker gab. Die leicht gewölbten Ringfingernägel veranschaulichen eine beginnende Nierenfunktionsstörung. Die zart bläuliche Farbe der Fingernägel ist ein Ausdruck für zuviel Kohlensäure im Blut. Die weißen Flecken auf einigen Nägeln sind auf Nervosität zurückzuführen sowie auf Harnsäure, die ausgeschieden wird.

Die Einflußzeichen atmosphärischer Störungen sind an den oberen Nagelrändern wahrzunehmen.

Männliche Innenhände: R. N. E. siehe folgende Doppelseite

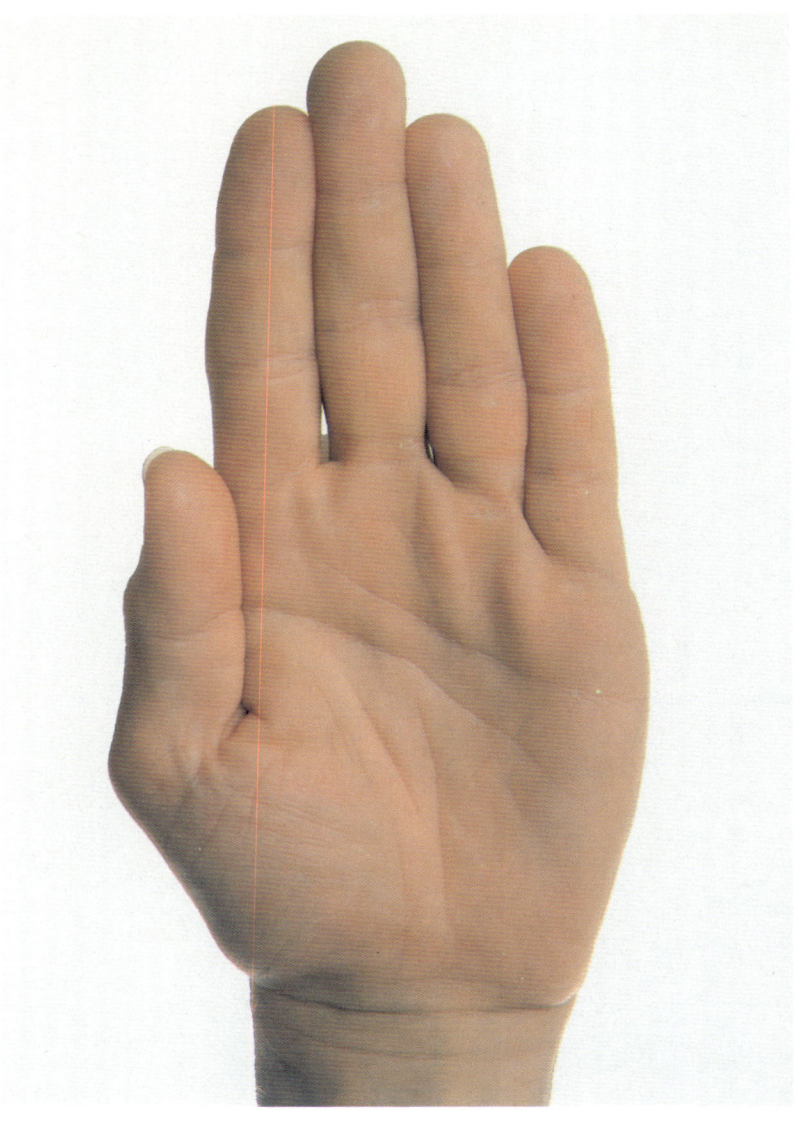

Männliche Innenhände: R. N. E.
Der Handeigner, 40 Jahre alt, ist selbständiger Kaufmann im Messebau und Raumgestaltung sowie Grafiker.

Die Fingerglieder weichen in der Länge geringfügig voneinander ab, wobei sich die ersten Glieder der Kleinen Finger und der Ringfinger hervorheben. Die ersten längeren Ringfingerglieder veranschaulichen die Vorliebe des Handeigners zur Realisierung künstlerischer, aus dem Empfinden kommender Vorstellungen; die ersten längeren Glieder der Kleinen Finger geben zu verstehen, daß der Handeigner erfinderisch ist und das Erdachte praktisch anwenden kann. Die an fast allen zweiten und dritten Fingergelenken befindlichen kleinen Schräglinien sind ein Merkmal dafür, daß dem innerlich unruhigen Handeigner auch äußere Nervosität anzumerken ist.

Die Einziehungen an den dritten Gelenken der Mittel- und Ringfinger stehen mit einer Schwäche des Skelettsystems sowie mit zarten Fußgelenken mit der Tendenz zum Umknicken im Zusammenhang. Die zarten Längslinien auf den zweiten und dritten Fingergliedern sind ein Zeichen für die Ausstrahlungsfähigkeit des Handeigners, die in unmittelbarem Kontakt mit anderen Menschen zum Ausdruck gelangt. Die mittelkräftige Hauttextur dokumentiert seelische Widerstandsfähigkeit.

Die linken, länglichen, verschobenen Zeige- und Mittelfingerberge zeigen in ihrer Kombination konzentrierte und bedachtsame Strebsamkeit des Handeigners. Die verschobenen linken und rechten kombinierten Mittel-/Ringfingerberge besagen, daß das künstlerische Talent bewußt eingesetzt und genutzt wird. Die verschobenen und kombinierten Berge der Ringfinger und der Kleinen Finger, beidseitig, sind ein Hinweis darauf, daß auch die vom Verstand entwickelten Gedanken der künstlerischen Gestaltungskraft des Handeigners dienen.

Das in beiden Händen vorhandene »Große M« ist jeweils durch die Schicksalslinie nicht ganz formvollendet. Der Handeigner hat Mühe, bewußt geistige Ideale mit seiner Lebensweise zu koordinieren.

Die teilweise zweifachen *Lebenslinien* in beiden Händen deuten auf Zähigkeit und gute Vitalkraft.

Beide *Kopflinien* sind normal mit den Lebenslinien verbunden und verdeutlichen ein rechtzeitiges Reaktionsvermögen. Die beidseitig langen, leicht gewellten Kopflinien sind mit vielen Punkten versehen und laufen in Richtung des oberen Handrandberges. Obwohl der Handeigner über einen großen Spannungsbogen seiner Gedankenleistung verfügt, können Überforderung, Müdigkeit und leichte Krampfzustände auftreten, die zu Kopfschmerzen führen. Der letzte Abschnitt der rechten Kopflinie weist zum mittleren Handrandberg und gibt Aufschluß über Phantasie, Gestaltungskraft und Naturliebe.

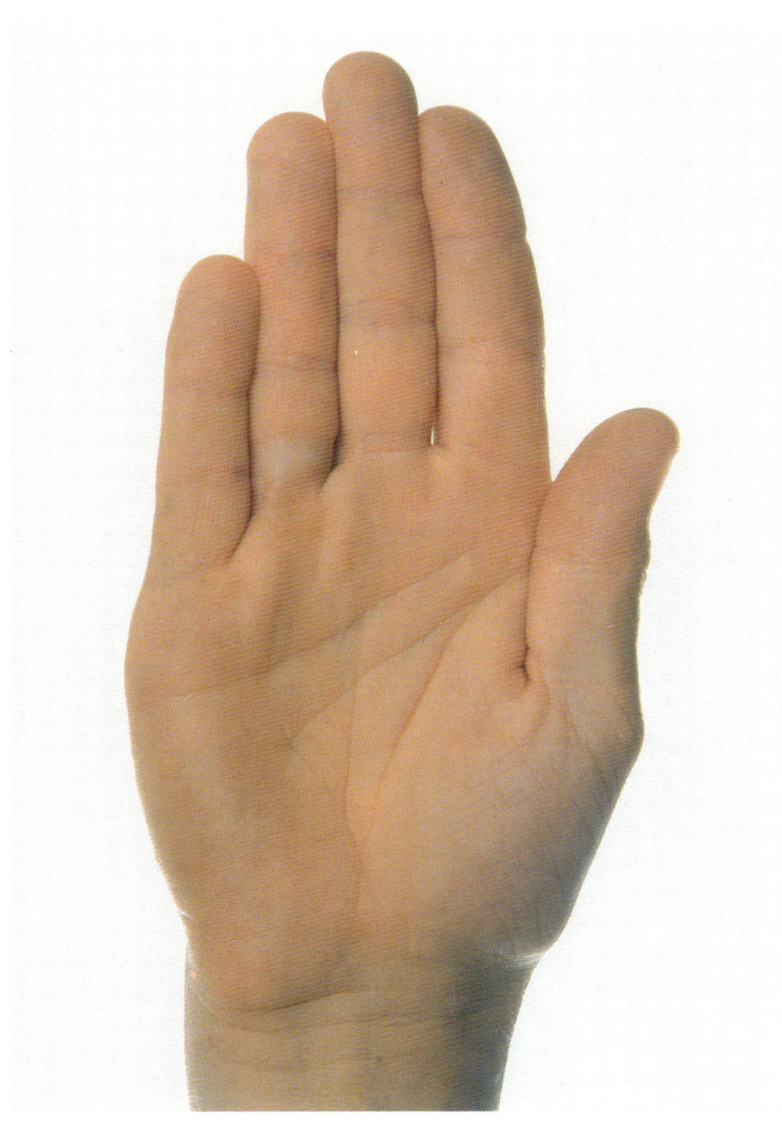

Die langen *Herzlinien* bestätigen Warmherzigkeit und Sehnen nach liebevoller Resonanz aus der Umwelt. Die am Anfang der Herzlinie angesetzten, nach rückwärts gehenden kleinen Linien stellen ein Merkmal für schnelle Begeisterungsfähigkeit und Warmherzigkeit dar. Helle Punkte in beiden Herzlinien unter den Kleinen Fingern lassen auf Blasengrieß schließen, helle Punkte unter den Ringfingern auf Nierengrieß, und die Punkte unter den Mittelfingern auf Karies.

Eine kräftige, an der Raszettlinie mit einer Insel beginnende linke *Schicksalslinie* wird unterhalb der Kopflinie sehr zart und bleibt dann in dieser stehen. Eine von mütterlicher Seite vererbte Anlage zu Wahrträumen und Vorahnungen macht sich neben einem starken Selbständigkeitsdrang des Handeigners bemerkbar. Diese Bewußtseinsrichtung wird durch seinen Verstand unterbrochen. Neue von außen auf ihn zukommende Impulse und Eindrücke sind bestimmend für seine geistige Horizonterweiterung, was eine weitere vom Handrandberg kommende, bis durch den Mittelfingerberg reichende Schicksalslinie veranschaulicht.

Die rechte Schicksalslinie beginnt in der Magenlinie, zieht in die Herzlinie und läuft in den Mittelfingerberg. Die gute gesundheitliche Verfassung gibt dem Handeigner die Kraft, sich durchzusetzen und seine Aufgaben zu erfüllen.

Die linke *Magenlinie* ist nur zu einem Teil zwischen Schicksals- und Kopflinie zu sehen und bezieht sich auf eine Verstärkung der Abwehrkräfte. Die rechte Magenlinie beginnt vor der Lebenslinie im Daumenballenberg. Es besteht eine Anlage zu Infektionen der Sexualorgane. Die rechte Magenlinie reicht in den Berg des Kleinen Fingers und spricht für ein widerstandsfähiges Vegetativum.

Die rechte Magenlinie bildet mit Lebens- und Kopflinie das »Große Dreieck«, das eine Stabilisierung der Lebenskraft bedeutet. Gleichzeitig formt die Magenlinie mit der Schicksals- und Kopflinie das »Kleine Dreieck«, das für geistige Studien geeignet macht. Das von Magen-, Kopf-, Schicksals- und Herzlinie dargestellte »Große Viereck« offenbart Aufgeschlossensein und hilfreiche Einstellung dem Nächsten gegenüber.

In beiden Händen sind kurze *Sonnenlinien* sichtbar. Empfänglichkeit für Erhabenes und Schönes ist bei dem Handeigner veranlagt.

Linksseitig sind drei *Raszettlinien* angelegt, wobei die mittlere am kräftigsten ist. An der rechten Handwurzel sind ebenfalls drei Raszettlinien zu sehen, von denen die erste hochgezogene auf eine von väterlicherseits vererbte Bindegewebeschwäche hinweist. Aus der physischen Kraft und Zähigkeit der Vorfahren stehen dem Handeigner ausreichend gute Energien für die eigene Lebensgestaltung zur Verfügung.

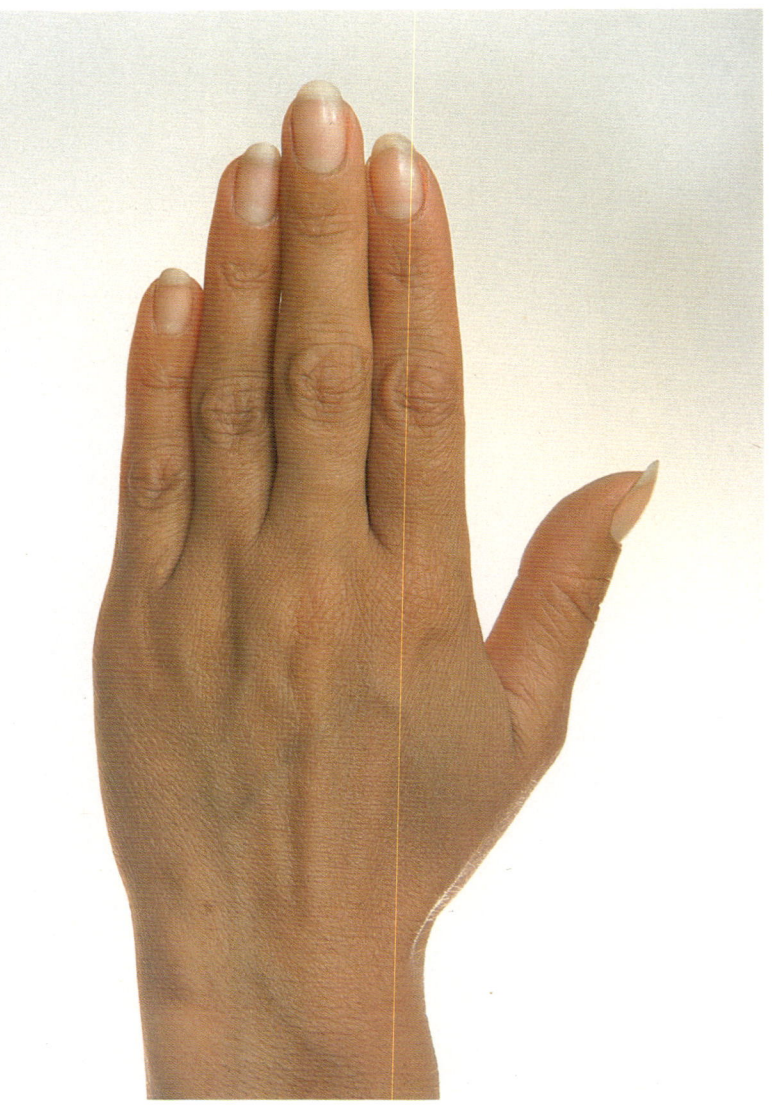
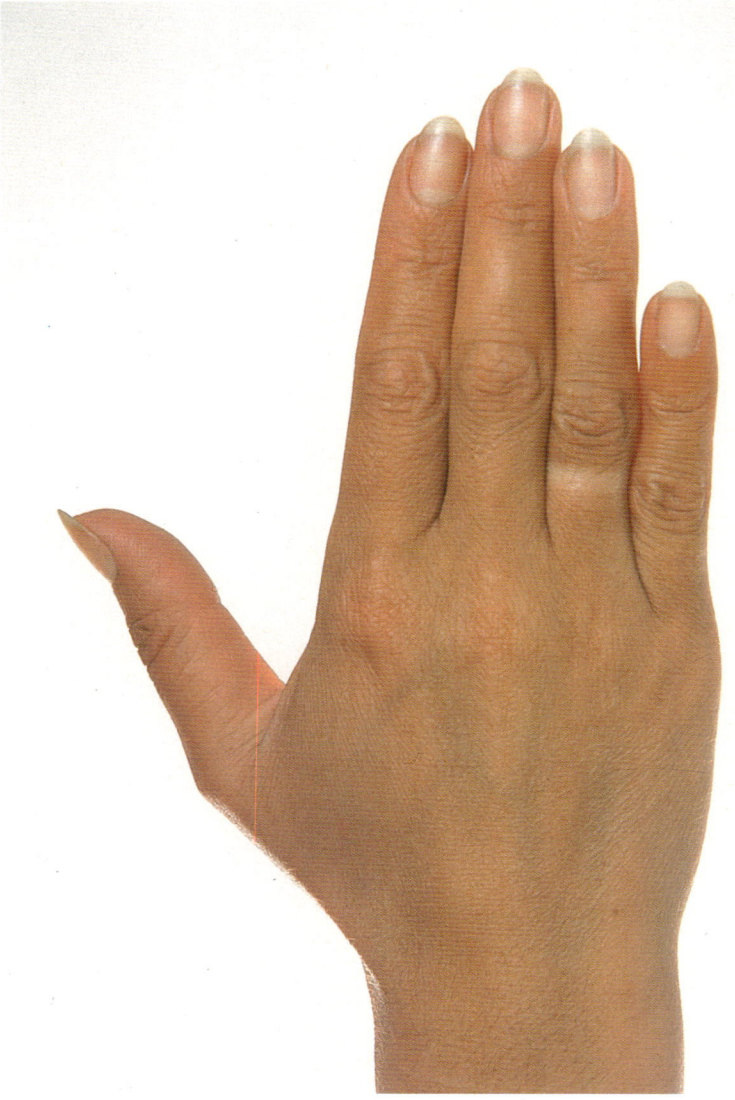

Weibliche Außenhände: A. E.
Die Handeignerin, 37 Jahre alt, ist Büroangestellte, Hausfrau und Schneiderin.

Die *Charakteristik* der Handform im Schema zeigt ein schmaleres Rechteck. Die Fingerform ist eckig mit knotigem Einschlag. Die Handeignerin ist vorwiegend intellektuell eingestellt, konservativ und ordnungsliebend. Sie ist vorsichtig und führt die ihr gestellten Aufgaben zu Ende.

Die Zeige- und Ringfinger sind an beiden Händen von gleicher Länge. Die Handeignerin stimmt sich im Denken und Tun mit ihrer Umwelt ab. Die Daumen sind tief bis mittelhoch angesetzt und kräftig. Hier wird eine Persönlichkeit augenscheinlich, die ihre eigene Linie innehält und sie anderen Menschen überzeugend vermitteln kann ohne diese zu behindern.

Die feinen Handgelenke weisen auf ein entsprechend verfeinertes Niveau der Vorfahren hin.

Die *Konstitution* ist sensibel, zäh, stabil.

Die *Disposition* zu Nierenstörungen und langer Jugendlichkeit läßt sich an der zarten Hautbeschaffenheit ablesen.

Auf den zweiten Fingergliedern der Mittel- und Ringfinger beider Hände ist die Haut hell und gespannt, was auf Verschlackungsprozesse des Darmes und der Nieren beruht. Der rechte Kleine Finger ist gebogen. Es besteht eine Anlage zu Bindegewebeschwäche und Gebärmuttersenkung. Die Rötungen auf den Knöchelgelenken der Zeigefinger lassen auf Unstimmigkeiten im Blutsystem schließen, die Rötungen auf den Knöchelgelenken der Mittelfinger sind die Folge einer gestörten Darmflora.

Die gut gewölbte Maus veranschaulicht Vitalität und widerstandsfähige Lungen. Die kleine Einziehung am oberen Teil macht auf eine Schwäche der Halswirbelsäule aufmerksam.

Die langen und schmalen Fingernägel korrespondieren mit den Atemwegen. Sie zeigen alle eine leichte Wölbung, die durch eine Nierenschwäche entstanden ist. Die blasse Farbe der Fin-

gernägel zeigt Eisenmangel an. Die Nagelmonde, die sich kaum von der Nagelfarbe abheben, laufen quer von Rand zu Rand und beruhen auf schnell erregbaren Herznerven. An den oberen Nagelrändern sind die Belastungszeichen aus der Atmosphäre deutlich sichtbar.

Weibliche Innenhände: A. E.

Die Fingerglieder sind, bis auf kleine Abweichungen, harmonisch aufeinander abgestimmt. Dies äußert sich auch an der Einstellung und an dem Verhalten der Persönlichkeit, die die innere und äußere Seite des Lebens bewußt in Einklang zu bringen vermag. Die Längslinien auf den zweiten und dritten Fingergliedern deuten auf eine gute Kommunikationsfähigkeit.

Die mittelkräftige Hauttextur spiegelt Festigkeit im seelischen Bereich wider. Das elastische Gewebe spricht für einen zuverlässigen Menschen. Freude am Schönen wird durch die zart gewölbten Handberge dargestellt. Besonders in der linken Hand ist das »Große M« deutlich ausgeprägt. Ein strebsamer, intelligenter Mensch zeichnet sich ab.

In beiden Händen umrunden die kräftigen *Lebenslinien* die Daumenballenberge. Von den Lebenslinien steigen, besonders rechtsseitig, Linien auf, die sich auf positive, fördernde Kräfte beziehen. Eine aus dem oberen Viertel des rechten Daumenballenberges kommende Querlinie, die mit einer Operation oder einer gravierenden Infektion in Verbindung steht, schneidet die Lebenslinie. Beide Lebenslinien sind in ihrem unteren Viertel verdoppelt. Sie wirken in reiferem Alter lebenskraftverstärkend. Die rechte Lebenslinie ist in der Mitte unterbrochen. Unterhalb

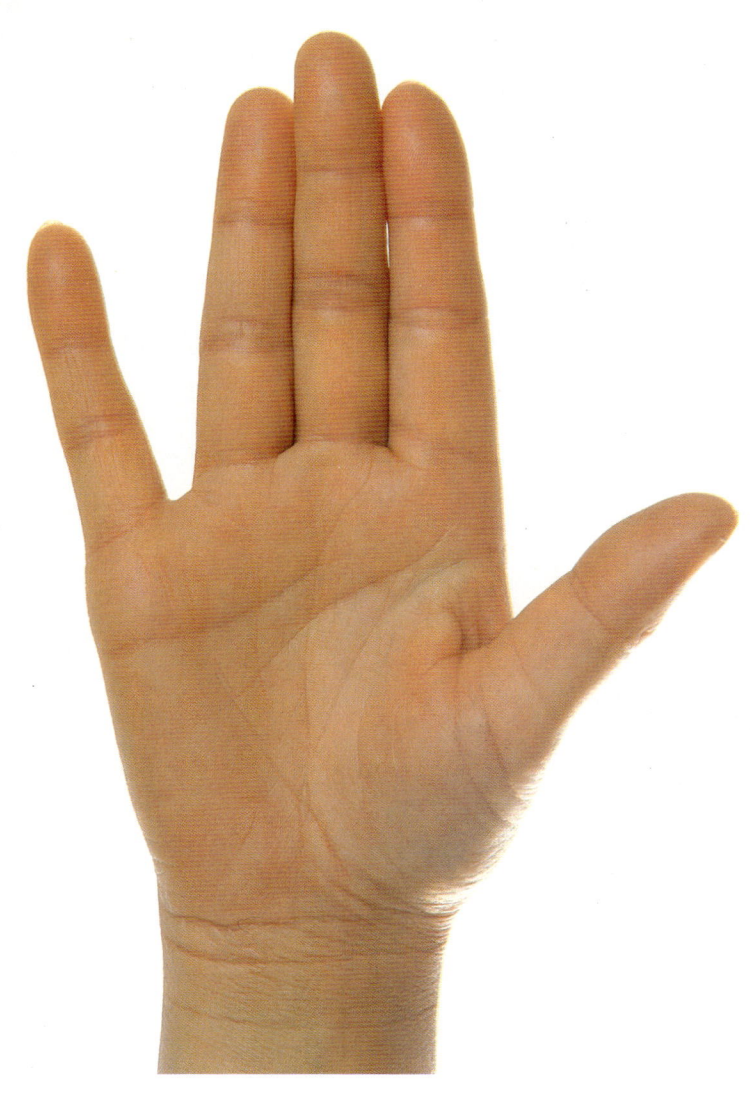

Die linke kräftige, am Anfang mit einer Insel versehenen *Herzlinie* ist verhältnismäßig kurz und gibt zu verstehen, daß sich die Handeignerin empfindungsmäßig nicht bis zum letzten verausgabt. Die Insel hängt mit einer von mütterlicherseits vererbten Anlage zu einer Herzschwäche zusammen, die nicht akut werden muß. Kleine Punkte in der linken Herzlinie unterhalb des Mittelfingers weisen auf Karies, mehrere größere Punkte auf Herzmuskelstörungen.

Die rechte kräftige Herzlinie wird unterhalb des Mittelfingerberges zarter und endet unterhalb des Mittelfingergelenkes in einer Insel, an die sich eine kleinere Insel anschließt; diese beiden Inseln machen auf eine Tendenz zu Unterleibstörungen aufmerksam. Eine helle Vertiefung in der rechten Herzlinie unterhalb des Ringfingers kann mit einem Nierenstein in Verbindung stehen, die Punkte unterhalb des Mittelfingers mit schadhaften Zähnen.

Die linke *Schicksalslinie* beginnt zart in einer der Raszette angelagerten Insel, wechselt ihre Stärke, bildet eine Insel unterhalb der Kopflinie und läuft in den Mittelfingerberg weiter, wo sie sich spaltet. An ihrem Ende formt sich eine weitere Insel, die mit einer senkrechten, vom Mittelfingergelenk kommenden Linie (Rheuma) zusammentrifft. Von den mütterlichen Vorfahren wurde eine Anlage zu Vorahnungen und Wahrträumen vererbt, große Feinnervigkeit, eine Disposition zu Darm- und Leberanfälligkeit sowie Erkrankungen im Bereich der Gebärmutter.

Die rechte Schicksalslinie ist durch eine Insel mit dem unteren Teil einer Lebenslinie verbunden und deutet auf Zelldegenerationen bei den väterlichen Vorfahren. Es hängt von der Lebensführung der Handeignerin ab, ob sie davon berührt wird. Am unteren Drittel der rechten Lebenslinie bildet die Schicksalslinie eine Insel, die ein väterliches Erbteil für Feinnervigkeit

darstellt. Unterhalb der Kopflinie verdoppelt sich die Schicksalslinie durch eine zweite, vom unteren Handrandberg kommende Schicksalslinie, die äußere Impulse, die sich auf das »Unvorhergesehene« beziehen, mit sich bringen. Sie reicht in den Mittelfingerberg, wo sie wiederum eine Insel formt, die auf Gicht bei den väterlichen Vorfahren beruht und bei der Handeignerin eine Disposition dazu anzeigt.

Die linke *Magenlinie* beginnt mit einer Insel an der Lebenslinie und zieht in den Berg des Kleinen Fingers. Es bestätigen sich ein überfeinertes Nervensystem sowie schwache Verdauungsorgane. Die rechte Magenlinie zieht ebenfalls in den Berg des Kleinen Fingers. Das Vegetativum hat sich nach dem 30. Lebensjahr verbessert.

Die linke *Sonnenlinie* beginnt in der unteren Mitte des Handrandberges und durchläuft den Ringfingerberg. Sie gibt phantasievolle Intuition zu erkennen. Ein zweiter Teil der linken Sonnenlinie setzt an der Lebenslinie an und trifft an der Kopflinie auf die erste. Die Bemühungen der Handeignerin bringen ihr Zufriedenheit und Selbstbestätigung.

Die rechte Sonnenlinie setzt ebenfalls an der Lebenslinie an und reicht in den Ringfingerberg. Durch eigene Initiative strebt die Handeignerin seelische Erfüllung und Geborgenheit an. In der linken Hand sind Teile eines *Venusgürtels* sichtbar, die einerseits mit Rückenschwäche in Verbindung stehen, andererseits mit Hemmungen in der Empfindungswelt.

An der linken Handwurzel sind vier *Raszettlinien* vorhanden. Die von mütterlicher Seite vererbte Zähigkeit kommt der Konstitution der Handeignerin zugute. Drei Raszettlinien, rechtsseitig, lassen auf ein gutes Maß physische Kraft der väterlichen Vorfahren schließen.

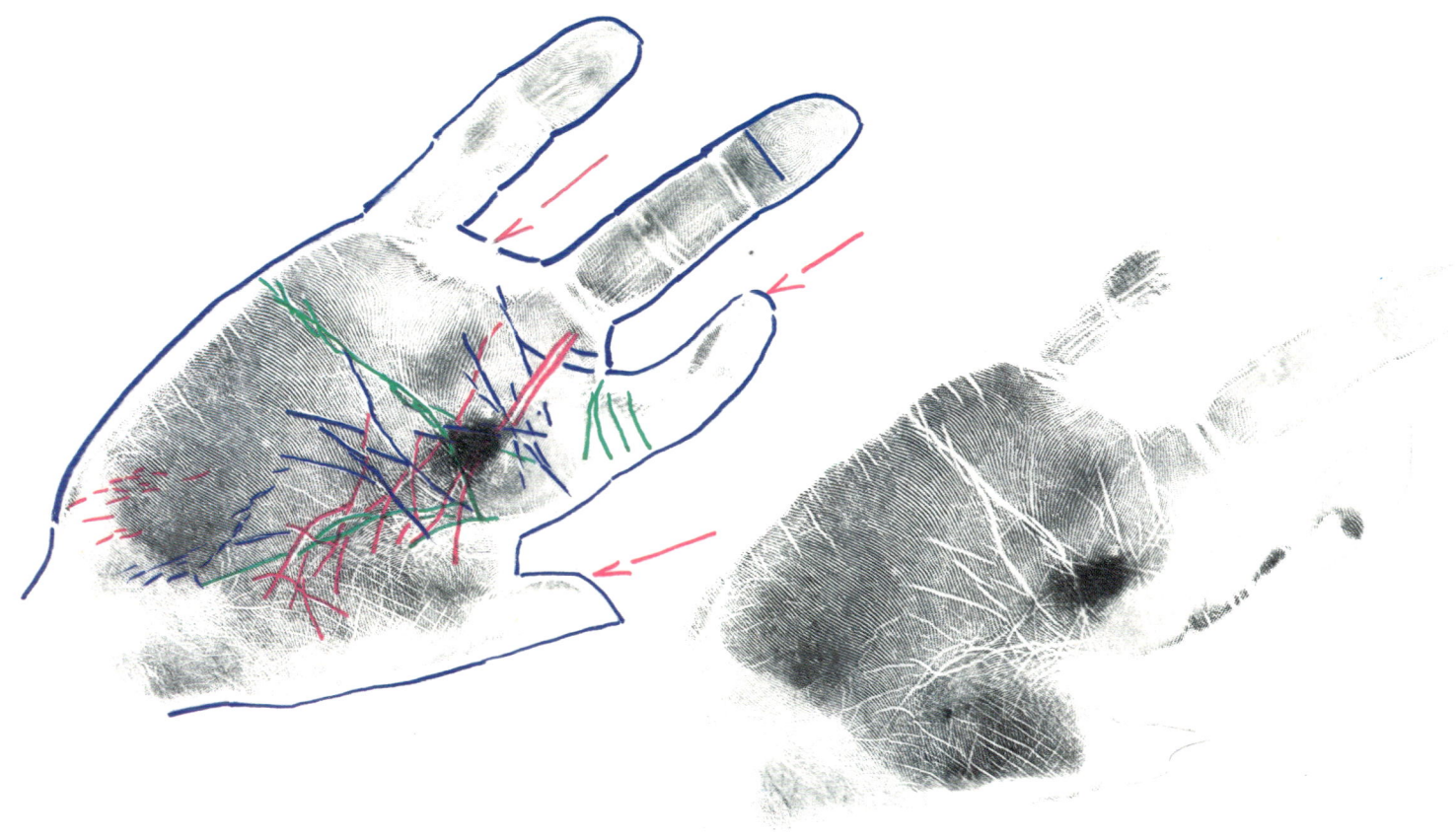

Das Mädchen W. M. wurde am 27. April 1953 von einer Mutter geboren, der während der Schwangerschaft Contergan verabreicht wurde.

Das Kind besitzt nur die linke Hand. Die Formation dieser Hand ist auf dem hier dargestellten Abdruck, der am 11. Mai 1968 gefertigt wurde, ersichtlich.

Der Handteller ist relativ groß; die vorhandenen Finger sind im Verhältnis dazu recht klein. Der Ringfinger fehlt vollkommen, während der Daumen und der Zeigefinger in etwa bis zur Hälfte ausgebildet sind.

Schon der Umriß der Hand zeigt ein uneinheitliches Bild, das gegen jede Harmoniegestaltung der Handeignerin spricht. Vor allem sind es die ethischen Werte und geistigen Kräfte, die hier, durch die Deformation der Fingerglieder, weniger günstig veranlagt sind und unentwickelt bleiben.

Der Daumen, als Ausdruck der eigenen Persönlichkeit, zeigt an, daß nur der Ansatz des zweiten Daumengliedes, das sich auf die Vernunft bezieht, vorhanden ist. Das obere Glied fehlt völlig; daher fehlt auch die Grundlage für die Kraft des eigenen Willens sowie für eine eigene Durchsetzungsfähigkeit. Der Mensch als individuelle Persönlichkeit entbehrt hier in seiner Struktur alle Voraussetzungen einer ganzheitlichen Entwicklung.

Der Zeigefinger weist Ansätze für das untere Fingerglied und eine kurze Fingerkuppe auf. Das ästhetische Erleben kann sich nicht entfalten. Eine geistige Fähigkeit für eine positive Lebensgestaltung ist nicht geboten, zumal auch der Ringfinger als Basis einer erhöhten und verfeinerten Erlebnisfähigkeit im seelischen Bereich vollkommen fehlt. Die Aussichten, eine veredelte Persönlichkeit zu entwickeln, sind für diesen Menschen wenig günstig. Die Persönlichkeitstriebe sind so latent, daß sich dieser Mensch schwerlich im Leben behaupten kann.

Betrachten wir die Innenhand, so läßt sich ein kaum besseres Bild erkennen. Im ganzen könnte man hier nur von fast verdorbenen Linien sprechen. Sie lassen den Schluß zu, daß dieser Mensch auch seelisch gehemmt und fast verkümmert ist.

Kopf- und Herzlinie laufen beide zusammen. Sie bilden eine große Insel. Daraus ergibt sich eine Gehirnschädigung mit Tendenzen zu Epilepsie, Irrsinn und/oder Schizophrenie. Bei dieser Handeignerin sind Kurzschlußhandlungen im Leben nicht ausgeschlossen. Außerdem zeigen sich Ansätze zu einer verdoppelten, zersplitterten Kopflinie. Das bedeutet, daß diese Handeignerin zu Wesensveränderungen neigt. Zuzeiten empfindet und reagiert sie anders als gewohnt.

Die Lebenslinie ist teilweise verkettet. Sie erfährt eine Verstärkung durch die Verdoppelung, die eigenen Lebenskräfte sind jedoch nicht genügend gefestigt.

Unterhalb des Mittelfingers befindet sich ein selten vorkommender Bogen, der auf ein erschwertes Schicksal, ein ungewöhnlich belastetes und gehemmtes Leben deutet.

Der nur zum Teil vorhandene Venusgürtel weist auf eine schwache Rückenkraft hin.

Die etwas zersplitterte, gewundene, zum Teil angelegte Magenlinie bezieht sich auf eine Krampfdiathese und auf Nervenreizungen allgemeiner Art.

Die kleinen Splitterlinien am unteren Mondberg weisen auf eine Milzbelastung.

Die Herzlinie ist aufgefasert. Sie nimmt Bezug auf eine Herzmuskelschwäche.

Der Zeigefingeransatz läßt mehrfache Striche und kleine Linien erkennen, die stufenförmig übereinanderlaufen. Sie lassen auf eine Leber-Pankreas-Belastung schließen.

Zwei fast parallellaufende Linien, aus dem oberen Drittel des Daumenballenberges aufsteigend, die zum Mittelfinger führen, lassen sich dahingehend deuten, daß die schicksalhaft bedingte Konstitution dieses Menschen im Sichfügen und Ertragen liegt.

Der Daumenballenberg zeigt ebenso fast nur verzeichnete Linien. Es erklärt, daß die Lebensenergie und das Triebleben, die Sinnlichkeit, nicht genügend beherrscht werden können. Das Mädchen interessiert sich vorwiegend für das andere Geschlecht. Sie wünscht sexuelle Kontakte und ist für andere Interessengebiete wenig aufgeschlossen. Es besteht Anlage zu Nymphomanie; dies ist aus der Zeichnung des Venusgürtels und Daumenballenberges ersichtlich.

Nach diesem Aufriß läßt sich zusammenfassen, daß die Voraussetzungen dieses Menschen für einen glücklichen Lebensablauf größtenteils fehlen. Ergänzend sei dazu erwähnt, daß die Geburt außerehelich erfolgte. Die Mutter versieht nur einen einfachen Pflichtenkreis.

Aus diesen Darlegungen ist zu folgern, wie tiefgreifend es für das keimende Leben sein kann, wenn die natürlichen Lebensbedingungen einer werdenden Mutter gestört werden. Immer zahlt der Mensch mit Körper, Seele und Geist, wenn er gegen die organischen und geistigen Gesetzmäßigkeiten verstößt. Das erschwerte Geschick trifft selten nur den einzelnen, sondern stets einen größeren Kreis. Das zu bedenken, verpflichtet jeden, mit tieferem Bewußtsein zu leben.

Hinweise auf verwandtschaftliche Beziehungen

Für alle, die die Chirologie insbesondere aus genetischer und charakterologischer Sicht studieren und ihre Kenntnisse darüber vertiefen möchten, werden nachfolgend die Handeigner genannt, die verwandtschaftliche oder partnerschaftliche Beziehungen aufweisen.

Handeigner der Handabbildungen auf Seite	Charakteristik	Beziehung …	zu Handeigner der Abbildung auf Seite	Charakteristik
42–43	konisch	Ehemann	45–47	spatelförmig mit leicht knotig-konischem Einschlag
56–57	knotig, konisch gemischt	Ehemann	58–59	zart konisch
60–61	ideal mit knotigem Einschlag	Ehefrau	62–63	Spatelhandrumpf und konische Finger
70–71	konisch mit knotigem Einschlag	Ehemann	68–69	konisch, knotig
68–71		Eltern	72–73	konisch, knotig, eckig
		Eltern	74–75	konisch, spatelförmig
76–77	konisch, eckig mit Spateleinschlag	Ehemann	78–79	konisch, eckig mit knotigem Einschlag
80–81	konisch, ideal mit knotigem Einschlag	Tochter	78–79	
88–89	eckig, spatelförmig und knotig	Mutter	90–91	vorwiegend eckig, zart knotig mit Spateleinschlag
119–121	knotig, konisch	Großmutter	122–123	konisch, knotig mit Spateleinschlag
		Tante	124–125	gemischt, teilweise eckig, teilweise leicht konisch
126–127	gemischt mit konischen Handtellern. Finger eckig, knotig mit Spalteneinschlag	Ehemann	124–125	
130–131	konisch mit eckigem Einschlag	Bruder	126–127	
		Schwager	124–125	
134–135	konisch, knotig	Ehemann	136–137	konisch, knotig mit eckigem Einschlag
138–139	spatelförmig, konisch, eckig gemischt	Schwester	140–141	eckig mit zart konischem Einschlag
		Schwägerin	142–143	konisch mit leicht spatelförmigem Einschlag
140–141		Ehemann	142–143	
148–149	knotig mit eckigem und spatelförmigem Einschlag	Zwillingsschwester	151–153	knotig, eckig gemischt
154–155	eckig, ideal mit zart knotigem Einschlag	Mutter	156–157	eckig mit leicht konischem Einschlag
159–161	eckig, ideale Finger mit knotigem Einschlag	Ehefrau	162–163	spatelförmig, eckig, knotig
168–169	konisch, spatelförmig gemischt	Ehefrau	170–171	spatelförmig, eckig, konisch gemischt
172–173	konisch mit spatelförmigem Einschlag	Schwester	174–175	konisch mit spatelförmigem Einschlag
178–179	eckig, konisch mit knotigem Einschlag	Ehefrau	181–183	spatelförmig, knotig gemischt mit leicht eckigem Einschlag
191–193	spatelförmig mit konischem Einschlag	Ehefrau	194–195	eckig, konisch
191–195		Eltern	196–197	ideal, knotig, eckig gemischt
235–237	spatelförmig mit knotigem Einschlag	Mutter	239–241	spatelförmig, knotig, eckig gemischt
		Schwiegermutter	242–243	eckig mit knotigem Einschlag
		Großmutter	128–129	knotig, spatelförmig mit konischem Handteller
239–241		Ehemann	242–243	
239–243		Eltern	128–129	

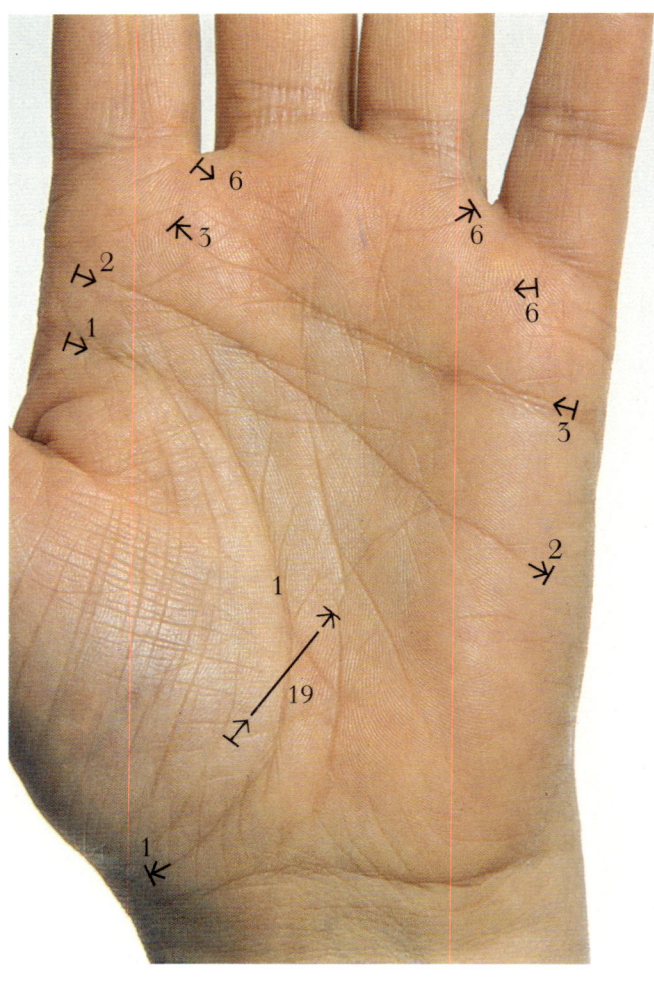

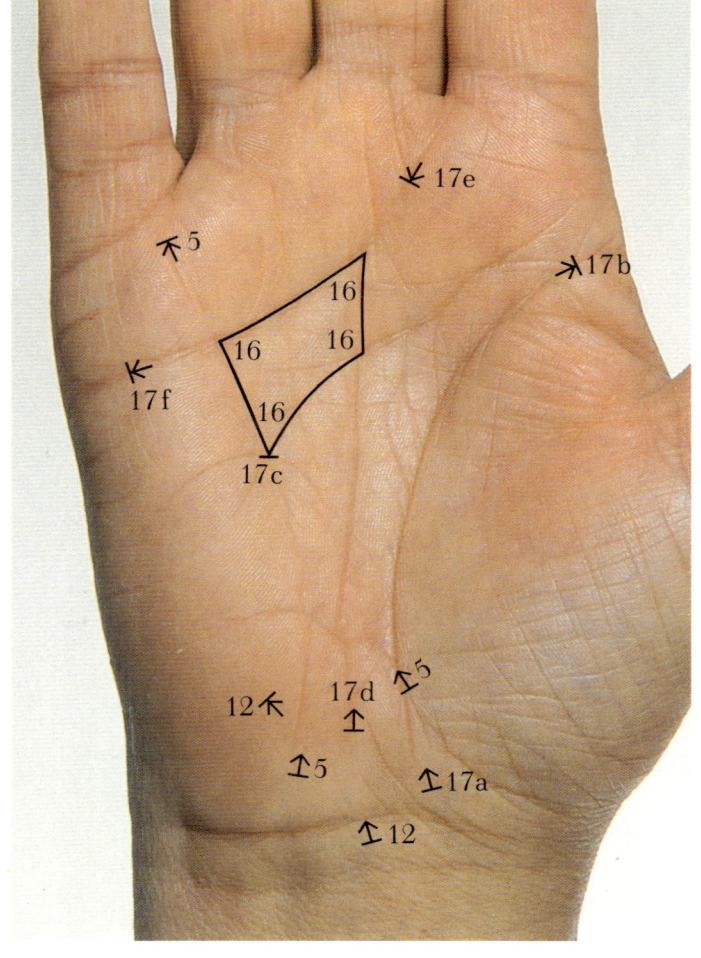

1 = Lebenslinie
2 = Kopflinie
3 = Herzlinie
6 = Venusgürtel, Rückenlinie, Sexualnervenlinie
19 = Vorgeburtslinie

5 = Magenlinie
12 = Milchstraßenlinie, Weisheitslinie
16 = »Großes Viereck«
17 a-e = »Großes M«

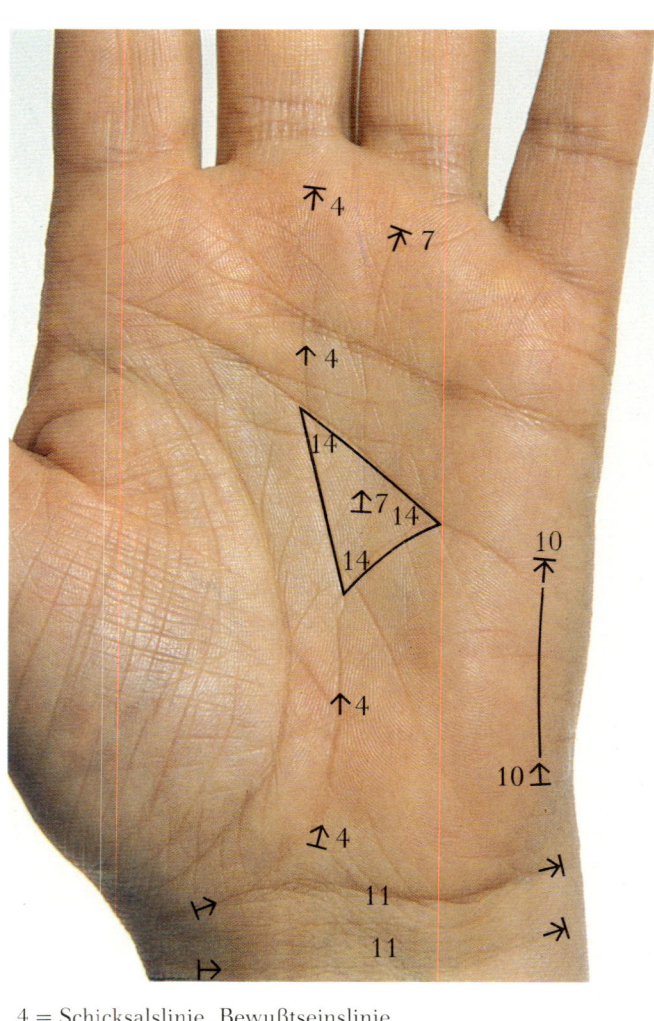

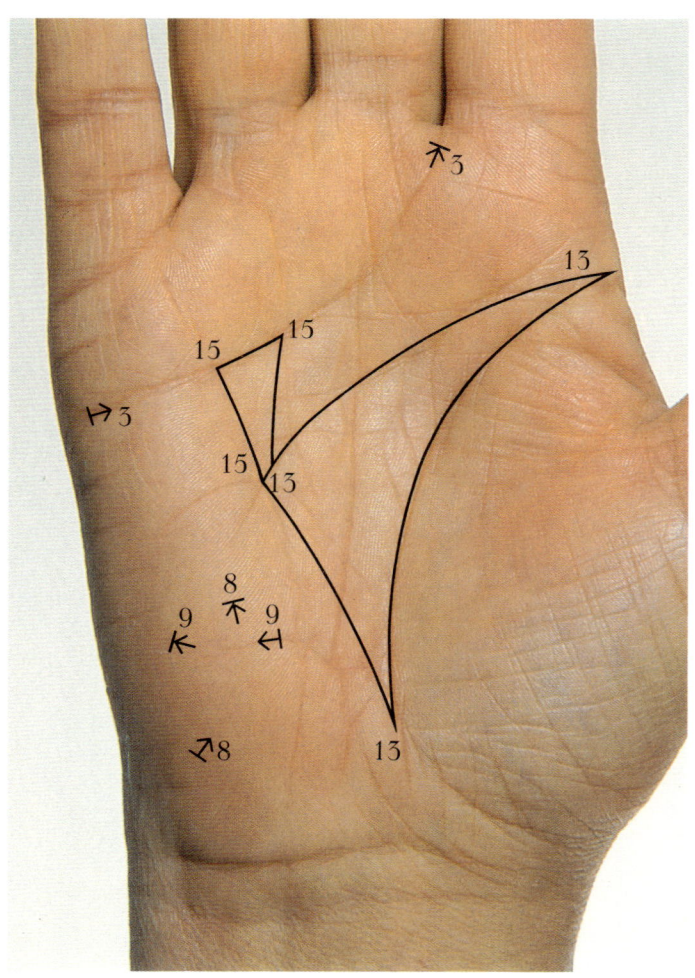

4 = Schicksalslinie, Bewußtseinslinie
7 = Sonnenlinie
10 = Isislinie, Disziplinlinie, Asketenlinie
11 = Raszetten
14 = »Kleines Dreieck«

5 = Herzlinie
8 = Intuitionslinie
9 = Giftlinie
13 = »Großes Dreieck«
15 = »Hohes Dreieck«